제1판 특수교사 임용시험 대

임지원 특수교육의 맥

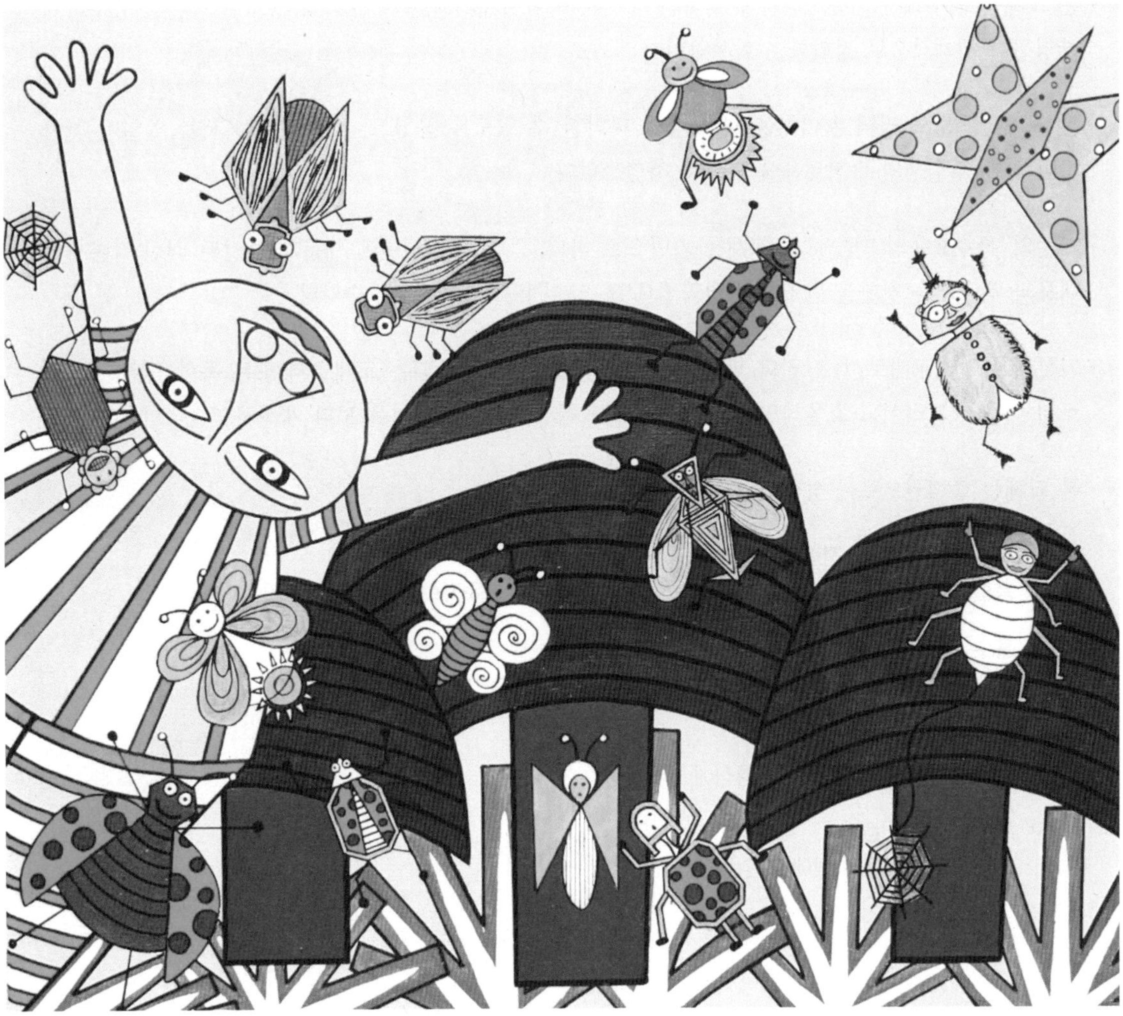

박문각 임용

3. 특수아동교육 ❷

시각장애, 청각장애, 의사소통장애

임지원 편저

PREFACE

머리말

교재 소개

- 본 교재는 특수교사 임용시험을 준비하는 데에 부족함이 없도록 특수교육학 영역별 각론을 풍부하게 반영하여 체계적으로 정리한 수험서입니다.

- 본 교재만으로도 영역별 이론을 넓고 깊게 파악할 수 있도록 하였고, 수많은 각론서를 일일이 찾아봐야 하는 수험생의 수고로움을 덜고자 하였습니다.

- 기존의 '특수교육의 맥(2022)' 교재를 기반으로 하되, 2022~2024년에 새롭게 출간된 최신 각론서의 내용과 최근기출 경향을 반영하여 영역별 구조 및 내용을 재정비하였습니다.

- 기본이론 강의교재로서, 단권화 교재로서, 서브노트의 기반이 되는 교재로서 또는 독학을 위한 교재로서 더욱 효과적이고 효율적인 학습이 가능하도록 구조 및 가독성을 보다 개선하였습니다.

- 본 교재는 총 4권으로 구성하였습니다.

  제1권 **특수교육 방법 및 전략**
  통합교육 · 개별화교육, 특수교육평가, 행동지원, 특수교육공학, 전환교육

  제2권 **특수아동교육 ❶**
  지적장애, 정서행동장애, 자폐성장애, 학습장애

  제3권 **특수아동교육 ❷**
  시각장애, 청각장애, 의사소통장애

  제4권 **특수아동교육 ❸**
  지체장애, 중도중복장애, 건강장애

| 교재의 특징 및 활용

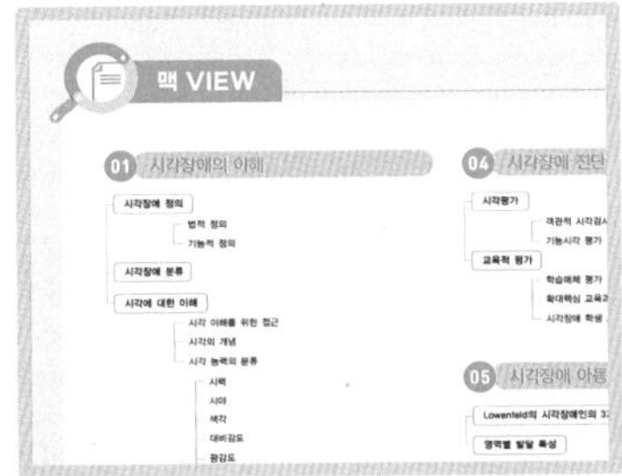

맥VIEW

챕터별로 전체적인 구조를 한눈에 파악할 수 있도록 마인드맵으로 정리

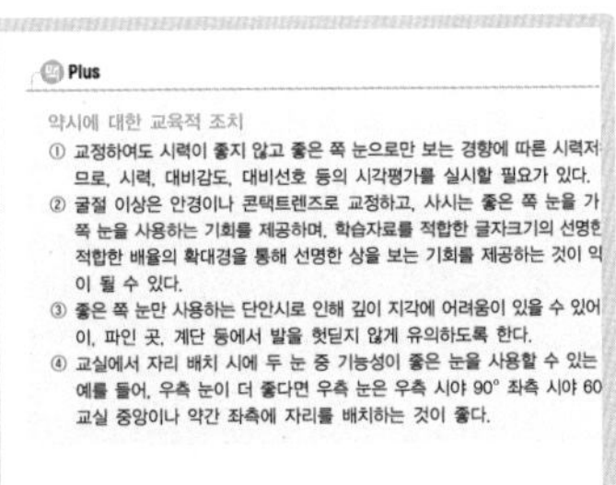

맥Plus

본문의 내용을 보다 확장하거나 깊게 볼 수 있는 관련 이론 및 용어 정리

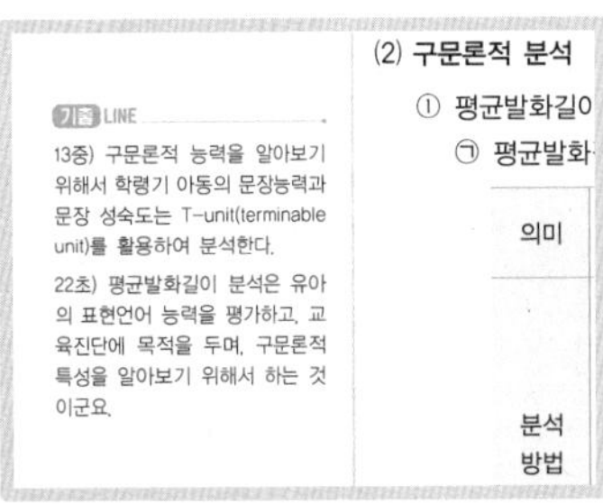

기출LINE

해당 이론이 반영된 기출문제의 제시문 및 예시문

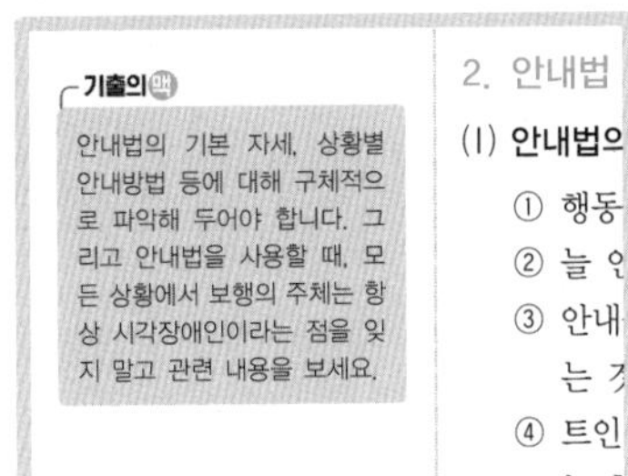

기출의 맥

해당 이론을 쉽게 이해하는 팁이나 유의점, 문제해결을 위한 핵심 등의 코멘트

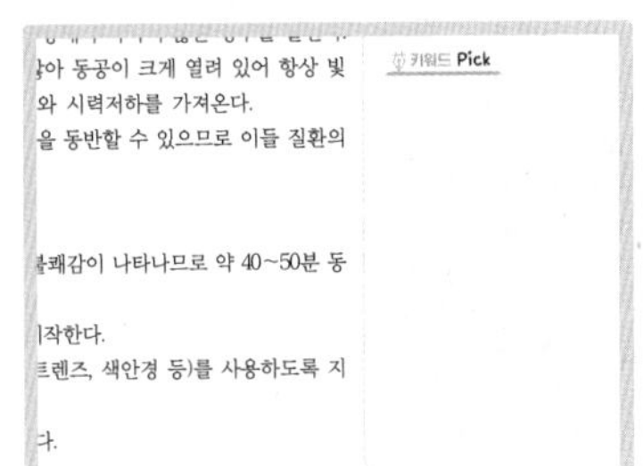

키워드 PICK

오른쪽 날개 하단마다 배치한 여백으로서 매 페이지마다 가장 중요한 핵심이나 키워드, 또는 어려운 부분 등을 메모하는 곳

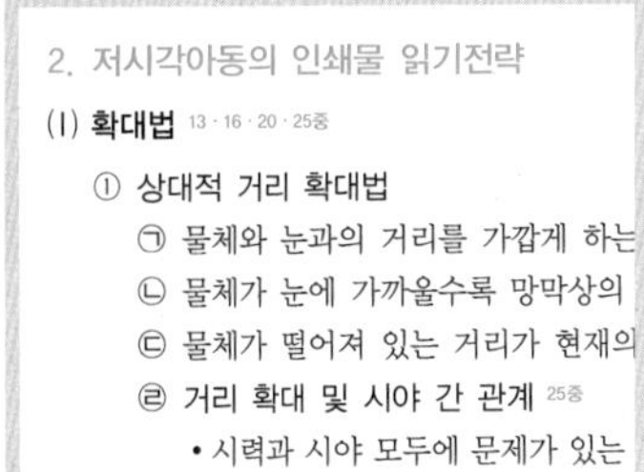

기출 출제연도 표시

기출문제 출제영역에 2009~2025학년도 유·초·중 기출 표시

이번 '특수교육의 맥' 교재 개정작업 내내 초심을 되돌아보며 제가 중요하게 생각하는 강의와 교재의 방향에 더욱 충실하고자 하였습니다.

임용시험 합격을 목표로 이 방대한 특수교육학을 공부할 때에는 올바른 방식으로 더 쉽고 정확하게 이해하는 학습을 해야 하고, 이를 안내하고 돕는 것이 저의 가장 중요한 역할이자 역량일 것입니다.

본 교재 또한 그러한 의미에서 여러분의 합격에 기반이 되는 든든한 수험서가 될 수 있도록 노력하였습니다.

예비 특수교사 여러분의 도전을 언제나 응원하고, 여러분 모두의 고득점 합격을 기원합니다!

2025년 2월, 임지원

CONTENTS

차례

CHAPTER 10 시각장애

CHAPTER 11 청각장애

CHAPTER 12 의사소통장애

임지원 특수교육의 맥

CHAPTER 10

시각장애

맥 VIEW

01 시각장애의 이해

- 시각장애 정의
  - 법적 정의
  - 기능적 정의
- 시각장애 분류
- 시각에 대한 이해
  - 시각 이해를 위한 접근
  - 시각의 개념
  - 시각 능력의 분류
    - 시력
    - 시야
    - 색각
    - 대비감도
    - 광감도
    - 안운동
    - 조절
    - 광각

02 눈의 구조와 기능

- 안구
- 눈 부속기관
- 시신경계와 시로

03 안질환과 교육적 조치

- 각막과 수정체 역기능으로 인한 굴절 이상
- 각막 질환
- 중막 관련 질환
- 수정체 질환
- 방수에 의한 질환
- 망막 질환
- 시신경 질환
- 외안근 이상
- 피질 시각장애
- 기타 질환

04 시각장애 진단 및 평가

- 시각평가
  - 객관적 시각검사
  - 기능시각 평가
- 교육적 평가
  - 학습매체 평가
  - 확대핵심 교육과정 영역 평가
  - 시각장애 학생 교육을 위한 영역별 평가

05 시각장애 아동의 발달 특성

- Lowenfeld의 시각장애인의 3가지 제한성
- 영역별 발달 특성

06 시각장애 아동 교육

- 시각장애를 고려한 교육방법
- 교수 적합화
- 교육과정과 교과지도
- 교수방법과 전략
  - 언어를 이용한 교수법
  - 촉각을 이용한 교수법
  - 모델링
  - 공동운동
  - 전체-부분-전체 교수법
  - 과제분석과 행동연쇄
  - 촉진과 소거
- 교육자료 준비와 활용
  - 양각 자료 제작과 활용
  - 확대 자료 제작과 활용
  - 음성 자료 제작과 활용

07 저시각아동 교육

- 저시각의 이해
- Corn의 시기능 모델
- 시각전략
  - 고시
  - 추시
  - 추적
  - 주사
  - 폭주
  - 개산
  - 중심외 보기
  - 위치 찾기
- 저시각아동의 읽기와 쓰기
- 저시각학생을 위한 학습환경
- 저시각장애를 위한 보조공학
  - 볼록렌즈와 오목렌즈
  - 확대경
  - 망원경
  - 망원 현미경
  - 시야 확대보조구
  - 흡광안경
  - 다양한 비광학기구
  - 전자기기와 컴퓨터 프로그램

08 시각중복장애 아동 교육

- 교육접근
- 효과적인 교수법
- 의사소통 지도
- 농맹아동 지도

09 보행교육

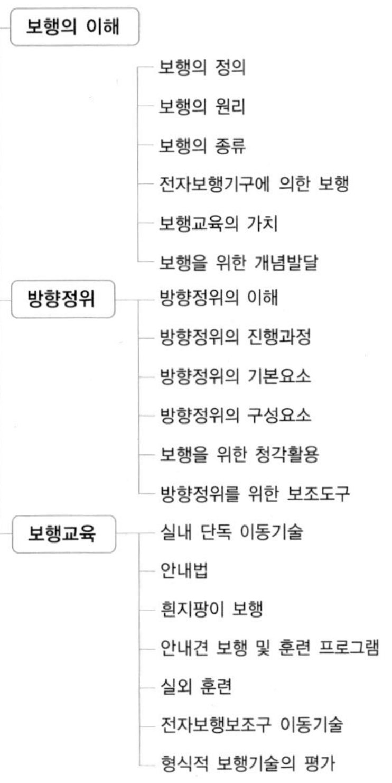

- 보행의 이해
  - 보행의 정의
  - 보행의 원리
  - 보행의 종류
  - 전자보행기구에 의한 보행
  - 보행교육의 가치
  - 보행을 위한 개념발달
- 방향정위
  - 방향정위의 이해
  - 방향정위의 진행과정
  - 방향정위의 기본요소
  - 방향정위의 구성요소
  - 보행을 위한 청각활용
  - 방향정위를 위한 보조도구
- 보행교육
  - 실내 단독 이동기술
  - 안내법
  - 흰지팡이 보행
  - 안내견 보행 및 훈련 프로그램
  - 실외 훈련
  - 전자보행보조구 이동기술
  - 형식적 보행기술의 평가

10 의사소통 교육

- 점자
- 묵자

11 보조공학기기 지원과 교육

- 시각장애 학생을 위한 컴퓨터의 활용
- 촉각 및 청각 활용 보조공학기기
- 시각활용 보조공학기기
- 정보접근을 위한 기타 공학적 지원

시각장애

01 시각장애의 이해

① 시각장애 정의

1. 법적 정의

(1) 「장애인 등에 대한 특수교육법」

시각계의 손상이 심하여 시각기능을 전혀 이용하지 못하거나 보조공학기기의 지원을 받아야 시각적 과제를 수행할 수 있는 사람으로서 시각에 의한 학습이 곤란하여 특정의 광학기구·학습매체 등을 통하여 학습하거나 촉각 또는 청각을 학습의 주요 수단으로 사용하는 사람이다.

맹	시각계의 손상이 심하여 시각기능을 전혀 이용하지 못하는 상태
저시각	보조공학기기의 지원 등을 받아야만 시각적 과제를 수행할 수 있는 상태

(2) 「장애인 복지법」

장애의 정도가 심한 장애인	① 좋은 눈의 시력(공인된 시력표로 측정한 것을 말하며, 굴절이상이 있는 사람은 최대 교정시력을 기준으로 한다. 이하 같다)이 0.06 이하인 사람 ② 두 눈의 시야가 각각 모든 방향에서 5도 이하로 남은 사람
장애의 정도가 심하지 않은 장애인	① 좋은 눈의 시력이 0.2 이하인 사람 ② 두 눈의 시야가 각각 모든 방향에서 10도 이하로 남은 사람 ③ 두 눈의 시야가 각각 정상시야의 50퍼센트 이상 감소한 사람 ④ 나쁜 눈의 시력이 0.02 이하인 사람 ⑤ 두 눈의 중심시야에서 20도 이내에 겹보임[복시(複視)]이 있는 사람

2. 기능적(교육적) 정의 14 · 23중

기능적 시각장애 학습자는 시각 기능 상실이나 부족으로 인하여 교육을 받는 데 있어서 교육내용, 교수방법, 교육자료, 교육환경 측면에서 조정이나 지원이 필요한 학생을 말한다.

구분	상태
완전실명(전맹) (totally blind)	시력이 전혀 없는 상태
광각 (light perception)	암실에서 광선을 인식할 수 있는 상태
수동 (hand movement)	눈앞에서 손을 좌우로 움직일 때 이를 알아볼 수 있는 정도의 상태
지수 (finger counting)	자기 앞 1m 전방에서 손가락 수를 셀 수 있는 상태
저시각 (low vision)	일반 활자를 읽지 못할 수도 있으나 시력으로 일상생활을 할 수 있는 상태로, 한계는 일정치 않으나 다각적으로 변화를 발견하지 못하는 시력감퇴가 있는 상태

② 시각장애 분류

실명시기	• 선천성 시각장애	• 후천성 시각장애
시력정도	• 정상 • 맹	• 저시력
기능적 분류	• 완전실명 • 수동 • 저시력	• 광각 • 지수
진행정도	• 급성	• 만성
중복 여부	• 시각중복장애	

키워드 Pick

③ 시각에 대한 이해

1. 시각 이해를 위한 접근

접근방식	내용
생리학적 접근	• 시각은 감각을 통한 지각작용 • 감각체계의 생리학적 과정과 지각 간의 관계에 근거한 지각과정에 대한 접근 • 주로 신경세포를 통하여 신경충격이라 불리는 전기적 신호와 특정 지각의 관계를 밝히기 위해 생리학적 과정에 관심을 둠 • 깊이 지각에서 망막영상의 정보를 확인하는 것에 초점을 둔 단서이론을 예로 들 수 있음
정신물리학적 접근	• 자극과 지각 간의 관계를 결정하기 위해 정신물리학적 방법을 사용하는 접근법 • 자극과 그 자극에 대한 지각자 간의 관계에 관심을 가짐
인지적 접근	• 지각이 어떻게 정신과정, 자극의 의미 그리고 관찰자의 지식과 기대에 의해 영향을 받는지에 초점을 두면서 접근하는 방법 • 인지적 접근은 지각자의 사고, 기억, 문제해결, 추리력, 경험과 사전 지식, 기대, 자극이 제공되는 맥락 등이 지각에 미치는 영향에 관심을 둠
생태학적 접근	• 자연적인 상황에서 발생하는 지각에 대해 연구하는 방법 • 지각자의 생활공간 속에서 일체의 움직임에 관심을 두고 있음
구성주의적 접근	• 지각이 정신에 의해서 어떻게 구성되는가에 초점을 맞춰 정신과정을 강조하고 있음

2. 시각(vision)의 개념

정의	• 시각은 세상으로의 통로인 감각 중 가장 중요한 감각수단으로, 시각은 시각기관을 통하여 외부 세계의 상(image)을 묘사하는 정신과정 • 사람들은 시각을 통해 90~95%의 정보를 받아들이기 때문에 시각은 청각, 후각, 미각, 촉각보다 세상을 향한 가장 중요한 통로가 됨 • 시각은 다른 감각보다 우세한 감각으로서, 우리 몸속으로 한순간에 다양하게 들어오는 감각정보를 통합시키는 역할을 함 • 시각이 이루어지기 위해서는 눈과 지각과 관련된 기능을 하는 두뇌로 구성된 시각계(눈 + 뇌)가 있어야 함
특성	• 시각을 형태, 질감, 움직임과 사물 전체를 받아들여 인간 자신에게 유용한 이미지를 창의적으로 구성해 나가는 능동적인 과정으로 보는 입장에서 시지능이라 명명하기도 함. 아동의 시각은 시각기관의 정상적인 기능도 중요하겠지만, 시지능 개념을 도입하여 시각적으로 세상을 구성해 나가는 능력을 길러 주는 차원에서 이해하는 것이 필요 • **보편적인 시각의 규칙**: 아동은 세상을 시각적으로 구성하는 데 필요한 규칙을 타고나서 1세경에 다른 아동들과 동일하게 시각적인 장면들을 구성해 나갈 수 있는데, 이것을 보편적인 시각의 규칙이라고 함. 이로써 아동은 보는 것을 통하여 시각처리 규칙을 습득

조건	• 인간의 신체 안에 눈과 뇌가 함께 묶여진 시각계가 정상적으로 형성되어 있어야 함 • 눈과 뇌로 구성된 시각계의 생리적인 작용을 이해하고 활용할 수 있어야 함 • 뇌가 시각이 이루어지도록 중요한 기능들을 보유하고 있어야 함 • 시각의 대상이 갖추어야 하는 조건 – 가시성: 시각의 대상이 되는 물체가 눈으로 볼 수 있을 정도로 커야 함 – 동일성: 시각의 대상이 언제나 그것을 그것이라고 볼 수 있도록 동일성을 보유하고 있어야 함 – 안정성: 대상이 포함된 주변 세계가 안정된 것이어야 함 – 영속성: 시각이 이루어지도록 시각의 대상이 지속적으로 존재하여야 함 • 시각이라는 지각이 기능하기 위해 아동의 주의집중, 가치나 관심, 동기나 욕구, 성공 혹은 실패경험, 정성, 성격 유형이 준비되어 있어야 함

3. 시각 능력의 분류

기출의 맥

시각 능력에 대한 여러 가지 개념은 시각장애 학생의 특성과 안질환 등을 이해하는 데 기본이 되는 것들입니다. 각 용어를 정확하게 이해해 두어야 합니다.

(1) **시력**(visual acuity/중심시력)

사람이 볼 수 있는 명료도, 물체의 존재 및 형태를 인식하는 능력이다.

① 시력의 기능

탐지	그 물체가 거기에 있는지를 아는 것
인지	그 물체의 명칭을 대거나 그 물체에 관해 무언가를 특수화할 수 있는 것
분해	개개의 성분을 분해하여 보는 것
정위	한 직선의 위쪽 절반이 미미하게 기울어져 있는 듯한 물체의 일부분에 있는 근소한 변위를 탐지하는 것

② 다양한 분류

최소 가시시력	눈으로 느낄 수 있는 최소 광선량
최소 분리시력	분리되어 있는 두 점을 두 개로 인식할 수 있는 최소 간격, 즉 눈의 해상력
최소 가독시력	읽고 판단할 수 있는 문자 또는 형태의 가장 작은 크기이며, 여기에는 눈의 생리적 기능 이외에 지능, 주의력 등 심리적 요인도 많이 관여함
버니어시력	두 개의 선이 어긋나 있는지를 인식하는 능력

중심시력	물체의 상이 망막의 중심와에 맺혀서 가장 선명하고 정확하게 사물을 볼 수 있는 시력
주변시력	중심와를 제외한 망막 부위에서 보았을 때의 시력

나안시력	눈의 이상(질환) 유무와 관계없이 안경을 쓰지 않은 상태에서 측정한 시력
교정시력	굴절 이상이 있는 사람이 안경 교정을 받은 상태에서 측정한 시력

원거리 시력	5m 혹은 6m의 검사거리에 있는 물체나 시표를 보면서 측정한 시력을 말하고, 미터나 피트가 사용됨
근거리 시력	검사거리 30cm에서 측정한 시력이고, 센티미터나 인치가 사용됨

키워드 Pick

기출의 맥

렌즈를 통해 시력을 교정하는 원리를 이해해 두세요!

③ 시력의 교정 15중

㉠ 렌즈를 통한 시력교정

- 시력은 렌즈로 교정을 하며, 렌즈 굴절력의 단위를 디옵터(diopter)로 명시한다.
- 디옵터 수는 근점과 원점 사이 거리인 조절 범위를 말하며, 1/m 단위의 원점을 말한다.
- 근시안의 원점거리가 1m인 경우에는 1/1m로 디옵터 수는 1.0으로 1디옵터 교정이 필요하다.
- 근시안의 원점거리가 10cm인 경우에는 1/0.1m로 디옵터 수는 10으로 10디옵터 교정이 필요하다.
- 1디옵터는 평행광선을 굴절시켜 1m 거리에 초점을 맺히게 하는 구면렌즈의 굴절력을 말한다. 즉, 구면렌즈에서 초점까지의 거리가 1m가 된다는 것이다.
- 구면렌즈의 굴절력이 클수록 빛의 굴절이 커지고 초점거리는 짧아진다. 빛의 초점이 눈의 망막 위에서 벗어나면 굴절력을 가진 렌즈를 사용하여 초점이 망막 위에 맺히도록 해 줄 수 있다.
- +와 −는 렌즈가 볼록렌즈인지 오목렌즈인지를 명시한 것이다. +는 볼록렌즈로 원시용이고, −는 오목렌즈로 근시용이다.

㉡ 굴절력과 초점거리 15중

굴절력 (D)	+12.00	+10.00	+8.00	+6.00	+4.00	+2.00	0(Plano) (평면)	−1.00	−3.00	−5.00	−7.00	−9.00
초점거리 (단위 : m)	+0.08	+0.10	+0.13	+0.17	+0.25	+0.50	무한대	−1.00	−0.33	−0.20	−0.14	−0.11

기출의 맥

시야는 시력만큼 중요한 시각 능력입니다. 시야의 종류, 시야 장애의 종류, 다양한 시야손상에 따른 적절한 조치 등에 대해 정확하게 이해하고 정리하세요. 단순하게 암기만 하면 관련 문제를 해결하기 어려울 수 있어요.

(2) **시야**(visual field)

눈으로 정면의 한 점을 주시하고 있을 때 그 눈에 보이는 외계의 범위, 눈이 한 점을 주시하는 영점(null point)에서 그 눈이 볼 수 있는 범위이다.

① 시야의 분류

수직시야	눈썹에서 뺨까지 약 140°
수평시야	시선을 한 점에 고정한 경우 단안시야로 150°, 양안시야로 180°
양안시	양쪽의 시야가 겹쳐지는 부분으로 120°
시야장애	보는 영역이 제한되어 있음

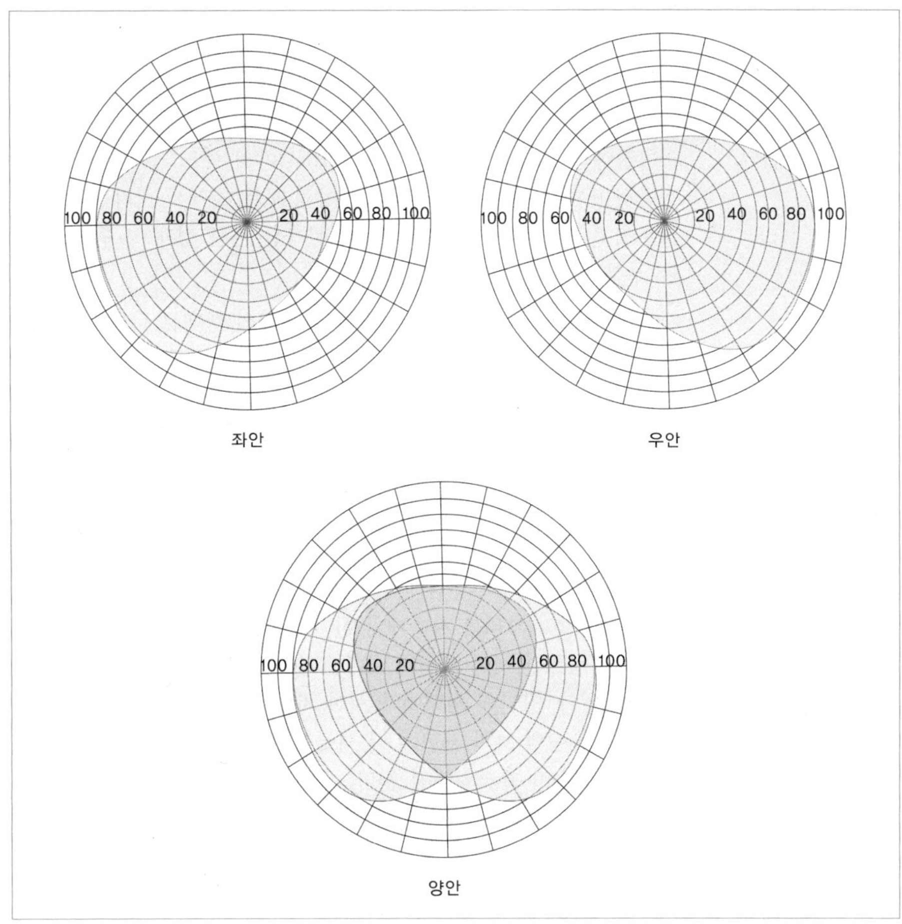

정상시야

② 시야결손아동의 지도

㉠ 시야의 결손이 있을 때는 위치, 형태, 크기를 파악하고, 시각이 완전히 상실되었는지 저하되었는지, 결손의 정도가 전반적인지 부분적인지, 결손이 급격히 이루어지는지 서서히 이루어지는지 등을 확인한다.

㉡ 주시점에서 30°까지의 범위인 중심시야가 손상된 경우 똑바로 보는 것이 어렵고 색각을 못할 수 있다.

㉢ 주시점에서 30° 이상의 범위인 주변시야가 손상된 경우 외계의 물체를 발견하고 그 상호 위치 관계를 파악하지 못할 수 있다. 또한 앞뒤나 양옆으로 이동할 때 어려움이 있고, 어두울 때 보는 것이 어려우며, 조명변화에 적응하는 것을 어려워한다.

㉣ 주변시로 외계의 물체를 발견하고 그 상호 위치 관계를 파악하기도 하므로, 주변시는 중심시 못지않게 중요하다.

기출의 맥

시야결손의 유형이나 정도에 따라 지원방안이 달라집니다. 볼 수 있는 시야를 활용하는 것이 기본원리입니다.

키워드 Pick

③ 시야장애의 유형

협착	시야의 주변부가 좁혀져서 시야결손이 일어난 상태로, 결손 부위에서는 시표의 색이나 크기를 확인할 수 없다.
감도 저하	시야장애의 대부분이 감도 저하이고 시야의 어느 부위에서나 발생한다. 전반적 저하는 중심부를 포함한 시야의 모든 곳에서 시력감퇴가 나타나는 경우이고 국소적 저하는 시야장애의 가장 흔한 형태로, 주변시야의 어느 한 부분에서 일어날 수 있다.
암점 14중	시야 범위 내에서 발생하면 암점(scotoma)의 형태로 나타난다. 시야 내에서 부분적 또는 완전한 맹이 있는 부위를 말한다. 즉, 시야 내에 부분적 또는 전체적으로 생긴 불투명한 부분을 말하는 것으로 암점의 위치에 따라 크게 주시점에 있는 중심암점과 주시점 밖의 부분에 있는 주변암점으로 구분된다.

④ 시야상실에 따른 시각기술

중심시야 상실에 따른 시각기술	• 황반변성처럼 시야 중심에 암점이 있으면 이를 대체할 만한 비교적 양호한 다른 망막 부위를 사용해야 한다. 즉, 중심암점 부위에서 비교적 조금 떨어진 양호한 시야 부위를 찾아내어야 최적의 중심외 보기 기술을 사용할 수 있다. 양안의 시력이나 시야 차이가 현저하거나 한 눈만 사용하는 사람이 중심외 보기 훈련에 더 적합한데, 양안의 시력이나 시야가 비슷하면 이 기술이 효과적이지 않다. • 중심외 보기 기술을 습득하는 데 몇 주에서 몇 개월이 걸리기도 하고, 혼자 자연스럽게 익히는 경우도 있다. 그러나 어린 아동이나 고령자는 적절한 중심외 보기 부위를 찾아내지 못하는 경우가 있다. 따라서 시계 보기 검사법이나 A4 용지 활용법이 중심외 보기 훈련을 위한 간단하고 효과적인 방법으로 사용될 수 있다. • 중심암점의 영향을 최소화하는 전략으로 저시각인과 물체 간의 거리를 조절하는 방법이 있다. 중심 10° 정도의 암점이 있는 저시각인은 6m 거리에서 직경 1m 정도의 테두리 안이 보이지 않게 되고, 30cm 거리에서는 직경 5cm 정도의 테두리 안이 보이지 않게 된다. 따라서 목표물이 암점보다 더 커질수록 목표물을 확인하기가 쉬워지는 원리에 따라 저시각인이 목표물에 더 가까이 다가가면 상대적으로 암점이 작아지는 효과를 얻어 목표물을 더 잘 볼 수 있다.

기출 LINE

22유) 자료를 제시할 때 진서의 눈과 자료의 거리를 조절하여 자료 전체의 모습을 볼 수 있도록 했어요.

기출의 맥

중심시야상실과 주변시야상실에 따라 각각 어떠한 조치를 해야 하는지 정확하게 이해하고 정리해 두어야 합니다.

주변시야 상실에 따른 시각기술 22유	• 망막색소변성으로 주변시야가 상실되거나 시로장애로 반맹이 되면 보행과 일상 활동에서 보이는 범위가 좁아져 어려움을 겪게 된다. 따라서 저시각인이 잔존시야로 추시하기, 추적하기, 주사하기 같은 시각기술을 익히거나 목표물과의 거리를 조절하거나 시야 확대기구를 사용하는 것이 도움이 된다. – 추시하기는 환경 속에 정지해 있는 대상물의 윤곽을 눈으로 따라가는 것을 말하는데 예를 들어, 근거리에서 책의 한 줄 한 줄을 좌에서 우로 따라가면서 읽는 데 사용되고, 원거리에서 거리 간판이나 표지판을 읽는 것이 해당된다. – 추적하기는 환경에서 움직이는 대상물을 따라가는 능력으로, 추시하기 기술보다 어렵다. 주로 근거리에서는 마우스 커서를 따라가고, 움직이는 사람이나 버스를 확인할 때 필요한 기술이다. – 주사하기는 체계적으로 특정 공간을 훑어보는 기술로, 추적기술을 익힌 다음에 배운다. 근거리에서는 책에서 본인이 원하는 줄이나 단어의 위치를 찾을 때 사용되고, 원거리에서는 교실, 운동장, 상가 등의 지역에서 특정 대상물을 찾을 때 사용한다. • 잔존시야를 사용하는 시각기술은 나안으로 훈련하거나, 안경을 사용하고 있는 경우에는 이를 착용하고 지도한다. • 주변시야가 상실되었더라도 중심시력이 양호한 경우에는 저시력인과 대상물 간의 거리를 조절하는 방법으로 주변시야상실의 영향을 감소시킬 수 있다. 예를 들어, 중심시야 5°만을 볼 수 있는 구심정 협착(망막색소변성의 터널시력)이 있다면 6m에서는 직경 1m 테두리 안을 볼 수 있고, 30cm에서는 직경 5cm 안의 목표물을 볼 수 있다. 이 때문에 이 직경보다 큰 대상물은 전체를 확인하기 어렵게 되는데, 따라서 저시각인이 대상물로부터 더 멀리 떨어지게 되면 대상물이 상대적으로 작아져 이 직경 안에 들어오게 되므로 전체를 볼 수 있게 된다. • 저시각인이 시야가 너무 좁아 효율적인 주사하기를 통해서도 주변에 대한 정보를 신속하게 처리하지 못한다면, 프리즘이나 역단안경 같은 기구가 도움이 될 수 있다. 시야가 매우 좁지만 중심시력이 0.2 정도라면 확대경 렌즈로 오목렌즈(마이너스 렌즈)를 처방하거나, 안경에 프레스넬 프리즘을 부착하거나, 역단안 망원경을 사용할 수 있다. 한편, 반맹의 경우에 프리즘 같은 저시각기구가 효과적인 반면, 역단안경은 효과적이지 못하다.

기출 LINE

21중) (터널시야가 있는 경우) 읽기 활동을 위해 학생이 필요로 하는 최소 글자크기나 최소 확대 배율을 선택해야 함

키워드 Pick

기출의 맥

시야손상 유형별로 지도해야 할 시각기술, 자리배치, 교재교구 등을 제시할 수 있어야 합니다.

⑤ 시야손상 유형에 따른 어려움과 중재방법

시야손상	어려움	중재방법
중심부 암점이 있는 경우	• 정면으로 보면 보이지 않는다. • 읽기에서 글자나 단어를 빼먹고 읽곤 한다.	• 가장 적합한 주변시야로 보는 중심외 보기 기술을 지도하다. • 중심외 보기 방향을 고려하여 자리를 배치한다.
우측 시야 손상이 있는 경우	• 우측편의 대상을 확인하지 못하거나 부딪친다. • 문장을 우측으로 읽어 나갈 때 느리게 읽거나 멈칫멈칫 읽는다. • 읽기에서 문장의 마지막 단어를 빼고 다음 줄로 넘어간다. • 중앙에 앉으면 칠판의 우측이 잘 보이지 않는다.	• 안구나 고개를 우측으로 돌려 보는 시각기술(추시, 추적, 주사)을 지도한다. • 페이지의 문장 끝에 수직 라인을 긋고 수직 라인이 보일 때까지 읽도록 한다. • 교실 중앙으로부터 조금 우측에 자리를 배치하고, 교재교구를 학생의 좌측에 제시한다.
좌측 시야 손상이 있는 경우	• 좌측편의 대상을 확인하지 못하거나 부딪친다. • 읽기에서 다음 줄의 처음을 잘 찾지 못하거나 줄을 건너뛴다. • 중앙에 앉으면 칠판의 좌측이 잘 보이지 않는다.	• 안구나 고개를 좌측으로 돌려 보는 시각기술을 지도한다. • 문장을 읽을 때 각 줄의 처음을 손으로 짚거나 라인 가이드를 활용한다. • 교실 중앙으로부터 조금 좌측에 자리를 배치하고, 교재교구는 학생의 우측에 제시한다.
하측 시야 손상이 있는 경우	• 단차, 계단 같은 아래쪽 물체를 확인하기 어렵다. • 책상의 안측 자료나 낮은 높이에 있는 교구를 보기 어렵다.	• 고개나 안구를 아래 방향으로 응시하여 보는 시각기술을 지도한다. • 학습자료나 확대독서기 등이 좀 더 상단에 위치하도록 높낮이 조절 책상의 높이를 올린다.
상측 시야 손상이 있는 경우	• 드리워진 나뭇가지, 머리 높이의 설치물 같은 위쪽 물체를 확인하기 어렵다. • 높은 위치에 있는 교구를 보기 어렵다.	• 고개나 안구를 위 방향으로 응시하여 보는 시각기술을 지도한다. • 학습자료나 확대독서기 등이 좀 더 하단에 위치하도록 높낮이 조절 책상의 높이를 낮춘다.
터널시야인 경우	• 사물의 중심부를 제외하고는 주변부가 보이지 않는다. • 교실 가장자리에 앉으면 칠판의 중앙을 찾아보기 어렵다.	• 안구나 고개를 좌우로 돌려 확인하는 시각기술을 지도한다. • 교실 중앙부에 자리를 배치한다.

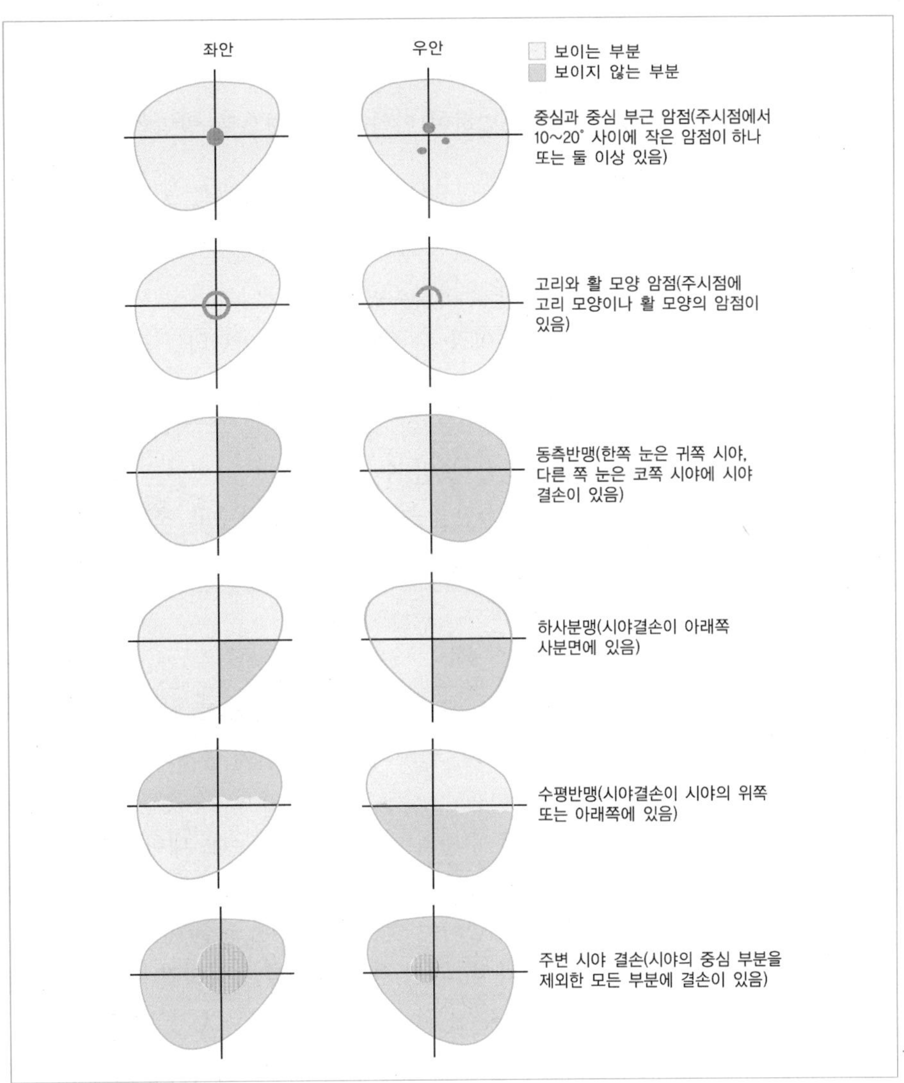

시야결손의 유형

키워드 Pick

(3) 색각

① 색각의 의미

㉠ 색각이란 물체의 색채를 구별하여 인식하는 능력으로, 망막의 추체가 이 기능을 담당한다.

㉡ 색채의 물리적 기초는 대상으로부터 눈에 반사되는 빛의 파장길이에 의해 구성된다.

② 색각 이상 아동의 지도

㉠ 선천성 색각 이상은 치료할 수 없는 병이다.

㉡ 색채 지각이 최적으로 이루어질 수 있는 조건을 마련하는 것이 요구된다.

㉢ 조명, 색채, 대비 등을 조정하여 지원한다.

㉣ 망막의 추체에 이상이 있으면, 색채의 식별이 어려울 뿐 아니라 빛에 눈이 부셔하고 현기증을 느끼는 눈부심을 보일 수 있다.

㉤ 회색 렌즈의 특수 안경은 32%만큼 눈을 편안하게 해주고, 초점을 맞추는 데 도움을 준다. 눈부심 방지에 도움이 되고, 사이즈는 대・중・소로 다양하다. 이 렌즈는 100% UV 차단 효과가 있다.

(4) 대비감도

① 물체와 배경 색의 차이를 말하는 것으로, 대비가 높을수록 시감도가 증가한다.

② 대비를 증가시키기 위해서는 보려는 물체의 밑이나 뒤에 물체와 대비가 잘되는 색깔의 물체를 놓으면 된다.

③ 일반적으로 저시각이 되면 높은 수준의 대비가 요구되는데, 대비가 10%만 감소해도 읽기 속도가 50% 정도 감소하며 기타 일상생활에 많은 지장을 받는다.

④ 대비가 잘된 노트와 필기구를 제공하는 것은 기본이며, 교실 바닥과 책상 사이, 교실의 벽과 문 사이, 복도의 바닥과 벽, 계단 등의 대비를 증가시켜 주는 것이 필요하다.

(5) 광감도

① 시각 상태에 따라 광감도가 다르기 때문에 개인별 조도를 조정하여 학업과 생활 활동을 최적의 상태에서 수행해 낼 수 있도록 한다.

② 시각 상태에 따라 과제수행에 필요한 조도에는 차이가 있다. 특히 시각장애 학생이 하는 과제는 근거리 과제이다.

③ 망막변성증은 높은 조도를 요구한다. 망막증과 시신경장애는 넓게 퍼져 나가는 일반 조명에 적응하기 어려운데, 특히 망막색소변성과 당뇨망막병증인 경우 조도가 중요하다. 전등을 2배 정도로 책 가까이에 가져가면, 조명의 밝기는 4배로 증가된다. 이 경우, 조명장치가 있는 확대경 사용이 제안된다.

④ 백색증, 무홍채증은 낮은 조도 혹은 중간 정도의 조도를 선호한다.

⑤ 광감도가 높아 빛에 예민한 경우가 색맹이다.

⑥ 망막에는 빛을 느끼는 부분으로 추체와 간체로 구성된 광수용 세포층이 있는데, 추체는 밝은 빛에 반응하고, 간체는 어두운 빛에 반응한다. 색맹인 경우 간체가 비정상적으로 우세하게 분포되어 있어 희미한 조명에서 시각과제를 가장 잘 수행할 수 있다.

⑦ 색맹, 무수정체안, 백내장, 홍채결손증, 녹내장, 망막색소변성 등을 보이는 아동은 빛에 눈이 부셔하는 정도가 심하거나 눈부심을 보일 수 있다. 따라서 눈부심을 막기 위해 창문에 차광막을 설치하거나 밖에 나갈 때 챙모자나 선글라스를 착용하게 한다.

(6) 안운동

① 안운동이란 안와 내에 있는 6개의 외안근의 작용으로 나타나는 안구의 움직임과 눈의 위치 조정을 포함하는 개념이다.

② 각 눈에는 4개의 곧은근과 2개의 빗근이 있는데, 각 눈의 안근들이 민감하게 조정되면서 두 눈은 같은 물체를 바라보는 양안시가 가능해진다.

③ **사시**: 안근 기능에 이상이 있게 되면, 한쪽 눈 또는 양쪽 눈이 바깥쪽이나 안쪽으로 빗나가 있는 사시가 나타난다.

④ **눈떨림(안구진탕)**: 눈떨림은 규칙적으로 반복되는 눈의 불수의적인 진동으로서, 눈떨림은 한 눈 또는 두 눈에서 나타난다. 눈떨림이 영점(null point)에서 감소된다면, 영점에서 사용할 수 있는 프리즘 렌즈 부착 안경이 처방될 수 있다.

(7) 조절

① 눈의 수정체가 원근의 물체에 초점을 맞추기 위해 그 모양을 바꾸는 것을 조절이라고 한다.

② 시각장애 아동은 보는 거리가 바뀌면 적응하는 데 시간이 걸리는 등의 어려움을 보일 수 있다.

③ 근거리에서 원거리로 또는 원거리에서 근거리로 보는 대상이 달라짐에 따라 정상시력을 가진 아동보다 거리변화에 적응하는 데 시간이 더 소요되기도 한다.

(8) 광각

빛을 느끼고 강도의 차이를 구별하는 능력이다.

① 순응

명순응	어두운 곳에서 밝은 곳으로 나갈 때 눈의 밝기에 순응하는 것을 말하며, 30~40초 소요된다.
암순응	밝은 곳에서 어두운 곳으로 들어갈 때 눈이 어두움에 적응하는 것을 말하며, 처음 5~6분은 추체의 암순응이 일어나고, 다음은 간체의 암순응이 진행되며 약 50~60분 후에 최고에 달한다.

② 광각이상

주맹	명순응장애로 밝은 곳에서보다 어두운 곳에서 더 잘 보이는 것을 말한다.
야맹	암순응장애로 망막색소변성 등으로 생긴다.

기출의 맥

광각과 광감도는 완전히 다른 개념입니다. 각 개념을 정확히 이해했는지 확인해 보세요!

키워드 Pick

02 눈의 구조와 기능

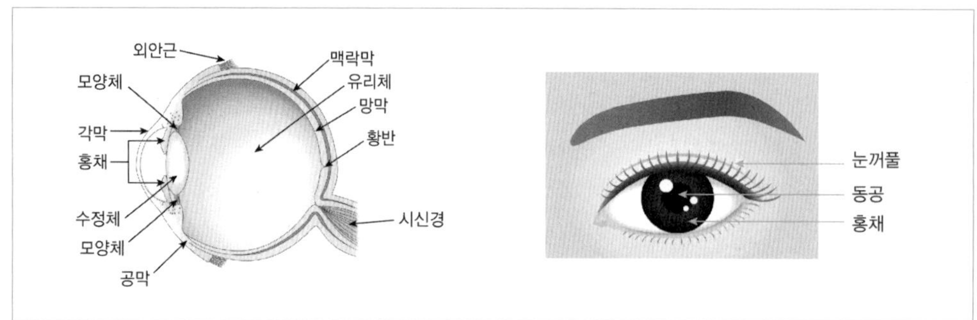

① 안구

구분	내용
외막	외막(outer coat)은 안구의 가장 겉면을 이루는 무혈관성 섬유층으로, 각막과 공막으로 이루어져 있다.
중막	혈관과 색소가 풍부한 포도막을 말하며, 홍채 등으로 이루어져 있다.
내막	안구벽의 가장 안쪽에 있는 투명한 신경조직인 망막을 말한다.
안내용물	수정체, 유리체, 방수 등 안구를 채우고 있는 부분이다.

○ **안구의 구조**

구분	내용
각막	• 홍채 및 동공 앞에 씌워진 투명한 안구벽의 일부로, 눈의 초점작용을 일부 담당한다. • 망막 위에 선명한 상을 만들기 위해서 눈의 표면에 닿는 방대한 양의 빛을 접속하여 안쪽으로 굴절시키는 일의 70%를 담당하고 있다. • 정상적인 각막은 인체조직 중 가장 투명한 조직의 하나인데, 병에 걸리거나 다치면 흐려져서 보지 못하게 된다.
동공	• 홍채의 중심부에 있는 구멍으로 안구 안에 들어가는 빛의 양을 조절한다. 동공의 크기는 홍채에 의해 조절된다.
홍채	• 각막 뒤에 있는 수축성의 막으로, 눈에 들어오는 빛의 양을 조절한다. • 홍채에는 색소가 있어 불투명하며 카메라의 조리개처럼 열리고 닫히며 눈에 들어오는 빛의 양을 조절한다. • 밝은 곳에서는 닫아 동공을 통해 들어오는 빛의 양을 줄이고, 어두운 곳에서는 크게 열어 빛의 양을 늘린다.
방수 (수양액)	• 수정체와 각막 사이에 있는 액으로 각막에 영양을 공급한다.

수정체	• 수정체는 홍채 뒤의 유리체가 시작되는 부분에 매달려 있고 이것을 둘러싸고 있는 모양체와 그물코 모양의 가름한 섬유로 연결되어 있다. • 그물 모양의 소섬유로 수정체낭과 연결되어 있는 모양체근에 의해 모양이 바뀐다. 모양체근이 수정체를 조절하는 것은 빛을 망막 위에 똑바로 모으기 위해서이다.
모양체	• 대상의 원근에 따라 수정체의 모양을 조절한다.
초자체 (유리체)	• 수정체와 망막 사이의 공동부에 있는 투명한 젤리 같은 액으로, 안구 내용물의 대부분을 차지한다. 초자체액(유리체액)은 투명한 젤리물질로, 눈을 채우고 있어 안구의 모양이 유지되도록 한다.
공막과 결막	• 공막은 눈의 흰자위 부분으로 안구의 두꺼운 보호막이고, 결막은 유연한 보호막의 역할을 하며 전안부와 하나가 되어 눈꺼풀 안까지 뻗쳐 있다.
맥락막	• 공막과 망막 사이에 있는 중간막으로, 망막 외층에 혈액과 영양을 공급한다.
망막	• 안구의 외벽을 이루는 내막으로, 빛을 느끼는 간상체와 추상체가 있다. • 망막은 눈 내부 표면의 약 65%를 차지하고 있으며, 망막에 있는 광수용세포가 빛의 에너지를 신호로 바꾸고, 이 신호가 시신경에 의해 뇌로 보내진다. 혹자는 이런 의미에서 망막을 뇌세포의 일부라고 표현하기도 하였다. • 망막의 중앙에는 중심와라는 작고 오목한 부분이 있는데, 이는 눈 가운데서 가장 잘 보이는 부분이다.
광수용체 16초, 18중	• 망막의 내면에 있는 감광색소를 포함한 세포로, 빛을 흡수하면 이 색소에 반응이 일어난다. • 광수용체에는 간체와 추체가 있는데, 간체는 곧고 가늘며 추체는 둥글다. 간체는 어두운 곳에서 볼 때 사용되고 추체는 밝은 곳에서 물건을 자세히 볼 때 사용된다.
간체	• 가름한 막대모양의 광수용체로 약한 빛에 감응하며 흑백으로 식별한다.
추체	• 망막에 있는 추상의 광수용체로 색각과 세부를 식별하는 기능을 관장하는 세포이다.
중심와	• 망막의 황반 중심부에 있는 오목한 부분으로 추상체만을 포함하고 있으며 시력을 관장한다.
맹점	• 시신경섬유가 망막에서 나가는 부위로, 이 맹점에는 간상체도 추상체도 없다. 따라서 빛에 대한 반응이 일어나지 않는다.

키워드 Pick

② 눈 부속기관

안와	• 얼굴의 정중선 양측에 있는 7개의 뼈(전두골, 관골, 상악골, 누골, 접형골, 사골, 구개골)로 둘러싸인 앞면을 기저로 한 피라미드형의 공간이다. • 안구를 보호하는 기능을 한다.
눈꺼풀	• 안구와 안와를 덮고 있는 부분이다. • 조직은 제일 바깥층인 피부층, 근육층, 눈꺼풀판(검판)과 결막의 4층으로 구성되어 있다. • 위눈꺼풀과 아래눈꺼풀이 있고, 눈을 뜨면 위눈꺼풀과 아래눈꺼풀 사이에 타원형의 공간이 생기는데, 이것을 검열이라 하며, 검열 주위에는 첩모가 있다.
결막	• 눈꺼풀의 뒷면(검결막)과 안구의 앞면(구결막)에 있는 투명한 점막을 말한다. • 결막은 검결막, 구결막, 원개결막(검결막과 구결막을 연결)으로 구성되어 있다. • 결막에 있는 덧눈물샘에서 분비되는 점액과 눈물은 결막과 각막의 표면을 매끄럽게 만들어 눈꺼풀과 안구의 운동이 잘 이루어지게 한다. • 안신경의 지배를 받고, 림프샘이 풍부하며, 통증섬유는 적게 분포한다.
눈물기관	• 눈물은 결막 내의 습기보존, 건조방지, 각막의 건조방지, 각막에 산소공급, 눈물 속 리소자임(lysozyme) 효소를 통해 결막 내의 세균을 분해하거나 증식을 억제하며, 눈꺼풀과 안구 사이의 마찰을 감소시키기도 한다.
외안근	• 안구를 움직이는 여섯 개(직근 4개 + 사근 2개)의 근육을 말하는 것으로, 만약 외안근에 이상이 있는 경우, 한 가지 상이 지각되도록 양 눈이 같은 사물을 동시에 보는 양안시에 문제가 일어날 수 있다. 사시는 한쪽 눈 또는 양쪽 눈이 바깥 또는 안쪽으로 빗나가 있어서 양 눈으로 한 사물을 볼 때 초점을 맞출 수 없는 경우를 말한다. 직근: – 약 40mm / – 수직 · 수평운동, 폭주와 개산운동 / – 내직근, 외직근, 상직근, 하직근 사근: – 회전, 운동, 안구 과도 운동 제어 / – 상사근, 하사근

③ 시신경계와 시로

1. 시신경과 시로

시신경	• 보는 것: 망막에 맺힌 상 → 시신경 → 뇌로 전달 • 빛 → 망막 → 시세포 → 전기자극 → 망막의 신경절세포 순으로 전달 • 시신경섬유는 중추신경계이므로 슈반초(schwann sheath)가 없어서 재생능력이 없음 • 시신경섬유 중 80%는 시섬유이고 20%는 동공섬유임
시로	• 망막에서부터 대뇌 후두엽에 있는 시각중추에 이르기까지 신경섬유의 경로 • 시신경–시신경 교차–외측슬상체–시방선–시각중추로 구성

2. 시각 정보처리

시신경	망막으로부터 빛이 일으킨 전기적인 에너지를 뇌까지 전달하는 신경절세포섬유의 다발이다.
시신경 교차	좌우의 눈에서 하나씩 나온 두 시신경의 교차부로 좌우에서 온 시신경섬유의 각 절반이 교차하여 다른 쪽의 눈에서 온 절반과 합류한다. 새로 만들어진 두 신경의 다발은 외측슬상체에 이른다.
외측슬상핵	망막에서 나온 시신경섬유가 통과하는 뇌 안의 중간 부분이다.
시각피질	대뇌피질 중 후두엽은 주로 눈으로부터 신호해독을 관장하는 부분이다.

맥 Plus

특수교사가 알아야 할 눈의 주요 부위와 관련 안질환

눈의 주요 부위		주요 기능	대표 안질환	시력과 시야장애
외막	각막	창의 기능, 굴절 기능	각막 궤양, 각막외상, 원추각막	각막 혼탁으로 시력저하
중막	홍채	빛의 양 조절기능	무홍채증, 홍채염	눈부심으로 시력저하
내막	망막	물체 상이 맺히는 필름 기능	망막색소변성증	초기 주변부 시야손상, 중심부 시야손상으로 진행하면 시력저하 동반
			황반변성	중심부 시야손상, 중심부 시야손상으로 인한 시력저하
			당뇨병성 망막병증	불규칙적 시야손상, 중심부 시야손상이 있으면 시력저하 동반
			미숙아망막병증	주변시야손상, 중심부 시야손상이 있으면 시력저하 동반
안 내용물	수정체	굴절 기능	근시, 원시, 난시	굴절 이상으로 시력저하
		창의 기능	백내장	수정체 혼탁으로 시력저하
	방수	안구 내압 유지	녹내장	녹내장을 일으키는 원인
시신경과 시로	시신경	망막에 맺힌 시각 정보를 뇌로 전달	녹내장	주변시야손상, 중심부 시야손상으로 진행하면 시력저하 동반
			시신경 위축	시신경 위축 위치에 따라 시야손상과 시력저하
	시로		시로장애	1/2 반맹 시야손상, 1/4 반맹 시야손상
안 부속기	외안근	안구 운동	사시	양안시 어려움으로 시력저하
			안진	초점 유지의 어려움으로 시력저하

키워드 Pick

기출의 맥

안질환별 교육적 조치를 충분히 읽고 폭넓게 정리해 두어야 합니다. 안질환별 교육적 조치를 보면 모든 안질환에 공통적으로 적용되는 원리가 있습니다. 그리고 각 안질환의 특성에 따른 특징적인 조치들이 있고, 이 내용들을 정확히 알아두는 것이 중요합니다.

기출 LINE

9초) 가까이 있는 사물은 볼 수 있지만 멀리 있는 사물은 거의 보지 못한다. → 사회 교과서를 읽을 때 오목렌즈 안경을 사용하도록 지도한다.

03 안질환과 교육적 조치

① 각막과 수정체 역기능으로 인한 굴절 이상

1. 근시(myopia) 09초

(1) 의미 및 특징

① 가까운 곳이 잘 보이고 먼 곳이 잘 보이지 않는 것을 말한다. 즉, 눈에 들어오는 평행광선이 각막이나 수정체를 통과하여 망막까지 도달하지 못하고 바로 앞의 초자체 내에 초점을 맺는 것이다.

② 근시는 수정체와 각막이 빛을 망막 위에 접속시킬 수 없을 정도로 안구가 너무 길어져 먼 곳에서 오는 광선이 망막의 전방에 상을 맺는 경우이다.

③ 가까운 물체는 명확히 볼 수 있으나 먼 거리에 있는 목표물은 희미하게 보인다.

④ 오목렌즈는 광선을 조금 확산시키므로, 그것을 사용하면 상이 후퇴하여 망막 위에 맺히게 된다.

⑤ 일반적으로 −2.0디옵터 이하를 경도, −2.0~−6.0디옵터를 중등도, −6.0디옵터 이상을 고도근시라고 한다.

⑥ 굴절 수술요법으로 각막이나 수정체를 교정할 수도 있고, 교정안경이나 콘택트렌즈를 써서 들어오는 빛을 굴절시켜 원점에서 들어오는 빛과 동일한 각으로 눈에 들어오게 만들 수도 있다.

(2) 교육적 조치

① 책을 읽을 때 오목렌즈를 사용하도록 한다.

② 일정시간 동안 책을 읽은 후에는 5~10분 정도 눈을 쉬게 하는 것이 좋다.

③ 근시아동은 칠판의 글씨를 잘 보지 못하기 때문에 앞좌석에 앉게 한다.

④ 높이를 조절할 수 있는 책상을 사용하여 읽거나 쓸 때, 바른 자세를 유지하도록 한다.

⑤ 학생에게 주는 인쇄물은 글자크기가 적당하고 선명한 대비가 이루어진 것이어야 한다.
⇨ 각 아동에게 알맞은 글자크기나 대비를 파악하기 위하여 학습매체평가를 실시한다.

⑥ 고도근시아동의 경우 신체적 운동, 즉 권투나 레슬링과 같은 운동에 참가하기 전에 안과의사에게 문의한다.

2. 원시(hyperopia)

(1) 의미 및 특징

① 평행광선이 망막 뒤에 결상되는 것으로, 망막 뒤에 맺은 초점을 망막 위에 맺게 하기 위해 볼록렌즈를 사용한다.

② 원시에는 축성 원시와 굴절성 원시가 있다.

③ 원시는 안구가 짧아, 멀리 있는 물체라도 정확하게 상을 맺기 위해서는 수정체가 조절을 행해야 한다.

④ 가까운 것을 볼 때는 수정체의 조절이 잘되지 않으므로 망막의 뒤에 상이 생기고 만다. 그래서 볼록렌즈를 사용하여 상이 망막 위에 맺히게 한다.

(2) 교육적 조치

① 원시학생이 오랫동안 책을 읽으면 눈의 피로, 두통 등을 느끼므로 장시간 동안 독서하지 않도록 한다.

② 일부 학생은 확대경, 망원경, CCTV와 같은 저시력기구를 사용하도록 지도한다.

3. 난시(astigmatism)

(1) 의미 및 특징

① 모든 방향으로 각막을 통과한 빛의 굴절력이 균일하지 않고 눈의 경선에 따라 차이를 보이는 상태로, 굴절면이 정구형이 아니어서 평행광선이 점으로 맺히지 않고 두 점 혹은 그 이상의 초점을 갖는 것이다.

② 난시는 정난시(규칙난시)와 부정난시(불규칙난시)로 나뉜다.

③ 각막과 수정체의 표면이 매끄럽지 못할 때 망막에 맺힌 상이 흐려지거나 왜곡되는 현상을 말한다.

(2) 교육적 조치

원시와 유사한 점이 있으나 다음과 같은 점에 유의하는 것이 좋다.

① 어린 학생은 글자와 숫자를 혼동할 수 있다.

② 시각적 활동을 한 이후에 또는 오후에는 눈의 피로를 느끼므로 충분히 쉬도록 한다.

맥 Plus

약시에 대한 교육적 조치

① 교정하여도 시력이 좋지 않고 좋은 쪽 눈으로만 보는 경향에 따른 시력저하 문제를 가질 수 있으므로, 시력, 대비감도, 대비선호 등의 시각평가를 실시할 필요가 있다.

② 굴절 이상은 안경이나 콘택트렌즈로 교정하고, 사시는 좋은 쪽 눈을 가리고 사시가 있는 나쁜 쪽 눈을 사용하는 기회를 제공하며, 학습자료를 적합한 글자크기의 선명한 자료로 만들어 주거나 적합한 배율의 확대경을 통해 선명한 상을 보는 기회를 제공하는 것이 약시 예방과 치료에 도움이 될 수 있다.

③ 좋은 쪽 눈만 사용하는 단안시로 인해 깊이 지각에 어려움이 있을 수 있어 보행할 때 길가의 웅덩이, 파인 곳, 계단 등에서 발을 헛딛지 않게 유의하도록 한다.

④ 교실에서 자리 배치 시에 두 눈 중 기능성이 좋은 눈을 사용할 수 있는 곳에 자리를 배치한다. 예를 들어, 우측 눈이 더 좋다면 우측 눈은 우측 시야 90° 좌측 시야 60°가 정상임을 고려하여 교실 중앙이나 약간 좌측에 자리를 배치하는 것이 좋다.

키워드 Pick

② 각막 질환

1. 각막염(keratitis)

① 세균이나 바이러스 또는 진균에 의한 감염성 염증 증상(가장 빈도수 높음)과 세균성 염증 증상이다.
② 일상생활이나 업무 중에 작은 손상을 입은 후 병원균에 의해 각막이 깊이 패이고, 심한 염증이 생기는 경우가 많다.
③ 각막간질까지 패이게 되는 것을 각막궤양이라 하는데, 더 심해지면 각막이 뚫리는 각막천공도 생길 수 있다.

2. 각막외상

① 학령기 아동의 중요한 시각장애 원인 중 하나이다.
② 가장 흔한 눈의 외상은 상해, 타박상, 이물질, 화상 등에 의해서 발생한다.

3. 원추각막

(1) 의미 및 특징

① 각막 중심부가 서서히 얇아져서 원뿔 모양으로 돌출되는 질환이다.
② 주된 증상으로는 각막의 돌출로 인해 난시가 심해지고, 원거리 시력이 점차 떨어지는 것이다.
③ 다운증후군, 망막색소변성, 무홍채증, 마판증후군 등에 합병되는 경우가 많다.
④ 콘택트렌즈로도 시력교정이 안 되는 경우에는 각막이식수술이 요구된다.

(2) 교육적 조치

① 원추각막은 시력과 대비감도 감소에 큰 영향을 미치므로, 시력, 대비감도, 대비선호, 조명선호 및 눈부심 등의 시각평가를 실시할 필요가 있다.
② 원추각막의 진행 정도에 따라 난시교정을 위해 안경이나 콘택트렌즈를 착용하는 것이 시력 개선에 도움이 될 수 있다. 콘택트렌즈를 사용하는 경우 콘택트렌즈와 각막 간의 마찰로 인해 각막손상이 더 심해지지 않도록 안과의사의 처방에 따라 주의해서 착용하는 것이 필요하다.
③ 원추각막이 각막 중심부에서 일어나면 심각한 시력저하가 일어날 수 있다.
④ 눈부심에 민감하므로 빛이 고루 퍼지는 조명기구를 사용하는 것이 도움이 될 수 있다.
⑤ 각막 혼탁으로 대비감도 감소가 일어나면 고대비 자료의 제공, 대비조절 기능이 있는 확대독서기 사용이 도움이 될 수 있다.
⑥ 난시가 발생하여 이미지를 볼 때 너울거리거나 여러 개로 보이는 문제로 인해 안피로나 어지러움을 느낀다면 주기적인 휴식을 허용한다.
⑦ 원추각막을 진행시킬 수 있는 안면 접촉이 일어나는 운동이나 불소 처리된 수영장에서의 수영, 눈을 비비는 행위 등을 자제하도록 한다.

4. 각막 혼탁

(1) 의미 및 특징

① 각막 혼탁을 일으키는 원인은 각막 궤양, 각막 외상, 각막 실질염 등 다양하며, 각막의 혼탁은 각막의 전체 또는 특정 위치에 발생할 수 있어 혼탁 부위를 확인해야 한다.

② 각막 주변부에 가볍게 발생한 혼탁은 시력에 큰 영향을 미치지 않지만 각막 중심부에 발생한 심한 혼탁은 현저한 시력저하를 가져올 수 있다.

(2) 교육적 조치

① 각막 혼탁은 시력과 대비감도 감소에 큰 영향을 미치므로, 시력, 대비감도, 대비선호, 조명선호 및 눈부심 등의 시각평가를 실시할 필요가 있다.

② 시력저하로 일반 자료를 읽기 어려운 경우에 확대 자료나 확대경 같은 확대기를 사용하도록 한다.

③ 각막 혼탁 부위를 확인하여 혼탁이 덜한 부분으로 보는 것이 도움이 될 수 있다. 각막 중심부에 심한 혼탁이 있다면 중심외 보기가 필요할 수 있다.

④ 각막의 혼탁으로 대비감도가 저하된 경우에 고대비 자료의 제공, 대비를 높여 주는 착색 렌즈나 대비조절 기능이 있는 확대독서기를 사용할 수 있다.

⑤ 비정상적인 각막 표면으로 인해 눈부심이 있는 경우, 빛이 고루 퍼지는 조명기구를 사용하고, 조명등이 학생의 눈 앞쪽보다 뒤쪽에 위치하도록 자리 배치하며, 착색 렌즈를 착용하는 것이 도움이 될 수 있다.

③ 중막 관련 질환

1. 무홍채증(aniridia) 13초

(1) 의미 및 특징

① 선천적인 유전성질환으로 홍채의 일부만 있거나 홍채가 자라지 않은 경우를 말한다.

② 무홍채증은 홍채가 없거나 정상적으로 자라지 않아 동공이 크게 열려 있어 항상 빛이 많이 들어오며, 이로 인해 심한 눈부심 문제와 시력저하를 가져온다.

③ 각막 혼탁, 백내장, 녹내장, 사시, 약시 같은 질환을 동반할 수 있으므로 이들 질환의 동반 여부를 확인하는 것이 필요하다.

키워드 Pick

(2) 교육적 조치

① 근거리 작업을 하는 동안 눈의 피로, 두통 또는 불쾌감이 나타나므로 약 40~50분 동안 작업을 한 후에 10분 정도 쉬도록 한다.

② 글자와 종이의 대비가 잘 되도록 학습자료를 제작한다.

③ 무홍채증 학생에게 맞는 저시력기구(핀홀, 콘택트렌즈, 색안경 등)를 사용하도록 지도한다.

④ 안구진탕이 있으면 의사에게 진료를 받도록 한다.

⑤ 차양이 있는 모자와 색안경을 착용하도록 한다.
⑥ 창문을 통해 들어오는 빛을 등지고 앉게 한다.
⑦ 밝은 조명보다 약간 어두운 조명이 좋다.
⑧ 유진성질환이기 때문에 유진상담이 필요하다.
⑨ 무홍채증은 시력저하와 눈부심에 큰 영향을 미치므로 시력, 대비감도, 대비선호, 조명 선호 및 눈부심 등의 시각평가를 실시할 필요가 있다.
⑩ 홍채의 결손 정도에 따라 시력저하 정도가 다양하며 시력이 20/100～20/200 정도인 경우가 많다. 만일 녹내장, 백내장, 각막 혼탁을 동반하게 되면 시력이 더 저하될 수 있다.
⑪ 홍채의 역할을 대신할 수 있는 착색 렌즈나 홍채 콘택트렌즈를 사용하면 눈으로 들어오는 빛의 양을 줄일 수 있다.
⑫ 보통 수준의 조명에서도 조명등을 눈에 직접 비추는 것 같은 눈부심 문제를 가질 수 있기 때문에 조명의 밝기를 보통 이하로 낮추는 것과 조명의 밝기변화에 적응하는데 시간을 주는 것이 필요하다.
⑬ 각막 혼탁이나 백내장을 동반하면 시력, 눈부심, 색 지각 등에 더 큰 어려움을 가질 수 있고, 녹내장을 동반하면 시야 감소, 야맹증, 대비감도 저하 등의 문제를 보일 수 있다.
⑭ 실내·외 모두에서 착색 렌즈를 착용하거나 창문에 블라인드를 설치하거나 야외에서 챙 있는 모자를 쓰는 것이 도움이 될 수 있다.
⑮ 전체 조명기구는 빛이 고루 퍼지는 조명을 사용하고 형광등에 루버를 부착하여 빛이 직접 눈에 비치지 않도록 하는 것이 좋다.
⑯ 교실에서 형광등에서 떨어진 곳이나 형광등이 눈 앞이 아닌 뒤쪽에 위치하도록 자리를 배치하거나 창을 등진 자리에 배치하는 것이 눈부심을 줄일 수 있다.
⑰ 교사가 창문이나 광원 앞에서 지도를 하게 되면 학생은 교사를 바라볼 때 빛을 마주 보아야 하는 문제가 발생하므로, 교사는 창문이나 광원 앞에 서 있거나 그곳에서 교구를 제시하지 않도록 한다.
⑱ 형광등 불빛에 의한 이차 반사가 흰색 칠판보다 검정색 계열의 칠판에서 감소할 수 있다. 흰색 칠판을 사용할 수밖에 없다면 가능한 한 굵은 검정색 마커로 판서하는 것이 도움이 된다.
⑲ 인쇄책을 읽을 때도 종이로부터 반사되는 빛의 양을 줄이고 대비를 높여 주기 위해 타이포스코프를 사용할 수 있다. 인쇄 자료를 출력하거나 필기할 때도 반사가 적은 재질의 담황색 종이를 사용하는 것이 도움이 될 수 있다.
⑳ 학습자료나 교구도 검정색 매트나 종이 위에 놓고 보면 책상으로부터 반사되는 눈부심을 줄이고 대비도 높일 수 있다.
㉑ 컴퓨터, 스마트기기 등의 모니터도 밝기를 표준 이하의 밝기로 설정하고, 화면도 검정색 배경에 흰색 글자로 설정하는 것이 도움이 될 수 있다.

2. 베세트병(behcet's disease)

실명률이 높은 안질환으로, 눈뿐만 아니라 전신의 여러 장기조직을 침범하는 만성질환이다. 주로 20~30세에 발병하며, 여성보다 남성에게 많이 나타난다.

④ 수정체 질환(수정체 혼탁)

1. 선천성 백내장(congenital cataract) 13초, 09 · 14중

(1) 의미 및 특징

① 백내장은 수정체가 혼탁해지는 것으로, 이로 인해 시력저하가 일어난다.
② 백내장으로 수정체 혼탁이 일어나면 마치 안개 속에서 사물을 바라보는 것처럼 흐릿하고 뿌옇게 보이게 된다.
③ 백내장의 유형과 진행 정도에 따라 수정체 혼탁의 위치와 정도가 다를 수 있으며, 시력저하 정도도 다양할 수 있다.
④ 일반적으로 선천성 백내장은 정지성질환으로 시력이 유지되는 편이다.

(2) 교육적 조치

① 직사광선이나 광택이 있는 표면으로부터 눈부심을 피하게 한다.
② 글자와 종이의 색깔이 적절한 대비를 이룬 학습자료를 사용한다.
③ 각 아동에게 알맞은 글자의 크기나 대비를 파악하기 위하여 학습매체평가를 실시한다.
④ 근거리, 원거리 활동에 저시력기구를 제공하고 적절한 훈련을 실시한다.
⑤ 책을 읽을 때 독서대를 사용하도록 한다.
⑥ 시력은 백내장의 위치, 크기, 정도에 따라 다르므로 백내장이 수정체 가장자리에 있는 아동에게는 높은 조명을, 중심부에 혼탁이 있는 아동에게는 낮은 조명을 사용하도록 한다.
⑦ 안경을 착용하면 일반적으로 중심시력이 향상되지만 주변시력은 감소되어 보행에 영향을 주므로 보행교육을 실시한다.
⑧ 선천성 백내장의 약 1/3은 유전성이므로 유전상담이 필요하다.
⑨ 수정체 혼탁으로 시력과 대비감도 저하에 큰 영향을 미치므로 시력, 대비감도, 대비선호, 조명선호 및 눈부심 등의 시각평가를 실시할 필요가 있다.
⑩ 시력저하 정도에 따라 확대 자료, 확대경 같은 확대기기의 사용이 필요할 수 있다.
⑪ 수정체 혼탁에 따른 대비감도 저하로 명도나 색상 대비가 낮은 자료를 보기 어려운 경우에 고대비 자료의 제공, 착색 렌즈나 아세테이트지 사용, 대비조절 기능이 있는 확대독서기 사용이 필요할 수 있다.
⑫ 눈부심이 있을 수 있으므로, 태양광이 직접 눈에 비치지 않는 곳에 자리를 배치하거나 착색 렌즈나 챙이 있는 모자를 착용하는 것이 도움이 될 수 있다.

기출 LINE

9중) 백내장이 수정체 가장자리에 있는 경우, 고도 조명을 제공한다.

기출의 맥

백내장의 위치에 따른 중재를 잘 이해해 두세요!

키워드 Pick

⑬ 백내장은 한 눈 또는 두 눈에 발생할 수 있으며, 수정체 혼탁 부위도 다양하므로 혼탁 부위를 확인하는 것이 필요하다. 특히 중심부 백내장으로 인해 중심부 혼탁이 심한 경우에는 중심시력의 현저한 저하가 일어나서 혼탁이 덜한 쪽으로 보는 중심외 보기가 필요할 수 있다.

⑭ 수정체 중심부에 혼탁이 있는 백내장은 낮은 조명을, 수정체 주변부에 혼탁이 있는 백내장은 높은 조명을 선호하므로, 수정체 혼탁 부위를 고려하여 교실에서의 자리 배치와 개인 조명기구지원 여부를 결정할 필요가 있다.

⑮ 높은 조명을 선호하는 주변부 백내장학생의 경우라도 눈부심을 느낄 수 있으므로 조명등의 광원이 눈에 직접 비추지 않고 학습자료를 향해 비추도록 해야 하고, 조명 등이 학생의 눈앞에 위치하는 것보다 학생 뒤쪽에 위치하도록 조명기구의 위치나 자리 배치를 조정하는 것이 필요할 수 있다.

2. 후천성 백내장(acquired cataract)

① 노인성 백내장(senile cataract)은 연령이 증가함에 따라 조직의 노화로 수정체섬유 단백질의 양이 많아지면서 수정체가 혼탁해지고, 점차적으로 시력저하 증상이 나타나는데, 동통의 염증은 없다.

② 외상성 백내장은 외상이나 타박상으로 수정체가 파열되거나 혼탁해지는 경우에 발생한다. 사회가 복잡해짐에 따라 외상성 백내장에 의한 시각장애인의 수가 증가하고 있다.

5 방수에 의한 질환 10중

1. 원발성 녹내장(primary glaucoma)

① **개방성 녹내장**: 전방각의 넓이는 정상이지만 섬유주의 장애로 방수의 유출이 잘 이루어지지 않아 안압이 상승하는 것을 말한다.

② **폐쇄각 녹내장**: 홍채근부가 각막과 접촉되고 전방각이 폐쇄되어 방수의 유출이 잘 되지 않아 발생한다.

기출 LINE

10중)
- 터널 시야와 야맹 증세가 나타난다.
- 안구가 늘어나고 각막이 커지기 때문에 거대 각막이라고도 한다.
- 시야가 좁은 학생은 보행에 어려움이 있으므로 보행 지도를 한다.
- 약물을 복용하는 학생은 감각이 둔해질 수 있으므로 감각 훈련을 실시한다.

2. 속발성 녹내장(secondary glaucoma)

홍채염, 모양체염, 수정체 이상, 안저출혈, 안종양 등이 원인이 되어 2차적으로 발생하는 것을 말한다. 주로 전방각이나 섬유주의 폐쇄로 방수유출에 장애가 발생한다.

3. 선천성 녹내장(congenital glaucoma) 22유, 13초, 10 · 14 · 16중

(1) 의미 및 특징

① 전방각 조직의 형성 이상으로 방수가 유출되지 않아 안압이 상승하는 것으로, 각막과 공막이 충분히 발육되지 않은 출생 시 또는 생후 1년 이내에 발생한다.

② 안압이 상승하면서 시신경이 눌리거나 혈액 공급이 원활하게 되지 않아 시야가 좁아지거나 시력이 떨어지다가 최악의 경우 실명하게 되는 질환이다.

③ 시신경은 망막에 맺힌 시각 정보를 뇌로 전달하는 기능을 하는데, 시신경이 손상되면 망막의 정보가 뇌로 전달되지 못하여 사물의 일부가 보이지 않는 시야장애가 일어난다.

④ 녹내장의 경우 주변부 시신경부터 손상되므로 주변부 시야장애가 일어나더라도 중심시력은 영향을 받지 않아 시력저하가 크지 않을 수 있다. 그러나 선천성 녹내장은 시신경손상이 주변부에서 중심부까지 진행하여 심각한 시야손상 및 시력 감소를 동반하는 경우가 많다.

⑤ 안구의 내압 상승으로 각막이 늘어나면서 안구가 정상크기보다 팽창하여 소의 눈처럼 보인다고 하여 우안증이라고도 부른다.

⑥ 녹내장이 진단되면 약물이나 수술 등을 통해 더 이상 시신경이 손상되지 않도록 관리하는 것이 무엇보다 중요하다.

⑦ 조기발견이 중요한 이유는 효과적인 약물치료의 가능성이 크기 때문이다. 녹내장으로 진단되면 약물로 안압을 떨어뜨리는 치료를 하게 된다. 만약 압력을 줄이지 못하는 경우 홍채절제술로 홍채에 작은 구멍을 내어 수양액이 눈 밖으로 흐를 수 있도록 하여 압력을 감소시킬 수 있다.

(2) 교육적 조치

① 정상 안압을 유지하기 위하여 안약을 사용하도록 한다. 그러나 동공이 팽창되어 심한 눈부심을 느낄 수도 있으므로 세심한 관찰이 필요하다.

② 정확한 시간에 안약을 넣어야 하므로 교사는 수업 중에도 약을 넣도록 지도한다.

③ 약물을 복용하는 아동은 감각이 둔해질 수 있으므로 감각 훈련을 실시한다.

④ 녹내장이 진행되어 시야가 좁아진 아동은 독서할 때, 읽는 줄을 자주 잃으므로 타이포스코프를 사용하도록 한다.

⑤ 시야가 좁은 경우, 보행에 어려움이 있으므로 보행 지도를 실시한다.

⑥ 특히 밝은 빛에는 눈부심을 호소하므로 책을 읽을 때 아동에게 맞게 빛의 양을 조절한다.

⑦ 피로와 스트레스로 안압이 상승할 수 있으므로 스트레스를 받지 않도록 주의시킨다.

⑧ 선천성 녹내장은 시야장애와 이로 인한 시력저하를 동반할 수 있으므로, 시야, 시력, 대비감도, 대비선호, 조명선호 및 눈부심 등 시각평가를 실시할 필요가 있다.

⑨ 녹내장은 진행성질환이므로, 지속적인 시야와 시력 감소로 특수교육지원 요구가 변할 수 있으므로 정기적인 평가와 학습매체평가를 실시하는 것이 필요하다.

⑩ 학교에서 학생이 의사의 처방에 따라 안압을 낮추는 약물과 안약을 정해진 시간에 투약하고 있는지 확인하는 것이 필요하다.

⑪ 안압 상승으로 각막이 늘어나 안구가 커지면서 각막 혼탁이나 굴절 이상이 생길 수 있으므로 안경 교정이 부분적으로 도움이 될 수 있으며, 각막 혼탁으로 시력 및 대비감도 저하가 일어나면 확대 자료, 확대기기, 고대비 자료를 제공하는 것이 도움이 될 수 있다.

키워드 Pick

⑫ 보통 이상의 조명 밝기를 선호할 수 있으나 눈부심을 느끼므로 빛이 고루 넓게 퍼지는 조명기구를 사용하고 광원이 직접 눈에 비추지 않도록 하며, 착색 렌즈를 착용할 수 있다.

⑬ 암순응에 적응하는 데 어려움이 있을 수 있어 조명변화에 적응할 시간을 주도록 한다.

⑭ 시신경손상으로 야맹증이 있을 수 있으므로, 야맹증이 심한 경우에는 야간에 흰지팡이를 사용하도록 보행교육을 할 수 있다.

⑮ 주변부 시야손상이 큰 경우 가운데 자리가 적절하고, 좌・우측의 시야손상 차이가 큰 경우 잔존시야를 보다 효율적으로 활용할 수 있는 쪽에 자리 배치를 하는 것이 필요하다.

⑯ 안압으로 인한 안피로를 호소하면 읽기나 과제수행을 멈추고 주기적인 휴식을 취하는 것을 허용한다.

⑰ 중심부 시야까지 손상되어 심한 시력저하를 동반하게 되면 확대 자료나 확대기기를 사용하도록 하고, 확대해도 읽기가 어려워지면 점자를 익히도록 한다.

⑱ 주변시야손상이 심해지면 물체가 시야에 모두 들어오지 않아 무엇인지 확인하기 어려우므로 사물과 눈 간의 거리를 좀 더 멀리하면 사물 전체가 시야에 들어올 수 있다.

⑲ 주변시야손상 정도에 따라 추시, 추적, 주사 등의 시기능 훈련을 실시하는 것이 필요할 수 있다.

○ 유아기 녹내장의 특징

구분	내용
신체적 특징	• 출생 시나 생후 3년 이내 시작된 녹내장을 말함
의학적 처치	• 수술
원인	• 유전성으로, 대개 상염색체 열성임
영향	• 광선 공포증 • 안압 증가 • 눈 안의 유두에 손상을 줌 • 잡아 찢는 것 같은 고통을 줌 • 각막의 지름이 증가 • 각막 불투명 • 전방부의 전반적인 확대
시각보조구	• 잔존시각이 있다면 뚜렷한 대조와 조명이 도움이 됨
교육 시 고려사항	• 영사기가 도움이 됨 • 눈을 가까이 대고 하는 작업에서 눈의 피로가 발생하고 깊이 지각에서 어려움을 가짐

6 망막 질환

1. 당뇨망막병증(diabetic retinopathy) 20초, 16중

(1) 의미 및 특징

① 당뇨망막병증은 오랜 당뇨병으로 망막까지 손상을 입게 되어 발생한다.
② 당뇨병이 진행되어도 황반부에 문제가 없으면 시력저하가 크지 않을 수 있으나 황반부까지 문제가 생기면 상당한 시력저하와 실명까지 초래할 수 있다.
③ 당노병의 초기에 혈당 조절이 잘 이루어지면 망막병증의 발생을 지연시킬 수 있으므로, 철저한 혈당 조절로 망막병증의 진행과 시력저하를 늦추는 것이 필요하다.
④ 망막의 혈관에서 출혈이 생기거나 망막이 벗겨져 떨어지는 망막박리가 생길 수 있다. 따라서 정기적인 안과검진과 혈당 조절이 절대적으로 중요하다.

(2) 교육적 조치

① 인슐린 의존형일 경우에는 매일 인슐린을 맞도록 격려한다.
② 점차 촉각이 둔해지므로 듣기교재를 사용하도록 한다.
③ 화면읽기 프로그램을 익혀 사용할 수 있도록 지도한다.
④ 의사와 상의하여 신장병과 말초혈관장애로 합병증이 있는가를 관찰, 지도한다.
⑤ 발에 감각이 없을 경우, 신발을 신을 때 이물질(모래 등)이 없는지를 살펴본 후 신도록 지도한다.
⑥ 당뇨병은 시력저하와 시야 여러 부위에 암점이 나타날 수 있으므로, 시야, 시력, 대비감도, 대비선호, 조명선호 및 눈부심 등의 시각평가를 실시할 필요가 있다.
⑦ 당뇨병성 망막병증은 진행성질환이므로, 지속적인 시야와 시력 감소로 특수교육지원 요구가 변할 수 있으므로 정기적인 시각평가와 학습매체평가를 실시하는 것이 필요하다.
⑧ 학생이 학교에서 혈당 관리를 할 수 있도록 혈당 체크와 혈당 조절을 위한 식이요법을 지원할 필요가 있다.
⑨ 눈부심에 민감하므로 빛이 고루 퍼지는 조명을 사용하고, 색 지각의 감소가 나타나면 고대비 자료의 제공이나 대비조절 기능이 있는 확대독서기를 사용할 수 있다.
⑩ 당뇨병성 망막병증은 시력저하 외에도 망막손상으로 사물의 모양이 일그러지거나 일부가 안 보이는 시야손상도 함께 발생할 수 있으므로, 망막손상 부위에 따라 중심외 보기가 필요할 수 있다.
⑪ 시력이 계속 저하되어 확대해도 자료를 보기 어려워지고, 손의 촉각 둔감화로 점자를 읽기도 어렵다면 듣기 자료와 스크린 리더와 같은 청각활용 보조기기를 사용하여 학습하도록 한다.
⑫ 당뇨병에 의해 백내장이 동반되면 더 심한 시력 및 대비감도 저하가 일어날 수 있다.
⑬ 망막박리가 일어날 수 있으므로, 과격한 신체활동은 자제하도록 지도한다.

기출의 맥

망막 관련 안질환의 출제빈도가 높은 편입니다. 각 질환의 특징들을 잘 파악해 두세요!

키워드 Pick

2. 미숙아망막병증(ROP : Retionpathy Of Prematurity) 12초, 11 · 14 · 16중

(1) 의미 및 특징

① 미숙아를 인큐베이터에 넣었을 때 산소가 지나치게 공급되면 눈 속의 신생혈관에 육아조직이 동반되어 나타나며 혈관의 비정상적인 확대가 일어나 망막박리와 완전실명이 일어난다.

② 요즘에는 산소 농도를 40% 이하로 제한하여 미숙아망막병증(ROP)이 감소되었다.

③ 미숙아망막병증이 발병하면 시력이 완전히 소실되고, 백내장, 녹내장, 홍채염 등의 합병증으로 인해 안구위축이 생길 수 있다.

④ 미숙아망막병증이 심한 경우에는 전맹이 되고, 시력이 매우 약해지며, 근시, 녹내장, 망막박리 또는 안구진탕을 수반하게 된다.

(2) 교육적 조치

① 미숙아망막병증 학생에게는 작은 근육운동과 큰 근육운동, 시지각기술, 보행기술을 지도한다.

② 미숙아망막병증은 예후가 매우 좋지 않고, 20대 이후에 망막박리가 일어날 가능성이 높으므로 사전 지도가 필요하다.

③ 시각장애의 정도는 전맹에서 저시력까지 다양하며, 진행성의 경우와 정지성의 경우가 있으므로 세심한 관찰이 필요하다.

④ 망막박리가 예상되는 아동은 얼굴이나 머리에 충격을 주지 않도록 한다.

⑤ 미숙아망막병증은 시력저하와 시야손상에 영향을 미치므로, 시야, 시력, 대비감도, 대비선호, 조명선호 및 눈부심 등의 시각평가를 실시할 필요가 있다.

⑥ 미숙아망막병증은 망막박리로 진행될 수 있어 지속적인 시야와 시력 감소로 특수교육지원 요구가 변할 수 있으므로 정기적인 시각평가와 학습매체평가를 실시하는 것도 필요하다.

⑦ 시력저하 정도가 다양하고 실명까지도 초래할 수 있으며, 시력저하에 따라 적절한 확대 자료와 확대경 같은 확대기기를 사용하도록 한다.

⑧ 미숙아망막병증의 진행을 막고 망막 중심부를 보존하여 현재 시력이 유지될 수 있도록 정기적인 검진을 통한 치료와 관리가 필요하다.

⑨ 망막손상으로 야맹증이 있을 수 있으므로 야간 보행능력을 평가하고 필요에 따라 보행교육을 실시할 필요가 있다.

⑩ 밝은 조명을 선호할 수 있으나 눈부심에 민감하므로 밝은 조명을 제공하면서 동시에 눈부심을 낮추는 지원이 필요할 수 있다.

⑪ 주변시야손상 정도가 심한 경우에 추시, 추적, 주사 같은 시기능 훈련이 필요할 수 있다.

⑫ 미숙아망막병증은 망막박리의 가능성이 높으므로 망막박리가 일어나지 않도록 과격한 신체활동을 자제하도록 지도한다.

⑬ 미숙아로 태어나면서 뇌손상으로 인한 지적장애를 동반할 수 있으므로 지적장애 동반 여부를 확인할 필요가 있다.

3. 망막박리(retinal detachment)

(1) 의미 및 특징

① 망막이 색소상피층을 남기고 유리체가 있는 안쪽으로 떨어지는 병적 상태이다. 즉, 망막이 그 밑에 색소상피로부터 분리되는 상태이다.

② 망막이 색소상피와 떨어지면 그 영역에 있는 시각색소는 색소의 재생에 필요한 상피에 있는 효소로부터 분리되는데, 시각색소가 더 이상 재생되지 않으면, 해당하는 망막 영역은 볼 수 없게 된다.

③ 당뇨, 머리충격, 퇴행성 고도근시, 미숙아망막병증 등이 원인이 될 수 있다.

④ 증상은 눈앞이 번쩍거리고 먼지 같은 물체가 보이는 경우가 있다.

⑤ 망막박리는 대개 주변부에서 시작하므로 시야의 결손도 주변에서부터 일어나고, 박리가 진행되면 눈 앞에 검은 장막이 쳐 있는 것처럼 느끼게 된다.

⑥ 망막박리가 너무 오랜 시간 지속되면 수술로도 시력을 회복하기 어렵다.

⑦ 황반부까지 진행되지 않은 망막박리는 조기에 발견하여 수술로 망막을 다시 붙이면 양호한 시력 회복을 기대할 수도 있다.

(2) 교육적 조치

① 학생이 고도근시일 경우 충격을 주는 체육활동을 피하게 하고, 의사와 상의하여 안정을 취하도록 한다.

② 시야검사를 실시하여 남은 시야로 학습할 수 있도록 지도한다.

③ 학습매체평가를 실시하여 학생에게 적합한 읽기매체를 선정한다.

④ 망막박리의 위치와 진행정도에 따라 시야와 시력 모두에 영향을 미칠 수 있으므로, 시야, 시력, 대비감도, 대비선호, 조명선호 및 눈부심 등의 시각평가를 실시할 필요가 있다.

⑤ 망막박리는 진행할 수 있으므로 지속적인 시야와 시력 감소로 특수교육지원 요구가 변할 수 있으므로 정기적인 시각평가와 학습매체평가를 실시하는 것이 필요하다.

⑥ 망막박리가 일어나기 전에 눈앞에 번쩍거리거나(광시증) 먼지 같은 것이 보이는(비문증) 등의 전구 증상이 있으므로 학생이 이를 경험하면 안정을 취하고 안과검진을 받도록 한다.

⑦ 망막박리가 황반부에서 일어나면 황반변성과 유사한 교육지원이 도움이 되고, 망막박리가 주변부에서 일어나면 망막색소변성증과 유사한 교육지원이 도움이 될 수 있다. 망막박리가 중심부에서 일어나지 않는다면 중심부 시력손상이 일어나지 않아 시력저하가 크지 않을 수 있다. 망막박리가 망막 주변부와 중심부 어느 곳에 일어났는지를 안과의사를 통해 확인하는 것이 적절한 교육지원을 위해 도움이 된다.

⑧ 망막박리로 인해 시력저하가 오면 확대 자료, 확대경 같은 확대기기를 사용하도록 한다.

⑨ 망막박리는 밝은 조명을 선호할 수 있으나 동시에 눈부심을 감소시켜 주는 것이 필요하다.

키워드 Pick

⑩ 망막박리가 중심부(황반부)에서 일어나면 중심외 보기 기술이 필요할 수 있으며, 망막박리로 주변시야가 계속 좁아지게 되면 추시, 추적, 주사 같은 시기능 훈련이 필요할 수 있다.

⑪ 망막박리가 진행되지 않도록 머리 충격이나 과격한 신체활동을 피하는 것이 필요하며, 고글 같은 눈 보호기구를 착용하는 것도 도움이 될 수 있다.

4. 망막모세포종(retinoblastoma)

(1) 의미 및 특징

망막에 발생하는 악성 종양으로, 눈 안의 조직에 생기는 악성 종양 가운데 우리나라에서 가장 많이 발생하는 질병이다.

(2) 교육적 조치

① 안구를 적출한 학생에게는 그에 맞는 의안을 맞추어 사용하도록 하고, 의안을 잘 관리하도록 지도한다.

② 안구를 적출한 학생에게는 점자를 익히게 하고 컴퓨터, 점자정보단말기, 화면읽기 프로그램 등을 배우도록 지도한다.

기출 LINE

9중) 망막색소변성의 경우, 대부분 진행성이므로 점자를 배우게 한다.

5. 망막색소변성(retinitis pigmentosa) 13초, 09 · 14 · 16중

(1) 의미 및 특징

① 유전성으로, 병소는 망막의 시세포 중 간체이지만 결국 모든 시세포에 장애를 일으키며(진행성질환), 그 결과 터널시야와 야맹증이 나타난다. 발병연령은 10~20세경 남자에게 많이 나타나며, 어셔증후군(Usher syndrome), 레베르 선천성 흑내장(Leber's congenital amaurosis), 로렌스 문 비들 증후군(Laurence Moon Biedl syndrome)과 함께 나타난다.

② **레베르 선천성 흑내장**: 출생 시 또는 출생 후 짧은 기간 동안 망막의 황반이 퇴화를 일으키는 망막색소변성의 유형이다.

③ 망막색소변성증도 계속 진행하게 되면 시력저하, 야맹증, 눈부심, 암순응 문제 등이 발생할 수 있다.

④ 망막의 주변부부터 손상이 이루어져 주변시야손상과 야맹증이 발생할 수 있다.

⑤ 망막의 중심부까지 손상되면 중심부 시야의 손상과 더불어 급격한 시력저하와 색 지각 감소가 나타난다.

⑥ 성인이 되면서 밤에 볼 때 어려움을 느끼는 야맹증을 보이게 되는데, 이는 간상체 수용기가 손상되기 때문이다. 이 병은 나이가 들면서 천천히 진행하여 말초 망막이 점차 손상된다. 황반으로 진행하면서 터널시야가 나타나다가 중심시력이 감소하며, 결국 실명하게 된다. 망막색소변성은 대부분 치료되기 어렵다.

(2) 교육적 조치

① 학생의 시력을 검사하여 시력의 변화를 기록하고 책을 읽을 때 주사와 추시기술을 가르친다.

② 필기를 할 때는 굵고 진한 선이 그려진 종이와 검정색 사인펜을 사용하도록 한다.

③ 볼 수 있는 글자 중 가장 작은 글자보다 한 단계 큰 글자를 사용하여 독서를 보다 효율적으로 할 수 있도록 한다.

④ 책을 잘 읽을 수 있도록 글자 위에 노란색 아세테이트지를 덮어 대비가 잘되도록 한다.

⑤ 시야를 확장시키기 위하여 CCTV와 저시력기구를 사용하도록 한다.

⑥ 밝은 곳에서 어두운 곳으로 이동하면 암순응이 잘 이루어지지 않으므로 학생이 어두운 곳에 갈 때나 밤에는 야맹증이 있다는 것을 이해하고 지도한다.

⑦ 밝은 곳에서 눈부심을 피할 수 있도록 색안경이나 차양이 달린 모자를 착용하도록 한다.

⑧ 보행에 어려움을 느끼므로 지팡이를 사용하도록 한다.

⑨ 망막색소변성은 진행성이므로 점자를 학습시키도록 한다.

⑩ 학생과 가족에게 유전상담을 실시한다.

⑪ 독서할 때 국소 조명을 제공하면 주사와 추시능력에 도움이 된다.

⑫ 망막색소변성증은 시야장애 외에도 진행 정도에 따라 시력과 대비감도 저하도 가져올 수 있으므로, 시야, 시력, 대비감도, 대비선호, 조명선호 및 눈부심 등의 시각평가를 실시할 필요가 있다.

⑬ 망막색소변성증은 진행성질환이므로, 지속적인 시야와 시력 감소로 특수교육지원 요구가 변화할 수 있으므로 정기적인 시각평가와 학습매체평가를 실시하는 것이 필요하다.

⑭ 주변시야손상이 계속 진행되면 터널을 지나갈 때처럼 보이는 터널시야가 나타나며, 효율적인 잔존시각 활용을 위해 추시, 추적, 주사 등의 시기능 훈련이 필요할 수 있다.

⑮ 주변시야손상으로 읽기 활동에서 글줄을 잃어버리는 현상이 나타나면 타이포스코프, 라인 읽기 가이드 등을 사용하도록 한다.

⑯ 주변시야손상이 심해지면 커다란 사물의 경우에 전체가 보이지 않을 수 있으므로 눈과 사물 간의 거리를 더 멀게 조절하여 먼저 전체 모양으로 보도록 지도한다.

⑰ 중심부까지 시야손상이 진행되어 시력저하가 일어나면 확대 자료, 확대경, 망원경 같은 확대기기를 사용하도록 한다. 다만 시야가 좁기 때문에 너무 큰 확대 자료나 고배율 확대경을 사용하게 되면 잔존시야 내에 목표물이 들어올 수 없으므로 잔존시야를 고려한 최소 확대 글자크기나 확대경 배율을 추천해야 한다. 21중

⑱ 망막색소변성증 말기는 실명할 수 있으므로 학생이 확대해도 읽기에 어려움을 보이기 시작하면 실명 전에 점자를 익히도록 지도한다.

⑲ 야맹증이 심한 경우에 휴대용 조명기구를 사용하거나 야간 이동 및 어두운 장소에서 흰지팡이를 선택적으로 사용하도록 보행교육을 실시할 수 있다.

⑳ 망막색소변성증은 망막박리를 일으킬 수 있으므로, 과격한 신체활동을 자제하는 것이 필요하다.

키워드 Pick

기출 LINE

9중) 황반변성의 경우, 글자와 종이의 대비가 선명한 자료를 제공한다.

6. 황반변성(macular degeneration) 20초, 09중

(1) 의미 및 특징

① 망막의 중심부를 황반이라고 하고, 황반은 원뿔세포로 이루어져 있다.

② 노화, 유전, 독성, 염증 등에 의해 황반변성이 일어날 수 있으며, 중심부 암점에 따른 중심시야손상이 일어나고 시력도 저하된다.

③ 우리가 보는 물체의 상이 망막의 황반부(중심와)에 맺어질 때 가장 좋은 시력을 얻을 수 있고 망막 주변으로 갈수록 시력이 감소하므로, 황반이 손상되면 가장 좋은 시력에 해당하는 중심시력이 급격히 저하되며, 밝은 곳에서 물체와 색을 인식하는 능력도 감소하게 된다.

④ 황반변성은 사물을 볼 때 사물의 가운데가 보이지 않거나 상이 일그러져 보이는 문제가 발생한다.

⑤ 나타날 수 있는 증상들로는 단어를 읽을 때 글자의 공백이 보이거나, 그림을 볼 때 어느 한쪽이 지워진 것처럼 보이고 글씨체가 흔들리거나 굽어 보이는 것이다.

⑥ 황반변성이 있는지 알아보기 위해 엠슬러 그래프지를 사용하여 검사해 볼 수 있다.

(2) 교육적 조치

① 손잡이형 확대경 또는 CCTV를 사용하는 것이 좋다.

② 모든 과제수행 시 적절한 조명이 필요하다.

③ 독서할 때, 줄을 잃지 않도록 타이포스코프를 사용하도록 한다.

④ 글자와 종이의 대비가 선명한 자료를 사용하도록 한다.

⑤ 필기할 때, 굵고 진한 선이 있는 종이와 검정색 사인펜을 사용하도록 한다.

⑥ 눈부시지 않도록 교실환경을 조성한다.

⑦ 삽화 위에 글씨가 쓰인 교과서나 책을 사용하지 않도록 한다.

⑧ 암점이 발달하고 확대되므로 중심외 보기 방법을 지도한다.

⑨ 황반변성은 중심부 시야손상과 중심시력저하에 큰 영향을 미치므로, 시야, 시력, 대비감도, 대비선호, 조명선호 및 눈부심 등의 시각평가를 실시할 필요가 있다.

⑩ 황반변성은 진행성질환이므로 지속적인 시야와 시력 감소로 특수교육지원 요구가 변할 수 있으므로, 정기적인 시각평가와 학습매체평가를 실시하는 것이 필요하다.

⑪ 중심부 시야손상이 일어나면 중심부 암점의 위치와 크기를 확인하여 주변시야(주변시력)로 보는 중심외 보기를 지도한다.

⑫ 중심부 암점과 중심시력저하로 확대 자료, 확대독서기 같은 확대기기의 사용이 도움이 될 수 있다.

⑬ 황반부 변성이 심해지면 색 지각과 대비감도도 저하될 수 있으므로 고대비 자료의 제공, 대비조절 기능이 있는 확대독서기를 사용하도록 한다.

⑭ 어두운 곳에서 밝은 곳으로 들어갈 때 필요한 명순응에 어려움이 있을 수 있어 조명 변화에 적응할 시간을 준다.

⑮ 중심부 암점의 영향을 감소시키기 위해 학습자료를 상대적으로 더 크게 확대하거나 더 높은 배율의 확대경을 사용하거나 물체에 더 가까이 다가가는 것이 도움이 될 수 있다.

⑯ 눈부심을 느끼는 경우에는 빛이 고루 퍼지는 조명을 사용하고 착색 렌즈를 사용하거나 창을 등진 앞자리에 앉도록 배치하는 것이 도움이 될 수 있다.

맥 Plus

암점이 있는 학생을 위한 조치

① 암점의 위치에 따라 중심부와 주변부 시야손상을 가져오며, 특히 중심부 암점은 중심부 시야손상 외에 심각한 시력저하를 가져올 수 있다.
② 암점의 위치에 따라 중심외 보기 기술을 지도하고, 암점의 위치와 중심외 보기 방향을 찾기 위해 암슬러 격자검사, 시계보기검사 등이 유용할 수 있다.
③ 중심부 암점이 있으면 중심시력이 감소하여 작은 글자나 세밀한 그림 자료를 보기 어려우므로 확대 자료나 확대기기를 사용하도록 한다.
④ 암점의 영향을 감소시키기 위해 더 높은 배율의 확대나 대상에 더 가까이 다가가는 것이 도움이 될 수 있다.

7. 추체이영양증(cone dystrophy) 16중

(1) 의미 및 특징

망막의 중심부가 발달하지 못하여 색맹이 되거나 원거리 시력이 감퇴하는 질환이다. 추체세포의 기능이 상실되고 간체세포는 밝은 곳에서 잘 기능하지 못하므로 이 질환이 있는 아동은 심한 눈부심과 안구진탕을 일으킨다.

(2) 교육적 조치

백색증의 교육적 조치와 동일하다.

키워드 Pick

⑦ 시신경 질환

1. 시신경염(optic neuritis)

전신적인 질병의 합병증으로 오는데, 다발성 경화증, 시신경 척수염 등 탈수질환, 메틸알코올과 니코틴 등에 의한 비타민 B_1 결핍에 따른 각기병, 뇌염, 뇌막염, 부비강염 등에 의하여 발생하기도 한다.

2. 시신경 위축(optic atrophy) 14 · 16중

(1) 의미 및 특징

① 시신경 위축은 10세 이전에 발생하는 양측 시신경의 퇴축으로 시력 감소 등이 나타나는 질환이다.
② 질병, 유전 외에도 녹내장에 의해서도 시신경 위축이 일어날 수 있다.

(2) 교육적 조치

① 눈부심을 피하고 스탠드와 같은 부분 조명을 설치한다.
② 조명장치가 있는 손잡이형 확대경, CCTV, 망원렌즈를 사용하도록 한다.
③ 시신경 위축으로 시력저하와 암점이 나타나므로 시야, 시력, 대비감도, 대비선호, 조명 선호 등의 시각평가를 실시할 필요가 있다.
④ 시력은 10/20부터 안전 지수까지 다양하며 대체로 20/40~20/200에서 유지되는 경우가 많다. 시력저하 정도에 따라 확대 자료나 확대기기를 사용할 필요가 있다.
⑤ 시신경 위축으로 인한 중심부 암점이 있는 경우에 중심외 보기가 필요할 수 있다.
⑥ 시신경 위축으로 청색과 황색을 잘 구별하지 못하는 색 지각의 문제가 나타나면 고대비 자료의 제공이나 대비조절 기능이 있는 확대독서기를 사용하도록 한다.
⑦ 야맹증이 있을 수 있으므로 야간 이동에 어려움이 있다면 보행교육을 실시할 수 있다.
⑧ 밝은 조명을 선호하므로 개인용 스탠드를 제공하되, 눈부심을 줄여 주기 위해 학생의 눈 뒤쪽에서 조명을 비추도록 하고 착색 렌즈를 사용하는 것이 도움이 될 수 있다.
⑨ 시각적 혼란을 피하여 단순하게 분리해서 시각자극을 제시한다.
⑩ 교사는 가르칠 때 복잡한 배경 앞에 서 있는 것을 피하고, 복잡한 무늬의 옷을 입지 않도록 한다.
⑪ 시각적 수행에서 변화가 심하므로 아동의 상태에 맞춰 교사의 기대 수준을 수정한다.
⑫ 본 것을 해석하는 방법을 지도한다.

3. 시신경 형성부전

① 시신경 형성부전은 선천적으로 시신경이 충분하게 발달되지 않아 작아진 상태이다.
② 시신경 형성부전의 영향은 시각손상이 전혀 없는 상태에서 경미한 정도부터 전맹까지 다양한 시각손상을 보인다.
③ 치료는 불가능하다.

4. 시로장애(반맹증)(disease of the visual pathway)

(1) 의미 및 특징

① 시신경이 교차하는 시로(시각로)에 손상이 생기면 시야 절반이 손상되어 보이지 않는 반맹 또는 드물지만 4분의 1 반맹이 발생할 수 있다.

② 반맹은 한쪽 눈의 시야 절반이나 양쪽 눈의 시야 절반이 각각 시력을 상실한 상태를 말하며, 반쪽만 볼 수 있다.

(2) 교육적 조치

① 각 눈 시야 반쪽의 결함으로 추시와 주사가 어렵고 독서에 영향을 미치므로 저시력 기구를 사용하도록 한다.

② 교실의 좌석배치가 매우 중요하므로 학생이 가능한 한 시야를 넓게 사용할 수 있는 곳에 자리를 배치한다.

③ 어린 아동에게는 시지각 훈련을 실시한다.

④ 시로손상으로 시야 문제가 크므로 시야, 시력 등의 시각평가를 실시할 필요가 있다.

⑤ 절반의 잔존시야를 잘 활용할 수 있는 곳에 자리 배치를 하거나 교구를 제시하는 것이 필요하다. 예를 들어, 시야의 좌측이 반맹이고 우측이 남아 있다면 교실의 중앙으로부터 약간 좌측에 자리를 배치하는 것이 잔존시야를 보다 효율적으로 활용할 수 있다.

⑥ 책을 읽을 때 각 줄의 처음과 끝부분을 놓치고 읽거나 글줄을 잃어버리지 않도록 한다. 시야의 우측 절반이 안 보이는 경우에는 글줄의 마지막 글자나 단어를 놓치기 쉽고, 시야의 좌측 절반이 안 보이는 경우에는 글줄의 첫 글자를 찾기 어렵거나 다음 줄을 건너뛰고 읽기 쉽다.

⑦ 시야 절반의 상실로 인해 사물의 절반 정도가 보이지 않으므로 추시, 추적, 주사 등의 시기능 훈련이 필요하다.

⑧ 안경의 시야손상이 있는 쪽에 프리즘 렌즈를 부착하면 시야 확대에 도움이 될 수 있다.

기출의 맥

시로장애가 있을 경우 어떻게 보게 되는 것인지의 원리를 이해하면 관련 설명들을 쉽게 파악할 수 있습니다.

키워드 Pick

8 외안근 이상

1. 사시(stra bismus)

(1) 의미 및 특징

① 사시는 외안근의 불균형에 의해 양쪽 눈이 한 지점을 바라보지 못하는 질환이다.
② 한쪽 눈이 정면을 바라볼 때 다른 쪽 눈은 안쪽 또는 바깥쪽으로 돌아가거나 위 또는 아래로 돌아가는 등 다양한 사시 유형이 있다.
③ 사시는 사물이 겹쳐보이는 복시, 돌아간 눈을 사물의 인식에 사용하지 못하는 억제, 약시, 두통, 안피로 등이 나타날 수 있다.
④ 유아기에 사시가 있을 경우에는 조기에 치료하지 못하면 시력저하와 약시가 발생할 수 있다.
⑤ 사시는 가능한 한 빨리 치료해야 저시각을 막을 수 있다.

(2) 교육적 조치

① 일부 아동들에게는 눈이 고정되지 않을 때 복시현상이 나타나므로 게임, 화학실험, 식품 다루기, 단안시력을 사용하는 활동 등을 할 때는 아동을 관찰하면서 지도한다.
② 시력을 잘 사용할 수 있도록 좌석을 배치한다.
③ 사시는 시력저하와 시야 문제를 가져올 수 있으므로 시력, 시야 등의 시각평가를 실시할 필요가 있다.
④ 사시를 교정하면 양안시(양쪽 눈이 하나로 초점을 맺음) 회복과 시력 개선이 이루어질 수 있다. 사시 유형에 따라 눈을 가리는 차폐법(외사시)이나 안경으로 교정하는 방법(내사시), 수술 등이 있다.
⑤ 사시로 인해 시력이 저하되어 인쇄물이 흐릿하게 보이는 경우에 확대 자료나 글자가 굵고 선명한 자료를 제공하는 것이 도움이 된다.
⑥ 양안시의 문제로 원활하게 사물을 추시, 추적, 주사하여 보기, 두 대상을 번갈아 보기, 눈-손 협응활동 등에 어려움을 보인다면 추시, 추적, 주사 등의 시기능 훈련이 도움이 될 수 있다.
⑦ 대화할 때 눈 접촉이 잘 이루어지지 않으므로 반 친구들이 이를 이해하고 놀리지 않도록 한다.
⑧ 양안시 문제로 인한 입체시 부족으로 깊이 지각이 어려우므로, 단차, 계단, 굴곡 있는 길을 이동할 때 발을 헛딛지 않게 유의하도록 한다.
⑨ 친숙하지 않은 시각활동이나 과제를 수행할 때 시각적으로 적응하는 데 시간이 걸리므로 과제수행 시간을 더 준다.
⑩ 사시 유형에 따라 효율적으로 시각을 활용할 수 있는 위치에 자리를 배치한다. 예를 들어, 좌안 정상, 우안 외사시라면 교실 중앙으로부터 약간 좌측에 자리 배치하는 것이 도움이 될 수 있다.
⑪ 양안시의 어려움으로 눈에 피로감을 느낄 수 있으므로 주기적인 휴식을 허용한다.

2. 안구진탕(nystagmus) 17초

(1) 의미 및 특징

① 안구진탕은 학생의 의지와 상관없이 안구가 무의식적이고 빠르게 반복적으로 움직이는 것으로 안구 운동계의 이상이나 외부적 요인으로 나타날 수 있다.

② 안구가 규칙적이고, 반복적이며, 불수의적으로 움직이며, 안구진탕 단독으로 나타날 수도 있고 백색증, 무홍채증, 선천성 백내장과 같은 다른 질환을 수반하기도 한다. 안구진탕은 아동이 스트레스를 받으면 더 악화되며, 특히 고시능력에 문제가 많고 어떤 자세를 취해도 안구를 고정시키기 어렵다.

③ 안구가 원하는 위치에 머물러 있지 못하므로 앞에 있는 목표 대상을 일정시간 동안 주시하여 바라보는 것이 어렵다.

④ 안구진탕으로 인해 시력의 장애가 발생하거나 진동시(물체가 떨려 보이는 증상)로 인해 심한 어지럼증을 호소하는 경우에는 치료를 시도할 필요가 있다.

(2) 교육적 조치

① 책을 읽을 때 읽는 줄을 표시하면서 읽도록 한다.

② 글씨가 깨끗하고 대비가 선명한 자료를 사용하도록 한다.

③ 한 지점을 주시하는 훈련을 실시한다.

④ 근거리 과제는 눈을 피로하게 하므로 오랜 시간 계속하지 않도록 한다.

⑤ 초점을 맞추기 위하여 머리를 돌리거나 몸을 기울일 때, 꾸중을 하거나 자세를 교정시켜서는 안 된다.

⑥ 안구의 불수의적 움직임은 시력저하와 안피로 등을 가져올 수 있으므로, 시력, 읽기 지속성 등의 시각평가를 실시할 필요가 있다.

⑦ 안구의 불수의적 움직임으로 읽기 활동에서 글줄을 잃어버리는 현상을 보이면 타이포스코프나 라인 가이드를 사용하도록 한다.

⑧ 안구진탕으로 흐릿하게 보이는 문제에 적절한 조명과 고대비의 선명한 자료의 사용이 도움이 될 수 있다.

⑨ 안구의 불수의적 움직임이 계속되면 눈의 피로감과 어지러움을 느낄 수 있어 주기적인 휴식을 허용한다.

⑩ 과도한 긴장과 스트레스 역시 불수의적 안구 움직임을 심화시킬 수 있으므로 심리적으로 편안함을 느끼도록 학습 분위기를 조성한다.

⑪ 눈의 응시 방향을 이동하거나 머리를 기울이는 방법을 통해 불수의적 움직임이 줄어드는 정지점을 찾아 활용하는 것이 도움이 될 수 있다.

⑫ 안구의 불수의적 움직임으로 인해 일정시간 동안 안정적으로 고시를 유지하는 능력이 부족하므로, 전방의 한 점을 계속 주시하는 훈련을 실시한다.

⑬ 줄무늬 같은 특정 무늬가 안구의 불수의적 움직임을 증가시킬 수 있으므로 학습자료나 환경에서 이를 제거하거나 피하도록 한다.

키워드 Pick

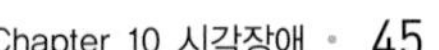

기출의 맥

피질 시각장애는 다른 안질환과 다른 측면의 특징이 있고, 최근 기출문제로 출제되어 보다 구체적으로 정리해 둘 필요가 있습니다.

⑨ 피질 시각장애(CVI) 25유, 25중

1. 진단기준 및 특성

진단기준	• 안과 검사결과가 아동의 현재 시각 문제를 적절히 설명하지 못한다(안과 검사결과가 정상이지만, 학습과 일상 활동에 시각을 사용하는 데 어려움이 있다). • CVI의 원인과 관련된 신경학적 병력이나 질환이 있다. • CVI의 고유한 10가지 시각 특성(시각적 행동)이 관찰된다.
CVI의 고유한 10가지 시각특성	• 특정 색상 선호 • 움직임에 대한 요구(끌림) • 시각적 (반응) 지연 • 특정 시야 선호 • 시각적 복잡성의 어려움 • 빛에 대한 요구(끌림) • 원거리 보기의 어려움 • 비전형적 시각 반사 • 시각적 새로움의 어려움 • 시각적으로 안내된 신체 도달의 어려움

2. 의미 및 특징

① 안구의 외형이나 기능에는 문제가 없으나 병소가 뇌(후두엽)에 있어 망막에서 뇌로 전달된 시각 정보를 제대로 해석하지 못하여 시각 문제가 일어난다.

② 피질 시각장애 학생은 지적장애, 간질, 뇌성마비 등을 동반하는 경우가 있으므로 이들 질환이 있는지를 확인하는 것이 필요하다.

③ 눈은 정상이지만, 뇌는 받아들인 정보를 적절하게 처리할 수 없다.

④ 주변시가 중심시보다 더 좋아서 머리를 돌려서 대상을 보지만, 시기능의 변화가 심하여, 시각 집중 기간이 짧고, 강박적으로 빛을 응시하는 특징이 있다.

3. 교육적 조치 25유

① 특별한 교육방법으로 구체물의 다감각적 학습경험과, 단순하면서 일관성 있는 교수방법, 빨간색과 노란색을 사용한 교수자료를 적용한다.

② 태양이나 강한 조명을 바라보는 것은 위험하므로 빛을 정면으로 바라보지 않도록 한다.

③ 근시가 아님에도 불구하고 사물과의 거리가 멀어지면 잘 인식하지 못하는 경우가 있으므로 자료를 학생 가까이 제시하는 것이 도움이 될 수 있다.

④ 움직이는 대상을 흐릿하게 인식하는 경우가 있으므로 학습자료가 움직이지 않도록 고정시켜 보도록 하는 것이 도움이 될 수 있다.

⑤ 주변 배경이 특정 부분에 집중하여 보는 것을 방해할 수 있으므로, 읽기 활동에서 타이포스코프, 마커 등을 사용하여 읽을 곳을 명확하게 제시하는 것이 시각적 방해물을 차단하고 주의집중하는 데 도움이 될 수 있다.

⑥ 시각적 집중력을 높이고 피로감을 줄이기 위해 많은 시각자극을 한꺼번에 제시하거나 시각자료를 자주 번갈아 보여 주지 않는 것이 좋고, 소음 같은 주변 방해물을 최대한 차단하도록 한다.

⑦ 시각 외에 촉각이나 청각자극에 집중하여 시각적 활동을 하지 못하는 경우가 있으므로, 시각, 청각, 촉각 같은 여러 감각정보를 동시에 제공하지 말고 한 번에 한 개의 감각을 단계적으로 사용하도록 하는 것이 도움이 될 수 있다.

⑧ 시각자극을 인식하는 데 색에 영향을 받을 수 있으며, 빨강이나 노랑 등 특정한 색에 대한 선호를 보이기도 하므로 이들 색을 학습에 활용할 수 있다.

⑨ 밝은 색의 고대비 자료를 사용하거나 단색 배경(흰색이나 검정색) 위에 시각 정보를 제시하면 시각적 혼란을 줄여 주고 주의집중을 높일 수 있다.

⑩ 시각적 정보의 복잡성이나 혼란을 줄이기 위해 페이지의 글자나 그림에 있어 줄 간격을 넓히거나 가림판을 사용하여 필요한 시각 정보만을 단계적으로 보여 주거나 한 번에 보이는 정보의 양을 줄여 주는 것도 도움이 될 수 있다.

⑪ 시각적 정보의 처리과정이 느리므로 시각과제수행에 대한 충분한 시간을 준다. 예를 들어, 새로운 학습자료와 교구를 보고 인식하는 데 시간이 걸리므로 다른 학생보다 추가 시간을 주고 반응을 기다리는 것이 필요할 수 있다.

⑫ 피질 시각장애 학생은 시각적 정보를 처리할 때 쉽게 피로를 느끼므로 과도한 시각 정보를 동시에 제시하지 않도록 하고, 시각과제를 수행할 때 주기적인 휴식시간을 허용한다.

⑬ 중앙시야보다 주변시야를 더 잘 사용하는 경향이 있어 머리를 돌려 보기도 하며, 시야 아래쪽으로 시선을 유지하며 물체 보는 것을 어려워하므로 자신이 선호하는 주변시야로 시각 정보를 보거나 선호하는 주변시야 쪽에 정보를 제시하는 게 도움이 될 수 있다.

⑭ 대뇌피질에서 시각 정보를 인식하고 해석하고 반응하는 연결 문제로 눈과 신체 움직임의 협응이 잘 이루어지지 않아 사물을 보면서 동시에 조작하는 활동에 어려움이 있으므로 천천히 순차적으로 수행하도록 격려한다.

⑮ 친숙한 사물이나 과제 환경에서 시각 수행도가 나아지므로 사전에 새로운 사물이나 환경을 탐색할 기회를 준다.

키워드 Pick

⑩ 기타 질환

1. 백색증(albinism) 15유, 10초

(1) 의미 및 특징

① 백색증은 멜라닌 합성이 결핍되어 나타나는 유전질환이다.

② 피부, 털, 눈 모두에서 증상이 나타나는 '눈 피부 백색증'과 눈에서만 나타나는 '눈 백색증'으로 나눌 수 있다.

③ 백색증으로 인해 눈부심을 크게 호소하며, 안진, 눈물 흘림증, 심한 시력저하 등이 나타날 수 있다.

(2) 교육적 조치

① 햇빛이 비치는 실외로 나갈 때, 빛을 흡수하여 여과시키는 안경을 착용하고 차양이 있는 모자를 쓰도록 한다.

② 교실의 자연조명도 조절해야 하는데, 직사광선을 차단하기 위하여 커튼이나 블라인드를 설치한다.

③ 광택이 있는 표면은 반사되어 눈이 부시므로 교실의 전체 조명보다 낮은 조명을 선택해야 한다.

④ 백색증학생은 원거리 활동을 가까운 거리에서 하는 것을 좋아하므로 독서대 또는 높이를 조절할 수 있는 책상을 제공하고, 저시력기구를 사용하도록 한다.

⑤ 백색증은 심한 눈부심과 시력저하를 가져올 수 있으므로, 시력, 대비감도, 대비선호, 조명선호 및 눈부심 등 시각평가를 실시할 필요가 있다.

⑥ 백색증은 굴절 이상과 난시를 동반할 수 있으므로 안경 교정이 부분적인 도움이 될 수 있다.

⑦ 시력은 20/100~20/60까지 다양할 수 있으므로 시력저하 정도에 따라 확대 자료, 확대경 같은 확대기기를 사용하도록 한다.

⑧ 근거리 과제나 세밀한 보기 과제를 수행할 때 안피로를 느낄 수 있으므로 주기적인 휴식을 허용한다.

⑨ 눈부심과 대비감도 저하가 있을 경우에 고대비 자료의 제공, 착색 렌즈나 색이 있는 콘택트렌즈 사용이 도움이 될 수 있다. 확대독서기는 검정색 바탕에 흰색 글자로 대비를 조절하는 것을 선호할 수 있다.

⑩ 눈부심에 매우 민감하므로 실내・외 모두에서 착색 렌즈를 사용하거나 조명등이 눈 바로 앞에 보이지 않는 곳에 자리를 배치하거나 빛 반사를 줄여 줄 수 있는 담황색 종이를 사용하거나 어두운 색 계열의 가림판을 대고 읽는 것이 도움이 될 수 있다.

⑪ 햇볕에 의한 피부손상을 막기 위하여 실외활동 시에 과도한 햇볕 노출을 피하고 자외선 차단제를 바르는 것이 필요하다. 피부암에 걸릴 위험성이 크므로 정기적으로 피부과 검진을 받도록 하는 것이 중요하다.

Chapter 10

2. 결손증(선천적 안구결함)

(1) 의미 및 특징

① 눈의 구조 중 일부가 결손되어 있는 선천적, 병리적, 수술적으로 비정상적인 상태를 말한다. 예를 들면, 맥락막 결손, 안검 결손, 홍채 결손, 수정체 결손 등이다. 이는 안구진탕, 사시, 눈부심을 수반하고 시력이 감퇴된다.

② 선천적 안구결함은 태내에 있을 때 안구 형성에 문제가 생겨 소안구증, 무안구증, 무수정체안, 무홍채증, 홍채결손증이 나타날 수 있다.

(2) 교육적 조치

① 아동이 가장 잘 볼 수 있는 좌석에 앉게 한다.

② 교실의 직사광선이나 눈부심을 피할 수 있도록 색안경을 착용하도록 하거나 블라인드를 설치한다.

③ 미관상 아름답지 않으면 동공이 정상으로 보이는 콘택트렌즈를 착용하도록 하는 것이 좋다.

④ 시야상실이 학생의 보행기술에 크게 영향을 주지 않을 경우에도 학생이 나뭇가지와 같은 장애물을 발견하기 어려우므로 보행 지도를 해야 한다.

○ 소안구증

신체적 특징	• 비정상적으로 한 눈 또는 양 눈이 작은 선천적 결함 • 다른 선천성 비정상, 즉 내반족, 손가락이나 발가락 수가 많거나, 물갈퀴가 있음
원인	• 유전성으로 흔히 열성으로 나타나나 때로는 우성으로 나타남
영향	• 시력 감소 • 광선 공포증 • 시각기능에 변동이 심함 • 백내장, 녹내장, 무홍채, 홍채결손증을 나타낼 수 있음
시각보조구	• 번쩍이지 않는 보통 또는 밝은 빛, 뚜렷한 대조, 확대가 필요함 • 의안이 안와의 적절한 성장을 촉진하기 위해서나 미용 목적으로 사용될 수 있음
교육 시 고려사항	• 시각적 수행의 변화가 심하여 아동을 좌절시킬 수 있음 • 시각 상태에 따라 수행 수준을 조정하는 것이 필요함 • 스트레스와 피로 정도를 주의 깊게 살펴야 함 • 소안구증은 시력저하를 가져오므로 시력, 대비감도, 대비선호, 조명선호 및 눈부심 등의 시각평가를 실시할 필요가 있음 • 시력저하 정도에 따라 확대 자료, 확대기기의 사용이 도움이 될 수 있음 • 보통 이상의 밝기의 조명을 선호하지만 광선 공포증과 눈부심을 느끼므로 눈부심을 감소시키는 지원이 필요함 • 시력 감소와 눈부심으로 인해 대비감도 저하를 보이는 경우에 고대비 자료의 제공이나 대비증진기구를 사용하는 것이 도움이 될 수 있음

키워드 Pick

무안구증

신체적 특징	한 눈 또는 양 눈의 안구 완전 결여 또는 흔적만 남은 안구를 특징으로 하는 발육 이상임
원인	유전성으로 염색체변화와 관계 있음
영향	양안에 영향이 주어진다면 전맹이 됨
시각보조구	안와가 적절하게 성장하고 얼굴뼈가 발달되면 의안 사용
교육 시 고려사항	양안이 모두 적출되었다면, 시각이 아닌 다른 감각수단, 즉 촉각과 청각을 사용하는 것이 필요함

무수정체안

신체적 특징	• 수정체가 없는 상태
원인	• 대개 수술로 백내장 제거 후에 나타남 • 손상 혹은 기타 원인으로 나타남
영향	• 거리를 달리하며 보기 위해 초점을 맞추는 것이 가능하지 않음
시각보조구	• 무수정체인 사람의 시각을 교정하는 데 콘택트렌즈 혹은 안경 사용 • 백내장 수술 중 제거된 수정체를 대체하기 위해 인공수정체 삽입
교육 시 고려사항	• 너무 밝지 않은 적당한 조명과 대비가 뚜렷하게 잘된 읽기 자료가 도움이 됨 • 수정체가 없어 초점을 조절하지 못하므로 안경이나 콘택트렌즈를 처방받는 것이 필요함. 안경이나 콘택트렌즈로 한 곳에 초점을 맞출 수 있더라도 물체와의 거리변화에 따라 초점을 다시 맞추는 굴절 조절력이 없으므로, 원거리용과 근거리용 안경을 따로 준비하거나 다초점 안경을 사용하는 것이 필요함 • 처방받은 안경이나 콘택트렌즈의 초점거리를 벗어나면 잘 보이지 않을 수 있으므로 학습활동에서 처방된 안경이나 콘택트렌즈가 허용하는 적정 거리를 유지하는 것이 필요할 수 있음 • 조명변화에 적응하도록 추가시간을 주는 것과 눈부심을 줄이기 위해 착색 렌즈나 챙 있는 모자가 도움이 될 수 있음

3. 안암(종양)

① 종양이 눈의 망막층이나 뇌 속에 생겨 시신경이나 뇌의 후두엽에 손상을 주어 시각능력을 상실하게 할 수 있다.

② 종양이 있으면 안구가 돌출되고, 눈알운동이 제한되어 복시가 발생하며, 시신경 위축과 유두부종 등이 나타난다.

○ **안암의 특징**

구분	내용
신체적 특징	• 한 눈 또는 양안의 망막에 종양이 생기는 경우임
의학적 처치	• 수술 • 방사선 요법 • 화학요법 • 냉동요법 • 레이저광선 소작법이 도움 • 양안에 있는 악성 종양은 다른 종양을 생기게 할 가능성이 큼 • 정기적인 의학검진이 필요
원인	• 유전성으로 상염색체 열성임
영향	• 한쪽 눈이 적출된다면, 깊이 지각을 할 수 없음 • 남은 한쪽 눈도 손상된다면, 시각 상태는 심각해짐 • 병의 첫 신호는 사시로 나타날 수 있음
시각보조구	• 의안
교육 시 고려사항	• 정확하게 깊이를 지각할 수 없고 급경사를 파악하는 데 어려움 • 때때로 잔존시력으로 좋은 공간지각능력을 가질 수 있음 • 아동은 인지와 학습능력에서 높은 또는 저조한 수행능력을 보이는 극단적인 경향을 보일 수 있음

4. 풍진(rubella)

① 태아가 풍진 바이러스에 감염되어 발생하는 질환으로 풍진은 임신 3개월까지가 가장 위험하며, 눈, 귀, 머리, 심장, 폐의 발달에 영향을 미칠 수 있다. 시각장애, 청각장애, 심장병 그리고 정신지체를 수반하기도 한다. 시각장애로는 백내장, 각막 혼탁, 녹내장 그리고 소안구증이 나타날 수 있으며 풍진에 감염된 아동은 빛에 매우 민감하고, 바이러스에 감염되면 백내장 수술이 어렵다.

② 부모와 교사는 의사에게 지적장애, 청각장애의 상태를 진찰하도록 의뢰하고, 지적장애와 청각장애에 시각장애를 겸하는 경우에는 맹농아교육을 할 수 있도록 준비하는 것이 좋다.

키워드 Pick

5. 다운증후군(Down's syndrome)

① 염색체의 이상으로 발생하며, 약 95%는 21번째 염색체가 3개(정상은 2개임)여서 전체 염색체가 47개(정상은 46개임)인 기형이다. 다운증후군은 지적장애의 원인이 되고, 그 밖에 백내징, 인구진탕, 굴절 이상, 사시를 포함한 시각장애를 수반할 가능성이 높다.

② 교사는 기능시력을 평가하고 그에 적합한 훈련을 실시하며 지적장애를 감안하고 협력하여 지도계획을 세우는 것이 좋다.

6. 마르판증후군(Marfan's syndrome)

① 상염색체 우성유전으로, 비정상적으로 길고 가는 골격과 선천성 심장질환이 있고, 일반적으로 근육이 발달하지 않으며, 수정체 탈구가 빈번하고, 굴절 이상, 거대각막, 백내장, 포도막결손, 속발성 녹내장 등이 나타난다. 특히, 원거리 시력과제와 근거리 시력과제에서 초점을 맞추기 어렵다.

② 교사는 의사와 면담하여 의학적 자료를 검토하고, 검사를 의뢰한다.

③ 수정체가 탈구된 경우, 수정체의 수술 여부를 검토하고, 심장의 건강에 주의하여 과격한 운동을 하지 않도록 한다.

④ 초점을 맞추기 어렵기 때문에 학습 상황을 주의 깊게 관찰하여 지도한다.

7. 어셔증후군(Usher's syndrome)

① 출생 직후부터 발병하며 망막색소변성에 의한 점진적인 시력상실과 함께 청각장애를 수반하는 유전성질환이다.

② 청각장애의 주된 원인이 되고, 망막색소변성을 수반하여 전맹이 될 수 있으므로, 이 질환을 앓는 어린 학생에게는 주의가 필요하고 유전상담을 하는 것이 좋다.

③ 교사는 맹농아교육에 관심을 갖고, 의사에게 의뢰하여 시각과 청각의 이상 여부를 진찰하도록 한다.

04 시각장애 진단 및 평가

① 시각평가

1. 객관적 시각검사

(1) 안과진단

<table>
<tr><td>문진</td><td colspan="2">• 안과진단의 첫 단계는 문진으로 병력(medical history)을 파악하는 것이다. 이 내력은 아동이 과거에 가졌을지 모르는 눈의 모든 문제, 현재 눈의 문제, 환자의 시력과 관련될 수 있는 모든 일반적 의학 문제들에 초점을 맞춘다.</td></tr>
<tr><td>안외검사</td><td colspan="2">• 눈의 외부 상태를 검사한다. 안구 위치 검사를 하고, 눈에 빛을 비추어 동공이 닫히는 반응을 하는지, 빛이 사라졌을 때 동공이 열리는지를 본다.
• 빛이 비추어졌을 때 동공의 반응을 보고 눈부심 정도도 파악할 수 있으며 눈의 색상도 살펴보게 된다.
• 눈의 움직임도 알아보기 위하여 사물을 움직여 추적하도록 한다.
• 사시가 있는지 알아보기 위하여 눈의 정렬(alignment)도 확인한다. 눈이 제대로 정렬되어 있다면 두 눈은 동시에 한 표적을 볼 것이고, 그렇지 않다면 한쪽 눈은 표적을 보고 다른 눈은 옆으로 돌려져 다른 방향을 볼 수 있을 것이다.</td></tr>
<tr><td rowspan="5">안내검사</td><td>세극등검사</td><td>세극등검사는 각막과 수정체의 상태를 점검한다. 세극등(slit-lamp)은 빛의 작은 틈을 각막과 수정체 안에 여러 수준에서 비추어서 각막이나 수정체의 혼탁된 부분을 알게 해 준다.</td></tr>
<tr><td>안압측정법</td><td>안압측정법(tonometry)은 눈의 압력을 재어 녹내장이 있는지 알아본다. 각막을 눌러 안압을 측정하게 되는데, 스키오츠(schiotz) 안압측정기와 가압 평면화(applanation) 안압측정기가 있다.</td></tr>
<tr><td>검안경검사</td><td>안과의사는 검안경검사(ophthalmoscopy)로 시신경 유두의 외양이나 망막을 살펴보고 망막손상과 질병을 알아낸다.</td></tr>
<tr><td>망막전도</td><td>망막전도(electroretinogram)는 간상체와 원추체 수용기의 전기반응을 측정하여 망막색소변성과 같은 망막변성을 진단한다.</td></tr>
<tr><td>피질 유발 전위</td><td>피질 유발 전위(cortical evoked potential)는 시각피질의 전기반응을 재어서 뇌손상이나 종양으로 생긴 시각 문제들을 진단한다.</td></tr>
</table>

키워드 Pick

기출의 맥

시력검사 결과가 학생 특성으로 제시되었을 때, 정확하게 해석할 수 있어야 합니다.

(2) 시력

① 시력검사의 개념 및 실시 방법 11중

구분	내용
개념	• 일반적으로는 최소 가독시력, 즉 특정 거리에서 문자나 형태를 명확하게 알아보는 능력을 측정한다. • 일반적으로 말하는 시력(visual acuity)은 5m의 거리에서 측정한 원거리 시력, 즉 중심시력이자 나안시력이다. • 단, 굴절 이상이 있으면 안경을 쓰게 하고 교정시력을 측정한다. • 란돌트 고리, 스넬렌 시표, 한식표준 시시력표를 사용하여 5m 또는 6m의 거리에서 볼 수 있는 문자의 크기만을 안경이나 콘택트렌즈를 착용하지 않은 채 측정한다. • 스넬렌 시표는 여러 가지 크기의 알파벳을 사용한 것으로, 측정거리는 20피트(약 6m)이다.
표기법	• 시력은 소수식 시력표를 사용하여 0.1에서 2.0으로 표현된다. • 0.1은 5m의 거리에서 맨 위의 문자를 읽을 수 있는 시각의 능력을 말하는 것이다. • 한천석 시시력표를 사용하여 소수식 시력을 잴 수 있고, 스넬렌 시표를 사용하여 분수식 시력을 측정할 수 있다. • 소수식 시력 1.0은 분수식 시력(6m) 기준으로 하면 6/6이고, 분수식 시력(20feet) 기준으로 하면 20/20이다.
실시방법	• 시력측정은 시시력표의 조명을 200Lux로 하고 학생의 눈높이에 시시력표를 걸어 실시한다. • 실내의 조명은 일정해야 한다. • 교정안경을 사용하지 않고 측정한 시력을 나안시력이라고 하며, 굴절 이상이 있으면 안경을 쓰게 하고 시력(교정시력)을 측정한다. • 시력표의 맨 위 시표들도 읽지 못하여 0.1의 시력이 나오지 않는 아동의 경우는 시력표 쪽으로 가까이 가서 0.1시표를 읽을 수 있는 지점과 시력표와의 거리를 미터로 측정한다. • 시력은 0.1 × 볼 수 있는 곳까지의 거리(m)/5m의 계산식을 사용하여 산출된다. • 지수(FC): 만약 아동이 시력표 앞 1m(0.02)까지 근접해도 0.1시표를 읽지 못하는 경우는 손가락 수를 알아맞히는 거리인 지수(FC: Finger Count)를 측정한다. • 수동(HM): 손가락 수를 셀 수 없고 눈 앞에서 흔드는 손의 움직임만을 알 수 있다면 시력은 수동(HM: Hand Movement)으로 표기된다. • 광각(LP): 손 흔듦도 알지 못하는 경우에는 암실에서 환자의 눈에 광선을 점멸하며 광선의 유무를 묻는다. 이때의 시력을 광각(LP: Light Perception)이라 한다. • 광선이 어느 방향에서 오는가를 말하게 하는데, 이것이 정확하면 빛 방향 알아보기(LP: Light Projection, 광 투사라고도 함)라 한다. • 빛도 느낄 수 없는 시력은 0으로 맹이라고 하며, 빛도 느끼지 못하는 상태라는 의미로 NLP(No Light Perception)로 표기한다.

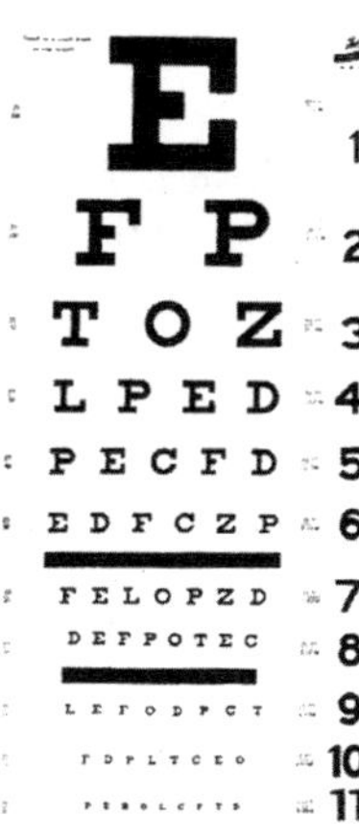

스넬렌 시표(National Eye Institute, National Institutes of Health)

한식표준 시시력표

[출처: 한천석, 2006.]

② 원거리 시력검사

㉠ 목적: 3m 또는 6m 정도에서 보는 능력을 측정하고, 검사결과에 의해 망원경과 원거리용 확대독서기를 추천하는 데 목적이 있다.

㉡ 단계

구분	내용
1단계: 학생의 현재 원거리 시력측정	• 원거리 시력표는 양안, 우안, 좌안 순서로 검사한다. • 만약 시력표로부터 1m까지 다가가서도 가장 큰 시표를 읽지 못한다면 안전지수, 안전수동, 광각 순으로 측정한다. • 학생이 표준검사거리보다 가까운 거리에서 읽었을 경우 시력 계산 공식 시력 = 마지막으로 읽은 라인의 시력 × (실제검사거리/표준검사거리)
2단계: 적합한 망원경 배율계산과 추천 20중	• 망원경 배율은 좌안과 우안 중 좋은 눈을 기준으로 단안 망원경을 추천하고, 두 눈의 시력이 같을 경우에는 쌍안경도 추천할 수 있다. • 좋은 눈을 기준으로 하는 이유는 보다 낮은 배율의 망원경을 사용하도록 하여 더 넓은 시야와 편안한 사용을 돕기 위함이다. • 망원경은 배율이 높을수록 시야가 좁아지고 렌즈 주변부에서 보이는 물체 상의 왜곡이 커져서 사용의 어려움과 어지러움을 호소할 수 있다는 점을 고려해야 한다. 망원경 배율(x) = [목표 원거리 시력 ÷ 현재 원거리 시력]

기출의 맥

원거리 시력검사 결과와 망원경 배율 결정의 관련성은 '이해'하고 암기해야 합니다. 시력을 구하는 공식의 원리를 이해해 두세요!

키워드 Pick

3단계 : 망원경 사용 시 원거리 시력 재측정	• 교사가 추천한 망원경을 사용할 때 목표 원거리 시력에 도달하는지를 다시 검사할 필요가 있다. • 목표시력에 도달하지 못할 경우에는 한 배율 더 높은 망원경을 사용하도록 할 것인지를 교사가 결정해야 한다. • 이미 높은 배율의 망원경을 사용하고 있고 학생이 고배율 망원경의 사용으로 어지러움 등을 호소하고 있다면 목표 원거리 시력을 낮추어 잡는 것이 더 적절하다.

기출의 맥

근거리 시력검사 결과는 글자크기로 기록한다는 점을 알아두세요!

③ 근거리 시력검사

㉠ 목적: 40cm 정도 거리에서 보는 능력을 측정하고, 검사결과에 의해 확대경과 근거리용 확대독서기를 추천하는 데 목적이 있다.

㉡ 단계

구분	내용
1단계 : 학생의 현재 근거리 시력측정	• 학생이 바르고 편안한 자세로 검사하기 위해 높낮이 조절 독서대에 근거리 시력표를 놓은 후, 적정 밝기를 제공하고 눈부심 및 그림자를 방지할 수 있는 테이블 위치에 놓아야 한다. • 근거리 시력검사는 양안, 우안, 좌안 순서로 검사한다. • 근거리 시력은 글자크기(8point)로 기록한다.
2단계 : 적합한 확대경 배율계산과 추천	• 표준검사거리에 읽을 수 있는 글자크기가 고학년학생의 경우에 1.0m, 저학년학생의 경우에 2.0m보다 더 크다면 확대경과 근거리용 확대독서기를 사용할 필요가 있다. • 확대경 배율은 좌안과 우안 중 좋은 눈을 기준으로 한 확대경을 추천한다. • 좋은 눈을 기준으로 하는 이유는 확대경은 배율이 높아질수록 시야가 감소하고 렌즈의 주변부에서 상의 왜곡현상이 있어 읽기 효율성이 떨어지기 때문이다. • 확대경 배율에 사용하는 단위인 디옵터는 목표 글자크기, 현재 읽을 수 있는 가장 작은 글자크기, 검사거리에 의해 결정된다. 학생이 취학 전이나 저학년인 경우에 학생이 주로 보이는 학습자료의 글자크기를 목표 글자크기로 정할 수 있으며, 목표 글자크기가 클수록 확대경 배율은 감소하게 된다. • 또한 학생의 실제 검사거리가 가까울수록 확대경 디옵터는 증가하게 된다. 즉 더 가까이 다가가야 볼 수 있다는 것은 더 큰 글자크기, 즉 더 크게 확대해야 볼 수 있다는 것을 의미하기 때문이다. • 표준 검사거리에서 검사를 실시하지 못한 경우에는 실제 검사가 이루어진 거리를 기록하여 공식에 대입하는 것을 잊지 말아야 한다. 확대경 디옵터(D) = (현재 읽을 수 있는 글자크기/목표 글자크기) × (100cm/검사거리)

3단계 : 확대경 사용 시 근거리 시력 재측정	• 교사가 추천한 배율(D)의 확대경을 사용할 때 목표 글자크기를 읽을 수 있는지를 다시 검사하는 것이 필요하다. • 목표 글자크기까지 읽지 못할 경우에는 한 배율 높은 확대경을 사용하도록 할 것인지를 결정해야 한다. • 학생이 이미 높은 배율을 사용하고 있고 현재 배율의 확대경을 사용하는 것이 힘들고 어지럽다고 호소하고 있다면 더 높은 배율의 확대경보다 근거리용 확대독서기를 사용하도록 하는 것을 권고할 수 있다. • 다만 현재 확대경 배율이 높지 않다면 한 배율 더 높은 것을 사용하여 목표 글자크기를 읽을 수 있는지를 다시 한번 검사해 볼 수 있다. • 저학년이고 확대경 사용에 익숙지 않은 학생이 16D 이상의 고배율 확대경을 추천받은 경우에는 처음부터 16D를 사용해 검사하기보다 8D, 10D, 16D처럼 저배율 확대경부터 단계적으로 도입하는 것이 확대경 사용에 친숙해지는 데 도움이 될 수 있다. • 교사가 유의할 점은 확대경을 사용할 때의 근거리 시력을 측정하는 경우에 학생이 확대경에 다가가는 것을 허용해야 한다는 것이다. 그 이유는 확대경의 배율이 높을수록 초점거리가 짧아지고 시야가 좁아지며 렌즈 주변부로 보이는 상의 왜곡현상 등으로 인해 확대경 가까이 다가가 보이는 것이 필요하기 때문이다. • 다만 확대경의 디옵터(D)에 따라 학습자료와 렌즈 간의 초점거리가 달라지므로 초점거리 공식을 이용해 구해야 한다. • 확대경은 초점거리를 제대로 맞추지 않으면 선명하고 확대된 상을 얻지 못한다. 초점거리 = 100cm/D

Plus

키워드 Pick

흑백반전 근거리 시력검사

① 흑백반전 근거리 시력표는 검정색 바탕에 흰색 숫자로 제작되는 것을 제외하고는 표준 근거리 시력표와 동일하다.

② 흑백반전 근거리 시력검사는 백색증, 무홍채증, 망막색소변성증 등 눈부심이 있는 질환이나 눈부심을 호소하는 학생에 대해 실시한다.

③ 흑백반전 근거리 시력표를 사용할 때 근거리 시력이 향상되었다면, 컴퓨터 및 스마트기기와 확대독서기의 모니터 환경을 설정할 때 검정색 바탕에 흰색 글자로 대비환경을 조정하도록 추천할 수 있다.

(3) 시야

① 시야검사의 개념

㉠ 시야의 측정은 원형의 시표로 측정한다.

㉡ 시야측정은 동적 시야측정과 정적 시야측정으로 구분한다.

동적 시야측정	• 골드만 시야계로 이루어진다. • 암실에서 약 100Lux의 조명 아래 시표를 주변부에서 중심부로 움직여 시표가 보일 때 신호로 반응하게 한다.
정적 시야측정	• 자동 시야계 검사방법을 사용한다. • 프로그램에 정해진 대로 아동이 예측하지 못하는 방향에서 검사 시표를 자동적으로 보여 주고 아동의 반응을 기록한다. • 동적 시야검사에서 놓치기 쉬운 망막변성증, 망막박리와 녹내장과 같은 질환으로 생길 수 있는 암점의 위치를 알아낼 수 있다.

㉢ 양쪽 눈의 시력이 비슷하다면 시야가 넓은 쪽 눈을 우세안으로 하여 망원경이나 확대경 사용을 고려할 수 있다. 녹내장, 망막색소변성증, 황반변성 등 시야손상과 관련된 질환은 시야검사를 하는 것이 중요하다.

㉣ 시야손상은 크게 주변부 시야손상과 중심부 시야손상으로 나눌 수 있다. 주변부 시야손상도 좌・우측 시야손상이 비슷하거나 좌・우측 중 한쪽의 시야손상이 더 심한 경우 등 다양하며, 중심부 시야손상도 중심부 암점의 크기와 위치가 개인마다 다를 수 있다.

② **중심시야검사**: 황반부 변성, 시신경 위축 등의 안질환을 가진 학생은 시야 중심부에 암점이 있는지를 검사하는 것이 필요하다. 학생 면담이나 관찰에서 학생이 사물의 정면을 응시할 때 사물의 중앙 부분이 안 보인다고 하거나 고개를 기울여 보는 것이 관찰된다면 형식적 시야검사를 통해 중심부 암점 여부를 확인할 필요가 있다.

검사	내용
암슬러 격자검사	• 시야 10° 또는 20° 이내, 특히 황반부 부위의 암점을 검사하는 데 유용 • 암슬러 격자는 암점의 크기나 위치를 대략 파악하여 적합한 중심외 보기 방향을 확인할 수 있음
탄젠트 스크린 검사	• 중심시야 35° 이내 범위를 검사하는 데 효과적이고, 이 위치의 암점은 시력과 보행에 큰 장애를 줌 • 저시각인이 검정색 스크린으로부터 1m 떨어진 곳에 앉고, 가운데 × 표시를 고시하게 함. 만일 중심시야에 결손이 있어 × 표시가 안 보인다면 × 표시 인근의 교차 지점을 보게 함. 그다음, 펜라이트나 대비되는 원형 자석보드를 안쪽으로 움직일 때 이것이 보이는지 확인함으로써 중심시야 결손이나 암점 부위를 확인할 수 있음
시계보기검사	• 휴대가 용이하여 어느 장소에서도 검사가 간편함 • 11인치(28cm) 종이에 검정색 마커로 지름 8.5인치(22cm)의 시계를 그리고 이를 활용하여 시야검사를 함 • 시계보기 검사지는 A4용지에 시계 그림을 그리고 시계의 가운데에 숫자나 글자나 도형을 적어서 만들 수 있음. 양안, 좌안, 우안 순서로 검사하거나 양안으로만 검사할 수 있으며, 학생의 시력 수준에 따라 글자나 숫자의 크기를 더 크고 진하게 적을 수 있음
A4용지검사	• 시계보기검사를 어려워하는 학생은 좀 더 쉽고 간편한 A4용지검사를 실시할 수 있음 • 교사는 학생이 A4용지 중앙의 숫자 또는 단어를 바라보도록 한 후, 고개를 좌우로 천천히 움직이면서 어느 방향을 볼 때 단어가 잘 보이는지 말하도록 함 • 다시 고개를 위아래로 천천히 움직이면서 어느 방향으로 볼 때 잘 보이는지 말하도록 함. 단어가 가장 잘 보이는 방향이 중심외 보기 방향임. A4용지 대신 컴퓨터 모니터를 사용할 수도 있음
안면관찰법	—

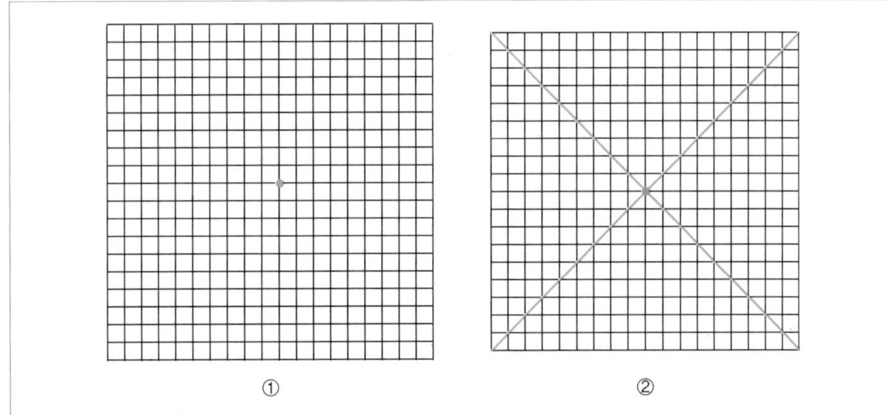

암슬러 격자

기출 LINE

22중) 시야를 측정하는 대표적인 검사로는 시계보기 검사, 대면법, 암슬러 격자 검사, 1.2 m 띠를 활용한 검사 등이 있어요. 진서의 특성을 감안할 때 1.2 m 띠를 활용한 검사를 추천해요. 시력, 대비 감도, 조명 선호 등 다른 시각적인 특성도 고려할 부분이 있는지 함께 확인해 보세요. 그리고 진서의 행동도 주의 깊게 관찰하면서 종합적으로 판단하는 것이 좋아요. 특히 진서와 같은 경우에는 병원에서 하는 검사뿐만 아니라, 유치원에서도 시각 평가를 자주 할 필요가 있어요.

키워드 Pick

③ **주변시야검사**: 망막색소변성증, 녹내장, 시로장애 등의 안질환을 가진 학생은 주변시야검사를 실시하는 것이 필요하다. 학생 면담이나 관찰에서 학생이 우측 물체와 잘 부딪치거나 우측으로 고개를 돌려 보는 경향이 있다면 우측 시야손상이 큰 것으로 추측하고, 형식적 시야검사를 통해 이를 확인할 수 있다. 우측으로 고개를 돌리는 이유는 우측이 잘 보이지 않기 때문에 이를 보상하려는 자연스러운 행동이다. 22유

원판 시야검사	• 원판 시야검사와 1.2m 띠 시야검사는 학생이 부착물이 없는 깨끗한 벽면을 바라보도록 검사 위치를 조정하는 것이 좋다. • 원판 시야검사는 양안, 우안, 좌안 순서로 실시하거나 양안만 검사할 수 있다. • 실시방법 – 학생이 원판의 손잡이를 잡고 파인 부분을 눈 아래에 대도록 한다. – 학생이 원판 맞은편 중앙의 표식 1을 응시하도록 하고, 교사는 학생의 맞은편에서 학생이 눈동자를 움직이지 말고 중앙 표식 1만 계속 바라보도록 말한다. – 교사가 긴 투명판을 오른쪽 가장자리에서 중앙으로 천천히 이동시킬 때 학생이 투명판의 표식 2가 보이면 말하도록 한다. 학생이 "보여요." 라고 말하는 지점의 우측 시야각을 기록한다. – 긴 투명판을 왼쪽 가장자리에서 중앙으로 천천히 이동시킬 때 학생이 "보여요."라고 말하는 지점의 좌측 시야각을 기록한다.
1.2m 띠 시야검사	• 원판 시야검사가 어려운 유아, 시각중복장애 학생 등은 1.2m 띠 시야검사를 실시할 수 있다. • 1.2m 띠 시야검사도 양안, 우안, 좌안 순서로 실시하거나 양안만 검사할 수 있다. • 검사결과의 기록방법은 원판 시야검사와 동일하다. • 실시방법 – 학생은 1.2m 띠의 중앙에 선다. – 교사 1은 학생으로부터 2~3m 떨어진 전방에 서서 학생에게 교사 1의 코를 계속 응시하도록 한다. – 교사 2가 띠의 우측 끝에서 전방을 향해 직선으로 걸어갈 때 학생은 교사 2가 보이면 말하도록 한다. 학생이 보인다고 말하는 지점의 시야각을 재어 우측 시야각으로 기록한다. – 교사 2가 띠의 좌측 끝에서 전방을 향해 직선으로 걸어갈 때 학생이 교사가 보인다고 말하는 지점의 시야각을 재어 좌측 시야각으로 기록한다.

대면법	• 대면법은 교사와 학생이 마주 보고 검사하며, 대비가 높은 색의 막대나 맨손을 사용하여 검사한다. • 대면법도 양안, 우안, 좌안 순서로 실시하거나 상황에 따라 양안만 검사할 수 있다. • 실시방법 – 교사와 학생이 80~100cm 거리에서 마주 본다. – 학생이 검사자의 같은 쪽 눈을 바라보도록 하고, 검사자는 학생이 눈동자를 움직이지 않도록 말한다. – 교사가 3시, 1시 반, 4시 반, 9시, 10시 반, 7시 반 방향에서 손가락이나 막대를 중앙으로 이동시킬 때 보이면 말하도록 한다. – 학생이 "보여요."라고 말한 지점의 바깥 부분이 시야가 손상된 부위이고, 안쪽 부분이 남아 있는 부위이다. – 시야 검사지에 잔존시야를 대략 그려서 표시한다.

맥 Plus

시야 20° 자가측정법

시야 20°를 자가측정하는 방법에 따르면, 손바닥을 펴고 팔을 어깨 높이로 올려 앞쪽으로 쭉 뻗고, 엄지와 나머지 손가락이 직각이 되도록 벌린다. 양손의 손가락 사이의 거리가 20°의 범위가 된다. 시야가 20° 이내인 경우는 시각에 의존한 이동보다는 비시각적 이동방법, 즉 흰지팡이 이동이 추천된다.

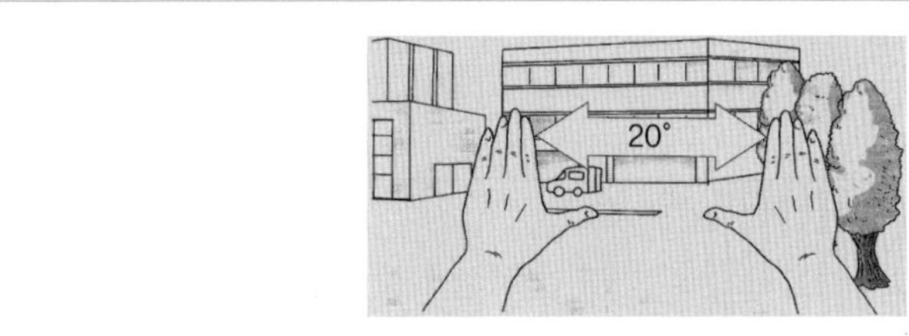

(4) 색각

① 색각(color perception) 이상을 검사하고, 분류하고, 정도를 판정하는 데는 2008년판 「한식 색맹검사표」를 사용한다.

② 18개의 숫자표와 3개의 곡선표를 읽게 하는 방식을 사용한다.

③ 색각 이상을 검출하기 위해 1~12번까지의 숫자표를 사용하고, 색각 이상을 분류하고 정도를 알아보기 위해 13~18번까지의 숫자표와 19~21번까지의 곡선표를 사용한다.

④ 색각 이상을 검사할 때는 500Lux 이상의 충분한 자연광선 조명이 있는 실내에서 한다.

⑤ 가급적 직사 태양광선 또는 백열전등 밑에서 사용해서는 안 되고, 부득이한 경우에는 주광색 형광등을 사용할 수 있다.

⑥ 피검자 전방 약 75cm 거리에서 시선이 수직이 되도록 숫자표를 한 장씩 제시하고, 아라비아 숫자는 3초 이내로 바로 읽고, 곡선은 10초 이내로 바로 그리면 정답으로 간주한다.

키워드 Pick

(5) 대비감도 14중

① 대비감도(contrast sensitivity)는 밝음과 어두움의 비율을 말한다.

② 완전 흰색과 완전 검은색 사이의 대비감도는 1(100%)이다.

③ 백내장 같은 매체 혼탁이 있을 때 눈 안에서 빛이 산란되고 망막에서 대비감도가 저하되어 나타나는 증상이 눈부심이다.

④ 눈이 부시다거나 통증이 있다고 호소하며, 강하고 밝은 빛에 노출되면 책 읽기가 어려울 수 있다.

⑤ 원거리 시력표 또는 근거리 시력표에 사용되는 시표는 모두 고대비이지만, 대비감도 검사에서 사용하는 시표는 흰색 바탕에 고대비의 검정색 글자로 시작하여 점차 흐릿해지는 저대비 검정색 글자로 구성된다.

⑥ 대비감도는 원거리나 근거리 시력에 영향을 미칠 수 있는데, 원거리 시력이나 근거리 시력이 동일하더라도 대비감도가 낮으면 학습과 일상에서 보는 데 어려움이 더 클 수 있다. 따라서 대비감도가 낮은 학생은 책의 선명하지 못한 글자보기, 사람의 얼굴 식별, 계단 오르내리기, 길가의 웅덩이 피하기 등에 어려움을 보일 수 있다.

⑦ 학생의 바르고 편안한 자세를 위해 높낮이 조절 독서대에 대비감도 검사표를 놓은 후 적정 밝기를 제공하고 눈부심 및 그림자를 방지할 수 있는 테이블 위치에 놓아야 한다.

⑧ 학생의 대비 수준이 정상적인 수준보다 낮게 측정되었다면 저대비 학습자료나 저대비 생활환경에서 어려움을 겪을 수 있으므로, 고대비 학습자료의 제공, 착색 렌즈, 아세테이트지, 확대독서기 등 대비증진기구를 사용하도록 추천할 수 있다.

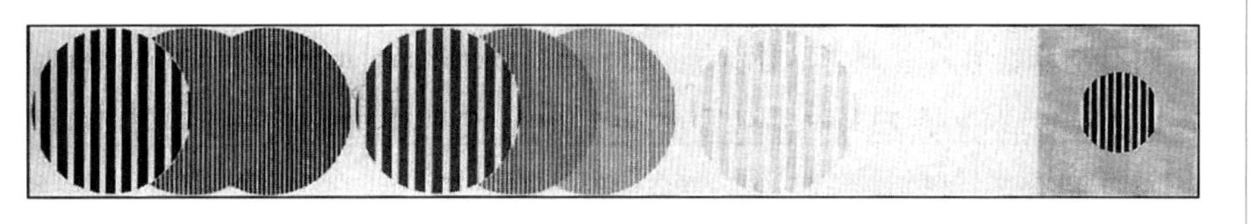

주시선호검사법

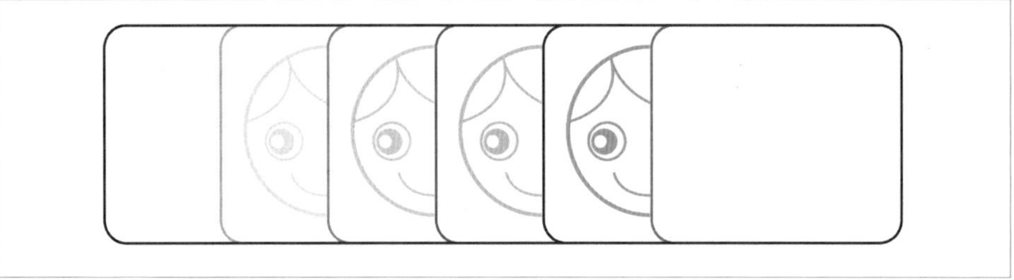

저대비검사

(6) 광감도(조명선호검사)

① 광감도(light sensitivity)는 시력검사와 대비감도검사를 실시할 때 조명의 밝기를 조정하면서 검사한다.

② 조명의 밝기변화는 시력과 대비감도에는 영향을 주지 않기 때문에 가능하다.

③ 시력검사와 대비감도검사를 실시하는 중에 밝은 조명과 희미한 조명을 제공하면서 학생의 반응을 관찰한다.

④ 조명은 학생의 얼굴을 비추지 않게 하고 눈부심이 생기지 않도록 하기 위해 학생이 읽어야 할 자료를 직접 비추도록 한다.

⑤ 어떤 조명이 최고 수준으로 수행하게 만드는지 확인하여 시기능 향상을 위한 조명에 대한 제안을 한다.

⑥ 적절한 조명은 시력, 대비 등의 시기능을 향상시키는 효과가 있다. 안질환에 따라 선호하는 조명의 밝기가 다르므로, 학생이 어떤 조명 밝기에서 잘 볼 수 있는지를 검사하는 것이 필요하다. 다만 조명의 밝기가 증가하면 눈부심도 함께 증가할 수 있으므로, 학생이 밝기 증가에 따라 눈부심을 느끼거나 민감한지도 확인하는 것이 좋다.

⑦ 밝은 조명을 선호하지만 눈부심이 있다면 조명의 밝기를 단계적으로 높여가며 눈부심을 조절하거나 눈부심을 줄이기 위해 착색 렌즈의 사용이나 조명등의 위치 조정 및 자리 배치를 고려할 수 있다.

⑧ 근거리 시력표나 대비감도 검사표를 다시 사용하며, 개인용 스탠드가 추가로 필요하다. 개인용 스탠드는 조명등의 밝기와 방향을 조절할 수 있는 것을 구입하는 것이 좋다.

⑨ 조명등의 방향이 검사표를 향하도록 하여 광원이 눈에 비치지 않도록 해야 한다. 밝기 조절이 되지 않는 개인용 스탠드는 검사표와 조명기구 간의 거리를 조절하고, 방향 조절이 안 되는 조명등은 얼굴 뒤쪽에 위치시키는 대안적인 방법을 사용할 수 있다.

⑩ 조명선호검사는 양안으로만 검사해도 되며, 개인용 스탠드를 켠 상태에서 이전의 근거리 시력검사 또는 대비감도검사와 동일한 절차로 검사한다. 조명의 시기능 향상 효과를 정확하게 확인하기 위해서는 이전의 근거리 시력검사 또는 대비감도검사와 같은 거리를 유지해야 하는 것을 잊지 말아야 한다. 개인 조명기구를 사용할 때 근거리 시력이나 대비감도가 향상된 경우에는 조명사용 효과가 있는 것으로 보고 개인용 스탠드를 사용하는 것을 추천한다.

키워드 Pick

(7) 대비선호검사

① 여러 가지 색의 착색 렌즈나 아세테이트지는 대비를 높이고 눈부심을 감소시켜 시력이나 대비감도 같은 시기능을 향상시키는 효과가 있다. 빛 투과율이 좋은 노란색, 갈색 같은 착색 렌즈나 아세테이트지를 사용할 때 시력이나 대비감도가 향상된다면 이를 사용하도록 추천할 수 있다.

② 대비선호검사에는 근거리 시력표나 대비감도 검사표를 다시 사용하며, 착색 렌즈나 아세테이트지가 추가로 필요하다.

③ 착색 렌즈나 아세테이트지의 시기능 향상 효과를 정확하게 확인하기 위해서는 이전의 근거리 시력검사 또는 대비감도검사와 같은 검사거리를 유지해야 하는 것을 잊지 말아야 한다. 이들 기구를 사용할 때 근거리 시력이나 대비감도가 향상된 경우에는 착색 렌즈나 아세테이트지 사용 효과가 있는 것으로 보고 사용할 것을 추천한다.

(8) 색상대비검사

① 교과서나 참고서 등 학습자료는 학습내용을 구분하거나 강조하거나 분류하기 위한 방법으로 다양한 바탕색에 다양한 글자색이 들어간 표, 박스, 그림 등을 포함하고 있다.
② 색상대비검사는 높은 색상대비에서 낮은 색상대비로 이루어진 시표를 식별하는 시각능력을 측정하는 것으로, 학생이 잘 읽거나 학생이 잘 읽지 못하는 색상대비를 확인할 수 있다.
③ 학생이 바르고 편안한 자세를 위해 높낮이 조절 독서대에 색상대비 검사표를 놓은 후, 적정 밝기를 제공하고 눈부심 및 그림자를 방지할 수 있는 테이블 위치에 놓아야 한다. 색상대비 검사표는 학생이 선호하는 거리에서 양안으로 색상 대비율이 높은 시표부터 대비율이 낮은 시표 순서로 읽도록 하여 학생의 색상대비율과 선호하는 색상대비를 확인한다. 그리고 색상대비율이 낮은 학생은 낮은 색상대비 자료를 읽을 때에 색상대비조절 기능이 있는 확대독서기를 사용할 것을 추천할 수 있다.

(9) 안운동

① 사시의 진단, 예후, 치료에 도움이 되는 문진을 실시한다.
② 두 눈의 시력을 측정해서 비교해야 한다.
③ 사시가 한 눈인지, 교대성인지, 간헐성인지, 어느 쪽이 우세안인지 관찰한다.
④ 환자의 한쪽 눈을 가리고 다른 눈으로 정면 앞 약 30cm 거리에 있는 작은 광점을 주시시켜 각막반사의 위치를 살피는 한눈주시검사를 실시한다.
⑤ 두 눈을 함께 검사하는 두눈주시검사도 실시한다.
⑥ 사시각을 측정하기 위해 주시물체로 작은 광점을 사용하고 원거리(5~6m)와 근거리(30cm)에서 정면뿐만 아니라 6개의 주시방향에서도 가림검사를 실시한다.
⑦ 한쪽 눈이 어느 정도 움직일 수 있는지 검사하는 한눈운동검사를 실시한다.
⑧ 눈 앞에 놓인 작은 그림이나 물건을 계속 주시하게 한 다음 머리의 정중선을 따라 물체를 환자의 눈 쪽으로 이동시키면서 눈모음검사를 실시한다.

(10) 조절

① 가까운 곳의 물체를 볼 때 망막에 상을 맺게 해서 뚜렷하게 볼 수 있게 하는 눈의 작용이다.
② 수정체는 조절 기능이 있어서, 만곡 상태와 두께가 변하여 근거리와 원거리의 사물을 보게 한다.
③ 나이가 들면서 수정체 탄력성이 감퇴되기 때문에 조절력이 계속 감소되어 노시안이 되며 근거리(약 25~30cm)의 작업이 장애를 받는다.
④ 원시가 심해지면, 원시를 보상하기 위해 굴절력을 높이려고 조절이 증가된다.

⑤ 근거리 작업을 할 때에는 조절이 더욱 증가되어 시력감퇴, 눈의 통증, 두통, 눈의 충혈, 열감, 건조감, 빈번한 눈 깜빡거림, 눈물 흘림이 나타난다.
⑥ 과도한 조절을 위해 눈모임이 증가되면 사시가 생기기도 한다.
⑦ 소아의 경우 책을 읽을 때 시력이 저하되면 망막상을 크게 하기 위해 오히려 책을 가깝게 하려고 한다.
⑧ 노안과 원시 모두 볼록렌즈로 안경 처방을 받아 보정이 가능하다.

2. 기능시각평가

(1) 기능시각평가 검목표의 목적 · 장점 · 결과

목적	• 기능시각평가 검목표는 학습과 생활에서 학생이 잔존시각을 활용하는 능력과 어려움을 파악하여 필요한 특수교육지원을 강구하는 데 있다.
장점	• 학생의 학습과 생활에서 이루어지는 대표적인 시각 관련 활동들을 체크리스트 형태의 문항들로 구성하고 있으며, 학생 면담이나 관찰 등을 체크리스트 형태의 문항들로 구성하고 있으며, 학생 면담이나 관찰 등의 방법을 통해 평가한다. • 형식적 시각검사와 달리 실제 학습 및 일상 활동에서 시각장애로 인해 수행에 어려움을 보이는 활동, 즉 특수교육지원이 필요한 활동을 구체적으로 확인할 수 있다.
결과	• 공인 시력표를 사용하는 형식적 시각검사결과와 통합하여 해석할 때 시각평가 결과의 신뢰도를 높일 수 있다.

(2) 기능시각평가 검목표의 구성

원거리 검목표	• 원거리는 대개 3m나 6m 이상을 말하지만, 1m 이상 거리에서 이루어지는 활동도 원거리 활동에 포함하기도 한다. • 원거리 읽기 영역에서 교실 칠판, TV, 빔프로젝트 스크린을 보는 활동에 대해 어렵다고 응답한다면 앞자리 배치, 망원경, 원거리용 확대독서기 같은 원거리용 저시력 기구지원, 판서나 TV나 스크린 내용에 대한 구어 설명 제공 등의 교육지원을 고려할 필요가 있다. • 교과학습 영역에서 교과 관련 원거리 활동에 대해 어렵다고 응답한다면, 어려움을 보이는 교과학습에 대해 지원이 필요할 수 있다. 예를 들어, 확대 및 양각 교구(음성저울, 음성 온도계, 소리 나는 공), 보조공학기기(확대독서기, 망원경 등), 자리 배치, 교수기법의 수정(상세한 구어 설명과 촉각 교수방법 등) 등의 지원을 고려할 수 있다. 예를 들어 체육시간에 교사의 동작 시범을 보고 따라 하는 것이 어렵다고 응답한 경우, 교사는 저시력학생이 시범을 가까운 위치에서 보도록 허용하고, 가까이서도 보기 어려운 학생이라면 시범 동작에 대한 촉각 모델링과 신체적 안내법 같은 촉각교수방법을 사용할 필요가 있다. • 보행 영역에서 주변 사물을 구별하거나 목적지를 찾아가거나 장애물을 피하는 등의 활동이 어렵다면 독립적이고 안전한 이동을 위해 보행교육 및 보행환경의 개선이 필요하다.

키워드 Pick

근거리 검목표	• 근거리는 대개 40cm 이하를 말하지만 때로는 1m 이하 거리에서 이루어지는 활동도 근거리 활동에 포함하기도 한다. 대표적인 근거리 활동에 책 읽기와 쓰기 등이 있다. • 근거리 읽기 영역에서 교과서, 참고서, 사전 같이 주로 사용하는 학습자료를 읽는 것에 대해 어렵다고 응답하면, 확대 자료, 확대경, 근거리용 확대독서기, 점자 자료, 음성 자료 등의 교육지원을 고려할 필요가 있다. • 쓰기 영역에서 일반 필기구로 정해진 시간 내에 알아 볼 수 있도록 필기하는 것에 대해 어렵다고 응답한다면, 굵은 펜이나 굵은 선 노트, 확대경이나 확대독서기를 이용한 쓰기, 컴퓨터 워드프로세서로 쓰기, 점자쓰기, 음성 녹음 등의 교육지원을 고려할 수 있다. • 근거리 교과학습 영역의 경우, 교과 관련 시각자료 및 교구를 보고 이용하는 것에 대해 어렵다고 응답한다면, 학습자료나 교구의 수정, 수업이나 교수・학습 방법의 변화 등의 교육지원을 고려할 필요가 있다. • 근거리 일상활동을 수행하는 데 어려움이 있다면, 독립적인 일상활동을 위해 연령에 적합한 일상생활교육과 생활환경의 개선이 필요할 수 있다.
시야 검목표	• 주변시야손상 영역에서 읽기 활동에 글줄을 잃어버리거나 그림 자료의 가장자리가 보이지 않는다고 응답한다면 주변시야손상이 있는 것이며, 특정 위치에 있는 물체와 자주 부딪친다면 부딪치는 쪽의 시야손상이 있다는 것을 의미한다. 타이포스코프나 라인 가이드 같은 읽기 보조기구, 프리즘 렌즈 같은 시야 확대기구, 추시, 추적, 주사 같은 시기능 훈련을 고려할 필요가 있다. • 중심부 시야손상 영역에서 자료나 물체의 정면을 바라볼 때 가운데 부분이 보이지 않거나 고개나 안구를 돌려 측면으로 보는 것이 편안하다고 응답한다면 중심부 암점이 있는 것으로 볼 수 있다. 중심외 보기 같은 시기능 훈련을 고려할 필요가 있다.
대비 검목표	• 명도대비 영역에서 책이나 컴퓨터에서 보통 글자보다 선명하지 않은 글자를 보는 것이 어렵다면 굵고 진한 글자체로 학습자료를 제공하거나 개인 조명기구, 착색 렌즈, 아세테이트지, 확대독서기 같은 대비증진기구를 읽기 활동에 사용하는 것을 고려할 필요가 있다. • 색상대비 영역에서 계단과 계단 사이나 복도의 투명 유리창을 구별하는 것과 비슷한 색상으로 구성된 그림이나 물건을 식별하거나 찾는 데 어려움이 있다면, 계단코나 유리창 가운데 노란색 띠를 부착하는 등의 환경 개선과 낮은 색상대비의 그림이나 자료를 볼 때 색상대비조절 기능이 있는 확대독서기를 사용하는 것을 고려할 필요가 있다.
조명 검목표	• 밝기 선호 영역에서 밝은 장소나 밝은 화면 등에서 읽는 것이 편안하고 잘 보인다고 응답한다면 개인용 스탠드를 사용하는 것을 고려할 필요가 있다. • 눈부심 영역에서 태양이나 조명등의 빛 또는 종이나 책상 같은 표면으로부터 반사되는 빛에 의해 눈부심을 느낀다고 응답한다면 눈부심을 감소시키기 위해 착색 렌즈, 챙이 있는 모자, 광원을 등진 곳에 자리 배치 등을 고려할 필요가 있다.

② 교육적 평가

1. 학습매체 평가

(1) 학습매체의 개념

① 학습매체란 학습내용을 전달하는 매개수단으로 잉크로 인쇄된 묵자 교과서와 참고서가 보편적인 학습매체이다.

② 시각장애로 인해 일반 교과서와 참고서를 사용하는 데 어려움이 있다면 점자 자료, 확대 자료, 음성 자료 같은 대체 학습자료의 제공이 필요하다. 따라서 시각장애 학생을 위한 진단평가 영역의 하나로 학습매체평가가 포함되어야 한다.

(2) 학습매체 사용 유형

① 일반 묵자를 주 매체로 사용해야 하는 집단

② 확대 글자를 주 매체로 사용해야 하는 집단

③ 점자와 묵자를 함께 사용하는 집단(이중 매체 사용자)

④ 점자를 주 매체로 사용해야 하는 집단

⑤ 음성 자료를 주 매체로 사용하는 집단

(3) 학습매체 평가

1단계: 최초 학습매체 선정 평가	• 처음으로 문해 교육과 사용을 위해 적합한 매체를 선정하는 것이다. • 선천성 시각장애 학생의 경우에 형식적 문해(한글 읽기와 쓰기) 교육을 시작하는 유치원이나 늦어도 초등학교 1학년에 실시해야 한다.
2단계: 문해매체 계속 평가	• 최초 문해매체 결정의 적합성 여부를 확인한다. • 학생 면담과 관찰, 읽기유창성 평가 등으로 현재 사용 중인 문해매체의 적합성, 현재 매체를 사용하여 학업성취 도달 여부를 확인한다. • 현재와 미래의 문해 관련 과제를 수행하기 위해 추가적인 문해 도구의 사용이나 다른 문해매체로의 변경 필요성 등을 확인한다.

(4) 학습매체 평가방법

읽기	목적	• 읽기매체 평가는 궁극적으로 점자, 확대 글자, 음성 3가지 읽기매체 중 어떤 매체가 개별 학생의 읽기 활동에 가장 효율적인지를 결정하는 평가이다. • 읽기매체 평가의 목적은 크게 두 가지로 구분할 수 있다. – 먼저 학생에게 적합한 확대 글자크기를 찾는 데 목적이 있다. 시각장애 학생이 가장 편안하고 빠르게 읽을 수 있는 글자크기를 결정하고 이를 기초로 확대경 배율을 추천할 수 있다. – 최종적으로 학생에게 적합한 읽기매체로 점자, 확대 글자, 음성 중 어떤 것이 가장 적합한지를 결정하는 데 목적이 있다. 이를 위해 학생에게 가장 적합한 확대 글자크기나 확대경 배율로 읽기 속도를 평가하여 같은 학년의 점자 사용 학생의 평균 속도와 객관적으로 비교하거나 확대 글자로 현재 학년의 학습자료를 효율적으로 공부할 수 있는지를 교사가 주관적으로 판단하여 학생에게 적합한 읽기매체를 결정할 수 있다.

키워드 Pick

	방법	• 근거리 시력표보다 문장형 읽기 시력표를 사용한다. • 문장형 읽기 시력표는 다양한 글자크기로 이루어진 문장들에 대한 읽기 속도를 측정하여 읽기 속도가 저하되지 않는, 즉 학생이 편안하고 빠르게 읽을 수 있는 가장 작은 글자크기를 측정할 수 있다. • 읽기매체 평가에서 측정해야 할 중요한 2가지는 읽기유창성과 읽기 지속시간이다. • 읽기매체 평가를 실시할 때 학생에게 최적의 읽기 환경을 조성하여 평가해야 한다.
	평가 영역	• 읽기유창성 평가 • 읽기 지속성 평가 • 확대 글자와 확대경을 사용한 보통 글자 읽기 속도 비교
쓰기	• 손글씨로 묵자를 쓰는 능력을 확인하여 묵자와 점자 중 학생에게 적합한 쓰기 자료와 도구를 결정하는 데 목적이 있다. • 읽기매체 유형과 쓰기매체 유형은 동일한 것이므로 일반적으로 쓰기매체 평가를 생략할 수 있다.	

맥 **Plus**

읽기매체의 글자크기

① 학생이 오독 없이 편안하고 빠르게 읽을 수 있는 가장 작은 확대 글자크기를 결정적 글자크기라고 부르고, 오독이 있더라도 읽을 수 있는 가장 작은 글자크기를 임계 읽기시력이라고 부른다.

② 시각장애 학생의 읽기 활동을 위한 최소 확대 글자크기라고 볼 수 있는 결정적 글자크기는 3가지 방식으로 찾을 수 있다. i) 읽기 속도가 저하되기 직전의 글자크기, ii) 임계 글자크기의 2배 글자크기, iii) 학생에게 "어느 글자크기부터 읽기가 어렵니?"라고 질문하였을 때 학생이 어렵다고 말한 글자크기보다 한 라인 위의 글자크기 등이 있다.

③ 일반적으로 읽기 속도가 저하되기 직전의 글자크기를 학생에게 적합한 최소 확대 글자크기로 보고, 학생이 선호하는 확대 글자크기 등의 다른 추가 정보를 종합하여 최종 확대 글자크기를 결정할 수 있다.

④ 학생에게 적합한 확대 글자크기가 결정되면 이를 근거로 확대경 배율을 계산할 수 있다.

2. 확대핵심 교육과정 영역 평가

영역	평가자	정보 제공자	평가활동
보상적 학업기술 (의사소통 양식 포함)	언어병리학자, 시각장애 전공 교사	부모, 학급교사, 기타 전문가	• 의사소통능력, 의사소통 전략과 체계 평가 • 가족과의 긴밀한 관계를 통해 의사소통의 수단인 학생의 행동 이해 • 생활활동 속에서 아동의 개념 이해 수준 파악
사회 상호작용 기술	학급교사, 시각장애 전공 교사	부모, 양육인, 학교 관련인	• 학교 인물들과의 반응 수준 평가 • 학생의 사회적 및 정서적 요구를 부모 혹은 양육인에게 확인받기
레크리에이션과 여가기술	시각장애 전공 교사	부모, 전문가	• 아동이 좋아하는 움직임, 촉각, 청각 정보 수집 • 음악, 물놀이 또는 동작에 학생이 긍정적으로 반응할 수 있는지 알기 위해 레크리에이션활동 선정
보조공학활용	공학전문가	부모, 언어병리학자, 교사, 전문가	• 의사소통이나 활동 참여를 위한 보조공학 활용능력평가 • 팀이 선택할 수 있는 옵션 및 선호하면서 사용하는 수단에 대해 제공한 정보 참조
방향정위와 이동	방향정위와 이동전문가	작업치료사, 물리치료사	• 학생의 감각운동기술과 목적적인 운동 평가
독립생활기술	작업치료사, 시각장애 전공 교사, 부모	언어병리학자, O&M 전문가	• 일상생활활동에서 참여 수준과 독립 정도를 평가 • 언어병리학자와 O&M 전문가는 위생, 식사, 음식준비, 착탈의 동안 특정 개념을 가르치기 위해 동작과 관계된 언어를 일관되게 사용
시효율기술	시각장애 전공 교사	부모, 학급교사, 작업치료사, O&M 전문가	• 학생별 최적 시간환경을 조성하여 주는 조건 이해 • 학생의 생명행동(biobehavioral) 상태 평가 • 작업과 물리치료사들은 학생별 시각 최대 사용을 촉진하도록 균형을 잡아주는 자세 잡아주기 평가 동참
진로교육	시각장애 전공 교사		• 전환교육 강조 • 학생의 요구, 선호, 능력의 변화를 고려한 부모와 양육자의 장래환경 결정 참여 • 장래환경은 팀을 통해 결정

키워드 Pick

3. 시각장애 학생 교육을 위한 영역별 평가

(1) 시기능검사

① 시기능평가는 의학적인 안과검사의 한 부분으로 아동이 시각을 사용하는 방법에 관심을 둔다.

② 시기능은 전형적으로 교사에 의해 평가되며 다양한 교육, 일상생활기술, 방향정위와 이동과제를 수행하는 데 사용되는 시각을 알아내는 것이다.

③ 시기능(functional vision, 기능시각이라고도 함)이란 과제를 수행하는 데 있어서 시각을 사용하는 능력을 말한다.

④ **주요 평가 영역**: 시기능의 주요 평가 영역으로 시각기술, 시지각, 시각환경을 들 수 있다.

평가 영역	내용
시각기술	• 시력, 시야, 대비감도, 색각 등을 실제로 사용하는 기술 • 시각기술로는 중심외 보기, 탐지하기, 주사하기, 추적하기, 추시하기 등이 있음 • 시각적 요소를 강조한 주시하기, 추시하기 • 인지적 요소를 강조한 점검하기, 변별하기, 맞추기 • 운동 요소를 강조한 몸을 사물 쪽으로 돌리고 다가가기와 사물에 손을 갖다 대기 등이 있음
시지각	• 같은 사물을 짝짓는 시각변별 • 불완전한 그림을 정확하게 알아내는 시각통합 • 복잡하고 혼란스러운 배경 속에 숨어 있는 모양을 확인하는 도형-배경 • 정확한 순서로 형태를 재생해 내는 시각기억 • 자극 그림과 똑같은 것을 여러 개의 그림 속에서 찾아내는 형태 항상성 • 자극 그림을 그대로 따라 그리기 • 두 직선 사이의 빈 공간에 선을 그어서 측정하는 눈-손 협응 등 • 시지각 발달검사(DTVP) • 한국판 시기능 효율성 개발 프로그램인 진단적 사정 절차(DAP) • 오리건 발달 평가도구
시각환경	• 가급적으로 시각기술은 실제 생활공간인 가정, 학교, 지역사회 등에서 평가하고, 망원경, 확대경, 망원렌즈 부착 안경 등의 광학보조기구를 사용하며, 시각기술의 활용에 필요한 최적의 환경을 마련하여 지도하도록 함

맥 Plus

시지각 발달검사(DTVP : Developmental Test of Visual Perception)

① 시지각 발달검사(DTVP : Developmental Test of Visual Perception)는 유아, 유치원 아동, 초등학교 1학년 아동의 문자학습 준비 기능의 유무를 선별하기 위한 것이다.
② 검사 영역은 시각-운동 협응, 도형-소지 변별, 형태의 항상성 지각, 공간위치지각, 공간관계지각이다.
③ 지각연령(PA : Perceptual Age)은 각 하위검사에서 해당 연령 집단의 평균치에 속하는 아동이 수행하는 능력을 말한다.
④ 지각지수(PQ : Perceptual Quotein)는 연령별 각 하위검사의 평가점수를 합계하여 얻은 편차 점수로 유사한 백분위를 의미한다. 각 연령 집단의 평균을 100으로 한 일정한 표준편차치를 나타낸 것이다. 산출된 지각지수로 백분위 점수를 알아내어서 아동의 상대적인 위치를 알 수 있다.

(2) 촉기능검사

① 맹학생의 경우, 오감 중 촉각이 가장 중요한데, 바로 촉각을 사용하여 주변 환경뿐만 아니라 학습과 관련된 경험을 해야 하기 때문이다.
② 일반적으로 촉각발달을 위하여 다양한 질감의 촉각자극, 무게와 온도를 경험하도록 구성한다.
③ 오리건 발달 평가도구 중에서 점자 학습에 필요한 촉각기술을 중심으로 학생의 촉각 기능을 평가할 수 있다.
④ 촉기능검사의 실시 전에 학생의 근거리 학습매체와 원거리 학습매체를 구분하여 알아보는 학습매체 평가가 요구된다. 학습매체 평가로 학생에게 적절한 문자매체를 결정하고 난 뒤, 만약 학생이 점자를 사용하여야 하는 경우 촉기능검사가 실시된다.

(3) 지능검사

① 시각장애아동의 경우 시각장애로 인해 생기는 경험학습의 차이와 학습결손이 있으므로 검사항목들이 시각장애아동에게 적합한지를 신중하게 고려해야 한다.
② 지능검사도구들이 시각장애아동을 대상으로 하여 표준화되어 있지 않다는 점을 주지하고 결과 해석에 주의를 기울여야 한다.

키워드 Pick

(4) 학업성취도검사

학업성취도검사는 주로 읽기와 수학능력 면에서 아동이 습득한 기술들을 평가하게 된다.

(5) 사회 · 생활기술검사

① 사회기술검사는 전반적인 사회적 발달, 지시 따르기, 독립적으로 작업하기, 다른 사람과 상호작용하기 등의 특정 기술 습득을 평가하기 위해 사용된다.
② 생활기술들은 음식 준비, 집안 청소, 여가기술, 금전관리, 개인위생, 식사 등을 포함하여 평가한다.

(6) 심동적 발달검사

① 심동적 발달평가에서는 아동의 신체적 성장, 지적 성장, 정서적 발달, 사회성의 발달이 조화롭게 발달되면서 나타나는 신체기능을 중심으로 평가한다.
② 심동적 발달평가는 특히 취학 전기와 중복장애 아동 평가에서 필수적이다.

(7) 방향정위와 이동검사

① 피바디 이동 프로그램은 교사 혹은 방향정위와 이동 전문가에 의해 실시되며, 인지기술, 운동기술, 감각, 개념, 촉각기술, 소리 위치 확인기술 등을 평가하는 것이다.
② 오리건발달 평가도구 중 '방향정위와 이동'에 제시된 항목으로 방향정위와 이동에 필요한 전반적인 기술을 평가할 수 있다.

맥 Plus

교육부 보급 시각평가도구의 구성과 내용(2017)

구성	하위검사	평가 목적과 활용
기능 시각 검목표 평가	원거리 검목표	• 원거리에서 이루어지는 학습, 보행, 일상활동에서 잔존시각을 활용하는 수준을 확인한다. • 학생이 어려움을 경험하는 원거리 활동 및 지원요구를 대략 파악한다.
	근거리 검목표	• 근거리에서 이루어지는 학습과 일상활동에서 잔존시각을 활용하는 수준을 확인한다. • 학생이 어려움을 경험하는 근거리 활동 및 지원요구를 대략 파악한다.
	시야 검목표	• 시야와 관련하여 이루어지는 학습, 보행, 일상활동에서 겪는 어려움과 선호 시야를 확인한다. • 학생이 어려움을 경험하는 시야 문제와 지원요구를 대략 파악한다.
	조명 검목표	• 다양한 조명 조건에서 이루어지는 학습, 보행, 일상활동에서 겪는 어려움과 조명선호를 확인한다. • 학생이 어려움을 경험하는 조명 문제와 지원요구를 대략 파악한다.
	대비 검목표	• 다양한 대비환경에서 이루어지는 학습, 보행, 일상활동에서 겪는 어려움과 대비선호를 확인한다. • 학생이 어려움을 경험하는 대비 문제와 지원요구를 대략 파악한다.
객관적 시각 검사	원거리 시력검사	• 공인 원거리 시력표로 원거리 시력을 측정한다. • 망원경 지원 여부 결정과 적합한 배율을 추천한다. • 원거리용 확대독서기 지원 여부를 결정한다.
	근거리 시력검사	• 공인 근거리 시력표로 독서 거리에서 볼 수 있는 글자크기를 측정한다. • 확대경 지원 여부 결정과 적합한 배율을 추천한다. • 근거리용 확대독서기 지원 여부를 결정한다.
	흑백반전 근거리 시력검사	• 공인 흑백반전 근거리 시력표와 표준 근거리 시력표의 시력을 비교한다. • 흑백반전 근거리 시력표에서 시력 향상이 나타나면 컴퓨터, 스마트폰, 확대독서기의 모니터 환경을 검은색 바탕에 흰색 글자로 변경하여 사용한다.
	대비감도 검사	• 대비감도 검사표로 명도대비 수준을 측정한다. • 낮은 명도대비 자료의 읽기와 대비증진을 위해 확대독서기, 착색 렌즈, 아세테이트지 등의 지원 여부를 결정한다.
	색상대비 검사	• 색상대비 검사표로 색상대비 수준을 측정한다. • 낮은 색상대비 자료의 읽기와 대비증진을 위해 선호색상대비로 자료 수정이나 확대독서기 지원 여부를 결정한다
	대비 증진기구 선호검사	• 대비감도 검사표나 근거리 시력표를 사용하여 착색 렌즈나 아세테이트지 사용 전과 후의 시력변화를 측정한다. • 착색 렌즈나 아세테이트지 사용 후 근거리 시력이나 대비감도가 향상되면 착색 렌즈나 아세테이트지를 사용하도록 한다.
	조명선호 검사	• 대비감도 검사표나 근거리 시력표를 사용하여 개인용 스탠드 사용 전과 후의 시력변화를 측정한다. • 개인용 스탠드 사용 후 근거리 시력이나 대비감도가 향상되면 개인 조명기구를 사용하도록 한다.
	시야검사	• 원판 시야검사 도구나 1.2m 시야검사 띠 등을 사용하여 시야손상 정도와 위치를 확인한다. • 학생에게 적합한 좌석 배치, 교구의 제시 위치, 필요한 시야 확대 기기 등을 추천한다. • 중심외 보기, 주시, 주적, 주사 등의 시기능 훈련 여부를 결정한다.

키워드 Pick

05 시각장애 아동의 발달 특성

① Lowenfeld : 실명에 따른 시각장애인의 3가지 제한성

1. 3가지 제한성

① 경험의 질과 양을 제한한다.
② 보행능력을 제한한다.
③ 환경과 상호작용하는 기회를 제한한다.

2. 교육적 접근에 필요한 원리

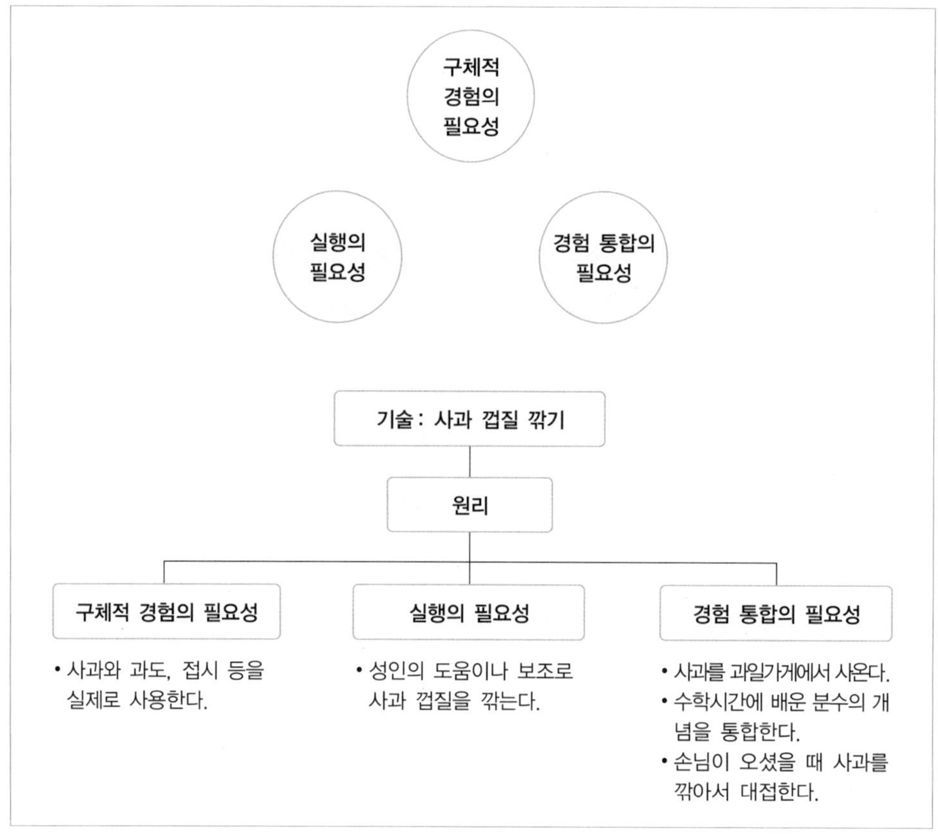

| 원리적용의 예 |

② 영역별 발달 특성

1. 신체 · 운동발달

특성	• 시각장애 아동은 다른 사람을 보며 배우는 가치 있는 경험을 할 수 없기 때문에 운동기능에서 늦을 수 있다. • 움직임에 대한 동기가 결여되어 있으며, 어른이 하고 있는 신체적인 움직임을 눈으로 모방하여 배우는 것이 부족하므로 다양한 신체기능을 습득하고 강화시킬 수 있는 기회를 가지지 못할 수도 있다. • 시각장애 아동도 발달단계를 거치면서 대운동이 발달해 나가는 것이 강조되어 왔지만 대개 일반아동보다는 발달속도 면에서 느릴 수 있다. • 시각장애 아동은 시각의 장애 때문에 눈과 손의 협응이 이루어질 수 없는 경우가 있다. • 경험을 많이 함으로써 귀와 손의 협응이 눈과 손의 협응(eye-hand coordination)보다 더 성숙해 질 수 있다. • 정적 활동(예 의자에 앉아 있기, 한 발로 서 있기 등)과 동적 활동(예 한 발로 뛰기, 몸을 양옆으로 흔들기, 장애물 뛰어넘기 등) 모두에서 균형을 잡는 데 어려움을 보일 수 있다. • 균형을 잡는 능력이 부족하기에 시각장애 아동은 이를 보상하기 위한 방법으로 팔자 모양으로 다리를 넓게 벌리거나 발을 질질 끌고 팔을 앞으로 내민 채로 걷는다. • 걸음걸이(gait)는 보속이 느리고, 움직임이 뻣뻣하며, 머리를 어느 한편으로나 아래로 떨어뜨리고, 몸통 회전이 없거나 제한되어 있으며, 팔을 교대로 흔들지 못하거나 움직이지 않고, 팔자걸음을 걷거나 발을 질질 끌며 걷고, 보폭이 좁을 수 있다. • 우주인 같이 무중력 상태에서 걷는 걸음걸이를 보이거나 균형을 유지하면서 안정감을 주는 방법으로 양팔을 어깨높이 이상으로 쭉 뻗고 걷기도 한다.
지도	• 보상감각을 통한 관찰학습 • 발달을 유도하는 양육환경 • 움직임과 환경탐색법 지도 • 상동행동 지도

키워드 Pick

2. 인지발달

특성	• 세상의 정보를 받아들이는 주요 감각수단인 시각이 손상되어 지각능력, 개념 습득과 언어발달에서 불이익을 받게 된다. • 정상시력일 때 보이는 이미지와 전혀 다른 왜곡되고 부정확한 이미지를 가지게 된다. • 시야가 좁은 경우에도 제한된 부분에서만 보이는 시각 정보만을 인식하게 된다. • 시각장애 아동이 일반아동과 비교하여 인지능력이 낮은 이유는 시각장애 자체의 영향 때문이기보다는 시각장애로 인한 환경탐색 기회의 부족 때문이다. • 시각기능의 상실로 다른 감각수단에 의존하여 환경 정보를 받아들여야 하기 때문에 Piaget의 감각운동기 동안 습득해야 되는 사물 항상성과 인과 개념 습득이 지연될 수 있다. • 전조작기인 2~4세까지의 전개념적 사고기(preconceptual period) 동안 환경 내의 대상을 상징화하고 이를 내면화시키는 과정에서 어려움을 겪게 되므로 상징적 사고와 전환적 추론도 지연될 수 있다. • 시각장애 아동이 사물의 특징이나 관계, 속성에 대한 개념발달에 있어서 일반아동보다 뒤처진다는 연구 결과들이 있는데, 이는 환경경험의 제한 때문이라는 의견이 지배적이다. • 시각장애 아동의 학업성취가 일반아동보다 뒤떨어진다는 의견들이 있는데, 이는 시각장애 아동이 일반아동보다 취학이 늦어 적절한 교육의 기회를 제공받지 못하였거나, 자주 병원에 다녀야 하기 때문에 빈번히 결석한 결과이고, 점자나 확대문자의 학습매체를 사용하게 되어 정보습득이 느려지기 때문이라고 보았다.
지도	• 풍부한 경험학습 제공 • 보상감각경험의 제공을 통한 개념 형성 • 정보습득기술의 획득

3. 언어발달

특성	• 실제로 언어성 지능검사결과를 비교해 보면, 시각장애 아동과 일반아동의 검사 점수에 차이가 없는 것으로 나타나기도 하였다. • 단지, 비언어적인 의사소통수단인 얼굴표정이나 눈짓, 몸동작을 사용하는 데에서 약간의 차이가 있을 뿐이었다. • 직접적인 감각경험을 통해서만 의미 있는 개념이 형성되고 이를 언어로 표현할 수 있다는 믿음을 가진 사람들은 언어에서 차이가 있다는 상반된 의견을 제시한다. • 시각장애 아동들이 자신이 직접 경험하지 않은 단어들을 사용하는 현상을 언어의 비현실성(verbalism 혹은 verbal unreality)이라 불렀다.
지도	• 상징적 사고 촉진 • 풍부한 언어자극 제공을 통한 의사소통기술의 함양 • 풍부한 경험을 통한 개념의 습득

4. 정서 · 사회 발달

특성	• 시각장애 아동은 시각 제한은 있으나 다른 양상, 즉 다른 사람의 언어 사용, 목소리 톤과 신체적 접촉 등을 통하여 타인의 마음 상태를 이해하는 능력을 습득할 수 있다. • 시각장애 아동이 사회 속에서 지속적으로 경험을 하고 여러 사회 상황과 인간관계를 가지면서 적합한 행동을 이해하고, 형성시켜 나갈 수 있다. • 따라서 아동이 충분한 사회경험을 할 수 있는 환경을 마련하고 직접 경험할 수 있는 기회를 제공하는 교육이 필요하다.
지도	• 일반인의 태도 및 역할 개선 • 사회능력 향상 • 신뢰감 형성 • 자기통제력의 향상 • 장애의 이해와 수용

5. 중도실명 시각장애 아동의 장단점 10유

장점	단점
• 대상물을 시각상으로 수용하기 때문에 정안자의 말의 의미, 내용을 이해할 수 있다. • 사물이나 주위 환경 등을 시각상으로 수용하며, 입체적이며, 공간적으로 파악하려고 하기 때문에 다소 차이는 있을지라도 적절한 이미지로써 파악할 수 있다. • 이전에 시각적으로 경험한 적이 없어도 실명 전의 여러 경험을 종합하거나 조합하여 머릿속에서 시각상을 만들 수 있다. • 정안자의 사회생활 모습을 경험하고, 그것에 대한 메커니즘이 가능하기 때문에 항상 적응하려고 노력한다.	• 실명 이전의 정안자 생활에의 적응 메커니즘이 실명 후의 새로운 상황에의 적응을 저해한다. • 대상을 시각적으로 수용하려고 하기 때문에 촉각 기능 등의 독자성을 저하시킨다. • 보행 시에 도로나 주위의 정황을 시각적으로 상상하기 때문에 공포감이 강하여 보행에 있어서 진보가 적다. • 과거의 경험에 입각하여 시각적으로 상상하기 때문에 보수적 경향, 주관적 경향, 자기 중심적 판단 경향을 가지기 쉽다. 실명 이전의 자유로운 활동과 실명 후의 불편이 상대적으로 비교되기 때문에 무력감이나 열등감에 빠지기 쉽다.

키워드 Pick

06 시각장애 아동 교육

① 시각장애를 고려한 교육방법

시각장애 아동은 일반교육과정과 시각장애 확대핵심 교육과정으로 배우게 된다. 이 과정에서 시각장애를 고려한 교육방법으로서 경험중심 교육, 다감각적 접근법, 보편적 학습설계에 기초한 교수 적합화 등을 적용할 수 있다.

1. 경험중심 교육(로웬펠드)

구체적 경험학습	• 맹아동이 자신이 직접 감각적으로 경험할 수 있도록 한다. 예로, 가능한 한 실제 사물을 제공하여 직접 만져 보고 모양, 크기, 무게, 표면의 질감 등을 느껴 정보를 습득하게 한다. • 직접 경험이 가능하지 않은 경우에는 모형을 제공할 수 있다. 예로, 태극기가 바람에 펄럭이는 모습을 3D프린팅으로 모형을 만들어 제시할 수 있다. 모형을 제공할 때 실물과 차이가 있는 점도 알려 주어야 한다.
통합적 경험학습	• 교과의 단원 학습 계획을 할 때 학습 주제와 관련된 여러 사건과 관련 있는 실제 경험(real-life experience) 활동을 함께 구성한다. 또한 읽기, 쓰기, 수학, 방향정위와 이동기술, 사회기술, 생활기술 등과 관련시켜 통합적으로 활동을 구성할 수 있다. • 예로, 마트에서 물건 구입하기를 배운다면 직접 점자로 물품 구입 목록을 작성하고, 흰지팡이를 사용해서 마트로 이동하고, 물품 구입 목록을 읽으면서 마트의 구조를 파악하며 물건을 찾고, 계산원과 사회적으로 적절한 대화를 하며 물건값을 계산하는 실제 경험 활동을 마련할 수 있다.
직접활동 중심의 경험학습	• 맹아동 자신이 직접 실행(doing)하면서 하는 경험이 진정한 경험이다. • 맹아동이 눈으로 모방할 수 없어 배우는 속도가 더디고 시행착오를 겪더라도 스스로 어떻게 해야 하는지 직접 배울 기회를 가지도록 한다. • 자신감과 독립심을 길러 주기 위해 교사는 될 수 있는 한 도움을 최소로 주고 스스로 해낼 수 있도록 한다. • 맹아동은 촉각으로 만져 경험을 하게 되는 경우 촉지각의 특성을 고려한다. 촉각으로 큰 대상을 전체적으로 지각하는 것이 어려울 수 있다. 따라서 손으로 부분 부분 확인한 촉각정보를 통합하여 인지할 수 있도록 한다.

2. 다감각적 접근법

① 다감각적 접근은 감각의 대상(object), 감각을 지각하는 몸(body), 대상에 대한 다감각 자극 정보의 세 가지 요소로 구성된다.

② 시각장애 학생은 대상의 특징, 즉 색, 질감, 형태, 움직임, 빛, 감정, 사고 등을 외부 감각을 통해 받아들이고 내부 감각을 통해 지각하고 인지하게 된다. 시각을 상실하였거나 결손되어 있다고 할지라도 자신이 보유하고 있는 감각들을 사용하여 감각 간의 상호작용을 통해 통합된 감각인 다감각을 교과 수업에 활용 가능하다.

③ 시각장애 학생들이 사용하는 감각들은 상호 의존적이고 상호 촉진적인 관계를 이루고 있으며, 이는 하나의 감각기관이 기능을 발휘했을 때보다 우수한 감각정보처리에 도움이 된다.

④ 시각장애 학생을 위한 교과 수업에서 다감각적 접근이 적용되기 위해서는 다감각적 접근 요소, 교과 요소와 학습자 요소를 포함하고 있어야 한다. 다감각적 접근의 주요 요소에는 감각의 대상, 몸(외부 감각, 내부 감각), 다감각 자극 정보(예 색, 형태, 질감, 움직임 등)가, 교과 요소에는 각 교과에서 강조하는 주요 요소와 함께 해당 요소를 고려한 수업 활동이 포함된다.

3. 보편적 학습설계 원리에 교수 적합화 적용

① 시각장애 아동이 통합학급에서 비장애학생과 함께 교육받아야 한다는 점을 고려할 때 일반교육 교육과정에 접근성을 높이기 위해 보편적 학습설계(UDL) 원리에 근거한 교수 적합화를 적용하는 것이 필요하다.

② 시각장애 학생은 같은 연령대의 비장애학생이 사용하는 교육과정으로 또래와 같은 수준, 내용, 수행 기준으로 해낼 것을 기대받아 가며 배울 수 있다. 따라서 교수 적합화는 비장애학생에게 요구되는 과제 제시 및 반응 형태, 시간, 학습환경을 시각장애 아동에 맞게 적절하게 변화를 준 것이다.

맹학생을 위한 보편적 학습설계의 적용

원리	설명	맹학생을 위한 적용
다양한 정보제시 수단 제공	교사는 학생들이 선호하는 학습양식을 고려하여 정보를 제공	글자기반의 교재 대신 TTS 기반 음성출력 프로그램으로 교재의 내용을 음성으로 확인하도록 함
다양한 표현수단 제공	학생이 선호하는 방식으로 자신의 의사와 학습 결과를 표현할 수 있도록 학생에게 다양한 표현수단을 제공	문제파일을 제공하여 점자정보단말기로 문제를 전자점자로 확인하고 답을 작성하게 함
다양한 참여수단 제공	학생의 흥미와 동기를 유발하여 적극적으로 참여할 수 있도록 함	과제와 관련된 실물 등의 자료를 추가로 제공하여 이해하도록 돕고 모르는 사항이 있으면 교사에게 질문하도록 하여 참여 의지를 높임

키워드 Pick

기출의 맥

교수 적합화 부분은 단순암기를 하려고 하지 말고 상황이나 맥락을 고려하여 설명을 많이 읽어두면 됩니다.

② 교수 적합화

시각장애 학생을 위한 교수 적합화의 모형

1. 교수환경의 적합화

(1) 자리 배치

① 학생을 출입문, 교사 책상, 칠판과 가까운 자리에 배치한다.

② 교사가 창문 앞에 있으면 햇빛으로 인해 분명하게 보기 어렵기 때문에 교사는 시범을 보이거나 설명할 때 창문 쪽을 피한다.

③ 자연광이 학생에게는 적합하므로 교실에서 햇빛이 들어오는 쪽으로 학생을 배치할 수 있으나, 얼굴로 직접 자연광이 강하게 비춰지면 동공 축소로 인해 어두운 쪽을 볼 때는 어려움이 있다.

④ 전등의 빛이 아동의 얼굴로 직접 내리 비추는 것은 적당하지 않다. 전등과 거리가 있으면서 조명이 좋은 곳에 자리를 배치한다.

⑤ 아동의 자리에 보조조명을 제공할 수 있다. 아동의 시각질환과 시기능을 고려하여 조명의 위치와 조도를 조정한다.

(2) 칠판과 화이트보드 사용

① 빛이 비추면 광택이 나는 칠판이나 화이트보드는 눈부심을 일으키고 피로를 일으키므로 무광의 칠판을 사용하여 판서내용을 잘 볼 수 있도록 한다.

② 판서내용을 확인할 수 있도록 광학보조구(예 망원경)를 사용하도록 격려하고 학급에서도 자연스럽게 받아들이는 분위기를 조성한다.

③ 수업 전에 판서할 내용을 미리 확대 유인물이나 점자물로 만들어 준다.

④ 판서한 내용을 읽어 준다.

⑤ 판서내용을 잘 볼 수 있도록 조도를 조정한다.

⑥ 분필이나 마커의 색은 칠판이나 화이트보드의 색과 대비가 되는 것으로 선택한다.

(3) 이동권 확보

① 학급 내에서 이루어지는 활동들을 직접 보거나 활동에 참여할 수 있는 기회를 제공하기 위하여 수업 중에 이동할 수 있도록 한다.

② 출입문은 완전히 닫아 두거나 열어 놓아서 다치지 않도록 배려한다.
⇨ 문이 반쯤 열려 있으면 모서리에 부딪혀 다칠 수 있다.

③ 교실은 항상 정리정돈을 하여 안전하게 다니면서 스스로 학급 비품을 찾을 수 있도록 한다.

④ 교실과 복도 등에서 학생의 이동 통로에 물건을 놓으면 걸려 넘어져 다칠 수 있다. 따라서 이동 통로에는 진로를 방해할 수 있는 물건을 놓아두지 않는다.

⑤ 행동 지시를 구체적으로 한다. 여기, 저기라는 지시어보다는 앞, 뒤, 왼쪽, 오른쪽, 시계 방향이라는 표현으로 지시하여 정확하게 이동하도록 도와준다.

⑥ 학생이 걸려 넘어지지 않도록 교실 바닥에 깔린 매트나 부착물이 안전한지 점검한다.

⑦ 책상 밑으로 의자를 밀어 넣어 이동에 불편이 없도록 한다.

(4) 학습 도움 활동

① 시각장애 학생은 청각을 주로 사용하여 학급활동에 필요한 정보를 습득한다. 학급에서 불필요한 소음은 줄여 주어 집중력을 길러 준다.

② 시각장애 학생이 필요할 때 사용할 수 있도록 정해진 장소에 물건을 보관한다.

③ 특별한 날 또는 학생이 해야 할 일을 정리하여 제공한다.

④ 시각장애 학생의 이름을 불러 주어 자신에게 말을 걸고 있다고 알려 준다.

⑤ 시각장애 학생을 떠나야 할 경우에는 가기 전에 미리 알려 준다.

⑥ 학급에서 지켜야 할 규칙과 바른 행동을 설명해 준다.

⑦ 자신이 직접 눈으로 확인하고 싶어 할 때는 언제나 의사를 표현하도록 가르친다.

⑧ 수업내용을 녹음해 주어 집에서 복습할 수 있는 기회를 갖게 한다.

⑨ 대비가 뚜렷한 학습자료를 사용하고 게시판도 만든다.

⑩ 수업 전에 공부할 내용을 복사해 준다.

⑪ 수업 전이나 후에 학습자료를 촉각으로 확인할 기회를 준다.

⑫ 학생 자신이 쓴 글을 읽을 수 있도록 글씨를 적당한 크기로 쓰도록 한다.

⑬ 비디오, 영화 혹은 멀티미디어 자료를 활용해야 하는 경우 시각장애 학생이 어느 정도 시각 관련 개념을 습득하고 있는지 파악한다.

⑭ 발표에 사용되는 멀티미디어 자료의 내용을 보조교사 혹은 일반학생이 읽어 준다.

키워드 Pick

(5) 장애 정도를 고려한 교수환경 조성

맹학생	• 시각장애 학생의 이름을 불러 주어 자신에게 말을 걸고 있음을 알게 한다. 다른 학생의 이름을 지명하여 발표하는 학생이 누구인지 알 수 있도록 한다. • 동영상 등의 멀티미디어 자료의 시각관련 개념에 대해 시각장애 아동에게 알려 준다. • 칠판, 스크린 또는 TV의 내용을 교사 혹은 비장애학생이 읽어 준다. • 교사가 자리를 비울 경우에 시각장애 아동에게 알려 준다. • 행동 지시는 여기, 저기 등의 애매한 용어보다는 앞, 뒤, 왼쪽, 오른쪽, 시계 방향으로 정확하게 알려 준다. • 교실은 항상 정리정돈을 하여 안전하게 다니면서 혼자 학급 비품을 찾을 수 있도록 한다. • 교실과 복도 등에서 학생의 이동 통로에 물건을 놓으면 걸려 넘어져 다칠 수 있다. 이동 통로에는 진로를 방해할 수 있는 물건을 놓아 두지 않는다. • 학생이 걸려 넘어지지 않도록 교실 바닥에 깔린 매트나 부착물이 안전한지 점검한다. • 책상 밑으로 의자를 밀어 넣어 이동에 불편이 없도록 한다. • 반쯤 열린 문에 부딪혀 다치지 않도록 문을 완전하게 닫거나 열어 둔다. • 수업내용을 녹음하여 집에서 복습할 수 있도록 한다. • 맹학생은 수업 전이나 후에 학습용 교구 등을 직접 손으로 만져 확인할 기회를 준다. • 시각장애 학생은 청각을 사용하여 학급 활동에 필요한 정보를 습득한다. 소리에 집중할 수 있도록 소음을 줄여 준다. • 시각장애 학생이 필요할 때 사용할 수 있도록 자료나 물건은 일정한 자리에 보관한다.
저시각 학생	• 교사가 창문 앞에 있으면 햇빛으로 인해 교사의 모습을 보기 어렵다. 교사는 시범을 보이거나 설명할 때 창문 쪽에 서 있지 않도록 한다. • 자연광이 학생에게는 적절하나 학생의 얼굴로 직접적으로 햇빛이 비춰지면 눈부심이 발생하고, 동공 확대로 인해 어두운 쪽을 볼 때는 암순응하는 데 어려움이 있다. 학생을 창가 쪽으로 배치하는 경우 직접적으로 빛에 노출되지 않도록 한다. • 아동의 자리에 국부 조명을 제공할 수 있다. 아동의 시각 질환과 시각기능을 고려하여 조명기구의 위치를 정하고 조도를 조절한다. • 조명의 빛이 아동의 얼굴을 비추기보다는 아동이 보는 책 등의 자료를 비추도록 한다. • 대비가 뚜렷한 학습자료를 사용하고 학급게시판을 만든다. • 읽기와 쓰기에 도움이 되는 독서대, 경사진 책상, 굵은 줄이 쳐진 종이와 사인펜 등의 쓰기 보조구 등을 제공한다. • 저시각아동이 자신이 직접 눈으로 확인하고 싶어 할 때 교사에게 알리도록 한다. 학급 내에서 이루어지는 활동들을 직접 보거나 참여할 수 있는 기회를 제공하기 위하여 수업 중에 이동할 수 있도록 한다. • 학생 자신이 쓴 글을 읽을 수 있도록 적당한 글씨 크기로 쓰도록 한다. • 학생을 출입문, 교사 책상, 칠판과 가까운 자리에 배치한다. • 주요 수업내용을 큰 문자 혹은 점자 유인물로 제공한다. • 학급에서 지켜야 할 규칙과 바른 행동을 설명해 준다. • 특별한 날 또는 학생이 해야 할 일을 정리하여 제공한다.

2. 교수활동의 적합화

① 시각장애 학생은 각각 독특한 요구를 지니고 있다. 그래서 모든 시각장애 학생을 위해 단 하나의 수정 방법을 사용하는 것은 적절하지 않다. 교수와 자료의 수정은 시각장애 학생의 시각기능 상태(눈부심 또는 터널시각), 학생의 적응기술 수준(주판사용 능력과 듣기 이해능력 수준 포함), 학생의 개인적 선호, 학업 과제의 일차 및 이차 목표에 따라 달라질 수 있다.

② 시각장애에 다른 장애가 추가된 농맹의 경우 성공적으로 학습 상황에 참여할 수 있도록 도와주는 활동들이 주를 이루게 된다. 예로, 아동이 감지 가능하며 도움이 되는 정보를 제시하기, 촉각으로 탐색할 수 있도록 하고 직접적으로 학습할 기회를 제공하기, 아동이 시각과 청각을 활용하도록 듣기 및 촉각 보조구 사용하기, 우발학습을 통해 익힐 수 있는 개념들을 배우도록 직접 활동 경험 제공하기, 학생의 집중을 유도하기, 아동의 강점을 활용한 방법으로 정보를 제시하기, 교수 속도 조정하기를 들 수 있다.

③ 시각적 요구를 보이는 학생에게는 수준, 내용, 수행 기준에 변화를 주지 않고 과제 제시 형태, 반응 형태, 시간, 환경 등에서만 변화를 주는 조정 활동이 주를 이루게 된다.

3. 교수전략의 적합화

(1) 칠판, 프로젝터, TV 사용

① 판서내용, 스크린 혹은 TV 내용을 말해 준다. 이는 모든 학생에게 도움이 될 것이고 시각장애 학생에게는 사전 검토할 수 있는 기회가 된다.

② 판서, 스크린 혹은 TV 내용이 담긴 자료(점자본, 묵자본)를 미리 제공한다. 점자정보단말기를 사용하는 경우 파일 형태로 제공한다.

③ 저시각아동은 칠판, 스크린 혹은 TV로 가까이 와서 내용을 파악하도록 한다. 또는 자신의 자리에서 망원경과 휴대용 확대독서기 등의 광학보조기기로 볼 수 있도록 한다. 학생이 보조기기를 사용해서 가장 잘 볼 수 있는 자리를 정할 수 있도록 한다.

④ 시각장애 학생에게 어떤 자리가 가장 도움이 되는지 물어보고 그 자리에 배치한다. 학생이 과업 수행 중 시각적 혹은 청각적 필요에 따라 자신의 위치를 바꿀 수 있도록 한다.

⑤ 학생이 칠판, 스크린 혹은 TV에서 놓친 내용이 있으면 질문을 하도록 한다. 교사는 학생이 내용을 잘 알고 있는지 점검하고 놓친 내용에 대한 자료를 추가로 제공하거나 설명해 준다.

⑥ 칠판이나 화이트보드의 색과 대비가 잘 되는 분필이나 마커를 사용한다. 예로 검은색 칠판에는 하얀색 분필, 초록색 칠판에는 하얀색 혹은 노란색 분필, 하얀색 화이트보드에는 눈에 잘 띄는 여러 색상의 마커를 사용해 본다.

⑦ 칠판에 판서하여 멀리서 보게 하는 방법보다는 학생 가까이로 가져가서 보여줄 수 있는 궤도나 이동식 칠판을 사용할 수 있다.

키워드 Pick

⑧ 스크린과 TV에 투사되었을 때 시각장애 아동이 잘 볼 수 있는 크기로 글자나 그림의 크기를 조정한다.

⑨ 판서, 스크린과 TV 내용을 잘 볼 수 있도록 조도를 조정한다.

⑩ 빛을 반사하는 칠판이나 화이트보드는 눈부심을 일으키고 피로를 일으킨다. 무광의 칠판을 사용하여 판서내용을 잘 볼 수 있도록 한다.

(2) 시범

① 교사는 시범을 보이기 전에 자신이 서 있는 곳의 뒷배경에 관심을 두어야 한다. 창문 쪽으로 서지 말고 뒷배경이 복잡하지 않은 곳에서 시범을 보여 눈부심과 시각적인 혼란을 줄여 준다.

② 시범을 보일 때 학생과 가까이 있도록 한다. 교사가 시범을 보이는 동안 망원경 혹은 휴대용 확대독서기 등의 저시각 보조구를 사용하도록 한다. 만약 곤충 모형을 보고 만드는 과정을 보여 줄 때 시각장애 아동은 저시각 보조구를 사용해 곤충모형 등을 살펴볼 수 있다.

③ 시범 전후에 자료들을 미리 살펴볼 기회를 제공하며 시범에 직접 참여하도록 한다.

④ 시범을 보이는 자료를 다감각적으로 느껴보게 하는 창의적인 방법을 사용할 수 있다. 예로, 일반아동은 낙엽들이 어떻게 다른지를 눈으로 보고 있을 때 시각장애 아동은 손으로 만져 보고 냄새를 맡아 보고 소리로 들어 보는 방식으로 참여하게 한다.

⑤ 설명을 잘하는 또래와 짝을 만들어 주어 시범 내용을 설명하게 할 수 있다.

(3) 모델링

① 학생은 교사 근처에 자리를 잡고 도움이 되는 저시각 보조구를 사용한다.

② 교사는 모델링을 하면서 일일이 말로 알려 준다.

③ 모델링에 다감각적인 접근법을 사용한다. 예로, 퍼피 페인트를 만들어 볼록하게 묵자 쓰기를 할 때 교사는 시각장애 학생과 함께 퍼피 페인트를 만들면서 재료를 섞는 소리를 듣고 냄새를 맡아 보게 하고 물감의 질감을 손으로 느끼면서 글자를 만들고 물감이 굳은 뒤 손끝으로 만져 글자를 확인하게 한다.

④ 손으로 기법을 모델링할 때 학생이 교사의 손의 움직임을 만져서 확인하게 한다.

⑤ 학생이 모델링을 통해 배운 내용을 직접 해 볼 때 신체적으로 인도한다.

(4) 강의

① 강의 동안 몸짓 사용에 주의를 기울인다. 말히는 동안 무의식적으로 사용할 수 있기 때문이다. 중요한 의미를 담아 몸짓을 해야 하는 경우에는 말로 어떻게 하였는지를 알려 준다. 교사는 강의내용을 미리 점검하고 시각적으로 보여 주어야 하는 몸짓을 미리 확인한다.

② 강의 중 '본다'라는 말을 자유롭게 사용한다. 시각장애 학생이 볼 수 없기 때문에 꺼릴 수 있으나 오히려 자연스러울 수 있다.

③ 학생들이 수업에 열중하고 있는지를 알아보기 위해 강의 중 질문 기술을 사용한다.

(5) 토론식 수업

① 학생이 손을 들면 교사가 이름을 불러 주고 학생은 의견을 말한다

② 발표할 아동을 손가락으로 가리키거나 눈짓으로 정하지 않는다. 학생의 이름을 말해 시각장애 학생에게 말하고 있는 사람이 누구인지 알려 준다. 또한 시각장애 아동의 이름도 불러 주어 언제 말할 수 있는지도 알려 준다.

③ 시각장애 아동을 포함한 모든 학생이 들었다는 것을 확인하는 방법으로 발표한 내용들을 요약해 알려 준다.

(6) 현장학습

① 현장학습은 심사숙고하여 미리 계획한다. 계획을 하는 이유는 시각장애 아동이 현장학습을 성공적으로 참여하게 하기 위함이다. 만약 학년 혹은 학교 단위에서 이루어지는 현장학습이라면 교사가 계획단계에 참여하여 시각장애 아동의 현장학습 참여를 위한 활동을 제안할 수 있다.

② 먼저, 현장학습 장소를 방문한다. 교사는 수정이 필요한 환경을 살펴본다. 현장의 직원과 만나 수정을 위한 특별한 제안과 필요한 자료를 수집한다. 학생이 촉각으로 얼마만큼 경험할 수 있는지, 현장학습에서 주요 활동은 무엇인지, 녹음된 오디오 자료들이 있는지를 직원에게 물어본다.

③ 팸플릿과 현장학습에서 공식적인 정보를 얻을 수 있는 다양한 자료를 적절한 매체(점자, 묵자, 파일)로 제공해 준다.

④ 현장학습 장소에 대한 정보를 점자, 확대문자, 파일로 제공한다.

⑤ 촉각적으로 접근이 불가능한 물품은 모형으로 제공한다.

예 유리상자 안에 들어 있어 만져 볼 수 없는 미술작품을 3D모형으로 만들어 준다.

(7) 초청 특강

① 특강에 필요한 수정에 대해 사전에 초청강사와 논의하여 자료를 수정하기 위해 도움을 받을 수 있는지와 수정이 요구되는 자료들을 수집하기 위한 날짜를 결정한다.

② 특강 강사가 제시간보다 일찍 도착하여 시각장애 아동에게 발표 때 사용할 자료들을 미리 조작해 볼 수 있게 한다.

③ 특강 강사의 발표 동안 어떻게 적절하게 도와줘야 하는지 확인한다. 발표 동안 학생을 개별적으로 도와줄 사람이 필요할 수 있다.

키워드 Pick

4. 교수자료의 적합화

(1) 교수자료 수정의 수준

수준 1	특별한 수정 없이 일반 환경에서 배우는 학생의 능력에 맞추어 최소로 개입하는 수준이다. 시각장애 학생은 표준 자료들을 사용하면서 일반 활동에 완전하게 참여할 수 있다.
수준 2	시각장애 학생이 일반 학습자료를 사용할 때 교사의 도움이 필요한 수준이다.
수준 3	일반 환경에서 사용할 수 있는 기술들을 개발시켜 주기 위하여 자료들을 수정할 필요가 있는 수준이다.
수준 4	일반 표준 자료를 수정된 자료로 완전하게 대치하는 수준으로 최대로 개입된 수준이다.

(2) 시각자료 21초

확대	• 확대교과서 • 확대보조구 • 자료 확대 전략
선명도와 대비증진	• 가능한 한 복사된 자료를 사용한다. • 심이 굵고 짙은 색의 사인펜을 사용한다. • 시기능 평가에서 제안했을 경우 자료를 제시할 때 색깔판을 사용하여 제시자료와 대비가 되게 한다. • 저시각학생은 심이 굵은 펜이나 마커로 과제를 완수하도록 한다.
눈부심 감소	• 실내 · 외에서 빛의 양을 조절하기 위하여 챙 혹은 챙이 있는 모자를 착용하도록 한다. • 실내에서 모자 착용을 금지하는 경우에는 허락을 받도록 하거나 대체방안을 모색한다. • 실내 · 외에서 색안경을 착용한다. • 빛에 민감한 학생이 앉을 자리를 스스로 선택하게 한다. 햇빛이 들어오는 창가나 문 쪽으로부터 먼 자리에 앉게 하도록 하고, 빛을 차단하는 커튼 혹은 블라인드를 설치한다. • 빛과 눈부심을 조절하기 위해 자료 위에는 가리개를 사용한다. • 빛이 들어오는 창가 쪽에 앉은 경우 루버를 사용하여 빛을 자신에 맞게 조절하거나 불투명 화이트 계열 커튼을 쳐서 눈부심을 최소화한다. • 조명 기구의 빛이 눈부심을 일으킨다면 루버를 씌워 빛을 조절한다. • 빛 반사를 일으키지 않는 무광택 화이트보드, 책, 노트 등을 사용한다. • VDT(Visual Display Terminal) 작업에서 필요한 조도를 조절한다. • 실외 활동에서 빛의 양을 조절하기 위하여 색안경 혹은 챙이 있는 모자를 착용한다. 챙모자 착용이 활동에 방해되는 경우 대체 방안을 모색한다.

산만한 시각자극 감소	• 일부 학생은 구멍이 나 있는 종이나 카드보드지로 중요한 부분만 나오게 하고 나머지 부분들은 가리게 하는 읽기보조판(typoscope)으로 도움을 받을 수 있다. • 학생들은 책장에서 불필요한 부분을 손으로 가릴 수도 있다. • 교사는 특정 부분만을 투명용지로 사용하여 복잡한 시각 정보를 조합할 수 있는 능력을 길러 줄 수 있다. • 시각자료를 단순화한다. • 학생은 정보를 얻기 위하여 적절한 시각기술이나 대체기술을 배우는 것이 필요하다.

(3) 청각자료

① 청각자료 제작 시 고려할 질문

㉠ 방대한 양의 정보를 효율적으로 수집하도록 하는 것이 기본목적인가?

㉡ 특정 질문에 답을 구하기 위해 텍스트로 돌아가도록 하는 요구들이 제한되어 있는가?

㉢ 한 부분에서 다른 부분으로 건너뛰거나 후주를 읽도록 하는 요구 없이 텍스트가 연속적으로 제시되어 있는가?

㉣ 분위기와 억양에 대한 학생의 이해가 중요하지 않은가?

② 오디오 자료 제작 지침

㉠ 그림, 표, 차트 등에 제시된 주요 사항을 사전에 검토하고 정확한 용어를 사용한다.

㉡ 조용한 장소에서 품질이 좋은 스마트폰 혹은 녹음기를 사용하여 음성으로 녹음한다. 아동에게 음성 파일로 제공하면 자신이 가진 스마트폰을 사용하여 재생하기 쉬울 수 있다.

㉢ 자료의 내용을 녹음하기 전에 자료의 출처를 제시한다. 예로, 책명, 문제지명, 텍스트 제목과 쪽수를 알려 준다.

㉣ 자료의 내용을 이해하는 데 필요하다면 그림까지 설명한다. 청각자료로 내용을 음성으로 확인하기 전에 읽을거리를 제공하거나 내용에 관련된 실물이나 모형을 제공할 수 있다.

㉤ 필요하다면 표와 차트에 대한 내용도 설명한다. 중요한 내용은 촉각자료로 만들어 보충 자료로 제시하여 과제수행에 활용하도록 한다.

㉥ 녹음하는 경우 새로운 쪽수, 부분 혹은 장이 시작될 때 소리 신호를 녹음한다. 톤 인덱싱(tone indexing)은 녹음기를 빠르게 돌릴 때 높은 주파수의 소리 신호를 들을 수 있게 테이프를 코딩하는 방법이다. 이 톤은 학생이 새로운 쪽 혹은 장을 찾도록 도움을 준다. 학생은 테이프의 특정 부분을 찾기 위해 혹은 내용을 재검토하기 위해서 높은 주파수의 소리 신호를 사용할 수 있다.

키워드 Pick

③ 표와 차트 및 그래프를 설명하는 지침

구분	지침
표와 차트	• 제목, 출처, 설명문의 주요한 부분들을 읽는다. • 표나 차트의 구성을 설명한다. 칸의 수와 각 칸의 명칭, 칸별 하위 칸 수와 명칭을 왼쪽에서 오른쪽으로 읽어 나간다. • 표를 칸별로 혹은 줄별로 읽어 나갈 것인지 설명한다. 줄별로 읽는 것이 보통이지만, 내용을 최대한 효과적으로 전달하기 위하여 칸별로 읽는 것이 더 효과적일 수도 있다. • 줄이 적을 때는 칸별 명칭을 반복해서 읽지 않을 수도 있다. 그러나 줄이 많은 경우에는 칸별 명칭을 다섯 번째 줄을 읽을 때마다 반복해서 읽어 준다. • 마지막 줄이 될 때 마지막이라는 말을 써 주어 표나 차트가 끝남을 알려 주어야 한다.
그래프	• 그래프의 종류, 즉 선그래프, 막대그래프, 원그래프 등을 말한다. 그래프의 제목, 출처, 표제를 언급한다. • 선 혹은 막대그래프인 경우, X축과 Y축의 양을 나타내는 것이 무엇인지를 알려 주고 최대 한정치가 무엇인지를 알려 준다. • 선그래프는 왼쪽부터 알려 주기 시작하고 X축과 Y축이 만나는 점을 알려 준다. 그 점이 높은지 낮은지 선의 방향이 변하는 점인지를 알려 준다. 항상 수평으로 읽어 나간다. • 막대그래프는 먼저 그래프에서 나타난 명백한 흐름이 무엇인지를 언급한다. 왼쪽에서 오른쪽으로 제시해 준다. 예 막대는 앞에 제시된 막대보다 큽니다. 다음으로 왼쪽에서 시작하여 각 막대의 Y축의 값을 알려 드리겠습니다. • 원그래프에서는 먼저 원 안의 내용을 시계 방향으로 알려 주면 시각화하기 쉽다. 시작하는 시계의 시간 점을 알려 준 뒤 시계 방향으로든 시계 반대 방향으로든 돌아서면서 알려 준다. 예 9시 방향에서 시작해서 시계 방향으로 읽습니다. 원에서 가장 비중이 높은 것은 40%인 주택입니다. • 학교 교과서에서 원그래프의 비중은 색으로 되어 있다. 색깔에 대해 언급을 해 준다(학급에서 설명되지 않을 수도 있기 때문이다). • 그래프에 대한 설명이 끝났음을 알려 준다.

(4) 촉각자료

① 선, 점, 면 등을 사용하여 볼록하게 만들어서 촉각으로 식별할 수 있도록 만든다.

② 지도나 도표가 복잡한 경우 불필요한 부분들을 생략하고 중요한 부분만을 촉각으로 표현하여 제공한다. 촉각 식별을 위해서 단순화시키는 것은 필수이다.

③ 자나 각도기를 사용하여 선의 길이와 각도를 측정한 후 이 수치들을 반영하여 촉각자료를 만든다.

④ 교사는 촉각자료를 만든 후 직접 눈을 가리고 만져 보면서 완성도를 평가한다. 촉각적 식별에 어려움이 있는 부분들은 수정하도록 한다.

⑤ 학생 개인별 연령, 인지, 언어, 소운동 기술 수준, 교과 지식과 이해 정도를 고려하여 촉각자료를 제작한다.

5. 교수평가의 적합화

① 일반적으로 사용되는 평가방법은 지필평가이다. 시각장애 학생도 지필검사를 받게 하려면 학생이 사용하는 문자매체인 점자 혹은 큰 문자로 바꾸어 문제지를 만들어 주어야 한다. 또한, 시각장애 학생이 평가받을 때는 자신의 문자매체를 사용하여 평가 내용을 파악하고 답을 할 시간을 충분히 가지도록 한다.

② 점자를 사용하는 학생을 위해서는 답을 할 시간을 연장한다.

③ 일반문자를 확대하는 학생의 경우는 학생이 선호하는 문자크기(16~24포인트)로 시험지를 확대하여 제공한다. 문자크기와 읽기 속도와 정확도를 고려하여 평가시간을 1.2~1.5배 정도 연장해 준다.

④ 시험 답안은 점자판, 점자타자기를 사용하여 점자로 혹은 일반문자로 작성하도록 한다. 시간 절약 차원에서 음성 출력, 화면확대 및 점자변환 프로그램이 있는 컴퓨터 혹은 점자정보단말기 등의 보조공학기기의 활용도 고려해 볼 수 있다.

⑤ 교사가 문제를 읽어주고, 시각장애 학생이 답한 것을 대신해서 적어 주는 대독·대필 평가방법도 활용 가능하다.

⑥ 평가장소는 맹학생이 대독 등을 위해 소음이 없는 독립공간을 사용할 수 있고, 저시력학생이 시험 자료를 잘 볼 수 있도록 각도 조절 책상이나 확대시험지나 확대독서기 등을 사용할 수 있도록 넓은 책상으로 준비하며, 적절한 밝기에 눈부심이 적은 자리에 배치한다.

⑦ 시험에 시각장애 학생이 희망하는 확대경, 확대독서기, 점자정보단말기, 컴퓨터, 화면확대 프로그램, 화면읽기 프로그램 등의 보조공학기기를 사용하도록 허용한다.

⑧ 시험시간은 시각장애 학생이 읽고 쓰는 데 더 많은 시간을 필요로 하므로 저시력학생은 1.5배, 맹학생은 1.7배 정도의 추가시간을 준다.

⑨ 시험지는 확대, 점자, 음성(녹음이나 대독), 전자 파일 형태(점자정보단말기, 컴퓨터 및 화면읽기 프로그램, 컴퓨터 및 화면확대 프로그램)로 제공할 수 있다. 답안지는 점자, 음성, 대필 등을 이용하여 작성할 수 있다.

⑩ 시험에 그림이 나오는 경우 시험 보조인력이 그림을 풀어 설명해 주도록 하고, 그림을 말로 풀어 설명하기 어렵다면 교사가 비슷한 난이도의 대체 문항을 출제하도록 한다.

⑪ 체육, 미술과 같이 교과별 실기시험은 시각장애 학생 특성을 고려하여 일반학생의 평가기준을 수정함으로써 보다 공정한 평가가 되도록 한다.

키워드 Pick

③ 교육과정과 교과지도

1. 확대핵심 교육과정

(1) 개념

① 시각은 아동이 움직일 수 있도록 자극하고 세상의 사물들을 식별하도록 해 줌으로써 인지, 언어, 사회적인 능력의 발달을 촉진시켜 주는 역할을 한다.

② 시각이 제한되거나 상실되는 경우 아동은 성장과 발달에서 어려움을 가질 수 있으므로 시각장애의 확인이 있은 직후부터 바로 교육적인 도움이 필요하다.

③ 시각장애로 인한 특별한 요구를 감안한 학습 영역을 추가시킨 특별한 교육과정이 요구된다.

④ 이 교육과정을 특수교육과정, 비학문적 교육과정 혹은 장애특성화 교육과정이라고 부른다.

⑤ 시각장애 확대 핵심 교육과정은 시각장애인이 사회의 구성원으로서 독립적으로 살아가기 위해서 필수적으로 습득해야 하는 지식과 기술들로 구성된 교육과정을 의미한다.

⑥ 시각장애 아동에게는 일반학생을 위한 교육과정에 시각장애를 고려한 교육과정을 포함하여 확대시킨 교육과정을 적용하는 것이 필요하다.

기출 LINE

16초) 시각장애인이 사회의 구성원으로 독립적으로 살아가기 위해서 필수적으로 습득해야 하는 지식과 기술로 구성된 교육과정을 의미하며, 그 내용으로는 보상 기술, 기능적 기술, 여가 기술, 방향정위와 이동 기술, 사회 기술, 시기능 훈련, 일상생활 기술 등이 있다.

(2) 내용

① 보상기술
② 기능적 기술
③ 방향정위와 이동기술
④ 사회기술
⑤ 생활기술
⑥ 레크리에이션/여가기술
⑦ 공학
⑧ 시기능 훈련
⑨ 진로교육
⑩ 전환

2. 교과별 지도방법

기출의 맥

교과별 특성과 시각장애 학생의 특성을 고려하여 교과별 지도방안으로 읽어두면 됩니다.

(1) 국어

① 맹학생은 점자 익히기 지도서와 보조 교과서를 사용하여 한글 점자를 지도하도록 한다. 점자 교과서와 일반 교과서의 학습 단원을 비교하여 점자 교과서에 어떤 시각자료가 생략되었는지 또는 글로 풀어 설명하고 있는지를 수업 전에 확인한다.

② 맹학생이 한글 묵자의 모양을 익힐 때 시중에 판매되는 묵자(한글 자모) 양각 교구를 구입하거나 하드보드지로 자음과 모음을 오려 사용할 수 있다.

③ 맹학생은 시각적 경험과 정보 습득의 제한으로 국어의 다양한 어휘와 개념을 정확하게 이해하기 위해 비유를 통해 설명하거나, 관련된 실물이나 모형을 사용하거나, 관련 활동을 경험을 통해 지도하는 것이 도움이 될 수 있다.

④ 맹학생의 점자읽기와 쓰기 활동에 점자정보단말기를 활용하여 학습의 동기와 효율성을 높인다.

⑤ 한글 점자를 학습하는 초기에는 철자를 소리 나는 대로 잘못 쓰는 경우가 많으므로 한글 맞춤법 지도에 신경을 쓴다.

⑥ 저시력학생은 잔존 시각과 시기능 문제에 따라 적합한 광학기구와 비광학기구를 사용하여 효율적인 읽기와 쓰기 활동을 하도록 한다.

⑦ 저시력학생은 읽기 활동에 개인용 스탠드, 아세테이트지, 확대경, 확대독서기, 타이포스코프 등을 사용하여 최적의 읽기 환경을 조성한다.

⑧ 저시력학생은 쓰기 활동에 굵은 펜, 굵은 선 노트, 확대경, 확대독서기, 묵자쓰기 가이드 등을 사용하여 최적의 쓰기 환경을 조성한다.

⑨ 국어 교과서에 수록된 도서는 국립특수교육원, 국립장애인도서관, 점자도서관, 시각장애인복지관 등에서 시각장애인 대체 도서로 제작되어 있는지 확인하여 활용한다. 특히 국가대체자료공유시스템(DREAM) 사이트를 적극 활용한다.

(2) 영어

① 맹학생은 점자 익히기 지도서의 영어 점자 대단원을 활용하여 지도하고, 학년에 따라 필요한 영어 점자 기호를 단계적으로 익혀 영어를 정확하고 유창하게 읽고 쓸 수 있도록 한다.

② 점자 교과서와 일반 교과서의 학습 단원을 비교하여 점자 교과서에는 어떤 시각자료가 생략되어 있는지 또는 글로 풀어 설명하고 있는지 수업 전에 확인한다.

③ 영어 어휘를 지도할 때는 어휘와 관련된 그림이나 사진을 볼 수 없으므로 관련된 실물을 함께 제시하거나 신체 동작 경험을 통해 설명한다.

④ 점자정보단말기나 화면읽기 프로그램을 사용하여 전자 영어 사전을 이용하도록 한다.

⑤ 발음을 지도할 때는 입술과 입 모양을 자세히 설명해 주고, 필요할 경우에는 학생이 교사의 입 모양을 만져 보게 허용한다.

⑥ 저시력학생은 확대 자료나 확대경 등의 광학기구나 비광학기구를 사용하여 능숙하게 읽고 쓸 수 있도록 해야 한다.

(3) 수학

키워드 Pick

① 2019년에 국립특수교육원에서 개발보급한 시각장애 학생 수학 교수·학습지침서(초, 중·고 3권)와 수학 보조 교구를 활용하여 지도한다.

② 맹학생은 다양한 수학 기호나 수식을 점자 기호로 표현할 수 있으므로 학년에 적합한 수학 점자 기호를 단계적으로 익혀 사용하도록 한다.

③ 연산 학습 단원에서 저시력학생은 필산법을 지도하고, 맹학생은 지산법, 암산법, 주산법 등을 활용하도록 지도한다.

④ 측정 관련 단원에서 양각 자, 양각 각도기 등의 수학 보조 교구를 사용하여 측정하도록 한다.

⑤ 그래프 관련 단원을 지도할 때 수학 격자 고무판, 슈파핀, 고무줄을 이용하여 양각 그래프를 나타낼 수 있으며, 그래프의 이해를 돕기 위해 손위손 안내법 등을 통해 탐색을 도와줄 수 있다.

⑥ 입체도형과 전개도는 자석 입체 도형 교구, 벨크로 입체 도형 교구, 비슷한 사물 등을 이용하여 지도할 수 있다.

⑦ 수학에 나오는 그림을 양각 그림으로 학생이 직접 그리기 위해 생고무판 위에 특수 필름을 올려놓고 볼펜으로 그으면 양각으로 선이 돌출되는 양각선 그림판을 사용할 수 있다.

⑧ 저시력학생은 소수점, 위 첨자나 아래 첨자 기호들을 잘 구별하지 못하거나 혼동하기도 하므로, 이 부분을 상대적으로 더 크게 확대하는 것이 필요할 수 있다.

맥 Plus

지산법(fingermath)

① 지산법은 손가락을 사용하여 계산하는 방법이다. 오른손으로는 일의 자릿수를, 왼손으로는 십의 자릿수를 손가락을 펴서 표시한다.
② 손가락을 접고 편 모습으로 일정한 수를 정해 놓는다.
③ 주판 사용을 익히기 전에 손만을 사용해서 계산할 수 있기 때문에 간편하다고 할 수 있다.
④ 지산법의 불편한 점은 손가락으로 계산을 해야 하기 때문에 답을 쓸 수 없다는 점이다. 따라서 계산을 끝내고 답을 쓸 때까지 계산된 값을 기억하고 있어야 한다. 또 99 이상의 수를 표시하기가 어렵다.

(4) 과학

기출 LINE

10초)
- 강낭콩의 성장과정을 입체모형으로 제작하여 만져 보게 한다.
- 강낭콩 줄기의 길이를 측정하도록 촉각표시가 된 자를 제공한다.
- 강낭콩 성장과정을 손으로 확인할 수 있도록 싹이 튼 강낭콩을 흙보다는 물에서 기른다.

① 맹학생이 과학 점자를 익히게 하여 과학에 나오는 단위와 수식을 점자로 표현할 수 있도록 한다.

② 2016년에 초등학교 과학 교과서에 제시된 주요 시각자료를 양각그림 책자로 개발·보급하였으므로 이를 활용하여 지도한다.

③ 과학 실험실은 많은 안전 위험 요소가 있으므로 안전에 각별한 주의가 필요하며, 과학실의 구조에 대해 사전에 숙지하도록 지도해야 한다.

④ 저시력학생을 위해 눈부심이 있는 창가에서 떨어져 앉고, 실험 테이블과 실험기구 간의 대비를 높이며, 시각적으로 복잡하지 않은 벽 앞 등을 실험 장소로 선정한다.

⑤ 저시력학생이 저시력기구를 사용하거나 다가가서 실험을 관찰하는 것을 허용하고, 안전을 위해 필요하다면 고글을 쓰고 가까이에서 보도록 한다.

⑥ 맹학생이 실험 과정을 이해할 수 있도록 학습 도우미나 특수교육 보조원이 실험 진행 상황을 말로 설명해 주거나 실험을 보조하도록 한다.

⑦ 실험 테이블에서 손을 움직일 때는 허공이 아닌 바닥에 댄 상태에서 천천히 움직여야 실험기구를 넘어뜨리는 것을 방지할 수 있다.

⑧ 실험기구나 재료를 점자나 확대 글자로 표시하고, 화학 약품의 경우 점자나 확대 글자 부착 외에도 종류에 따라 용기나 뚜껑의 모양 또는 색을 달리하여 구별을 도울 수 있다.

⑨ 실험에 따라 대안적인 재료를 사용할 수 있다. 혼합물 분리 실험에서 좁쌀 대신 입자가 더 큰 렌틸콩을 사용할 수 있다. 물을 사용하는 실험에서 몇 방울의 식용 색소(식품 착색료) 나물감을 넣으면 실험 과정의 변화와 결과를 시각적으로 보기 쉽다.

⑩ 맹학생은 첫 번째 상자에 실험기구나 장비를 두고, 두 번째 상자에 실험 재료를 실험 순서에 따라 배열해 놓으면 효율적인 실습을 도울 수 있다. 실험기구나 재료를 사용 후 바로 제자리에 두어 혼동하지 않도록 한다.

⑪ 저시력학생은 투명한 실험기구 뒤에 흰색이나 노란색 종이를 배경으로 두면 더 잘 볼 수 있으며, 실린더 입구에 노란색 페인트나 테이프 등으로 표시하면 입구를 더 잘 확인할 수 있다.

⑫ 실험에 사용되는 유리 용기를 모두 클램프, 스탠드 또는 두꺼운 테이프로 고정하면 실험 과정에서 안전성을 높일 수 있다.

⑬ 저시력학생은 측정 기구, 비커, 플라스크, 실험관 등에 확대 눈금 표시를 하고, 학생의 경우 실린더, 비커, 플라스크 등의 안쪽에 촉각 눈금 표시를 하면 무독성 용액을 다룰 때 손가락을 사용하여 깊이를 측정할 수 있다.

⑭ 실험에 열원이 필요할 경우에 분젠 버너 대신 전열기(전기레인지)를 사용할 수 있다.

⑮ 소리굽쇠, 청광기, 감광기, 음성 색감별기, 음성 타이머, 음성 저울, 음성 온도계같이 청각을 활용하는 특수 기구들을 실험에 이용한다.

(5) 사회

① 2014년에 사회 교과서의 시각자료 중 상당수를 차지하는 지도를 양각 지도 책자와 양각지구본으로 개발・보급하였으므로 이를 적극 활용하도록 한다.

② 일반사회 교과서와 점자교과서를 비교하여 사진, 지도, 그림, 도표 등 어떠한 시각자료가 생략되었는지 확인하고 생략된 시각자료가 구어 설명으로 대체가능한지 또는 별도의 양각자료의 제작이나 구입이 필요한지를 확인해야 한다.

③ 양각 지도나 그림을 직접 제작해야 하는 경우에 손으로 만져 식별할 수 있도록 원본 지도를 단순화하거나 개념을 이해하는 데 필요 없는 그림 요소를 생략하는 등의 수정 과정을 거쳐 제작한다.

④ 양각 지도나 그림을 탐색할 때 양손을 사용하여 전체 윤곽을 먼저 탐색하고 내부 요소를 탐색한다. 내부 요소를 탐색할 때는 촉각상징 중 하나를 기준점으로 정하여 한 손으로 기준점을 접촉하고 다른 손으로 기준점 주변을 탐색해 나가도록 할 수 있다.

키워드 Pick

⑤ 사회과 관련 동영상 자료를 이용할 때는 동영상 화면에 대한 화면 음성 설명이 잘 되어 있는 것으로 선정한다.

⑥ 저시력학생을 위해 원본 지도의 윤곽선을 굵은 선으로 수정하거나 지역별로 다른 색을 넣은 채색 지도로 수정할 수 있다.

⑦ 대비가 낮은 원본 그림 자료는 확대해도 보기 어려우므로 확대독서기를 사용하여 색상대비를 조절하여 보도록 한다.

⑧ 시장 놀이, 전통 혼례식, 성인식, 모의 국회 등을 간접적으로 체험할 수 있도록 역할극 활동을 실시한다.

⑨ 생활주변과 관련된 수업내용 및 개념은 지역사회의 해당 기관을 방문하는 현장학습 기회를 제공한다.

기출 LINE

18초) ('공을 차 목표물 맞히기'를 진행하는 체육과 실기수업) 다민, 학생의 시각적인 요구에 맞게 약간의 조정이 필요합니다. 우선 방울이 들어 있는 특수공을 사용하거나 이것이 여의치 않을 경우에는 축구 연습용 주머니에 공을 넣어 사용하시고, 소음을 최소화할 수 있는 실내에서 수업을 진행하는 것이 좋겠습니다. 그리고 가이드를 목표물 뒤에 배치하는 것도 필요합니다.

(6) 체육

① 시각장애 체육 교사용 지도서를 활용하여 지도한다.

② 체육 활동 공간은 전반적인 대비를 높여 주고, 적정 밝기를 유지하며, 태양 빛으로 인한 눈부심을 줄여 주는 것이 필요하다. 또한 시각장애 학생이 체육관에서 안전사고가 일어나지 않도록 체육 설비를 잘 정돈하고 각 설비의 위치를 숙지시켜야 한다.

③ 체육 활동별로 자세와 동작을 지도할 때는 순서에 따라 설명해 주면서 손위손 안내법, 촉각적 모델링, 공동 운동(coactive movement) 같은 촉각 교수법을 사용한다.

④ 교사가 동작 시범을 보일 때 저시력학생이 눈부심을 느끼지 않도록 태양이 비치는 쪽에 서서 하지 않아야 하고, 주변 배경과 대비되는 색의 옷을 입으면 학생이 동작을 구별하기 쉽다.

⑤ 실외 체육 활동에서 교사나 특수교육 보조원 또는 학급 또래 도우미 학생이 신체 활동 중에 구어 설명, 청각 단서, 신체적 지원 등을 적절히 제공하도록 한다.

⑥ 경기장의 라인은 바닥과 대비가 잘 되는 색으로 굵게 칠하거나 맹학생을 위해 다른 질감의 바닥재 등을 사용하여 촉각 단서를 통해 구분할 수 있도록 한다.

⑦ 맹학생을 위해 일반 공 대신 소리 나는 공을 사용할 수 있으며, 부저 또는 종(bell)을 목표물이나 목표 장소에 설치하면 목표 위치에 대한 청각 단서를 줄 수 있다.

⑧ 체조 수업에서 교사의 신체 자세와 동작 시범을 저시력학생이 가까운 위치에서 보고 따라 하도록 하고, 맹학생은 교사가 체조 동작을 과제분석을 통해 한 단계씩 취한 후 학생이 교사의 자세를 만져 보는 촉각적 모델링과 교사가 자신의 손으로 학생의 해당 신체 부위를 접촉하여 바른 자세를 만들어 주는 신체적 안내법을 이용하여 지도한다.

⑨ 댄스는 맹학생이 자신의 파트너의 위치를 알고 따라 갈 수 있도록 소리 나는 팔찌(wrist band with bells)를 사용할 수 있다.

⑩ 육상 경기는 개인 종목이기 때문에 최소한의 조정만으로 시각장애 학생도 참여할 수 있다. 저시력학생은 트랙 라인을 고대비 색으로 선명하게 그려 주거나 트랙 라인에 고대비의 트래픽 콘(traffic cones)을 놓아 주고, 트랙에 친숙해 질 시간을 미리 주면 혼자서 뛰는 데 큰 문제가 없다. 맹학생은 트랙 옆에 매끄러운 로프를 설치하여 줄을 접촉하며 뛰게 하거나 친구나 특수교육 보조원을 가이드 러너로 선정하여 함께 뛸 수 있다. 허들 경기의 경우는 밝은 색상의 허들을 사용하고 허들의 높이를 낮추는 것 등이 도움이 될 수 있다.

⑪ 투창, 원반, 투포환 같은 던지기 종목도 시각장애 학생에게 상대적으로 접근성이 높은 종목이다. 던지기 동작은 촉각 교수법과 반복적인 연습을 통해 가능하며, 안전과 바른 방향으로 던지기 위해 방향을 안내하는 청각이나 촉각 단서를 제공할 수 있다.

⑫ 멀리뛰기나 높이뛰기 같은 도약 경기는 많은 조정이 필요하지 않다. 달려가면서 뛰기보다 제자리에 서서 뛰기, 도약 지점을 나타내는 다른 질감의 바닥 재질이나 고대비 색의 발판 사용하기, 위치를 알려 주는 음향이나 말소리 같은 청각 단서 제공하기 등을 통해 참여할 수 있다.

⑬ 농구, 축구, 핸드볼 같은 구기 종목은 경기 참여 학생의 수, 빠른 속도, 선수 간의 많은 접촉 등으로 어려움이 크지만, 경기 참여 학생의 수를 줄이고, 경기장의 크기를 더 작게 만들고, 잔존 감각으로 식별하기 쉬운 경기 라인을 그려 주고, 공의 크기와 색상 대비를 높여 주고, 경기 규칙을 단순화하는 등의 방법을 통해 시각장애 학생도 참여할 수 있다.

⑭ 배드민턴, 테니스, 배구, 탁구와 같은 네트형 종목은 경기장의 크기를 작게 만들고, 대비가 높고 크기가 더 큰 공을 사용하고, 스펀지 공이나 풍선으로 대체하여 공의 속도를 낮추고, 네트의 높이를 기준보다 더 낮추고, 경기 테이블 주변에 장벽을 설치하여 공이 밖으로 멀리 나가지 않도록 하는 등의 방법을 통해 시각장애 학생도 참여할 수 있다.

⑮ 소프트볼, 야구 같은 타격 경기는 안전이나 잔존 시각을 고려하여 얼굴 보호대를 착용하고, 음향으로 타격 위치를 알려 주는 타격 지원 스탠드(support stand)를 사용하고, 경기 상황을 안내해 주거나 대신 베이스까지 뛰어 줄 주자로 특수교육 보조원이나 친구를 활용하는 등의 방법을 통해 시각장애 학생도 참여할 수 있다.

⑯ 시각장애인이 매우 선호하는 생활 체육인 볼링은 맹학생을 위해 볼링 라인을 따라 이동하면서 공을 던질 수 있도록 안내하는 가이드 레일, 핀의 위치를 알리는 음향기 등이 있으면 좋지만, 상황에 따라 구두 설명이나 안내만으로도 볼링에 참여 가능하다.

⑰ 시각장애의 원인 질환을 고려하여 수업 참여 내용과 정도를 조정할 필요도 있다. 망막 박리와 관련된 안질환이 있는 학생은 외부 충격을 받을 경우 망막이 떨어질 수 있으므로 과격한 활동을 자제하도록 해야 한다.

비과제 행동을 최소화하기 위한 전략

벽 등지기	수업이 진행되는 장면을 전체적으로 관찰할 수 있도록 벽이나 운동장의 가장자리에 위치하도록 함
밀착 통제	비과제 행동을 하는 학생 옆으로 가까이 감으로써 교사의 의도를 이해하도록 함
상황 이해	교사가 수업의 상황을 이해하고 있다는 느낌을 학생에게 전달함
선별적 무시	수업에 방해되지 않는다면 비과제 행동을 하는 학생의 특성을 이해하고 그에 맞는 처리를 함
동시처리	의도하는 수업의 방향을 유지하면서 동시에 몇 가지 일을 해결함
긍정적 지적	바람직한 행동이나 기술을 습득하도록 학생들을 지적함

시범 보이기

시범적 지도 (Braille-me method)	• 교사가 직접 시범을 보일 때 근운동감각을 활용하는 것 • 교사는 학생의 앞이나 옆 등에 위치하며 학생은 교사의 움직임을 손 등을 통하여 만지고 직접 느껴 보면서 자세나 동작 그리고 근육의 움직임 등을 관찰하고 확인함
직접적 지도 (Hands-on method)	• 학생이 움직이도록 하고 교사가 옆에서 학생의 신체 부위를 잡고 동작을 하도록 인도함

키워드 Pick

(7) 음악

① 시각장애 정도에 따라 점자 악보나 확대 악보 등을 제공하는 것이 필요하며, 음악 점자는 점자 익히기 지도서의 음악 점자 대단원을 활용하여 지도할 수 있다.

② 오케스트라에서 시각장애 학생은 악보 읽기와 연주를 동시에 하기 어렵기 때문에 악보를 암기하는 것이 필요하므로 충분한 준비 시간을 주는 것이 필요하다.

③ 모든 악기는 연주를 위한 바른 자세, 움직임, 주법 등을 요구한다. 학생이 바른 자세로 악기를 연주할 수 있도록 저시력학생은 가까이 다가와서 시범을 볼 수 있게 하고, 맹학생은 설명과 손위손 안내법 같은 촉각 교수법을 병행하여 지도한다.

④ 일대일 또는 소집단 악기 연주 수업에서 맹학생이 점자 외에 녹음 장치를 이용해 필기할 수 있도록 허용해야 한다. 교사가 새로운 음악을 지도할 때는 관련 녹음 자료를 제공하거나 수업내용을 녹음하여 제공하는 것이 좋다.

⑤ 바른 자세, 호흡, 발성, 발음 등 노래 부르기 기본 자세를 지도한 후 듣고 부르기, 보고 부르기, 외워 부르기 활동 등을 통해 노래 부르기를 지도한다. 가창 활동 시에는 듣고 따라 부르는 청각 중심의 학습 방법에서 벗어나 악보를 보고 부를 수 있도록 지도한다.

⑥ 학생의 잔존 시각에 따라 점자 악보, 촉각 악보, 확대 악보를 준비한다. 음악 점자를 익히지 못한 학생은 촉각 악보를 만들어 제공한다.

⑦ 학생이 연주 시작 시점 등 지휘를 볼 수 없으므로 소리나 촉각으로 단서를 알려준다. 예를 들어, 교사가 반주, 박수, 발장단, 호흡, 숫자 구호로 시작 신호를 주거나 옆에 있는 친구가 가볍게 쳐서 시작 신호를 줄 수 있다.

⑧ 다양한 종류의 악기를 직접 만지게 해 주면서 기본 개념을 설명하고, 듣고 연주하기, 보고 연주하기, 외워 연주하기 활동을 통해 악기 연주를 지도한다.

⑨ 가창, 악기 연주 등의 수업이 있을 때 음악 수업내용을 미리 알려 주거나 점자 및 확대 악보 자료를 수업 하루 전에 제공하여 준비할 수 있도록 한다.

맹학생	• 합창단이나 밴드에 참여하는 학생은 지휘자가 지휘하는 것을 볼 수 없기에 대체할 수 있는 방법을 논의한다. 예로, 옆에 있는 동료가 소리로 단서를 주거나 촉각으로 알려 주는 것은 시각적인 단서를 대체할 수 있는 효과적인 방법이다. • 시각장애 학생에게 음악 용어와 무대에서의 약속사항에 익숙해질 기회를 제공한다. 음자리표와 음계 등의 개념을 가르치기 위해 촉각 그래픽을 만들고, 무대 약속사항을 점자물로 제공한다. • 전문 점역사가 악보를 점자로 점역해 준다. • 학생에게 맞게 음악 활동을 수정해 준다. 예로, 음악 점자자료를 마련해 줄 수 있다. • 음악 점자로 쓰고 기록할 수 있게 해 주는 점자정보단말기 등의 보조공학기기를 활용할 수 있게 한다. • 신체를 이용하여 안내하고 충분한 연습을 통해 지휘 기술을 배우도록 한다. • 음악 감상 시 제공되는 영상의 내용을 자료로 제작해 주거나 자막을 말로 알려 준다.

저시각 학생	• 저시각학생에 맞게 음악 활동을 수정해 준다. 예로, 확대 악보와 가사본을 제공한다. • 수업 전에 악보를 제공하여 악보를 미리 숙지하고 수업에 임하도록 한다. • 음자리표, 음계 등의 음악 개념을 지도하는 자료는 확대하여 제공하거나 일반 자료를 확대독서기를 사용하여 볼 수 있도록 한다. • 지휘하는 방법을 시범 보일 때 학생이 교사 가까이 와서 볼 수 있도록 한다. • 지휘에 맞춰 제재곡을 부를 때 드럼스틱을 지휘봉으로 사용하고 가사를 미리 제공하여 수업 전에 가사를 읽어 오도록 한다.

(8) 미술

① 시각장애 미술 교사용 지도서를 활용하여 지도한다.

② 크레용, 물감 등 미술 수업 관련 교구에 점자나 확대 글자로 표시한다.

③ 깃털, 단추, 줄, 종이, 콩알, 털실 등 촉감각을 사용할 수 있는 다양한 재료를 사용하고 그러한 재료를 분류 · 보관할 상자를 마련한다.

④ 사물, 페인트, 종이, 타일, 고무찰흙, 톱밥과 밀가루의 혼합물, 플라스틱 아교 등 손으로 만졌을 때 질감이 다른 다양한 수업 재료를 활용한다.

⑤ 맹학생이 도자기 같은 다양한 공예품을 만드는 수업에서는 모방할 수 있는 실물이나 이미 완성된 공예품을 모델로 제시하여 완성된 공예품과 자신의 작품을 계속 비교하며 만들어 가도록 한다.

⑥ 저시력학생에게는 대비가 크거나 형체가 큰 그림을 그리도록 허용한다. 교사가 굵은 검은색 펜으로 윤곽선을 덧그려 주거나 학생이 색칠해야 하는 그림 요소별로 해당 색으로 윤곽선을 그려 주면 학생이 선을 벗어나지 않고 색칠하는 데 도움이 된다.

⑦ 맹학생이 손가락으로 그림의 형태를 알 수 있도록 양각 그림을 준비하거나, 양각 선 그리기 도구를 사용하여 그리거나, 연필 윤곽선을 따라 글루건으로 덧칠하거나 지끈을 붙여 도드라지게 표시해 줄 수 있다. 물감으로 색칠을 할 때는 색깔별로 질감이 다른 가루를 섞고 손가락으로 색칠하는 핑거 페인팅도 활용할 수 있다.

⑧ 감상 영역에서는 시각장애 학생이 촉각이나 다감각을 통해 감상할 수 있는 양각이나 입체 작품을 준비하고, 손위손 안내법 같은 촉각 교수법과 작품 설명을 통해 감상 과정을 지원한다.

⑨ 시각장애인을 위한 미술 전시회를 견학할 때는 친구나 특수교육 보조원이 시각장애 학생을 안내하고 작품에 대한 설명을 해 주도록 한다.

키워드 Pick

④ 교수방법과 전략

1. 언어를 이용한 교수법

설명식 수업	• 교사 주도 수업으로, 순서에 따라 설명하기, 비유로 설명하기, 상세히 풀어 설명하기 등을 적절히 사용할 수 있음 • 교사 주도의 설명식 수업을 할 때 학생의 이해 수준을 점검하기 위해 자주 묻고 답하면서 교정적 피드백을 제공하는 것이 필요 • 효과적인 설명방법 – 순서대로 설명하기 – 비교하여 설명하기 – 비유로 설명하기 – 풀어 설명하기 • 개념학습에서 오개념이나 과소 일반화, 과잉일반화 등이 나타날 수 있으므로 이를 확인해야 함 • 비교 언어를 사용하여 비교사고를 촉진하는 설명 – 시각장애 학생이 정확하게 이해하고 오개념을 줄이는 데 도움이 됨 – 비교 사고는 둘 이상의 대상들, 이미지들, 환경들, 사람들 간의 공통점과 차이점에 초점을 두어 이해하도록 돕는 중요한 인지 기술 – 비교 언어를 사용하면 공통점과 차이점을 인식하는 비교사고의 능력을 강화하게 됨
토의식 수업	• 학생들 간의 상호작용을 통하여 정보와 의견을 서로 교환함으로서 학습이 이루어짐 • 토의식 수업은 풍부한 상호작용이 이루어지므로 학생의 생각과 이해 수준 등을 관찰·점검하고 적절한 안내와 피드백을 주는 것이 필요

2. 촉각을 이용한 교수법 22초

신체적 안내법 22초	• 교사가 자신을 손을 사용하여 학생의 신체부위를 접촉하거나 이끌어서 적절한 자세나 동작을 지도
손위손 안내법	• 교사가 학생의 손 위에 자신의 손을 얹어 필요한 손 동작이나 자세를 지도 • 신체적 안내법과 다른 점은 교사가 접촉하는 학생의 신체부위는 손에 한정된다는 점임 • 교사가 학생에게 양각 지도나 사물을 탐색하는 바른 손의 자세와 움직임을 지도할 때 사용할 수 있음
손아래손 안내법	• 교사가 학생의 손 아래에 자신의 손을 두고 교사의 손 동작과 움직임을 학생이 느끼고 모방하도록 안내 • 손위손 안내법에 비해 덜 개입적이고 강압적이므로 타인의 접촉에 민감한 학생에게 더 효과적일 수 있음

3. 모델링

시각적 모델링	• 저시력학생에게 적합 • 교사가 시범을 보일 때 저시력학생이 잔존시각을 잘 활용할 수 있도록 환경을 조성하는 것이 필요 • 학생이 교사의 시범을 다가와서 보는 것을 허용해야 하고, 교사는 창가처럼 태양이 비추는 장소를 피해 시범을 보여야 하며, 시범을 보이는 장소와 배경과 대비되는 옷을 입는 것이 좋음
촉각적 모델링	• 맹학생을 위한 촉각 교수방법에도 속한다고 볼 수 있음 • 교사가 과제수행에 필요한 자세와 동작을 단계별로 시범을 보이면 학생이 교사의 신체 자세와 동작을 만져서 확인하고 동일하게 모방하는 것 • 맹학생이 촉각적 모델링만으로 교사의 시범을 정확하게 이해하기 어려우므로, 학생이 교사의 자세와 동작을 손으로 탐색할 때 교사는 설명을 함께 제공하는 것이 좋음

기출의 맥

신체적 안내법과 촉각적 모델링의 내용을 정확히 구분해야 합니다. 누가 접촉하는 방법인지 그 주체를 확인하세요!

4. 공동운동

① 공동운동은 학생이 시각을 이용하여 교사와 같은 신체 움직임을 동시에 경험하면서 배운다.

② 촉각적 모델링이 교사의 신체 부위에 학생이 손을 대어 교사의 자세나 움직임(동작)을 탐색하도록 한다면, 공동촉각운동은 맹학생이 특정 동작을 공동운동으로 배우기 위해 교사와 학생이 해당 신체 부위를 서로 접촉한다.

③ 공동운동에는 교사 대신 또래교수를 활용할 수 있는데, 배울 동작이나 기술에 따라 체격이 비슷한 사람이 수행하는 것이 효과적일 때가 있다.

④ 예를 들어, 수동 미끄럼판을 타는 법을 배우기 위해 학생이 교사의 손등에 자신의 손을 걸쳐 놓고 교사의 팔 움직임에 맞추어 함께 움직임으로써 손을 사용하여 타는 동작을 배우는 것이다.

5. 전체–부분–전체 교수법

키워드 Pick

① 전체–부분–전체 교수법은 언어, 체육, 일상생활 등 다양한 활동에서 사용될 수 있다.

② 보통 3개의 학습단계로 진행된다.

㉠ 첫 번째 단계는 학습과제(기술이나 지식)의 '전체(whole)'를 학생에게 노출함으로써 학습과제에 대한 전체적인 이해를 돕는다.

㉡ 두 번째 단계는 학습과제를 구성하는 '부분들(parts)'에 초점을 두어 지도하는 것으로, 교사는 과제분석한 각 부분을 촉각 교수법 등을 통해 지도해 나간다.

㉢ 마지막 단계는 각 부분들을 성공적으로 학습한 후에 각 부분을 서로 연결하여 전체를 수행하도록 지도하는 것으로, 부분과 전체 간의 관계에 대한 학습자의 통합적인 이해를 통해 학습이 마무리된다.

③ 예를 들어, 체육시간에 '공 굴리기' 기술을 지도한다면, 첫 번째 단계에서 학생은 이 기술의 전체를 관찰하고 설명을 들을 기회가 주어진다. 두 번째 단계는 과제분석한 일련의 부분들(공을 손으로 잡는다-손을 뒤로 올린다-손을 앞으로 내민다-공을 바닥에 굴린다)을 하나씩 익혀 나가는 것으로 교사는 신체적 안내법, 촉각적 모델링 등을 통해 학생이 각 부분을 정확하게 익힐 때까지 연습시킨다. 마지막 단계는 이미 학습한 각 부분 기술들을 연결하여 학생이 전체 기술을 수행하도록 하는 것으로, 이 단계에서는 부족한 부분에 한해 교정적 지도가 이루어질 수 있다.

④ 부분-전체 교수법은 1단계를 수행하지 않고, 2~3단계만 진행하는 것이다. 교사는 학습과제를 부분으로 나누어 학생이 각 부분에 대해 배우도록 지도한 후, 전체로 통합하여 수행하도록 한다. 부분-전체 교수법은 각 부분이 강한 위계성이나 순서를 가지고 있지 않을 때 더 많이 사용한다.

6. 과제분석과 행동연쇄

① 시각장애 학생은 과제수행방법을 지도할 때 과제분석법으로 이용하여 분석된 수행단계들을 단계적으로 지도해 나가는 행동연쇄가 효과적이다.

② 행동연쇄에는 전체행동연쇄, 전진행동연쇄, 후진행동연쇄가 있다.

7. 촉진과 소거

교사는 촉진들을 조합하여 사용할 수 있으며, 점진적으로 촉진의 수준은 낮추어 가며 최종적으로 교사의 촉진 없이도 학생이 혼자서 과제수행을 할 수 있도록 해야 한다.

⑤ 교육자료 준비와 활용

1. 양각 자료 제작과 활용

교사는 확대 자료를 이용하기 어려운 맹학생에게 점자 자료와 양각 그림 자료를 제공함으로써 일반학생과 동등하게 수업에 참여하도록 해야 한다.

(1) 양각 그림 자료를 제작할 때 준수해야 할 지침과 기준 12초

① 원본 그림이 본문의 내용이나 개념을 이해하는 데 필요한 자료인지 확인한다. 단지 장식적인 목적의 그림이거나 구어 설명만으로 충분한 이해가 가능하다면 생략할 수 있다.

② 원본 그림을 양각 그림으로 만들 때 점자프린터나 입체복사기로 출력할 것인지, 교사가 여러 가지 사물과 재료로 제작할 것인지를 결정한다. 단순한 시각자료는 점자프린터나 입체복사기로도 제작할 수 있다.

③ 양각 그림의 크기는 양손으로 확인할 수 있는 크기가 적절하다. 너무 크거나 작으면 촉각자료의 전체 모양이나 세부 요소 간의 관계를 파악하기 어렵다. 촉각자료의 세부 요소는 손으로 지각하고 구별할 수 있는 최소 크기가 되어야 한다.

④ 양각 그림을 만들 때 원본 그림과 똑같이 만드는 데 주안점을 둘 필요가 없다. 원본 그림에서 필수적이지 않은 요소는 제거하거나 단순화하여 양각 그림을 만들면 더 잘 이해할 수 있다.

⑤ 양각 그림은 원본 그림과 동일한 크기로 제시하는 데 주안점을 둘 필요는 없다. 다만 원본 그림을 정확한 비례로 확대, 축소해야 하고, 필요에 따라 그림의 확대나 축소 비율을 명시할 수 있다.

⑥ 복잡한 원본 그림의 모든 세부 정보가 필요하다면 원본 그림을 한 장에 제시하기보다 여러 장으로 분리하여 책자형으로 제작할 수 있다. 첫 장에는 원본 그림의 전체 윤곽이나 형태를 나타내는 양각 그림을 배치하고, 다음 장부터는 원본 그림을 몇 개로 나누어 만든 세부 양각 그림들을 제시한다.

⑦ 양각 그림의 주요 특징은 손으로 탐색할 때 그림 이해를 돕기 위한 짧은 설명의 점자 글을 함께 제시할 수 있다는 것이다.

⑧ 원본 그림의 형태를 단지 양각의 윤곽선만으로 나타내기보다 선의 안쪽을 채운 양각 면 형태로 제시하면 대상의 모양이나 형태 등을 더 잘 지각할 수 있다.

⑨ 중증의 저시력학생은 촉각 탐색뿐만 아니라 잔존시각도 활용할 수 있도록 그림의 양각 윤곽선에 대비가 높은 색을 입히면 양각 그림 자료를 더 잘 이해할 수 있다.

⑩ 양각 그림에 너무 많은 촉각 심벌, 무늬, 질감이 들어가면 오히려 이해하기 어렵고 혼동을 줄 수 있다.

⑪ 양각 그림에 여러 개의 양각 선을 사용해야 할 때는 양각 선들을 촉각으로 구별할 수 있도록 5mm 정도의 간격을 두고, 그림의 양각 선과 점자 글자 간의 간격도 3mm 이상 되도록 한다.

⑫ 양각 그림에 점자 글자를 적기 어려운 경우에는 안내선(유도선)을 사용하기보다 기호나 주석을 사용한다. 안내선을 사용해야만 한다면 안내선으로 사용한 양각선이 양각 그림에서 사용하고 있는 양각 선과 구별하여야 한다.

기출의 맥

시각장애 특성에 맞는 자료의 수정 및 제작은 매우 중요한 방안입니다. 자료의 유형별로 지침 및 유의사항을 정확하게 파악해 두세요!

키워드 Pick

⑬ 복잡한 원본 그림을 양각 그림으로 제작하는 방법으로 전체-부분 방식이나 단계별 방식이 있다. 전체-부분 방식은 전체 그림을 2개 이상의 부분 양각 그림으로 나누어 제작하는 것이고, 단계별 방식은 원본 그림의 전체 윤곽과 세부내용을 나누어 제시하는 것이다.

⑭ 복잡한 원본 그림을 여러 부분으로 분리하여 양각 그림 자료로 제작할 때 그림의 분리점(또는 분리선)을 더욱 명확하고 도드라지게 표시해야 분리된 양각 그림 자료를 탐색한 후 하나로 통합하여 이해하기 쉽다.

⑮ 복잡한 원본 그림을 분리할 때는 논리적인 분할이 이루어져야 하고, 각 분리된 부분을 잘 나타내는 제목을 다시 붙여야 한다. 분할은 수평이나 수직으로 절반을 나누거나 1/4로 나눌 수 있으며, 또는 자연의 랜드마크에 의해 나눌 수 있다.

⑯ 양각 그림을 개발할 때 학생의 연령과 경험을 고려해야 한다. 학생의 연령과 기술 수준이 낮을수록 양각 그림에서 사용하는 양각 면, 양각 선, 양각 점, 양각 기호의 수를 줄여 주는 것이 좋다.

(2) 양각 그림 자료 활용방법

양각 그림 탐색 절차	① 양각 그림에 대한 일관된 방향정위를 위해 원형보다는 사각 테이블에 놓고, 움직이지 않게 고정시킨다. ② 학생에게 양각 그림을 양손으로 대략 탐색해 보도록 한다. 이 단계는 학생이 양각 그림에 대한 관심과 흥미를 갖도록 하는 데 목적이 있다. ③ 양각 그림의 제목과 내용에 대해 간략히 설명한다. ④ 양각 그림의 전체적인 윤곽, 모양, 크기 같은 전체 구성에 관심을 두고 손으로 탐색하게 한다. 교사는 손위손 안내법을 사용하여 체계적인 탐색을 도울 수 있다. ⑤ 양각 그림의 내부 요소별로 교사의 설명을 들으면서 각 요소를 손으로 탐색하게 한다. 교사는 손위손 안내법을 사용하여 체계적인 탐색을 도울 수 있다. ⑥ 학생 혼자서 양각 그림 전체를 손으로 탐색하며 필요한 특정 정보를 발견하고 이해하도록 한다. ⑦ 교사는 양각 그림에 대한 학생의 정확한 이해 여부를 확인하는 질문을 하고 교정적 피드백을 제공한다.
양각 그림 탐색 전략	① 양각 그림의 촉각심벌 중 하나를 기준점을 정해 한 손으로 기준점을 접촉하고 다른 손으로 기준점 주변을 탐색하게 한다. ② 양각 그림의 특정 위치에 압정이나 양각심벌을 부착하고 압정이나 양각심벌을 기준점으로 하여 주변을 탐색하게 한다. ③ 양각지도의 두 지역 간의 위치와 방향 등의 관계를 쉽게 알 수 있도록 두 지역에 압정이나 양각심벌을 부착하고 탐색할 수 있다.

(3) 촉각지도 19중

① 촉각지도의 특징

㉠ 촉각지도는 시각장애인이 생소한 공간 배치를 익히거나, 이미 익숙한 공간 내에서 새로운 보행경로를 발견하거나, 이동하면서 공간갱신을 하는 데 유용하다.

㉡ 일반지도와는 달리 휴대하기는 불편하다.

㉢ 특정 건물의 벽면에 부착해 두고 활용하는 경우가 대부분이다.

㉣ 일반지도보다 제작하고 읽는 데 시간과 노력이 더 필요하다.

㉤ 중요한 정보를 선택한 후 불필요한 정보는 삭제하는 것이 대부분이다.

② 촉각지도의 제작 원칙

㉠ 필수적으로 전달할 정보만 촉각지도에 포함시킨다.

㉡ 크기는 두 손을 나란히 붙이고 열 손가락을 펼칠 때의 넓이(약 16~18인치)가 적절하다. 지나치게 넓은 것보다 상대적으로 좁은 것이 유용하다.

㉢ 척도(scale)는 필수적인 정보를 보여 줄 만큼으로 최소화한다.

㉣ 있는 그대로 모두 제시하기보다는 도식화한다.

㉤ 시각 위주가 아니라 촉각 위주로 기호를 선택한다.

㉥ 정보밀도(density)는 가능한 한 최소화한다.

㉦ 기호에 대한 설명은 필요한 것만 제시한다.

③ 촉각 그래픽의 제작 지침

구분	내용
일반	• 촉각 그래픽이 전부 필요한지 결정하라. 주요 내용이 없다면 그래픽을 생략하라. • 그래픽은 촉각적으로 분명해야 하며, 교수 및 학습의 이해에 관계된 정보를 담아야 한다. • 그래픽은 수학 및 과학의 다이어그램을 제외하고는 2차원으로 다시 그려라. • 점자 규정에 따라 대체하라.
디자인	• 조잡하게 하지 말고 단순화시켜라. • 복잡한 그래픽은 나누어 그려라. 또는 전체와 상세도로 나누어라. • 일반적으로 교과서는 삼가고, 정보를 덧붙일 때만 이용하라. • 혼동을 피하고 중요 정보를 제공할 필요가 있을 때 다른 구간의 기호를 사용하여 차별화하라.
기호	• 선, 점, 기호는 만져서 서로 쉽게 구별되도록 제한하라. • 같은 내용 내의 같은 유형의 그래픽 내에서는 기호 사용에 있어서 일관성 있게 하라. • 다른 유형에 대해서는 다른 촉각 기호를 사용하라. • 선, 점, 점자는 외형상 최소 1/8인치 정도 분리되어야 한다.
유도선	• 마지막 구역에서만 유도선을 사용하라. 대안으로만 유의 표시나 주석을 사용하라. • 유도선을 화살표로 사용하지 말라. • 유도선 대신 사용한 선 기호는 그래픽에서 사용된 선과 차이가 있어야 하며, 촉각적으로 구별되어야 한다.

키워드 Pick

명칭	• 모든 그래픽 기호를 같은 쪽이나 마주보는 쪽 등 특정 기호 쪽에 설명하고 정의하라. • 그래픽의 중요한 특징을 프린트에는 없더라도 구체화하라. • 독자가 의아해하지 않은 방법으로 명칭을 달아라. • 지도에서 명칭 붙이기를 적용할 경우 우편번호 양식을 사용하라. • 명칭의 단어는 대문자화 할 필요가 없다. • 2급 점자의 축어를 명칭에 사용하라. • 두 칸 점자기호보다 한 칸 점자가 우선한다. • 점자 명칭으로 형태의 완전성이 깨지지 않도록 하라.
수치 및 축적	• 지도의 한 페이지 위에 북쪽을 표시할 때, 서언에 이 사실을 명기하고 각 지도에 북쪽을 표시하지 않으면 안 된다. • 축적 위치와 기타의 수치는 가능한 한 일관되게 촉각 그래픽 위에 놓는 것이 좋다. • 축적을 변화할 필요가 있을 때, 이 사실은 번안자의 주석으로 표시될 수 있다.

④ 촉각지도의 활용법 지도

㉠ 선의 연속성과 방향성을 지도한다.

㉡ 크기와 척도의 개념을 지도한다.

㉢ 기호 표상을 지도한다.

㉣ 모양 개념을 지도한다.

㉤ 방위 개념을 지도한다.

⑤ 촉각지도의 지도 절차

㉠ 집게손가락 끝으로 기호를 식별하게 한다. 식별하기 쉬운 기호부터 연습하게 하고, 처음에는 그 수를 적게 한다. 교육생이 여기에 익숙해지면 그 숫자를 점차 늘려 간다.

㉡ 두 손을 동시에 사용하여 체계적으로 훑게 한다. 우선 두 손을 위에서 아래 방향으로 움직이도록 지도하고, 그리고 나서 두 손을 왼쪽에서 오른쪽으로 이동하도록 지도한다.

㉢ 선으로 표시된 기호를 따라가 보도록 지도한다. 이때 한 손의 집게손가락은 출발점에 고정시켜 놓는다. 지도를 자신의 몸과 직각이 되게 방향을 정확하게 위치시킨다. 모양이 복잡할 경우 처음에는 시각장애인의 집게손가락을 안내해 줄 필요도 있다.

㉣ 전체적인 윤곽을 파악하도록 지도한다. 한 손의 집게손가락을 기준점을 짚고 있는 다른 손의 집게손가락에서 출발하여 선을 따라 다시 기준점으로 돌아오게 한다. 튀어나온 부분, 뾰족한 부분, 들어간 부분, 구부러진 부분 등을 인식하게 한다.

2. 확대 자료 제작과 활용

(1) 확대 글자본 자료

확대 자료를 사용하는 저시력학생의 가독성을 높일 수 있도록 제작하는 것이 필요하다. 확대 글자의 크기는 학생의 학습매체평가결과를 근거로 결정하는 것이 좋다. 확대 글자본의 제작방법과 유의점은 다음을 포함한다.

① 확대 자료의 종이 크기가 크면 휴대하거나 손으로 다루기 어렵고, 넓은 시야를 요구하므로 가급적 A4 정도의 크기가 적절하다.

② 학생이 요구하는 확대가 큰 경우에는 너무 큰 종이를 사용하기보다 원본 자료를 편집하여 여러 페이지로 분리하여 확대하는 것이 좋다.

③ 학생의 읽기 효율성을 향상시키기 위해 반사가 적은 종이를 사용하는 것이 좋다. 흰색 종이에 눈부심을 느끼는 경우에는 옅은 담황색 종이를 사용할 수 있다.

④ 확대 글자의 크기는 보통 16~18포인트 이상이며, 24포인트를 넘지 않는 것이 좋다. 24포인트를 넘어서면 가독성이 떨어지므로 확대 자료와 확대기구를 함께 사용하도록 한다.

⑤ 글자체는 꾸밈이 없고 명료한 획의 글자가 좋다.

⑥ 글자의 두께는 표제, 단어, 문장을 강조하고자 할 때 효과적으로 사용될 수 있다. 글자의 두께가 너무 가늘면 보기 어렵고, 너무 두꺼우면 글자 획 간의 간격이 좁아 오독할 수 있다. 특정 단어나 어구를 강조할 때 글자를 진하게 하거나 글자 두께가 좀 더 두꺼운 글자체를 선택할 수 있다.

⑦ 글자는 가로쓰기로 배열하는 것이 읽기에 도움이 되므로, 원본 자료가 세로쓰기로 되어 있더라도 가로쓰기로 수정할 수 있다.

⑧ 일반 본문의 줄 간의 대략 180~200% 정도면 적당하다. 다만 제목, 문단, 인용 같이 페이지의 중요한 부분을 강조하기 위해 줄 간 띄우기, 들여쓰기, 정렬 등을 활용할 수 있다.

⑨ 글자와 기호 간의 자간이 너무 좁으면 읽기 어려우므로 자간 설정을 조정하거나 띄어쓰기를 통해 자간의 간격을 띄울 수 있다.

⑩ 단어, 어구, 문장 등을 강조할 때 두꺼운 글자체를 사용하거나 글자를 진하게 설정하거나 고대비의 형광펜 기능을 사용하는 것이 밑줄선보다 적절하다.

⑪ 모양을 식별하기 어려운 주석이나 강조 표시 문양은 눈에 잘 띄는 색상과 문양으로 변경할 수 있다

⑫ 배경과 글자색 간의 대비가 낮으면 확대하더라도 읽기가 어렵기 때문에, 가능하다면 배경과 글자색을 고대비로 수정하는 것이 좋다.

⑬ 한 페이지를 여러 다단으로 나누어 사용할 때 다단 간에 보다 넓은 여백을 확보해야 한다. 정렬방법은 가운데 정렬이나 우측 정렬보다 좌측 정렬이 다음 줄을 더 쉽게 찾고 읽을 수 있도록 한다.

키워드 Pick

(2) 확대 그림 자료

확대 그림 역시 원본 그림을 그대로 확대하는 것보다 가독성이 떨어지는 그림의 형태, 내용, 채색, 배열 등을 일부를 수정하면 그림을 보다 쉽게 이해할 수 있다. 확대 그림 자료의 제직방법과 유의점은 다음을 포함한다.

① 원본 그림의 배열이나 순서가 내용의 이해와 상관이 없다면 확대 그림의 크기를 고려하여 재배열할 수 있다.

② 원본 그림이 크고 복잡한 경우에는 원본 그림을 일정한 기준에 따라 여러 개로 나누어 확대할 수 있다.

③ 원본 그림 중 본문 내용 이해와 관련 없는 세부 요소는 생략하고 관련된 세부 요소 중심으로 확대할 수 있다.

④ 원본 그림이 윤곽선으로만 되어 있어 시각적 혼동을 주어 이해하기 어렵다면 선 내부에 색을 넣을 수 있다.

⑤ 원본 그림의 색이 회색조이거나 대비가 낮은 색이라면 고대비 색으로 바꾸어 확대할 수 있다.

⑥ 원본 그림 아래에 있는 간략한 설명글은 확대 그림 위로 재배열하면 그림에 대한 내용을 먼저 이해하고 그림을 살펴볼 수 있다.

⑦ 원본 그림 속에 글자가 있는 경우 그림과 글자 간에 대비가 낮아 읽기 어렵다면 고대비 글 상자로 수정하거나 글자를 그림 밖으로 빼내어 제시할 수 있다.

(3) 확대 자료 활용방법

저시력학생이 시력 외에 대비감도나 시야에도 문제가 있다면 다음과 같은 전략이 도움이 될 수 있다.

① 확대 그림 전체가 시야에 들어오지 않는 경우에 그림 전체 윤곽을 보기 위해 자료와 좀 더 떨어져서 본 후 세부 요소는 다가가서 보도록 한다.

② 확대 그림의 세부 요소 간의 관계를 볼 때 양 손가락으로 요소들을 짚어가며 보면 상호관계를 파악하는 데 도움이 된다.

③ 해상도가 낮은 자료와 대비를 수정하지 못한 확대 자료를 볼 때 확대독서기의 색상 대비조절 기능을 사용하여 본다.

3. 음성 자료 제작과 활용

(1) 음성 자료

① 음성 자료는 책을 눈으로 보고 읽기 어려운 시각장애인이 도서의 내용을 듣고 이해하도록 돕기 위해 제작하고 있다.

② 음성 자료는 육성녹음도서와 전자음성도서 두 가지로 구분할 수 있다.

③ 전자음성도서인 TTS도서란 텍스트 파일을 음성변환 프로그램을 사용해 변환한 오디오 파일 도서로 화면읽기 프로그램, 점자정보단말기, 데이지 플레이어 등을 통해 음성으로 들을 수 있다.

기출 LINE

19초)
- 조용한 실내에서 녹음한다.
- 자연스러운 속도로 녹음한다.
- 외국어 단어나 문장은 정확한 발음으로 읽은 후 철자를 읽어 준다.
- 설명 자료의 표지, 목차, 저자 소개 등은 생략하지 않는다.
- 쉼표와 마침표 같은 구두점은 특별한 경우가 아니면 내용 이해도를 높이기 위해 생략한다.

(2) 음성 자료 제작방법 19초

시각장애 학생이 효율적으로 음성 자료를 듣고 이해할 수 있도록 육성 녹음 자료를 제작하는 방법과 유의점은 다음을 포함한다(한국시각장애인연합회, 2018). 이러한 방법과 유의점은 학생에게 대면 낭독으로 설명할 때 역시 유사하다.

① 소음이 적은 시간과 장소에서 녹음한다.
② 일부러 읽는 속도를 늦추지 말고 보통 속도로 최대한 명확하게 발음하여 읽는다.
③ 자료를 녹음할 때 원본 자료에 기재된 표지, 목차, 저자 소개 등을 빠뜨리지 않고 녹음하는 것을 기본으로 한다.
④ 쉼표, 마침표 같은 구두점은 특별한 경우가 아니면 듣기 가독성과 이해도를 돕기 위해 생략한다.
⑤ 녹음 자료를 체계적으로 관리할 수 있도록 일정한 규칙에 따라 파일 이름을 붙인다.
⑥ 도서는 한 개의 챕터를 한 파일로 제작하는 것이 일반적이나 한 개의 파일이 60분이 넘어가면 두 개 파일로 나누어 저장하고 이를 알기 쉽게 파일 이름에 번호를 달아준다.
⑦ 제목 번호 낭독은 보편적으로 로마자 단위는 '단원'을 붙여 낭독하고, 1.1은 '1장 1절'로, 1.1.1은 '1장 1절 1'로, ①은 '동그라미 일'로, (1)은 '괄호 일'로, 1)은 '반괄호 일'로 낭독한다.
⑧ 괄호 안에 있는 글을 읽는 방법은 여러 가지가 있다. ⅰ) 괄호 안 글이 길거나 문장일 경우는 '괄호 열고–내용 낭독–괄호 닫고' 순서로 읽는다. ⅱ) 괄호 안 글이 한두 단어 정도면 괄호 밖으로 빼서 자연스러운 연결 문장으로 만들어 읽을 수 있다.
⑨ 문장 중에 '주'가 나오면 해당 문장을 마친 후 '주석 시작–주석 내용–주석 끝' 순서로 읽는다.
⑩ 표를 읽을 경우에는 각 항목을 어떠한 순서로 읽을 것인지 알려 준 후 항목별 내용을 읽어 준다.
⑪ 원그래프는 현재 몇 시 방향에서 시작하여 시계 또는 반시계 방향으로 어떤 항목이 어느 정도 비율을 차지하는지 읽어 준다.
⑫ 막대그래프는 가로축과 세로축의 제목을 읽고, 가로축의 항목별로 세로축의 크기를 설명한다.
⑬ 선그래프의 경우는 x축과 y축의 제목을 읽고, x축과 y축의 범위와 간격이 어떠한지 먼저 이야기한다. 그다음 각 좌표의 점을 x축, y축 순서로 읽어 준다. 이때 각 그래프의 변화 경향성이 어디서부터 감소하고 증가하는지를 설명한다.

키워드 Pick

(3) 학습자료 녹음 시 알아야 할 지침들 19초, 13중

① 그림, 표, 차트 등에 제시된 주요 사항들을 확인하고 단어들을 정확하게 발음하기 위해 사전에 자료를 읽어 본다.

② 품질이 좋은 녹음기와 테이프를 사용하고 조용한 장소에서 녹음을 한다. 테이프는 여러 번 사용할 수 있으나 녹음의 질이 나쁠 수 있기에 반복 사용 후 새 것으로 교체한다.

③ 녹음을 시작하기 전에 자료의 출처를 확인시켜 준다. 예로 발췌된 책명, 문제지명, 텍스트 제목과 쪽수를 들 수 있다.

④ 자료를 이해하는 데 필요하다면 그림에 대해 설명해 준다. 앞서서 읽을 수 있는 자료를 만들어 주는데, 말로 설명하는 것보다 효과적이다. 실물이나 모형물로 녹음 자료를 보완할 수 있는지 확인한다.

⑤ 필요하다면 표와 차트에 대해 설명을 해 준다. 중요한 정보는 촉각자료로 만들어 보충 자료로 제시한다. 표나 차트에 대한 청각자료는 정확한 정보를 제공할 수 있으나 과제를 완성하는 데 도움이 되지 않을 수도 있음을 명심한다.

⑥ 새로운 쪽수, 부분 혹은 장이 시작될 때 소리신호를 녹음한다. 톤 인덱싱은 녹음기를 빠르게 돌릴 때 높은 주파수의 소리신호를 들을 수 있게 테이프를 코딩하는 방법이다. 이 톤은 학생이 새로운 쪽 혹은 장을 찾도록 도움을 준다. 학생은 테이프의 특정 부분을 찾기 위해 혹은 내용을 재검토하기 위해서 높은 주파수의 소리신호를 사용할 수 있다.

(4) 음성 자료 활용방법

① 국립장애인도서관에서 운영하는 국가대체자료공유시스템(DREAM) 또는 시각장애인복지관이나 점자도서관에서 운영하는 소리도서관에 회원가입한 후 점자정보단말기나 컴퓨터 및 스마트폰으로 필요한 음성도서(데이지도서 등)를 검색하여 내려받는다.

② 음성도서는 점자정보단말기, 데이지 플레이어, 스마트폰, 컴퓨터 및 화면읽기 프로그램 등을 이용해 들을 수 있다.

③ 학생의 듣기능력에 따라 음성 속도와 크기를 조절하고, 음성도서를 여러 번 나누어 듣는 경우에는 듣던 곳을 다시 찾기 쉽게 음성지원기기의 '책갈피나 마크 기능'으로 표시해 둔다.

07 저시각아동 교육

① 저시각의 이해

1. 시각 관련 기본 개념

(1) 시각기술

① 시각적 요소를 강조한 주시하기(fixating), 움직이는 사물을 추적하기(tracking), 시선 이동하기, 주사하기(scanning), 추시하기(tracing)

② 인지적 요소를 강조한 점검하기(inspecting), 변별하기(identifying), 맞추기(matching)

③ 운동 요소를 강조한 몸을 사물 쪽으로 돌리고 다가가기와 사물에 손을 갖다 대기

(2) 시기능

① 시기능(visual functioning) 수준은 아동의 시력, 과거의 시각적 경험, 시각을 사용하려는 동기와 욕구와 주변인의 기대에 의해 좌우된다.

② 시기능을 세부적으로 살펴보면, 빛에 대한 반응, 빛 근원의 위치 파악, 빛 근원으로의 위치 이동, 빛 추적하기, 사물 인식, 사물의 위치 파악, 사물 추적하기, 짝 짓기, 시각적인 변별, 사물의 세부 파악하기 등으로 나누어 볼 수 있다.

③ 교사는 시기능을 높일 수 있도록 환경을 마련하여 주기 위해 아동별로 시각과제에 필요한 조명, 시각자극물과 자극물 배경의 색상과 대비, 시각자극물의 크기, 시각자극물 제공거리, 아동에게 적절한 시각과제수행시간을 고려해야 한다.

(3) 시효율

① 시효율은 특정한 시각과제를 쉽고 편안하고 시간을 적게 들여 수행하는 것을 의미하므로, 이것을 교사가 알고 있다면 시효율을 높여 주기 위한 방법을 효과적으로 마련해 줄 수 있기 때문이다.

② Corn(1983)은 저시각을 효율적으로 활용하기 위한 프로그램을 개발하기 위해 이론적 모형을 제시하였다. 이 모형은 시각기술을 촉진할 수 있다.

키워드 Pick

(4) 시지각

① 시지각이란 눈을 통해 들어온 감각정보를 분석・이해하는 과정으로, 아동이 이전에 학습을 받아 알고 있는 지식들이 기초가 되어야 하기 때문에 아동의 과거 시각적 경험과 아동이 기억하여 활용할 수 있는 학습지식들이 무엇인지를 알아내는 것이 필요하다.

② 인간의 눈은 경험, 기대 그리고 지식 등의 테두리 속에서 사물을 보고 의미를 찾기 때문이다.

시지각 처리과정	• 지각적 군집(perceptual grouping)은 작은 요소들을 지각적으로 무리지어 큰 형태로 군집하고 조직화하는 과정이다. • 지각적 분리(perceptual segregation)는 한 사물을 다른 사물과 분리시켜 보는 지각적 조직화를 의미한다. • 지각적 처리(perceptual processing)는 지각된 것을 처리하는 동안 발생하는 정신적 혹은 신경적 처리과정을 의미한다.
시지각의 특성	• 지각 항등성(law of perceptual constancy)의 법칙은 자극 조건이 변화됨에도 불구하고 그대로 남아 있는 특별한 자극 속성(크기, 모양, 색채)을 지각할 수 있다는 법칙이다. • 단순성의 법칙(law of simplicity) 혹은 좋은 형태의 법칙은 모든 자극 형태는 가능한 한 단순하게 지각된다고 보는 게슈탈트 법칙이다. • 개연성의 원리(likelihood principle)는 직접 감각자극을 일으켰을 가능성이 높은 대상을 지각하게 된다는 원리이다. • 근접성의 원리(law of principle)는 형태 심리학의 법칙으로 서로 가까이 있는 것들은 한데 묶어 보게 된다는 원리이다. • 크기 항등성의 법칙(law of size constancy)은 사물의 크기에 대한 지각은 일정하게 유지되며, 사물과 사람의 거리는 상관이 없다는 법칙이다. • 모양 항등성의 법칙(law of shape constancy)은 관찰자가 사물을 다른 각도에서 보아도 그 사물의 모양에 대한 지각은 일정하게 유지된다는 법칙이다.

맥 Plus

시기능과 시효율성

구분	내용
시기능 (visual functioning)	• 아동이 가지고 있는 시력을 어떻게 사용하는가를 나타내는 것 • 시기능의 수준은 시력의 양, 동기, 기대, 욕구, 태도, 훈련, 경험 등과 관련
시효율성 (visual efficiency)	• 교육적 목적에서 아동이 특정의 시각적 과제를 제한된 시간에 쉽고 안전하게 성취할 수 있는 정도

2. 저시각과 약시

저시각 (저시력)	• 두 눈 모두 비정상인 시력이나, 시야를 갖는 경우로서 안경, 인공수정체, 콘택트렌즈 등에 의한 굴절 보정 및 모든 안과적 치료에도 불구하고 시력이 정상적인 수준이 될 수 없는 상태로, 일상적인 생활을 영위하는 데 장애를 줄 수 있는 시력이나 시기능에 문제가 있는 모든 경우를 포함한다. • 법적인 측면에서 저시각은 20/70에서 20/200 범위의 시력을 보유하고 있는 학생으로 정의될 수 있다. • 저시각은 좋은 눈의 교정시력으로 0.05~0.2, 세계보건기구에서는 0.3까지로 보고 있다. • 저시각은 단지 시력만으로 결정되는 것으로 보이지만, 이것은 시각의 실제 사용과 관련된 기능적인 측면과도 관계가 있다.

	• 기능적인 측면에서 저시각은 교정렌즈를 착용해도 시각과제를 수행하는 데 어려움을 보일 수 있으므로 시각결손을 보상하기 위한 전략, 저시각보조구, 환경 수정 등의 도움을 제공하여 과제수행능력을 개발시켜 준다. • 저시각은 교정되었음에도 정상시력이 나오지 않으면서 일상활동과 학습과제수행에 심각하게 영향을 미치는 시각결손이 있는 경우를 의미한다.
약시	• 안구에 기질적인 이상 없이 발생하는 시력저하를 말하며 사시, 부동시, 심한 굴절 이상 혹은 안검하수 등에 의해 시력발달에 적절한 어린 시기에 시각적인 자극이 차단되는 경우에 생긴다. • 이 용어는 조기에 발견하고 치료하면 정상으로 치유될 수 있다는 가능성이 반영되어 있다.
저시각과 약시	• 시력을 기준으로 시각장애를 분류할 경우에 약시는 반드시 저시력에 포함될 수 있으나 모든 약시가 반드시 저시력에 포함되는 것은 아니며, 저시력과 약시는 다르다.

② Corn의 시기능 모델

1. 시각장애 학생을 위한 시기능 훈련 시 고려해야 할 원칙

① 시각장애 학생의 개별적인 교육적 요구 수준에 맞춰 시각 활용에 중점을 두어야 한다.
② 시기능 훈련은 교육기간 내내 적용되어야 한다.
③ 시각을 학습수단으로 할 때 주변 사람들의 기대가 저시력아동의 새로운 시각기술 습득을 도와줄 수 있다.
④ 시각 사용으로 인한 피로에 영향을 줄 수 있는 요인들을 고려해야 한다.
⑤ 교사는 아동마다 각기 다른 시기능의 수준차로 인하여 과제를 수행할 때 효율적인 방법으로 시각을 사용하지 못할 수도 있다는 것을 알아야 한다.
⑥ 시기능 수준과 관계없이 맹아동과 마찬가지로 저시력아동에게도 실제 생활에서 도움이 필요하다.
⑦ 저시력아동이 자신의 시각능력의 한계를 인정하지 않고 회피하거나 광학보조도구나 특정 환경 파악방법을 사용하지 않기도 하는데, 이는 바로 자신이 장애인이라는 것을 알리는 수단이 될 수 있다고 보기 때문이다.
⑧ 저시력아동들은 실제 생활에서 제한적이나마 시력을 사용하여 정보를 얻고 즐거움을 갖는다.
⑨ 저시력아동이 제한된 시각능력을 가지고 있으나 그 능력을 활용하여 극복해 낼 수 있는 가능성이 있다는 것을 알아야 한다.

키워드 Pick

2. 저시각아동을 위한 교육접근

구분	내용	교육접근
시각자극 접근	• 아동이 시각을 실생활 기능에서 효율적으로 활용하도록 질 높은 시각자극경험을 단계에 맞춰 제공해 주어야 함 • 빛이 있는지 없는지 판단하기, 사물이 있는지 없는지 판단하기, 움직이는 대상을 머리를 움직이거나 눈을 움직여 추적하기, 눈으로 본 대상으로 접근하기	목표: 뇌에서 시각자극을 인식하는 것이다. 다음을 통해 시각자극이 시각과정(반응하기, 행하기)의 일부가 되도록 하는 것 • 빛의 의미, 빛 근원지의 방향, 빛 근원 혹은 사물의 형태를 이해하는 것 • 운동, 감각과 기타 움직임과 빛에 대한 반응을 조정하는 것 • 운동, 감각 혹은 사물에 대한 움직임을 인식하는 것
시각효율 접근	• 시기능의 발달과 시각과 관련된 환경 요소들을 고려 • 시각자극의 유형을 구별하고 대상의 윤곽과 세부적인 부분을 알아보고 이차원의 그림들과 상징들에 대한 학습을 받을 수 있음	목표: 다음을 통해 시각자극을 해석하는 것을 돕는 것으로 시각적 잠재력을 최대화하는 것 • 이미지에 대한 감각(윤곽, 세부, 색깔, 형태 등)을 익히는 것 • 시각 정보에 대해 효율적으로 시간 안에 결정을 내리는 것 • 다른 감각과 움직임으로 시각 정보를 조정하는 것 • 시각 이미지에 대해 언어와 의사소통을 조정하는 것 • 시각적 가설을 검증하기 위해 구어 중재 혹은 다른 반응을 하는 것 • 특정한 시각적 이미지를 예측하고 확인하고 일반화시키는 것
시각활용 접근	• 광학·비광학적 보조구 사용 • 시각환경 수정 • 시각 사용 극대화	목표: 다음을 통해 저시각을 향상시키는데 아동이 적극적으로 참여하도록 돕는 것 • 환경 단서들을 읽는 법을 배우는 것 • 환경적 실마리를 재정리하기 위해 신체 위치를 바꾸는 것 • 처방된 광학보조구를 적절하게 사용하는 것 • 감각들을 통합시켜야 할 때를 아는 것 • 시각을 사용하지 않아야 할 때를 아는 것 • 시기능을 돕거나 방해하는 것을 아는 것 • 시각적 불편을 초래하는 원인들을 파악하는 것

3. 시기능 모델 11중

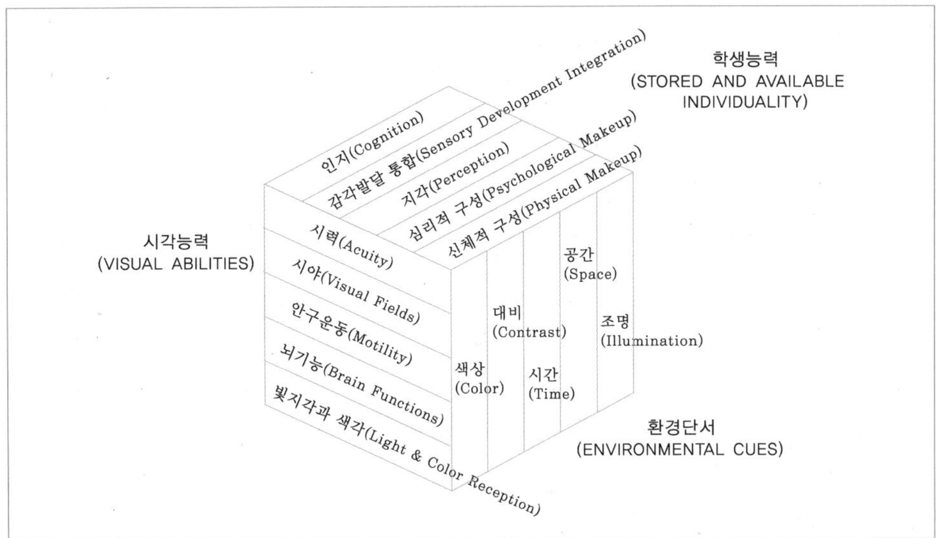

Corn의 시기능 모델

시각능력의 구성요소

키워드 Pick

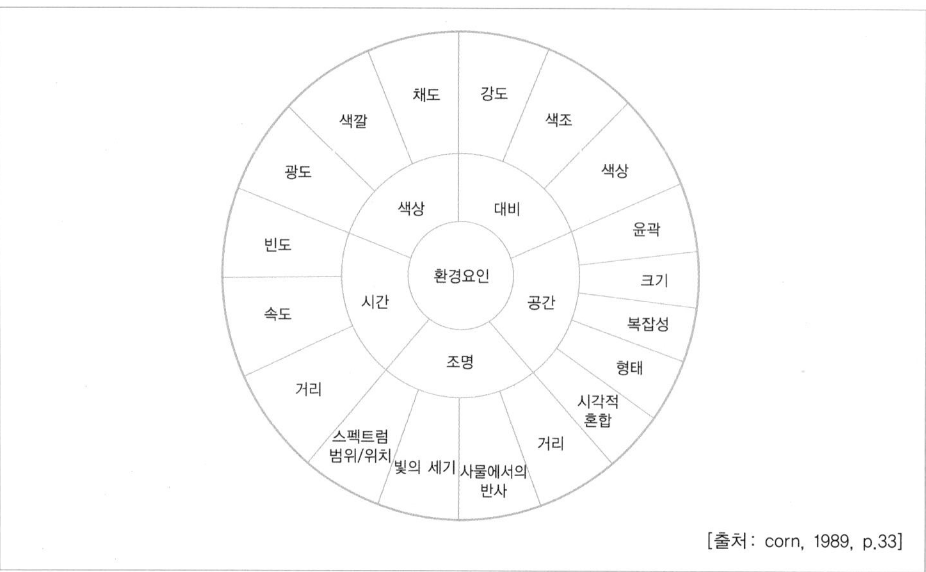

환경요인의 구성요소

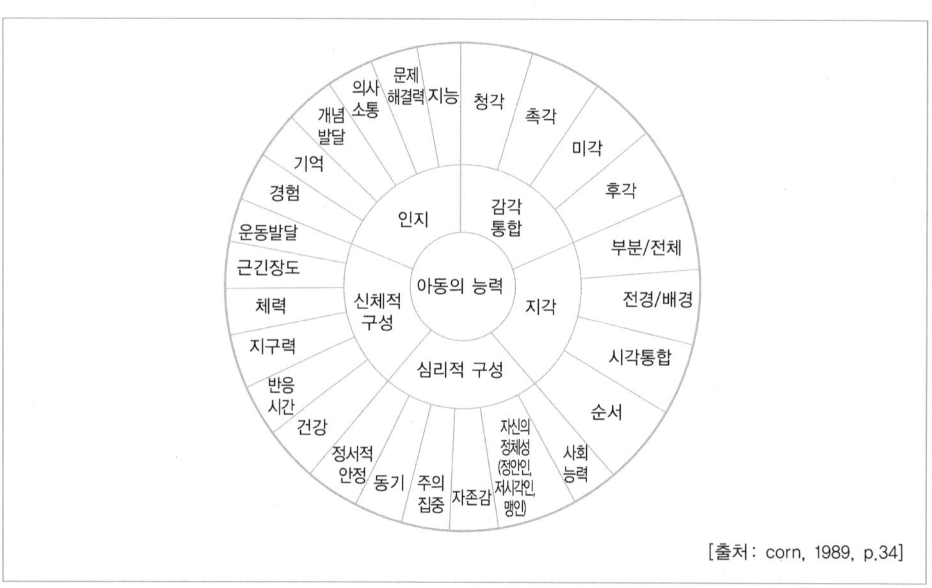

아동능력의 구성요소

③ 시각전략 22유, 13초, 14 · 17 · 25중

고시 (주시)	• 정지해 있는 한 사물에 초점을 맞추는 기술이다. • 주시에는 대상물에 수의적으로 눈을 향하는 '시각정위'와 본 것을 시각적으로 파악하기 위해 계속해서 집중해서 보는 '지속적 주시'가 있다. • 실제로 지도할 때는 시각정위와 지속적 주시를 각각 관찰해서 지도하는 것이 바람직하다. • 주시를 촉진할 때 주의해야 할 점은 큰 것을 먼 거리에서 막연하게 보게 하지 말고, 근거리에서 물체를 보도록 하여 눈을 사용하는 능력을 키워 주어야 한다는 점이다. 실제로 이런 학습을 계속하면 1년 2개월 단계에서 4~5cm 근거리의 시각 대상물을 보는 눈의 사용법을 익힐 수 있다.
추시	• 고정되어 있는 두 개 이상의 사물을 순차적으로 따라가 보는 기술이다. • 저시력학생은 머리를 적극적으로 움직이면서 대상을 추시하는 방법을 향상시켜야만 한다. • 추시의 방향은 수평 방향으로부터 상, 하, 사선 방향으로 옮겨 간다. • 기본 단계에서는 천천히 움직여서 확실하게 추시할 수 있게 하는 것부터 시작한다. • 머리를 적극적으로 움직이면서 넓은 범위의 추시를 촉진시키는 방법을 사용하기 위해서는 도입단계에서 커다란 대상을 사용하고, 40~50cm 정도 떨어진 거리에서 넓은 범위를 추시하는 활동이 효과적이다. • 한정된 범위 내에서 머리를 움직이면서 추시하게 하고 차차 범위를 넓혀 간다. • 추시는 움직이지 않는 목표물을 눈으로 따라가며 목표물 전체를 보는 기술이다. • 시야가 좁은 학생은 목표물의 전체를 한 번에 보기 어렵기 때문에 전체를 확인하기 위해 목표물의 시작부분부터 끝부분까지 눈으로 따라가면서 보는 것이 필요하다. • 정상적인 시야를 가진 사람도 고층 아파트는 위아래를 추시해서 보아야 하고, 기차는 좌우를 추시해서 보아야 한다. 시야손상이 있는 학생은 문장 읽기, 표지판 읽기, 인도에서 펜스나 연석을 따라 걷기 등의 활동에 추시기술의 사용이 도움이 될 수 있다.
추적	• 움직이는 목표물을 눈으로 따라가며 보는 기술이다. • 정상적인 시야를 가진 사람은 넓은 시야를 갖고 있어 움직이는 목표물을 놓치지 않고 추적하는 데 어려움이 별로 없다. 그러나 시야가 좁은 사람은 움직이는 목표물을 쉽게 놓치기 때문에 목표물의 이동 방향을 눈으로 계속 쫓아가면서 목표물을 확인하는 추적기술이 필요하다. • 시야손상이 있는 학생은 마우스 커서 움직임 따라가기, 공 주고받기, 이동하던 택시가 멈추어 서는 위치 확인하기, 움직이는 버스의 노선 번호 확인하기 등의 활동을 할 때 추적기술의 사용이 도움이 될 수 있다.

기출 LINE

22유) 진서가 동화책을 볼 때 추시하기(tracing)를 가르치기 시작했어요.

기출 LINE

14중)
- 학생 A에게 시각활용기술을 지도하는 장면
  - 교사: 자, 책에 있는 그림을 보세요.
  - 학생: 선생님, 그림을 똑바로 보면 그림 전체가 오히려 더 잘 안 보여요.
  - 교사: 그러면 그림의 약간 위쪽, 오른쪽, 아래쪽, 왼쪽을 한 번씩 보세요. 그림의 어느 쪽을 볼 때 가장 잘 보이나요?
  - 학생: 그림의 약간 오른쪽을 볼 때가 가장 잘 보이는 것 같아요.
  - 교사: 그러면 책에 있는 다른 그림들을 볼 때도 그림의 약간 오른쪽을 보도록 하세요.

키워드 Pick

주사	• 다수의 고정되어 있는 대상물을 적절히 눈의 이동을 통해 보는 기술이다. • 주사란 시각적인 탐색으로 일정한 시야에서 필요한 정보를 찾아내는 것을 말한다. • 주시점 이행과 추시와 깊은 관련이 있으며 그 발달을 기초로 한다. • 주사는 특정 공간이나 장소를 눈이나 머리를 체계적으로 움직이면서 빠뜨리지 않고 훑어보는 기술이다. • 시야손상이 있는 학생은 특정 장소에서 목표물을 찾는 데 어려움이 있다. 정상적인 시야를 가진 사람도 운동장처럼 매우 넓은 장소에서 목표물을 찾기 위해 체계적으로 훑어보는 주사기술이 필요하다. • 학생은 바닥에 떨어진 물건 찾기, 책 페이지에서 특정 줄이나 단어 찾기, 운동장에서 사람 찾기, 상가 지역에서 특정 상점 찾기 등의 활동을 할 때 주사 기술의 사용이 도움이 될 수 있다.
폭주	• 두 눈을 협응하여 자신에게 가까이 오는 대상물을 보는 기술이다.
개산	• 두 눈을 협응하여 자신에게서 멀어져 가는 사물을 보는 기술이다.
중심외 보기	• 중심시력의 결손으로 인해 머리와 몸을 움직여 대상물을 보는 기술이다. • 시야 중심부인 황반에 손상이 없다면 좋은 시력을 유지할 수 있다. 시야 중심부에 손상이 있으면 시력이 저하되고 목표물을 똑바로 바라보면 물체의 가운데가 보이지 않아 물체를 알아보기 어려울 수 있다. 따라서 황반변성, 시신경 위축, 망막박리 등으로 시야 중심부의 손상이나 암점이 있는 학생은 시야 중심부에서 비교적 가까운 주변시야로 보는 중심외 보기 기술을 익혀야 한다. • 중심외 보기를 하는 학생은 정면에 위치한 물체를 보기 위해 안구나 고개가 정면을 향하지 않고, 안구나 고개를 돌려 주변부로 보아야 하는데, 학생마다 시야 중심부의 손상 위치와 크기에 따라 중심외 보기 방향이 다를 수 있다.
위치 찾기	• 가장 선명한 시야로부터 대상물이 나타나는 부위로 대상물을 찾는 기술이다.

④ 저시각아동의 읽기와 쓰기

1. 읽기

① 학생별 시력과 읽기 특성을 고려한 읽기 효율성을 평가하면서 문자매체를 선정한다.

② 저시각학생에게 적합하지 않은 문자매체 사용과 읽기 훈련의 부족이 읽기 효율성을 저조하게 만드는 대표적인 이유로 꼽힌다.

③ 문자매체를 선정할 때 개별 학생의 시력 활용 잠재성, 읽기 속도, 읽기 정확도, 이해도, 읽기 거리, 읽기 지속성, 눈의 피로 등을 고려한다.

④ 읽기 효율성은 읽기 속도, 읽기 정확성, 읽기 이해도, 읽기 지속성으로 구분된다.

⑤ 확대문자를 사용할지 아니면 광학보조구를 동반하는 일반 글자를 사용할지는 읽기 효율성을 높일 수 있는 매체가 무엇인지를 보고 결정한다.

⑥ 저시각학생이 선호하는 문자매체는 일반문자와 확대문자이다. 일반 글자를 확대경, 확대독서기 등으로 확대시켜 읽거나 이미 확대시켜 놓은 글자로 만들어진 교재를 읽는다.

⑦ 저시각학생이 선호하는 글자체는 신명조체와 고딕체이다.

⑧ 글자크기는 16, 18, 20, 24 포인트이다.

⑨ 읽기 효율성을 평가하여 학생별로 가장 편안하게 읽어 내는 글자크기로 결정한다.

⑩ **읽기 효율성을 높이기 위한 확대도서 제작 시 유의할 사항** 21초

㉠ 읽기를 가능하게 해 주기 위해서 활자크기는 18포인트를 사용하도록 하며, 최소 16포인트 이상이 되어야 한다. 큰 활자 제작은 컴퓨터를 사용하면 쉽게 할 수 있는데, 글자체는 쉽게 읽을 수 있는 정자체로 사용하며 장식적이고 변형이 심한 글꼴은 피하도록 한다. 한편, 글자를 굵게 하면 읽기가 더 쉬워진다.

㉡ 제목이나 강조 문구만을 다른 색으로 사용하는 것이 저시각아동의 읽기를 어렵게 할 수도 있는지 파악해야 하고, 강조하기 위해 다른 색을 사용하게 되는 경우에는 짙은 청색이나 녹색이 추천된다.

㉢ 색대비는 저시각아동의 시기능을 활성화시키기 위해 아주 중요한 요소이다. 물리적인 환경을 조성할 때나 독서물을 만들 때 반드시 고려해야 하는데, 독서물에서는 짙은 바탕(예 검정색)에 옅은 색상의 글자(예 흰색, 연노란색)가 옅은 하얀색이나 연노랑 바탕에 검정색 글자를 읽는 것보다 더 쉽다. 종이 재질면에서는 일부 잡지와 신문에 쓰이는 광택이 나는 재질은 피하도록 한다.

㉣ 줄 간격과 자간의 조절도 시효율성을 높이기 위해 고려해야 하는 주요 요소인데, 줄 간격이 너무 좁거나 넓은 경우 읽기가 불편하므로 줄 간격은 1.5배로 하여 줄을 쉽게 찾을 수 있도록 해 준다. 자간이 너무 좁으면 망막색소변성 등의 원인으로 인한 시야결함이 있는 경우 읽을 때 어려움이 있으므로, 자간이 넓은 글꼴을 선택하여 사용한다. 이런 글꼴을 사용하면 자간의 간격을 동일하게 할 수 있어 읽기가 쉽다. 한편, 읽기의 효율성을 높여 주기 위해 조명기구를 따로 제공해 줄 수 있다.

키워드 Pick

ⓜ 저시각보조구, 즉 확대보조구와 확대독서기를 사용하게 되는 경우 제본된 책 안쪽으로 접혀서 들어간 부분에 있는 글자들은 읽기 어렵다. 따라서 제본되는 쪽은 여백이 2.5cm 이하가 되는 것은 피하고 3.8cm 정도로 한다.

⑪ 읽기 요령

㉠ 읽기 기능을 강화하기 위해서는 직접 읽기를 하는 활동 속에서 시각의 기능을 파악한다.

㉡ 읽기를 위한 환경은 편안하고 최대한 동기화가 이루어져 있어야 한다.

㉢ 한 줄 넓이로 구멍이 뚫린 카드보드지로 제작된 독서보조판(typoscope), 책의 읽는 줄 위 혹은 아래에 놓아 줄을 놓치지 않도록 도와주는 라인 마커(line marker), 읽는 줄의 글자를 손가락으로 짚어 가면서 읽게 하는 방법을 사용한다.

㉣ 읽기를 편안하게 하고 안구운동을 효과적으로 하기 위해서는 시각적인 환경을 개선한다. 적절한 조명을 제공하고, 책의 종이와 글자나 그림을 뚜렷이 대비시키고, 종이는 무광택지를 사용하여 빛으로 인한 반사를 막아 준다. 아세테이트 필터와 독서대를 제공하는 것도 환경을 개선하는 방법이 될 수 있다.

⑫ 교재의 확대

㉠ 저시각학생은 자신이 읽어야 하는 교재를 확대해서 보는 상대적 크기 확대방법을 선택한다. 자신의 눈을 책에 근접시킴으로써 글자를 크게 만들어 볼 수 있는 상대적 거리 확대방법을 사용할 수도 있고, 눈을 근접시키기보다 광학렌즈를 통해 확대시켜 볼 수도 있다. 또는 저시각용 확대독서기를 통해 모니터로 확대된 내용을 읽을 수도 있다.

㉡ 확대되는 정도에 따라 학생이 한 번에 읽는 양이 달라진다. 다르게 말하면, 학생이 읽기에서 지각하는 범위, 즉 지각폭이 결정된다. 지각폭은 읽기에 중요한 도약 안구운동에 영향을 줄 수 있다.

㉢ 읽기를 위한 지각의 범위는 글자크기, 눈과 읽기 교재와의 거리, 중심시야의 상호작용으로 결정된다.

㉣ 지각의 범위가 중요한 이유는 읽기 속도에 영향을 주기 때문인데, 일반학생의 지각 범위는 7~10자이고, 분당 250~300단어를 읽는다. 지각 범위가 적으면, 해독되는 정보의 양도 적어지고 읽기 속도로 느려진다.

ⓜ 지각의 범위 외에 교재의 정보에 익숙한지, 읽기 경험이 있는지, 해독하는 능력이 어떤지, 어휘력, 이해력, 읽기에 대한 관심과 동기, 중심시야의 상태, 확대 수준, 체력과 피로, 시각자료의 선명 정도가 읽기에 영향을 미친다.

2. 저시각아동의 인쇄물 읽기전략

(1) 확대법 13 · 16 · 20 · 25중

① 상대적 거리 확대법

㉠ 물체와 눈과의 거리를 가깝게 하는 방법이다.

㉡ 물체가 눈에 가까울수록 망막상의 크기도 확대된다는 성질을 이용하는 것이다.

㉢ 물체가 떨어져 있는 거리가 현재의 1/2이 되면 망막상의 크기는 2배가 된다.

㉣ 거리 확대 및 시야 간 관계 25중

- 시력과 시야 모두에 문제가 있는 학생은 확대를 할 때 잔존시야를 고려하는 것이 필요하다. 상대적 거리 확대법은 거리가 멀어지면 물체의 상이 작아지고, 가까워지면 물체의 상이 커지는 원리를 이용한 것이다. 시력이 나쁜 학생은 물체에 다가가면 확대되어 보이는 효과가 있다. 주변시야손상으로 물체의 전체가 보이지 않는다면 물체로부터 더 멀리 떨어지면 물체의 상이 작아져 시야가 넓어지는 효과가 있어 전체가 보일 수 있다. 다만 거리가 멀어지면 시력이 감소하여 세부 요소를 정확히 확인하기 어려워지므로 물체의 전체 윤곽을 확인한 후에 물체에 다시 가까이 다가가서 세부 요소를 살펴보는 단계적 보기전략을 사용할 필요가 있다.
- 중심부 시야손상이 있는 학생이 물체를 바라볼 때 물체의 중심부가 안 보여서 물체를 확인하기 어렵다면, 물체에 더 가까이 다가가는 것이 도움이 된다. 물체에 다가가면 눈의 암점의 크기는 변함이 없으나 물체가 커지는 효과가 있어 암점의 영향이 감소되어 물체의 더 많은 부분을 확인할 수 있다. 학생이 거리와 확대 및 시야 간의 관계를 이해하고 효과적으로 활용하도록 지도할 필요가 있다.
- 물체와 눈 간의 거리가 가까워지면 물체가 확대되어 보이는 대신 시야가 좁아지는 문제가 있다. 학생이 물체의 세부적인 부분을 잘 보거나 중심부 암점의 영향을 감소시키려면 물체에 다가가는 것이 필요하다.
- 물체와 눈 간의 거리가 멀어지면 시야가 넓어지는 대신 물체가 작게 보이는 문제가 있다. 학생이 물체의 전체가 안 보인다면 물체로부터 더 멀리 떨어지는 것이 필요하다.

② 상대적 크기 확대법(큰 인쇄매체를 사용하는 방법) 25중

㉠ 물체의 실물 크기를 확대하는 방법이다.

㉡ 물체의 크기가 커짐에 따라 망막상의 크기도 커진다.

㉢ 물체의 크기가 2배가 되면 망막상의 크기도 2배가 된다.

㉣ 큰 인쇄매체 사용 시 유의사항

- 읽기를 가능하게 해 주기 위해 활자크기는 18포인트로 하도록 하며 최소 16포인트 이상이 되어야 한다.
- 글자체는 쉽게 읽을 수 있는 정자체를 사용하며 장식적이고 변형이 심한 글꼴은 피하도록 한다.
- 글자를 굵게 하고, 책과 눈거리를 조정하거나 책받침대를 사용한다.

기출 LINE

13중)
- 교과서나 교육 자료를 큰 문자로 인쇄하거나 확대 복사하는 것이 상대적 크기 확대법입니다.
- 각도 확대법은 광학기구를 이용하여 확대하는 방법입니다. 확대경을 이용하는 것이 좋은 예입니다.
- 스탠드 확대경도 각도 확대법에 이용되는 광학 기구입니다.
- 스탠드 확대경을 이용하면 확대경과 자료의 거리가 일정하게 유지되는 장점이 있습니다.
- 안경 장착형 확대경을 이용하면 읽기와 쓰기를 동시에 할 수 있는 장점이 있습니다.

키워드 Pick

- 제목이나 강조 문구만을 다른 색으로 사용하는 것이 저시력아동의 읽기를 어렵게 할 수도 있는지 파악하는 것이 필요하고, 강조를 하기 위해 다른 색을 사용하게 되는 경우에는 짙은 파란색이나 녹색을 사용하도록 한다.
- 색내비는 서시력아동의 시기능을 활성화시키기 위해 아주 중요한 요소이다.
- 종이의 재질은 광택이 나는 것은 피하도록 한다.
- 시효율성을 높이기 위해 줄 간격을 1.5배로 하여 줄을 쉽게 찾을 수 있도록 한다.
- 자간이 넓은 글꼴을 사용한다.
- 시효율성을 높이기 위해 조명을 따로 사용할 수 있다.
- 저시력보조구, 즉 광학보조구와 확대독서기를 사용하게 되는 경우 제본된 쪽으로 접혀 들어간 부분의 글자들은 읽기 어려우므로 제본되는 쪽은 여백이 약 2.5 이하가 되는 것을 피하도록 한다.

ⓜ 큰 인쇄매체의 장·단점

장점	단점
• 큰 인쇄로 된 책이나 다른 매체를 사용하는 것을 가르칠 필요가 없다. • 저시력에 대한 임상적 평가가 필요없다. • 다른 학생과 같이 자신의 책을 가지고 다닌다.	• 한 번에 단어를 몇 개밖에 볼 수 없다. • 복사로 확대한 인쇄는 글자가 부정확하다. • 그림이 흑백이나 음영으로 나타난다. • 지도나 도형에서 명칭 등은 18포인트보다 작은 크기로 확대된다. • 크게 인쇄된 교재의 크기와 무게는 다루기에 어려움이 많다. • 학교를 졸업한 후에는 큰 인쇄매체를 활용하는 것이 쉽지 않으며 일반 인쇄매체를 읽는 기능을 습득하기 어렵다.

③ 각도 확대법(광학기구를 사용하는 방법)

㉠ 여러 종류의 렌즈를 사용하여 물체의 크기를 확대하는 방법(망원경, 확대경)이다.

㉡ 물체가 매우 가까이 있거나 너무 커서 이동시킬 수 없을 때 사용할 수 있다.

㉢ 광학기구의 장·단점

장점	단점
• 다양한 크기의 매체를 사용할 수 있다. • 가볍고 이동하기 더 좋다. • 큰 인쇄매체의 경우보다 경비가 적게 든다. • 칠판, 표지판, 사람과 같이 거리가 있는 인쇄물과 물체에 접근할 수 있다.	• 시각적 장치를 위해 임상적 평가가 필요하다. • 임상적 평가와 시각적 장치에 대한 기금이 필요하다. • 시각적 장치를 사용하는 것을 가르쳐야 한다. • 시각적 장치에 대해 스스로 의식을 많이 할 수도 있다. • 시각적 장치들이 사용하는 데 불편함에 따라 문제가 생길 수 있다.

④ 투사 확대법

㉠ 필름, 슬라이드 등을 스크린에 투영하는 방법이다.

㉡ 확대독서기 등의 기기를 사용하는 방법이다.

맥 Plus

확대경 배율 계산 이론

① 상대적 크기 확대법 이용하기

- ERr(필요한 확대비) = Sa/Sb(S = size, a = after, b = before, r = require)
  = 확대 이후 글자크기 / 확대 이전 글자크기
  = 현재 읽을 수 있는 글자크기 / 읽기를 바라는 글자크기
- 확대독서기와 학습자료의 확대 비율 = ERr = Sa/Sb
- 확대경 디옵터(D) = (Sa/Sb) × (100/검사거리)cm
  = (현재 읽을 수 있는 글자크기 / 읽기를 바라는 글자크기) × (100/검사거리)cm

② 상대적 거리 확대법

- ERr(필요한 확대비) = Db/Da(D = distance, a = after, b = before)
  = 자료와의 거리 조정 이전 거리 / 자료와의 조정 이후 거리
- 확대독서기와 학습자료의 확대 비율 = ERr = Db/Da
- 확대경 디옵터(D) = (100/초점거리)cm = (100/자료를 보기 위해 다가간 거리)cm

망원경 배율 계산 이론

① 상대적 크기 확대법 이용하기

- ERr(필요한 확대비) = Sa/Sb(S = size, a = after, b = before, r = require)
  = 목표물의 확대 이후 크기 / 목표물의 확대 이전 크기
- 망원경 배율(x) = Sa/Sb
  = 읽기를 바라는 시표크기의 해당 시력 / 현재 읽을 수 있는 시표크기의 해당 시력
  = 목표 원거리 시력 / 현재 원거리 시력

② 상대적 거리 확대법 이용하기

- ERr(필요한 확대비) = Db/Da (D = distance, a = after, b = before)
  = 목표물과의 거리 조정 이전 거리 / 목표물과의 거리 조정 이후 거리
- 망원경 배율(x) = ERr = Db/Da

키워드 Pick

3. 쓰기

① 쓰기에는 안구와 손의 협응이 요구되는 시각-운동 기술이 필요하다.

② 저시각학생은 자신에게 적합한 자료와 쓰기보조구를 사용하여 충분한 쓰기 연습을 할 필요가 있다.

③ 시각-운동 기술을 향상시키기 위해서는 종이와 대비되는 잉크색의 필기구와 무광택의 종이를 사용한다.

⑤ 저시각학생을 위한 학습환경

1. 친시각적 환경 조성

① 저시각학생의 시각 활용을 촉진하기 위해 보다 친시각적인 환경이 필요하다.

② 최대한 시각을 활용할 수 있도록 변화를 주는 방법으로는 사물들의 배치를 고려하는 환경 배치와 환경 속의 사물의 크기, 조명, 대비, 색, 거리에 변화를 주는 환경 조절이 있다.

③ 친시각적 환경을 만들기 위해 생활 공간에서의 색상, 대비, 지속 시간, 조명, 위치, 거리, 크기의 요소에 변화를 줄 수 있다.

④ 빨간색, 노란색, 녹색, 파란색, 보라색 등의 원색인 사물을 사용하고, 사물과 바탕을 어둡고 밝은 것으로 차이를 두어 대비 효과를 높여 준다.

⑤ 학생에게 과제의 세세한 부분까지 살펴볼 수 있는 시간을 충분하게 제공하고, 학생의 눈 쪽으로 빛이 비춰지지 않도록 하거나 창문을 등지고 앉도록 하여 눈이 부시지 않도록 할 수 있다.

⑥ 사물을 잘 볼 수 있도록 얼굴을 사물로 근접시키거나 반대로 사물을 자신의 얼굴 쪽으로 움직여서 위치와 거리를 조정하고 숫자 크기가 큰 계산기 같은 크기를 조정한 사물을 사용할 수도 있다.

2. 학습환경 조성의 내용

조명	• 조명의 밝기(약 500~800Lux)를 조정하고 눈부심 정도를 조정하여 대비의 효과도 활용한다. • 방 전체를 위한 조명을 배치·제공하고 동시에 아동에게 조명을 따로 제공하는 것이 필요하다. 방을 어둡게 한 상태에서 부분 조명을 사용하는 것은 피한다. • 그림자가 지지 않도록 아동의 양쪽에 조명을 비춰 준다. • 쓰기를 할 때는 그림자가 지지 않도록 아동의 양쪽에 조명을 비춰 준다(쓰기를 할 때는 그림자가 생기지 않도록 사용하는 손의 반대편에서 조명을 제공한다). • 눈부심을 방지하기 위해서 전구에 덮개를 씌우고, 창문을 통해 들어오는 빛의 양을 줄이기 위해서 블라인드나 얇은 커튼을 사용한다. • 햇빛이 들어오는 창문 쪽 책상에 배치하지 않는다(햇빛이 들어오는 창문을 향해 책상을 배치하지 않도록 한다). • 빛 반사로 들어오는 창문 쪽 책상에 배치하지 않는다. • 복도와 계단에서는 벽, 바닥, 계단, 난간들의 위치를 확인시켜 줄 수 있도록 조명을 배치한다. • 모든 방에서 조도를 같은 수준으로 고르게 제공하여 장소 이동 시 빛 적응상의 어려움을 줄이도록 한다. • 과제활동을 할 때 아동의 가까이에 조명을 두거나 얼굴을 향해 정면으로 빛을 비추면 눈부심을 유발할 수 있으므로 아동의 측면에서 빛을 제공한다. • 빛 반사로 인한 눈부심을 줄이기 위하여 바닥이나 책상에는 유광 자재 사용을 피한다.

상·문자 크기	• 10~18포인트의 문자를 사용할 때 이해와 읽기 속도에서 가장 좋은 수행능력을 보인다. • 7세 이하에서는 24포인트를 사용하다가 12세가 되면 점차 10포인트 문자를 사용하는 것이 좋다. • 약시아동은 대체로 18~24포인트 크기로 문자를 제공할 때 잘 읽을 수 있다. • 가장 좋은 방법은 개인에 따라 다르므로 아동에게 보여 준 후 가장 적합한 것을 사용하게 한다.
대비	• 하얀 종이가 학생들의 읽기 속도를 향상시키는 데 어느 정도 도움이 되지만, 담황색 종이가 특히 아동들에게 편안하다. • 그림은 필요한 부분만 확대해 주며, 확대되어 색대비가 모호해지면 대비가 잘 되는 색을 칠하여 준다.
시간	• 시간을 충분하게 제공한다.
책상	• 점자타자기나 기타의 학습도구들을 놓을 수 있도록 충분히 넓어야 한다. • 독서대나 책상 표면의 각도 조절이 가능한 책상을 이용하여 책을 가까이 보아야 하는 학생들이 바른 자세를 유지할 수 있도록 한다.
교실	• 교실 안에 보행에 방해가 되는 물건이나 위험한 물건이 없도록 정돈한다. • 교실 안 환경에 익숙해질 때까지 탐색하도록 해 준다.
거리	• 거리 조절을 통해 크기를 조절할 수 있다.

맥 Plus

조명의 종류

종류	내용
햇빛/자연광	• 일상과제에서 가장 이상적인 빛이지만, 하루 종일 사용이 가능하지 않다. • 빛으로 인해 그림자가 만들어지기도 하고 눈부심을 일으킨다.
백열등	• 읽기, 쓰기와 바느질 같은 근거리 활동에 사용되는 고광도 조명으로, 높낮이 및 방향 조절이 가능한 등에 사용된다. • 일반적인 방의 조명으로는 추천되지 않는데, 이는 햇빛처럼 그림자를 만들고 눈부심을 만들기 때문이다.
형광등	• 눈부심을 적게 만들고 발광 효율이 높다.
혼합등	• 백열등과 형광등을 함께 사용하는 등으로 대부분의 일상활동에서 가장 유용하고 편안하다. • 혼합등의 빛은 태양광에 가장 가까운 빛이다.
할로겐등	• 할로겐등은 열이 나서 보호 가리개가 요구된다. 읽기, 뜨개질, 바느질 혹은 수공예 같은 시간이 걸리는 근거리 작업에는 바람직하지 않다.
발광다이오드 조명 (LED)	• 형광등 같은 빛 떨림 현상이 없어 시력피로가 없으므로 시력을 보호할 수 있다.

키워드 Pick

⑥ 저시각장애를 위한 보조공학

광학기구	• 눈과 물체 사이에 있는 렌즈로 망막에 나타난 상의 폭을 변경시킨다. • 색안경도 기능시력을 향상시키기 위하여 사용되기 때문에 광학기구로 간주한다. • 광학기구는 글씨나 사물을 확대하여 망막에 큰 상을 맺도록 하는 것이다. • 확대경(손잡이용, 스탠드형, 집광 확대경, 루페)과 안경형 기구(프리즘안경), 중간 거리용으로 망원 현미경, 원거리용으로 망원경이 있다.
비광학기구	• 렌즈가 포함되지 않는다. • 상의 크기를 변경시키지 않으나 시기능을 향상시킬 수 있다. • 독서대, 조명장치, 대비, 타이포스코프, 바이서 등이 있다.
전자기기	• CCTV, 확대독서기, 화면확대 프로그램 등이 있다.

1. 볼록렌즈와 오목렌즈

① 렌즈는 광선의 굴절상태에 따라 볼록렌즈와 오목렌즈로 나뉜다.
② 볼록렌즈는 물체를 크게 보이게 하고, 오목렌즈는 물체를 작아 보이게 한다.
③ 볼록렌즈는 광선을 폭주시키고, 오목렌즈는 광선을 발산시킨다.
④ 렌즈를 끼울 때 직경과 무게를 감소시키기 위해 렌티큘러렌즈를 사용한다.
⑤ 오목렌즈는 물체를 축소시켜 실제보다 더 작게 보이도록 만들지만 렌즈를 통하여 더 많은 물체들을 볼 수 있기 때문에 시야는 넓어진다.

2. 확대경 12 · 19 · 20유, 12초, 12 · 13 · 15중

(1) 확대경의 의미와 특징

① 확대경은 물체를 확대시켜 볼 수 있도록 만든 렌즈이다.
② 주로 근거리 시력의 개선을 위해 사용하는 보조기구이다.
③ 멀리 떨어져 있는 물체는 작게 보이므로 그 물체에 다가가거나 확대경을 사용하면 상이 확대된다.
④ 원거리 시력을 사용하는 저시력학생과 중심암점이 있는 학생에게 도움이 된다.
⑤ 시각장애교육 현장에서는 학생의 시력, 상지운동능력, 읽기과제 유형 등에 따라 적합한 확대경을 지원할 수 있도록 확대경 세트를 구비하는 것이 좋다.

(2) 확대경의 적용

① 연령이 낮거나 확대경을 처음 사용해 보는 학생은 확대경 렌즈의 직경이 크고 사각형인 확대경이 사용하기 쉬울 수 있다. 확대경 사용에 익숙해지면 휴대성이 좋은 작은 확대경을 사용할 수 있다.
② 고배율의 확대경 사용이 필요한 학생은 처음부터 해당 배율을 사용하기보다 저배율부터 고배율로 단계적으로 도입하여 적응하도록 한다.
③ 고배율 확대경의 사용으로 안피로, 어지러움, 낮은 대비 자료 보기의 어려움 등을 호소한다면 휴대형이나 데스크형 확대독서기를 사용하도록 할 수 있다.

기출 LINE

12유)
• 확대경은 중심에 암점이 있을 때 효과적이에요.
• 손잡이형 확대경은 자료 위에 확대경을 대었다가 천천히 들어 올리면서 초점을 맞추면 되겠죠. 이때 눈이 확대경에서 멀어지면 시야가 좁아지는 현상이 있으니 유의하세요.
• 나이가 어리거나 상지 조절력이 부족하면, 스탠드 확대경을 사용해 보세요.
• 플랫베드 확대경이나 조명 부착형 확대경이 밝은 조명을 선호하는 유아에게 유용해요.

기출의 맥

확대경 관련 문제는 출제빈도가 높습니다. 확대경으로 대상을 보는 원리, 확대경의 유형, 사용 시 유의사항 등을 빠짐없이 정확하게 정리해 두세요!

④ 렌즈의 초점거리 개념을 알고 맞추기 어려운 유아나 시각·지적장애 학생은 처음에는 학습자료 위에 대고 사용하는 집광 확대경이나 스탠드형 확대경을 사용하도록 손잡이형 확대경을 도입할 수 있다.

⑤ 뇌성마비를 가진 시각장애 학생이 수지 기능의 문제로 손잡이형 확대경을 손으로 잡거나 초점거리를 유지하기 어렵다면 스탠드형 확대경을 사용할 수 있다.

⑥ 과학실험이나 미술활동처럼 양손을 사용해야 한다면 안경부착형이나 안경형 확대경을 사용할 수 있다.

⑦ 주변시야가 좁은 학생은 상대적으로 낮은 배율을 사용하면 시야 감소 문제를 줄일 수 있고, 반대로 중심암점이 있는 학생은 상대적으로 높은 배율을 사용하면 암점 영향의 감소 효과를 얻을 수 있다.

⑧ 주변시야손상이 심한 학생은 프리즘 부착 안경이 도움이 될 수 있다.

⑨ 밝은 조명을 선호하는 학생은 집광 확대경이나 조명이 부착된 확대경 종류를 사용한다.

(3) 확대경의 종류와 기능 19유, 13중

집광 확대경	• 빛을 모아 주는 성질이 있어 렌즈 안을 밝게 비춘다. • 밝은 조명을 선호하는 학생에게 도움이 된다. • 읽기 자료에 대고 사용하므로 초점거리를 맞출 필요가 없어 유아가 사용하기 쉽다. • 고배율이 없어 경도저시력학생에게만 유용하다. • 상을 잘 모아 주고 상의 일그러짐이 거의 없다.
막대 확대경	• 읽기 자료에 대고 사용한다. • 한 줄 단위로 읽을 수 있어 글줄을 놓치는 학생에게 도움이 된다. • 고배율이 없어 경도저시력학생 중 시야 문제나 안진 문제로 안정된 읽기가 어려운 학생에게 유용하다.
스탠드 확대경 24중	• 읽기 자료에 대고 사용하므로 초점거리를 맞출 필요가 없다. • 어린 학생이나 수지운동 기능에 문제가 있는 학생에게 유용하다. • 밝은 조명을 선호하는 학생에게 조명이 부착된 스탠드형 확대경을 지원한다. • 고배율의 확대경도 있다.
손잡이형 확대경 12·14·17중	• 렌즈와 자료 간의 초점거리를 맞추어야 선명하게 확대된다. • 지능이나 수지운동 기능 문제로 초점거리를 맞추고 유지하기 어려운 학생은 사용하기 어렵다. • 밝은 조명을 선호하는 학생에게 조명이 부착된 손잡이형 확대경을 지원한다. • 고배율의 확대경도 있다.
안경형/안경 부착형 확대경	• 양손을 사용하는 활동이나 과제를 할 때 유용하다. • 렌즈와 자료 간의 초점거리를 맞추어야 선명하게 확대된다. • 양안을 모두 사용할 수 있는 학생은 양안용, 한쪽을 실명했거나 양쪽 시력 차가 큰 학생은 좋은 눈을 기준으로 단안용을 사용한다.

키워드 Pick

아스페릭 안경	• 안경에 볼록렌즈를 삽입하여 물체의 확대된 상을 보여 준다. • 렌즈가 상의 왜곡이 적고 상대적으로 시야가 넓다.
프리즘 안경	• 반맹학생에게 유용하다. • 안경렌즈에서 시야가 손상된 쪽에 프리즘을 부착하면 손상된 시야 부분에 대한 보상 효과가 있다.

(4) 확대경의 배율과 시야 12유

① 확대경 사용 시 시야에 영향을 주는 요인 19유, 24초, 17 · 21중

요인	영향
렌즈 지름	렌즈의 지름이 클수록 넓은 시야를 얻는다.
확대 배율	배율이 높을수록 시야가 좁아진다.
눈과 렌즈의 거리	확대경을 눈에 더 가까이 유지할수록 넓은 시야를 얻는다.

② 확대경의 배율

㉠ 확대경 배율은 근거리 시력검사결과에 기초하여 결정한다.

㉡ 확대경의 사용방법을 지도할 때는 목표물, 확대경, 눈 간의 거리 관계, 즉 배율–시야–초점거리 간의 관계를 지도하는 것이 필요하다.

㉢ 자료(물체)와 눈의 거리를 작업거리 또는 보기거리라고 한다.

> 작업거리 = (물체와 확대경의 거리) + (확대경과 눈의 거리)

㉣ 자료와 확대경의 거리는 선명한 상을 얻기 위해 조절되는 초점거리라고 한다.

㉤ 확대경과 눈의 거리는 시야에 영향을 미치기 때문에, 눈이 확대경에 가깝게 위치할수록 더 넓은 시야를 얻을 수 있다. 시야가 좁은 저시각인일수록 눈을 보다 확대경에 가깝게 유지하는 것이 필요하다.

㉥ 일반적으로 배율이 증가할수록 시야가 좁아지는 현상이 있기 때문에, 시야가 좁은 저시각인일수록 고배율 확대경을 사용하기 어렵다.

㉦ 확대경의 배율에 따라 초점거리가 달라진다는 점에서, 배율에 맞게 물체와 확대경의 거리를 적절히 조절할 수 있어야 한다.

㉧ 특히 시야가 좁은 저시각인은 확대경 사용의 효율성을 높이기 위해 시야에 영향을 주는 렌즈 지름, 확대 배율, 눈과 렌즈 간 거리를 고려하는 것이 중요하다.

(5) 확대경의 사용거리 12유, 13 · 14 · 21중

① 확대경으로 자료를 크고 선명하게 보기 위해서는 '자료–확대경 렌즈–눈' 간의 거리를 적절히 조절하는 것이 중요하다.

② 확대경 사용거리는 '학습자료와 확대경 렌즈 간의 거리', '확대경 렌즈와 눈 간의 거리'로 이루어지며, 학습자료부터 눈까지의 거리를 작업거리 또는 독서거리라고 부른다.

③ 학생에게 확대경 사용거리에 대해 다음과 같이 지도하는 것이 필요하다.

자료-렌즈 간의 거리	• 학습자료와 확대경 렌즈 간의 거리를 초점거리라고 하며, 초점거리를 맞추고 유지해야 학습자료의 글자를 해당 배율에 맞게 크고 선명하게 볼 수 있다. • 초점거리는 [100cm/D(디옵터)] 계산식으로 구할 수 있으며, 확대경 배율이 높을수록 초점거리는 짧아진다. • 학생이 10 디옵터를 사용한다면 100/10 = 10cm의 초점거리를 유지해야 한다.
렌즈-눈 간의 거리	• 확대경 렌즈와 눈 간의 거리는 시야와 관련이 있다. • 확대경 렌즈로부터 눈이 멀리 떨어질수록 렌즈 속에 보이는 글자 수가 적어지고 렌즈로부터 눈이 멀리 떨어질수록 렌즈 속에 보이는 글자 수가 적어지고 렌즈 주변의 왜곡현상을 더 많이 느끼게 되어 읽기 가독성이 떨어질 수 있다. • 따라서 확대경 배율이 높을수록 렌즈에 더 다가가는 것이 필요하다.

(6) 확대경의 초점거리를 맞추는 세 가지 방법 중 자신에게 편안한 것을 사용 가능

① 확대경 렌즈를 자료에 댄 후 천천히 떨어뜨리면서 가장 크고 선명한 상이 보일 때 멈추도록 한다.

② 확대경 렌즈를 눈 가까이 댄 후 천천히 자료에 다가가면서 가장 크고 선명한 상이 보일 때 멈추도록 한다.

③ 자료와 눈의 거리를 20~25cm 정도 유지한 상태에서 자료로부터 확대경 거리를 증감시키면서 가장 크고 선명한 상이 보일 때 멈추도록 한다.

(7) 확대경 사용자세

① 확대경은 종류에 따라 손잡이에 해당하는 부분을 잡도록 하여 렌즈를 가리지 않도록 해야 한다.

② 읽기 활동을 할 때에는 주로 오른손으로 잡지만 읽기와 쓰기 활동을 병행할 때는 왼손으로 확대경을 잡고 오른손으로 필기구를 쥐어야 하는 경우가 있으므로, 양손을 번갈아 확대경을 능숙하게 사용할 수 있도록 지도하는 것이 필요하다.

③ 확대경을 사용하여 장시간 읽기 활동을 할 때 눈과 신체의 피로를 줄이고 바른 독서 자세를 취하도록 독서대에 읽기 자료를 올려놓고 확대경을 사용하도록 한다.

키워드 Pick

(8) 확대경 사용 문제와 해결법

① 렌즈의 중심부로 자료를 보고 있는지 확인하여 교정한다.

② 확대경의 배율에 맞는 초점거리를 유지하고 있는지 확인하여 교정한다.

③ 중심부 암점이 있는지 확인하여 확대경을 볼 때 중심외 보기 방향으로 보도록 교정한다.

④ 조명의 밝기 수준이 부적절하거나 조명이 직접 눈에 비추어 눈부심을 일으키는지 확인하여 조명의 밝기와 위치를 조정한다.

⑤ 현재 사용 중인 확대경 배율이 해당 자료의 글자크기를 읽는 데 적합한 배율인지 확인하여 배율을 증가시킨다.
⑥ 학생의 시력 변동으로 확대경 배율의 증감이 필요한지 확인하고 시력 변동에 적합한 배율의 확대경을 다시 추천한다.
⑦ 현재 보고 있는 자료의 명도대비나 색상대비 수준이 낮다면 확대독서기를 사용하도록 한다.

기출 LINE

14중) 원거리의 물체나 표지판을 확인하는 데 어려움을 가지고 있어 단안 망원경 사용법을 배우기를 희망함 → 양안 중 시력이 더 좋은 쪽 눈으로 망원경을 보게 하고, 훈련 초기에는 목표물의 위치를 찾기 쉽도록 처방된 배율보다 낮은 배율의 망원경을 사용하여 지도함

3. 망원경 20유, 14중

(1) 망원경의 의미와 특징

① 망원경은 일반적으로 칠판 보기, TV 보기, 표지판 읽기 같은 원거리 활동에 유용하지만, 망원경 종류 중 일부는 근거리에도 사용이 가능하다.
② 시각장애교육 현장에서는 학생의 시력, 신체능력, 과제 유형 등에 따라 적합한 망원경을 추천할 수 있도록 망원경 세트를 구비하는 것이 좋다.
③ 망원경이 필요한 학생은 어떤 종류의 망원경이 적합한지, 안진이나 암점, 편마비와 같은 신체 문제로 인해 망원경 사용에 제한이 없는지, 어떤 상황과 활동에서 망원경을 사용하도록 할 것인지를 검토해야 한다.
④ 시야가 좁아질수록 시력이 높아지지만. 확대를 많이 할수록 시야는 좁아진다.
⑤ 망원경을 사용하는 능력은 망원경의 강도와 시야 간의 관계, 대상과의 거리와 시야 간의 관계에 의해 영향을 받는다.
⑥ 망원경의 강도가 높을수록 시야가 좁아지며, 대상이 가까울수록 시야가 좁아진다.
⑦ 망원경은 눈으로 들어오는 빛의 양을 감소시킨다.

(2) 망원경의 구조

① 망원경은 공통적으로 접안렌즈, 대물렌즈, 경통으로 구성되어 있으나 배율과 렌즈 직경과 시야각은 다르다.
② 망원경의 몸체에는 망원경의 사양을 나타내는 '8x21 7.2' 같은 숫자 표기가 되어 있다. 이것은 8배율, 대물렌즈 직경 21mm, 시야각 7.2도를 의미한다.
③ 접안렌즈는 눈에 대는 렌즈로 보통 고무 재질로 마감되어 있으며, 안경에 댈 때에는 고무를 뒤집어 안경에 댄다.
④ 대물렌즈는 물체를 향해 있는 렌즈로 딱딱한 재질로 마감되어 있다.
⑤ 경통은 물체와의 거리에 따라 선명한 상을 얻기 위해 경통을 돌려 초점을 조절하는 부위이다.

(3) 망원경의 구분

갈릴레이식과 케플러식	• 갈릴레이식 망원경: 대물렌즈는 볼록렌즈, 접안렌즈는 오목렌즈를 사용 • 케플러식 망원경: 대물렌즈는 볼록렌즈, 접안렌즈는 고배율의 볼록렌즈를 사용

단안망원경과 양안망원경	• 양안 망원경: 양안시력이 동일한 저시각인을 위한 망원경 • 단안 망원경: 양안시력이 다른 저시각인을 위해서 시력이 좋은 눈으로 사용할 수 있는 망원경 • 단안 망원경은 양안의 시력 차이가 큰 경우에 좋은 쪽 눈에 사용하고, 쌍안경은 양안의 시력 차이가 없는 경우에 사용
초점조절방식에 따른 분류	• 가변 초점식 망원경: 초점의 개념을 이해하고 경통을 돌려 초점을 맞출 수 있는 학생이 사용 • 고정 초점식 망원경: 너무 어리거나 지적장애나 수지운동 기능 제한으로 초점을 맞추기 어려운 학생은 일정한 거리에서 사용할 수 있음 • 자동 초점식 망원경: 가격이 비싸지만 거리변화에 따라 자동으로 초점이 맞추어지므로 어리거나 지적장애, 수지운동 기능 제한 등이 있는 경우에 사용

(4) 사용 방식에 따른 망원경의 종류

손잡이형 망원경 12중	• 도로 표지판, 버스 노선표, 상점이나 물체 찾기 같이 목표물을 확인하기 위해 단시간 동안 사용할 때 효과적 • 손잡이형 단안 망원경은 손으로 잡고 보는 망원경으로, 도로 표지판, 버스 노선표, 상점이나 물체 찾기처럼 단시간 동안 사용할 때 가장 보편적으로 사용
클립형 망원경	• 안경의 한쪽에 걸이식으로 부착하는 것 • 망원경을 사용하는 눈으로는 칠판 보기 같은 원거리 보기 활동을 하고, 다른 눈으로는 노트 필기 같은 근거리 보기 활동을 할 때 유용
안경장착형 망원경	• 안경렌즈의 상단 부분에 양안 또는 단안으로 부착하는 것 • 양손을 자유롭게 사용할 수 있는 장점이 있으나 상대적으로 시야가 협소한 문제가 있음 • 근거리 보기 활동을 할 때는 망원경 아래의 일반렌즈로 보고, 원거리 보기 활동을 할 때는 망원경을 통해 봄 • 안경부착형 망원경은 안경렌즈의 상단 부분에 양안 또는 단안으로 망원경을 부착하는 것으로, 양손을 사용하거나 긴 시간 동안 망원경을 사용해야 할 때 유용 • 안경부착형 망원경은 근거리 보기를 할 때는 망원경 아래의 안경렌즈로 보고, 원거리 보기를 할 때는 안경 상단에 부착한 망원경을 통해 봄
전시야형 망원경	• 안경 중앙에 부착하는 것 • 상대적으로 조금 더 넓은 시야를 확보하고 일정한 거리에서 특정 작업에 집중할 때 효과적 • 망원경렌즈로만 봐야 하기 때문에 망원경 주변의 공간이나 사물을 인식하기 어려워 보행에는 사용하지 않음
역단안경 17초	• 시야가 좁지만 중심시력이 좋은 저시각인에게 도움이 됨 • 물체의 전체나 주변부를 보기 어렵기 때문에 역단안경을 사용하면 물체를 축소하여 상대적으로 넓은 시야를 얻을 수 있음

키워드 Pick

(5) 망원경의 배율

① 망원경의 배율은 2배율부터 16배율 이상까지 다양하며, 배율이 증가할수록 시야가 좁아지는 문제가 있다.
② 단안망원경을 사용하는 학생은 양 눈 중 좋은 눈에 사용하는데, 그 이유는 더 낮은 배율을 사용함으로써 더 넓은 시야로 편안하게 볼 수 있기 때문이다.
③ 망원경을 사용할 때 눈과 접안렌즈 간에 거리가 가까울수록 렌즈 속으로 보이는 시야가 넓어지는 효과가 있으므로 가능한 한 접안렌즈를 눈에 붙이는 것이 좋다.
④ 높은 조도를 선호하는 학생은 망원경의 대물렌즈의 직경이 큰 것을 선택하면 렌즈로 들어오는 빛의 양을 증가시켜 좀 더 밝은 상을 얻을 수 있다.
⑤ 망원경을 사용할 때 망원경의 배율이 나안 기준인지 안경착용 기준인지를 혼동하지 않도록 한다.

(6) 망원경의 사용거리

① 망원경의 종류와 배율에 따라 초점거리가 다를 수 있으므로 사용할 망원경의 초점거리를 확인하는 것이 필요하다.
② 망원경은 일정 거리를 벗어나면 초점을 맞추어도 물체가 선명하게 보이지 않는 이유는 너무 멀리 있거나 너무 작은 물체는 초점을 맞추어도 해당 배율의 망원경으로 확대되는 물체의 상이 작기 때문일 수 있다. 따라서 이러한 경우에는 더 높은 배율의 망원경으로 보거나 물체에 좀 더 가까이 다가가서 보는 것이 도움이 될 수 있다.
③ 망원경은 물체의 거리에 따라 접안렌즈와 대물렌즈 간의 거리를 조절하여 초점을 맞추게 된다.
④ 망원경 초점을 맞추는 연습은 고대비의 큰 숫자나 도형 카드를 벽에 부착하고 벽으로부터 다양한 거리에 떨어져서 실시할 수 있다.
⑤ 중심시야손상이나 중심암점이 있는 학생은 망원경렌즈를 중심외 보기 방향으로 바라보도록 해야 한다.
⑥ 학생이 망원경으로 목표물을 확인하지 못한다면 교사가 망원경의 초점이 맞는지를 확인하고 초점이 맞을 때에 어떻게 보이는지를 시범적으로 보여 줄 필요가 있다.

(7) 망원경으로 목표물의 초점을 맞추는 절차

① 나안으로 목표물을 찾는다.
② 목표물을 찾으면 고개와 눈을 물체를 향해 응시한다.
③ 목표물을 응시한 채로 망원경을 눈에 가져다 댄다.
④ 망원경의 경통을 돌려 목표물이 선명하게 보일 때까지 초점을 맞춘다.
⑤ 목표물이 무엇인지 확인하여 말한다.

(8) 성공적인 훈련을 위한 고려사항

① 먼저 망원경의 배율은 저배율에서부터 점차 적정한 고배율로 단계적으로 적용해야 한다. 망원경의 배율이 높을수록 시야가 좁아지기 때문에 초보 망원경 사용자는 공간에서 목표물을 찾기가 더욱 어려워진다. 따라서 시야결손이 심한 경우에는 적정 배율보다 더 낮은 배율의 기구를 먼저 사용하는 것을 고려해야 한다.

② 안경을 착용한 상태에서 망원경을 사용하였을 때 초점이 맞추어지지 않는다면, 사용 중인 망원경의 배율이 나안 상태에서 처방된 것인지 아니면 안경렌즈의 배율을 고려한 처방인지 확인해야 한다. 그리고 안경을 착용하고 망원경을 사용하게 되면 눈과 망원경 접안렌즈 간의 거리가 멀어져 시야가 좁아지는 현상이 생긴다는 점을 기억해야 한다.

③ 초기에는 망원경을 사용하지 않는 쪽의 눈을 차폐한 상태에서 훈련한다. 처음부터 양 눈을 모두 뜬 상태로 망원경을 사용하면 시각적 혼란이 일어나 목표물을 찾거나 인식하는 데 어려움이 있을 수 있다.

④ 망원경 사용은 교육생에게 현실적이고 성공 가능성이 높으며 동기유발이 일어날 수 있는 의미 있는 활동으로 선정해야 한다. 따라서 사전에 저시각인과 선호하는 활동에 대해 대화를 나누는 것이 좋다.

⑤ 훈련시간은 초기에는 짧게 자주 하고, 익숙해지면 점차 시간을 늘려 나간다. 초기의 과도한 훈련은 망원경 사용에 대한 흥미를 떨어뜨릴 수 있다.

⑥ 훈련목표물은 단순한 장소에서 대비가 잘 되는 큰 대상물로 시작하여 점차 복잡한 장소에서 대비가 낮은 작은 대상물로 발전시켜 나간다.

⑦ 조명이 부적절할 때 망원경을 통한 시력이 감소할 수 있다. 그러한 경우 조도를 증감시키거나 글레어를 감소시키기 위해 챙 달린 모자를 쓰는 것을 고려할 수 있다.

⑧ 망원경 훈련은 먼저 저시각인이 제자리에 서서 정지된 목표물을 사용해 실시하고, 점차 익숙해지면 움직이는 목표물을 사용해 훈련한다.

⑨ 망원경의 초점을 맞춘 후에도 물체가 잘 보이지 않는다면 저시각인의 암점 존재 여부와 중심외 보기 기술을 점검할 필요가 있다.

(9) 망원경 사용자세

키워드 Pick

① 망원경은 바른 자세로 잡아야 안정적으로 초점을 맞추고 유지할 수 있다.

② 망원경은 좋은 눈에 대고 보기 때문에 일반적으로 좋은 눈 쪽으로 손으로 잡되, 엄지손가락과 나머지 손가락으로 접안렌즈와 경통 부위를 감싸듯이 잡아야 한다.

③ 접안렌즈를 눈에 최대한 붙이는 이유는 빛은 대물렌즈로만 들어오고 접안렌즈와 눈 사이의 공간으로 불필요한 빛이 들어오지 않도록 차단해야 보다 선명하고 넓은 시야로 볼 수 있기 때문이다.

④ 시각장애 유아나 망원경을 처음 사용하는 학생은 보다 안정적인 자세로 망원경을 사용하도록 양 팔꿈치를 책상에 지지하거나 망원경을 잡은 팔꿈치를 반대쪽 손바닥으로 받치는 것이 도움이 될 수 있다.

⑤ 학생이 원거리 자료를 볼 때 한손으로 단안망원경을 잡고 다른 손으로 필기하기 위해서는 양손을 번갈아 망원경을 사용할 수 있도록 지도해야 한다.

(10) 망원경 사용 문제와 해결법

① 망원경의 대물렌즈를 눈에 대고 보고 있다면 접안렌즈를 눈에 대도록 교정한다.
② 망원경의 경통을 돌려 초점을 제대로 맞추었는지 확인하여 초점을 다시 맞추어 준다.
③ 중심부 암점이 있는지 확인하여 망원경을 볼 때 중심외 보기 방향으로 보도록 교정한다.
④ 현재 사용 중인 망원경 배율이 해당 크기의 목표물을 보는 데 적합한 배율인지 확인하여 배율을 증가시키거나 목표물까지 좀 더 다가가서 보도록 한다.
⑤ 학생의 시력 변동으로 망원경 배율의 증감이 필요한지 확인하고 시력 변동에 적합한 배율의 망원경을 다시 추천한다.
⑥ 현재 사용 중인 망원경 배율이 나안 기준인지, 안경착용 기준인지를 확인하여 기준에 맞게 사용하게 한다.

4. 망원 현미경

① 중간 거리 보조구로 널리 알려져 있는데, 이것은 거리가 있는 대상을 확인하고 그 대상의 세부적인 부분들도 볼 수 있다.
② 대상을 안전하게 확인하는 데 중요하게 활용될 수 있다.
③ 예를 들면, 승객을 내려 주기 위해 멈춰 있는 버스를 확인하는 데 사용될 수 있다.

5. 시야 확대보조구

① 시야 확대보조구는 시야 범위가 지나치게 좁은 아동을 위한 특별한 보조구이다.
② **리버스 망원경(reverse telescope)**: 시야가 좁아 보는 범위가 적은 경우에 대상을 축소시켜 주어 자신의 눈으로 볼 수 없는 범위의 사물까지 볼 수 있게 도와주는 광학기구이다. 아파트 현관문에 부착되는 외부 관찰용 렌즈(fish-eye lenses)로 제작되어 실생활에서 활용되기도 한다.
③ **프레넬 프리즘**: 투명하고 두꺼운 플라스틱막으로 안경알에 부착해서 쓴다. 안전하고 효율적인 이동을 위해 필요한 정보를 받아들일 수 없을 정도로 시야가 좁은 경우 프리즘을 통하여 80~90° 범위 안에 있는 대상을 볼 수 있다.

6. 흡광안경

① 일부 저시각아동은 빛에 적응하는 데 어려움이 있어 눈부심으로 고통을 받을 수 있다.
② 흡광안경은 눈을 보호하고 최대한으로 잔존시각 기능이 이루어지도록 특수 제작된 것이다.
③ 흡광안경은 눈 위쪽이나 옆쪽으로 들어오는 빛까지 막아 주는 색을 입힌 안경으로, 최적의 상태에서 시각활동을 할 수 있게 해 준다.

7. 다양한 비광학기구 09 · 10중

○ 비광학기구의 종류

높낮이 조절 독서대와 책상	• 많은 광학기구들을 사용할 때 다양한 형태의 독서대를 함께 사용하면 좋다. • 높이와 각도 조절이 가능한 독서대를 사용한다. • 눈과 읽을 자료의 거리를 조절하여 피로를 줄여 준다. • 저시력학생이 오랫동안 과제를 하는 데 도움을 준다. • 높낮이와 각도가 조절되는 독서대나 책상은 시력저하로 책과 눈 간의 거리가 가까워 고개를 숙이고 보는 학생에게 도움이 된다. 이러한 기구를 사용하면 학생의 척추가 휘는 것을 막을 수 있고, 고개를 숙였을 때 조명을 가려 학습자료가 어두워지거나 그림자가 지는 것을 막을 수 있으며, 좀 더 바르고 편안한 자세를 유지할 수 있어 전반적인 읽기 피로도를 낮출 수 있다. • 특히 독서대는 학생의 눈이 독서대에 올려놓은 책의 중앙 정도에 오도록 높낮이를 조절하고, 적절한 밝기와 눈부심을 줄일 수 있는 각도로 조절해야 한다. • 독서대의 책을 놓는 받침대도 조명 빛을 반사하여 눈부시지 않도록 검정색 계열의 무코팅 재질을 사용하는 것이 좋다. • 독서대가 없는 경우에는 두꺼운 검정색 서류철로 대신할 수 있는데, 검정색은 눈부심을 줄이고 대비를 높일 수 있다. 이 두 가지 모두 구하기 어려운 상황에서는 한 손을 구부려 팔꿈치를 책상에 대고 팔 위에 책을 놓아 잡고, 다른 손으로 책장을 넘기거나 손가락으로 줄을 짚으며 읽거나 확대경을 잡고 볼 수 있다.
개인용 스탠드	• 개인용 스탠드의 조명등은 학생의 눈에 빛이 바로 들어오지 않고, 책으로부터 반사되는 빛 역시 눈에 들어오지 않도록 조명기구의 위치와 방향을 조절해야 한다. • 전체 조명은 집중 조명보다는 방 전체로 빛이 고루 퍼지는 조명을 사용한다. • 창가를 바라보지 않도록 창가를 등진 앞자리에 배치한다. • 교구를 보여주거나 시범을 보이는 교사의 위치는 창가나 태양광이 비추는 곳에서 빛을 등지고 서 있지 않도록 한다. • 개인용 조명기구는 조명등이 학생의 얼굴 앞쪽보다는 뒤쪽에서 자료를 비추도록 한다. • 교실에서는 형광등이 학생의 앞쪽보다 뒤쪽에 위치하도록 자리를 배치한다. • 조명등이 바로 눈에 노출되지 않도록 루버, 갓 등을 씌운다. • 책상이나 테이블로부터 빛이 반사되어 일어나는 눈부심을 줄이면서 동시에 대비를 높일 수 있도록 검정 계열의 테이블보 또는 학습용 매트를 깐다.

키워드 Pick

기출 LINE

10중) 타이포스코프는 반사로 인한 눈부심을 막아 주고 읽을 글줄을 제시해 주기 때문에 저시력학생의 읽기에 도움을 준다.

독서보조판 (타이포스코프) 22유, 17초, 10 · 25중	• 검은 책받침으로 상단에 한 줄이 비워져 있는 읽기보조구이다. • 이를 활용하여 독서할 때 대비를 높이고, 반사로부터 눈부심을 막을 수 있으며, 읽은 줄이 제시되어 보다 쉽게 독서를 할 수 있다. • 타이포스코프는 대소강화경으로 불리기도 하는데, 보통 검정색 하드보드지나 플라스틱판 가운데 길쭉한 직사각형 구멍을 내어 만든다. • 타이포스코프의 주요 기능은 한 줄 단위로 문장을 제시하여 글줄을 잃어버리지 않도록 하고, 바탕색과 글자색 간의 대비를 더 높이며, 종이의 흰색보다 타이포스코프의 검정색이 빛 반사가 낮아 눈부심을 줄여 줄 수 있다. • 따라서 타이포스코프는 시야의 문제로 인해 문장을 좌에서 우로 똑바로 읽어 나가지 못하거나 다음 줄을 잃어버리거나 눈부심에 민감한 학생이 사용하면 도움이 된다. • 타이포스코프와 비슷한 기능을 하는 것으로 라인 가이드(line guide)가 있다. 타이포스코프는 보통 책 한 페이지의 절반 정도를 덮을 수 있는 직사각형 크기이고, 라인 가이드는 20cm 자 정도의 크기이다.
아세테이트지 09초, 10중	• 대비를 높이거나 종이로부터 반사되는 눈부심을 줄여 줄 수 있다. 선글라스로 사용하는 착색 렌즈와 비슷한 기능을 가지고 있다. 아세테이트지는 대비감도가 낮거나 눈부심에 민감한 학생에게 도움이 되며, 일반적으로 노란색 계열을 많이 사용하지만 안질환에 따라 밝은 갈색 등 다른 색을 사용할 수 있다. 아세테이트지는 책 위에 놓고 보면 되며, 낮은 대비 자료를 볼 때 도움이 된다.
라이트 박스	• 라이트 박스(light box)는 중증저시력이거나 피질시각장애(cortical visualimpairment)가 있는 유아들의 빛, 색, 물체에 대한 시각 인식을 발달시키는 데 유용하다. • 라이트 박스는 일반인쇄 자료들에 흥미나 주의를 보이지 않지만 빛나는 물체에 관심을 보이는 중증저시력유아에게 시각적 추적, 주사, 눈-손 협응, 시각변별, 시지각기술을 촉진하는 도구로 사용된다. • 라이트 박스는 흰색의 밝게 빛나는 테이블 표면에 물체를 놓으면 물체와 배경 간의 대비가 증가하여 저시력유아들이 잔존시각을 사용하려는 동기와 주의집중을 높일 수 있다. • 아이패드나 갤럭시탭 기기에 '라이트 박스(Light box)' 앱을 설치하여 활용할 수도 있다.

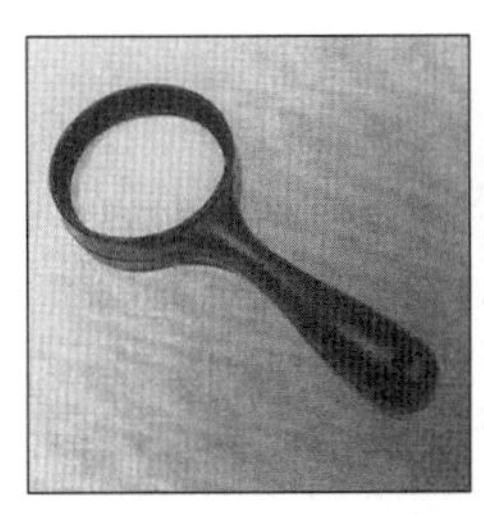

손잡이형 확대경

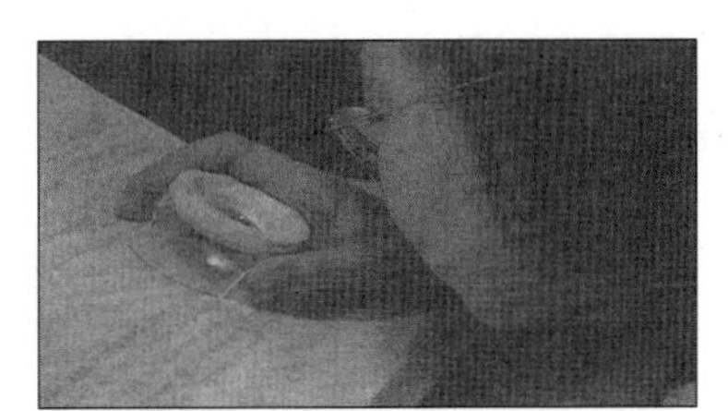

스탠드 확대경

플랫베드 확대경

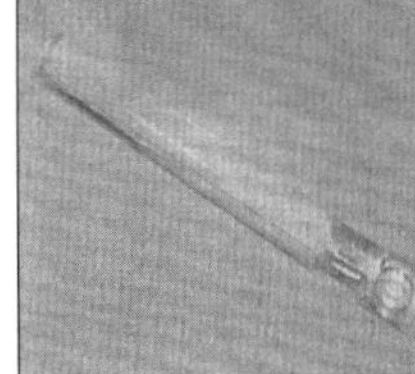

막대 확대경

안경장착형 확대경

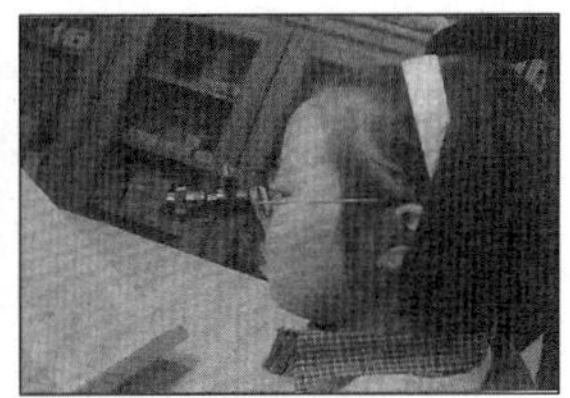

갈릴레이식 망원경과 케플러식 망원경

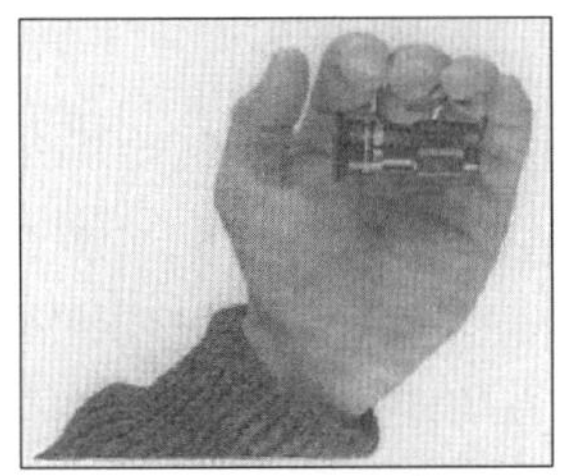

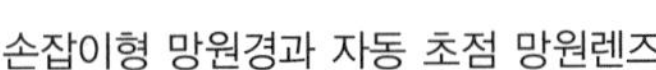

손잡이형 망원경과 자동 초점 망원렌즈

CCTV와 휴대용 CCTV, 타이포스코프

키워드 Pick

8. 전자기기와 컴퓨터 프로그램

기출 LINE

14중) 낮은 대비감도로 인해 저대비 자료를 보거나 교구를 사용하는 데 어려움을 보임 → 저대비 자료를 볼 때는 확대경 대신 전자 독서확대기를 사용하게 하고, 교구의 색은 배경색과 대비가 높은 것을 활용함

CCTV	• 저시력학생이 사용할 수 있는 독서확대기의 대표적인 것 • 비디오카메라를 통해 화면의 상을 100배까지 확대할 수 있음 • 컬러, 흑백, 역상 모드를 지원 • 자동 및 수동 초점 조절장치로 사용하기 쉬움 • 컴퓨터 모니터 및 TV에 연결하여 사용할 수 있음 • 보다 선명한 대비로, 많은 과제를 수행해야 하고, 오랫동안 쓰거나 읽어야 할 경우에 사용하는 것이 좋음 • **장점**: 밝기를 조절하고 대비를 높일 수 있음 • **단점**: 휴대하기 어렵고 비쌈
확대독서기 14중	• 확대독서기(CCTV)의 동작 원리는 카메라에 비춰진 이미지를 제어하여, 확대하고 색상을 바꾸어 그 내용물을 보여 주는 기기 • 보여 주는 방식은 모니터의 발전에 따라서 CRT 방식에서 현재 LCD 방식을 채택하고 있고, 부가적인 기능으로는 인쇄물을 읽기 위한 지시선과 보이는 영역 지정, 그 외에 보는 이를 위한 편리한 구조를 제공 • **확대독서기 사용 시 고려사항**: 눈에 피로가 나타날 수 있으므로 30분 정도 사용 후 눈의 피로를 풀어 주어야 함 • 독서기에 적응하는 데는 개인차가 있지만 대략 2주 정도 소요됨 • 확대독서기에는 탁상용과 휴대용이 있음 • **탁상용 확대독서기** − 확대기의 모니터는 읽기 편리성을 위하여 위치와 각도의 조절이 가능 − 확대기로 보기에 적합하게 독서 및 인쇄물을 확대할 수 있음 − 줄 잃어버림 방지를 위한 마커(라인 및 윈도우) 기능이 있음 − 독서 및 인쇄 대상물을 확대하여 주고, 색상을 전환해 주는 기능이 있음 − **사용방법**: 읽기 대상물(인쇄물)을 X-Y Table에 올려놓은 다음, 자신에게 맞게 모니터 밝기, 색상 모드, 크기를 조절 • **휴대용 확대독서기** − 시각장애인의 사회활동에 도움을 줄 수 있는 휴대용 기기 − 탁상용 확대독서기는 단순 읽기 기능용으로 사용되는 데 비해 휴대용 확대독서기는 원거리를 보는 망원경 기능과 메모를 위한 쓰기 기능용으로 개발 − **사용요령**: 읽을 대상물(인쇄물)에 확대독서기의 카메라 위치를 맞춘다. 다음으로 자신에게 맞는 밝기, 색상 모드, 크기를 조절하고 난 뒤 읽을 인쇄물 내용을 따라서 확대독서기를 이동하며 판독함
저시각용 스캐닝 시스템	• 스캐너를 사용하여 책의 내용을 확대해 보는 것 • **시중에는 세 가지 스캐닝 장치들이 있음**: VIP, VisAbility, Kurzweil 1000
화면확대 프로그램	• 저시각인과 같이 시력저하로 인하여 컴퓨터 화면을 보기 불편한 사람을 위하여 화면의 문자나 그림 등을 크게 확대·보정하여 보기 쉽게 변환해 주는 프로그램 • 확대, 반전, 색 바꾸기 및 명암과 농도 조절, 반짝임 속성과 아울러 화면 출력 문자 정보의 음성 출력까지 가능 • 윈도우 자체도 '돋보기'라는 화면확대 기능을 가지고 있음

맥 Plus

시각장애 학생의 시기능을 향상시키는 데 도움이 되는 저시력 기구 지원방법

시기능 문제		대처방법
시력	작은 것을 보기 어렵다.	• 자료를 확대한다. • 자료에 다가가 본다. • 확대경과 확대독서기를 사용한다.
대비	낮은 대비 자료를 보기 어렵다.	• 자료를 고대비로 수정한다. • 적정 조명을 제공한다. • 눈부심을 감소시킨다. • 확대독서기를 사용한다. • 아세테이트지, 착색 렌즈를 사용한다. • 검은색 매트 위에 자료를 놓는다.
중심시야 손상(암점)	물체를 보면 중앙이 안 보인다.	• 중심외 보기(주변시야 보기) 기술을 지도한다. • 암점보다 자료를 크게 확대한다. • 암점 영향을 줄이기 위해 자료에 더 가까이 다가간다.
주변시야 손상	물체를 보면 주변부가 안 보인다.	• 추시, 추적, 주사 기술을 지도한다. • 프리즘 렌즈를 사용한다. • 잔존시야를 고려한 최소 확대를 사용한다.
밝은 조명 선호	보통 이하 밝기에서 잘 보지 못한다.	• 개인용 스탠드를 사용한다. • 조명에 가까운 곳에 자리를 배치한다.
눈부심	밝은 곳에서 눈부심으로 잘 보지 못하고 눈이 불편하다.	• 광원이 눈에 직접 비치지 않도록 한다. • 조명에 갓이나 루버를 설치한다. • 광원을 등진 자리에 배치한다. • 착색 렌즈를 사용한다. • 조명기구나 모니터의 밝기를 좀 더 낮게 조절한다.
독서자세	자세가 바르지 않아 쉽게 피로를 느낀다.	• 높낮이 조절 독서대나 책상을 사용한다. • 독서대에 자료를 올려놓을 때 자료의 중앙이 눈높이에 오도록 한다.

키워드 Pick

08 시각중복장애 아동 교육

① 교육접근

1. 최소제한환경에서의 지도

교육 장소는 시각중복장애 학생의 집에서 가까워야 하며, 일반학생과 함께 공부할 수 있는 일반학교여야 하고 여기서도 시각중복장애 학생은 자신의 교육적 요구에 부응하는 특수교육과 지원 서비스를 최대한으로 받을 수 있어야 한다.

2. 초학문적 팀접근

① 시작중복장애 아동을 위한 도움들은 아동별로 차이가 있다. 따라서 중복장애 아동 교육을 위해서는 개별적으로 다양하게 나타나는 교육적 요구를 고려한 교육이 여러 전문가들로 구성된 전문가 팀을 중심으로 이루어져야 한다.

② **상호교류접근**(transactional approach): 시각중복장애 아동은 일반아동과 같이 자연스러운 발달을 보이지 못한다. 따라서 환경을 조성하고 교육 관계자들과의 상호작용을 유도하여 발달하게 해주는 상호교류접근의 적용이 필요하다. 이 접근은 아동과 환경이 상호 의존적이고 지속적으로 상호작용관계에 있다는 이론에 바탕을 두고 있다. 이 관점에서의 중재는 발달기술의 습득에만 중점을 두지 않고 행동, 신념, 가치관을 총체적으로 포함하는 범위 내에서 발달기술 지도를 포함한다.

3. 아동 주도 상호작용접근

시각중복장애 학생이 주도하는 상호작용접근은 다음과 같은 방법으로 실행될 수 있다.

① 아동은 자신이 원하는 활동이나 장난감을 선택한다. 아동 스스로 선택을 하지 못하는 경우 여러 활동 영역에서 아동이 보이는 행동을 관찰한다. 또 아동의 미소, 소리, 근육의 긴장 완화, 장난감 조작행동을 통해서 아동의 관심을 파악한다.

② 놀이장소를 선택하도록 장소를 상징하는 물건을 사용한다. 예를 들어, 블록놀이를 위해 블록을, 소꿉장난을 위해 장난감 접시를 사용할 수 있다. 또는 활동을 골라 선택하는 그림 의사소통판도 사용할 수 있다.

③ 아동이 선택을 하면 아동을 놀이활동에 참가시키고 다음 사항에 관심을 두고 지도한다.

㉠ 지도목표가 되는 행동을 가르쳐 주고(model) 또는 그 행동에 열중하고 있는 또래에 대해 알게 한다. 맹아동을 위해서는 또래가 하고 있는 행동을 말해 주거나 직접 손으로 만져 느끼게 한다.

㉡ 아동이 할 행동을 말해 준다.

㉢ 아동 스스로 행동할 것을 기대하면서 기다려 준다. 교사는 아동에게 말로 단서(verbal cue)를 준다(예 "블록을 가지고 놀래?"). 아무런 반응이 없으면, 교사는 행동으로 나타내도록 지시한다(예 "블록을 집어요").

㉣ 아동이 교사의 지시에 반응이 없으면 손으로 이끌어서(physical assistance) 행동하도록 한다.

4. 기능적 접근에 기초한 기능적 교육과정 개발 및 적용

시각장애 외 한 가지 이상의 장애를 추가하여 보이는 아동을 위한 교육계획은 평가체계와 연계되어 실시된다. 일반적으로 단순 시각장애 아동을 위한 평가방법보다는 아동이 시각 외의 추가장애를 구분하여 보이기 때문에 대안 평가방법이 필요하다.

(1) 일과과제 분석평가

① 아동의 생활이 이루어지는 환경에서 활동을 평가하는 것이다.

② 일과과제 분석평가는 시각중복장애 아동을 지속적으로 평가하고 교육 정보를 수집하는 데 용이한 방법이다.

③ 이 평가의 핵심은 아동이 생활하는 환경 속에서 처음부터 끝까지 모든 일과활동에서 아동의 수행을 평가한다는 것이다.

④ 이 평가방법을 사용하기 위해서는 아동의 활동에 대한 과제분석이 이루어진다.

⑤ 과제분석으로 구체적인 정보들을 습득한 뒤에 교사는 과제 지도 순서를 정해야 한다. 시각장애 아동을 위한 과제 지도 순서를 정하기 위해 교사가 직접 눈을 가리고 과제 수행을 하면서 하위 과제들을 확인하고 순서를 정하는 방법을 제안한다(Huebner).

⑥ 하위과제들이 결정이 되고 순서가 정해지면 하위과제별로 아동의 현행 수준인 기초선 행동들에 대한 정보를 수집하고 체크리스트 및 목표와 목적을 개발한다. 그러고 나서 아동에게 실제로 지도한다.

⑦ 아동에게 적용되면서 하위과제가 첨가될 수도 있고 생략될 수도 있으므로 수정을 한다.

(2) 시각중복장애 아동을 교육하는 방법: 구조화된 일과 속에서의 지도

① 아동에게 안정감을 준다는 취지에서, 그리고 구조화된 일과 속에서 반복학습을 통하여 학습 효과를 높일 수 있다.

② 실제로 생활 속에서 교사 등의 관련인들과 지속적인 상호작용을 통하여 배울 수 있도록 시각중복장애 아동이 자신의 생활환경 속에서 배워야 하는 활동들을 구조화시킨 기능적 교육과정 개발이 필요하다.

키워드 Pick

② 효과적인 교수법

1. 다감각 사용

시각중복장애 학생에게 경험을 제공할 때 다감각 접근법을 사용하는 것이 효과적이므로, 주변 환경이나 사물로부터 필요한 정보를 얻기 위해 보다 많은 감각을 사용하도록 격려하는 것이 좋다.

시각	• 시각중복장애 학생의 상당수가 잔존시각이 있고 학습은 주로 시각을 통해 이루어지므로, 학생이 잔존시각을 효과적으로 사용하도록 지도하는 것이 중요하다. • 시각중복장애 학생이 지체장애를 동반하고 있어 머리 또는 상체를 유지하기 어렵다면 잔존시각을 효과적으로 사용하기 어려울 수 있다. 따라서 학생의 머리와 상체를 지탱하는 데 필요한 자세유지기구를 도입하여 바르고 안정된 자세를 통해 잔존시각을 보다 효과적으로 사용하도록 도울 수 있다. • 시각·지적장애 학생은 단지 물체의 형태를 보는 것만으로 물체의 개념을 이해하기 어려우므로 물체를 직접 사용해 보는 경험을 할 수 있도록 하는 것이 필요하다.
청각	• 일반적으로 발달기의 유아나 아동은 학습에 청각과 시각을 함께 사용한다. • 청각을 통해 중요한 정보를 제공하더라도 들은 정보를 시각을 통해 확인하고 보완하는 것이 필요하다. • 학생이 잔존시각으로 보거나 신체운동 기능 제한으로 들은 것을 만져 보는 것이 어려울 때, 해당 물체에 대해 보다 상세한 설명을 제공하는 것이 필요하다. • 교사는 시각중복장애 학생의 현재 수용언어 수준에 기초하여 학습과 생활에 필요한 어휘를 선택하고 일관성 있게 사용하는 것이 중요하다. • 구어 소통이 어려운 시각중복장애 학생은 사물이나 그림 중심 보완대체의사소통 기구를 사용할 필요가 있다.
촉각	• 시각중복장애 학생은 정보를 수집하고 이해하기 위한 주요 수단으로 촉각을 사용한다. 따라서 학생이 환경이나 사물을 체계적으로 탐색할 수 있도록 손위손 안내법이나 손아래손 안내법을 교사가 사용하는 것이 도움이 될 수 있다. • 학생이 환경이나 사물을 만질 때 양손을 사용하여 탐색하도록 하고, 낯선 사물에 대한 촉각적 민감성이나 거부감을 보이는 학생에게는 단계적으로 접촉과 탐색이 이루어지도록 해야 한다.
후각과 미각	• 냄새와 맛은 환경과 사물에 대한 정보를 수집하는 데 중요한 감각은 아니지만, 정보 수집에 제한이 많은 시각중복장애 학생에게는 도움이 될 수 있다.

2. 촉각 교수방법

(1) 촉각적 모델링

특정 기술을 수행하는 데 필요한 신체 자세나 동작을 지도할 때 교사가 올바른 신체 자세나 동작을 시범 보이면 학생이 손으로 만져 탐색하고 모방하도록 하는 것이다.

(2) 신체적 안내법

특정 기술을 수행하는 데 필요한 신체 자세나 동작을 지도할 때 교사가 자신의 손을 사용하여 학생의 신체의 각 부위를 접촉하여 적절한 자세와 동작을 취하도록 돕는 것이다.

(3) 손위손 안내법 19초

① 학생의 손 위에 교사의 손을 놓고, 교사가 학생의 손의 움직임을 조정하여 학습기술을 지도하는 방법이다.

② 교사의 적극적인 개입이 이루어지는 촉각 교수방법으로 중복장애 학생에게 많이 사용된다.

③ 다만 다른 사람의 접촉에 예민하거나 거부감을 보이는 학생에게 사용하지 말아야 하며, 교사는 학생의 손을 접촉하여 안내할 때 강압적으로 다루지 않도록 유의해야 한다.

(4) 손아래손 안내법

① 학생의 손 아래에 교사의 손을 두고 교사의 손 움직임을 학생이 인식하도록 하여 학습 기술을 지도하는 방법이다.

② 교사가 학생의 손을 잡아끌지 않아 덜 개입적이므로 촉각적 민감성이 심하거나 친숙하지 않은 물체를 접촉하는 것을 주저하거나 물체를 탐색하는 데 거부감이나 문제행동을 보이는 학생에게 효과적이다.

③ 교사는 학생이 손아래손 안내법으로 물체에 대한 거부감이나 저항이 감소하게 되면, 손위손 안내법으로 바꾸어 지도할 수 있다.

(5) 공동촉각관심(mutual tactile attention)

① 공동관심(joint attention/shared attention)의 한 가지 유형으로 볼 수 있다. 공동관심은 어떤 사물이나 사건에 대한 아동의 주의를 다른 사람과 공유하는 상호작용으로, 사회적 관계 형성, 의사소통기술 발달, 공동 조작 및 활동을 촉진하는 출발점이다.

② 공동관심은 아동 주도로 이루어지며, 일반적으로 아동이 손으로 가리키거나 눈으로 응시하는 것을 성인도 함께 바라보는 방식인 시각적 공동관심(joint visual attention)을 통해 이루어진다.

③ 시각중복장애 아동은 부모나 교사의 공동관심행동을 눈으로 확인하거나 느끼지 못하므로, 공동촉각관심방법을 사용하는 것이 필요하다.

④ 시각중복장애 아동의 리드를 따라가는 것이 중요하므로, 교사나 부모는 처음부터 신체적 안내법이나 손위손 안내법을 사용하여 아동의 손 움직임을 지원하려고 하지 말아야 한다.

기출의 맥

촉각 교수 유형별 방법의 핵심을 정확히 구분해 두어야 합니다. 특히, 촉각적 모델링과 신체적 안내법, 손위손 안내법과 손아래손 안내법을 정확히 구분해 두세요!

기출 LINE

19초)
- 교사가 먼저 조각품의 표면을 탐색한다.
- 학생 스스로 교사의 손 위에 자신의 손을 올려놓게 한다.
- 학생의 손이 조각품에 닿을 때까지 교사의 손을 조금씩 뒤로 뺀다.

키워드 Pick

⑤ 공동촉각관심을 시작하는 절차는 다음과 같다.
㉠ 아동이 손으로 하는 것이나 만지고 있는 사물을 관찰한다.
㉡ 아동의 손 움직임을 방해하지 않도록 성인의 손을 옆에 놓는다.
㉢ 성인은 아동의 손 움직임을 모방하면서 자신의 손을 움직이되, 아동의 손과 접촉이 이루어질 때 아동의 반응을 주의 깊게 관찰한다.
㉣ 접촉이 이루어질 때 아동의 손 움직임이 멈추면 함께 하고 싶지 않다는 의미로 보고 공동촉각관심을 중지한다. 아동이 개의치 않고 손 움직임을 계속하면 공동촉각관심 활동을 계속하되 좀 더 적극적으로 참여할 수 있다.
㉤ 성인과 아동 간의 공동촉각관심이 활발해지면 상호모방이나 주고받기(turn-taking)로 발전시켜 나갈 수 있다.

3. 시각장애 학생을 위한 촉진전략

촉진의 종류	전략
언어 혹은 수화 촉진	• 학생에게 어떻게 반응해야 하는지 언어나 수화를 사용하여 반응을 촉진할 수 있다. • 학생의 단어/수화 이해 정도에 따라 촉진을 결정한다. • 언어 촉진은 학생이 해야 할 사항을 말로 알려 주는 방식을 그대로 적용하면 된다. • 수화 촉진은 시각장애 학생의 시각기능 정도를 고려하여 결정한다. 교사의 수화하는 손의 모양을 맹학생이 직접 손으로 만져 보게 한다. 학생이 손의 모양을 촉각으로 느낄 수 있도록 속도를 조절한다. 저시각학생은 손의 모양을 변별할 수 있는 거리에 손을 위치시키고 수화를 하여 확인하도록 한다. 학생이 확실하게 변별해 낼 수 있도록 수화하는 속도를 조절한다.
사물, 그림/촉각 그래픽, 점자/묵자 촉진	• 시각장애 학생의 시각장애 정도를 고려하여 촉진 매체를 결정한다. • 맹학생의 경우, 어떻게 반응해야 하는지를 알려 주는 그림과 묵자의 사용이 불가능하다. 묵자 대신에 점자를 촉진 매체로 사용한다. 점자를 익히지 못한 학생을 위해서는 사물을 촉진 매체로 사용한다. 활동을 상징하는 실물을 손으로 만지게 하여 촉진할 수 있다. 예로, 체육은 공, 방향정위와 이동 훈련은 흰지팡이, 점자학습은 점필, 식사는 숟가락으로 알려 줄 수 있다. 실물과 활동을 연관시켜 이해할 수 있고 촉지각능력이 향상되면, 촉각 그래픽을 사용할 수 있다. 촉각 그래픽은 손으로 느껴 감지할 수 있을 정도의 촉각 심벌들을 써서 제작한다. • 저시각학생의 경우, 그림과 묵자를 사용하여 촉진이 가능하다. 그림은 제한된 시각으로 변별 가능할 정도로 단순화하고, 색을 대비시키고, 윤곽을 뚜렷하게 만들어서 사용한다. 학생이 시각으로 변별할 수 있을 거리에 제시한다.
부분적인 신체적 촉진	• 학생의 손이나 팔, 다리, 몸통, 턱 등을 짧게 건드리거나 두드리기, 살짝 누르거나 밀기 등으로 반응을 촉진한다.

전반적인 신체적 촉진	• 행동을 통한 전반적 지도를 하는 것으로, 종종 손을 잡고 도와주거나 (예 수저 사용), 몸통이나 다리를 움직이는 일(예 기기, 걷기)에서 촉진이 가능하다. 맹학생을 대상으로 대운동이나 소운동을 지도할 때, 직접적인 신체적 접촉으로 촉진이 가능하다. • 교사가 학생의 신체 일부를 움직이도록 지도할 수도 있고, 학생이 교사의 신체 일부의 움직임을 감지할 수 있도록 만져 확인하게 할 수도 있다. • 손을 주로 사용하는 소근육활동에서는 교사가 학생의 손 위에 손을 얹고 지도하는 핸드 오버 핸드 기법과 교사가 학생의 손 아래에 있는 핸드 언더 핸드 기법을 사용할 수 있다.
모델링 촉진	• 학생이 모방하기를 바라는 목표행동을 시범 보인다. 학생과는 신체적 접촉이 필요 없다. 저시각학생이 확인할 수 있는 거리에서 모델링을 하고, 동작은 천천히 정확하게 한다. • 모델링은 대개 동작을 포함하지만, 완성된 과제를 보여 주는 것이나 언어적인 것처럼(예 '공 주세요'라고 수화로 해 보세요) 동작을 포함하지 않을 수도 있다.
몸짓 촉진	• 학생의 관심을 반응에 관련된 적절한 것으로 돌리기 위한 몸짓을 사용한다. 저시각학생이 몸짓을 확인할 수 있는 거리에서 천천히 정확하게 몸짓을 한다. • 예로, 학생이 보아야 하는 사물 쪽을 손가락으로 가리키기 혹은 사물을 보도록 사물로 두드려 소리를 내거나 사물의 옆에서 두드려 소리 내기가 있다.

키워드 Pick

③ 의사소통 지도

1. 효과적인 점자 지도전략

(1) 손아래손 안내법으로 점독 자세 지도

교사의 손등 위에 학생이 손을 얹도록 한 후에 교사의 점도 자세와 움직임을 시범 보인다. 점차 교사가 손을 뒤로 빼면 학생이 점자를 느끼면서 교사의 점도 움직임을 모방해 움직이게 된다.

(2) 손위손 안내법으로 점독 자세 지도

학생의 손등에 교사의 손을 얹어 잡은 후에 학생의 손이 바른 점독 자세와 움직임이 되도록 손 자세와 움직임을 만들어 준다. 점차 학생의 손등에 대한 접촉의 강도와 양을 줄여 나간다.

2. 비구어 상징체계의 종류

시각상징	• 그림이나 사진을 식별할 수 있는 저시력학생에게 적절하다. • 그림상징 카드를 눈으로 식별할 수 있는 시각중복장애 학생의 경우, 그림 형태를 보다 쉽게 이해할 수 있도록 카드 바탕색과 그림 간의 색대비를 높이고, 그림을 더 간결하고 명확하게 수정하여 사용하며, 라인 형태의 그림보다 라인 안이 채색된 그림이 식별하는 데 더 효과적이다. • 또한 학생의 시력 수준에 적합한 크기로 그림상징을 확대하고, 학생이 상징의 위치를 쉽고 정확하게 파악하도록 그림상징의 배열 위치를 일관되게 유지하여 제시하는 것이 좋다.
촉각상징	• 눈으로 그림상징을 식별할 수 없는 학생이 사용할 수 있다. 여기에는 양각 그림, 사물상징, 촉각 신호, 몸짓언어(소담), 촉수어 등이 포함된다. • 촉각상징을 사용해야 하는 학생은 촉각상징을 손으로 탐색하기 위해 수지 기능에 문제가 없어야 하고, 눈으로 그림상징을 식별할 수 없어야 한다.
청각적 스캐닝	• 다른 사람의 간단한 구어를 듣고 원하는 것을 선택하는 의사소통방법이다. • 이 방법은 다른 사람이 단어, 어구, 간단한 문장으로 말하는 것을 듣고 이해할 수 있고, 단어, 발성, 제스처 등으로 응답할 수 있으며, 상지운동 기능이 제한되어 손으로 원하는 상징을 지적하기 어려운 시각중복장애 학생에게 적절하다.

3. 촉각 의사소통방법

(1) **촉각신호**(tactile cues) 24중

① 촉각신호는 교사나 부모가 시각중복장애 학생에게 특정 메시지를 전달하고자 신체 부위를 사용하는 '수용적 의사소통' 방식에 속한다.

② 촉각신호는 크게 접촉신호(touch cues)와 사물신호(object cues)로 구분한다.

㉠ **접촉신호**: 특정 메시지를 전달하기 위해 아동이나 성인의 몸에 일관된 방식으로 접촉하는 신체신호(physical cues)로, 일반적으로 메시지와 관련된 신체 부위나 가까운 부위에서 접촉이 이루어진다. 접촉신호는 다양한 의미를 해석될 수 있기 때문에 일과활동 동안에 일관되게 사용하는 것이 중요하다.

㉡ **사물신호**: 일과활동과 관련된 메시지를 전달하기 위해 관련된 사물이나 사물의 일부를 학생이 만져 보도록 학생의 손에 제시하는 것이다. 사물신호(objectcues)와 사물상징(object symbols)의 차이를 말한다면, 사물신호는 해당 활동에 사용되는 실물을 사용하고 학생의 손에 접촉하는 데 반해, 사물상징은 해당 활동에 사용되는 실물이 아닐 수 있으며, 관련 물체를 의사소통 카드나 보드에 부착한 후 손으로 탐색하도록 한다.

(2) **사물상징 보완대체 의사소통**

① 사물상징(object symbols)은 시각중복장애 학생이 손으로 만져 이해할 수 있는 물체를 사용하는 상징으로, 수용언어와 표현언어에 모두 사용되며 상징적 의사소통에 속한다.

② 시각중복장애 학생들에게 효과적인 사물상징은 '물체 전체', '물체 일부', '연관된 물체', '특정 질감이나 모양'을 사용한다.

③ 사물상징 보완대체 의사소통은 빈 카드에 부착한 후 사물을 만져 보도록 함으로써 사물을 의사소통 목적으로 사용하고 있음을 보다 명확하게 인식시킬 수 있다.

(3) **촉수어**(tactile sign language)

① 촉수어는 농아인이 사용하는 수어를 맹농인도 사용할 수 있도록 일부 변형시킨 수어 방식으로, 상징적 의사소통에 해당한다.

② 촉수어는 대화 상대자의 수어 형태와 동작을 알기 위해 맹농인이 대화 상대자의 손에 자신의 손을 얹어 수어를 확인하며, 농맹인이 수어를 좀 더 정확하게 촉지하도록 수어 동작을 보다 단순하게 변형하기도 한다.

③ 농아인이 사용하는 수화를 맹농인도 사용할 수 있도록 변형시킨 수화방식은 신체위 수화, 공동수화, 촉수화로 구분할 수 있다.

㉠ 신체위수화는 대화 상대자가 학생의 신체 부위에 대고 간단한 수준의 수화를 하는 것이다.

㉡ 촉수화는 대화 상대자의 수화를 알기 위해 대화 상대자의 손에 맹농인이 자신의 손을 얹어 확인한다.

㉢ 공동수화는 촉수화를 발달시키기 위한 것으로, 대화 상대자가 맹농인의 손을 접촉하고 안내하면서 수화를 익힐 수 있도록 돕는다.

기출 LINE

15초) 수화(수어, sign language)를 사용하는 농·맹 중복장애 학생(잔존시력 없음)이 상대방의 손 위에 자신의 손을 얹어 상대방의 수화를 이해하고 의사소통하는 방법을 촉수화라고 한다.

키워드 Pick

(4) **핵심어휘 사인**(key word sign/Makaton)

① 핵심어휘 사인은 상대방에게 표현하고 싶은 말을 문장이 아닌 중요한 어휘만을 사용해 전달하는 것으로, 핵심 어휘는 일상에서 통용되는 자연스러운 몸짓언어(gestures)와 쉽고 간단한 수어어휘표현들로 나타내게 된다.

② 핵심어휘 사인은 어구나 문장을 구어로 이해하거나 표현하기 어려운 지적장애를 동반한 시각중복장애 학생의 의사소통방법 중 한 가지로 사용할 수 있다.

(5) **촉지화**(tactile finger spelling 또는 tactile manual alphabet)

① 촉지화는 상대방의 손바닥에 대고 지화(알파벳, 자음과 모음)를 표현하는 것이다.

② 고유명사를 나타내거나 상대방이 수어표현을 이해하지 못할 때 사용하면 효과적이다.

(6) **저시력시청각장애인의 수어**

① 잔존시력이 남아 있는 시청각장애인의 경우에는 시야 내 수어(visual frame signing), 수어추적(tracking), 근접수어(close range signing) 등을 사용할 수 있다.

② 시야나 시력을 고려하는 것에 더하여 수형과 수동을 잘 알아차리도록 배경이 되는 벽이나 옷의 대비를 고려하는 것도 중요하다.

③ 근접수어는 시력 정도를 고려하여 농맹인과 보다 가까운 거리를 유지하면서 수어를 하는 것이다.

(7) **손바닥 문자**(print on palm) 15중

① 손바닥 문자는 농맹학생의 손바닥에 대화 상대자가 집게손가락으로 크고 또렷하게 묵자를 써서 표현하는 것이다.

② 수어나 점자를 모르는 비장애인이 농맹인과 대화할 때 사용할 수 있다.

기출 LINE

15초) 점자를 주된 의사소통 수단으로 사용하는 농·맹 중복장애 학생이 왼손 손가락과 오른손 손가락을 3개씩 사용하여 상대방의 양손 손가락 위를 접촉하여 점자로 의사소통하는 방법을 지점자라고 한다.

(8) **지점자**(finger braille) 15중

① 지점자는 점자타자기나 점자정보단말기의 자판사용법과 유사하다.

② 양손의 손가락 6개에 여섯 점을 배정하여 상대방의 손가락을 접촉함으로써 소통하는 것으로 점자를 알고 있는 사람 간에 사용할 수 있다.

③ 상황에 따라 양손 지점자와 한 손 지점자를 사용할 수 있으며, 대화자 간에 마주 보거나 옆에 앉아서 하는 것이 모두 가능하다.

4 농맹아동 지도

1. 농맹의 정의

① 농맹의 출현율이 극히 저조하다고 하더라도 농맹장애는 완전하게 잠재성을 개발할 기회를 제공하기 위하여 신중하고 특별한 교육접근을 필요로 하기 때문에 별도의 장애 유형으로 강조되어 왔다.

② 완전하게 시각과 청각을 동시에 상실하게 된 경우는 촉각만이 오직 세상을 접하는 수단이 된다.

③ 농맹은 두 감각의 상실 정도로 보면 광범위한 요구를 보이는 집단이라고 볼 수 있다.

2. 농맹의 특수성 이해

① 농맹이라는 용어는 전혀 못 보고 못 듣는 상태를 나타내기 위해 쓰이지만, 실제로 농맹아동은 이질적인 집단의 구성원들로 각기 다른 청각손실과 시각손실 정도를 보이므로 의사소통능력을 개발하는 데 있어서 이 점이 고려되어야 한다.

② 주요 감각장애 외에 중복된 장애가 있는지, 어떤 장애가 있는지, 장애의 주된 원인이 무엇이었는지, 그 원인이 아동의 능력과 의사소통에 미치는 영향이 무엇이었는지, 장애발생연령을 알아 교육의 시작 시기를 고려할 수 있고, 장애발생 이전의 경험이 무엇이었는지를 파악하여 교육에 활용할 수 있을 것이다.

3. 농맹학생의 의사소통 양식

(1) 언어적인 의사소통 양식

① 농맹인을 위한 언어적인 의사소통 양식에는 구어, 수화, 점자를 대표적으로 들 수 있다. 농맹학생이 구어를 배우는 방법으로 타도마(Tadoma)가 활용된다.

② 농맹인이 청각과 시각에 장애가 있다는 점을 고려할 때 대체수단으로 촉각을 사용하여 표현하고 확인할 수 있는 수화가 활용되었다.

③ 잔존시각능력이 있는 농맹학생은 상대방의 수화를 눈으로 보아 확인한다. 그러나 시각활용이 가능하지 않은 경우는 상대방의 수화하는 손을 손으로 만져서 확인한다. 농맹학생은 상대방의 수화를 확인하기 위해 상대방의 손 위에 자신의 손을 얹어 상대방의 손 모양을 일일이 확인한다. 이것을 촉각수화(tactile sign language)라고 한다. 농맹학생은 자신의 의사를 수화로 표현한다.

④ 농맹인이 점자를 활용하게 되는 경우는 점자를 활용한 의사소통보조구를 사용할 수 있다. 예를 들면, Tellatouch는 소형 타자기에 비유되며, 키보드나 6개의 점자키를 사용하여 타이프를 치면 농맹인의 손가락으로 읽을 수 있도록 점자 모양이 올라오게 하는 기구이다.

⑤ 점자 알파벳 카드는 주머니 크기의 카드로 점자와 글자가 인쇄되어 있는 카드이다.

⑥ 이런 보조구를 사용하지 않고 직접 농맹학생의 손바닥에 글자를 직접 써 주거나 손가락 끝으로 점자를 찍듯이 눌러 주어 소통을 할 수도 있다.

키워드 Pick

(2) 비언어적 의사소통 양식

① 한 가지 양식만 사용하는 경우도 있지만 구어, 손짓, 몸짓을 모두 사용하는 총체적인 의사소통접근(total communication approach)이 가능한 경우도 있다.

② 태어날 때부터 농맹을 보이는 아동들은 상징수단인 언어를 사용하지 못하고 단지 신체 움직임으로 소통하는 비상징적 또는 상징 이전의 의사소통 수준을 보이기도 한다.

③ 반 다이크(van Dijk)는 농맹학생과 교사가 신체 움직임을 단서로 활용하는 공동 움직임법(coactive movement)을 개발하여 소통하는 데 성공하였다.

기출의 맥

농맹학생의 의사소통방법은 주로 기본 개념이 출제됩니다. 각 방법의 기본 개념을 정확히 알아 두세요!

(3) 농맹학생의 의사소통방법 16유, 15중

의사소통방법	정의
촉각단서 (Touch cue)	• 아동의 몸을 접촉하여 이루어지는 의사소통 촉진방식. 예를 들면, 먹으라는 단서로 아동의 입술을 가볍게 만져 준다. 촉각단서를 사용하여 아동이 다음에 해야 할 활동을 알려 주고 적절하게 반응하도록 유도
사물단서 (object cue)	• 아동이 눈으로 볼 수 있게 제시하거나 아동의 몸에 대주어 촉각으로 느끼게 하는 사물. 이 사물은 의사소통 촉진수단으로 사용된다. 예를 들어, 아동의 손에 만져진 수건은 얼굴을 닦으라는 행동을 의미함. 사물은 아동이 해야 할 활동을 알려 주는 상징물로 사용되는 것
제스처, 몸짓언어 (body language) 및 소리내기 (vocalization)	• 의사소통을 하기 위하여 신체를 사용하여 제스처와 몸짓언어를 사용하는 것. 몸짓언어에는 몸의 자체, 위치, 근긴장도 및 얼굴 표정, 구강 움직임, 호흡 패턴, 눈 응시의 변화, 사지의 움직임, 시작과 멈춤을 의미하는 움직임이 포함됨 • 소리내기는 특정 단어로 말을 하지는 않고 'ㅁㅁㅁ' 등으로 소리를 내어 자신에게 관심을 가져 달라거나 자신이 원하는 것이 있다는 것을 알리거나 상대방과 상호작용을 원한다고 표현하는 것
사물상징 (tangible symbols)	• 개념 혹은 활동을 나타내기 위해 사용되는 사물(사물의 일부 혹은 전체, 그림 혹은 촉각자료) 같은 물품들(items)을 말함. 실물상징에서는 공식적인 언어에 필요한 인지능력은 요구되지 않음. 사물 같은 물품들은 특정 아이디어를 나타내는 상징으로 활용 가능
수화	• 손과 팔 움직임, 생활 속에서 자연스럽게 사용하는 제스처, 몸과 얼굴의 움직임과 몸과 얼굴을 통한 표현을 상징적으로 사용하는 공식 언어
촉각수화	• 촉각을 사용하는 수화. 농맹학생과 대화 상대자 둘 다 촉각을 사용할 수 있거나 농맹학생만 혼자 촉각으로 상대방의 수화를 확인한 뒤 상대방이 시각으로 확인할 수 있도록 수화를 하거나 말로 표현하는 것
지화	• 시각으로 혹은 촉각으로 만져서 알 수 있도록 각 글자를 손으로 모양을 만들어 표현하는 것
구어	• 말소리로 표현하는 것
점자	• 촉각을 사용해서 느낄 수 있도록 볼록점으로 만들어 주는 것
확대프린트	• 시각장애인이 볼 수 있는 크기로 써 주는 것
손바닥에 쓰기	• 검지로 손바닥에다 직접 써 주는 것

09 보행교육

① 보행의 이해 15유, 11 · 12 · 18중

1. 보행의 정의

보행은 목적지까지 독립적이고 안전하고 효율적이며 품위있게 도달하는 행위로, 이동과 방향 정위의 2가지로 구성된다.

이동	신체를 사용하여 목적지까지 걸어가는 신체동작과 행동
방향정위	잔존 감각을 이용하여 보행 구간의 주변 정보를 수집 · 분석하여 현재 자신이 어디에 위치해 있고 어느 방향으로 가야 하는지를 판단하는 인지 과정

2. 보행의 원리

① 보행교육 장소는 환경확대법에 따라 해당 학년의 교실 · 복도 → 학교 건물 전체 → 학교 운동장 → 학교 인근 지역사회로 확대해 나간다. 즉, 작고 친숙한 장소에서부터 넓고 낯선 장소로 확대한다.

② 보행기술은 나선형 원리에 따라 쉽고 간단한 기술부터 어렵고 복잡한 기술 순서로 위계적으로 지도한다.

③ 보행 자세와 기술은 장애물이 없는 안전한 장소에서 먼저 지도한 후 장애물이 있는 실제 장소에서 실습하도록 한다.

④ 보행기술은 학생의 연령 및 발달 수준을 고려해 처음에는 '경험하기 · 모방하기 수준'에서 보행에 대한 관심과 자신감을 높이는 데 주안점을 두고, 점차 보행 자세와 기술의 정확성과 숙달에 주안점을 두어 지도한다.

⑤ 보행기술은 과제분석을 통해 한 단계씩 정확한 자세와 세부기술을 익히도록 지도하고, 보행기술을 혼자서 능숙하게 사용할 수 있게 충분히 연습하도록 한다.

⑥ 보행 지도과정에서 촉각 교수법과 언어적 · 신체적 촉진 등을 통해 바른 자세와 기술을 익히도록 한다.

⑦ 안내 보행, 보행 기초기술, 흰지팡이기술은 보행 상황에 따라 왼손과 오른손을 번갈아 사용할 수 있도록 지도한다.

기출 LINE

12중) 보행훈련의 목적은 잔존감각과 인지기능을 최대한 활용하여 자신의 목적지까지 안전성, 효율성, 품위를 갖추어 독립적으로 이동할 수 있도록 하는 것

키워드 Pick

3. 보행의 종류

(1) 안내법

① 시각장애인이 안내자의 반 보 뒤에 서서 자신의 팔의 상박부와 전박부가 90°가 되게 하여 안내자의 팔꿈치 위를 잡고, 안내자와 함께 보행하는 것이다.

② 장점과 단점

장점	• 보행이 안전하고 효율적이다. • 안내자가 환경에 대한 정보를 대신 처리한다. • 운동감각적 인식, 방향정위, 개념 등과 같은 기술을 발전시킨다.
단점	• 안내자가 시각장애인을 안내하는 방법을 정확하게 모르면, 시각장애인이 불편해 할 수 있다. • 의존성을 갖게 한다. • 시각장애인이 환경적 정보와 방향정위에 주목하지 않게 된다.

(2) 지팡이 보행

① **지팡이의 역할**: 범퍼와 탐색의 역할 13중

② **지팡이의 종류**: 정형 지팡이, 접는 지팡이, 긴 지팡이

③ **장점**: 물체와 보행 표면의 정보 제공, 기동성, 가격 저렴, 관리 유용

④ **단점**: 상체보호 불가능, 세찬바람 시 사용 불가능

(3) 안내견 보행 11 · 12 · 24중

범용상 난점	• 많은 시각장애인이 보행시력을 갖고 있다. • 안내견은 시속 5~7km의 빠른 속도로 걷기 때문에 신체적으로 허약하거나 연로한 시각장애인은 안내견을 사용하기 어렵다. • 대부분의 안내견 학교는 개를 보호할 책임감 때문에 적어도 16세 이상의 시각장애인에게만 훈련을 실시한다. • 일부 시각장애인은 개를 좋아하지 않거나, 다른 수단을 선호한다.
장점	• 머리 높이나 통로에 있는 장애물을 피할 수 있다. • 안전하지 못한 상황에서 지적으로 불복종할 수 있다. • 빠른 속도로 자신감을 가지고 보행할 수 있다. • 시각장애인이 안전보다 방향정위에 집중할 수 있기 때문에 익숙하지 않은 지역에서 보행하는 데 편리하다. • 안내견을 사용함으로써 사회적 접촉과 상호작용이 촉진된다.
단점	• 안내견을 빗질하고 먹이고 돌보는 데 시간이 많이 걸린다. • 안내견을 사용하지 않을 때 기다리게 하기 어렵다. • 시각장애인보다 안내견이 주위 사람의 주목을 끈다.

기출 LINE

18중) 위험한 상황에서 안내견이 '지적 불복종'한다는 것을 인식하게 함

하네스(harness)
하네스는 시각장애인과 안내견이 서로의 움직임을 전달하고 안전하게 보행할 수 있도록 설계된 가죽장구를 말하며 안내견이 보행 중에 착용하게 된다.

장애인 보조견 표지
장애인 보조견임을 증명하는 것으로, 대중교통 수단에 탑승하거나 공공장소 및 숙박시설, 식당 등 여러 사람이 다니거나 모이는 곳에 출입할 수 있도록 도와준다.

안내견 인식 목줄
안내견 학교의 이름과 전화번호가 기재되어 있어 비상상황이나 급한 연락이 필요할 때는 표시된 연락처로 연락이 가능하다.

안내견 옷(조끼)
훈련 또는 활동 중인 안내견은 노란색(형광) 옷을 착용하며 퍼피워킹 중인 1년 미만의 강아지들은 빨간 색 옷을 착용한다.

[출처: http: //www.dog.samsung.com]

| 안내견의 표시 |

4. 전자보행기구에 의한 보행

① **정의**: 일정한 범위 또는 거리 내에서 환경을 지각하기 위하여 전파를 발사하고, 그로부터 받은 정보를 처리하여 환경과 관계되는 정보를 사용자에게 알려 주는 기구

② **종류**: 진로 음향기, 모와트 감각기, 소닉가이드, 레이저 지팡이 등 30여 개

Plus

대체 보행기구의 유형과 특성

유형	예시	장점	단점
유아용 보행기구	워커, 스트롤러	• 부분적으로 신체를 보호할 수 있다. • 다리를 튼튼하게 한다. • 상점에서 구입하기 쉽다.	• 부적절한 운동 패턴을 조장할 수 있다. • 두 팔과 다리로 기는 연습 기회를 제한할 수 있다. • 감독자 없이 사용하면 다칠 수 있다.
장난감	카트, 골프채, 빗자루	• 부분적으로 신체를 보호할 수 있다. • 유아동용 장난감이기 때문에 사용하기 쉽고 재미있다. • 나이에 적절한 것을 고르기 쉽다. • 상점에서 구입하기 쉽다.	• 휴대하기 어렵다. • 접기가 어렵다. • 내구성이 부족하다. • 촉각적으로 잘 전달하지 못한다.
대체 보행기구	T자형 지팡이, 두 갈래 호크형 지팡이 등	• 장애물과 위험으로부터 신체를 적절히 보호한다. • 사용하기 쉽다. • 내구성이 좋다. • 촉각적으로 잘 전달한다.	• 훈련을 필요로 한다. • 장난감처럼 쉽게 구입하기 어렵다. • 다른 사람에게 장애유아로 보이게 한다.

키워드 Pick

농맹인을 위한 대안적인 보행방법

① 보행 지도 시 의사소통을 위해 신체 접촉을 더 많이 사용한다. 따라서 사회적으로 수용될 만한 신체 접촉의 정도와 방법에 대해 지도한다.
② 진동이나 공기 흐름의 변화 등을 통해 상황을 파악하는 농맹인을 위해, 발자국 소리를 의도적으로 크게 내거나 몸을 움직이는 동작을 더 크게 한다.
③ 방향정위를 촉진하기 위해 촉각지도를 제작하여 농맹인 교육생의 인지지도를 구성하게 한다.
④ 안내 보행기법을 사용하여 출입문을 통과할 때, 안내자가 출입문을 직접 열고 닫음으로써 보행상황에 대한 구두 설명을 줄인다.
⑤ 청각장애가 없는 시각장애인에게는 차도의 교통 흐름을 들으면서 보도 중간으로 걷도록 지도하는 반면, 농맹인에게는 건물 벽, 도로 연석, 잔디선 등을 활용하여 기준선 따라가기를 하도록 한다.
⑥ 흰지팡이 보행을 할 때 기본적으로 이점촉타법 대신 지면접촉유지법을 사용하도록 권장한다.
⑦ 흰지팡이는 일반적으로 수직으로 세웠을 때 사용자의 겨드랑이 높이에 도달할 만큼의 길이가 적절하지만, 농맹인에게는 그보다 긴 흰지팡이를 사용하도록 권장한다.
⑧ 흰지팡이를 사용할 때 양쪽 어깨보다 바깥으로 각각 5cm 폭만큼 넓게 호를 그리도록 지도하지만, 농맹인은 그보다 더 넓게 호를 그리며 흰지팡이를 사용하도록 지도한다.
⑨ 평형감각이 부족한 농맹인은 흰지팡이를 잡는 팔을 몸의 정중선에 두는 대신, 본래의 위치에 두면서 흰지팡이 팁으로 호를 넓게 그리도록 지도한다.
⑩ 청각을 촉각으로 전환시켜주는 택트에이드와 같은 전자보행보조도구를 제공한다.
⑪ 안내견을 사용하고자 하는 농맹인에게는, 말 대신 손 신호나 몸 동작을 인식하도록 지도받은 안내견을 배정한다.

5. 보행교육의 가치

구분	내용
심리적 가치	보행은 자신의 자아개념에 긍정적인 영향을 준다. 또한 환경 속에서 독립적이고 효율적으로 보행할 수 있다는 것은 자긍심뿐만 아니라 자신감을 높여 준다.
신체적 가치	보행은 공간 속에서 이동하는 기능이기 때문에 그 과정에서 신체적인 운동을 할 수 있다. 걷기와 같은 큰 근육운동과 지팡이를 사용하는 같은 작은 근육운동이 계속되고, 방향정위와 이동과정을 통하여 강화된다.
사회적 가치	훌륭한 보행기술을 습득하면 자신에게 보다 많은 사회적 기회가 부여되며, 그렇지 못한 경우에는 사회적 접촉의 양과 다양성 등에서 제약을 받는다.
경제적 가치	보행이 가능하면 고용의 기회가 증대되고 걷거나 교통기관을 이용함으로써 택시를 타는 것보다 경비를 절약할 수 있다.
일상생활에서의 가치	많은 일상생활활동은 보행 훈련에 의해 향상되고 촉진된다. 실내에서나 실외에서의 보행은 보행 훈련에서의 여러 기법을 필요로 하며, 그것이 보행 훈련의 일부분인 동시에 일상생활활동의 일부분인 것이다.

6. 보행을 위한 개념발달

(1) 시각장애 학생의 개념발달

시력은 물건과 자신의 몸, 특히 신체의 부위, 관계, 동작 기능 등을 포함한 인지능력을 발달시키는 데 중요한 지각체계일 뿐만 아니라 개념발달을 위한 효율적인 감각기관이다.

시각장애 아동	일차적으로 촉각을 통하여 개념발달, 공간 개념을 발달시키고 평가하는 데 장시간 소요
정안아동	시력을 사용(환경을 경험, 통제, 관찰)

(2) 보행과 관련된 개념발달

① **신체적 개념발달**: 신체 부위를 구별하는 능력, 신체 부위의 위치, 동작, 관계, 기능 등으로 신체개념에 관한 적합한 지식은 공간개념의 발달과 자신을 환경에 순응시키고 보행하는 과정의 중요한 요인이다.

② **공간개념의 발달**

㉠ **위치공간개념**: 전후, 상하, 좌우, 수직선, 평행선 등

㉡ **모양공간개념**: 원, 직사각형, 정사각형 등

㉢ **측정공간개념**: 거리, 양, 무게, 부피, 넓이, 길이, 크기 등

③ **환경적 개념발달**: 감각을 통하여 지각하는 것이다.

㉠ **지형과 관계되는 개념**: 구릉, 경사로 등

㉡ **촉각과 관계되는 개념**: 돌, 매끄러운 것, 단단한 것

㉢ **온도와 관계되는 개념**: 뜨거운 것, 차가운 것, 습한 것, 건조한 것 등

㉣ 환경적 개념에서 고정된 물건과 움직일 수 있는 물건의 특징과 차이를 이해하는 것은 선천성 맹아동에게 매우 중요하다.

(3) 시각장애인에게 사물과 환경에 대한 개념을 지도하기 위한 기본 원칙

① 실물을 우선으로 하는 구체성의 원칙으로, 실물을 만져 보게 한다. 실물을 사용할 수 없는 경우에는 실물과 최대한 유사하게 제작한 입체 모형을 제시한다. 모형 제작이 곤란한 경우 시각장애인이 이해하기 쉽게 단순화한 평면 촉각도를 사용한다. 실물, 입체모형, 평면 촉각도를 활용할 수 없는 경우에는 말로만 설명한다.

② 체험을 우선으로 하는 직접성의 원칙으로, 지도하고자 하는 환경에 대해 직접 탐색하거나 신체 동작을 신체로 취하게 한다. 직접 경험이 곤란한 경우 문서 자료나 구두로 설명한다.

③ 통합적 이해를 촉진하기 위한 체계성의 원칙으로, 전체를 부분으로 나누고 부분 간의 순서를 정한다. 부분을 모아 전체를 이해하도록 부분 간의 관계를 설명한다. 또한 지도하고자 하는 개념의 표상물 전체를 이해하도록 시각장애인에게 충분한 시간을 제공한다.

키워드 Pick

(4) 개념발달의 평가

① 맹아동의 신체상검사(BIBC : Body Image of Blind Children)
신체 부위를 변별하는 맹아동의 능력, 자신의 신체와 그 부위의 좌우, 상하, 신체의 면, 신체 운동에 대한 요구에 반응하는 능력, 자신에게 접촉하는 상대방의 동작을 확인하는 능력 등을 평가한다.

② 스탠포드 중다 감각기관 이미지검사(SMIT : Stanford Multi-modality Imagery Test)
맹인의 기능적 이미지를 평가하기 위한 것으로, 시각장애 성인을 대상으로 하는 공간 개념 검사이다.

③ 케파트검사(kephart scale)
시각장애 아동의 신체와 환경적 개념을 측정하는 것으로 아동에게 신체 부위나 환경의 개념을 말해주고 상상해서 설명한다.

④ 몸의 공간적 위치개념검사(concepts involved in body position in space)
6~14세 시각장애 학생의 공간개념을 평가하기 위한 것이다.

⑤ 힐 위치개념 수행검사(hill performance test of selected positional concept)
공간 속에서의 몸의 위치에 관한 개념검사를 개작한 것으로, 신체 부위의 위치 관계를 아는 능력, 서로의 관계에서 신체 부위를 움직이는 능력, 물건과 관계하여 신체를 이동시키는 능력, 물건과의 관계를 유지하는 능력 등을 평가한다.

⑥ 피보디 보행검사(peabody mobility scale)
신체상, 공간관계 등이 포함된 개념발달검사이다.

(5) 개념발달과 교사의 역할

① 아동을 평가하기 위하여 형식적, 비형식적 검사도구, 발달적 규준, 관찰 기록, 종합학생기록부, 부모와의 상담 결과 등을 사용한다.
② 학습할 중요한 개념의 목록을 작성한다.
③ 평가 결과를 교직원, 부모 등과 상의한다.
④ 중요한 개념을 포함시키기 위하여 과제를 분석하고, 수학과 같은 교과에 여러 가지 공간개념, 즉 기초적인 기하학적 도형, 평행선, 수직선 등을 포함시킨다.
⑤ 교과에서 여러 가지 중요한 개념을 소개한다. 예를 들면, 수학시간에 의자를 사용하여 원과 직사각형 형태의 물체로 자리를 재배치하는 활동을 한다.
⑥ 교과시간 외의 시간에 개념을 학습하고 복습할 기회를 준다.
㉠ 질의응답시간에 아동이 호명되기를 원할 경우에 '오른손을 들어라, 너의 손을 머리 위에 올려라, 왼쪽 어깨에 손을 대라.'와 같은 지시를 한다.
㉡ 아동의 과제물에 이름을 쓰는 곳을 다양화한다.
㉢ '선반의 왼쪽에 있는 책을 찾아라.' 또는 '교실의 옆문을 열고 나가 왼쪽으로 돌아 5m 앞에 있는 교무실에 다녀와라.'와 같이 공간개념을 나타내는 지시어를 사용한다.
⑦ 부모에게 아동의 개념발달에 관하여 설명하고 적합한 조언을 한다.

② 방향정위

1. 방향정위의 이해

(1) 정의

시각장애 아동이 처한 환경 속에서 의미가 있는 모든 대상들과의 관계를 파악하고 자신의 위치를 결정하기 위해 자신이 보유하고 있는 잔존감각을 활용하는 과정이다.

(2) 목적

시각장애 학생은 우선적으로 자신이 속한 공간과 의미 있게 실제로 도움이 될 수 있는 방식으로 관계를 수립하는 것이 중요하며, 이것을 통하여 환경을 조절하는 능력을 기르는 것이다.

(3) 방향정위를 위한 준비

① 환경 속에서 자신을 정위하기 위해서는 자신에 대한 개념뿐만 아니라 환경에 대한 개념을 가지고 있어야 한다.

② 독립적인 이동기술들인 직선 이동 유지, 몸 회전하기, 역동적인 자세 취하기, 트레일링, 자기보호법을 습득하고 있어야 한다.

③ 아동은 환경에서 전달되어 오는 감각정보들을 통합하는 능력이 탁월해야 한다.

④ 아동의 신체적인 면과 인지적인 면도 고려해야 한다.

2. 방향정위의 진행과정 22중

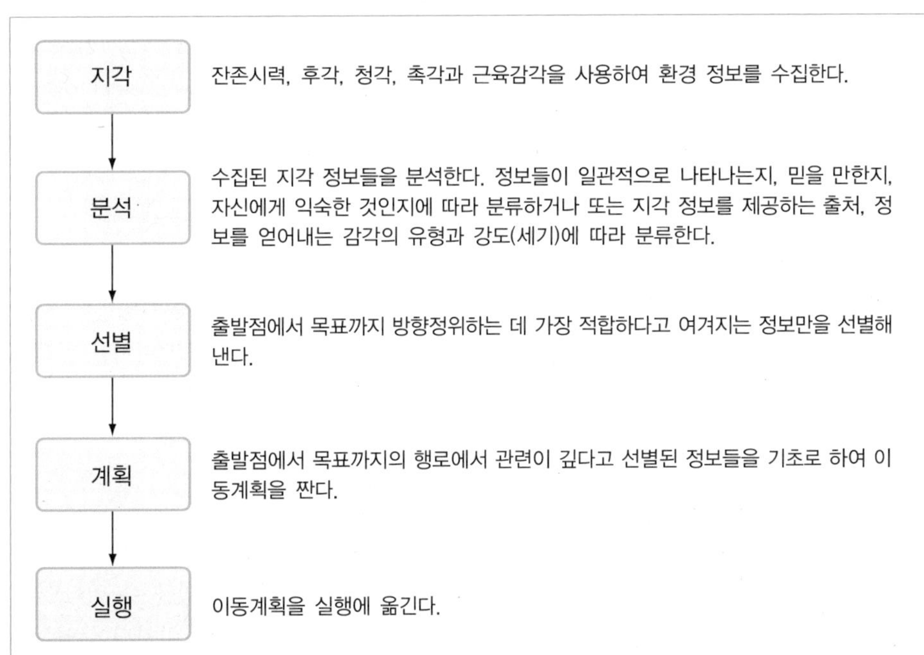

기출의 맥

방향정위는 보행의 중요한 한 부분입니다. 방향정위의 개념, 과정, 요소를 정확히 이해하고 정리해 두어야 합니다.

키워드 Pick

기출 LINE

13추중) 경호는 미술실로 가기 위해서 친구들이 지나다니는 발자국 소리와 계단 앞의 점자블록을 이용해 계단 난간을 찾았다.

3. 방향정위의 기본요소(공간개념의 체계)

(1) 지표(랜드마크) 15초, 13 · 25중

① 친숙한 사물, 소리, 냄새, 온도 또는 촉각단서들로 재확인되기 쉽고 항상 활용 가능하다.
예 계단, 자동판매기, 우체통 등

② 보행자에게 환경 내의 특정 위치를 알려주는 지각적 특징이다.

③ 쉽게 인지되고, 지속적이며, 환경 내의 영구적 위치를 점유하는 친숙한 사물, 소리, 냄새, 온도, 촉각단서 및 시각단서를 말한다.

④ 랜드마크의 특징
㉠ 일정 기간 고정되어 있고,
㉡ 특정 환경의 고유한 특징을 드러내며,
㉢ 쉽게 인지되어야 한다.

⑤ 랜드마크의 유형

1차 랜드마크	환경 내에 항상 존재하며, 보행경로에서 반드시 인지하게 되는 것 예 점자블록
2차 랜드마크	쉽게 인지되고, 영속적이며, 환경 내 위치를 분명하게 알려 주기는 하지만 시각장애인 보행자가 놓칠 수 있는 랜드마크 예 보도의 가로폭 전체 대신 중앙 40cm 폭만큼 설치한다면, 왼쪽 또는 오른쪽으로 치우쳐 보행하는 시각장애인은 중앙의 점자블록을 발견하지 못할 수 있다. 점자블록이 랜드마크이기는 하지만 시각장애인이 발견하지 못할 수 있다는 점에서 2차 랜드마크는 1차 랜드마크와 다르다.

(2) 단서 13중

① 청각, 후각, 촉각, 근육감각이나 시각자극물로 자신의 위치를 파악하거나 이동 방향을 결정하는 데 학생들에게 쉽게 활용될 수 있다. 지표와는 달리 영구적이지 못하고 쉽게 바뀌는 것이 특징이며 꽃가게, 음식점 등이 해당한다.

② 보행 도중 특정 순간, 공간에 관한 정보를 알려 주는 감각자극을 말한다.

③ 예: 엘리베이터는 실내 보행에서 활용하기 좋은 랜드마크이다. 그러나 때로는 그 랜드마크 자체를 찾지 못할 수 있다. 시각장애인이 엘리베이터를 찾고 있는데, 어느 순간 엘리베이터가 도착하면서 벨소리가 난다면 이는 엘리베이터의 위치를 알려 주는 단서이다.

(3) 정보점 15초

① 랜드마크와 같이 방향정위를 형성하는 데 유용하다.

② 다른 사물의 특징과 결합하여 보행자의 정확한 위치를 알려 주는 특징이다.

③ 예: 대형 건물의 복도에는 엘리베이터가 여러 곳에 설치되어 있을 수 있다. 엘리베이터는 각각 랜드마크로 활용될 수 있는데, 예를 들어 소화전이 비치되어 있는 엘리베이터는 건물의 남쪽 복도라는 것을 알려주는 정보점이다.

(4) 번호체계

번호체계는 환경이 어떤 순서로 구성되어 있는지를 알게 해 준다. 건물 안에 방들은 특정한 숫자체계에 의해서 배열되어 있다. 또한 건물 밖의 거리나 건물들도 특정 숫자체계에 따라 구성되어 있음을 알고 동시에 활용한다.

(5) 환경규칙의 일반화

① 건물 내의 번호체계

기준점 방식	특정 위치의 방에 가장 낮은 번호를 매기고 그 방의 양쪽으로 가면서 높은 숫자의 번호를 매기는 체계
참고선 방식	특정 방향에 있는 방에는 일관된 번호를 매기는 방식으로, 예를 들면, 특정 복도를 기준으로 한쪽에 있는 방에는 모두 홀수 번호를 매기고 다른 쪽에 있는 방에는 모두 짝수 번호를 부여하는 방식

② **주소체계**: 주소체계를 알아두면 방향정위를 하는 데 유용하다. 예를 들어 미국에서는 시내 중심가를 기준으로 동서 혹은 남북 방향으로 구획마다 도로의 번호를 매긴다.

③ **지하철의 형태**: 일반적으로 상대식과 섬식으로 구분한다. 상대식의 경우 승강장은 철로를 사이에 두고 양쪽에 있고, 섬식의 경우 승강장은 중앙에 있고, 철로가 승강장을 사이에 두고 양쪽에 각각 있다.

④ **도로환경**: 도로환경도 일정한 규칙에 따라 조성되어 있다. 차도는 양쪽으로 약간 경사가 있어 배수를 용이하게 한다. 주차요금함은 차도와 평행한 방향으로 놓여 있고, 대부분 차도와 보도 사이에 설치한다. 보도는 차도보다 높고 편평하며, 경우에 따라서는 경사지다.

(6) 측정

단위를 사용하여 사물이나 공간의 치수를 정확히 또는 대략적으로 파악할 수 있다.

(7) 나침반 방위

나침반 방향인 동서남북이 주로 사용되며 북서, 북동, 남서, 남동을 포함시켜 팔방을 사용할 수 있다. 또는 더 자세한 방향을 나타내기 위해 시계 방향이 사용될 수도 있다.

키워드 Pick

(8) 친숙화과정

위의 요소에서 얻는 정보를 활용하여 환경을 파악하는 방향정위 활동으로서 어떤 환경에서 기능할 때 필요한 정보는 무엇인가, 정보를 어떻게 획득할 수 있는가, 이 정보들을 어떻게 활용할 것인가에 대한 답을 알아내야 한다. 환경 파악방법인 둘레 파악법과 수직횡단 파악법을 사용할 수 있다.

① 실제 적용

㉠ 기본 중심점이 될 수 있는 문의 방향을 파악한다.

㉡ 출입구를 쉽게 확인시켜 주는 지표와 단서를 파악하여 둔다.

㉢ 문이나 출입구의 위치를 기준으로 복도의 방향이 수평인지 직선인지 알아본다.

ⓔ 지표나 단서를 파악하기 위해 환경을 즉각적으로 탐색해 들어간다.
ⓕ 점점 탐색의 범위를 넓혀 간다.
ⓖ 환경의 유형을 알아 둔다.
ⓗ 다른 층으로 옮겨 갈 때 도움이 되는 단서나 지표가 있는지 알아 둔다.
ⓘ 기본 중심점에서 반대편 복도까지 둘레 파악법으로 살펴보고 다시 본래 중심점으로 돌아오는 것을 5~7회 반복한다.
ⓙ 위의 내용들이 성공적으로 이루어진 후에 아동은 일반인에게 도움을 청해서 건물의 번호체계를 알아 두도록 한다.
ⓚ 다른 층으로 옮겨 가서 자신이 알아 놓은 정보들을 적용시키면서 친숙화과정을 다시 밟아 간다.

② 새로운 환경을 파악하기 위해 촉각 지도, 안내 보행, 구두 설명을 활용하기도 하지만 스스로 새로운 환경을 탐색하는 자기익숙화전략도 활용한다.

③ 새로운 환경에 대해 보행자와 사물 간의 관계를 파악하는 과정(자기익숙화) 15초

주변 탐색	보행자가 특정 환경의 전체적인 윤곽을 이해하기 위해 특정 공간의 주위 경계를 각각 탐색하고 각 경계면의 특징을 반영한 이름을 붙여 기억하는 것 예 어느 복지관 1층에 있는 강당의 구조를 파악하기 위해 강당 전체를 탐색하면서, 출입구가 있는 왼쪽 벽면, 정수기가 배치된 뒤쪽 벽면, 내빈을 위한 안락의자가 배열된 오른쪽 벽면, 무대 단상이 있는 앞면 등을 기억하면서 탐색하는 것이 주변 탐색을 활용하여 자기익숙화를 하는 것이다.
격자 탐색	특정 환경을 바둑판과 같이 구획을 설정하여 전후 또는 좌우 방향으로 체계적으로 이동하면서 사물의 위치를 파악하는 것 예 강당을 상세히 탐색하고자 하는 경우, 단상 왼쪽 앞에 정수기가 놓인 뒤쪽으로 이동한 후 오른쪽으로 몇 발자국 옮겨 다시 단상 앞으로 오면서 보행경로마다 어떤 사물이 있는지를 파악하는 것이다.
기준점	환경 자체를 탐색하기 위해 어느 지점에 있든지 간에 쉽게 되돌아와 활용할 수 있는 기준 예 강당을 익히고자 하는 시각장애인은 출입구를 기준점으로 삼아 강당 내 어느 지점에 있든지 간에 사물들 간의 배열을 파악하기 위해 필요할 때마다 기준점을 재확인하면서 방향정위를 하는 전략이다.

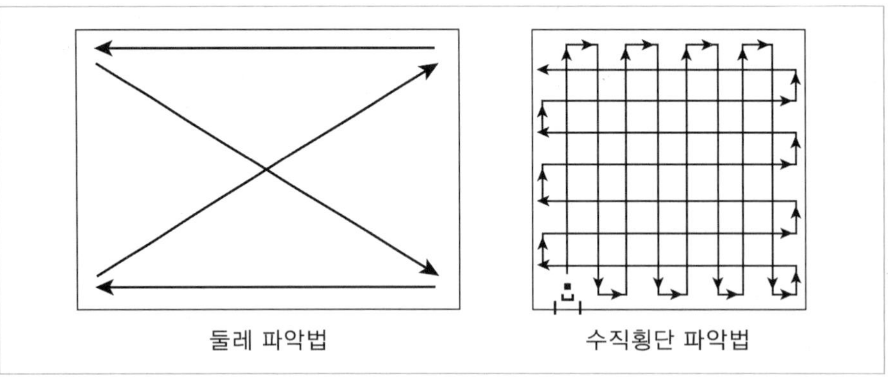

| 환경 파악법 |

(9) 기준위치

① 공간에 대한 사고 및 행동을 위한 것이다.

② 기준위치의 종류

자기중심 기준위치	환경과 사물에 대한 정보를 자신의 현재 위치를 기준으로 지각하고 기억하며 활용하는 것
사물중심 기준위치	사물과 사물 간의 관계(사물중심 기준위치에 근거한 공간정보는 지표중심 정보, 극중심 정보, 지도제작중심 정보로 세분화)

③ 일상적인 보행 장면에서 사물의 위치를 설명할 때 사물중심 기준위치보다 자기중심 기준위치를 무의식적으로 사용하는 것이 흔하다.

④ 자기중심 기준위치에 따른 공간관계에 대한 인지는 점차 사물중심 기준위치에 따른 공간관계 인지능력으로 발달한다.

⑤ 사물중심 기준위치로 방향정위를 할 경우, 장소나 사물의 관계는 변하지 않고 보행자의 이동에 의해 영향을 받지 않는다.

(10) 인지지도 15초

① 환경의 공간구조나 사물의 위치와 공간구조나 사물의 위치와 공간 관계에 대한 정신적 이미지이다.

② 인지지도는 사물중심 기준위치에 따라 랜드마크, 보행경로, 사물들 간의 거리와 방향을 표상화한 것이다.

③ 시각장애인이 환경 내에서 독립적으로 보행한다면 그 환경에 대한 인지지도를 형성하고 있다는 것을 의미한다.

④ 인지지도의 종류

경로 인지지도	출발지점과 목표지점의 두 지점을 연결하는 경로에 대한 방향과 거리 및 경로 중 랜드마크 등에 대한 정신적 표상을 가리킴
총체 인지지도	특정 환경 전체 및 환경 내 사물들 간의 위치관계 등에 대한 인지적인 표상

⑤ 경로 인지지도를 먼저 형성하고 나서 점차 총체 인지지도를 확보하는 것이 시각장애인의 방향정위전략이다. 처음 접하는 환경에서는, 더욱이 복잡한 환경일수록, 경로 인지지도를 형성하여 보행하면서 점차 총체 인지지도를 형성해 가는 것이 실용적이다.

⑥ 자기대화와 평행대화도 인지지도를 촉진하는 데 유용하다.

자기대화	교육생이 보행하는 과정 내내 자신이 생각하고 행동하는 것을 말로 표현하는 것
평행대화	보행지도사가 교육생의 보행과정을 말로 진술하는 것. 교육생이 자신의 움직임이나 신체언어를 자각하지 못할 때 특히 유용한 지도전략임

⑦ 시각장애 여부에 따라 인지지도 형성의 속도와 정확성은 차이가 있기는 하지만 보행지도사는 선천적 맹인도 인지지도를 형성할 수 있다는 점을 주목하여야 한다.

기출 LINE

15초) 새로운 교실 환경에서 방향정위를 습득한 근우는 친구들과 사물들의 위치, 사물들 간의 거리를 인지적으로 형상화하게 됨으로써 교실에서 독립적이고 안전하게 이동할 수 있게 된다. 이때 근우는 교실 환경에 대한 인지지도를 형성한 것으로 볼 수 있다.

키워드 Pick

⑧ 선천적 시각장애인은 고유수용감각, 운동감각, 촉각 등 근거리자극 및 자기중심 기준위치를 기초로 공간 정보를 조직하는 데 비해, 후천적 시각장애인은 원거리자극 및 사물중심 기준위치를 기초로 공간 정보를 조직화하다.

⑨ 선천적 시각장애인은 공간 정보를 경로 인지지도로 조직하는 데 비해, 후천적 시각장애인은 공간 정보를 총체 인지지도로 조직하는 경향이 있다.

(11) 공간갱신

① 보행자가 보행경로를 따라 이동하면서 자신과 사물 간의 거리와 방향변화를 지속적으로 파악하는 과정이다.

② 보행지도사는 지도계획을 수립하기 이전에 학생의 공간갱신능력을 평가하여야 하는데, 이는 공간갱신은 효과적인 방향정위를 위한 필수 요소이기 때문이다.

③ 공간갱신은 특히 시각장애아동이나 시각중복장애인에게 중요한 지도내용이다. 공간갱신능력은 선천적 시각장애인과 후천적 시각장애인 간에 차이가 없다.

4. 방향정위의 구성요소

(1) 감각

시각	• 여러 유형의 감각 중 방향정위를 하는 데 가장 효율적이고 효과적인 감각이다. • 현재의 위치와 주위 환경, 목적지의 방향과 위치, 현재지점과 목표지점의 거리 및 경로, 보행경로와 주변 환경에 대한 정보를 동시에 통합적으로 제공한다.
청각	• 청각은 사물이나 목표지점의 방향과 거리에 관한 정보를 제공해 줄 수 있는 감각이다. • 시각장애인은 청각을 통해 자신과 벽 사이의 거리, 벽의 연속 여부 등을 파악할 수 있다.
촉각	• 특히 발바닥으로 수집하는 정보도 방향정위에 유용하다. • 촉각은 원거리 정보 대신 근거리 정보만을 제공하는 것이 시각 및 청각과의 차이점이다.
고유수용 감각	• 고유수용감각이란 근육과 관절 신경자극의 결과로 발생하는 신체의 위치에 대한 감각이다. • 정차했던 지하철이 출발할 때, 시각장애인이 만약 몸이 왼쪽으로 기울어지는 것을 느낀다면 이는 지하철이 오른쪽으로 달리고 있다는 것을 의미한다. 이러한 판단은 단순히 감각만을 활용하는 것이 아니라 인지능력을 동시에 적용하는 것이다. 자신의 몸이 왼쪽으로 기울어지는 것을 감지하는 것이 고유수용감각이며, 정지한 사물은 정지하고자 한다는 관성의 법치에 대한 지식이 있을 때 고유수용감각을 통해 습득한 정보를 방향정위에 활용할 수 있다.
운동감각	• 몸을 움직일 때 근육과 관절에 전달되는 신경자극을 기초로 하는 감각이다. • 효과적인 방향정위를 위해서는 회전할 때의 각도 등을 파악할 수 있는 운동감각 기술을 익혀야 한다.

(2) 인지

① **주의집중**: 잔존감각을 최대한 활용하기 위해서 외부 사물과 환경에 대한 정보를 능동적이고 선택적으로 수집할 때 필요하다.

② **기억 및 정보처리**: 감각등록, 단기기억, 장기기억 등

③ **기초개념**: 개념이란 사람, 환경, 사물, 물리적 속성, 사건, 행동 등에 대한 정신적 표상이다. 시각장애는 사물이나 환경에 대한 통합적인 관찰의 제한을 초래하므로 시각장애인은 사물이나 환경에 대한 개념이 부족하다.

신체개념	• 신체 각 부위의 명칭과 위치, 기능, 운동 범위, 부분 간의 관계 • 팔꿈치는 앞으로 구부릴 수는 있지만 뒤로 구부릴 수 없다는 것을 이해한다면, 그것은 신체 각 부분의 운동 범위에 관한 개념이 있기 때문 • 보행지도사는 훈련 대상자가 신체개념을 습득하고 있는지를 평가하여야 함
공간개념	• 위치, 모양, 측정 등에 대한 개념 • 신체개념은 자기중심으로 공간에 대한 구조와 특징을 이해하는 기초가 되는 데 비해, 공간개념은 사물을 중심으로 환경 내 사물과 사물의 위치, 배열 등을 이해하는 데 기초가 됨 • 위치개념은 앞과 뒤, 위와 아래, 왼쪽과 오른쪽, 안과 밖 등 • 모양개념은 삼각형, 직사각형, 정사각형, 원, ㄱ자, ㄷ자, T자 등에 대해 설명하는 데 유용 • 측정개념은 거리, 시간, 양, 무게와 부피, 넓이와 깊이, 크기 등을 나타내는 단위 • 시각장애인이 공간에 관한 구조를 파악하기 위해서는 거리, 각도, 크기 등에 대한 개념이 있어야 함 • 특히 거리에 대한 측정개념이 중요
환경개념	• 보행에 영향을 주는 자연환경과 인공물이 지니는 특징 및 규칙성에 대한 지식 • 건물 내 화장실의 경우 세면대는 대부분 출입구 근처에 설치되어 있으며, 건조기나 휴지통은 세면대와 직각으로 놓인 벽면에 부착되어 있음. 이러한 규칙성에 대한 환경개념을 습득하고 있는 시각장애인은 그렇지 않은 시각장애인보다 화장실에 대한 방향정위를 더 정확하고 신속하게 함 • 환경개념은 사물, 지형, 촉감 및 기후 개념으로 세분화할 수 있음

키워드 Pick

5. 보행을 위한 청각활용

기출 LINE

24중) 사거리 신호등의 신호에 따라 대기하고 있는 자동차 소리와 출발하는 자동차 소리의 차이를 들었음

(1) 보행을 위한 청각기술 훈련 24중

소리인식	보행환경 주변에서 나는 소리를 들을 수 있는 것을 말한다.
소리식별	수돗물 소리, 체육관에서 공 튀기는 소리, 엘리베이터 소리, 오토바이 소리 등처럼 소리의 정체가 무엇인지 아는 것이다.
소리변별	소리가 나는 여러 사물 중에 같은 소리, 다른 소리, 특정 사물이 내는 소리를 구분해 내는 것을 말한다.
소리위치 추정	소리가 나는 곳을 알고 도달할 수 있는 것을 말한다. 소리의 방향과 크기를 통해 거리를 가능한 한 정확하게 판단하는 것이 중요하다.
소리추적	사람이나 차량처럼 소리 나는 대상을 따라가는 것을 말한다. 보행교사가 박수를 치면서 앞서가면 학생이 박수 소리를 듣고 따라가기 등이 해당된다.

(2) 보행 시 활용하는 주요청각기술

소리위치 추정	• 두 귀로 소리를 들을 수 있는 능력은 시각장애인 보행자에게 매우 중요하다. 각각의 귀에 도달하는 신호가 상이한 특징을 나타내므로 소리위치를 측정할 수 있다. 시각장애인은 소리위치를 측정하여 환경 내 사물의 위치를 파악하고 안전하게 보행한다. • 소리위치 추정은 음원의 방향과 거리에 대한 지각이다. 수평 방향은 방위각으로 나타내고, 수직 방향은 고도각으로 나타낸다. • 소리위치 추정은 주파수와 같은 파장단서뿐만 아니라 도착시간 및 강도 등에 따라 달라진다. • 소리위치 추정은 음원의 방향뿐만 아니라 거리를 추정하는 것이다.
자동차 소리 활용	• 보행자가 자동차 소리를 들을 수 있는지 여부는 보행자의 청력 수준과 음압 수준을 자동차 소리와 배경 소음을 비교함으로써 결정한다. • 자동차의 소리주파수와 소리강도는 기어단계, 운전 속도, 도로 표면, 기후 및 교통 상황의 영향을 받는다. • 정지했다가 출발하면서 가속도를 내는 자동차 소리와 다가오는 자동차 소리가 시각장애인의 보행에 특히 중요하다.
반향음 활용	• 반향음을 잘 활용하는 시각장애인은 그렇지 못한 시각장애인보다 더 세련되고 품위 있게 보행할 수 있다. 그것은 반향음 활용이 시각 이외의 감각을 통해 공간지각을 촉진시키기 때문이다. • 반향음을 잘 활용하는 시각장애인은 접촉하기 전에 큰 사물과의 충돌을 피할 수 있고, 벽이나 보행경로의 기준선을 일정한 간격으로 따라갈 수 있으며, 골목 등을 찾을 수 있고, 반향음 지속 여부를 기준으로 건물의 연속과 단절을 판단할 수 있으며, 벽을 만지지 않고서도 복잡한 건물 내에서 모퉁이를 돌아갈 수 있다. • 시각장애인의 반향음 활용은 다양한 모델로 설명되어 왔다. 손가락 튀기기, 발자국 소리 등 자신이 내는 소리와 그 소리의 반사를 비교함으로써 정보를 획득하는 반향음 위치 추정 모델이 그중 하나이다.

(3) 사운드 마스크와 사운드 섀도 24중

맹학생은 흰지팡이나 발과 손 같은 신체를 통해 들어오는 촉각 정보와 더불어 청각 정보를 방향정위에 주로 활용한다. 보행 중에 방향정위를 위해 설정한 청각단서를 들을 수 없게 되면 방향정위에 어려움을 겪을 수밖에 없다. 보행 중에 청각단서를 이용하는 것을 방해하는 주요 원인인 사운드 마스크와 사운드 섀도에 적절히 대처하는 방법을 익히는 것도 필요하다.

사운드 마스크	• 사운드 마스크는 청각단서가 주변의 소음으로 인해 들리지 않는 현상으로, 인도 보행 중에 주변 공사 소음으로 인해 차량의 진행음, 카페 음악, 횡단보도, 신호음 등을 들을 수 없는 경우이다. • 소음이 일시적인 것이면 소음이 사라질 때까지 기다리거나 촉각이나 후각 같은 다른 감각정보를 이용하여 천천히 이동하거나 행인에게 도움을 요청할 수 있다.
사운드 섀도	• 사운드 섀도는 보행 도중 청각단서가 나오는 곳과 시각장애 학생 사이에 큰 물체나 구조물이 있어 청각단서가 차단되어 잘 들리지 않는 현상이다. • 인도를 걷는 중 음원과 시각장애 학생 사이에 공사를 위한 대형 칸막이가 있는 경우이다. 청각단서를 차단하는 것이 일시적인 것이면 지나갈 때까지 기다리거나 촉각이나 후각 같은 다른 감각정보를 이용하여 천천히 이동하거나 행인에게 도움을 요청할 수 있다. • 다만 사운드 섀도는 버스 정류장 등을 찾을 때 활용할 수 있는데, 인도에서 버스 정류장을 지나치는 동안 버스 정류장 유리벽으로 인해 차도의 차량 소리가 잠시 작아지기 때문이다.

(4) 청각기술 지도의 두 가지 접근

분리형	• 보행에 필요한 기초적인 청각기술 그 자체를 개발하는 것이 목표 • 보행지도사는 시각장애인 집단을 대상으로 훈련실과 같은 통제된 장소에서 녹음된 자료를 활용하여 보행에 필요한 청각기술을 지도 • 훈련장소, 집단구성, 자료 형태면에서 분리형 지도의 변형도 가능 • **장점**: 아직 보행에 자신감이 없는 시각장애인을 대상으로, 안전에 대한 두려움 없이 환경에서 들리는 청각을 활용하는 기술을 학습하도록 지원할 수 있다는 것 • **단점**: 실제 보행 상황에서 훈련받은 청각기술의 일반화를 위한 지도를 추가로 실시하여야 한다는 점, 녹음 자료로는 앞뒤 소리 위치 파악을 지도할 수 없다는 점 등 • 분리형 지도는 통합형 지도를 보완하는 것이지, 대체하는 것은 아님 • 보행지도사는 통합형 접근에 따라 시각장애인에게 보행을 위한 청각기술을 지도하여야 함

키워드 Pick

통합형	• 실제 보행 상황에서 방향정위와 이동을 위한 청각기술 활용능력을 개발하는 것 • 보행지도사가 실제 보행환경에서 교육생에게 일대일로 여러 가지 청각기술을 방향정위와 이동에 응용하도록 지원하는 것 • 저시각인을 대상으로 청각기술을 지도할 때 안대를 착용하게 할 것인가에 대해 보행지도사마다 견해가 다를 수 있음 • 통합형 청각기술 지도 내용과 방법 – 소리위치 추정 – 소리식별 – 소리변별 – 사운드 섀도 활용 – 소리추적 – 반향음위치 추정

6. 방향정위를 위한 보조도구

약도	• 특정 환경에 대해 상세한 정보를 제공하는 지도보다 경로만을 간단하게 기술해 주는 약도가 더 유용한 경우가 있음 • 특히 환경이 복잡하거나 생소한 경우에 유용 • 공간 이해력이 낮은 시각장애 아동이나 시각중복장애인에게 상세한 지도 대신 간단한 약도를 활용하여 경로 인지지도를 형성하게 해 주는 것이 효과적
입체모형	• 약도나 평면 촉각지도보다 시각장애인의 방향정위를 촉진하는 데 더욱 유용 • 실제적인 삼차원 공간을 더 구체적으로 나타내므로, 환경개념이 부족한 시각장애인의 방향정위를 촉진시키는 데 특히 유용 • 형태가 다른 건물, 차량, 교차로 등을 입체모형으로 제작하여 시각장애인에게 설명해 준다면, 직접 보지 못한 사물, 지형, 공간구조 등을 구체적이고 실제적으로 이해할 수 있음
촉각지도	• 평면지도는 공간 정보를 전달하는 감각 유형에 따라 촉각지도, 확대지도, 촉각확대지도 등으로 구분 • 촉각지도는 시각장애인이 생소한 공간 배치를 익히거나, 이미 익숙한 공간 내에서 새로운 보행경로를 발견하거나, 이동하면서 공간갱신을 하는 데 유용 • 일반지도와는 달리 휴대하기는 불편 • 특정 건물의 벽면에 부착해 두고 활용하는 경우가 대부분 • 일반지도보다 제작하고 읽는 데 시간과 노력이 더 필요 • 중요한 정보를 선택한 후 불필요한 정보는 삭제하는 것이 대부분 • 방향정위를 지도하는 단계마다 상황에 맞게 사용할 필요가 있음

03 보행교육

1. 실내 단독 이동기술 12초, 10 · 12 · 13추중

(1) 자기보호법

① 종류

구분	내용
상부보호법	• 팔은 어깨 높이 정도로 지면과 평행으로 뻗는다. • 팔꿈치는 약 120° 정도 굽힌다. • 손가락은 함께 붙이고 반대편 어깨선보다 약 3cm 정도 밖으로 뻗고, 손바닥은 바깥쪽으로 향한다. • 시각장애교육생은 긴 복도의 끝에 있는 벽이나 닫혀 있는 문에 자신의 등을 댄 다음 보행지도사와 마주 본 상태에서, 자신의 반대편 어깨에 손등을 가져다 댄다. • 교육생은 어깨에 기댄 손을 어깨로부터 전방으로 팔 길이 정도 거리로 내민다. 이때 보행지도사는 교육생이 전방으로 내민 손이 반대편 어깨 앞쪽에 위치하고, 손바닥이 밖을 향하도록 하고, 그 팔이 지면과 수평하게 쭉 뻗도록 하되 팔꿈치에 고정되어 있지 않도록 한다. 그리고 손가락들을 약간 구부려 모으고, 손에 긴장을 풀도록 한다. 이 자세에서, 팔꿈치는 손바닥이 물체와 충돌할 때 팔꿈치 또는 팔의 상박부에 상처를 주지 않도록 충격을 완화하는 작용을 한다. 그리고 어깨는 긴장을 풀고 있어야 하고, 다른 팔도 긴장을 풀고 몸의 측면에 놓는다.
하부보호법	• 한 손을 몸 중심부 쪽으로 뻗어 하반신을 보호하는 기법이다. • 손등이 전면을 향하도록 하고 손에 힘을 빼 충돌 시 충격이 크지 않도록 한다. • 상체보호와 하체보호를 동시에 사용할 수도 있다.
상 · 하부 보호법	• 하부보호법을 상부보호법과 함께 사용할 경우, 교육생은 상부보호법 자세에 사용하지 않는 반대쪽 손과 팔로 하부보호법 자세를 취한다. • 상부와 하부보호법을 필요에 따라 번갈아 가면서 사용할 수 있다.

기출 LINE

12초) 복도 지나가기 활동에서 학생의 우측 상단에 장애물이 있을 경우, 모델링과 신체적·언어적 촉진을 활용하여 학생이 머리나 상체를 보호할 수 있게 왼손을 들어 상부보호법 자세를 바르게 취하도록 지도한다.

키워드 Pick

② 지도 시 고려사항

상부보호법	• 손이 몸쪽으로 휘어지지 않도록 한다. 손바닥이 몸의 바깥쪽으로 향하게 하는 것은 장애물에 충돌했을 때 팔의 탄력성을 이용하여 충격을 줄일 수 있기 때문이다. 따라서 손바닥을 안쪽으로 향하게 하거나 팔에 너무 힘이 들어가지 않게 한다. • 복도의 왼쪽으로 보행할 때는 오른쪽 팔을, 오른쪽으로 보행할 때는 왼쪽 팔을 사용하는 것이 좋은데, 이것은 보통 장애물이 벽 쪽에 많고 장애물을 접했을 때 탄력이 많은 손바닥이 장애물에 부딪히게 하고자 하는 것이다. 또, 직접 안면에 부딪칠 위험성이 있는 반쯤 열린 문이나 돌출한 기둥을 확실히 파악하는 것도 가능하다. • 장애물의 위치에 따라 팔의 높이를 변화시킬 수 있다. 보통은 어깨와 수평이 되도록 팔을 유지하는 것이 좋으나 장애물의 위치에 따라서 팔을 상하로 약간 움직여도 된다. • 문을 통과할 때나 물건을 찾고자 할 때도 사용된다. • 팔의 위치에 유의하고 직선보행과 연결하여 지도한다.
하부보호법	• 하부보호법 자세에서 손과 팔의 전박부가 배꼽 아래 부위까지 내려오도록 해야 한다. • 팔을 몸으로부터 20~30cm 정도 떨어뜨려 아래로 뻗고, 손바닥이 몸쪽을 향하도록 한다. • 팔과 손의 긴장을 풀고, 손가락들을 살짝 구부려 모은다.

기출 LINE

10중) 기준선(벽 등)과 가까운 팔을 진행 방향과 평행되게 하고, 그 팔을 약 45도 아래쪽 정면으로 뻗쳐서 손을 허리 높이 정도로 들고, 새끼손가락 둘째 마디 바깥 부분을 기준선에 가볍게 대면서 이동한다.

(2) 트레일링(trailing) 19·21초

① 트레일링은 벽 등의 사물을 따라가는 기법으로, 특히 시각장애 아동이 사물을 따라 이동하여 자신의 목표물을 찾는 방법이다.

② 트레일링은 자신이 따라가고자 하는 대상과 15~20cm 간격을 두고 나란히 서서 사물 쪽의 팔을 45° 각도로 올려 계란을 쥔 듯한 손 모양을 만든 뒤 사물에 살짝 갖다 대면서 가는 기법이다.

③ 트레일링 지도 시 유의사항

㉠ 장애물에 대한 정보를 손이 먼저 파악하도록 하기 위해 팔이 항상 몸보다 앞에 있도록 한다. 이 때문에 팔을 45° 정도로 하여 앞으로 뻗는 것이다.

㉡ 교육생이 긴장감이나 불안감이 있으면 손가락에 힘이 들어가 뻣뻣해져 장애물에 부딪혔을 때 다칠 우려가 있다.

㉢ 장애물에 대해 어느 정도 알고 있는 곳에서는 상부보호법과 함께 사용할 수 있다.

(3) 자기보호법과 트레일링의 결합

① 자기보호법과 트레일링을 결합시켜 사용할 수도 있다.

② 특히 시각장애 학생이 따라가던 벽과 벽이 끊어진 열린 공간을 이동할 때 이 2가지 방법을 함께 사용할 것을 권한다.

(4) 신체 정렬법

① 시각을 사용할 수 없는 경우 자신의 현재 위치를 알아내고 자신이 움직일 방향을 결정하기란 쉽지 않다.

② 이 점을 감안하여 시각장애 아동을 위해서는 사물을 활용한 신체 정렬을 통해 현재 위치를 파악하고 이동 방향을 결정하도록 지도해야 한다.

③ 이동 방향은 신체를 바르게 정렬한 뒤에 시계 방향(1~12시)을 사용하여 결정한다.

수직 정렬	• 벽 등의 사물과 90° 각도가 되도록 몸의 한쪽을 정렬하는 방법
수평 정렬	• 사물에 등을 대어 평행이 되도록 하는 방법 • 이때 주의할 점은 몸을 정렬시키는 사물들로 환경 속에서 고정 불변한 지표를 선정해야 한다는 것

(5) 실내 보행 시 필요한 기타 기술

직각서기	• 이 과정은 교육생이 신체의 방향선과 일직선을 수립하여 환경 속에서 정확한 위치를 설정할 때 사용 • 한 건물에서 다른 건물로, 복도 한쪽에서 반대편 복도로 이동할 때 사용 • 지도 절차 – 보행지도사는 교육생의 뒤통수, 어깨, 엉덩이 그리고 발이 벽면과 수직인지와 정면을 바라보고 서 있는지(벽면과 수직으로)를 관찰하도록 함 – 교육생은 상부보호법 또는 하부보호법을 사용하면서 자신이 기댄 벽면으로부터 복도를 가로질러 반대편 벽면까지 곧장 걸어가도록 함
비어링 교정 및 방향잡기 23중	• 비어링은 직선보행을 할 때 자신도 모르게 왼쪽이나, 오른쪽으로 굽어져 걷는 현상 • 비어링의 원인은 좌우청력의 불균형, 평형감각 불안정, 운동감각의 이상, 불균형한 자세, 불안감에 의한 신체적 긴장감 등임 • 횡단보도를 건널 때는 교차로 중앙 쪽보다는 반대편으로 약간 비어링할 수 있도록 의식적으로 걸을 필요가 있는 곳 등에서는 비어링이 필요할 수도 있음 • 비어링이 나타났을 때때 보행자가 실시하여야 하는 것이 '방향잡기'임 • 방향잡기는 목표지점을 향하여 일직선으로 갈 수 있는 기술로, 이를 위해 소리나 사물로부터 방향을 가늠하게 함 ⇨ 훈련의 궁극적인 목적은 직선보행 • 방향잡기를 위한 정렬법 – 수직정렬: 사물이나 소리를 활용하여 그 흐름과 90° 각도를 유지하는 것 – 수평정렬: 사물이나 소리를 활용하여 그 흐름과 평행을 유지하는 것
떨어뜨린 물건찾기 절차	• 물건이 떨어지면 즉시 멈추어 서서 소리를 들음 • 물건을 향해 몸을 돌림 • 물건을 향해 자기보호법이나 지팡이를 활용하여 소리가 멈춘 지점까지 이동 • 그 자리에 앉을 때는 허리를 굽히지 않고 직선으로 바로 내려앉음 • 머리를 숙일 때는 상부보호법을 활용하여 눈앞에 있을 수 있는 장애물로부터 자신을 보호함 • 양 손바닥을 활용하여 몸쪽부터 시작하여 작은 부채꼴을 그리고 점차 더 큰 부채꼴을 그려 가면서 물건을 찾음

키워드 Pick

떨어뜨린 물건 손으로 찾기	• 떨어진 물건 쪽으로 거리를 예측하여 걸어감 • 수직으로 앉은 후 양손으로 원을 그리듯이 찾음. 물건이 없으면 상부보호법 자세로 한걸음 내딛은 후 동일하게 찾아 나감
떨어뜨린 물건 흰지팡이로 찾기	• 떨어진 물건 쪽으로 거리를 예측하여 걸어감 • 수직으로 앉은 후 흰지팡이를 바닥에 붙이고 부채꼴 모양이나 수평 방향으로 천천히 움직이다가 물건의 접촉이 느껴지면 지팡이를 내려놓고 지팡이를 따라 올라가면서 물건을 찾음

기출의 맥

안내법의 기본 자세, 상황별 안내방법 등에 대해 구체적으로 파악해 두어야 합니다. 그리고 안내법을 사용할 때, 모든 상황에서 보행의 주체는 항상 시각장애인이라는 점을 잊지 말고 관련 내용을 보세요.

2. 안내법 13초, 13 · 13추중

(1) 안내법의 기본원리

① 행동을 거칠게 하지 않는다.

② 늘 안내인이 앞에 서고, 시각장애인을 뒤에서 밀지 않는다.

③ 안내를 받는 사람과 걸음 속도를 맞추고, 피곤한 기색이 있는지를 살피고, 안내를 받는 것도 상당히 피곤한 일임을 염두에 둔다.

④ 트인 공간에 시각장애인을 홀로 머물게 하지 않는다. 시각장애인을 떠나 있을 경우에는 항상 벽이나 가구 등을 등지게 하여 머물게 한다.

⑤ 보행할 때, 보행에 대한 즐거움뿐만 아니라 그 주변에 대한 방향정위를 할 수 있도록 도와주는 정보를 준다.

⑥ 안내인 자신과 시각장애인이 가지고 있는 길(바닥과 위쪽)에 대해 주의를 기울인다.

⑦ 안내기술을 철저히 익힌다. 안내하는 사람이 안내방법을 잘 모르고 있다면 안내자의 불확신이 시각장애인에게도 전달될 수 있다.

(2) 기본 안내법

① 시각장애 학생은 안내인의 반 보 뒤, 반 보 옆에 서고, 서 있는 쪽에서 가까운 일반인의 팔꿈치 위를 감아 잡는다.

② 시각장애 학생이 안내인과 키가 비슷하면 잡은 팔의 각도는 90°가 된다.

③ 일반적으로 시각장애 학생이 잡은 팔을 자연스럽게 밑으로 내려 주어 팔로 전달되는 근육 정보를 충분히 활용할 수 있도록 해 준다.

④ 안내의 주체는 항상 시각장애인이다. 안내 상황에서도 시각장애인이 주도적으로 안내를 유도하고 유지하도록 하는 것이 중요하다. 그러므로 안내인이 시각장애인의 팔을 잡고 이끄는 것이 아니라 시각장애인이 주도적으로 안내인의 팔을 잡고 안내를 받을지를 결정하는 것이 중요하다. 또한 안내의 속도도 시각장애인이 원하거나 편안해하는 정도를 유지하는 것이 중요하다.

⑤ **시작 전**

㉠ 안내자가 "안내를 해 드릴까요?"와 같은 말로 안내가 필요한지 묻는다.

㉡ 또는 시각장애인이 "저를 안내해 주시겠습니까?"라고 말하며 도움을 요청한다.

⑥ **안내인의 위치 알림**: 안내 제안이 서로 받아들여지면 안내인은 자신의 손등을 시각장애인의 손등에 가볍게 대서 자신의 팔 위치를 자연스럽게 알려 준다.

⑦ 기본 자세

㉠ 시각장애인은 안내인의 팔꿈치 바로 위쪽 상박 부위를 계란을 쥐듯 가볍게 잡는다.

㉡ 안내자는 자신의 팔을 몸통 가까이에 붙이고 시각장애인은 안내인의 반 보 옆, 반 보 뒤에 선다.

㉢ 팔을 몸통에 붙이지 않으면 팔에서 느끼는 정보에 혼란을 줄 수 있으므로 유의한다. 예를 들어, 팔이 몸통에 거의 가깝게 붙어 있는 상태라면 계단이나 턱을 올라가거나 내려갈 때 높이에 대한 정확한 정보를 줄 수 있지만, 안내자가 팔을 몸통에 붙이지 않고 아무 때나 올리고 내리면 정확한 정보를 주기 어렵다.

㉣ 시각장애 아동을 안내하거나 키 큰 시각장애인을 안내할 때의 자세는 필요에 의해 변형될 필요가 있다. 어린 아동의 경우에는 상박부를 잡을 수 없기 때문에 팔목을 잡도록 유도하고 키가 큰 시각장애인의 경우에는 안내자의 어깨에 가볍게 손을 얹은 상태에서 안내를 받을 수 있도록 한다.

⑧ 안내의 일시 중지

㉠ 안내인이 잠깐 화장실을 가야 하는 것과 같이 일시 중지를 해야 할 상황에서는 서로의 합의하에 잡은 손을 놓을 수 있다. 이때, 안내자는 멈춘 장소에 대한 설명을 해 주는 것이 바람직하며, 시각장애인이 혼자 기다려야 하는 상황에서는 가능하면 오픈된 공간보다는 주변의 의자, 책상 또는 벽과 같은 것을 느낄 수 있으면서 안전한 곳에서 기다리게 하는 것이 중요하다.

㉡ 정안인의 경우에는 스스로 안전한 곳을 찾을 수도 있고, 오픈된 공간에서도 주변의 여건상 위험하지 않을 것이라고 판단하여 안전함을 느낄 수 있지만, 시각장애인의 경우에는 길 중앙이건 길 가장자리이건 간에 주변의 지형지물을 만질 수 없는 이상 공간으로 인식하기 쉽다. 그러므로 벽이나 담장 등을 만질 수 있게 하여, 길 가장자리이므로 안전하다는 사실을 시각장애인 스스로가 느낄 수 있도록 해 주는 것이 매우 중요하다.

⑨ 안내인과 시각장애인의 위치: 필요하다면 보행 중 위치 변경을 하더라도 항상 시각장애인이 위험하지 않은 측면에 위치하도록 노력한다.

⑩ 안내인의 시선

㉠ 안내인의 경우에는 항상 시각장애인의 키나 어깨 넓이 등을 고려하여 안전하게 안내해야 한다.

㉡ 인간의 뇌는 무의식적으로 자신에게 위험하다고 판단되는 장애물에 대해서는 본인이 깨닫기도 전에 뇌가 반응하여 몸이 피하지만, 불필요하다고 판단된 시각 정보는 처리하지 않는 경향이 있다.

㉢ 예를 들어, 자신의 키보다 한참 위쪽에 있는 나뭇가지는 위험하지 않기 때문에 뇌가 반응하지 않을 수 있다. 그러나 안내를 받는 시각장애인의 키가 크거나 몸집이 클 경우에는 의도적으로 시선을 높이고 넓혀서 시각장애인이 위험하지 않도록 해야 한다.

키워드 Pick

⑪ **신뢰의 형성**: 안내인과 시각장애인의 걸음 속도는 초기에는 조금 더디지만 이윽고 신뢰가 형성되면 평상시의 속도를 찾게 된다. 그러나 열린 문에 부딪히거나 축 쳐진 나뭇가지 등으로 놀라게 되면 신뢰가 한순간에 무너질 수 있다. 신뢰를 되찾기까지는 물리적인 시간이 소요될 수 있으므로, 안내인은 속도를 늦추고 언어적인 정보 제공을 좀 더 철저히 하는 등의 노력을 쌓으면서 신뢰가 회복될 수 있도록 여유를 갖고 기다릴 수 있어야 한다.

⑫ 도움 수락과 거절

㉠ 안내 시의 도움 수락과 거절하는 특별한 방법을 하인즈 브레이크(Hine's break)라고 칭하는데, 이 방법은 일리노이 주 하인즈육군병원에서 개발된 것으로서, 시각장애인이 일시적인 상황에서 안내를 요청하거나 또는 안내받기를 거절할 때 사용하는 방법이다.

㉡ 이것의 학습을 위해 역할극이 가장 좋은 방법이 될 수 있는데, 역할극 상황에서 교육생이 갑자기 팔을 잡혔을 때 도움 받기와 거절하기 절차를 훈련할 수 있다.

㉢ 이 훈련은 이러한 상황에 닥치게 되는 당혹감을 없애기 위한 훈련인데, 훈련을 통해 시각장애인은 자동적으로 적절한 반응을 할 수 있게 된다.

(3) 상황별 안내방법

기출 LINE

18중)

- 계단을 이용할 때에 안내자가 '잠깐 멈춤'을 통해 계단의 시작과 끝을 알게 함
- 문을 통과할 때에 안내자가 문을 열고 시각장애 학생이 문을 닫게 함
- 안내법 보행 시 안내자가 시각장애인에게 환경적 정보를 제공해야 함

① 좁은 길 통과하기 25중

㉠ 좁은 길을 통과할 때는 안내인이 팔을 뒤로 돌려 주어 시각장애 학생이 안내인의 등으로부터 1보 뒤에서 따라올 수 있도록 해 준다.

㉡ 좁은 길이 끝나면 안내인은 등 뒤로 돌린 팔을 몸 옆 제자리로 돌려 시각장애 학생이 기본 안내 자세로 돌아올 수 있게 해 준다.

㉢ 절차

- 안내인은 기본 안내법 자세에서 교육생이 잡은 쪽 팔의 팔꿈치를 구부려 등 뒤에 댄다.
- 시각장애인은 안내인이 구부린 팔의 상박부가 아닌 팔목을 잡는다.
- 안내인과 시각장애인은 일렬로 서서 걸어가서 조금 작은 보폭으로 걷는다.
- 좁은 통로를 통과한 후 안내인은 안내하던 팔을 등 뒤로부터 내려서 몸과 나란히 하고, 시각장애인은 기본 안내법 자세를 취한다.

② 계단 오르내리기

㉠ 안내인은 계단을 오르거나 내려가기 전에 잠시 멈춘다. 안내인이 계단을 올라가고 내려가는 움직임을 느끼면서 시각장애 학생도 따라서 움직인다.

㉡ 안내인은 계단을 다 올라가거나 내려가서 잠시 멈추어 계단이 끝났음을 알려 준다.

㉢ 계단 안내 기본 절차

- 계단 끝에 수직으로 접근한다.
- 첫 계단의 끝에서 일단 정지한다.
- 안내인의 옆에 나란히 선다.
- 안내인이 한 보 전진한다.

- 시각장애인은 한 보 뒤에서 안내인의 보폭에 맞추어 따라간다.
- 계단을 다 지났을 때는 일단 정지했다가 정상 보조로 진행한다.

㉣ 오름계단 기본 절차

- 안내인은 오름계단으로 간다는 사항을 말로 설명하거나 잠깐 멈추어 시각장애인이 환경의 변화를 예측하게 해 준다.
- 시각장애인은 안내인이 첫 번째 계단을 올라가 팔이 올라간 정도를 느끼면 그에 해당하는 만큼을 가늠하여 첫발을 올려 내딛는다.
- 난간이 있는 계단을 오를 경우, 필요에 따라 시각장애인이 난간을 같이 잡고 올라오도록 해도 된다.
- 계단의 높이를 근육감각이 기억하기 때문에 한 계단에 양발을 모두 올려놓지 않고 한 발씩 올리면서 쉬지 않고 리듬감 있게 걷도록 하는 것이 중요하다.
- 계단을 다 올라오면 안내인은 말로 안내하거나 잠깐 멈춤으로써 계단이 끝났음을 알려 준다.
- 계단을 안내할 때는 계단과 90° 각도를 유지하여 올라간다. 동선을 줄이기 위하여 사선으로 가게 되면 시각장애인이 발을 헛딛게 되는 경우가 있으니, 이 점을 주의해야 한다.

㉤ 내림계단 기본 절차

- 안내인은 내림계단으로 간다는 사항을 말로 설명하거나 잠깐 멈추어 시각장애인이 환경의 변화를 예측하게 해 준다.
- 시각장애인은 안내인이 첫 번째 계단을 내려가면 팔이 내려간 정도를 느끼면서 그에 해당하는 만큼을 가늠하여 첫발을 내딛는다.
- 난간이 있는 계단의 경우, 필요에 따라 시각장애인이 난간을 잡고 내려가도록 해도 된다.
- 계단의 높이를 근육감각이 기억하기 때문에 한 계단에 양발을 모두 두지 않고 한 발씩 옮기면서 쉬지 않고 걷도록 하는 것이 중요하다.
- 계단을 다 내려오면 안내인은 말로 안내하거나, 잠깐 멈춤으로써 계단이 끝났음을 알려 줄 수 있다.
- 계단을 안내할 때는 계단과 90° 각도를 유지하여 내려간다. 동선을 줄이기 위하여 사선으로 가게 되면 시각장애인이 발을 헛딛게 되는 경우가 있으니, 이 점을 주의해야 한다.

㉥ 계단 이용 지도 시 유의사항

- 항상 오름계단부터 지도한 후 편안해지면 내림계단을 지도한다.
- 계단 중간에서 서지 않도록 지도한다.
- 한 계단에 두 발을 모두 올리는 것보다 계단마다 한 발씩 올리도록 지도한다.

키워드 Pick

맥 Plus

안내할 때 '잠깐 멈춤'의 의미

안내인이 시각장애인을 안내할 때, 처음에는 계단이 시작된다거나 바닥이 고르지 않다는 것을 말로 설명할 수도 있지만, 어느 정도 안내를 하다보면 모든 정보를 말로 설명하는 데 무리가 있음을 느낄 수도 있고, 대화하면서 함께 걷다보면 이러한 정보전달이 대화의 맥을 끊어 놓는 경우가 있을 수 있다. 이때, 노련한 안내인은 '잠깐 멈춤'이라는 방법을 활용한다. '잠깐 멈춤'의 의미는 시각장애인으로 하여금 환경의 변화를 미리 예측하게 하는 기능을 하는데, 계단 앞에서 잠깐 멈출 수 있고 계단이 다 끝나는 지점에서 잠깐 멈추어 계단이 다 끝났음을 알려 줄 수 있는 유용한 방법이다.

③ 문 통과하기

㉠ 시각장애 학생이 안내인과 이동하면서 가장 협력이 필요한 부분은 문을 통과할 때이다.

㉡ 안내인과 문을 통과하게 될 때 시각장애 학생은 문을 닫아 주는 역할을 해야 한다.

㉢ 시각장애 학생이 문을 닫기 위해서는 문손잡이를 잡고 있는 안내인의 팔을 손가락 끝으로 가볍게 트레일링해서 내려가 문손잡이를 찾아야 한다.

㉣ 원리

- 좁은 길이므로 일렬을 유지한다.
- 안내인이 왼팔로 문을 본인 쪽으로 잡아당기면 시각장애인도 왼팔로 그 문 반대편 문고리를 잡으면서 통과해 나온다.
- 안내인이 오른팔로 밀면서 나오거나 들어가면 시각장애인도 오른팔로 문고리를 잡아서 닫으면서 통과한다.
- 통과 후에는 기본 안내법으로 복귀한다.

맥 Plus

문의 형태(미는, 당기는)**와 열리는 방향**(왼쪽, 오른쪽)**에 따른 방법**

① **미는 문, 시각장애 학생이 경첩 쪽에 위치한 경우**: 안내인은 문 앞에 서서 "○○쪽으로 미는 문이야"라고 말한 후 문을 밀며 천천히 나간다. 시각장애 학생은 경첩과 가까운 쪽 손을 허리 높이로 뻗어 문손잡이를 찾아 인계받고 두 사람 모두 문을 나간 후에 문을 닫는다.

② **미는 문, 시각장애 학생이 경첩 반대쪽에 위치한 경우**: 안내인이 문에 대한 정보를 말하면 시각장애 학생은 안내 위치 부분 전환 자세로 바꾸고, 나머지 절차는 위와 동일하다.

③ **당기는 문, 시각장애 학생이 경첩 쪽에 위치한 경우**: 안내인은 문 앞에 서서 "○○쪽으로 당기는 문이야"라고 말한 후 문을 당겨 연다. 시각장애 학생은 경첩과 가까운 쪽 손을 상부보호법 자세로 내밀어 문의 모서리를 따라 내려오면서 문손잡이를 찾아 인계받고, 두 사람이 모두 문을 나간 후 시각장애 학생이 문을 닫는다.

④ **당기는 문, 시각장애 학생이 경첩 반대쪽에 위치한 경우**: 안내인이 문에 대한 정보를 말하면 시각장애 학생은 안내위치 부분 전환 자세로 바꾸고, 나머지 절차는 위와 동일하다.

④ 의자에 앉기

㉠ 시각장애 학생이 스스로 의자에 앉을 수 있도록 단서를 제공해 주기 위해 안내인은 시각장애 학생의 손을 의자 등받이에 대주고, 시각장애 학생은 앉을 자리에 물건이 있는지 확인한다.

㉡ 기본 절차

- 안내인은 시각장애인의 무릎이 부드럽게 의자 앞부분에 닿도록 교육생을 안내한다.
- 안내인은 시각장애인이 의자의 등받이를 손으로 만질 수 있게 해 준다.
- 시각장애인은 의자의 앉는 부분에 물건 등이 있는지 점검한 후 앉는다.

맥 Plus

의자 형태에 따른 안내기술

① **의자 앉기**: 의자의 측면으로 안내하여 시각장애 학생의 한 손을 의자 등받이에 대어 주면 시각장애 학생은 상부보호법 자세로 의자 바닥을 확인한 후 앉는다.

② **책상 있는 의자 앉기**: 책상과 의자 측면으로 안내하여 시각장애 학생의 한 손을 의자 등받이에 다른 한 손을 책상 모서리에 대어 주면, 시각장애 학생은 의자를 빼내어 상부보호법 자세로 의자 바닥을 확인한 후 앉는다.

③ **강당 의자 앉기**: 앉을 좌석이 있는 통로에 멈춰 서서 두 사람 중에 좌석에 가까운 쪽 사람이 먼저 옆으로 들어가고 다른 사람이 뒤따라 들어간다. 시각장애 학생의 손등을 앞 의자 등받이에 가볍게 대도록 하되, 옆으로 이동할 때 앞사람의 머리나 신체를 건들지 않도록 유의한다.

⑤ 방향전환하기: 사람이 많은 복도 또는 엘리베이터와 같은 좁은 장소에서 안내인과 시각장애인이 방향을 바꿔야 하는 상황이 있을 수 있다. 다음은 좁은 곳에서 방향 전환하기 방법으로, 절차는 다음과 같다.

㉠ 안내인과 시각장애인은 각자 90°로 돌아서서 마주보고 선다.

㉡ 시각장애인은 안내인을 잡았던 팔을 놓고 다른 쪽 팔을 잡는다.

㉢ 마주보던 방향에서 걸어갈 방향으로 다시 90° 회전한다.

⑥ 안내 위치 바꾸기: 시각장애인이 걷는 쪽의 통로나 바닥에 장애물이나 위험물이 있는 경우, 안내 위치를 바꿀 필요가 있는데, 안내 위치 바꾸기 절차는 다음과 같다.

㉠ 안내인과 시각장애인은 보통의 자세에서 걸음을 멈춘다.

㉡ 시각장애인은 안내인을 잡았던 팔을 놓은 후, 안내인의 등을 살짝 스치면서 다른 쪽 팔을 자신의 다른 쪽 팔로 잡는다.

㉢ 시각장애인이 왼쪽에 서서 이동했다면 오른쪽에서 서서 이동하게 되고, 반대일 경우에는 반대편에 서서 이동하게 될 것이다.

키워드 Pick

⑦ 잠시 멈춰서 기다릴 때

㉠ 안내인이 화장실에 가거나 물건 구입 시에 시각장애인을 잠시 기다리게 해야 할 경우가 발생할 수 있다. 안내인은 시각장애인을 한편에 서서 잠시 기다리게 해야 하는데, 이때 시각장애인이 스칠 수 있는 거리에 벽이나 문이 있도록 한 후 그것을 직접 만져 볼 수 있게 하고, 이것을 중심으로 기다리는 자세를 잡도록 하는 것이 중요하다.

㉡ 정안인의 경우에는 볼 수 있기 때문에 그 위치가 길 중앙인지 길 가장자리인지를 알 수 있지만, 시각장애인의 경우 본인이 직접 느껴보지 않는다면 그곳이 길 중앙인지 아닌지 알 수 없다.

㉢ 길 중앙의 경우에는 자전거나 사람들과 부딪힐 수 있으므로 기다리는 시각장애인은 불안할 수밖에 없다. 그러므로 길 가장자리에서 안전하게 기다릴 수 있게 해 주고, 시각장애인 스스로가 안전하다고 느낄 수 있도록 해 주어야 한다.

⑧ 두 사람 이상의 안내

㉠ 두 사람 이상을 안내할 경우 안내인은 체인방식을 사용할 수 있다. 즉, 한 시각장애인이 안내인의 팔을 잡고, 다른 시각장애인은 안내인을 잡은 시각장애인의 자유로운 팔을 잡는 방식으로 길게 사선이 되어 체인을 유지하면서 안내가 가능하다.

㉡ 넓게 펴지기 때문에 다른 사람이 다닐 수 없도록 통로를 막는 결과를 가져올 수 있다는 결점은 있으나, 체인방식의 장점은 기본 안내법 자세를 수정하지 않고 안내법 기술을 사용할 수 있다는 점이다.

㉢ 날개형은 한 안내인이 두 사람을 안내할 때 주로 이용되는 방식으로, 안내인의 두 팔을 시각장애인이 각각 잡으면서 안내하는 방식이다.

⑨ 개인 배식 식당에서의 안내

㉠ 첫째, 시각장애인이 음식을 먼저 뜨게 한 후 쟁반을 든 손등이 안내인의 팔에 오도록 한 다음 안내를 마친다. 시각장애인이 자리에 앉고 난 다음 안내인이 자신의 쟁반을 가져오는 방법이다.

㉡ 둘째, 시각장애인과 안내인이 동시에 쟁반을 받아야 하는 매점에서는 시각장애인의 쟁반과 안내인의 쟁반을 나란히 하고 식당 줄을 따라 함께 옆으로 걷다가 식탁으로 이동할 때는 시각장애인의 쟁반이 안내인의 등을 스치면서 걷도록 안내할 수 있다.

⑩ 승용차 및 택시에서의 안내

㉠ 승용차나 택시로 안내할 경우에는 시각장애인이 먼저 차로 들어가도록 안내하는데, 안내인이 시각장애인이 잡고 있는 손을 들어 승용차 문 위쪽 지붕 부분에 대면 시각장애인은 안내인의 팔을 트레일링하여 차 지붕에 손이 닿을 수 있도록 한다.

㉡ 차 지붕에 손을 대고 있기 때문에 머리를 얼마나 숙여 타야 하는지에 대한 정보를 스스로 파악할 수 있게 된다.

Chapter 10

3. 흰지팡이 보행 09 · 10 · 11 · 12 · 19중

(1) 지팡이의 특징 및 종류

① 한국에서는 지팡이가 시각장애인의 독립 이동수단으로 널리 사용되고 있다.

② 지팡이를 사용하는 기본 기법은 지팡이를 두드려서 나는 소리와 함께 손으로 전달되는 진동을 느껴서 수집된 환경 정보로 상황을 판단함으로써 현재 위치를 파악하고 앞으로 가야 할 방향을 결정하는 것이다.

③ 지팡이는 긴 지팡이(long cane)와 접이 지팡이(folding cane)로 나누어 볼 수 있다. 긴 지팡이는 끊어진 부분이 없이 하나의 막대로 제작된 지팡이를 말하고, 접이 지팡이는 휴대하기 쉽게 하나의 막대를 여러 조각으로 내어 접을 수 있도록 제작된 지팡이를 말한다.

(2) 지팡이의 구조와 선택

① 지팡이의 구조

구조	내용
손잡이 (grip)	• 손으로 잡는 부분을 말하며 보통 가죽, 고무, 플라스틱, 나무 등의 재질로 쌓여 있음
손잡이 끈 (string)	• 지팡이 가장 위쪽에 있는 부분 • 지팡이를 접어서 보관할 때 지팡이를 감을 수 있는 역할을 하며, 세워서 걸어 놓을 경우에도 유용하게 활용
자루 (shaft)	• 지팡이의 몸통 부분 • 손잡이와 팁 사이의 부분 • 보통 알루미늄이나 나무로 되어 있음
팁 (tip)	• 지팡이의 끝부분이며 땅에 닿는 부분 • 팁의 종류 – **표준 팁**: 팁이 뾰족하고 가벼워 가장 많이 사용하는 이점촉타법에 효과적임. 초등학교부터 성인기까지의 단순 시각장애 학생은 이 팁을 사용하는 것이 좋음 – **볼 팁**: 팁이 탁구공처럼 둥글고 커서 지팡이 팁이 바닥에서 걸리지 않고 잘 미끄러짐. 대각선 법이나 지면접촉유지법을 주로 사용하는 유아나 시각중복장애 학생에게 효과적임 – **롤링 팁**: 팁이 베어링에 의해 바퀴처럼 굴러가고 무게감이 있는 팁이다. 흰지팡이를 지면에서 들기 어렵고 팁을 좌우로 움직이는 힘이 부족한 더 어린 유아나 더 심한 중복장애학생에게 효과적. 이 팁은 지면접촉유지법이나 대각선법에 주로 사용할 수 있으나 이점촉타법에는 사용하기 어려움

기출의 맥

보행 관련 기출문제 중 지팡이 보행에 대한 내용은 출제빈도가 높습니다. 지팡이의 특성, 잡는 법, 다양한 기법, 상황별 사용방법 등에 대해 빠짐없이 잘 파악해 두세요.

키워드 Pick

② 지팡이의 선택

구분	내용
길이	• 지팡이의 길이는 사용자의 체격, 보폭, 보행 속도에 따라 다름 • 일반적으로 사용자의 겨드랑이 높이 정도 되는 것이 좋음 • 최대로 긴 것이라도 자기의 어깨 높이보다 더 길지 않아야 함 • 짧은 경우라도 자기의 팔꿈치 높이보다 짧으면 좋지 않음
무게	• 지나치게 무겁거나 가벼운 지팡이는 사용하기에 적합하지 않음 • 보편적으로 170~200g 정도의 것이 성인용으로 적합
접촉 탐지능력	• 장애물을 탐지하고 지면의 상태를 알아내는 것 • 지팡이에서 전달되는 소리나 진동이 잘 전달되어야 함
내구성	• 지팡이는 우선 튼튼하고 오래 사용할 수 있어야 함 • 충격이나 압력에도 견딜 수 있어야 하고 오래 사용하여도 변질되거나 약화되지 않는 것이어야 함
팁	• 지팡이의 팁이 예민하여 사물을 잘 탐지할 수 있어야 함 • 잘 닳지 않고 울퉁불퉁한 지면에서도 유연하게 잘 미끄러져야 함
손잡이	• 손잡이는 우선 잡기에 편해야 하고 오래 사용해도 피로를 느끼지 않게 하는 것이어야 함 • 기후의 변화에도 이상이 없는 것이어야 함 • 우리나라에서 제작되는 지팡이의 손잡이 재질은 폴리우레탄을 사용하고 있음

기출 LINE

13추중) 시각장애 학생 경호는 점자를 주된 학습 매체로 사용하며, 익숙한 공간에서는 단독 보행이 가능하다. 평상시에는 화장실이나 다른 교실로 이동할 때, 지팡이를 몸의 앞쪽에서 가로질러 잡고 지팡이 끝(tip)을 지면에서 약간 들면서 보행하는 대각선법을 사용한다.

(3) 대각선법 19초, 13중

① 방법 및 특징

㉠ 실내와 친숙한 곳에서 사용되는 주요 지팡이기법은 대각선법이다.

㉡ 지팡이는 골반 바깥쪽으로 내밀어 주먹을 쥔 모양으로 잡고 엄지를 뻗게 된다.

㉢ 몸을 가로질러 지팡이를 뻗치고 지팡이 끝은 어깨에서 약 2.5cm 정도 더 나오게 한다. 즉, 지팡이의 양 끝은 어깨보다 약 5cm 정도 더 나와야 한다.

㉣ 흰지팡이를 잡은 손의 팔을 뻗고 흰지팡이가 대각선 방향이 되도록 조정한 후 팁을 바닥으로부터 5cm 이하를 유지함으로써 이동할 때 장애물과 턱을 확인할 수 있다.

㉤ 이점촉타법처럼 지면을 두드리지 않기 때문에 촉각 정보를 수집하기 어렵다.

㉥ 유아나 시각중복장애 학생이 흰지팡이를 바닥에서 들어올리기 어렵다면 팁을 지면에 대고 이동하도록 할 수 있으며, 표준 팁 대신 볼 팁을 사용할 수도 있다.

㉦ 대각선법은 지팡이를 잡은 손의 팔을 펴야 하며 팁은 한 발 앞에 항상 위치해 있어야 한다.

㉧ 대각선법은 실내에서 벽을 따라 기준선 보행을 할 때도 사용할 수 있으며, 벽과 반대쪽 손으로 흰지팡이를 잡고 지팡이 팁을 벽 걸레받이에 대고 이동한다.

㉨ 실내에서 벽을 이용하게 되는 경우 지팡이 끝을 벽에 붙이면서 가는 대각선법과 트레일링기법을 동시에 사용하면 신속하고 편하게 목적지에 도달할 수 있다.

Chapter 10

② 대각선법을 위한 지팡이 잡기

집게손가락으로 잡기	• 지팡이와 악수하듯이 지팡이 손잡이를 잡는다. 집게손가락을 펴고 엄지와 나머지 손가락으로 지팡이를 감싼다. • 지팡이를 잡은 팔을 내려 뻗어 45°를 유지하여 지팡이가 몸 하부를 사선으로 가르듯이 놓는다. 손잡이 끝이 어깨 넓이보다 5cm 정도 나가게 하도록 팔을 약간 벌려 앞으로 뻗는다. • 지팡이 끝은 신체의 가장 넓은 부위(어깨)보다 약 5cm 바깥의 지면에 둔다. • 이 상태를 유지하고 지팡이를 살짝살짝 지면에 대고 밀면서 앞으로 나간다.
엄지손가락으로 잡기	• 엄지손가락이 지팡이의 아래쪽 끝을 향하도록 편 후 나머지 손가락으로 손잡이를 감싸 쥔다. • 손과 팔의 자세는 집게손가락으로 잡기와 동일하며 연습방법도 같다.
연필 잡는 식으로 잡기	• 엄지와 집게손가락으로 손잡이를 연필 쥐듯 잡고, 나머지 손가락을 함께 구부려 모아 지팡이를 든다. • 지팡이는 몸을 가로질러 사선으로 놓고 지팡이 끝은 어깨 넓이보다 약 5cm 더 바깥으로 향하게 유지한다. 이때, 지팡이를 든 팔은 팔꿈치를 구부려 흉곽에 대고 허리 측면으로 받치듯하여 걷는다.

(4) 이점촉타법 11중

① 방법 및 특징

㉠ 발을 내디딜 곳의 지면을 지팡이로 하여금 먼저 탐색하도록 하는 방법으로 지팡이법의 가장 기본적이며 대표적인 방법이다.

㉡ 지팡이는 보행경로에 있는 지면 및 장애물의 높이, 특성, 구조에 대한 중요한 정보를 시각장애인에게 제공한다.

㉢ 시각장애인은 걸어가면서 지팡이를 통해 이러한 정보를 수집하고, 다시 이것을 통합하여 보행경로에서 현재 자신의 위치를 판단하며 이동하게 된다.

㉣ 시각장애인은 걸어가면서 방향정위에 집중할 수 있도록, 이점촉타법과 같은 기본 지팡이법이나 변형 지팡이기술을 몸으로 충분히 체득하여 의식하지 않아도 자연스럽게 유지할 수 있을 만큼 숙달된 연습을 해야 한다.

㉤ 특히 이점촉타법은 흰지팡이법의 가장 기본 기술이므로 수많은 반복을 통해 몸으로 익혀 나가야 한다.

② 지팡이 잡는 법

㉠ 지팡이를 잡은 손은 몸 중심에 두고 두 번째 손가락은 뻗고 나머지 손가락들로 지팡이를 감아 잡는다.

㉡ 두 번째 손가락만 아래쪽으로 뻗는 이유는 지팡이 끝으로 전달되어 오는 진동과 느낌을 잘 전달받기 위함이다.

㉢ 시각장애 아동에게는 지팡이가 자신의 둘째손가락이 길어진 것이라고 설명하여 자신의 신체 일부로 인식해서 소중히 다룰 줄 아는 마음을 심어 주도록 한다.

기출 LINE

12중)

• 지팡이를 활용하여 캠퍼스 보행을 지도해 주실 수도 있어. 방향정위를 포함하여, 실내에서 사용하는 트레일링, 대각선법 그리고 실내·외에서 사용 가능한 이점촉타법 등을 보행지도사가 지도해 주실 거야.

• 그리고 대학 복도에서 지팡이 끝을 바닥에서 떼지 않고 양쪽으로 이동시키는 지면접촉유지법도 가르쳐 주실 거야.

키워드 Pick

㉣ 지팡이를 잡은 손의 손등은 위쪽이 아닌 측면을 향하도록 한다. 이것은 손목 움직임을 자연스럽게 하기 위함이다.

㉤ 지팡이를 잡은 쪽의 팔은 최대한 곧게 뻗도록 하는데, 이것은 몸 앞의 공간을 지팡이로 최대한 확보하기 위함이다. 번화가 같은 혼잡한 장소에서는 사람이 많아서 지팡이를 길게 잡으면 다른 사람의 보행을 방해할 수 있으므로 지팡이를 몸 쪽으로 당겨 잡는다.

㉥ 장애물에 걸려 지팡이를 놓치지 않을 정도로 단단히 잡도록 한다.

악수하듯 잡기(기본)	지팡이와 악수하는 것처럼 지팡이를 잡고, 교육생이 오른손잡이일 경우 오른손에 지팡이를 놓는다. 이때, 교육생의 손이 지팡이 손잡이의 중간쯤에 위치하도록 한다. 그리고 엄지손가락을 지팡이 손잡이의 상단에 얹고, 집게손가락을 편다.
손가락 끝으로 잡기	기본 방법과 동일하나 집게손가락을 구부리고 집게손가락의 끝부분을 손잡이의 평평한 면에 단단히 마주 대어 붙인다(내리누르듯이). 그리고 셋째와 넷째손가락을 함께 둥글게 구부려서 지팡이 손잡이의 아래 부분인 둘째손가락의 아래를 떠받치듯 감아쥔다.

③ 팔의 위치

㉠ 지팡이를 잡은 팔을 몸에서 약간 떨어뜨려(20~30cm) 전방 아래로 뻗고, 팔꿈치는 약간 구부릴 수도 있고 펼 수도 있는데, 선호하는 것을 선택하면 된다.

㉡ 구부릴 경우에는 지팡이 잡은 팔이 자신의 흉곽을 살짝 닿는 듯이 하고, 지팡이를 잡은 손은 허리 정도의 높이에 있게 한다. 그리고 지팡이를 잡은 팔의 팔꿈치를 펴서 팔이 몸과 완전히 분리되게 하고, 손의 위치는 허리 약간 아래쪽에 위치하게 한다.

④ 손목운동과 지팡이의 호

㉠ 지팡이를 잡은 손이 몸 중앙에 오도록 위치시켜 고정시킨다. 이것은 양쪽에 똑같은 넓이로 호를 만들어 주기 위함이다.

㉡ 지팡이의 호를 만들기 위해 손목을 중심으로 손 부분만을 양쪽으로 움직여 양쪽이 똑같은 넓이가 되도록 한다. 양쪽의 넓이가 달라지면, 앞으로 똑바로 이동하는 직선 보행을 할 수 없다. 왼쪽이 더 넓으면 왼쪽으로 치우쳐서 가고, 오른쪽이 더 넓으면 오른쪽으로 치우쳐서 가게 된다.

㉢ 호의 넓이는 신체의 어깨보다 약 5cm 정도 넓게 하는 것이 적당하다. 손목을 몸 중심에 놓고 양옆으로 손만 움직여 양어깨에서 각각 2.5cm씩 더 넓게 지팡이를 쳐 주면 된다.

㉣ 지팡이 끝이 그리게 되는 호의 높이는 2.5cm 이상이 되지 않도록 하여 지면의 작은 장애물도 놓치지 않도록 한다. 지팡이 끝을 지면에서 높이 올리면 지면의 작은 사물을 놓칠 수 있다. 흰지팡이 팁이 좌우로 호를 그리며 두드릴 때 팁과 바닥의 간격을 5cm 이하로 유지해야 낮은 턱을 놓치지 않을 수 있다.

ⓜ 보이지 않는 상태에서는 호의 넓이를 가늠하기 어렵기 때문에 보행지도사는 시각장애인이 느낄 수 있는 그 넓이의 정도를 구체적으로 만들어 알려 줄 필요가 있다. 이때 두 가지 방법이 효과적이다.

- 첫째, 보행지도사는 교육생의 정중앙에 마주보고 선 뒤 지팡이 팁이 닿는 지점만큼 앞에 서서 바람직한 호의 넓이만큼 다리를 벌린다. 보행지도사의 다리 안쪽에서 지팡이를 이동시켜 두 다리 사이의 간격을 느낌으로써 교육생은 바람직한 호의 넓이를 알 수 있게 된다. 여러 차례 반복하다보면 팔 근육이 그만큼의 넓이를 기억하게 되어 시각장애인은 적당한 넓이로 호를 만들 수 있게 된다.
- 둘째, 지팡이 두 자루를 이용하는 방법이다. 지팡이 두 자루를 나란히 들고 교육생 앞에 선 후 보행지도사의 다리 대신에 지팡이 두 자루를 호의 넓이만큼 벌려 놓은 후, 시각장애인이 두 지팡이 사이를 본인의 지팡이로 느낄 수 있게 해 준다.

ⓑ 호가 너무 좁거나 왼쪽이나 오른쪽 한쪽을 잘 커버하지 못하는 경우도 있을 것이다. 이 경우에는 문제가 되는 지점(커버되지 않는 쪽)에 일부러 플라스틱 휴지통을 가져다 두어 부딪히게 한다. 시각장애인은 플라스틱 휴지통이 닿으면 깜짝 놀라게 되고, 지팡이가 그리는 호가 자신을 전부 커버해 주지 않고 있다는 점을 스스로 깨닫게 되어 넓이에 대해 신중해진다.

⑤ 지팡이터치법

㉠ 지팡이의 끝으로 지면을 접촉한다. 터치는 사용자가 지면을 탐지해 낼 수 있을 정도로만 가볍게 지면을 치는 것이다.

㉡ 터치를 세게 하면, 치는 소리가 크게 나서 다른 사람에게 방해가 될 수 있다. 또한 지팡이 사용자에게는 세게 치려고 손목에 무리하게 힘을 주게 되면서 통증이 오게 할 수 있다. 이뿐만 아니라 지팡이 끝이 쉽게 마모될 수 있다.

㉢ 잔디밭이나 모래밭 같은 지면에서는 지팡이 끝이 박혀 들어가면서 터치가 쉽지 않다. 지팡이가 박히면서 지팡이 손잡이 부분이 배를 찌르게 될 수 있다. 이 경우는 지팡이가 박히지 않도록 더 가볍게 터치한다.

키워드 Pick

⑥ 발과 리듬 맞추기

㉠ 지팡이의 끝이 왼쪽 지점을 칠 때, 오른쪽 발이 지면에 닿게 한다. 반대로 지팡이의 끝이 오른쪽 지점을 칠 때, 왼쪽 발이 지면에 닿게 한다. 이 방법은 일반인들이 걸을 때 왼손을 앞으로 내밀 때 오른쪽 발이, 오른손을 앞으로 내밀 때 왼쪽 발이 나가는 방식과 같다. 즉, 지팡이 사용자에게는 지팡이가 팔의 역할을 한다.

㉡ 보속에 따라 지팡이 치는 속도도 느리게 하거나 빠르게 할 수 있다. 보속은 개인별로 차이가 있기에 보속에 맞춰 지팡이를 치는 속도를 조정한다.

⑦ 이점촉타법 지도 순서

단계	내용
1단계	제자리에 서서 지팡이만 양옆으로 촉타하기
2단계	지팡이를 움직이며 제자리걸음하기
3단계	이점촉타법으로 직선보행하기
4단계	한적한 건물의 넓은 복도나 복잡하지 않은 인도에서 직선보행하기

⑧ 이점촉타법의 변형

지면접촉유지법 (constant-contact)	• 지팡이로 좌측, 우측을 이동할 때, 지팡이 끝을 계속해서 지면 위에 유지시킨다. • 그러나 이 기술은, 표면이 거친 지역에서는 지팡이 끝에 금이 가서 갈라지거나 사용하기 곤란하고, 손에 힘이 약한 교육생의 경우 오랜 시간 동안 이 기술을 사용하기 어렵다는 단점이 있다. • 지면에 지팡이를 두드려서 얻을 수 있는 촉각적, 청각적 단서가 없기 때문에 보조를 유지하기 어려울 수 있다.
촉타 후 밀기법 (touch-and-slide)	• 가능한 한 지면과 지팡이가 많이 접촉할 필요가 있을 때 사용된다. • 연석이나 내림계단 등을 발견하고, 인도, 흙길, 자갈길과 같은 지면의 변화를 판단하기 위하여 사용될 수 있다. • 젖은 낙엽 또는 눈이나 얼음이 인도 위에 덮여 있을 때, 교육생은 자신이 인도에서 벗어나는 것을 막기 위하여, 인도를 덮고 있는 이물질(눈, 얼음, 낙엽 등)층 아래를 지팡이 끝으로 '찔러서' 위치를 확인할 수 있다. • 자신의 보행경로에서 마른 땅과 진흙 웅덩이 등을 구별하기 위하여 이 기술을 사용할 수 있다. • 촉타 후 밀기법에서 이점촉타법을 사용하지만, 지팡이 끝이 지면을 접촉할 때마다 지면을 따라 전방으로 약 10cm 정도 이동 방향으로 미끄러지도록 해야 한다는 점이 다르다.
촉타 후 긋기법 (touch-and-drag) 22중	• 기준선을 따라 걸어가는 동안 계단의 난간이나 점자블록과 같은 실외의 기준선을 따라가기에 적합한 방법이다. • 기준선을 활용하되, 지팡이 끝으로 기준선 반대쪽 측면의 지면을 우선 터치한 후, 지팡이 끝을 바닥에 유지한 채 바닥에 끌어 기준선에 닿게 한다는 것이 다른 점이다. • 예를 들어, 기준선이 자신의 좌측에 있다면 기준선 반대쪽, 즉 오른쪽은 이점촉타법과 같이 지팡이를 공중에서 호를 그리며 지면을 터치한다. 그런 다음 지팡이 끝을 바닥에서 떼지 않고 호를 그리며 왼쪽으로 이동시키면 기준선에 닿게 된다. 그리고 그 절차를 필요할 때까지 반복한다. • 지팡이로 지면을 터치하고 그을 때도 교육생은 자신의 팔을 몸의 정중앙에 위치시키고, 지팡이와 양발은 계속해서 보조와 리듬을 유지해야 한다.

삼점촉타법	• 벽이나 연석과 같이 수평면보다 위쪽에 위치한 환경물을 이용하여 보행할 때 활용하는 방법이다. • 다른 기술들보다 더 많은 협응을 요구하기 때문에, 충분히 시범 보여야 한다. • 포인트 1과 포인트 2는 이점촉타법에서 터치하는 지점과 동일하다. 그러나 포인트 3에 해당하는 지점이 한 군데 더 있는 것이다. 포인트 3은 벽이나 연석, 정원수 등이 될 수 있다. • 보행자는 바닥의 정보가 아닌 벽이나 연석 등을 랜드마크로 활용해야 할 상황에서 이 방법을 사용하면 효과적이다. • 리듬감이 가장 중요한데, 첫 번째 터치는 한 번이지만 두 번째와 세 번째 터치가 합쳐져서 한 박자가 된다. • 오른손잡이일 경우, 보행지도사는 교육생의 오른쪽에 서서 지팡이를 잡은 손을 자신의 한 손으로 잡고, 반대쪽 어깨를 다른 손으로 잡고서 그 기술을 시범 보이도록 한다. 이때 보행지도사는 교육생의 손과 지팡이가 올바른 자세를 취하고, 보조와 리듬을 유지하면서 지팡이로 두드릴 수 있도록 돕는다. • 건물 측면(콘크리트벽)을 이동하다가 출입문(유리 또는 금속)의 위치를 찾을 경우에도 유용하게 사용된다. 이때 건물 선(기준선)을 따라서 지팡이를 두 번 두드리게 하는데, 먼저 2번 지점인 건물의 바닥을 두드리고, 3번 지점인 바닥 바로 위쪽(건물 측면)을 두드리게 한다. • 이 기술은 더욱 발전된 보행환경에서 사용되기 때문에, 일반적으로 보행교육 후반에 소개하는 것이 좋다.
한 번 바닥치고 한 번 측면치기	• 삼점촉타법과 동일한 목적으로 사용된다. • 삼점촉타법에서의 포인트 2를 생략하는 방법이다. • 즉, 바닥을 한 번 터치한 후 바로 포인트 3에 해당하는 위쪽 측면을 터치하는 것이다. • 그렇기 때문에 아무래도 3점 촉타법보다 배우기 쉽지만, 한 번 바닥치고 한 번 측면치기는 바닥에 대한 충분한 정보를 제공하지 못한다는 단점이 있다.

키워드 Pick

이점촉타법은 실외에서 이동하는 데 주로 쓰이며, 이점촉타법을 사용하여 직선인 지물(예 벽, 화단 등)을 지팡이로 치면서 따라가는 기법도 사용할 수 있다. 때에 따라서는 지팡이가 상체를 보호해 주지 못하기 때문에 가슴 높이의 나뭇가지를 확인하기 위하여 상체보호법을 병행할 수도 있다.

(5) 상황별 지팡이 사용방법

① 계단 오르내리기

㉠ 계단을 오를 때에는 지팡이 손잡이 바로 아랫부분을 연필 쥐듯이 잡고, 올라가야 할 계단 바로 위에 있는 계단의 윗부분을 가볍게 치면서 올라간다. 지팡이 끝으로 계단의 턱이 확인되지 않으면 계단을 모두 올라왔음을 확인할 수 있다.

㉡ 계단을 내려갈 때는 계단이 시작되는 부분을 조심스럽게 확인해야 한다. 지팡이를 지면에 대고 슬라이딩시켜 지면이 낮아지는 계단의 턱을 확인하면, 발을 지면에 대고 미끄러뜨려 계단의 끝부분을 발바닥으로 확인하고 선다. 이렇게 몸을 움직이는 동안, 지팡이를 계단의 끝부분에 대고 있어야 낙상을 방지할 수 있다.

㉢ 계단을 내려갈 때는 대각선법을 사용하여 지팡이를 잡고, 지팡이 끝은 내려가야 할 계단의 다음 계단 모서리 부분에서 약간 위로 올려서 공중에 띄운다. 지팡이 끝이 지면에 미끄러지는 느낌을 받게 되면 시각장애 학생은 계단이 끝남을 알 수 있다.

㉣ 계단은 낙차가 심해서 두려움을 주는 환경의 구조물이다. 따라서 아동이 심리적 안정감을 느끼도록 난간을 잡고 계단을 이용하게 할 수 있다.

② 문 통과하기

㉠ 실내에서 이동할 때는 문을 꼭 통과해야 한다.

㉡ 문을 열기도 하고 닫기도 해야 한다.

㉢ 문을 통과하는 요령은 지팡이 끝이 문에 닿으면 지팡이를 세워 문에 갖다 대는 것이다. 다음으로 지팡이를 문에 댄 채 좌우로 문지르면 문손잡이가 걸린다. 그러면 지팡이를 잡지 않은 손으로 문손잡이를 잡고 문을 열고 나간다.

③ 사물 확인하기

㉠ 환경 속에서 이동하게 될 때 수많은 사물들을 접하게 된다.

㉡ 신속하게 환경에 대처하기 위해서는 양손을 자유롭게 할 수 있도록 어깨에 메는 가방을 사용하는 것이 좋다.

㉢ 사물을 확인할 때는 손이 먼저 나가 확인하기보다는 지팡이를 활용하는 방법을 사용한다.

㉣ 지팡이를 사물에 수직으로 갖다 붙이고, 지팡이를 따라 내려가 손으로 사물을 접촉하는 방법을 사용한다.

④ 지팡이 보관

㉠ 보관하는 측면에서 시각장애 학생들은 긴 지팡이보다는 접이 지팡이를 선호한다.

㉡ 접이 지팡이는 접으면 부피가 작아져서 호주머니나 가방에 넣을 수 있기 때문이다.

㉢ 긴 지팡이는 시각장애 아동이 바로 찾을 수 있게 의자 바로 밑에 놓아두는 방법도 있고, 잠시 동안 앉아 있는 경우는 지팡이를 세워 어깨에 걸쳐 직접 잡고 있는 방법도 있다. 또는 지팡이 손잡이 부분의 끈을 사용하여 벽걸이에 걸어 두거나 벽 구석에 세워 둘 수 있다.

㉣ 지팡이를 소지하고 안내를 받을 때는 몸 안쪽으로 지팡이를 수직으로 들고 나르는 방법이 있고 겨드랑이 밑에 끼고 나르는 방법도 있다.

4. 안내견 보행 및 훈련 프로그램

(1) 안내견 보행 특징

① 안내견은 흰지팡이, 전자보행기구 등과 더불어 시각장애인의 독립적인 보행을 위한 기능과 역할을 수행한다.

② 시각장애인이 안내견을 사용하려면 방향정위와 이동기술을 잘 터득하고 있어야 한다.

③ 일반적으로 16세가 지난 시각장애 학생이 안내견을 사용할 수 있는 것으로 알려져 있으며, 안내견에게 가야 할 방향 및 지시를 내리는 역할과 함께 안내견을 돌보는 역할을 시각장애인이 해야 하기 때문에 안내견 사용 요청장에 대한 자격 심사가 있다.

④ 안내견은 온순한 성품과 함께 인내력이 강하고 안내견 사용자의 명령을 충실하게 따르도록 훈련을 받았기 때문에 일반인들을 공격하거나 위협하는 행동을 하지 않는다.

⑤ 안내견을 시각장애인의 친구로서 또 인생의 동반자로서 보는 사회적 인식이 필요하다.

⑥ 안내견과 인사를 나누고 싶다면 주인의 허락을 구하고 동의하에 다가가서 쓰다듬어 주도록 한다. 주의할 것은 안내견의 건강을 위해서 어떤 경우라도 음식물을 주어서는 안 된다는 점이다.

(2) 기본 훈련

복종	• 다양한 환경과 상황 속에서 주인이 원하는 방향으로 안내견을 통제하는 동시에 좋은 사회적 이미지를 남기기 위한 가장 기본적 훈련단계이다. • 훈련사는 훈련견의 행동을 유도하기 위한 명령어와 동작을 인식시켜 준다. 예 엎드려, 서, 기다려, 이리와, 따라와 등
품행훈련	• 가정 내, 공공장소, 편의시설, 배변 등에 대한 품행훈련이다. • 안내견은 보행할 때가 아니더라도 사용자의 편의 및 사회적 이미지를 위하여 적절하게 행동해야 한다. • 이를 위하여 어려서부터 여러 가지 상황에서 올바르게 행동하는 법을 반복적으로 숙지하게 된다. 사회적 상황에서는 주로 엎드리거나 앉은 상태에서 기다린다.
명령에 대한 올바른 반응	• 보행 시 방향전환, 훈련사의 통제, 특정 행동을 유도하는 의사소통을 위한 정해진 명령체계들을 안내견이 이해하고 따를 수 있어야 한다.

키워드 Pick

맥 Plus

보행장구 인식

안내견은 견옷, 목줄, 견줄, 하네스 이렇게 4가지의 장구를 착용했을 때 비로소 보행을 위한 준비가 완료된다. 그러나 처음부터 이러한 장구에 적응할 수 없기 때문에 하나씩 단계별로 착용하여 거부감을 느끼지 않도록 하는 것이 중요하다.

① **견옷**: 멀리서도 다른 사람들이 쉽게 안내견임을 알 수 있게 한다.

② **목줄**: 목에 채우는 쇠로 된 체인으로, 당김으로 인한 안내견의 충격을 완화시켜 주는 역할을 한다.

③ **견줄**: 목줄에 연결하는 가죽으로 된 끈으로, 안내견을 통제하기 위한 목적으로 사용한다.

④ **하네스**: 훈련사가 안내동작을 인식해서 따라갈 수 있도록 도와주는 손잡이다.

(3) 기초 보행 훈련 24중

<table>
<tr><td>올바른 보행 위치 인식</td><td>• 안내견의 움직임을 명확하게 전달받기 위해서는 올바른 자세를 유지하는 것이 중요하다.
• 안내견 역시 안정된 자세에서 보다 효율적으로 사람을 안내할 수 있을 뿐만 아니라 갑작스러운 방향전환 시 사람이 반응할 수 있는 시간을 마련해 주므로 사고의 위험이 적다.
• 올바른 안내견의 보행 위치는 안내견이 사람과 나란히 한쪽(주로 왼쪽)에 위치한 상태에서 안내견의 전체 몸길이의 약 3/4이 사람보다 앞서 있는 상태이다.</td></tr>
<tr><td>직선 보행</td><td>• 한 지점에서 시작하여 다음의 방향전환 시까지 계속되는 보행을 훈련하는 것으로, 단순히 일직선상으로 나아가는 것을 의미하지는 않는다.
• 즉, 장애물 등을 피하면서 방향전환 명령이 있기 전까지 안전하게 길을 따라 걷는 훈련을 받는다.
• 이는 사용자의 방향정위를 수월하게 하는 효과를 가져온다.</td></tr>
<tr><td>장애물 인지</td><td>• 보행 시 보행에 해를 끼치는 모든 형태의 비정상적인 것들을 만났을 때 멈추거나 피하는 등 효과적으로 대처할 수 있도록 하는 훈련이다.
• 안내견이 대처해야 하는 장애물은 다음과 같다.
<table><tr><td>지상장애물</td><td>공중에 떠 있거나 걸려 있는 장애물로 견은 쉽게 통과할 수 있어도 사람이 지나갈 수 없는 장애물</td></tr><tr><td>돌출장애물</td><td>걸려서 넘어질 수 있는 형태의 장애물과 좁은 길, 낭떠러지 등</td></tr><tr><td>움직이는 물체</td><td>상대방의 예고 없는 움직임에 신속히 대응해야 하는 차량, 자전거, 유모차, 오토바이 등</td></tr></table></td></tr>
<tr><td>유혹억제</td><td>• 살아 있는 동물인 만큼 언제 어디서나 본능적으로 유혹에 빠질 수 있다.
• 이때 적절한 통제력으로 안전보행이 가능하도록 인위적 환경을 조성하여 훈련한다.</td></tr>
<tr><td>연석인지</td><td>• 하나의 직선 인도가 끝나는 지점인 건널목이나 각종 건물 등의 진입로에 위치하는 내림 연석에 이르면, 안내견은 그 가장자리에서 정지한다.
• 이는 사람이 발을 헛디디지 않게 함과 동시에 지나는 차량이 없는지의 여부를 확인하게 하고, 또한 방향정위를 지원하는 효과도 있다.</td></tr>
<tr><td>목적지 보행 24중</td><td>• 안내견 보행에 있어서 기본적인 방향설정과 방향정위는 사람의 몫이다.
• 그러나 자주 혹은 정기적으로 다니는 보행 목적지의 경우 안내견이 좀 더 주도적으로 보행할 수 있으며, 목적지 근처에 이르렀을 때 출입문과 같은 최종 포인트를 지적하는 것은 견의 몫이다.</td></tr>
</table>

(4) 특수 편의시설 훈련

교통훈련	• 시각장애인이 횡단보도를 이용하거나 특정 교통상황에 대처하기란 잠재적으로 매우 위험하므로 안전을 위해 다양한 환경을 조성하여 훈련한다. • 길을 건너거나 인도나 차도의 구분이 없는 환경에서 차량의 움직임을 감지하고 판단을 내리는 것은 일차적으로 사람의 책임이다. • 그러나 사람의 판단이 잘못되었을 경우를 대비해 안전책으로 안내견의 교통인지 및 대처능력을 훈련시킨다. • 이는 인공적인, 그리고 자연적인 환경에서 움직이거나 엔진 소리가 나는 차량의 존재를 안내견이 조심스럽게 여기도록 하고 필요할 때 정지하도록 훈련함으로써 이루어진다.
대중교통 적응	• 버스나 전철 등의 승하차 시 행동요령을 익히며 차량 내 에티켓 훈련을 한다.
다양한 환경에서의 보행	• 안내견에게 다양한 장소에서 많은 경험을 제공하는 것 역시 안내견 활동 준비에 큰 도움을 준다. 복잡한 번화가: 많은 사람들의 움직임이나 자동차의 움직임, 소음 등에 익숙하게 하여 자발적으로 하려는 마음과 집중력을 기른다. 주거 지역: 인도나 골목길의 개념을 인식시키고 직선보행이 가능하도록 훈련한다.

5. 실외 훈련

(1) 주택가 지역(한산한 지역)

① 실외 보행에 필요한 사항

㉠ 실외 보행에서는 우선 대중교통수단에 익숙해지는 것이 필요하다.

㉡ 주택가에서 볼 수 있는 보도, 차도, 횡단보도, 가로수, 가로등 등의 구조를 익히면서 환경 정보를 이용한 방향정위를 하여 이동하는 기회를 제공한다. 이때 보도에서 직선 이동하는 법, 차 소리를 이용하여 이동하는 법, 횡단보도로 건너가는 법을 지도한다.

키워드 Pick

② 횡단보도를 건너는 요령

㉠ 횡단보도를 건너는 요령은 연석을 탐지하는 것으로 시작된다.

㉡ 연석의 가장자리가 확인되면, 아동은 연석에 가까이 다가선다.

㉢ 첫 발을 디딜 부분에 장애물이 없는지 확인한 뒤, 지팡이는 차도에 내밀고 있지 말고 연석 위로 올려놓는다.

㉣ 차도를 건너기 위해 자신이 이동할 방향을 머릿속에 그린 뒤, 연석의 가장자리에 맞춰 몸을 정렬한다.

㉤ 준비가 되면, 차도에서 들려오는 자동차 소리를 들으면서 건널 시간을 결정한다.

㉥ 차가 없는 것을 확인하면, 차도로 첫발을 내딛는 동시에 이점촉타법을 실시한다.

㉦ 차도에서 느리게 걸으면, 사고위험의 시간도 늘어나는 것이므로 차도를 건널 때는 보속을 가능하면 빠르게 하고 차도를 직선으로 이동하여 동선을 짧게 한다.

ⓒ 보속은 차도를 다 건너서 반대편의 연석이 확인될 때까지 유지한다. 연석이 확인되면, 지팡이를 보도로 올려 이점촉타법으로 장애물이 없는지를 확인하고 바로 보도로 올라선다.

③ **다양한 거리에서의 훈련**

㉠ 시각장애 학생을 지도하는 방향정위와 이동전문가는 근접거리, 중간거리, 원거리로 학생과의 거리를 조정하면서 지도한다.

㉡ 학생이 길을 익히는 단계에서는 팔길이 정도의 근접거리에 있고, 학생이 길을 익히면서 연습하는 단계로 전문가의 도움이 아직 필요하다면 4m의 중간거리에서 훈련한다. 마지막으로 학생이 혼자서 길을 익혀 다닐 수 있게 되었다면, 전문가는 6m의 원거리에 위치한다.

④ **지팡이 사용하기**: 이점촉타법 외에 지팡이로 트레일링하는 법, 지팡이로 한 점을 친 뒤 지팡이 끝을 다른 지점으로 가볍게 바닥에 미끄러뜨리는 터치슬라이드법(touch-slide technique), 지팡이로 친 뒤 몸 쪽으로 힘 있게 잡아끌어 지면의 작은 변화를 찾아내는 터치드래그법(touch-drag technique), 지팡이를 세 지점에 두드리는 삼점촉타법(three-point touch technique)을 실제 환경 속에서도 지도한다.

⑤ **길을 잃을 경우에 대비한 훈련**

㉠ 시각장애 학생이 길을 잃었을 경우 스스로 길을 찾아내는 상황회복 요령도 지도한다.

㉡ 주택가 지역 훈련 단계에서 아동의 방향정위와 이동능력을 평가하기 위해 드롭오프를 실시할 수 있다.

㉢ 교사는 아동에게 일체 정보를 알려 주지 않고 한 장소로 데리고 간다. 아동 스스로 환경에 대한 정보를 수집하고 자신의 이동경로를 파악하여 목적지까지 가는 능력을 평가한다.

(2) 상가 지역(혼잡한 지역)

① 혼잡한 지역에서는 환경물도 다양하고 복잡하다.

② 맹인용 신호기를 조작하기, 대중교통수단, 즉 버스, 택시, 전철, 복잡한 거리에서 교통신호기를 사용하여 길 건너기, 육교로 건너기, 일반 수동문 외 대형건물에만 특별히 있는 회전문과 자동문 이용하기, 기차, 비행기 탑승하기, 전기 이동장치인 에스컬레이터와 엘리베이터 이용하기, 상업시설, 즉 은행, 음식점, 우체국, 대중목욕탕, 놀이공원, 영화관, 백화점 등을 이용하는 방법을 지도한다.

③ 이동 중 도움을 주려고 하는 사람들과 만났을 때, 도움을 받아들이거나 거절하는 요령도 지도한다.

④ 정안인이 시각장애 학생의 신체적 특정 부분을 잡으면서 도와준다는 경우가 있다. 이때 도움을 수용하거나 거절하기 위해 사용하는 기법이 하이네스 브레이크(Hines break)이다.

(3) 지역사회 보행기술

① **인도보행과 비어링 수정**: 인도는 차도와 인접해 있고 직선형으로 만들어져 있으므로 인도를 걸어갈 때 직선으로 이동하는 기술이 중요하다. 인도에서 똑바로 이동하지 못해 방향이 틀어지는 비어링이 일어나면 차도로 들어갈 수 있으며, 방향을 다시 정렬하는 비어링 수정기술을 사용하는 것이 필요하다.

인도 직선 보행	• 인도에서 직선 이동이 이루어지려면 먼저 바른 자세로 이동해야 하며, 이점촉타법을 사용할 때 팁이 신체 좌우를 균등한 거리로 두드려야 한다. • 긴 거리를 직선으로 계속 이동하기 위해서는 이동 중에 차도의 차량 진행 방향이나 앞서 가는 사람들의 소리를 활용하는 것이 필요하다.
비어링 수정 23중	• 인도 보행 중에 차량 소리가 가까워지거나 지팡이 팁이 인도 아래로 떨어지는 느낌이 든다면 인도 중앙에서 차도쪽으로 비어링한 것임을 알고 멈춰서야 한다. • 비어링을 수정하려면 연석에서 평행 서기를 한 후 인도 중앙을 향해 옆으로 3~4걸음 이동한 후 차량 소리를 이용해 방향과 자세를 정렬해야 한다.

② **기준선 보행** 22중

㉠ 기준선 보행은 보행자의 진행 방향과 같은 방향으로 뻗어 있는 벽, 펜스, 화단, 담벼락 등이 있을 때 이들을 기준선으로 활용하여 따라가는 기술이다.

㉡ 기준선 종류에 따라 대각선법, 이점촉타법, 촉타 후 긋기법, 삼점촉타법 등을 이용하여 기준선과 기준선 반대쪽으로 번갈아 접촉하며 따라가게 된다.

㉢ 기준선 보행은 보행자가 방향을 잃지 않고 심리적 안정감을 갖도록 할 수 있다는 장점이 있다.

㉣ 기준선의 종류와 바닥 상태에 따라 적절한 흰지팡이기술을 사용하도록 해야 한다.

복도 벽 기준선 보행	• 실내에서는 흰지팡이를 두드리는 소리가 시끄러울 수 있어 대각선법이나 지면접촉유지법을 이용하여 기준선 보행을 한다.
실내화단이나 펜스	• 실내 화단이나 펜스를 따라갈 때에는 이점촉타법, 삼점촉타법을 사용할 수 있다. • 지면 상태가 좋지 않아 바닥 상태까지 확인하며 따라가야 할 때는 이점촉타법보다 삼점촉타법을 사용하는 것이 좋다.
점자블록	• 이점촉타법을 사용하면 점자블록을 감지하기 어려우므로, 촉타 후 긋기법이나 지면접촉유지법을 사용하여 점자블록을 따라가는 것이 좋다.

③ **도로 횡단**

㉠ 지역 사회를 다니려면 인도를 걷다가 도로를 횡단해야 할 경우가 생긴다.

㉡ 교차로의 형태와 횡단 거리가 다양하고, 도로 횡단은 생명과 직결되므로 바르고 안전하게 횡단할 때까지 충분히 실습하는 것이 중요하다.

㉢ 횡단보도는 횡단보도 근처의 점자블록과 인도 경사면, 횡단보도 앞의 사람 소리나 차량 정차 소리, 횡단보도 인근의 지형지물(상가건물 등) 등을 종합적으로 이용하여 찾아야 한다.

기출 LINE

23중)
• 비어링수정 방법 실습하기
– 비어링 인식하기 → 멈춰서기 → 진로 방향과 평행하게 서기 → 자세 정렬하기 → 직선 보행하기

기출 LINE

22중) 촉타후긋기 기술을 사용하여 학교 정문에서 기숙사까지 연결된 점자블록의 경계선을 따라가며 보행하는 방법을 지도

키워드 Pick

㉣ 횡단보도를 찾으면 횡단보도 앞의 연석과 지나가는 차량 소리를 이용하여 직각 서기를 하고 흰지팡이 팁을 연석에 수직으로 세워 놓아야 한다.

㉤ 신호등의 보행자 신호음, 다른 보행자의 움직임, 차량의 성자 소리 등을 이용해 횡단 시점을 파악하여 직선으로 건너서 반대쪽 연석을 확인한 후 인도로 올라서야 한다.

6. 전자보행보조구 이동기술

(1) 전자보행보조구의 종류

① 레이저 지팡이는 위험높이나 맹인의 앞에 사물이 있음을 신호로 알려 주는 기구이다.

② 소닉 가이드는 초음파를 보내 사물과 부딪혀 오는 신호를 통해 환경에 대한 정보를 파악하게 해 주는 장치로 사물의 성질(딱딱한지 부드러운지 등)과 위치를 알아낼 수 있다.

③ 모왓센서(mowatt sensor)는 사물에 반사되어 온 초음파를 진동으로 바꾸는 장치이다.

④ 전자보행보조구들은 시각장애 아동에게 환경에 대한 정보를 소리와 진동을 통해 청각과 촉각 정보로 전달하여 준다.

⑤ 우리나라에서는 전자보행보조구가 고가라는 점과 보조구 사용에 대한 특별한 훈련이 필요하다는 점으로 인해 대중화되지 못했다.

(2) 흰지팡이와 전자보행기구를 함께 사용하는 기법

가위기법	• 일반적으로 널리 알려진 방법으로, 흰지팡이 손잡이 부분과 전자보행보조구를 가위 모양으로 교차시켜 사용하는 것이다. • 사용자는 걸으면서 한 손으로는 흰지팡이로 이점촉타법을 사용하고 다른 손으로 전자보행보조구를 잡고 간다. • 단, 전자보행보조구는 흰지팡이를 잡은 손의 팔목 위쪽에 위치시켜야 하는데, 이는 아래쪽에 위치시키면 사용자의 손을 탐지할 수 있기 때문이다. • 빨리 걸으면 사물을 탐지하지 못할 수도 있기 때문에 천천히 걷는 것이 중요하다. • 몸 중앙에 흰지팡이와 전자보행보조구를 수직으로 교차시키는 것이 머리 높이의 장애물을 탐지하는 데 효과적이다. • 사용 절차 – 흰지팡이는 이점촉타법을 사용한다. – 전자보행보조구는 흰지팡이를 잡은 손의 팔목 약간 위쪽에 위치시킨다. 사용자는 걸으면서 지팡이와 전자보행보조구를 교차시킨다. – 사용자가 지팡이 끝을 오른쪽에 댈 때 왼발을 앞으로 딛게 되는데, 이때 보조구는 왼쪽을 향하게 된다. – 사용자의 오른발이 앞으로 나갈 때 지팡이 끝은 왼쪽에 닿게 되고 전자보행보조구는 사용자의 오른편을 향하게 된다.

전방수직 기법	• 장애물을 피하는 데 효과적이다. • 흰지팡이로 이점촉타법을 사용하면서 이 보조구는 전방을 똑바로 가리키게 한다. • 몇 발짝마다 전자보행보조구를 수직으로 움직여서 전방과 머리 위쪽으로 장애물이 있는지를 폭넓게 살펴본다. 이렇게 하여 머리 높이의 공중에 매달려 있는 사물들, 즉 나뭇가지 등을 확인할 수 있다. • 흰지팡이는 허리 높이 위에 있는 장애물을 확인하지 못한다는 약점이 있다. 이 기법에서 전자보행보조구를 지팡이 위에 고정하여 잡고 가거나 약간 위쪽으로 향하게 하여 잡고 갈 수 있다. • 걸어가면서 전자보행보조구를 위아래로 움직인다. 이렇게 하여 머리 위쪽에 있는 장애물을 탐지할 수 있다. • 사용 절차 – 흰지팡이로 이점촉타법을 사용한다. – 몸 중앙에 전자보행보조구를 고정하고, 사용자는 전자보행보조구를 자신의 상반신과 직각이 되도록 잡아 몸 앞에 위치시킨다.

7. 형식적 보행기술의 평가

(1) **보행기술의 평가**: 다양한 환경과 조건에서 시각장애 학생을 체계적으로 관찰하는 것

① 드롭오프

㉠ 학생을 전에 보행한 적이 없는 외부의 넓은 공간에 데려다 놓고 목적지를 찾아가게 한다.

㉡ 학생은 다른 사람에게 도움을 요청해서는 안 된다.

㉢ 교사는 멀리 떨어져서 학생을 관찰하고 위험한 일이 발생하는지 살핀다.

② 표준평가 학습계획

㉠ 보행교사가 계열화된 학습내용을 개발하여 보행기술을 평가하는 것이다.

㉡ 안내법을 학습한 후 예정된 노선에서 안내법을 잘 사용하는가를 평가하는 것이다.

㉢ 한 번에 몇 가지 기술을 체계적으로 평가할 수 있으므로, 보행교사는 보행기술을 먼저 단순한 실내환경에서 평가하고, 점차 복잡한 외부환경으로 옮겨 가면서 평가해야 한다.

키워드 Pick

맥 Plus

낙하 훈련(drop-off lesson) 15유

① 시각장애인의 보행 관련 문제의 해결 역량을 증진시키는 데 효과적인 지도방법

② 낙하 훈련이란 교육생을 특정 환경에 위치시킨 후 목적지를 제시하면서 찾아오라는 과제를 수행하게 하는 것

③ 대부분 보행 훈련의 마지막 단계에서 실시하지만, 친숙한 환경에서 실시하는 것이라면 마지막 단계 이전에도 실시할 수 있음

④ 낙하훈련의 난이도는 점진적으로 높여 감

⑤ 실내환경에서 교육생의 자신감이 확인되면 실외환경에서 낙하 훈련을 실시

⑥ 난이도가 가장 높은 낙하 훈련은 보행지도사가 교육생을 자동차에 승차시킨 후, 매우 낯선 보도에 하차시켜 시내의 특정 건물을 찾아오는 과제를 수행하게 하는 것

(2) 검사도구

① 아동의 방향정위와 이동검사
　㉠ 방향과 회전
　㉡ 공간 속에서 이동
　㉢ 자조기술

② **피보디검사**: 중도시각장애아동과 성인을 평가하기 위한 검사도구이며, 시력의 활용, 눈과 발의 협응, 색깔 등을 강조한다.

구분	내용		
운동근육 발달	• 기기 • 계단 오르기 • 뛰기	• 서기 • 계단 내려오기 • 기어오르기	• 걷기 • 달리기
개념발달	• 신체상 • 뒤 • 좌우변별 • 정리정돈	• 공간관계 • 위 • 도형변별	• 앞 • 아래 • 크기변별
감각적 기술	• 소리의 위치 파악 • 후각변별	• 청각변별	• 촉각변별(손, 발)
보행기술	• 안내법 • 따라가기	• 앉기 • 랜드마크 활용	• 회전하기와 방향 유지하기 • 환경 속에서의 보행

10 의사소통 교육

① 점자

1. 점자의 구성원리 및 특성 16 · 17초, 17중

구성원리	• 종으로 3점, 횡으로 2점 모두 6점으로 구성된다. • 각 점에 1에서 6까지의 번호를 붙여 사용한다. • 6개의 점을 조합하면 64개의 점형이 생기는데, 점자는 이 점형에 의미가 부여된 문자이다. • 점자는 풀어쓰기방식이다. • 점자판과 점필을 사용하여 점자를 쓸 때는 오른쪽에서 왼쪽으로 써 나가고, 읽을 때는 종이를 뒤집어서 왼쪽에서 오른쪽으로 읽는다. 읽을 때와 쓸 때의 글자 모양은 정반대이다.
한글점자의 특성	• 초성자음과 종성자음이 다르게 제작되어 있다. • 초성 'ㅇ'은 사용하지 않는다. • 초성 'ㄲ, ㄸ, ㅃ, ㅆ, ㅉ'을 쓸 때에는 앞의 'ㄱ, ㄷ, ㅂ, ㅅ, ㅈ' 대신 된소리표를 쓴다. • 부피를 줄이고, 읽기와 쓰기 속도를 증가시키기 위하여 27개의 약자와 7개의 약어를 사용한다. • 약자 '영'은 그 앞에 'ㅅ, ㅆ, ㅈ, ㅉ, ㅊ'이 올 때에는 '엉'이 된다. • 모음 겹글자 '얘'는 '야 + 이'가 아니라 '야 + 애'로, '위'는 '우 + 이'가 아니라 '우 + 애'로 쓴다. • 모음 겹글자 '왜'는 '오 + 애'가 아니라 '와 + 애'로, '웨'는 '우 + 에'가 아니라 '워 + 애'로 쓴다. • 점자는 모아쓰지 않고 풀어쓴다.

기출의 맥

맥 교재에서 다루는 점자는 각론서에서 다루는 주요 이론만 정리한 것입니다. 시험에 대비한 점자 학습은 '한국점자규정(2024)'을 별도로 봐야 합니다.

키워드 Pick

2. 점자 13 · 14 · 21 · 22초, 09 · 10 · 11 · 13 · 14 · 15 · 22중

(1) 자음

①④
②⑤
자음기호(읽기점 ③⑥ 기준)

자음	초성	ㄱ	ㄴ	ㄷ	ㄹ	ㅁ	ㅂ	ㅅ	ㅇ	ㅈ	ㅊ	ㅋ	ㅌ	ㅍ	ㅎ
		4	14	24	5	15	45	6	1245	46	56	124	125	145	245
		○● ○○ ○○	●● ○○ ○○	○● ●○ ○○	○○ ○● ○○	●○ ○● ○○	○● ○● ○○	○○ ○○ ○●	●● ●● ○○	○● ○○ ○●	○○ ○● ○●	●● ●○ ○○	●○ ●● ○○	●● ○● ○○	○● ●● ○○
	종성	ㄱ	ㄴ	ㄷ	ㄹ	ㅁ	ㅂ	ㅅ	ㅇ	ㅈ	ㅊ	ㅋ	ㅌ	ㅍ	ㅎ
		1	25	35	2	26	12	3	2356	13	23	235	236	256	356
		●○ ○○ ○○	○○ ●● ○○	○○ ○● ●○	○○ ●○ ○○	○○ ●○ ○●	●○ ●○ ○○	○○ ○○ ●○	○○ ●● ●●	●○ ○○ ●○	○○ ●○ ●○	○○ ●● ●○	○○ ●○ ●●	○○ ●● ○●	○○ ○● ●●
	된소리	ㄲ		ㄸ		ㅃ		ㅆ		ㅉ					
		6	4	6	24	6	45	6	6	6	46				
		○○ ○○ ○●	○● ○○ ○○	○○ ○○ ○●	○● ●○ ○○	○○ ○○ ○●	○● ○● ○○	○○ ○○ ○●	○○ ○○ ○●	○○ ○○ ○●	○● ○○ ○●				

주: ●은 볼록하게 찍힌 점임

(2) 모음

①④
②⑤
모음기호(읽기점 ③⑥ 기준)

모음	ㅏ	ㅐ	ㅑ	ㅒ		ㅓ	ㅔ	ㅕ	ㅖ	ㅗ	ㅘ	ㅙ		ㅚ
	126	1235	345	345	1235	234	1345	156	34	136	1236	1236	1235	13456
	●○ ●○ ○●	●○ ●● ●○	○● ○● ●○	○● ○● ●○	●○ ●● ●○	○● ●○ ●○	●● ○● ●○	●○ ○● ○●	○● ○○ ●○	●○ ○○ ●●	●○ ●○ ●●	●○ ●○ ●●	●○ ●● ●○	●● ○● ●●
	ㅛ	ㅜ	ㅝ	ㅞ		ㅟ		ㅠ	ㅡ	ㅢ	ㅣ			
	346	134	1234	1234	1235	134	1235	146	246	2456	135			
	○● ○○ ●●	●● ○○ ●○	●● ●○ ●○	●● ●○ ●○	●○ ●● ●○	●● ○○ ●○	●○ ●● ●○	●● ○○ ○●	○● ●○ ○●	○● ●● ○●	●○ ○● ●○			

주: ●은 볼록하게 찍힌 점임

(3) 약자 11유, 11초

약자(읽기점 ①④
②⑤
③⑥ 기준)

약자	1종	가	나	다	마	바	사	자	카	타	파	하	것		받침 ㅆ
		1246	14	24	15	45	123	46	124	125	145	245	456	234	34
		●● ●○ ○●	●● ○○ ○○	○● ●○ ○○	●○ ○● ○○	○● ○● ○○	●○ ●○ ●○	○● ○○ ○●	●● ●○ ○○	●○ ●● ○○	●● ○● ○○	○● ●● ○○	○● ○● ○●	○● ●○ ●○	○● ○○ ●○
		억	옹	울	옥	연	운	온	언	얼	열	인	영	을	은
		1456	12 3456	12346	1346	16	1245	12356	23 456	2345	1256	12345	12456	2346	1356
		●● ○● ○●	●● ●● ●●	●● ●○ ●●	●● ○○ ●●	●○ ○○ ○●	●● ●● ○○	●○ ●● ●●	○● ●● ●●	○● ●● ●○	●○ ●● ○●	●● ●● ●○	●● ●● ○●	○● ●○ ●●	●○ ○● ●●

주: ●은 볼록하게 찍힌 점임

(4) 약어

약어(읽기점 ①④
②⑤
③⑥ 기준)

약어	그래서		그러나		그러면		그러므로		그런데		그리고		그리하여	
	1	234	1	14	1	25	1	26	1	1345	1	136	1	156
	●○ ○○ ○○	○● ●○ ●○	●○ ○○ ○○	●● ○○ ○○	●○ ○○ ○○	○○ ●● ○○	●○ ○○ ○○	○○ ●○ ○●	●○ ○○ ○○	●● ○● ●○	●○ ○○ ○○	●○ ○○ ●●	●○ ○○ ○○	●○ ○● ○●

주: ●은 볼록하게 찍힌 점임

키워드 Pick

(5) 문장부호 및 기타 기호

문장부호 및 기타 기호(읽기점 ①④
②⑤
③⑥ 기준)

<table>
<tr><td>.</td><td>,</td><td>!</td><td colspan="2">/</td><td>?</td><td>–</td><td colspan="2">~</td><td colspan="2">·</td><td colspan="3">……</td></tr>
<tr><td>온점</td><td>반점</td><td>느낌표</td><td colspan="2">빗금</td><td>물음표</td><td>붙임표</td><td colspan="2">물결표</td><td colspan="2">가운데점</td><td colspan="3">말줄임표</td></tr>
<tr><td>256</td><td>5</td><td>235</td><td>456</td><td>34</td><td>236</td><td>36</td><td>36</td><td>36</td><td>5</td><td>23</td><td>6</td><td>6</td><td>6</td></tr>
<tr><td>○○
●●
○●</td><td>○○
○●
○○</td><td>○○
●●
●○</td><td>○●
○●
○●</td><td>○●
○○
●○</td><td>○○
●○
●●</td><td>○○
○○
●●</td><td>○○
○○
●●</td><td>○○
○○
●●</td><td>○○
○●
○○</td><td>○○
●○
●○</td><td>○○
○○
○●</td><td>○○
○○
○●</td><td>○○
○○
○●</td></tr>
</table>

<table>
<tr><td colspan="2">;</td><td colspan="2">:</td><td colspan="2">★</td><td></td><td colspan="2">“ ”</td><td colspan="4">‘ ’</td></tr>
<tr><td colspan="2" rowspan="2">쌍반점</td><td colspan="2" rowspan="2">쌍점</td><td colspan="2" rowspan="2">별표</td><td rowspan="2">수표</td><td colspan="2">큰따옴표</td><td colspan="4">작은따옴표</td></tr>
<tr><td>열기</td><td>닫기</td><td colspan="2">열기</td><td colspan="2">닫기</td></tr>
<tr><td>56</td><td>23</td><td>5</td><td>2</td><td>35</td><td>35</td><td>3456</td><td>236</td><td>356</td><td>6</td><td>236</td><td>356</td><td>3</td></tr>
<tr><td>○○
○●
○●</td><td>○○
●○
●○</td><td>○○
○●
○○</td><td>○○
●○
○○</td><td>○○
○●
●○</td><td>○○
○●
●○</td><td>○●
○●
●●</td><td>○○
●○
●●</td><td>○○
○●
●●</td><td>○○
○○
○●</td><td>○○
●○
●●</td><td>○○
○●
●●</td><td>○○
○○
●○</td></tr>
</table>

<table>
<tr><td colspan="2">:</td><td colspan="2"></td><td colspan="2">(　　)</td><td colspan="4">{　　}</td><td colspan="4">[　　]</td></tr>
<tr><td colspan="2" rowspan="2">긴소피표</td><td colspan="2">영문표</td><td colspan="2">소괄호</td><td colspan="4">중괄호</td><td colspan="4">대괄호</td></tr>
<tr><td>시작</td><td>종결</td><td>열기</td><td>닫기</td><td colspan="2">열기</td><td colspan="2">닫기</td><td colspan="2">열기</td><td colspan="2">닫기</td></tr>
<tr><td>6</td><td>3</td><td>356</td><td>256</td><td>36</td><td>36</td><td>236</td><td>23</td><td>56</td><td>356</td><td>236</td><td>3</td><td>6</td><td>356</td></tr>
<tr><td>○○
○○
○●</td><td>○○
○○
●○</td><td>○○
○●
●●</td><td>○○
●●
○●</td><td>○○
○○
●●</td><td>○○
○○
●●</td><td>○○
●○
●●</td><td>○○
●○
●○</td><td>○○
○●
○●</td><td>○○
○●
●●</td><td>○○
●○
●●</td><td>○○
○○
●○</td><td>○○
○○
○●</td><td>○○
○●
●●</td></tr>
</table>

주: ●은 볼록하게 찍힌 점임

(6) 숫자와 알파벳

숫자와 알파벳(읽기점 ①④ ②⑤ ③⑥ 기준)

1	2	3	4	5	6	7	8	9	0	125			
1	12	14	145	15	124	1245	125	24	245	3456	1	12	15
●○ ○○ ○○	●○ ●○ ○○	●● ○○ ○○	●● ○● ○○	●○ ○● ○○	●● ●○ ○○	●● ●● ○○	●○ ●● ○○	○● ●○ ○○	○● ●● ○○	○● ○● ●●	●○ ○○ ○○	●○ ●○ ○○	●○ ○● ○○
a	b	c	d	e	f	g	h	i	j	a에서 j까지는 숫자 1에서 0까지와 동일			
1	12	14	145	15	124	1245	125	24	245				
●○ ○○ ○○	●○ ●○ ○○	●● ○○ ○○	●● ○● ○○	●○ ○● ○○	●● ●○ ○○	●● ●● ○○	●○ ●● ○○	○● ●○ ○○	○● ●● ○○				
k	l	m	n	o	p	q	r	s	t	a에서 j까지의 점기호에 3점 추가			
13	123	134	1345	135	1234	12345	1235	234	2345				
●○ ○○ ●○	●○ ●○ ●○	●● ○○ ●○	●● ○● ●○	●○ ○● ●○	●● ●○ ●○	●● ●● ●○	●○ ●● ●○	○● ●○ ●○	○● ●● ●○				
u	v	x	y	z			w			a에서 e까지의 점기호에 36점 추가 (w는 제외)			
136	1236	1346	13456	1356			2456						
●○ ○○ ●●	●○ ●○ ●●	●● ○○ ●●	●● ○● ●●	●○ ○● ●●			○● ●● ○●						

주: ●은 볼록하게 찍힌 점임

키워드 Pick

3. 점자의 장단점

장점	단점
• 중요한 의사소통수단 • 쉽게 쓸 수 있음 • 실질적인 의사소통수단 • 정독과 재독을 할 수 있음 • 철자를 익히는 데 도움이 됨	• 읽기 속도가 묵독이나 청독보다 현저하게 느림 • 점자도서나 간행물을 구하기 어려움 • 점자도서의 제작비가 비쌈 • 공간을 많이 차지하므로 휴대나 보관이 어려움 • 부호의 중복 사용으로 혼란과 어려움이 발생 • 어구, 문장, 도서체제, 그림 등 책의 전체적인 형태를 파악하기 어려워 상당한 기억력과 종합력이 필요 • 약자를 사용하기 때문에 철자법에 특별한 주의가 필요 • 일부의 중복장애 학생은 점자를 학습하기 어려움

4. 점자찍기와 읽기

(1) 점자찍기

① 점자를 사용하는 학생은 점자판, 점자타자기, 점자정보단말기로 점자쓰기를 할 수 있다.

② 점자판을 사용하여 점자를 찍을 때는 점자지가 필요하다. 점자지는 점자를 찍은 뒤 볼록점이 눌려서 쉽게 지워지지 않을 정도의 두꺼운 종이로, 100모조지, 120모조지, 150모조지가 사용된다.

③ 표준점자판은 종이를 끼울 수 있는 점첩이 달린 점판, 한 칸에 6개의 점을 찍을 수 있는 칸으로 이루어진 점관, 점자를 눌러서 찍을 수 있는 점필로 구성되어 있다.

④ 점자를 찍기 위해서는 점자지를 점판에 끼워야 한다. 따라서 점판의 점첩 양끝을 양손으로 올려 연다. 그다음, 양손을 사용하여 점자지를 점판 왼편에 맞추고 잔여분을 손끝으로 눌러 자국을 낸다. 그리고 나서 점자지 잔여분을 손끝으로 눌러 접는다.

⑤ 점자지를 접는 이유는 촉각으로 종이의 앞뒤와 위아래를 구분하기 위해서이다. 종이 앞면을 읽을 때는 점자지를 잡았을 때 접힌 부분이 왼쪽에 오게 하고, 접은 부분이 종이 뒤쪽에 오게 한다. 뒷면을 읽을 때는 접힌 부분이 오른쪽에 오도록 하고, 접힌 부분이 종이 위에 오게 한다.

⑥ 점자지가 접힌 부분이 왼쪽으로 오게 한 후 점첩 위까지 올려 점첩의 핀을 눌러 구멍을 낸 뒤 점자지를 손으로 누른 상태에서 닫는다.

⑦ 다음으로 점자지를 오른손으로 들어 올리고 왼손으로 점관을 벌려서 점자지 사이에 끼운다. 그런 다음, 둘째손가락 세 번째 마디를 점판 위에 놓은 뒤 나머지 손가락들로 점필을 감싸 잡고 점필 끝을 수직으로 세워 점이 오목하게 나올 정도로 힘을 주면서 눌러 가며 점을 찍는다.

⑧ 점자는 오목하게 찍어 볼록 나온 부분을 손으로 읽는 방식을 취하기 때문에 점자를 찍을 때는 오른쪽에서 왼쪽으로 오목하게 찍어 나가고, 읽을 때는 왼쪽에서 오른쪽으로 볼록 나온 점들을 읽어 나가게 된다. 따라서 찍을 때의 오목점들과 읽을 때의 볼록 점들은 다음과 같은 고유번호를 부여받는다.

찍기(오목점) 왼쪽 ← 오른쪽	읽기(볼록점) 왼쪽 → 오른쪽
④ ①	① ④
⑤ ②	② ⑤
⑥ ③	③ ⑥

(2) 점자읽기

① 점자는 왼쪽 둘째손가락 첫마디 윗부분을 사용하여 읽는다.
② 손가락으로 한 칸에 찍힌 점들을 모두 알아내기 위해서 점을 읽는 왼손 둘째손가락은 종이의 세로변과 평행을 유지하도록 한다.
③ 점 위에 손을 대고 점의 번호를 일일이 확인하거나 점의 모양을 바로 인식하는 방법을 통해 점들을 글자로 연관시킨다.
④ 손끝으로 점을 문질러서 읽기도 하는데, 이는 속독을 어렵게 할 수 있다. 오른손 둘째손가락은 안내하는 역할을 해 주고 줄 끝의 점자들을 읽어 주어 왼손이 바로 다음 줄로 이동하여 읽기를 할 수 있도록 해 주면 읽기 속도를 빠르게 할 수 있다.
⑤ 오른손 둘째손가락도 사용하지만 주 역할을 왼손 둘째손가락이 맡아 읽기를 한다. 왼쪽 둘째손가락은 한 칸에 찍힌 점들의 번호를 알아내고 한글문자와 연결시킨다.

5. 점자교육

(1) 점자 지도접근

키워드 Pick

접근방법	내용
음소 접근방법	• 읽기의 기본 단위인 음소를 중요시한다. • 점자의 경우 아동의 손가락이 한 번에 단 하나의 음소만 만질 수 있기 때문에 아동은 한 번에 한 음소만 확인한다. • 이 점을 감안하여 점자를 사용하여 음소부터 가르치고 난 후 음절, 단어, 문장의 순으로 지도해 나간다.
음소-단어 접근방법	• 아동의 손가락이 움직이면서 아동은 빠르게 계속적으로 여러 개의 음소들을 만져 지각한다. 그러므로 음소들을 기본으로 가르친다는 점에서 음소 접근방법과 유사하다. • 그러나 이 접근법에서는 음소들을 결합시켜 단어로 만들도록 격려한다. • 아동이 점자로 쓰기가 가능해졌을 경우에 음소들을 가르친다.

단어 접근방법	• 아동은 개별 음소들을 배우기 전에 단어, 절, 짧은 문장을 배운다. • 아동이 단어, 절, 짧은 문장의 큰 단위로 사고하는 법을 익혀 습관이 형성된 후에 쓰기를 지도한다. • 손끝의 촉각으로 단어를 전체로 인식하는 방법으로 일촉 단어 접근이 사용된다. • 처음부터 정자점자보다는 약자점자를 사용하여 점자를 지도한다.

(2) 바른 점독 자세와 행동

① 점 칸을 상하로 문질러서 촉지하지 않는다.

② 점 칸을 세게 눌러 촉지하지 않는다.

③ 점자를 읽어 나갈 때 놓친 단어를 읽기 위해 거꾸로 돌아가 다시 촉지하는 행동을 자주 하지 않는다.

④ 점자를 읽어 나갈 때 점 칸을 촉지하는 손가락이 자주 멈칫하지 않는다.

⑤ 점 칸을 가볍게 접촉하고 좌에서 우로 미끄러지듯이 촉지한다.

⑥ 점자를 읽을 때 모든 손가락을 사용한다.

⑦ 손가락 끝부분으로 점자를 촉지하도록 손가락 관절이 호(arch) 모양이 되도록 살짝 구부린다.

⑧ 검지손가락을 중심으로 모든 손가락들이 함께 움직일 수 있도록 손가락 사이를 가볍게 붙인다.

(3) 맹학생의 점자읽기방식

① 왼손 또는 오른손만 사용하여 점자 글을 읽는다.

② 왼손은 글줄의 첫 칸에 위치하고 오른손으로 줄의 문장을 모두 읽은 후 왼손 옆으로 돌아온다. 양손이 함께 다음 줄의 첫 칸으로 내려와 같은 방식으로 읽는다.

③ 양손을 나란히 붙이고 글줄의 첫 칸부터 마지막 칸까지 함께 읽은 후에 첫 칸으로 되돌아온다. 양손이 함께 다음 줄의 첫 칸으로 내려와 같은 방식으로 읽는다.

④ 양손으로 글줄의 중간까지 함께 읽은 후에 오른손이 마지막 칸까지 읽는 동안 왼손은 첫 칸으로 돌아간다. 오른손이 마지막 칸을 다 읽고 다음 줄 첫 칸으로 이동하면 왼손도 첫 칸으로 내려온다. 다음 줄도 같은 방식으로 읽는다.

⑤ 양손으로 글줄의 중간까지 함께 읽은 후에 오른손이 마지막 칸까지 읽는 동안 왼손은 다음 줄의 첫 칸을 찾는다. 오른손은 마지막 칸을 다 읽으면 다음 줄 첫 칸에 있는 왼손 옆으로 이동한다. 다음 줄도 같은 방식으로 읽는다.

한 손 점독법	• 왼손 또는 오른손만 사용하여 한 손으로 점자 글을 읽는다.
양손 점독법	• 양손으로 글줄의 중간까지 함께 읽은 후에 오른손이 마지막 칸까지 읽는 동안 왼손은 다음 줄의 첫 칸을 찾는다. • 오른손은 마지막 칸을 다 읽으면 다음 줄 첫 칸에 있는 왼손 옆으로 이동한다. 다음 줄도 같은 방식으로 읽는다.

(4) 취학 전 유아나 초등학교 1학년 학생에게 효과적인 한글점자 교육방법

① 학생이 표준크기의 점형을 변별하는 데 계속 어려움을 보인다면, 큰 점자를 먼저 도입하여 지도한 후에 표준점자를 도입할 수 있다. 한국에서 개발해 수출까지 하고 있는 '버사 슬레이트', '탭틸로'처럼 종이가 필요 없고 점의 크기가 큰 점자읽기와 쓰기 교구를 사용하여 점자교육을 할 수 있다.

② 한글점자는 가급적 약자와 약어를 조기에 도입하고, 읽기와 쓰기를 병행하여 지도하는 것이 좋다.

③ 학생이 한글점자기호와 규정을 이해하는 데 그치지 않고, 한글점자의 읽기와 쓰기가 해당 학년의 평균 속도에 도달하도록 지도해야 한다.

④ 한글점자읽기 초기 단계에 있는 학습자에게 한 줄만 제시된 점자문장읽기, 줄 간격이 더 넓은 두 줄 점자문장읽기, 표준 줄 간격으로 된 여러 줄 점자문장읽기, 한 페이지 점자문장읽기, 양면 출력 인쇄 점자읽기 등의 단계적인 읽기연습 자료를 사용한다.

⑤ 점자의 읽기는 양손으로 읽는 것을 권고하되, 상황에 따라 한 손으로 읽고 다른 손으로 쓰기를 동시에 할 수 있게 왼손과 오른손 모두 점자를 능숙하게 읽을 수 있도록 지도하는 것이 필요하다.

⑥ 점판과 점필을 사용한 점자의 읽기와 쓰기 활동에 어느 정도 익숙해지면 점자정보단말기를 도입하는 것이 학생의 점자학습에 대한 흥미와 교과학습의 효율을 높일 수 있다.

(5) 점자의 읽기와 쓰기 지도전략

읽기 활동	• 따라 읽기는 점자읽기능력이 부족한 학생에게 효과적인 방법으로, 교사가 점자문장을 한 문장씩 읽으면 학생이 점자로 따라 읽는다. • 함께 읽기는 혼자 읽기에 흥미를 갖지 않는 학생에게 효과적인 방법으로, 교사가 먼저 읽기 시범을 보인 후에 교사와 학생이 함께 속도를 맞추어 읽는다. 읽기 속도와 정확성, 운율에 맞추어 읽기 등을 향상시킬 수 있다. • 반복 읽기는 학생이 같은 문장이나 글을 여러 번 반복하여 읽는 것으로, 학생의 점자읽기 속도와 정확성을 향상시킬 수 있다. 학생이 반복 읽기를 통해 점자읽기 정확성과 속도가 어떻게 향상되고 있는지 알려 주는 것이 좋다. • 짝 지어 읽기는 대본 형태의 읽기 자료를 사용하여 재미와 흥미를 높일 수 있는 방법으로, 두 사람 간에 읽기 속도를 맞추어 나가는 과정을 통해 읽기 유창성을 향상시킬 수 있다. • 훑어 읽기는 소리 내지 않고 글을 최대한 빨리 읽고 전체 줄거리를 파악하는 방법으로 읽기 속도 증진에 도움이 된다. 교사는 학생이 글을 모두 읽었는지를 질문을 통해 확인해야 한다.
쓰기 활동	• 말하며 쓰기는 학생이 써야 할 글자를 말하면서 동시에 써 나가는 방법이다. 학생이 써야 하는 글자에 집중할 수 있다. • 듣고 쓰기는 교사가 써야 할 글자를 말하면 학생은 듣고 받아쓰는 방법으로, 학생의 연령과 쓰기 수준을 고려하여 쓰기 자료를 선택해야 한다.

키워드 Pick

	• 반복 쓰기는 같은 문장이나 글을 여러 번 반복하여 쓰는 방법으로, 점자쓰기 정확성과 속도를 향상시킬 수 있다. • 보고 쓰기(옮겨 쓰기)는 점자 글을 읽고 다른 종이에 따라(옮겨) 쓰는 방법으로, 점자읽기와 쓰기 연습이 동시에 이루어질 수 있다. 학생의 흥미와 관심이 높은 짧은 도서를 선정하는 것이 좋다.

(6) 점자평가

① 한글점자평가는 점자읽기와 쓰기 유창성에 주안점을 두어야 하고, 영어점자, 수학점자, 과학점자 등의 교과별 점자평가는 교과학습에 필요한 점자기호와 표현식을 정확하게 읽고 쓸 수 있는지에 주안점을 두어야 한다.

② 점자읽기능력평가에는 일반적으로 읽기 속도, 읽기 정확성, 운율을 포함하는 읽기유창성 평가와 읽기 이해도 평가로 구분할 수 있다.

③ 특히 시각장애 학생은 점자나 확대 글자를 사용함에 따라 일반학생보다 점자읽기 유창성이 떨어지므로 자신에게 적합한 읽기매체에 대한 읽기유창성 지도와 평가가 무엇보다 중요하다.

④ 일반적으로 읽기유창성 검사는 학생의 현재 읽기 속도(분당 정독 어절 수)를 같은 학년의 규준 집단과 비교하고, 규준 집단의 평균보다 낮을 경우에 학생의 읽기능력을 향상시키기 위한 추가 읽기교육을 실시한다.

점자읽기와 쓰기 속도 평가	• 한글점자의 읽기와 쓰기 속도에 대한 목표는 같은 학년의 점자 사용 학생의 평균 이상이 되도록 설정하고, 이 목표에 도달할 때까지 충분히 연습하도록 해야 한다. • 점자의 읽기와 쓰기는 초기에는 바르고 정확한 쓰기에 주안점을 두지만, 결국 점자를 능숙하게 읽고 쓰는 읽기 속도에 주안점을 두어야 한다. • 점자읽기와 쓰기 평가는 2~3분 분량의 이야기 글을 사용할 수 있다. – 점자읽기 속도(분당 정독 어절 수) = [(전체 읽은 어절 수 − 오독한 어절 수) ÷ 소요 시간(초)] × 60초 – 점자쓰기 속도(분당 바르게 쓴 글자 수) = [(전체 적은 글자 수 − 잘못 적은 글자 수) ÷ 소요 시간(초)] × 60초
정확성 평가	• 점자읽기와 쓰기 초기 단계에는 95% 이상 정확하게 쓸 수 있도록 하는 데 목표를 두고 지도한다. • 점자읽기와 쓰기의 정확성 평가는 읽기와 쓰기 속도평가와 함께 이루어질 수 있다. • 점자읽기와 쓰기의 정확성 평가에서는 학생이 잘못 읽거나 쓴 이유가 무엇인지를 확인하여 오류를 교정하는 것이 중요하다. • 점자읽기와 쓰기 정확성은 백분율로 계산한다. – 점자읽기 정확성 = (정독 어절수 ÷ 전체 읽은 어절 수) × 100% – 점자쓰기 정확성 = (정필 글자 수 ÷ 전체 적은 글자 수) × 100%

<table>
<tr><td>오류 유형 분석</td><td>• 학생이 점자를 잘못 읽는 '읽기 오류 유형'에는 일반 묵자에서 나타나는 오류 유형인 '대치, 반전, 생략, 첨가, 반복, 자기교정' 외에도 점자 특성에 따른 '점 생략, 점 더함, 점자 역전, 점자 정렬, 점 칸 생략'처럼 잘못 촉독하여 나타나는 점자 오류 유형 두 가지로 구분할 수 있다.
• 점자 특성에 따른 읽기 오류 유형은 다음과 같다.
<table>
<tr><td>점 생략</td><td>원래 점형에서 일부 점을 빠뜨리고 읽는다.</td></tr>
<tr><td>점 더함</td><td>원래 점형에서 없던 점을 더해 읽는다.</td></tr>
<tr><td>점자 역전</td><td>원래 점형에서 점형의 전체나 일부를 좌우나 상하로 뒤집어 읽는다.</td></tr>
<tr><td>점자 정렬</td><td>원래 점형에서 전체나 일부를 한 줄 위로 올리거나 한 줄 아래로 내려 읽는다. 또는 앞 칸의 2열과 뒤 칸의 1열의 점형을 한 칸으로 합쳐 읽는다.</td></tr>
<tr><td>점 칸 생략</td><td>점 칸 하나를 빠뜨리고 읽는다.</td></tr>
<tr><td>잘못된 마침</td><td>원래 점자 문장이나 단어에서 마지막 단어나 글자를 빠뜨리고 읽는다. 한글보다는 영어 약자에서 나타나는 경우가 많다.</td></tr>
</table>
</td></tr>
<tr><td>점자읽기 운율</td><td>• 문장을 읽을 때의 운율평가 항목은 다음과 같다.
– 중요한 단어에 강세를 두어 읽는가?
– 적절한 위치에서 음성의 크기를 변화시키는가?
– 억양은 구두점을 반영하여 읽는가?
– 문장의 내용과 분위기를 반영하는 음성으로 읽는가?
– 문장을 구의 경계에서 적절히 나누어 읽는가?</td></tr>
<tr><td>점자읽기 이해력 평가</td><td>• 읽기에 있어 점자기호를 해독하여 읽는 데 많은 시간과 노력을 들임으로써 글의 내용을 파악하지 못한다면 글을 잘 읽는다고 말하기 어렵다.
• 몇 쪽 분량의 읽기 자료를 묵독(소리 내지 않고 읽기)으로 읽도록 하고 다 읽을 때까지의 읽기시간(읽기 속도)을 측정한 후 읽기 이해도를 함께 평가할 수 있다.</td></tr>
</table>

키워드 Pick

(7) 중복장애 학생을 위한 점자 지도

① 중복장애 학생이 약자를 배울 수는 없지만 기본 점자기호를 배워 간단한 단어읽기를 할 수 있다고 하였다(Clark, 1995).

② 일반적인 점자 제시방법을 달리하여 점자기호 사이를 두 칸 띄어 줄 수도 있다.

③ 표준점자를 사용해서 점자를 배우기 어려운 학생을 위해 점보점자가 개발되어 있어 처음 점자를 배우거나 촉감능력이 부족한 시각중복장애 학생의 점자 지도에 활용할 수 있다.

④ 점보점자의 점 조합은 표준점자의 점 크기와 모양은 동일하지만, 단지 점 및 셀 사이의 가로 간격이 약간 큰데, 점 자체는 일반점자에 사용되는 것과 같은 크기이다.

⑤ 점보점자는 손가락의 민감성이 낮으며 전통적인 방법으로 사용된 점을 느낄 수 없는 시각장애인을 위해 개발되었다.

⑥ **시각중복장애 학생을 대상으로 한 점자 지도방법: 개별화 의미중심접근** 15중

㉠ 의미중심접근은 의미를 중심으로 가르치는 교수방법이다.

㉡ 학생 개인별로 실제 생활 기능에 필요한 어휘를 선택하여 점자로 제시한다.

㉢ 점자를 손가락으로 만지면서 어휘와 관련지어 이야기를 만들어 직접 활동을 하게 하여 자신이 만지고 있는 점자어휘에 의미가 있음을 알게 한다.

㉣ 개별화된 의미중심접근의 특성은 바로 개인별로 선택된 점자어휘와 이에 의미를 부여하는 활동을 통해 점자문해기술을 습득시킨다는 것이다.

㉤ 이 접근에서는 음소중심이 아닌 어휘를 중심으로 점자 지도를 하기 때문에 일견단어접근법이 사용된다. 일견단어접근법이 시각으로 단어 전체를 통째로 익히는 것이라면, 점자 사용자에게 있어서는 손끝으로 만져지는 한 단어에 해당하는 점들을 한꺼번에 모양으로 익히는 것이기에 일촉단어접근법이라 할 수 있다.

② 묵자

1. 묵자읽기와 쓰기 제한의 3가지 요인

안구운동장애	• 안구진탕 등으로 인한 안구운동 문제는 문장의 줄을 따라가면서 읽는 것을 어렵게 할 수 있다. • **정지점**: 안구진탕을 가진 학생은 안구의 불수의적인 움직임이 가장 적고 안구의 움직임을 가장 잘 조절할 수 있는 응시 방향을 찾아야 하는데 이를 정지점이라고 부른다. 안구진탕을 가진 학생은 읽기 활동에서 이러한 정지점을 이용하여 문장을 계속 주시하며 읽어 나가는 것이 도움이 될 수 있다. • 안구운동 조절의 어려움으로 짧은 시간의 읽기 활동에도 쉽게 피로를 느낄 수 있다.
시력장애	• 시력저하 정도에 따라 학생은 학습자료를 명확하게 보기 어렵다. • 작은 글자를 보기 어렵거나 비슷한 글자를 혼동하여 오독하여 읽거나 대비가 낮은 자료를 읽는 데도 어려움을 보일 수 있다. 따라서 읽기 자료의 모든 내용을 학생의 시력 수준에 따라 적합한 글자크기로 선명하게 확대하여 제공하는 것이 필요하다.
시야장애	• 주변시야나 중심시야의 손상이 있는 학생은 시야손상의 위치와 크기에 따라 문장을 읽어 나갈 때 뒤에 오는 단어나 글자를 사전에 지각하지 못하여 느리게 읽거나, 문장을 읽는 도중에 일부 단어나 글자를 빠뜨리고 읽거나, 다음 줄을 찾지 못하거나, 한 줄을 건너뛰고 읽는 등의 다양한 문제를 보일 수 있다.

2. 묵자 지도방법

(1) 묵자읽기

① 묵자읽기 방법 및 도구는 읽기매체평가 결과에 근거하여 결정해야 한다.

② 확대가 필요한 학생은 먼저 확대 자료를 사용하여 읽기를 지도하다가 확대경을 사용하여 읽도록 지도하는 것이 좋은데, 일반적으로 확대경을 사용하는 것이 확대 자료를 사용하는 것보다 읽기 속도가 빠르고 효율적이기 때문이다.

③ 고배율의 확대가 필요하거나 대비가 낮은 자료를 읽는 데 어려움을 보이는 학생은 확대경보다 확대독서기가 보다 효과적일 수 있다.

④ 학생의 잔존시각에 따라 타이포스코프, 개인 조명기구, 착색 렌즈나 아세테이트지 등을 확대기기와 함께 사용할 수 있다.

○ 묵자읽기방법의 특징

일반 인쇄물 읽기	시야가 좁더라도 중심시력이 양호한 학생은 일반 자료로 읽을 수 있다.
확대 인쇄물 읽기	종이의 크기가 커지면 시야가 좁은 학생이 고개나 안구를 좌우로 많이 움직여 읽어야 하고, 확대하면 해상도가 떨어지는 경우가 있으며, 부피가 커서 가지고 다니기 어렵다.
확대경으로 읽기	확대경 배율이 높아지면 렌즈로 보이는 시야가 좁아지고, 렌즈 주변부의 왜곡도 심해지며, 어린 학생은 오래 보면 안피로를 많이 느낀다.
확대독서기로 읽기	확대독서기는 고배율의 확대가 가능하고, 색의 대비와 밝기 조절이 가능하다. 다만 학생에 따라 고배율로 오래 읽으면 어지러움을 호소하는 경우가 있고, 자료를 빨리 움직이면 카메라의 인식 속도 문제로 해상도가 잠시 흐려지며, 탁상용 확대독서기를 놓을 넓은 개인 책상이 필요하다.
화면확대 프로그램으로 읽기	컴퓨터 화면에서 한글 파일의 내용을 확대하여 읽을 수 있으며, 확대독서기처럼 글자크기, 색상 대비 등을 자신에게 맞게 조절할 수 있다. 다만 파일 형태의 학습자료가 없을 때는 활용하기 어렵다.

(2) 묵자쓰기

키워드 Pick

① 묵자쓰기는 저시력학생의 특성을 고려하여 굵은 펜과 굵은 선 노트로 쓰기, 확대경으로 쓰기, 확대독서기로 쓰기 등을 선택할 수 있다.

② 다만 굵은 펜을 사용하여 크게 쓰는 학생은 간단한 메모나 필기는 가능하지만 많은 내용을 필기하는 데 적합하지 않을 수 있다.

③ 손으로 묵자쓰기가 매우 느린 학생은 컴퓨터를 이용한 쓰기(워드프로세서), 스마트폰 녹음 등을 병행할 수 있다.

④ 쓰기 활동을 할 때 개인 조명기구를 사용하거나 그림자가 지지 않도록 조명기구 위치나 자리 배치를 고려하는 것이 필요할 수 있다.

⑤ 확대경이나 확대독서기로 쓰기 지도를 할 때는 처음에는 줄 간격이 넓은 줄 쳐진 종이에 숫자나 단어쓰기, 한 줄에 여러 단어쓰기, 한 줄에 문장쓰기, 여러 줄에 문장쓰기, 문장의 빈 괄호에 쓰기, 다양한 서식에 글자쓰기와 같이 단계적으로 난도를 높이는 것이 바람직하다.

◎ 묵자쓰기방법의 특징

일반 필기구로 쓰기	시야가 좁더라도 중심시력이 양호한 학생은 일반 필기구로 쓰기가 가능하다.
수정된 필기구로 쓰기	시력저하가 크지 않은 학생은 굵은 펜이나 굵은 선 노트를 사용하여 쓸 수 있다. 일반 필기구보다 크게 써야 하므로 페이지에 적은 분량을 쓸 수밖에 없다.
쓰기 가이드로 쓰기	시력과 시야 문제로 줄에 맞추어 쓰기가 어려운 학생은 고대비 촉각으로 쓰기 라인에 대한 단서를 제공하는 쓰기보조기구를 사용할 수 있다. 쓰기 가이드는 노트형 가이드부터 한 줄 가이드, 서명 가이드 등 종류가 다양하므로 쓰기과제에 따라 적합한 것을 사용한다.
확대경으로 쓰기	확대경으로 쓸 때 일반 필기구를 사용할 수 있다. 눈으로 확대경 렌즈 아래의 필기구를 보면서 써 나가야 하므로 눈과 확대경과 필기구 간의 위치 조절이 필요하다. 왼손으로 확대경을 잡고 오른손으로 쓰는 기술이 필요하다.
확대독서기로 쓰기	일반 필기구를 사용하여 쓸 수 있으며 확대, 색상대비, 밝기 등을 자신이 선호하는 것으로 조절할 수 있다. 모니터로 확대된 상을 보고 쓰는 것이므로 처음에는 쓰기 라인의 첫 칸과 마지막 칸, 다음 줄 등을 확인하는 데 어려움을 보일 수 있다. 고배율 확대가 필요한 학생은 확대경보다 확대독서기를 사용하여 쓰는 것이 더 효과적이다.
화면확대 프로그램으로 쓰기	컴퓨터를 이용한 쓰기방법에는 한글 워드프로세서의 글자체와 글자크기를 자신에게 맞게 설정하여 쓰거나 컴퓨터에 설치한 화면확대 프로그램을 실행하여 확대, 대비 등을 선호하는 것으로 설정하여 쓰는 방법이 있다.
화면읽기 프로그램으로 쓰기	점자를 사용하는 학생이나 중도의 저시력학생은 컴퓨터에 화면읽기 프로그램을 설치하여 타이핑하는 것을 소리로 들으면서 묵자쓰기를 할 수 있다.

3. 묵자평가

묵자읽기와 쓰기 평가	• 묵자읽기 속도평가: 확대 자료, 확대경, 확대독서기 중 어떤 도구를 사용할 때 가장 효율적인지 평가하거나 선택한 도구를 사용할 때의 읽기와 쓰기 향상 정도를 확인할 목적으로 실시할 수 있다. • 묵자읽기와 쓰기 속도는 점자와 같은 방법으로 계산할 수 있다.
묵자읽기와 쓰기 정확성 평가와 오류 유형 분석	• 묵자읽기와 쓰기 정확성은 점자와 마찬가지로 계산할 수 있다. • 다만 저시력학생은 일반학생보다 시각 문제로 인해 '대치, 반전, 생략, 첨가, 반복' 같은 일반적인 읽기 오류 유형이 더 자주 나타날 수 있으며, 시야 문제로 인해 '잘못된 단어 띄어 읽기, 잘못된 단어 붙여 읽기, 단어 생략, 줄을 건너뛰고 읽기' 같은 추가 오류가 나타날 수 있다.

11 보조공학기기 지원과 교육

① 시각장애 학생을 위한 컴퓨터의 활용

1. 시각장애 학생을 위한 컴퓨터의 기능 17중, 13초

음성합성	해당 줄이나 단어에 커서를 놓으면 그 문장을 읽어 주거나 해당 메뉴를 읽어 주는 기능
확대문자 제시	대비가 잘된 확대문자를 프린트하거나 모니터에 나타내는 기능
촉각자료	묵자를 읽을 수 없는 시각장애 학생을 위해서 묵자를 촉각자료로 만들거나 점자로 제시하는 기능
점자 워드프로세싱	워드프로세서를 통해 입력한 내용을 점자 프린터로 출력하는 기능
문자인식	문자인식 프로그램과 음성합성을 이용해 해당 문서를 음성이나 확대문자 혹은 점자, 촉각자료로 변환시킬 수 있는 기능
음성전환	스캐너 및 관련 공학을 이용하여 인쇄물을 음성으로 변환시킬 수 있는 기능
음성인식	음성인식 프로그램을 이용하여 관련 명령어를 실행시키는 기능

2. 제어판을 통한 환경 수정 14·17중

구분	내용
포인터 속도	• 포인터 속도선택을 보통보다 느리게 해 주면 시각장애 학생이 쉽게 마우스의 움직임을 추적할 수 있다.
스크롤 양	• 휠 기능의 조절을 통해 휠의 1회 회전 시 스크롤할 양을 줄여 주는 것도 정보의 추적을 보다 수월하게 해 준다.
고대비	• 고대비와 커서 옵션의 설정이 가능한데, 읽기 쉽도록 구성된 색상 및 글꼴을 사용하기 위해서는 고대비 옵션을 선택하는 것이 좋다.
커서 옵션	• 커서가 깜빡이는 속도 및 커서의 너비를 변경할 수 있다. • 일반적으로 깜빡이는 속도는 평균보다 조금 느리게 한다. • 너비는 넓게 하는 것이 저시력학생이 커서를 쉽게 확인할 수 있다.
마우스키	• 마우스의 움직임을 확인할 수 없는 시각장애 학생을 위해 마우스의 기능을 키보드가 대신할 수 있게 조정해야 한다. • 키보드의 숫자 키패드로 마우스 포인터를 움직이게 할 수 있는 마우스키 사용도 활성화시켜 주는 과정이 요구된다.

키워드 Pick

텍스트 음성변환	• '음성' 메뉴를 통해서는 텍스트 음성변환(TTS : Text to Speech), 즉 음성합성(speech synthesis)에 적용할 음성, 속도 및 기타 옵션을 조정할 수 있다. • 마이크로소프트(Microsoft)에서 기본적으로 제공하고 있는 텍스트 음성변환 프로그램은 PDF 파일로 저장된 문서에서 영문과 숫자는 음성으로 변환할 수 있으나 한글 파일의 음성변환은 불가능하다.
디스플레이	• 화면 해상도를 낮춰 주면 보다 확대된 상태로 볼 수 있다.

3. 기타 하드웨어 및 프로그램

종류	내용
음성합성 장치	• 음성합성장치(speech synthesizer)란 문자, 숫자, 구두점 형태의 텍스트 정보를 음성으로 들려주는 기기이다. • 텍스트 자료를 소리 내어 읽는 하드웨어와 소프트웨어의 결합에서 하드웨어에 해당하는 부분이 음성합성장치이다. • 음성합성장치의 특징 – 텍스트를 음성으로 전환할 수 있는 소프트웨어와 함께 작동한다. – 합성된 음성의 질은 기기마다 차이가 있다. – 볼륨 조절이 용이하다. – 스피커나 헤드폰 등을 이용할 수 있도록 외부 연결장치가 있다. – 제품에 따라 음조나 음색의 조절이 가능하다. – 제품에 따라 특수한 발음 규칙을 규정하고 합성기의 사전에 단어를 추가할 수 있다. • 음성합성장치에 있어 중요한 요소들은 사운드카드와 스피커이다. • 사운드카드는 디지털 형식의 정보를 아날로그 형태로 변환하는 역할을 하는데, 사운드카드가 좋을수록 언어가 깨끗하게 들린다.
스크린 리더	• 화면읽기 프로그램이다. • 스크린 리더란 음성합성장치와 연계하여 제어 버튼, 메뉴, 텍스트, 구두점 등 화면의 모든 것을 음성으로 표현해 주는 소프트웨어를 말한다. • 화면을 검색한 후 정보를 변환하여 음성합성장치를 통해 소리가 나오게 하는 소프트웨어 프로그램이다.
화면확대 프로그램	• 모니터의 특정 부분이나 전체를 확대해서 볼 수 있도록 만든 프로그램이다. • 윈도우즈에서 기본적으로 제공하는 기능을 이용할 수도 있으나 별도의 프로그램을 이용하면 다양한 기능을 지원받을 수 있다.

② 촉각 및 청각 활용 보조공학기기

1. 점자정보단말기 13초, 22중

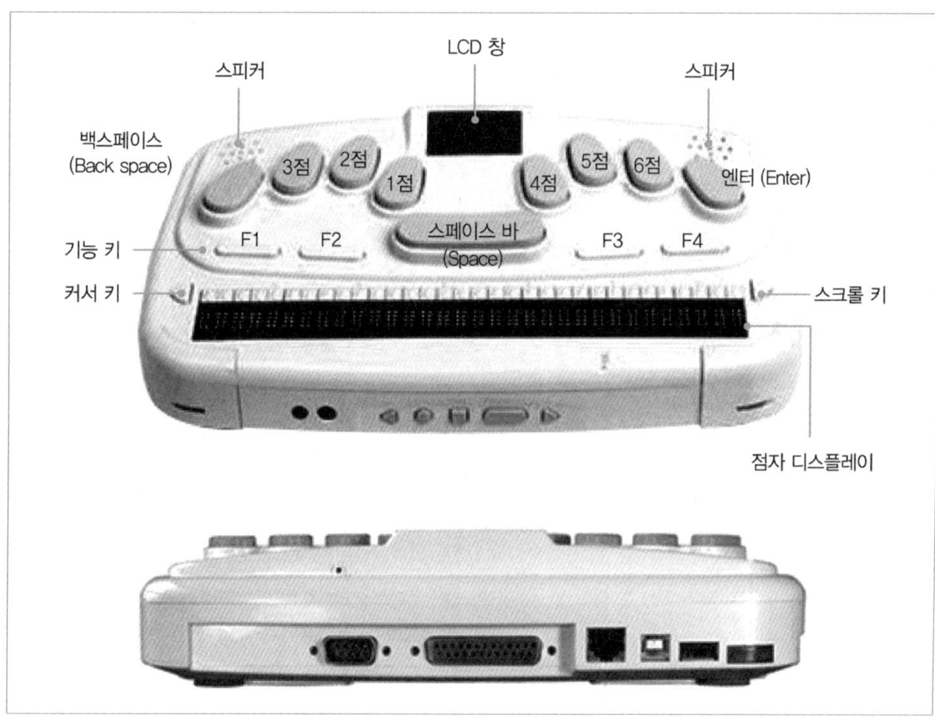

(1) 점자정보단말기의 구성 및 특징

① 점자정보단말기는 점자로 읽고 쓸 수 있는 전자기기이다.

② 본체의 여섯 개의 점자 입력 버튼으로 점자를 입력하고, 음성합성장치와 점자디스플레이를 통해 음성과 점자로 출력할 수 있다.

③ 점자정보단말기는 노트북처럼 파일과 폴더 관리, 문서 작성, 독서, 녹음과 재생, 인터넷 등의 다양한 기능이 있으며, 컴퓨터 및 스마트폰과 연결하여 사용할 수도 있다.

④ 점자정보단말기는 초등학교에서 점자를 익힌 후부터 학습 및 생활 전반에서 적극적으로 사용하는 기기이다.

⑤ 점자정보단말기 종류 중에는 점자를 모르거나 익숙하지 않은 시각장애인을 위해 일반 묵자 자판을 이용하여 입력할 수 있는 제품도 있다.

⑥ 점자정보단말기의 음성합성장치는 음성 크기, 속도, 고저를 학생에게 맞게 설정할 수 있다. 일반적으로 처음 사용하는 경우에는 음성 속도를 느리게 설정하여 듣다가 점차 빠른 속도로 조정하여 듣게 되며, 여러 사람이 있는 곳에서는 이어폰을 사용하도록 해야 한다.

⑦ 점자정보단말기를 보다 효율적으로 사용하기 위해 단축키를 기억하여 사용하는 것이 좋다. 점자정보단말기는 자체적으로 점자학습 프로그램을 탑재하고 있으므로 점자를 배우는 단계에 있는 학생은 점자학습동기를 높이고 점자를 숙달하는 데 활용할 수 있다.

기출 LINE

13추초)
- 점자정보단말기를 한번 이용해 보세요. 점자정보단말기는 읽고 쓸 때의 점형이 같아서 학생들이 사용할 때 혼란을 덜 느낄 수 있어요.
- 점자정보단말기는 여섯 개의 키와 스페이스 바로 구성된 점자 컴퓨터 기기로, 휴대할 수 있으며 음성이나 전자점자를 지원한다. 무지점자는 종이를 사용하지 않고, 점자알 크기의 핀이 표면으로 올라오는 점자이다. 이 핀을 읽은 후 스페이스 바를 누르면 지금까지의 점자는 사라지고, 다음 줄에 해당하는 점자가 나타난다.

키워드 Pick

⑧ 점자정보단말기는 본체 중앙에 위치한 <space>키를 기준으로 좌측으로 1점, 2점, 3점, 우측으로 4점, 5점, 6점의 점자 입력 키들이 배열되어 있다. 본체의 하단에는 플라스틱 재질의 점자가 출력되는 점자디스플레이가 있는데, 점 칸이 6개 점이 아닌 8개의 점으로 구성되어 있다. 점 칸의 제일 아래의 두 점은 컴퓨터의 커서에 해당하는 것으로, 커서를 이동하여 원하는 위치에 점자의 입력이나 수정을 할 수 있다.

(2) 점자정보단말기의 기능

주요 기능	워드프로세서, 독서기, 미디어 플레이어, 인터넷 설정, 온라인 데이지 19중
기타 기능	주소록 관리, 계산기, 일정 관리, 달력, 알람

(3) 점자정보단말기의 종류

구분	내용
브레일 라이트	• 가볍고 부피가 적어 사용하기 편리 • 18칸 점자와 40칸 점자의 두 종류 • 점자로 출력이 가능하여 읽으면서 교정 • 역점역, 즉 점자로 입력한 내용을 묵자로 전환
한소네	• 한소네2의 경우 브레일 라이트보다 가벼울 뿐만 아니라 정안인의 도움을 필요로 하는 초보자를 위한 LCD창과 MP3파일이나 wav파일을 녹음 · 재생할 수 있는 기능을 추가 • 주요 기능으로는 책 읽기 기능, 워드프로세서 기능, 인터넷 기능, 전자수첩 기능, 유틸리티 기능, 점자학습 기능 • 한소네를 사용하는 학생을 지도하기 위해서 교사는 반드시 점자체계를 숙지할 필요가 있음

2. 전자점자기 13초

① 종이를 사용하지 않고 금속이나 나일론으로 된 점자알 크기의 핀이 표면으로 올라와 점자를 구성한다.

② 사용자가 이 핀을 다 읽은 후 스페이스 바를 누르면 점자는 사라지고 다음 줄에 해당하는 점자가 나타나도록 하는 원리가 적용된다.

③ 무지점자기(paperless brailler), 재생 가능한 점자기(refreshable brailler) 등이라고도 한다.

④ 점자정보단말기가 개발되면서부터는 노트 필기용 기기로 대치되어 가고 있다.

3. 점자프린터

① 점자프린터는 컴퓨터에서 작성된 문서를 점자 인쇄물로 출력해 주는 기기이다.

② 점자프린터에는 대형 점자프린터와 개인용 점자프린터, 대량 출판 및 특수 인쇄를 목적으로 하는 점자제판기, 그림 등을 인쇄할 수 있는 그래픽용 점자프린터, 점자와 묵자를 동시에 출력할 수 있는 프린터 등이 있다.

③ 점자프린터를 사용하기 위해서는 컴퓨터에 묵자를 점자로 바꾸어 주는 점역 프로그램을 설치해야 한다.

4. 점자타자기

① 점자타자기는 점자를 쓰기 위한 일종의 타자기이다.

② 점자타자기는 6개의 점을 찍기 위한 글쇠 6개, 사이띄개, 줄바꾸개, 뒷걸음쇠, 종이나르개, 여백조절개, 종이누르개로 구성되어 있다. 13초

기출 LINE

13추초) 종이 위에 점자를 쓰면서 바로 읽을 수 있고, 빠르게 쓸 수 있어서 점자 지도에 매우 유용합니다.

5. 점역 프로그램

① 점역 프로그램은 워드프로세서로 작성한 컴퓨터 텍스트 파일을 점자 프린터로 출력하기 위해 점역 파일로 변환하는 프로그램이다.

② 점역 프로그램의 종류는 크게 도스용과 윈도우용이 있다.

6. 점자 라벨러

① 점자 라벨러는 점자 프린터 없이도 간단한 점자 자료를 점자 라벨지에 출력할 수 있는 기기이다.

② 점자 라벨러는 컴퓨터에 연결하여 사용하는 종류와 컴퓨터 없이 독립형으로 사용할 수 있는 종류가 있다.

7. 입체복사기 10유, 18초

① 시각장애인을 위한 촉지도, 다이어그램, 텍스트 및 그래픽 등의 촉각 이미지를 간단하고 빠르게 제작하는 기기이다.

② 특수한 전용 용지에 원하는 이미지를 직접 그리거나 프린터로 출력한 후 입체복사기를 통과시키면 열과 반응된 검정색 잉크 부분만 부풀어 올라 촉각이미지가 생성된다.

키워드 Pick

8. 옵타콘 17중

① 맹학생이 일반 묵자를 읽을 수 있도록 소형 촉지판에 있는 핀이 문자 모양대로 도출되어 읽을 수 있게 해 주는 장치이다.

② 묵자를 점자로 바꿔 주는 것이 아니라 카메라에 비친 글자 모양을 읽도록 해 주는 것이다.

③ 옵타콘은 작은 렌즈를 통해 인쇄되어 있는 묵자를 받아들이고, 이는 다시 눈의 망막 역할을 하는 이미지 모듈에서 이미지로 전환되어 케이블을 통해 촉지부와 이미지 표시장치로 전달되는 것이다.

9. 보이스아이

① 2차원 바코드심벌로 저장된 디지털 문자 정보를 자연인에 가까운 음성으로 변환하여 들려주는 기기이다.
② 장치를 사용하기 위해서는 반드시 사전에 제작된 보이스가 필요하다.
③ 심벌은 가로와 세로 모두 1.5cm 크기의 정사각형 모양이다.
④ 하나의 심벌에는 책 두 페이지 분량의 정보가 저장되어 있다.
⑤ 녹음도서를 따로 만들 필요 없이, 모든 인쇄 및 출판물, 문서작업 시 보이스아이심벌을 만들고 이 심벌에 기기의 스캔장치를 대면 음성으로 출력한다.

10. 화면읽기 프로그램

① 모니터에 나타나는 내용을 음성으로 읽어 주는 프로그램이다.
② 컴퓨터의 키보드 입력이나 화면의 변화를 문자 정보로 변환한 다음 음성합성장치나 TTS(Text to Speech)를 통해 음성 형태로 출력하여 시각장애인이 컴퓨터로 문서작업, 인터넷, 응용 프로그램 등을 활용할 수 있게 해 준다.

11. 광학문자인식시스템(OCR) 14중

① 광학문자인식시스템(OCR)은 인쇄 자료를 확대해도 읽을 수 없어 인쇄 자료를 점자나 음성으로 다시 변환해야 읽을 수 있는 맹학생에게 유용하다.
② 광학문자인식시스템은 스캐너 또는 카메라로 인쇄물을 스캔하여 저장한 후 문자인식프로그램을 통해 이미지를 제외한 문자만을 추출하여 텍스트 파일로 변환하게 된다. 맹학생은 이 텍스트 파일을 음성이나 점자로 출력하여 이용하게 된다.
③ 광학문자인식시스템은 일체형 제품과 컴퓨터에 설치하는 소프트웨어형이 있다.
   ㉠ **일체형 기기**: 광학문자판독기라고 부르는데 카메라, 문자인식프로그램, TTS 기능이 기기 안에 모두 통합되어 있는 것이다.
   ㉡ **소프트웨어형**: 문자인식프로그램으로 불리는 소프트웨어형은 컴퓨터에 설치하고 별도의 스캐너를 연결해서 사용해야 한다.

12. 광학문자 판독기

① 인쇄물의 문자를 판독하여 정보접근성을 높여 주는 기기이다.
② 한 가지 제품으로 Kurzwell Reader가 있는데, 이는 책이나 인쇄물을 음성으로 읽어 주는 것으로 말하는 속도나 음색을 조절할 수 있고 단어의 철자도 상세하게 알려 주며, 책을 복사할 때처럼 기계 위에 엎어 놓으면 스캐너가 움직이면서 책의 내용을 음성으로 알려 준다.

13. 데이지 플레이어 [18중]

① 최근에는 전자도서 형태로 제작이 증가하고 그 파일을 다양한 기기를 통해 읽을 수 있게 되었는데, 대표적인 기기가 데이지 플레이어이다.

② 데이지 플레이어의 음성 속도, 크기, 고저 등도 자신에게 맞게 설정할 수 있으며, 독서 기능 외에 녹음하고 재생할 수 있는 녹음 기능, Wifi를 통해 웹 라디오나 팟 캐스트를 청취할 수 있는 기능도 있다.

③ 데이지 플레이어는 기본적으로 데이지도서를 이용하도록 만들어졌으나 다양한 문서 파일(hwp, doc, pdf 등) 형식도 읽을 수 있다.

④ 데이지도서(DAISY)란 시각장애인 등 일반 활자 이용에 어려움이 있는 사람들을 위한 표준화된 형식의 디지털도서로, 텍스트, 녹음, 점자 파일 등을 포함하므로 시각장애 정도에 따라 자신에게 적합한 것을 선택할 수 있다.

14. 녹음도서 [13중]

① 인쇄물의 내용을 카세트 테이프나 CD에 미리 녹음해 놓은 것이다.

② 지역의 시각장애인복지관 혹은 대학도서관(점자도서관)에서 대출이 가능하다.

15. 전자도서

① 정보의 전자적인 접근이 가능한 형태의 도서이다.

② 시각장애인을 위하여 아스키 텍스트 파일 형태와 특정한 워드프로세서 문서 파일과 같이 음성이나 전자점자로의 변환이 용이하도록 제작해야 한다.

키워드 Pick

③ 시각활용 보조공학기기

1. 확대독서기(CCTV) 10유, 14중

① 경도저시력학생은 확대경으로도 읽기 활동에 어려움이 없지만, 고배율의 확대가 필요한 중도저시력학생은 확대경보다 확대독서기가 더 유용할 수 있다.
② 확대독서기는 고배율의 확대가 가능하고, 대비조절 기능이 있어 낮은 대비 자료를 고대비로 바꾸어 주고, 모니터의 밝기를 자신의 선호 수준이나 눈부심 여부에 따라 조절할 수 있다.
③ 확대독서기는 크게 휴대용과 데스크용 확대독서기로 구분할 수 있다.
　㉠ **휴대용 확대독서기**: 주로 근거리용이지만 일부 제품은 칠판 보기 같은 원거리 보기도 가능하다.
　㉡ **데스크용 확대독서기**: 근거리용, 근거리와 원거리 겸용인 다목적용 확대독서기로 나눌 수 있다.
④ 최신 사양의 확대독서기 중에는 카메라 촬영이나 캡쳐 기능을 통해 자료를 저장한 후 다시 불러내어 볼 수 있는 기능, 카메라에 잡힌 내용을 음성으로 읽어 주는 기능 등을 가진 제품도 있다.
⑤ 휴대용 확대독서기는 모니터가 작으므로 고배율의 확대가 필요한 학생은 모니터가 큰 데스크용 확대독서기를 추천할 필요가 있다.
⑥ **확대독서기의 주요 기능**: 배율조절, 모니터 밝기조절, 색상대비조절, 마커 기능, 화면캡처 등

2. 화면확대 프로그램

① 화면확대 프로그램은 컴퓨터화면의 내용을 보기 어려운 학생을 위해 화면의 내용을 확대해 주는 소프트웨어이다.
② 컴퓨터 운영체제에 내장된 '돋보기 기능'을 사용하거나 또는 줌텍스트 같은 화면확대 프로그램을 별도로 설치하여 사용할 수 있다.
③ 최신 사양의 화면확대 프로그램은 화면의 확대 배율, 대비조절 기능 외에 화면의 내용을 음성으로 읽어 주는 화면읽기 기능까지 갖추고 있다.
④ 화면읽기 기능은 화면을 확대해 주더라도 읽기 속도가 느리거나 화면을 오랜 시간 볼 때 안피로를 많이 느끼는 저시력학생이 사용할 수 있다.
⑤ 윈도에 내장된 돋보기 프로그램은 돋보기 대화상자를 통해 확대 배율을 500%까지 조절할 수 있으며, 화면확대방법도 전체화면확대, 렌즈화면확대, 도킹화면확대 중에 선택할 수 있다. 렌즈화면확대는 마우스로 이동하는 사각형 렌즈화면을 통해 일부 내용만 확대하는 것이고, 도킹화면확대는 화면 가장자리에 확대된 내용을 보여 준다.
⑥ 스마트폰도 운영체제에 저시력인을 위한 화면확대 기능을 가지고 있으며, 별도의 화면 확대 앱을 설치하여 사용할 수 있다.

3. **광학기구**: 확대경, 망원경 등

4. **비광학기구**: 확대, 대비, 조명 등

④ 정보접근을 위한 기타 공학적 지원

1. **화면해설 서비스**(DVS: Descriptive Video Service) 18중

① 시각장애인을 위하여 대사나 음향을 방해하지 않고 시각적 요소를 해설해 주는 서비스를 화면해설 서비스라고 한다.

② 이 서비스는 극장에서 직접 배우들의 의상, 얼굴 표정, 신체어, 색깔, 행동 등 시각적 요소를 전문가가 설명해 주는 기술인 소리 설명에 기초를 두고 있다.

2. **라디오 리딩 서비스**

① 주로 FM채널을 통해 신문, 잡지, 기타 시사성이 있는 도서를 선정하여 읽어 주는 방송 서비스를 말한다.

② 이 서비스는 특수한 수신기를 사용하여 생방송으로 낭독하는 내용이나 녹음한 내용을 들려준다.

키워드 Pick

임지원 특수교육의 맥

CHAPTER 11

청각장애

맥 VIEW

01 청각장애의 이해

- 청각장애 정의
  - 농과 난청
  - 법적 정의
- 청각장애에 대한 다양한 관점
  - 의학적 관점
  - 교육적 관점
  - 문화적 관점
- 청각장애 분류
  - 청력손실 시기에 따른 분류
  - 청력손실도에 따른 분류
  - 청력형에 따른 분류
  - 청각손상 부위에 따른 분류
- 청각장애 원인

02 청각생리의 이해

- 외이
- 중이
- 내이
- 청신경 및 청각중추
- 소리가 전달되는 과정

03 청각장애 진단 및 평가

- 소리의 이해
- 선별
- 객관적 청력검사
  - 고막운동도 검사
  - 등골근반사 검사
  - 이음향방사 검사
  - 청성뇌간반응 검사
  - 전기와우도 검사
  - 청성지속반응 검사
  - 청각피로 검사
- 음차검사
- 순음청력검사
  - 순음청력검사의 이해
  - 청력역치의 의미
  - 기도검사방법
  - 골도검사방법
  - 차폐
  - 청력도와 검사결과 해석
- 어음청력검사
  - 어음청력검사의 이해
  - 어음청력검사의 종류
    - 어음탐지역치
    - 어음청취역치
    - 어음명료도검사

04 보청기와 인공와우

- **보청기**
  - 기본원리
  - 보청기의 구성요소
  - 보청기의 종류
  - 보청기 적합
  - 보청기 성능검사
  - 보청기의 관리
- **인공와우**
  - 구성요소
  - 신호 전달방법
  - 인공와우 이식
  - 인공와우 이식 아동을 위한 청각재활
  - 인공와우 관리
  - 교사지원

05 청각장애 언어지도 방법론

- **구화법**
  - 청각장애 아동의 언어발달 특성
  - 청능훈련
    - 정의와 목적
    - 기초개념
    - 단계
    - 계획 시 고려할 변인
    - 방법
    - 보청기 착용과 청능훈련 원칙
    - 청능평가
  - 독화
    - 말읽기의 구성요소
    - 독화 관련 변인
    - 독화소
    - 독화의 한계점
    - 독화의 한계를 보완하는 방법
    - 독화 지도방법
  - 의사소통 전략
    - 대표적인 전략: 예기/수정/회복
    - 발화 수정 전략
- **수어를 통한 의사소통**
  - 자연수어와 문법수화
  - 수어의 특성
  - 수어의 구성요소
  - 수어의 언어학적 분석
  - 지문자
  - 수어교육 접근법
  - 수어를 활용한 언어지도법
    - 총체적 의사소통법
    - 이중언어 · 이중문화 접근법

06 통합교육을 위한 교육적 지원

- **청취를 위한 지원**
- **청각장애 학생을 위한 교수적 수정**
- **청각장애 학생을 위한 통합수업 지원**
- **수어통역사**

청각장애

01 청각장애의 이해

① 청각장애 정의

1. 농과 난청

농	• 농은 어떤 소리도 들을 수 없음을, 난청은 약간 들을 수 있음을 의미한다고 생각하는 사람들이 있지만 사실은 농일지라도 대부분 잔존청력을 가지고 있다. • 생리학점 관점에서는 일정 크기 이상의 소리를 들을 수 없는 경우를 농이라고 하고, 청각장애를 가진 경우를 난청이라 한다.. • 청감각의 민감도는 데시벨(decibels : dB)이라는 소리 크기의 단위로 측정한다. • 정상청력을 가진 사람은 희미하게 들리는 소리도 감지할 수 있는데 이는 0dB를 의미한다. • 데시벨 수치는 어떤 소리의 일정 크기 이상을 감지하지 못하는 청각장애의 정도를 의미한다.
난청	• 약 90dB 이상의 청력손실이 있는 경우를 농이라고 하고, 그보다 낮은 데시벨 수준의 청력손실이 있는 경우를 난청이라고 한다.

2. 법적 정의

「장애인 등에 대한 특수교육법」	청력손실이 심하여 보청기를 착용해도 청각을 통한 의사소통이 불가능 또는 곤란한 상태이거나, 청력이 남아 있어도 보청기를 착용해야 청각을 통한 의사소통이 가능하여 청각에 의한 교육적 성취가 어려운 사람
「장애인 복지법」	가. 청력을 잃은 사람 1) 장애의 정도가 심한 장애인 두 귀의 청력을 각각 80데시벨 이상 잃은 사람(귀에 입을 대고 큰소리로 말을 해도 듣지 못하는 사람) 2) 장애의 정도가 심하지 않은 장애인 가) 두 귀에 들리는 보통 말소리의 최대의 명료도가 50퍼센트 이하인 사람 나) 두 귀의 청력을 각각 60데시벨 이상 잃은 사람(40센티미터 이상의 거리에서 발성된 말소리를 듣지 못하는 사람) 다) 한 귀의 청력을 80데시벨 이상 잃고, 다른 귀의 청력을 40데시벨 이상 잃은 사람

	나. 평형기능에 장애가 있는 사람 1) 장애의 정도가 심한 장애인 양측 평형기능의 소실로 두 눈을 뜨고 직선으로 10미터 이상을 지속적으로 걸을 수 없는 사람 2) 장애의 정도가 심하지 않은 장애인 평형기능의 감소로 두 눈을 뜨고 10미터 거리를 직선으로 걸을 때 중앙에서 60센티미터 이상 벗어나고, 복합적인 신체운동이 어려운 사람

Chapter 11

② 청각장애에 대한 다양한 관점 23초

의학적 관점	• 생리학적 관점 • 청각장애는 청각기관의 기능장애로서 생리학적인 청력손실 정도에 따라 농과 난청으로 구별한다. • 일반적으로 정상청력은 20~25dB HL까지로 보며, 농은 90dB HL 이상으로 규정하고 있다. • 역치가 90dB HL이라 함은 90dB HL 이하의 작은 소리를 듣지 못한다는 것으로, 이것이 잔존청력이 없다는 것을 의미하지는 않는다.
교육적 관점	• 교육학적 관점에서는 청각을 통한 언어정보 이해 및 처리능력 정도로 농과 난청을 결정한다. – **농**: 보청기를 착용하고도 청각을 통한 언어적 정보교환이 불가능한 경우 – **난청**: 보청기를 착용하면 청각을 통한 언어적 정보교환이 가능하지만 어려움을 갖는 경우 • 즉, 개인과 환경 간의 관계 그리고 그로 인한 사회적 제약을 중요시한다. • 「장애인 등에 대한 특수교육법」에서 나타난 바와 같이 교육학적 관점에서의 청각장애는 청력손실로 인한 의사소통에 초점이 맞추어져 있다.
문화적 관점	• 최근에는 문화적 관점에서 청각장애를 정의하고 있다. • 농인은 청력이 손실된 또는 청각보조기기가 필요한 사람이 아니라 구어가 아닌 수어를 사용하는 소수집단을 이루는 사람이라는 관점이다. • 예를 들면, 영어를 잘 듣지 못한다고 하여 "청각장애가 있다."라고 하지 않듯이, 구어를 사용하지 못한다고 해서 장애인이라고 보는 관점은 옳지 않다는 것이다.

기출 LINE

23초) 병리적 관점에서 벗어나 농문화를 수어사용 소수집단 구성원들의 생활양식으로 인정하는 관점에서 수어를 이해해야 합니다.

키워드 Pick

맵 Plus

의학적 관점과 교육학적 관점을 종합해보면 다음과 같이 정의할 수 있다.

청각장애란 청각기관의 손상으로 인하여 청각보조기기 없이 청각을 통한 의사소통이 어렵거나 불가능한 경우를 말한다.

물론 여기서 청각장애를 손상으로 보느냐 핸디캡으로 보느냐에 따라 강조되는 측면은 달라진다. 손상은 청각 구조 및 기능이 상실되거나 저하되어 회복이 불가능한 물리적 상태를 말하며, 핸디캡은 청력손실로 인하여 의사소통 및 일상생활에서 어려움을 겪는 사회적 불리로서 사회적 차원에서의 기능적 측면을 강조하고 있다.

③ 청각장애 분류

1. 청력손실 시기에 따른 분류

언어 전 청력손실	말을 하고 언어를 이해하는 학습을 하기 이전(3~5세)에 청력이 손실된 경우
언어 후 청력손실	말을 하고 언어를 이해하는 학습을 한 후에 청력이 손실된 경우

2. 청력손실도에 따른 분류

(1) 순음평균치를 기준으로 한 6개의 등급

정상청력(normal)	0~26dB
경도난청(mild)	27~40dB
중등도난청(moderate)	41~55dB
중등고도난청(severe)	56~70dB
고도난청(profound)	70~90dB
농(deaf)	91dB 이상

(2) 청력손실 정도와 청각적 수용 및 구어능력의 관련성

청각장애 정도	청각적 수용력 및 말·언어 습득에 미치는 영향
경도난청 (26~40dB)	아동은 들을 수 있으나 일부 말소리를 놓쳐서 잘못 이해할 수 있다. 학급 소음 수준에 따라 학교생활에서 겪는 어려움의 정도가 달라진다. 30dB HL은 25~40%의 말소리 정보를 놓칠 수 있으며, 35~40dB HL은 교실 대화, 특히 화자의 목소리가 작거나 화자의 입모양을 볼 수 없을 때 50% 이상을 놓칠 수 있다. 고주파수 영역에 청력손실이 있을 경우 강세가 없거나 짧은 단어와 자음을 놓칠 수 있으며, 철자·소리 대응과 같은 초기 읽기기술 습득에 어려움을 겪을 수 있다.
중등도난청 (41~55dB)	아동은 보청기를 착용하더라도 말소리를 들을 수는 있으나 일부 말소리를 놓칠 수 있다. 보청기를 착용하지 않는 경우 40dB HL은 50~75%, 50dB HL은 80~100%의 말소리자극을 놓칠 수 있다. 구문 습득에 지연 혹은 장애가 있고, 어휘 수의 제한, 말 산출의 어려움, 단조로운 음성의 질과 같은 특성을 보인다. 보청기를 조기에 착용하여 지속적으로 사용하고, 언어중재를 시행한다면 구어 및 학업 능력이 정상적으로 발달할 가능성이 높아진다. 아동은 교실 내 소음 때문에 구어적 지시를 이해하는 데 어려움을 겪는데, 교실 소음 상황과 교사로부터 학생 좌석까지의 먼 거리와 같은 부정적인 청취 조건을 개선하기 위해서 FM 보청기의 사용이 필요하다.
중등고도난청 (56~70dB)	보청기를 착용하면 아동은 주변 사람의 말소리를 들을 수 있지만 말소리의 일부를 놓치기 때문에 일대일 그리고 그룹 상황 모두 구어로 의사소통을 하는 데 어려움을 겪는다. 55dB HL은 보청기를 착용하지 않으면 말소리 정보의 최대 100%까지 놓칠 수 있다. 구문 습득의 지연, 말명료도 저하, 단조로운 음성과 같은 특성을 보인다. FM 보청기의 착용은 소음과 거리 문제를 경감시키고, 구어 지시를 청각적으로 이해하는 데 도움이 된다.
고도난청 (71~90dB)	증폭기의 착용 없이는 귀에서 한 걸음 정도 떨어진 거리에서 나는 큰 소음만 들을 수 있다. 적절한 보청기를 착용했을 때 90dB 이하의 청력손실을 가진 아동은 근거리에서 말소리를 제공하거나 FM 보청기를 통해서 많은 말소리를 감지할 수 있다. 개별 아동의 능력과 조기의 강도 높은 중재에 따라서 감지된 말소리가 변별되고 의미 있는 자극으로 처리되는 정도가 결정된다. FM 보청기를 사용하지 않고는 고주파수대의 말소리가 변별이 가능한 정도로 지각되지 않는다. 선천성 청각장애인의 경우, 구어능력이 심각하게 지연되거나 자발적으로 발달하지 않는다. 아동이 보청기를 어린 나이에 착용하고 지속적으로 사용하며, 강도 높은 언어중재를 제공할수록 말, 언어, 학습능력이 더욱 정상 발달 속도에 가깝게 발달한다.
농 (90dB 이상)	말소리 감지능력은 청력손실 유형과 최적화된 보청기 사용 정도에 달려 있다. 청력손실 정도와 유형, 증폭기의 적합성과 사용 정도, 조기중재의 질, 개별 아동의 능력과 같은 요인이 농아동이 말소리를 감지하고, 변별하고, 처리하고, 이해할 수 있는 정도에 영향을 미친다. 선천성 농인 경우 구어능력은 자발적으로 발달하지 않으며, 언어 습득 후 농인 경우 말·언어 능력은 급격히 저하된다.

키워드 Pick

맥 Plus

청력손실이 언어와 말에 미치는 영향

친숙한 소리	청력 수준(dB)	청력손실 정도(dB)	분류	언어와 말에 미치는 영향
바람에 나뭇잎 살랑이는 소리		0~25	정상	• 15~25dB 정도 손실이 있을 경우 소음이 있는 환경에서 희미한 말소리를 이해하기 어려움
수도꼭지에서 작은 물방울이 떨어지는 소리	10			
속삭이는 말소리	20	26~40	경도	• 조용한 환경에서조차 희미하거나 원거리에서 들려오는 말소리는 듣기 어려움 • 교실에서 진행되는 토론을 따라가기 위해서는 노력이 요구됨
손목시계의 째깍거리는 소리	30			
일상대화 말소리	40	41~55	중도	• 일상대화 말소리는 듣기 어려우나 아주 가까운 거리에서는 들을 수 있음 • 교실에서의 집단 활동은 상당한 노력이 요구됨
약간 큰 말소리	50			
아주 큰 말소리	60	56~70	중고도	• 크고 명백한 말소리도 가끔 듣기 어려우며 집단 상황에서는 상당한 어려움이 있음 • 말소리명료도는 알아들을 수 있는 정도지만 두드러지게 손상됨
개 짖는 소리	70	71~90	고도	• 큰 말소리도 들리지 않아서 많은 단어가 인지되지 않음 • 환경음을 감지할 수 있으나 무슨 소리인지 정확하게 알 수 없음 • 말소리명료도는 알아들을 수 없을 정도임
피아노 소리	80			
오토바이 소리	90	91 이상	최고도/농	• 대화 말소리를 들을 수 없으나 일부 큰 환경음을 들을 수도 있음 • 말소리명료도는 이해하기 어려울 정도거나 전혀 발달되지 않음
대형 트럭 지나가는 소리	100			
록 콘서트장의 음악소리	110			
이륙하는 비행기 소리 (통증 유발)	120			

3. 청력형에 따른 분류

수평형	전 주파수대역에 걸쳐 거의 동일할 경우
저음장애형	고주파수대의 청력손실이 적고 저주파수대의 청력손실이 더 큰 경우
고음급추형	저주파수대의 청력손실은 수평형이나 2,000Hz 이상에서 급격한 청력손실이 있을 경우
고음점경형	저주파수대에서 고주파수대로 올라갈수록 청력손실도가 커지는 경우
곡형	특정 주파수대를 중심으로 청력손실이 나타나는 경우
산형	저주파수대 및 고주파수대의 손실이 크고 중주파수대의 손실이 적은 경우

4. 청각손상 부위에 따른 분류 10 · 11 · 13 · 16유, 11 · 13 · 14 · 16 · 20 · 21초, 09 · 13 · 13추중

전음성 청각장애	• 음을 전달하는 기관, 즉 외이나 중이에 병변이 있을 때 초래되는 장애로 그 정도가 심하지 않다. • 순음청력검사결과, 골도청력은 거의 정상이고 기도청력에만 장애가 있다.
감각신경성 청각장애	• 물리적 음향에너지를 전기적 음향에너지로 바꾸어 청각중추로 전달하는 기관인 내이와 청신경계에 이상이 있어 청각장애를 일으키는 경우를 말한다. • 대부분 정도가 심하여 청각을 통한 의사소통에 어려움을 겪으며 특수교육적 지원이 요구된다. • 순음청력검사결과, 골도청력과 기도청력의 차이가 거의 없다.
혼합성 청각장애	• 혼합성 청각장애는 전음성 청력손실과 감각신경성 청력손실이 함께 나타남을 말한다. • 중이와 내이 모두 손상을 입히는 여러 가지 외상, 내이까지 진행되는 중이염, 중이와 달팽이관 구조에까지 진전되는 이경화증 등에 의해 발생될 수 있다.
중추성 청각장애	• 청신경이 연수에 들어가서부터 대뇌피질 사이의 중추신경계통에 장애가 있어 초래되는 경우이다. • 청각신호에 담긴 정보를 지속적으로 전송, 분석, 조직, 변형, 정교화, 회상, 사용하는 데 결함을 보인다.
기능성 청각장애	• 기질적인 장애 없이 심인성으로 나타나는 청각장애를 말한다.
소음성 난청	• 생리적으로는 청력손실, 즉 난청 유발요인이 되며 맥박과 혈압을 상승시키고 소화기와 순환기 질환의 원인이 되기도 한다. • 심리적으로는 불쾌감이나 정서불안 등을 가져오는 '공해'로 지각될 수 있으며, 생활적으로는 작업 · 휴식 · 수면방해 등 신체에 미치는 영향이 크다.

기출의 맥

손상 부위에 따른 청각장애 유형은 출제빈도가 높습니다. 이와 관련하여 보다 구체적인 내용은 '청력도 해석' 부분에서 정리합니다.

키워드 Pick

④ 청각장애 원인

위치	문제	원인	특징	치료
외이: 전도성 손실	외이도의 폐쇄	• 폐새증, 이구전색(impacted cerumen), 이물질로 인한 외이도의 부재 또는 폐쇄	• 주로 한쪽 귀에 발생 • 정도가 다양함 • 대화를 위해 방해되지 않는 귀를 돌림	• 원인에 따라 다름. 대부분의 이물질은 제거해서 청력을 정상으로 회복할 수 있음. 감염 시는 귀약이 투여됨. 폐쇄증은 수술이 필요할 수 있음
중이: 전도성 손실	고막의 천공	• 중이 감염, 머리 부딪힘, 갑작스럽고 심한 기압변화로 인한 손상으로 고막에 구멍이 난 것	• 귀에서 물이 나옴 • 심한 악취가 남 • 진주종 발생 • 뇌종양, 뇌수막염 또는 유양골의 감염	• 흉터는 남겠지만, 모두 다시 회복 가능함. 바세린을 바른 면봉으로 귀 또는 귀꽂이(ear mold)에서 제거함. 수술적 처치 또는 귀약이 필요할 수 있음
	중이염	• 유스타키오관을 막는 세균 또는 바이러스 감염. 여러 원인으로 측두골에 감염 발생. 뼈의 움직임을 제한하는 중이강에 감염되거나 감염되지 않은 액이 채워짐. 방치하면 고막이 터질 수 있음	• 귀의 통증 • 일시적인 청각 손상 • 행동변화(예민해짐, 쉬지 못함, 안절부절못함) • 고열, 구토, 구역질, 설사, 어지럼증, 두통	• 항생제가 주로 처방됨. 만약 중이염이 지속되면, 액을 줄이고 천공을 예방하기 위해 고막절개술이 사용됨. 이관에 물을 뺄 때 압력을 동등하게 하기 위해 절개하는 곳에 작은 튜브가 삽입됨. 튜브는 몇 개월 후 제거됨. 촉진치료가 매우 중요함
	담지종	• 중이 또는 측두골의 다른 부위에 위치한 피부 조직으로 구성된 선천성 또는 후천성 낭종 덩어리	• 만성 또는 재발 이염으로 진행됨 • 고막에 종종 구멍이 생김 • 7번째 뇌신경 근처에 위치하기 때문에 안면 신경마비로 중이 조직의 침식 발생	• 다른 조직으로 덩어리가 퍼지지 않도록 가능한 한 빨리 수술을 해야 함

	이소골 연쇄의 감염	• 세 가지 중이뼈의 단절 상태. 추골 고정. 선천적이거나 또는 뇌진탕, 중이 질병, 또는 다른 원인일 수 있음	• 안정된 전도성 손실(비진행성) 또는 진행성 손실(추골 고정) • 이명, 귀울림	• 모든 상황에서 주로 수술이 시행됨. 수술이 성공적이면 청력이 보존됨
내이와 청신경 : 감음신경성 청력손실	달팽이관, 내이 모세포 또는 청신경의 선천적 또는 후천적 손상	• 어셔(Usher)증후군, 거대세포바이러스, 트라우마, 소음, 수막염, 코넥신 26과 같은 유전적 원인으로 인한 선천성 감염	• 청각손상이 다양함 • 고주파수에서 주로 발생함 • 선천적 원인은 양쪽 귀 모두에 영향을 줌 • 손실이 지속되거나 진행될 수 있음	• 보청기 또는 청력 보조도구를 사용함(이 장의 설명 참조)
중추청각계 : 중추청각 손상	청신경장애/청각장애	• 비정상적 청각 중추 반응과 비정상적 중이근 기능. 정상적인 달팽이관 부재로 신경이 기능하지 않음	• 들을 수 있으나 이해하지 못함 • 소리에 간헐적으로 반응함	• 청력보조장치가 효과적이지 않을 수 있음. 보청기도 효과적이거나 그렇지 않을 수 있음. 완벽한 처치 프로토콜이 없음. 협력적인 노력이 요구됨
	중추청각 처리장애	• 정상적인 말초 청력에도 불구하고 청각 자극에 대한 부적절한 반응	• 소리를 들을 수 있으나 구어나 문어, 학업 수행을 위해 정보를 처리하는 데 어려움	• 발성과 언어중재, 조직화, 기억, 처리, 주의집중을 지원할 수 있는 교실 조정

키워드 Pick

02 청각생리의 이해

- 청각기관은 공기를 통해 전달된 음파를 모아서 중이로 전달해 주는 외이, 전달된 음파를 기계적인 에너지로 바꾸어 줌과 동시에 소리를 증폭시켜 주는 역할을 하는 중이, 중이에서 전달된 소리를 전기적 에너지로 전환시켜 주는 내이 그리고 중추청각신경계(CANS : Central Auditory Nervous System)로 크게 나눌 수 있다.
- 여러 가지 소리가 공기의 진동에 의하여 우리 귀에 도달하면, 공기 진동의 파동은 외이를 거쳐 고막과 이소골을 진동시킨 후 내이의 와우에 이르러 다시 액체의 진동으로 변화하고 신경 흥분으로 전환된 다음, 중추에 전달되어 소리를 듣게 된다. 이 과정 중 어느 한 곳이라도 손상을 입으면 청각장애를 유발할 수 있다.
- 외이는 소리를 모아서 중이로 전달하는 역할을 하고, 중이는 외이에서 들어온 공기 중의 음파를 기계적인 에너지로 바꾸는 기능을 한다. 그리고 내이는 중이의 기계적 에너지를 전기적 에너지로 전환하는 작용을 한다.
- 청각기관의 기능은 '전음'과 '감음'으로 대별되는데, 전음기능은 외이와 중이에서 이루어지고 감음기능은 내이에서 이루어진다. 25중

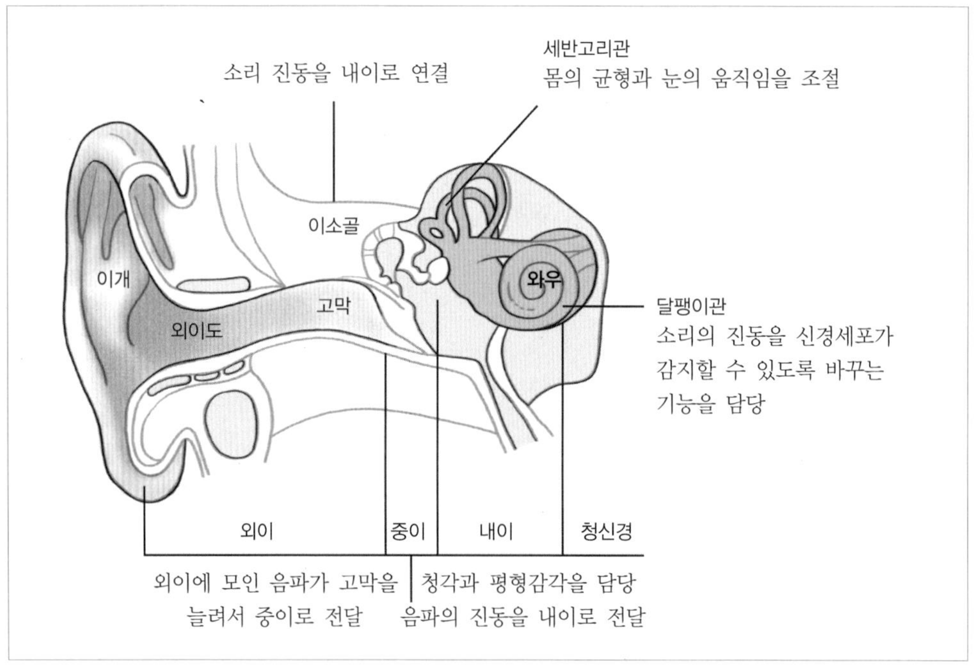

귀의 구조와 기능

① 외이

① 외이는 이개(귓바퀴)와 외이도를 포함한다.
② 외이의 가장 큰 역할은 전달된 음파를 모아 고막으로 전달하는 것이다.
③ 외이의 대표적인 기능은 집음기능과 소리 방향 지각에 있다.
④ 단순 외이의 이상은 대부분 청력손실이 크지 않다. 그러나 청각기관의 생성과정에서 외이와 내이는 같은 조직으로부터 만들어지기 때문에 대부분 외이와 내이 기형은 함께 나타나는 경향이 있다.

귓바퀴(이개)	• 귓바퀴(이개)는 탄성 연골로 된 골격에 피부와 연골막으로 덮여 있다. • 귓바퀴는 외측 변연을 이륜(helix), 위쪽으로는 이륜의 각(crus), 아래쪽으로는 귓불(이수, lobule)이 서로 연결되어 있다. • 이륜의 안쪽에 융기와 함몰된 부분이 있어 특수한 귓바퀴의 모양을 이룬다.
외이도	• 외이도(external auditory canal)는 귓바퀴에서 고막에 이르는 관으로서 성인의 경우 그 길이는 약 25~35mm이며, S자형으로 구부러져 있다. • 외이도의 바깥쪽 1/3은 연골부, 안쪽 2/3는 골부이다. • 외이도 연골부에는 1~1.5mm 두께의 두꺼운 피부가 연골에 밀착되어 있고, 연골부 피부에는 작은 이모낭(hair follicle)과 이모가 있으며 피지선과 이구선이 있어 지방성 및 황갈색의 액체를 분비하며 이것이 이구(귀지)를 이룬다. • 골부는 측두골의 여러 부분이 모여 관을 이루고 있으며 얇은 피부가 뼈에 밀착되어 있다. • 신생아는 측두골의 발육이 완성되지 않았기 때문에 외이도의 골부가 없다. • 외이도의 형태는 귓바퀴 쪽이 열려 있고 고막 쪽은 닫혀 있는 관의 모양을 이루고 있어 외이도 특유의 공명 작용을 갖는다.
외이의 기능	• 귓바퀴는 음파를 모아서(집음 작용) 외이도로 전달하고, 외이도는 집음된 소리를 고막까지 전달하는 작용을 한다. • 외이는 방어(보호) 기능을 수행한다. 외이도의 굴곡과 외이도 내의 털 등은 외부 이물질의 침입을 막아 주고 온도와 습도를 조절하는 기능이 있어 고막을 보호한다. • 귓바퀴 및 외이도는 공명 작용을 한다. 귓바퀴의 공명 효과로 인한 음압증강작용은 고음역 특히 4~5KHz에서 약 10dB 정도 증가한다. 외이도는 한쪽이 고막으로 폐쇄된 관으로 음향학적으로 공명강으로서의 의미가 있다. 공명 효과는 외이도의 길이에 따라 다르나 외이도 공명주파수는 약 3.5KHz 부근에서 약 10~15dB의 이득을 갖는다. 귓바퀴와 외이도는 효과적인 음전도를 위한 집음과 공명의 효과를 지니며 이들이 복합적으로 작용하여 음압증강 효과를 가진다. • 외이는 소리의 방향성 분별에 큰 역할을 한다. 소리의 위치나 방향의 분별은 양측 귀에 도달하는 소리의 강도와 시간의 차이에 의해 결정되는데 이러한 차이에 관한 정보는 귓바퀴에 의해 얻어지는 정보이다.

키워드 Pick

② 중이

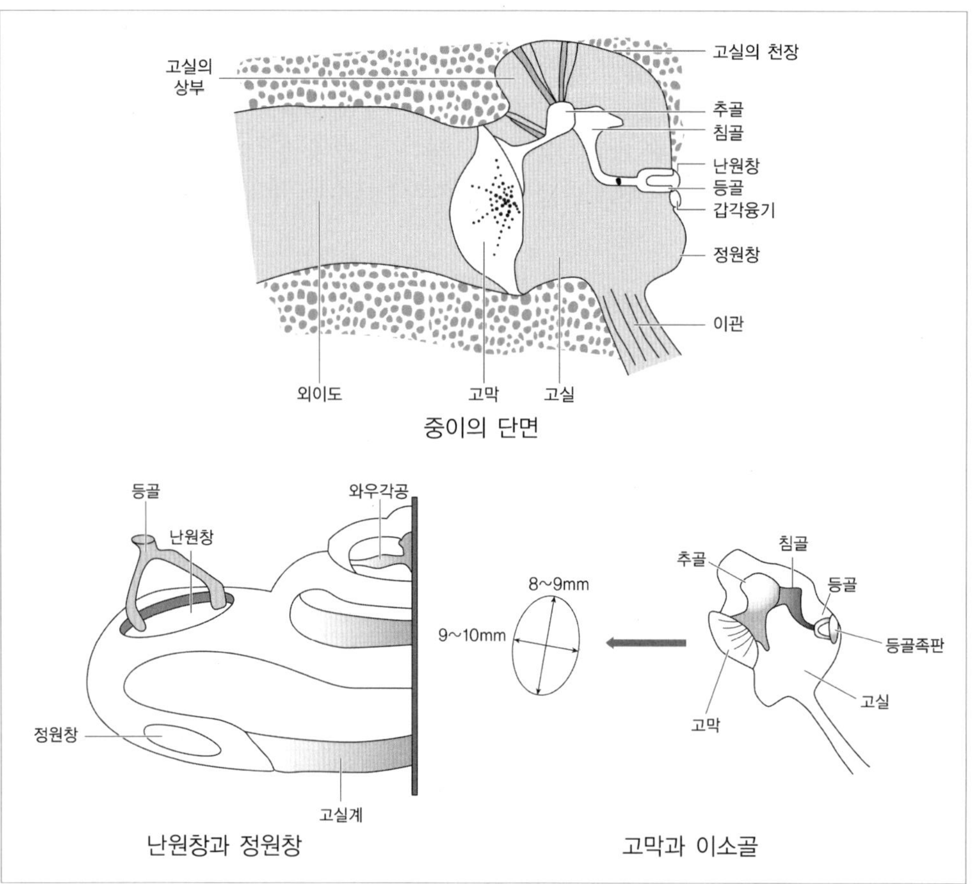

중이의 단면

난원창과 정원창

고막과 이소골

① 중이는 외이도를 통해 전달된 음파를 내이에 전달하는 기능을 한다.

② 중이에는 고막, 이소골, 이내근이 위치하고 있는 고실(중이강)과 이관(유스타키오관)이 포함된다.

③ 중이의 가장 큰 역할은 외이에서 전해진 소리를 약 34~37배 정도 증폭하여 내이로 전달하는 것이다.

Chapter 11

고막	• 고막은 외이도와 고실 사이에 위치하는 얇은 막이다. • 고막은 외이도와 고실 사이에 위치하고 있으며 외이와 중이를 나누는 경계이다. • 가로 9~10mm, 세로 8~9mm, 두께 0.1mm, 무게 14mg의 타원형으로 고막의 아래쪽이 위쪽보다 좀 더 안쪽으로 기울어진 상태로 위치한다. • 고막은 진주빛 회백색으로 안쪽으로 약간 함몰된 깔때기 모양이며, 가장 많이 함몰된 중심부를 고막의 제(umbo, 배꼽)라고 한다. • 고막의 기능은 외부로부터 고실을 보호하는 동시에 소리의 진동을 고실 내로 전달하는 데 있다.
고실	• 고실은 중이강이라고도 불리며, 공기로 차 있는 텅 빈 공간으로 이소골과 이내근 등이 위치한다. • 고실에는 2개의 구멍이 있는데, 하나는 등골족판이 맞닿아 있는 난원창이며 또 하나는 제2의 고막이라고 불리는 정원창이다. • 난원창은 내이의 전정계와 연결되며 정원창은 고실계와 연결된다. • 측두골 속에서 고막과 내이 사이에 위치하는 공기가 차 있는 공간이며 점막으로 덮여 있고 이내근과 이소골, 안면신경, 혈관과 신경이 위치한다. • 고실은 상하, 전후 및 내외의 6벽이 있는 오목렌즈와 같은 모양이다. • 앞쪽(전벽)은 이관에 의해 비인강으로 연동되고, 뒤쪽(후벽)은 유양동구에 의하여 유양동과 연결되고 있다. • 내벽은 후상방에 난원창 또는 전정창, 후하방에 정원창 또는 와우창로 내이와 연결되며, 외측벽에 고막이 있다. • 상방은 중두개와 하방은 경정맥구와 골벽으로 경계된다.
이소골	• 이소골은 고막 뒤에 위치하며, 고실 내에 있는 작은 뼈인 추골, 침골, 그리고 등골로 구성된다. 이들은 서로 연결되어 움직인다. • 이소골은 고막에서 전달된 소리의 진동을 내이에 전달해 주는 기능을 하며, 이소골의 기형이나 운동결함은 난청을 가져온다.
이내근	• 중이 내에 있는 근육으로서 고막장근과 등골근이 해당한다. • **고막장근**: 고막장근은 추골병의 윗부분에 부착되어 있으며, 자극을 받아 수축을 하게 되면 추골은 전측과 내측으로 당겨진다. 이때 이소골은 경직 상태가 된다. • **등골근**: 고막장근이 약 25mm 길이인 반면에 등골근은 약 6mm로 짧고 두껍다. 등골근은 등골에 부착되어 있으며, 강한 음이 도달하면 반사적으로 수축하여 내이를 보호하고 소리전도를 조절하는 기능을 한다. 이것을 등골근 반사라 한다. • 등골근 반사란 큰소리(70~100dB SPL)가 들어오면 내이에 100% 전달되지 않도록 근육수축이 일어나는 현상으로 소리 감소를 통해 청각기관을 보호해 주는 기능을 말한다. 반사작용이 느리게 활성화되기 때문에 급작스러운 소리로부터 청각기관손상을 완전히 막아주지는 못한다. • 등골근은 안면신경에 의해 조절된다.

키워드 Pick

이관	• 유스타키오관이라고도 하며, 성인의 경우 약 3.5~4cm 길이로 된 관이다. • 고실에서 시작하여 코의 뒤쪽 부분인 비인강 입구까지 형성되어 있으며, 공기로 채워져 있다. • 정상적인 경우에는 이관이 폐쇄되어 중이를 막고 있으나, 중이압력과 대기압력의 평형이 깨질 경우에는 이관이 열리게 된다. • 이관은 고실의 압력 조절의 역할을 할 뿐, 직접적인 소리 전달의 기능은 가지고 있지 않다. • 이관은 측두골 내의 골부(1/3)와 그 바깥쪽의 연골부(2/3)로 이루어져 있는데, 전체가 점막으로 덮여 있다. • 이관은 중이에서 비인강으로 연결되어 있으며 약간 휘어 있는 거꾸로 된 S자 모양을 하고 있다. • 고실쪽 입구는 중이강이 건강한 경우 항상 열려 있고, 연골부는 보통 폐쇄되어 있으나 연하운동이나 하품을 할 때 구개범장근이 작용하여 열린다. • 이때 공기가 중이강으로 들어가 고막 내외의 기압이 평형을 유지하고, 중이강의 이물질이 배설된다.
중이의 기능	• 고막은 중이의 방어벽인 동시에 소리 전달에 중요한 역할을 한다. • 즉, 고막에 도달한 음파는 고막을 진동시키고 그 진동은 중이의 이소골에 충실히 전달된다. • 그러나 소리는 외이에서 중이를 거쳐 내이로 전달되는 과정에서 각각 소리를 전달하는 물질, 즉 매질의 차이로 인해 많은 에너지가 손실된다. • 즉, 외부의 소리가 액체로 가득 찬 내이에 도달하면 액체의 높은 임피던스 때문에 대부분의 에너지가 내이의 입구에서 반사되어 상실되므로 불과 약 0.1% 정도의 에너지만이 내이로 전달된다. • 이런 이유로 중이는 음향에너지를 효율적으로 전달하기 위해 외이와 내이의 임피던스를 조절하는 기능을 한다. 이를 임피던스 정합 작용(impedance matching function)이라고 부른다. • 이관은 고실의 환기로 역할을 한다. 때문에 고막의 안팎이 항상 같은 기압으로 유지되며 고막에 도달한 음의 진동이 아무런 장애를 받지 않고 이소골을 거쳐 내이로 전달될 수 있다. 따라서 이관의 기능장애는 고실 내의 기압변화를 일으켜 중이강의 경직성을 증가시키고, 음이 외이도에서 중이를 거쳐 내이로 전달되는 과정에 장애를 초래한다. • 중이 내에서의 음의 전달은 이내근, 즉 등골근 및 고막장근에 의해서도 조절된다. 고막장근의 수축은 고막을 중이강 쪽으로 이동시키며, 등골근의 수축은 등골근을 수직으로 거상시키면서 고막을 약간 외이도 쪽으로 이동시킨다. 이러한 이내근의 수축은 이소골 연쇄의 경직성을 증가시켜 1KHz 이하의 저주파수 음의 전도를 비선형적으로 최고 30dB 정도 저하시킨다. • 따라서 저주파수 영역의 자극음은 일정 역치상에서는 비교적 같은 크기로 내이에 입력된다. • 등골근과 고막장근은 강한 음에 반사적으로 수축하여 강한 음에 내이가 손상되는 것을 막는 역할을 한다. 이를 등골근반사 혹은 음향반사(acoustic reflex)라고 한다.

③ 내이

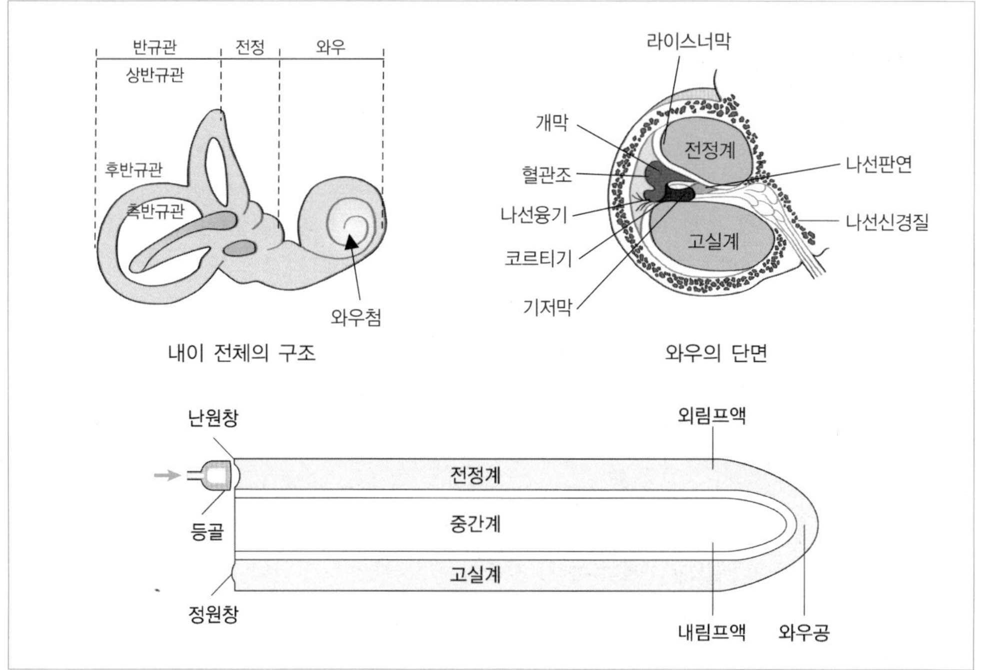

내이 전체의 구조

와우의 단면

① 내이는 아주 복잡한 구조와 형태를 가진 미로(labyrinth)로, 크게 와우(cochlea), 3개의 반규관(semicircular canal) 및 전정기관(vestibuli)의 세 부분으로 구성된다.

② 와우는 소리를 받아들이는 기능을 하고, 반규관과 전정기관은 몸의 균형을 유지하는 역할을 한다.

③ 중이가 공기로 채워진 공간인 데 비해, 내이는 림프액으로 가득 차 있다.

④ 내이는 측두골 내에 위치하며 하나의 뼈로 이루어진 골미로 내에 막으로 구성된 막미로가 들어 있는 형태이다. 내이는 다시 골미로와 막미로로 구분되는데, 골미로의 내부에 막미로가 위치하고 있다고 보면 된다. 골미로는 뼈가 그 벽을 둘러싸고 있기 때문에 골미로라 불리며, 막미로는 내부 관이 막으로 이루어져 있어서 막미로라 불린다. 이들은 위치가 다를 뿐 같은 구조를 가지고 있다. 더 쉽게 표현하자면, 내이의 외부는 골미로로, 내이의 내부는 막미로로 이해하면 된다.

⑤ 난원창으로부터 내이의 외림프액에 전달된 음파는 기저막을 진동시킨다.

⑥ 이로 인해 코르티기의 유모세포가 자극되고, 이 자극이 와우신경을 거쳐 청각중추에 전달되며, 이러한 경로의 어느 부분이라도 잘못된다면 감각신경성 난청이 초래될 수 있다.

키워드 Pick

전정기관	• 전정기관은 3개의 반규관과 난형낭과 구형낭으로 구성된 전정이 해당된다. • 반규관은 상방, 후방, 외방의 3개의 반원으로 서로 연결되어 있으며, 전정은 반규관과 와우 사이에 위치한다. • 이들은 평형과 속도변화 그리고 수직운동과 수평운동 등을 감지한다. 이 밖에도 전정기관의 손상은 구토나 현기증, 이석증과 자발안진 등과 같은 증상을 보인다.
와우	• 청각기관인 와우의 가장 큰 역할은 중이로부터 전달된 에너지를 유모세포에 의해 전기에너지로 바꾼 후 청신경으로 전달하는 것이다. • 와우는 달팽이와 비슷한 모양을 하고 있어 와우 혹은 달팽이관이라 불린다. • 사람의 와우는 2와 1/2 회전을 하는데 이를 기저부, 중간부, 첨단회전부로 구분한다. • 청각기관인 와우의 가장 큰 역할은 중이로부터 전달된 에너지를 유모세포에 의해 전기에너지로 바꾼 후 청신경으로 전달하는 것이다. • 와우를 단면으로 펼쳐 놓았을 때 와우의 제일 윗부분을 전정계, 가운데를 중간계 그리고 제일 아랫부분의 관을 고실계라고 한다. 전정계와 고실계는 외림프액이 채워져 있으며, 중간계는 내림프액이 있다. 중간계는 라이스너막(위)과 기저막(아래) 사이의 통로 부위를 말한다. • 즉, 전정계와 중간계를 나누는 막은 라이스너막이며, 중간계와 고실계를 나누는 막은 기저막이다. 중간계에는 코르티기관이 들어 있다. • 전정계와 고실계는 와우 첨단회전부의 와우공(helicotrema)에서 서로 연결되어 있다. 전정계는 난원창과 연결되며 고실계는 정원창과 연결된다. • 와우는 림프액으로 가득 차 있다. 와우관은 내림프액으로, 전정계와 고실계는 외림프액으로 채워져 있다.
와우의 기능	• 와우는 중이를 통해 입력되는 다양한 소리를 수용하여 분석한 다음 뇌가 인지하기 좋은 전기적 신호로 바꾸어 주는 역할을 하는 일종의 신호입력변환기이다. • 선천성 청각장애의 대부분은 와우손상으로 인한 감각성 청각장애이므로 와우의 기능을 이해하는 것이 중요하다. – 음향을 전달하는 기능을 갖는다. – 전정계의 파동은 라이스너막을 통해 와우관내의 내림프액을 거쳐 기저막으로 전달되어 전정계와 유사한 진행파(travelling wave)를 형성한다. – 와우의 기능은 음조체계(tonotopic orga-nization)로 와우의 가장 핵심 기능이다. 와우 내의 유모세포는 부위에 따라 인지하는 음의 주파수가 다르다. 기저부 쪽에서는 고주파수를 감지하며 첨단부로 갈수록 저주파수를 인지한다. 이러한 음조체계는 유모세포뿐만 아니라 청신경, 와우핵, 상올리브핵 및 청각피질까지 이어진다.

코르티기	• 코르티기는 소리를 감지하는 핵심조직이자 내이의 꽃이라고 불린다. • 코르티기 내부에 있는 유모세포는 달팽이관의 표면을 덮고 있는 끝이 가늘고 털이 나 있는 감각세포로서 한 줄로 배열된 내유모세포와 3~4열로 된 외유모세포가 있다. • 외유모세포는 길이가 내유모세포에 비해 2배 정도 길 뿐만 아니라 양적으로도 3배 정도가 많다. 그러나 내유모세포는 숫자는 적지만 구심성신경섬유(말초에서 중추로 감각세포활동을 전달하는 신경)의 약 90%를 차지할 만큼 중요한 기능을 한다. • 유모세포는 다른 세포와 달리 재생능력이 없어서 사멸되거나 제 기능을 하지 못할 경우에는 감각뉴런 신호 전달이 영구적으로 불가능해진다. • 만약 유모세포가 모두 손상된 경우에는 소리가 중이를 통해 내이에 전달된다 하더라도 전기적 신호가 만들어지지 않기 때문에 뇌에서 소리를 인지할 수 없게 된다. • 유모세포활동 메커니즘 난원창을 통해 림프액 파동이 발생한다. ▼ 파동은 기저막을 진동시키고 유모세포들을 자극한다. ▼ 유모세포는 음파를 전기적 신호로 변환시킨다. ▼ 양이온과 음이온의 탈분극현상이 일어나면서 감각뉴런에 신호를 보낸다. 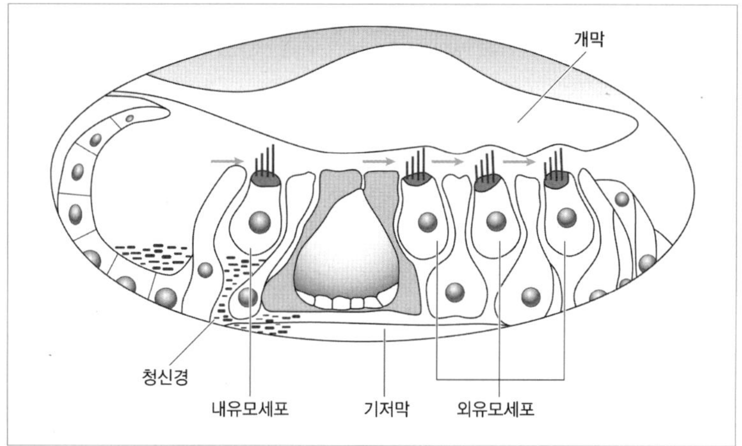

키워드 Pick

기저막	• 기저막은 고실계 위쪽에 위치하고 있으며 유모세포들이 분포되어 있는 질긴 섬유층이다. • 림프액의 파동은 와우 내의 기저막을 움직이게 한다. 기저막은 각각 정해진 주파수대역에 있어서 전달되는 소리 주파수에 따라 선택적으로 각기 다른 부분이 진동하게 되는데, 고주파수대의 음을 주면 기저막의 입구인 기저부(와우저, base) 쪽에서 반응을 하고, 반대로 저주파수대의 음을 주면 기저막의 안쪽인 첨단부(와우첨, apex)에서 진동을 일으킨다. 이것이 바로 베케시(Bekesy)가 밝혀 낸 기저막의 고유진동원리이다. • 기저부는 좁고 두꺼운 막의 형태를 가지고 있으며, 첨단부는 폭이 넓어지고 헐거운 특성을 갖는다. 파동으로 인해 유모세포의 섬모들이 흔들리면서 전기에너지로 변환된다. 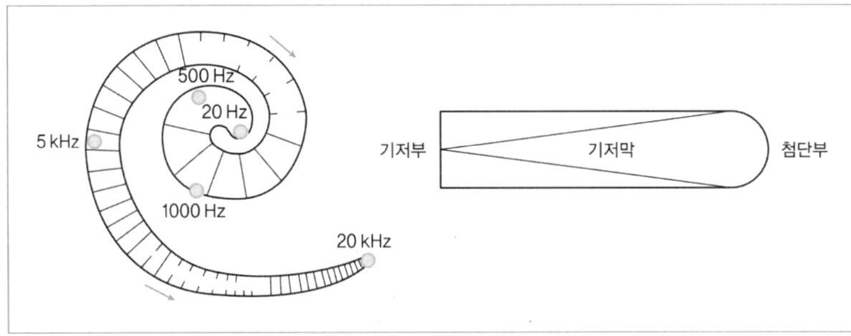
유모세포	• 유모세포(hair cell)는 기저막 진동으로 전달된 소리신호를 신경전기신호로 변환하는 역할을 한다. • 기저막과 개막의 상호 움직임에 의해서 유모세포의 가장 큰 부동모(streocilia) 쪽으로 휘어지는 힘을 받게 되면 흥분성(excitatory) 자극이 되며, K^{+}같은 양이온이 세포 내로 유입되고 축적되어 탈분극(depolarization)이 일어난다. • 한편, 탈분극과정에서 전압에 예민한 Ca^{++}이온이 유입되고, 이것은 유모세포와 청신경 사이의 시냅스 근처에서 글루타메이트(glutamate)와 같은 신경전달물질을 방출하게 된다. • 신경전달물질의 축적은 시냅스 후 전위를 일으키게 되고, 이것은 다시 청신경계에서의 활동전위를 발생시켜 대뇌 쪽으로 전달한다. • 또한 외유모세포의 탈분극현상은 특이하게도 세포 자체가 수축되는 능동적 과정(active process)을 일으키는데, 이 능동적 과정은 와우의 비선형반응 특성과 관련이 있으며, 이음향반사(otacoustic emission)의 생성과도 관련이 있다.

④ 청신경 및 청각중추

① 중추청각신경계는 유모세포에서 만들어진 전기신호가 청신경을 따라 청각피질에 전달되는 과정을 담당한다.

② 소리가 내이로 전달되면서 발생되는 림프액의 파동은 기저막을 움직이게 한다. 또한 유모세포에서 변환된 전기적 신호는 청각신경(청신경, 8번 뇌신경)을 통해 대뇌의 청각중추에 도달하게 된다.

③ 청신경은 뇌신경의 하나로서, 우리 몸은 12쌍의 뇌신경이 있다. 청각에 관여하는 뇌신경은 8번으로 전정와우신경이라 불린다. 한 분지는 전정기관에서 감각신호를 보내고 또 다른 분지에서는 와우에서 감각신호를 보낸다. 즉, 8번 뇌신경은 청각과 평형감각을 담당한다.

청신경 전위	• 유모세포에서 변환된 전기신호는 청신경을 자극하여 활동전위를 만들게 되고, 지속적으로 만들어져 전달되는 활동전위는 대뇌에서 소리로서 인식하게 된다. • 활동전위라 부르는 신경전기에너지는 이진부호 1 혹은 0으로 되어 있고, 청각 정보를 부호화하여 대뇌로 전달한다. • 이 외에도 청각과 관련이 있는 전기신호로서 소리자극 후 정원창 근처에서 기록되는 교류전위반응인 와우음전기반응(cochlear microponics), 직류전위반응인 가중전위 그리고 직류전위인 와우내전위(endocodhlear potential) 등이 있다. • 청각기관이 손상되면 이러한 전위들의 변화가 일어나므로 이것들을 측정함으로써 피검사자의 청각 상태를 진단할 수 있다.
청각중추 전위	• 소리자극 이후에 청각중추신경계에서 발생하는 전위를 자극 후 반응시간에 따라 청성초기반응(auditory short latency response), 청성중간반응(auditory middle latency respose), 청성후기반응(auditory long latency response)으로 분류한다. • 이 전위들은 청각검사로써 이용할 수 있다. • 초기반응은 소리자극 후 10msec 이내에 나타나는 일련의 반응으로 전기와우도(ECoG: electrocochleography)와 청성뇌간반응(auditory brainstem respose)이 대표적이다. • 청각중추의 반응 결과를 가지고 피검자의 청각기능을 직접 판단하기는 쉽지 않지만 청각중추의 손상에 의해 청각장애가 야기되는 것은 분명하다.

키워드 Pick

맥 Plus

귀의 구조에 따른 소리의 성격

귀의 구조	소리의 성격
외이도	음향 에너지
중이	기계 에너지
내이	유체 에너지 및 전기 생리 에너지
청신경	전기 생리 에너지

⑤ 소리가 전달되는 과정

1. 외이에서 청신경에 이르는 소리의 전달과정

① 단계 1: 음파가 고막에 이른다.
② 단계 2: 고막의 진동이 이소골을 움직이게 한다.
③ 단계 3: 난원창에 연접한 등골의 움직임이 전정계 외림프에서 압력파를 만든다.
④ 단계 4: 고실계 정원창에 이르는 동안 압력파가 기저막을 상하로 틀어지게 한다.
⑤ 단계 5: 기저막의 상하 진동이 고막의 반대쪽 유모세포를 움직이게 한다.
⑥ 단계 6: 자극 부위 및 강도에 대한 정보가 와우신경을 거쳐 중추신경계로 전달된다.

2. 공기전도와 골전도 25중

<table>
<tr><th>구분</th><th colspan="2">내용</th></tr>
<tr><td>공기전도</td><td colspan="2">• 공기전도를 통하여 듣게 되는 경우를 기도청력이라고 함
• 외이도를 통하여 들어온 음파가 고막을 진동하고 다시 중이의 증폭기전인 이소골 연쇄를 거쳐 난원창으로 들어가 내이의 림프액에 파동을 일으켜 듣게 되는 경우
• 고막의 진동이 이소골 연쇄를 거치지 않고 중이강의 공기진동으로 정원창에 직접 도달되는 경우</td></tr>
<tr><td rowspan="4">골전도</td><td colspan="2">• 골전도에 의해 소리를 듣게 되는 경우를 골도청력이라고 함
• 음파가 두개골에서 직접 와우로 전해지는 순수골전도
• 두개골에서 이소골을 거쳐 난원창으로 전도되는 골고실전도
• 골전도의 3가지 경로</td></tr>
<tr><td>압축적 골전도</td><td>• 두개골에 주어진 진동은 압축과 신장을 반복하며 이러한 두 위상의 운동은 내이에서도 동일하게 일어나는데, 전정계와 고실계는 림프액 양의 차이에 따라 각기 다른 정도의 변화를 보이게 되어 기저막의 움직임을 유발함. 이때 이러한 경로를 압축적 골전도라 함
• 골전도의 세 가지 경로에서 가장 큰 부분을 차지</td></tr>
<tr><td>관성 골전도</td><td>• 두개골이 진동운동을 할 때 난원창, 고막, 중이 골벽에 약하게 부착된 이소골의 관성에 의해 공기 전도 때와 같이 내이로 전달되는 이소골의 움직임이 발생하게 되는 경우</td></tr>
<tr><td>골고막 골전도</td><td>• 두개골의 진동은 외이도와 이어지고 외이도의 진동은 고막과 이소골을 통하여 내이로 전달되는 경우</td></tr>
</table>

03 청각장애 진단 및 평가

① 소리의 이해

1. 소리와 관련된 개념

매질	• 진동을 다른 곳으로 전달하기 위한 물질을 말한다. 소리의 대부분은 공기를 통해 전달되지만, 철로에 귀를 대고 기차가 오는 소리를 듣는 것처럼 고체를 통해 전달되기도 하고, 싱크로나이즈 선수들이 음악 소리에 맞추어 수중 연기를 할 수 있는 것처럼 액체를 통해 전달되기도 한다.
파동	• 물질의 한 곳에서 발생한 진동이 주위로 퍼져 나가는 현상을 말한다. 즉, 파동은 진동(에너지)을 다른 곳으로 전달하는 것을 말한다.
파원	• 파동이 처음 생긴, 즉 진동을 일으키는 물체나 장소를 말한다. 바이올린과 같은 현악기는 줄이 파원이 되며, 북과 같은 타악기는 북 표면이 파원이 된다.
매질의 진행 방향	• 횡파: 파동의 진행 방향과 매질의 진행 방향이 서로 수직인 경우이다. • 종파: 파동과 매질의 진행 방향이 평행한 경우이다.
파동의 모습	• 평면파: 파면의 모양이 레이저와 같이 평면이나 직선인 파동이다. • 구면파: 파면의 모양이 풍선에 공기를 불어 넣는 형태이다.
압력의 변화	• 압축부: 평형 상태보다 압력이 높아지는 상태이다. • 희박부: 평형 상태보다 압력이 낮아지는 상태이다.
소리의 유형	• 파형의 규칙성에 따라 주기음과 비주기음으로 구분된다. 주기음이란 파형이 주기적으로 반복되는 소리로서 다시 순음과 복합음으로 구분된다. 순음은 소리굽쇠와 같이 규칙적인 단일 음파형을 갖는 경우이며, 복합음은 2개 이상의 주파수와 진폭들이 혼합된 소리를 말한다. 즉, 여러 개의 순음이 합쳐진 소리이다. • 주기음: 순음과 복합음이 해당한다. • 비주기음: 특정한 주기나 규칙성이 없는 소리로서 대표적으로는 소음이 해당한다. 말소리 가운데서는 공기의 기류가 차단되거나 방해되어 나오는 폐쇄음, 마찰음 그리고 파찰음 등이 비주기음에 해당한다.
공명	• 공명이란 특정 진동수(주파수)에서 진폭이 크게 증가하는 현상을 말한다. • 크기나 모양 혹은 재질에 따라 모든 물체는 각각의 고유 진동수를 가지고 있다. 똑같은 나무 재질이라 할지라도 형태에 따라 혹은 크기에 따라 고유 진동수가 다르기 때문에 그 소리가 다르게 들리는 것이다. 어떤 물체가 가지고 있는 고유 진동수와 고유 진동수가 동일한 다른 물체가 만나게 되면 그 물체의 진폭은 커지게 된다. 이러한 진폭 증가현상이 바로 '공명'이다.

키워드 Pick

속도	• 속도란 음원에서 다른 지점으로 이동할 때의 빠르기를 말한다. • 음속은 매질의 종류와 온도 등에 따라 변화한다. 압력이 높을수록, 즉 매질의 밀도가 높을수록 브라운운동(전체적으로는 움직이지 않는 평형 상태라도 물체를 이루는 미소 입자는 그 안에서 서로 충돌하며 불규칙한 운동을 하는 현상을 말한다)이 활발해진다. • 따라서 매질이 고체인 경우가 가장 음의 전달속도가 빠르며, 다음으로 액체 그리고 기체 순이다.
소멸	• 우리가 폐쇄된 공간에서 말을 하게 되면 공기를 매질로 하여 그 소리는 초당 344m의 속도로 전파가 된다. 그리고 벽이나 바닥, 천장과 같은 대상물과 충돌하면서 소리는 다시 반사가 되는데 이 과정을 반복하면서 소리가 소멸된다.

2. 소리의 특성

(1) 물리적 특성

<table>
<tr><td>주파수</td><td colspan="3">• 주파수 1초(sec) 동안에 발생하는 주기의 수이다.
• 헤르츠(Herz, Hz)로 표기한다.
• 음파가 공기라는 매질을 통해 전달될 때 공기입자는 탄성과 관성에 의해서 진동한다.
• 주파수가 높아지면 파장은 짧아지고, 반대로 주파수가 낮아지면 파장은 길어진다. 이때 파장이란 음압이 평형 상태의 처음 값으로 되돌아오는 데 요구되는 거리를 말한다. 주파수와 파장은 서로 반비례한다.
• 인간이 말을 듣고 이해하는 데 사용되는 주파수, 즉 주요회화 음역대는 500~2,000Hz 정도이다. 이때 저음은 에너지가 강하여 멀리 소리를 보낼 수 있다는 특징이 있다. 예를 들면, 저음을 내는 큰북이 작은북보다 더 멀리 소리가 전달되는 것도 그러한 이유에서이다.</td></tr>
<tr><td rowspan="4">진폭</td><td rowspan="4">단위</td><td colspan="2">• 진폭은 소리의 강도 또는 힘을 의미한다.
• 소리의 강도를 나타내는 단위에는 dB SPL(Sound Pressure Level), dB HL(Hearing Level), dB SL(Sensation Level)이 있다. 13중</td></tr>
<tr><td>dB SPL</td><td>• 소리가 발생하지 않은 평형 상태로부터 소리의 발생으로 인하여 변화된 압력의 변동을 말한다. 즉, SPL은 소리를 만들어 내는 물리적인 공기압력을 측정한 값이다.</td></tr>
<tr><td>dB HL</td><td>• 인간이 들을 수 있는 청력의 크기를 표시하는 단위이다.
• 0dB HL은 소리가 존재하지 않는 것이 아니라, 성인이 들을 수 있는 최소가청역치의 평균치를 말한다. 즉, 일반적으로 보았을 때 사람이 들을 수 있는 가장 작은 소리이다.</td></tr>
<tr><td>dB SL</td><td>• 개인의 절대역치를 초과한 만큼의 감각레벨이다.</td></tr>
</table>

- 0dB HL과 dB SPL 단위 사이에는 대략 다음과 같은 값의 차이가 있다. 이 표는 헤드폰을 착용한 상태에서 0dB HL에 준하는 주파수별 음압레벨(SPL)의 값이다. 예를 들면, 250Hz에서 0dB HL에 도달하기 위해서는 26dB SPL이 필요하지만, 1000Hz에서는 7dB SPL이 필요하다고 할 수 있다.

주파수	dB HL	dB SPL
250	0	26
500	0	12
1,000	0	7
2,000	0	9
4,000	0	10
8,000	0	13

- 이 기준치는 측정기기에 따라 조금씩 다르지만, 인간의 귀는 1,000~4,000Hz 사이에서 가장 민감한 반응을 보인다는 것을 알 수 있다. 반면에 500Hz 이하이거나 8,000Hz 이상의 고주파수 음역대에서는 민감도가 떨어진다. 예를 들면, 250Hz에서 20dB HL을 듣기 위해서는 약 46dB SPL이 필요하지만, 1,000Hz에서는 27dB SPL이 필요하다고 할 수 있다. 순음이 아닌 어음의 경우에는 dB HL과 dB SPL 사이의 차이는 대략 +20dB로 본다. 즉, 만약 어음청력검사결과를 dB SPL로 기록하고 dB HL로 환산할 경우에는 −20dB로, 기록된 dB HL 값을 dB SPL로 환산할 경우에는 20dB을 더하는 것이 일반적인 규칙이다.

소리의 합

- 2개의 소리가 합쳐진 경우에 소리의 크기는 어떻게 달라지는가? 예를 들면, 2개의 스피커에서 동일한 60dB 소리가 나올 경우에는 2개의 소리가 합쳐져서 120dB이 되는 것이 아니라 63dB의 소리 크기를 갖는다. 소리의 합은 정밀도를 필요로 하지 않는 경우에는 보정값을 이용하여 dB 값의 합을 구한다.

시간

- 음향학적 단위의 시간은 1개의 사이클을 발생시키는 데 걸리는 시간을 의미한다.

키워드 Pick

복합성		• 주파수와 진폭이 서로 다른 2개 이상의 소리가 만나 겹치면서 복잡한 파형을 이루는 것을 소리의 복합성이라 한다. • 하나의 파형만을 갖는 경우를 순음이라 하며, 여러 개의 주파수와 진폭이 규칙적으로 혼합된 소리를 복합음이라 한다. • 순음과 복합음은 주기음에 해당하며, 대표적으로 소음은 비주기음에 해당한다.
	주기음	• 대표적으로 목소리(모음)나 악기음(타악기 제외)을 들 수 있다.
	비주기음	• 여러 가지 주파수대역의 소리들이 규칙성 없이 분포되어 있는 소리는 비주기음 또는 불규칙음이라 한다. • 대표적으로 사람들이 불쾌하다고 느끼는 소음이 해당한다. • 음향기기나 실내 공간의 특성을 조사하거나 분석할 때 유용하게 사용되는 일종의 소리를 잡음이라고도 한다. • 순음청력검사나 어음청력검사에서 차폐 용도로 사용하는 잡음 – 백색잡음: 모든 주파수대역이나 매우 넓은 대역에서 동일한 세기로 합쳐져 있는 소음을 말한다. 폭포수가 떨어지는 소리 또는 TV 방송시간이 끝나면 화면에서 들리는 소리가 해당하며, 광대역 소음과 특성이 유사하다. – 핑크잡음: 소리의 세기와 주파수가 서로 반비례하는 소음이다. 주파수가 2배로 증가하면 음압레벨은 3dB 감소한다. 예를 들면, 500Hz에서 18dB이라면 1,000Hz에서는 15dB이 된다. 이처럼 주파수가 증가할 때 음압레벨은 일정한 폭으로 감소되는 성격을 갖는다. – 광대역 소음: 거의 모든 영역의 주파수를 포함한 소음을 말한다. – 협대역 소음: 분명한 주파수 특성을 보이기 때문에 특정 주파수 부근에서 소음을 주고자 할 때 유용하다. 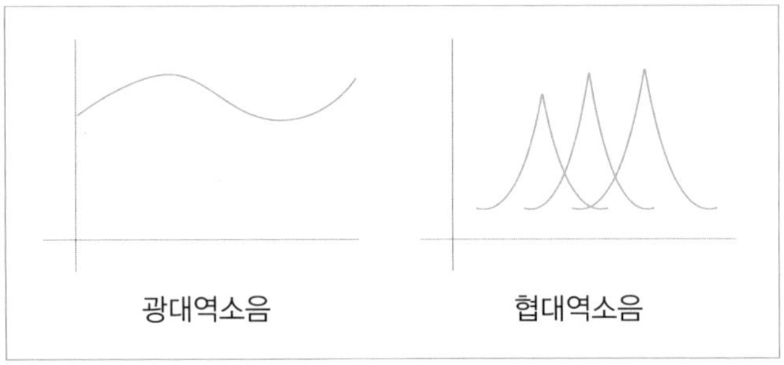 광대역소음 협대역소음

(2) 지각적 특성

물리적 특성	지각적 특성	관계
주파수(Hz)	음고(pitch)	주파수가 높으면 높은 음으로 들리고, 주파수가 낮으면 낮은 음으로 들린다.
음압(dB)	음량(loudness)	음압이 크면 큰 소리로 들리고, 음압이 작으면 작은 소리로 들린다.
복합성(compexity)	음색(tinbre)	파형의 규칙성과 스펙트럼에 따라 소리가 다르게 느껴진다.

3. 소리의 현상

반사	• 소리의 반사는 진행하는 입사각과 반사되는 반사각이 있다. 메아리는 소리의 반사에 의해 생성된다. 소리의 반사는 물체의 크기에 따라서 달라진다.
회절	• 소리는 동심원 구조로 전달된다. 그래서 아파트 내의 테니스장에서 발생하는 공 치는 소리는 1층과 10층에 유사하게 전달된다. 그러나 공 치는 소리가 물체를 만나게 되면 구부러지는 현상이 나타난다. 이를 회절이라고 한다. • 파장이 길면 길수록 회절현상이 잘 나타나지만, 파장이 짧으면 회절현상이 나타나지 않는 경우도 있다. 파장이 짧아서 회절현상이 나타나지 않는 경우를 소리그림자라고 한다.
굴절	• 온도는 소리전달에 영향을 미치는 요인 중의 하나이다. • 낮과 밤에 따라서 나타나는 온도의 차이는 소리그림자를 생성하는 원인이 된다. 즉, 낮에는 소리그림자가 형성되지만, 밤에는 소리그림자가 형성되지 않아서 지면 멀리까지 소리가 잘 전달되는 현상이 나타난다.
간섭	• 소리의 정현파는 사인곡선으로 설명된다. 그래서 +위상과 −위상으로 구성되는데, 2개의 소리가 만날 때, 중첩되는 부분의 + 또는 −위상에 따라서 소리에 변화가 생긴다. 이를 간섭 효과라고 한다. • 2개의 음이 +위상으로 만나면 소리가 강해진다. 반대로 +와 −위상이 만나게 되면 음압이 약해지거나 상쇄되기도 한다.
맥놀이	• 2개의 유사한 주파수가 간섭 효과로 나타날 때, 위상이 합해지거나 약해지는 현상으로 인하여 소리의 크기가 달라지는 현상을 맥놀이라고 한다.

키워드 Pick

② 선별

1. 청각장애 유무를 판단하는 지침

① 자주 귀앓이를 하거나 귀에서 고름이 나오는 등 귀와 관련된 신체적인 문제를 나타낸다.
② 말소리가 명료하지 않거나 조음을 잘하지 못하며, 연령에 맞는 소리를 산출하지 않고 소리를 완전히 생략한다.
③ 특히, 자음의 생략현상이 있다.
④ 좀 더 잘 듣기 위해서 머리를 치켜들거나 화자 쪽으로 머리를 돌리며, 화자와 마주 보는 상황일 경우 더 유의해서 듣는 경우가 많다.
⑤ 다시 말하라고 자주 요구한다.
⑥ 보통의 말소리에 반응을 보이지 않거나 주의를 기울이지 않는다.
⑦ 의사소통 중 직접적인 시도에 반응하지 않는다.
⑧ 언어적 요구를 자주 틀리게 이해한다.

2. 선별 및 진단을 위한 유아청각검사

행동관찰 청각검사	• 행동관찰청각검사(BOA : Behavioral Observation Audiometry)는 신생아부터 대략 4~5개월까지의 영유아를 대상으로 체계적으로 음향자극을 제시하고 이에 대한 반응행동을 관찰하는 방법 • BOA에서 정반응의 판단 기준으로 삼을 수 있는 반응행동으로는 눈꺼풀 반사, 모로반사, 동작반사 등이 있음
시각강화검사	• 시각강화검사는 움직이는 속도의 차이는 있으나 대략 스스로 고개를 돌리는 것이 어느 정도 가능한 6개월의 유아부터 길게는 24개월까지 실시할 수 있는 주관적 유소아청각검사 • 검사방법은 스피커를 통해 소리자극을 제시하고 유아가 반응을 나타내면 시각적으로 강화를 제시하는 것 • 먼저 충분히 들을 수 있는 소리자극을 제시하고 소리가 나는 쪽으로 고개를 돌리는 반응을 보이면 유아가 흥미를 느낄 만한 장난감이나 장면 등을 강화로 제시하여 조건 형성을 함 • 소리에 대한 반응 행동이 조건 형성되면 주파수별로 강도를 조절하여 청력역치를 측정 • 자극음은 대개 주파수변조음이나 협대역잡음이 사용되며 대개 두 귀 중 좋은 쪽의 역치를 측정할 수 있음
조건반응검사	• 음원이 있는 방향에 무엇인가 재미있는 것이 있다는 기대감을 피검 유아에게 부여하여 조건 형성을 실시 • 이후 소리자극만으로 음원의 방향으로 고개를 돌리는지를 판단하여 청력을 측정하는 것을 조건반응검사(COR)라고 함
놀이청력검사	• 놀이청각검사(play audiometry)는 유희청력검사라고도 불리며, 약 2세 이상의 유아나 순음청각검사를 실시하기 전 단계에서 실시되는 검사 • 일반 순음청각검사와 동일한 방법으로 실시하며, 소리자극에 대해 재미있는 놀이로서 반응하도록 하여 아동의 흥미를 이끌어 나가는 과정을 말함

③ 객관적 청력검사 25유

- 청력검사는 청력손실의 유무, 정도, 형태 및 난청의 병변 부위, 질환의 상태, 치료판정 및 청력손실에 따른 재활교육에 대한 정보 등을 제공한다.
- 정확한 청력검사를 위해서는 귀의 구조, 청각생리, 음의 물리적 성질을 정확하게 이해하여야 하며, 보정이 제대로 되어 있는 청력검사기계와 방음된 검사장소 및 잘 훈련된 청각사가 필요하다.
- 청력검사는 아동의 상태, 협조, 검사자의 주관적인 해석이 필요한 주관적인 검사와 아동의 협조에 관계없이 결정되는 객관적인 검사로 구분된다.

Chapter 11

1. 고막운동도 검사(임피던스 검사) 11중

① 외이도의 압력변화에 따른 소리에너지의 반사 정도를 측정하여 중이강이나 이소골의 상태를 간접적으로 파악한다.

② 고막의 긴장 정도 변화에 따른 전도성 변화를 표현하는 고막운동도를 통하여 외이도 용적, 고막의 최대 탄성과 정적 탄성, 중이 내부 압력 등을 파악하는 검사를 고막검사 혹은 임피던스 검사라고 한다.

③ 고막검사결과를 통해 중이강의 상태와 이소골의 기능 상태 등을 파악할 수 있을 것이다.

④ 외이도 입구에서 음향자극을 준 후 고막에서 반사되어 돌아오는 에너지를 분석한다.

⑤ 검사 원리는 다음과 같다. 고막은 외이도와 고실 사이에 위치한 원뿔 모양의 얇은 막으로서 중이를 외부로부터 보호하는 동시에 고막에 전달된 음파의 진동을 이소골로 전달해 주는 역할을 한다. 외부로부터 들어오는 소리에너지는 고막이라 하는 고체 매질을 만남으로써 일부는 흡수되고 일부는 반사가 된다. 이때 흡수되는 에너지를 수용(admittance), 반사되는 에너지를 저항(impedance)이라고 한다.

⑥ 만나는 매질의 밀도가 높으면 높을수록 반사되는 에너지의 양은 커지게 된다. 매질이 공기에서 액체나 고체로 바뀔 경우 더 높은 저항을 받게 되는 것도 그러한 이유에서이다. 음향자극에 대한 고막의 탄성변화 정도는 고막과 중이강의 상태를 보여 준다는 점에서 고막운동성 검사는 중이질환 유무에 매우 유용한 진단기준이 된다.

기출 LINE

11중) 피검자의 고막을 향해 소리를 들려준 후 반사되어 나오는 소리의 양을 미세마이크로 잡아 전기적 반응을 측정한다.

키워드 Pick

맥 Plus

임피던스 청력검사(immittance auditometry) 11중

외이도를 통하여 전달된 음향에너지가 내이로 전달되는 과정에서 중이 내의 음향에너지를 받아들이는 정도와 반사되는 정도를 측정하는 검사이다. 외이도에 프로브(probe)를 착용하여 임피던스 검사기에서 산출되는 음을 고막에 전달하여 고막 안 이소골로 전달되는 음과 고막에서 반사되어 나오는 음을 측정한다. 따라서 음압의 정도를 통해 중이강의 음압기능을 파악할 수 있다. 만약 중이에 병변이나 문제가 생긴다면 압력의 변화가 달라질 것이다. 고막 내의 부피, 중이 내의 압력 등을 측정하여 외이도와 중이의 건강 상태뿐만 아니라 이관 상태를 측정할 수 있다.

— 「특수교육학 용어사전」

2. 등골근반사 검사 · 등골근반사소실 검사

① 다양한 주파수들의 음이 고막을 통해 전달되는 등골근의 움직임으로 내이기능이나 청신경의 상태를 파악할 수 있다. 이것을 등골근반사라 한다.

② 내이나 청신경 상태를 알 수 있기 때문에 미로성(내이성) 청각장애와 후미로성(신경성) 청각장애의 유형을 판별하는 데 사용된다.

③ 등골근반사는 중이의 중요한 기능 중 하나이다. 강한 음자극이 외부에서 입력되면 등골근이 수축되고 이로 인해 이소골 연쇄가 경직되어 저항이 증가되는 현상을 보인다.

④ 등골근은 등골에 부착되어 제7번 안면신경의 영향을 받는 근육으로서, 강한 소리가 들어오면 내이를 보호하기 위해 수축을 하게 된다.

⑤ 등골근반사역치(음향반사역치, ART: Acoustic Reflex Threshold)는 어느 정도의 큰 소리가 제시되었을 때 등골근이 수축되는지를 알아보는 반응 값이다.

⑥ 일반적으로는 70~100dB SPL 순음에서 등골근이 반사적으로 수축되며, 이러한 반사가 탐지되는 가장 작은 소리 수준이 역치 값이 된다.

3. 이음향방사 검사

(1) 의미

① 청각수용기관인 와우는 소리를 받아들이는 기능뿐만 아니라 소리를 발생시키는 기능도 있다. 와우의 외유모세포에서 발생하여 중이를 거쳐 외이도로 전달되는데, 이것을 측정하는 것이 이음향방사이다.

② 이음향방사는 듣는 과정에서 필수적인 요소는 아니지만 정상적인 청각수용과정이 이루어지고 있다는 것을 의미한다. 따라서 반응이 있으면 정상인 경우가 대부분이다.

③ 이음향방사는 자발적 또는 음향자극에 대한 반응으로 와우에서 방사되는 낮은 강도의 음향에너지를 외이도에서 마이크로폰으로 측정하는 검사이다.

④ 즉, 이음향방사는 내이에서 발생한 소리가 다시 외이도로 방사되는 소리를 측정하는 검사이다. 그러나 그 진동의 진폭은 일반 청력검사로는 측정할 수 없을 만큼 경미하기 때문에, 이음향방사는 주위 소음이 없는 방음된 장소에서 특수이음향방사 분석기를 통해 실시해야만 한다.

⑤ 만약 이음향방사가 관찰되지 않는다면 와우의 이상을 예측할 수 있다.

⑥ 측정이 빠르고 객관적이기 때문에 그 유용성이 크지만 ABR과 달리 청력손실을 정량적으로 평가해 줄 수 없다는 단점을 안고 있다.

(2) 이음향방사 검사의 종류

자발이음향방사 (SOAE)	• 외부자극음이 없는 상황에서, 와우에서 생성된 후 외이도로 방사되어 감지되는 소리 • 음자극이 없는 상태에서 외이도에서 측정할 수 있는 자발적인 음향검사로, 외이도에 위치해 있는 마이크로폰으로 측정 • 다른 이음향방사보다도 특히 조용한 방에서 측정하여야 함 • 약 13~60%의 정상청력인에게서 발현되며, 정상청력소아에게서는 약 40% 정도 발현 • 자발이음향방사가 발현되지 않는다는 것은 임상적 의미는 없지만, 발현된다는 것은 최소한 청력역치가 20dB HL 이내에 있고 이음향방사가 발현되는 주파수 근처에서는 와우가 정상적으로 작용하고 있다는 것을 의미 • 외부음자극이 없는 상태에서 이루어지기 때문에 소음이 철저히 차단된 공간에서 검사가 이루어져야 함 • 정상청력을 가진 사람들의 경우 13~60% 정도에서만 관찰되기 때문에, 임상적으로 해석하는 데 어려움이 있음 • 개인차가 심하다는 단점을 가지고 있으나 최소한 이음향방사가 관찰된 경우에는 정상청력이라는 단서를 제공해줄 수 있음
유발이음향방사 (EOAE) 22중	• 귀에 가해진 음자극에 대하여 발생되는 이음향방사 • 유발이음향방사의 종류에는 일과성 음유발 이음향방사 검사와 변조이음향방사 검사가 있다.

(3) 장단점

장점	• 주관적 청력검사로 평가가 어려운 소아(3세 이하), 이독성 약제를 투여받고 있는 중환자, 외국인, 복수장애자, 정신이 혼미한 노인, 꾀병을 부리는 사람 등의 검사에 적절히 사용 가능 • 검사가 비침습적이고, 사용이 간편하고, 결과가 비교적 빠르게 나오며, 비교적 저렴함 • 외유모세포에 대한 특이적인 검사라는 점 • 외유모세포의 문제에 의해 발현되는 모든 청력장애에 민감하게 반응한다는 점
단점	• 피검사자의 내부소음(거친 숨소리 등)에 의한 영향을 많이 받음 • 역치의 개념이 확실하지 않아 청력의 정확한 평가가 어려움 • 피검사자 간의 검사결과에 차이가 많음

키워드 Pick

(4) 임상적 적용

① **신생아 청각선별검사**: 감수성과 특이성이 높고, 객관적 기준의 적용이 가능하며 비침습적이면서 검사 비용이 합당하여야 한다.

② **이독성의 모니터링**: 아미노글릭코시드 항생제, 시스플라틴 항암제 등의 이독성 약물에 의한 내이의 손상을 조기진단하는 데 유용하게 사용된다.

③ **수술 중의 청력손실 추적**: 유발이음향방사는 청신경종양 수술을 전후로 청력보전 가능성을 미리 평가하는 데 사용할 수 있다.

기출 LINE

12중) 뇌간유발반응검사(ABR)는 청성 초기 반응을 측정하는 객관적 검사이다.

기출의 맥

ABR은 객관적 청력검사 중 가장 많이 사용되는 검사입니다. 명칭이 다양하지만, ABR은 모두 검사명에 '뇌간'을 포함합니다.

4. 청성뇌간반응 검사(뇌간반응유발 검사, ABR) 19초, 11 · 12 · 16중

(1) 의미

① 뇌간유발반응검사는 청성유발반응검사 중 하나이다.

② 청성유발반응검사란 소리자극에 의해 와우, 청신경 그리고 중추청각 전달로로 전파되는 일련의 전기적 신호를 기록하는 검사를 말한다. 25유

③ 청성유발반응은 잠복기, 즉 소리자극을 준 후 전기적 신호가 발생할 때까지 소요된 시간에 따라 초기반응, 중기반응, 후기반응으로 분류한다.

④ 초기반응검사의 하나인 ABR은 마취나 수면 등의 영향을 받지 않아서 중간반응이나 후기반응에 비하여 유용하게 사용된다.

⑤ 뇌간유발반응검사는 청신경에서 뇌간의 일부에 이르는 청각 전달로에서 발생하는 전기적 신호를 기록한 것이다.

뇌간 (brainstem)	뇌간은 말초신경계에서 중추신경로로 향하는 중요 경로로서, 청각신호는 와우에서 측두골을 거쳐 뇌간으로 들어간다.
유발반응	어떤 자극에 의한 반응을 의미한다.
유발전위	유발반응과 유사하게 사용되며 각종 감각자극에 의해 일정한 잠복기 후에 일어나는 신경조직의 전기적 반응을 말한다.

⑥ 청성뇌간반응은 음자극 후 1~10m/sec에 나타나는 5~7개의 파를 기록한 것으로 파형은 차례대로 Ⅰ, Ⅱ, Ⅲ, Ⅳ, Ⅴ 등으로 명명한다. 이들 파형은 청신경과 뇌간의 여러 부위에서 발생한다.

⑦ **청성뇌간 각 파의 발생 위치**

청성뇌간반응 Ⅰ	청신경 말단부(Distal eighth nerve)
청성뇌간반응 Ⅱ	청신경 근위부(Proximal eighth nerve)
청성뇌간반응 Ⅲ	와우핵(Cochlear nucleus)
청성뇌간반응 Ⅳ	상올리브핵(Superior olivary complex)
청성뇌간반응 Ⅴ	외측 융대(Lateral lemniscus)

⑧ **정상 파형과 분석방법**: 각 파의 잠복시간(m/sec)과 진폭(μV), 그리고 Ⅰ-Ⅲ, Ⅲ-Ⅴ, Ⅰ-Ⅴ파 간 잠복시간(IPL) 등을 구하여 진단에 적용하는데, 정상치는 검사 조건, 장비, 피검사자 등에 의해 달라질 수 있으므로 검사실마다 독자적인 정상치를 구해야 한다.

⑨ **파형에 영향을 미치는 요인**: 연령, 성별, 체온, 긴장 및 각성 상태, 약물, 청력

(2) 목적 및 특징

① 출생 직후부터 6개월 이내에 할 수 있는 검사법들 중 가장 진보된 검사이다.

② 기도 및 골도 청성뇌간반응을 함께 측정함으로써 전음성 및 감각신경성 청력손실의 유형 감별에 도움이 될 수 있다.

③ 신생아의 청력손실 유무 판정에도 효과적으로 이용될 수 있다.

Chapter 11

④ **문제점**: 골도자극음의 효과적 강도의 범위가 좁고, 골도 청성뇌간반응 시 반드시 반대 쪽 귀의 차폐를 하여야 하는데, 이는 기도차폐보다 복잡하고 어렵다.

⑤ 여러 청성유발전위 중에서도 가장 안정적으로 발현되고, 검사과정이 비침습적이며, 마취나 신경안정제 등에 영향을 덜 받는 등 여러 가지 장점이 있어서 임상에서 널리 이용되는 객관적 청력검사법이다.

(3) 임상적 적용

① **청각평가**: 청성뇌간반응은 V파의 역치(V파를 관찰할 수 있는 최소자극 강도)를 통해 청력역치를 평가할 수 있어 유·소아, 협조가 곤란한 피검사 및 위난청자의 청력검사에 임상적으로 널리 이용되고 있으며, 난청의 유형 감별에도 도움이 된다.

② **골전도 청성뇌간반응**: 선천성 외이도 폐쇄증 환자나 공기전도 청성유발전위에 반응이 없는 경우 골전도 청성뇌간반응검사를 시행함으로써 남아있는 청력의 정도나 공기전도에 의한 난청의 정도를 추측할 수 있다.

③ **신생아 청각선별검사**: 청각장애가 있는 유·소아에게 재활 및 특수교육을 조기에 실시하여 사회생활에 대비하도록 하기 위해서는 난청의 조기 발견이 무엇보다 중요하다. 청성뇌간반응검사는 신생아에게 쉽게 시행할 수 있는 객관적인 검사로, 신생아 청각선별검사에 널리 이용되고 있다.

Plus

청성뇌간반응 검사

소리자극을 들려주고 이에 대한 청각계로부터의 전기반응을 두피에 위치한 전극을 통하여 기록하는 검사이다. 청성뇌간반응은 소리자극 후 10m/sec 이내에 청신경과 뇌간에서 나타나는 반응으로 마취와 수면의 영향을 받지 않고 측정이 가능하다. 자극음은 클릭(click), 톤핍(tone pip) 등이 사용되는데, 이 중에서 클릭음은 주파수 특성이 없으나 생성시간과 지속시간이 짧고 청신경원을 동시에 흥분시킬 수 있어 임상적으로 널리 사용된다. 톤핍은 주파수 특이성 검사, 특히 저음역난청이 있는 경우 사용된다. 청성뇌간 반응검사의 임상적 이용은 ① 신생아 청각선별검사, ② 유소아 청력역치와 객관적 역치측정, ③ 청신경 종양의 진단, ④ 수술 중 청신경 감시 등에 쓰인다. V파의 반응역치를 청성뇌간 반응검사(ABR: Auditory Brainstem Response)의 역치라고 하며, 성인의 경우 순음청력역치보다 5~10dB, 소아는 10~20dB 정도 높게 나타난다.

— 「특수교육학 용어사전」

키워드 Pick

5. 전기와우도 검사

① 고막을 통하여 전극을 갑각(promontory)에 부착시켜 음자극에 따른 전기적 반응을 기록하는 검사이다.

② 청력손실의 정도, 와우의 이상 유무 등을 관찰할 수 있다.

③ 신뢰도가 높고 역치의 측정이 용이하지만, 침습적인 방법이라는 단점이 있어 청력역치평가에는 사용하지 않는다.

6. 청성지속반응검사

① 주파수별 청력역치를 알 수 있고, 수면에 영향을 받지 않으며 자동화 역치 측정방식으로 비숙련자도 검사하기가 용이하다.
② 영・유아의 객관적인 청력검사도구로 각광받고 있다.
③ 청성지속반응역치는 순음청력역치와 상관관계가 높은 편이다.

7. 청각피로검사

① 청각피로(소실, tone decay)란 순음을 계속해서 들려주면 어느 순간 음량이 감소되거나 음이 사라지는 현상으로서, 그 자체는 정상이다.
② 즉, 소리자극이 처음 들어오면 청각기관은 반응을 하지만 그 소리가 지속되면 신경반응의 감소로 자극음이 존재함에도 못 듣게 되는 것이다.
③ 검사방법의 대략적인 절차는 다음과 같다.
   ㉠ 개인의 역치에 해당하는 순음(0dB HL)을 60초 동안 제시한다.
   ㉡ 60초가 되기 전에 음이 들리지 않는다고 신호를 주면, 5dB을 올린 후 다시 60초 동안 제시한다.
   ㉢ 0초 동안 자극음을 들을 수 있을 때까지 절차를 반복한다.
④ 예를 들면, 역치가 40dB HL인 사람에게 40dB 소리를 들려주고 1분을 듣는지 확인한다. 만약 60초 동안 소리를 들었다면 그의 청각피로는 0dB이 된다. 1분을 다 듣지 못하고 소리가 끊겼다고 반응을 하면 45dB, 50dB 등으로 5dB씩 소리를 키워 주면서 1분을 지속적으로 듣는 강도를 찾는다. 정상청력이나 전음성 난청에서는 0dB SL 또는 매우 적은 범위 내에서 피로현상이 나타난다. 그러나 감음성 난청의 경우에는 약 30dB SL까지의 청각피로를 보일 수 있다. 이는 40dB HL인 사람이 70dB 소리를 들려주었을 때에야 비로소 1분을 지속적으로 듣는다는 것을 의미한다. 그러나 후미로성 난청의 경우에는 30dB SL로 소리를 높여 주어도 1분을 듣지 못하는 경우가 많다.
⑤ 청각피로현상은 등골근반사피로검사를 통해서도 관찰할 수 있다.

맥 Plus

추적 청력검사

① 신생아 청각선별검사에서 정상으로 판정받은 경우에도 출생 후 난청이 발생할 수 있다.
② 언어발달에 중요한 시기인 3세가 될 때까지 6개월마다 정기적으로 청력검사를 받는 것이 바람직하며 3세 이후에는 적절한 기간마다 청력검사를 시행하는데, 특히 난청의 고위험군에 속하는 경우는 지속적인 청력검사가 필요하다.
③ 신생아 청각선별검사에서 의뢰나 난청으로 판정된 경우에는 포괄적인 청력검사를 받아야 한다.
④ **소아의 청력평가**: 과거력, 현재의 증상, 고막 소견, 고막의 운동성 검사, 음향반사검사, 행동청력검사 등을 시행하여 평가한다.
⑤ **행동청력검사(BAA)**: 방음이 된 방에서 시행하며, 스피커, 이어폰, 헤드폰으로 소리자극을 준다. 이렇게 하면 기도청력과 골도청력을 측정할 수 있고, 각각의 귀의 청력을 측정할 수 있는데, 여기에는 행동관찰청력검사(BOA), 시각강화청력검사(VRA), 유희청력검사(CPA) 등이 있다.

④ 음차검사

1. 의미

① 음차검사는 128Hz, 256Hz, 512Hz, 1024Hz, 2048Hz의 소리굽쇠(음차)를 이용하여 난청 유무와 난청 유형을 간단히 알 수 있는 선별검사이다.
② 소리굽쇠의 길이에 따라 주파수가 다르며, 고주파수일수록 길이가 짧다.
③ 음차검사는 특별한 장소에 구애받지 않으며, 소리굽쇠만 있으면 언제든지 검사할 수 있기 때문에 손쉽게 활용된다. 반면에 정확한 청각장애 유형을 판별할 수 없으며, 역치 값을 구할 수 없다는 점에서 진단검사로는 부적합하다.

2. 종류

린네검사	• 린네검사(Rinne Test)는 좌/우 양측 귀를 따로 검사하며, 전음성 난청 유무를 알 수 있다. • 검사의 첫 번째 방법은 음차의 경우 골도전도보다 기도전도에서 더 오랫동안 소리를 듣는다는 청각 메커니즘에 기초한다. 두 번째 방법은 린네검사의 약식검사로서, 유양돌기에서보다 외이도에서 더 소리를 크게 듣는다는 메커니즘에 기초한다.
웨버검사	• 웨버검사(Weber Test)는 편측성 난청자에게 유용하게 사용되는 검사로서 웨버검사는 단독으로 청력손실 유무를 해석하기는 어렵기 때문에 린네검사와 함께 실시해야 한다. • 웨버검사는 편측 난청이 전음성인지 감각신경성인지를 결정짓는 데 도움이 되는 검사이다.
슈바바검사	• 슈바바검사(Schwabach Test)는 골도전도의 청각민감도를 상대적 기준으로 예측하는 검사이다. • 골도전도를 통한 음을 피검자는 듣지 못하고 검사자가 더 오래 듣는다면 피검자는 감각신경성 난청이 있는 것으로 해석한다.
빙검사	• 빙검사(Bing Test)는 폐쇄 효과가 나타나는지의 여부를 알기 위한 것이다. • 폐쇄 효과란 귀를 막았을 때 저주파수대역의 소리가 더 잘 들리는 현상을 말한다. 양쪽 귀의 외이도 입구를 손가락으로 완전히 막은 후에 말을 했을 때 소리가 더 울리는 것도 폐쇄 효과 때문이다. 이러한 현상은 외이도로 들어간 소리가 입구를 막음으로써 귀 밖으로 빠져나가지 못하고 반사되어 다시 고막으로 돌아가기 때문에 생겨나며 정상적인 경우에는 폐쇄 효과가 나타난다. • 그러나 전음성 난청의 경우에는 폐쇄 효과가 발생하지 않기 때문에 빙검사를 통해 전음성 난청 유무를 알 수 있다.

키워드 Pick

05 순음청력검사

1. 순음청력검사의 이해

(1) 의미와 특징 17 · 20중

기출 LINE

12중) 순음청력검사는 주파수별로 순음을 들려주어 청력 수준을 측정하는 주관적 검사로, 기도와 골도 검사 결과를 통해 청력손실 정도와 청각장애의 유형을 알 수 있다.

17중) 순음청력검사는 소리 자극을 들려주고, 들을 수 있는 가장 작은 소리의 강도를 다양한 주파수에서 알아보는 검사입니다. 구체적으로는 125~8,000Hz 정도의 주파수 대역에서 순음을 측정하고, 기도청력검사와 골도청력검사로 구성됩니다.

기출의 맥

순음청력검사와 관련된 내용은 모두 중요한데, 모든 내용을 정리하기에 앞서, 순음청력검사의 '기본의미'부터 정확하게 이해하고 알아 두세요. 순음청력검사는 '주파수대역별'로 '청력역치'를 구하기 위한 검사입니다.

① 순음청력검사는 각 주파수별로 음의 강도를 조절하여 역치를 구하는 가장 기본적인 청력검사이다.

② 순음청력검사는 말소리와 매우 밀접하게 관계가 있으며, 말소리에 내포된 여러 주파수들을 순음으로 감지하여 평가하는 검사이다. 즉, 순음청력검사는 인간이 들을 수 있는 가청 주파수대역에서 말소리와 연계된 주파수대역의 청력을 단순한 음파(순음)로 측정하는 검사이다.

③ 순음청력검사는 음차에서 발생되는 것과 같은 순음을 전기적으로 발생시켜서 그것을 자극음으로 들려주고 각 주파수에 따라 음을 조절하여 가청역치 값을 찾는 검사이다.

④ 여기서 순음이란 하나의 주파수로 이루어진 음을 말한다. 말소리와 같은 모든 자연음은 여러 주파수 성분이 모여 있는 복합음이기 때문에 주파수별 가청역치 값을 구할 수 없다.

⑤ 피검자의 반응이 있어야만 가능하기 때문에 연령과 최소한의 인지기능을 전제로 한다.

⑥ 순음청력검사에서 측정하는 주파수대역은 250Hz에서 8,000Hz로, 각 주파수 순음자극에 대한 소리지각 정도를 측정하여 표시한다. 이것을 청력도(audiogram)라고 한다.

⑦ 청력도는 각 주파수에서 들을 수 있는 소리 강도를 한눈에 볼 수 있도록 그래프로 만들어진 것이며, 청력반응 정도를 기호로 표시한다.

⑧ 소리를 지각하는 크기 정도는 dB HL 단위로 나타낸다.

기도검사	• 소리를 전달하는 경로를 살펴보면 소리는 외이를 통해 고막을 지나 이소골, 달팽이관, 청신경을 거쳐 중추신경계로 전달된다. • 이렇듯 소리가 공기를 통해 전달되는 청각경로를 기도전도라고 한다. • 이 기도전도 과정을 청력검사한 것을 기도검사 혹은 기도청력검사라고 한다.
골도검사	• 기도전도에서는 공기를 통한 소리 전달이라면 골도전도는 소리를 두개골의 울림으로 소리를 전달하는 청각경로이다. • 즉, 골도전도는 귓바퀴 뒤쪽에 있는 유양돌기에 진동자를 부착시켜 진동자의 울림이 두개골의 뼈를 통해 소리를 전달하는데, 이 자극은 유양돌기 안쪽의 골도를 통해 내이로 바로 전달하게 된다. • 이러한 골도전도 과정으로 청력검사하는 것을 골도검사 혹은 골도청력검사라고 한다.

⑨ 검사는 기도검사와 골도검사로 구분된다.

⑩ 기도검사와 골도검사에 대해 이해하고 있어야 할 사항

㉠ 기도검사와 달리 골도검사는 소리전달경로가 외이와 중이를 거치지 않고 바로 내이로 전달하여 소리지각 정도를 평가하는 것이다.

ⓛ 외이와 중이기관에 손상이 있다면 기도검사에서는 청력이 떨어지는 데 반해, 골도검사에서는 문제를 찾을 수 없다. 이것은 청각장애 부위에 따라 다시 살펴보면, 외이와 중이기관의 손상이 있는 경우 전음성 청각장애로, 내이기관의 손상이 있는 청각장애는 감음신경성 청각장애로 진단되며, 두 개의 청각장애가 결합이 될 경우 혼합성 청각장애라고 진단 내려진다.

ⓒ 기도청력검사와 골도청력검사의 차이를 살펴보면, 외이와 중이를 검사하느냐 하지 않느냐는 것을 볼 수 있다. 따라서 골도청력검사는 전음성 청각장애와 감음신경성 청각장애를 구분할 수 있는 청력검사방법이라 할 수 있을 것이다.

기도전도와 골도전도를 통한 청력검사경로

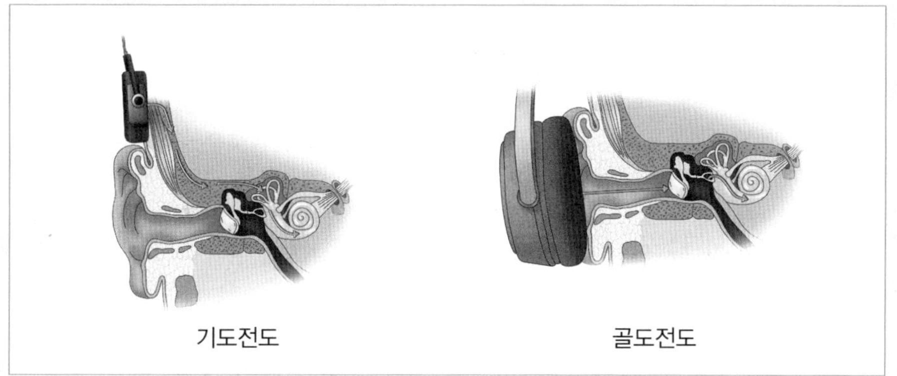

기도전도　　골도전도

(2) 검사목적 12 · 17 · 18 · 20중

① **청력손실의 유무**: 순음청력검사결과를 통해 청력손실의 유무를 알 수 있다. 일반적으로 청력역치가 20~25dB HL일 때는 정상범위로 간주하는데, 그 이유는 의사소통을 하는 데 큰 영향을 받지 않기 때문이다.

② **편측성과 양측성**: 순음청력검사는 원칙적으로 좌우 귀를 따로 검사하기 때문에 양측 귀의 청력을 알 수 있다.

③ **청력손실의 정도**: 순음청력검사가 가지고 있는 가장 큰 장점은 평균순음역치(PTA : Pure Tone Average)를 통해 청력손실 정도(degree)를 정확하게 알 수 있다는 것이다.

④ 평균순음역치는 3분법, 4분법, 또는 6분법으로 산출한다.

⑤ **청력손실의 종류 및 병변 부위**: 순음청력검사는 난청의 유형을 알 수 있다. 기도검사와 골도검사결과를 통해 피검자가 전음성 난청인지, 감음신경성인지 혹은 혼합성 난청인지를 판별할 수 있다.

⑥ **청력형**: 동일한 평균청력역치를 가지고 있다고 하더라도 어떤 주파수대에서 어느 정도의 손실을 갖느냐는 개인의 청력 특성을 결정하는 중요한 요소이다. 특히 청력형은 보청기를 제작하는 데 매우 중요한 단서를 제공해 준다.

⑦ **청능재활 정도**: 청력검사결과를 바탕으로 수준에 맞는 보청기를 선택할 수 있으며, 착용 후 의사소통의 예후를 알려 준다.

키워드 Pick

(3) 순음청력검사기의 구성 및 종류

① 구성

㉠ 전원스위치
㉡ 주파수조절기
㉢ 강도 조절기
㉣ 출력선택기
㉤ 이어폰과 골도 진동자
㉥ 소음발생기

② 종류

기도와 골도 청력검사기	• 가장 일반적으로 사용 • 스위치에 의해서 쉽게 순음을 선택 • 동일 주파수로 기도와 골도검사를 할 수 있도록 되어 있음 • 골도검사를 할 수 있는 최대 검사음은 기도검사보다 훨씬 낮음 • 골도검사수화기는 진동자로 되어 있어 진동에 의한 에너지가 소모되어 음을 전달하기 위해 더 많은 전기적 에너지를 필요로 함 • 골도전도진동자를 최대의 강도로 하면 왜곡이 일어날 수 있으며 저음역에서 이러한 경향이 뚜렷하게 나타남
자동식 청력검사기	• 피검자의 청력역치를 피검자가 음에 대해 반응하는 동안 자동적으로 기록 • 피검자는 자동청력검사 동안 음이 들릴 때마다 스위치를 누름 • 피검자가 들린다는 반응으로 스위치를 누를 때까지 음은 자동적으로 증가 • 스위치를 뗄 때까지 음의 강도는 자동적으로 감소
컴퓨터 청력검사기	• 검사자 간의 오차와 검사자 내의 오차를 최소화할 수 있는 검사 • 순음검사의 기도/골도자극과 인식, 차폐의 필요성, 적당한 차폐 수준, 역치결정, 획득된 역치 값을 검사결과 청력도로 표현 등 모든 양상을 관리하고 통제

(4) 검사환경

① 순음청력검사는 반드시 소음이 차단된 공간에서 실시해야 한다. 청력측정용 부스에서 실시하지 못할 경우에는 실내의 배경소음을 사전에 음압측정기로 확인하는 것이 좋다.

② 검사 실시 전에는 피검자에게 검사 진행에 대해 충분히 설명해 주어야 한다. 특히 순음청력검사는 가장 작은 소리에 대한 반응을 요구하기 때문에 환자에게 그에 대한 설명을 해 주는 것이 필요하다.

③ 청력검사는 검사자와 피검자의 위치가 매우 중요하다. 피검자와 검사자가 서로 마주 보고 앉을 경우에는 검사자가 피검자의 반응을 정확하게 관찰할 수 있다는 장점이 있으나, 신호음 제시 버튼을 피검자가 인지하여 앞서 반응하는 등의 위험이 있다. 반면, 피검자가 등을 돌리고 검사할 경우에는 의도치 않은 단서를 차단할 수 있다는 장점이 있는 반면에, 검사자가 피검자의 미세한 행동단서를 놓치는 일이 발생할 수 있다. 따라서 피검자가 45도 각도로 앉을 경우에는 검사자가 피검자의 행동을 볼 수 있고, 피검자는 검사자의 행동을 볼 수 없다는 장점이 있어서 임상에서 많이 사용되고 있다.

2. 청력역치의 의미

<table>
<tr><td>청력역치</td><td>• 청력역치(threshold)란 피검자가 들을 수 있는 가장 작은 강도의 소리를 말한다.
• 여기서 '들을 수 있는' 수준이란 3번 검사음을 주었을 때 2번 반응하는 것으로 한다. 즉, 50% 이상 반응할 수 있는 소리가 역치가 된다.
• 만약 청력역치가 40dB HL인 사람은 40dB보다 작은 소리를 듣지 못하며, 역치가 높다는 것은 그만큼 청력손실이 크다는 것을 의미한다.</td></tr>
<tr><td>단위</td><td>• 순음청력검사로 산출된 청력역치의 단위는 HL이다. 0dB HL이란 소리가 없다는 것이 아니라 20~30대 건청인의 기준에서 들을 수 있는 가장 작은 소리 강도를 말한다.
• 청력검사결과 역치가 0dB HL이라는 것은 건청인의 귀가 반응하는 가장 작은 소리를 들을 수 있다는 것을 의미한다.
• −10dB을 듣고 소리가 있다고 반응하는 것은 평균적인 사람들보다도 훨씬 소리를 잘 듣는다는 것을 의미한다.</td></tr>
<tr><td>쾌적역치</td><td>• 쾌적역치(MCL : Most Comfortable Level)는 검사음을 제시하였을 때 피검자가 가장 편안하게 잘 들을 수 있는 강도이다.</td></tr>
<tr><td>불쾌역치
13유, 13초</td><td>• 불쾌역치(UCL : UnComfortable Loudness Level)는 음을 점점 더 크게 들려주었을 때 불쾌감을 느끼게 되는 소리의 크기이다.</td></tr>
<tr><td>역동범위</td><td>• 최소가청역치에서 불쾌역치 사이의 범위를 역동 범위(Dynamic Range : DR)라고 한다.
• 일반적으로 건청인의 경우 역동 범위가 굉장히 넓다. 그러나 감각신경성 난청일 경우 역동 범위가 건청인에 비해 상대적으로 좁다.</td></tr>
<tr><td>음의 보충현상</td><td>• 감각신경성 난청일 경우 불쾌역치에 쉽게 도달하게 되는데 이것을 보충현상(recruitment)이라고 한다.</td></tr>
<tr><td>가청역치 결정 예시</td><td>
<table>
<tr><th>자극음(dB)</th><th>반응</th><th>결과</th></tr>
<tr><td>30</td><td>×</td><td>20dB 상승</td></tr>
<tr><td>50</td><td>○</td><td>10dB 하강</td></tr>
<tr><td>40</td><td>○</td><td>10dB 하강</td></tr>
<tr><td>30</td><td>○</td><td>10dB 하강</td></tr>
<tr><td>20</td><td>×</td><td>5dB 상승</td></tr>
<tr><td>25</td><td>×</td><td>5dB 상승</td></tr>
<tr><td>30</td><td>○</td><td>최소가청역치</td></tr>
</table>
</td></tr>
</table>

키워드 Pick

3. 기도검사방법

(1) 자극음 제시방법

① 자극음은 1~2초 정도가 가장 적당하다. 자극음이 너무 짧을 경우에는 우리 뇌가 소리 정보를 충분히 받아들일 수 없으며, 너무 길 경우에는 역치가 실제보다 좋게 나타날 수 있기 때문이다.

② 자극음 간의 간격(interval)은 최소한 자극음보다는 길게 주어야 하며, 불규칙적으로 제시하여야 한다. 그래야만 오반응을 방지할 수 있다.

오반응: 거짓양성반응과 거짓음성반응이 있는데, 거짓양성반응은 안 들리는데 들린다고 반응하는 것을 말하고, 거짓음성반응은 소리가 들림에도 불구하고 들리지 않는다고 반응하는 것을 의미한다.

(2) 검사귀 선정

① 일반적으로 순음청각검사는 좋은 쪽 귀부터 실시하며 양쪽 귀의 역치 차이가 없으면 오른쪽부터 실시한다.

② 검사 시에는 좋은 쪽 귀를 먼저 하는 것이 좋은데, 그 이유는 좋은 쪽 귀를 먼저 실시할 경우 피검자가 소리에 대한 느낌을 알 수 있기 때문이다. 어느 쪽 귀가 좋은지 알 수 없을 때에는 오른쪽 귀부터 실시하는 것이 일반적이다.

(3) 검사순서 및 방법(주파수 조절방법) 13 · 14초

① 역치는 모든 주파수에서 동일한 절차를 거쳐 찾아야 한다. 순음청력검사방법은 말소리와 연계된 주파수대역을 중심으로 실시하는데, 순음인 250Hz, 500Hz, 1,000Hz, 2,000Hz, 4,000Hz, 8,000Hz와 같은 여러 주파수대역에서 청력반응 정도를 검사한다.

② 주파수는 1,000Hz에서부터 시작한다. 1,000Hz는 대부분의 피검자들이 가장 쉽게 듣는 것으로 파악되기 때문이다.

③ 주파수대역별 검사 순서

㉠ 자극음을 1,000Hz에서부터 시작하여 고주파수대역 8,000Hz까지 측정하였다가 다시 1,000Hz에서 저주파수대역 250Hz로 내려간다(1,000Hz – 2,000Hz – 4,000Hz – 8,000Hz – 1,000Hz – 500Hz – 250Hz).

㉡ 고도난청이 이미 확실한 경우에는 1,000Hz에서 시작하여 저주파수대역을 먼저 검사해도 된다.

㉢ 1,000Hz는 두 번 측정하여 역치 차이가 10dB 이상인 경우 모든 주파수에 대해 재검사를 해야 하며, 10dB 이내인 경우 좋은 쪽을 역치로 결정한다.

④ 1,000Hz를 두 번 검사하는 이유 14초

㉠ 1,000Hz를 두 번 검사하는 이유는 검사의 신뢰도를 점검하기 위해서이며, 이때 두 역치의 차이가 ±5dB 이내(또는 10dB 이내)일 때 신뢰할 수 있다고 본다. 오차 범위 내에 있을 경우에는 좋은 역치를 역치 값으로 한다.

㉡ 1,000Hz의 주파수를 2번 반복해서 청력검사를 실시하는 이유는 말소리를 지각하는 데 가장 중심이 되는 주파수이기 때문이다.

⑤ 두 주파수대역간 청력역치의 비교

㉠ 모든 주파수대역을 검사하지 않아도 연결되어 있는 검사들 간의 청력 정도가 큰 차이가 없을 경우 그 중간에 위치한 주파수대역 역시 비슷한 청력 정도를 가진 것으로 해석해도 무관하다. 그러나 이웃하는 두 주파수대 간 청력차가 지나치게 클 경우 주파수대역 간의 중간주파수대의 청력 정도를 다시 측정해야 한다.

㉡ 예를 들면, 청력검사를 할 때 1,000Hz, 2,000Hz, 4,000Hz로 이어지는 청력을 검사한 결과 2,000Hz에서 정상범주의 소리를 들었는데, 이어지는 4,000Hz에서 중등도 정도의 소리를 지각하게 된다면 2,000Hz와 4,000Hz 사이에 존재하는 3,000Hz의 청력 정도를 파악해야 한다는 것이다.

㉢ 이렇듯 두 주파수 간 청력 정도 차가 일반적으로 20dB 이상일 경우에 중간 주파수대의 청력 정도를 측정한다.

⑥ 주파수대역들 간 간격을 두고 청력 정도를 측정하는 이유는 주의집중력과 검사시간을 고려하였기 때문이다.

맥 Plus

가청 범위

① **가청음역**: 난청인 사람이 들을 수 있는 범위. 가청음역보다 높은 음은 통증을 느끼고, 이보다 낮은 음은 진동을 느낌
② **주파수**: 20~20,000Hz(가청하음은 20Hz 이하, 가청상음은 20,000Hz 이상)
③ **가청강도**: 0~130-140dB
④ **회화음역**: 250~3,000Hz 정도

(4) 청력역치를 결정하는 방법(강도 조절방법)

① 자극음은 대개 연속음을 사용하며, 이명 등이 있는 경우 단속음을 사용하는 것이 좋다.

② 검사음의 지속시간은 2초 정도이며 검사음 간의 간격을 무작위로 한다.

③ 피검자가 정상청력을 가지고 있다고 판단될 경우에는 30dB HL보다 작은 소리로, 청각장애가 의심되거나 현재 보청기를 착용하고 있으면 70dB HL에서 1~2초간 연속음을 제시하여 검사음에 대한 친숙화 과정이 필요하다.

④ 각 주파수에 대한 강도 측정방법은 먼저 30dB 소리 크기를 들려주어 반응이 없을 경우 50dB(5dB)로 크기를 올려 검사하고 반응이 없을 시 10dB씩 올려서 측정한다.

⑤ 어떤 소리 크기에 반응을 하면 소리 크기를 10dB 내려서 들려주고 반응이 없으면 5dB 올려서 피검사자가 50% 인지하는 소리 크기를 찾아낸다. 이것을 청력역치(threshold) 혹은 최소가청역치라고 한다.

상승법	• 전혀 소리를 들을 수 없는 수준의 아주 작은 소리에서 일정한 간격으로 올리면서 최초로 소리가 들리는 지점을 역치로 결정하는 방법이다.
하강법	• 피검자가 들을 수 있는 큰소리에서 시작하여 최초로 들리지 않는 지점을 역치로 결정하는 방법을 말한다.

키워드 Pick

수정상승법	• 상승법과 하강법 모두 역치를 결정하기까지 오랜 시간이 걸리는 단점이 있어 실제 검사에서는 수정상승법을 적용하는 경우가 일반적이다. • 수정상승법은 근접역치측정과 역치탐색과정의 두 단계로 이루어진다. • **근접역치측정**: 주파수마다 약 30dB HL의 강도에서 시작하여 처음으로 듣거나 혹은 못 들을 때까지 20dB 간격으로 올리거나 내려서 피검자가 반응한 수준을 역치로 결정한다. 이를 근접역치라고 한다. • **역치탐색과정**: 근접역치가 결정되면 피검자가 검사음을 들었다고 반응하면 강도를 10dB 내리고, 못 들었다고 반응하면 강도를 5dB씩 올리면서 역치를 결정하는데 이를 역치탐색과정이라 한다.

4. 골도검사방법

(1) 기본방법

① 골도검사는 외부의 소리가 두개골의 진동을 유발시켜 내이로 전달되어 소리를 듣는 과정에서의 이상 유무를 확인하고 역치를 측정하는 검사이다.

② 기도검사에서 얻어진 역치와 골도검사역치를 비교하면 청각장애의 유형을 판별할 수 있다. 골도검사는 유양돌기에 진동자를 착용한 후 각 주파수별 역치를 찾는다. 기도검사와 동일한 방법으로 시행된다.

③ **골도수화기의 위치**: 골도청각검사용 골도진동체로 두개골을 진동시켜 역치를 측정한다.

④ 두개골은 진동체에 의해 오른쪽이나 왼쪽이 분리진동되지 않으며, 진동체의 부착위치가 두개골의 어느 부위이든지 상관없이 양측 내이가 동시에 반응한다. 골도진동체의 위치에 상관없이 두개골 전체를 진동하므로 양쪽 달팽이관을 모두 자극하게 된다. 즉, 양측의 기도청력이 다르더라도 양측의 골도청력은 좋은 쪽으로 일치하여 나타나게 된다.

⑤ 골도수화기는 외이도 입구 바로 뒤쪽 유양돌기에 위치시키며, 이개가 닿거나 머리카락이 진동면과 두피 사이에 끼지 않아야 하며, 검사 시 진동면이 움직이지 않아야 한다.

⑥ 유양동삭개술이나 피부병변 등으로 유양돌기에 대기가 어려운 경우에는 전두부에 대기도 한다.

⑦ 골도진동체를 유양돌기나 전두부에 밀착시켜 장착시키고 1,000Hz에서 시작하여 기도검사와 동일한 방법으로 역치를 측정한다.

(2) 강도 조절방법

① 강도 조절방식은 기도검사와 동일하나, 최대 70dB까지만 자극음을 준다.

② 기도역치가 1,000Hz에서 40dB HL이었다면 골도역치는 1,000Hz에서 최소한 40dB HL을 초과하지 않는다는 것을 전제로 한다.

③ 최대자극강도가 대략 50~75dB HL 정도로 제한되지만, 모든 주파수가 동일하지는 않다.

(3) 주파수 조절방법

① 주파수 조절은 기도검사와 달리 250Hz(500Hz)에서 4,000Hz까지만 검사한다.

② 1,000Hz에서 시작하며, 2,000Hz, 4,000Hz, 1,000Hz, 500Hz로 한다. 그 외의 검사 절차는 동일하다.

③ 낮은 주파수인 125Hz의 경우 소리 에너지가 지나치게 강해서 골도로 전달되는 소리를 피부로 지각하는 경우가 있기 때문에 보통 검사하지 않는다.
④ 평균적으로 자극강도음은 250Hz에서 40dB, 500Hz에서는 60dB, 1,000Hz에서는 70dB에서 진동감각을 느끼기 때문에 자극강도음은 그 이하로 제한한다.

5. 차폐 13 · 13추유, 19 · 20초, 15중

(1) 차폐의 의미

① 차폐(masking)란 청력검사 시 한쪽 귀에 들려준 신호음을 두개골의 진동을 통하여 반대 측 귀가 듣고 반응하는 것을 막기 위하여 소음을 들려주는 것을 말한다. 이때의 소음을 차폐음이라 하며 검사하는 귀의 반대 측 귀에 들려준다.
② 오른쪽 귀에 소리를 들려주면 오른쪽 귀에만 소리가 들리는 것이 아니라 인간의 귀는 음영청취(교차청취, 반대청취, cross-hearing)현상으로 인하여 반대측 귀에서도 소리를 들을 수 있다. 즉, 자극음을 좌측 귀에 들려주었는데 우측 귀에서 그 소리를 듣고 반응하는 일이 발생할 수 있다. 이것을 방지하기 위해 비검사 귀(NTE)에 잡음을 들려주어 검사 귀(TE)의 소리자극에 반응하지 못하도록 하는 것을 차폐라고 한다.
③ 즉, 차폐음을 의도적으로 줌으로써 반대측 귀에 입력되는 자극음을 못 듣게 하는 것이다. 차폐는 순음청력검사와 어음청력검사 모두에서 사용된다.

기출의 맥

가장 먼저 차폐를 왜 하는지부터 이해해야 합니다. 그 이후에 차폐를 어떻게 하는 것인지 연결해서 이해하면 어렵지 않게 모든 내용을 정리할 수 있습니다.

(2) 반대청취(음영청취, 반대쪽 귀 듣기)

① 반대청취는 청력검사 귀의 청력이 나쁠 경우 상대적으로 검사 귀보다 좋은 반대측 귀가 검사 귀에 제시되는 자극음을 듣게 되는 것이다.
② 순음청력검사를 하기에 앞서 검사자는 두 귀 중에서 좋은 쪽 귀를 파악하여 반대청취를 확인한다. 청력검사를 할 때 헤드폰으로 큰 소리가 들어올 경우 두개골을 통해 검사 귀의 반대측 귀로 소리가 전달되는 반대청취(cross-hearing)가 나타날 수 있는데, 이는 오른쪽 귀와 왼쪽 귀의 청력차가 클 경우 나타난다.
③ 예를 들면, 검사 귀인 왼쪽 귀의 청력이 오른쪽 귀에 비해 많이 떨어진다면, 왼쪽 귀를 검사할 경우 다소 큰 소리가 들어가게 되고 오른쪽 귀는 왼쪽에 비해 잘 들리므로 왼쪽에서 제시된 자극음을 지각하게 되어 청력이 떨어지는 왼쪽 귀를 정확하게 검사할 수 없다. 그러므로 이때 좋은 쪽 귀에 잡음이나 소음을 임의로 들려주고 나쁜 쪽 귀의 청력을 측정한다. 이것을 차폐(masking)라고 한다.
④ 일반적으로 반대청취가 가능한 소리 크기는 40dB 정도라 한다. 이것은 양이감쇄 때문으로, 즉 한쪽 귀에서 전달되는 소리는 두개골을 지나면서 그 소리가 약해지지만 반대측 귀로 소리가 전달되는 것을 의미한다.
⑤ 양이 간의 차이가 존재할 경우 좋은 쪽 귀의 청력을 먼저 검사하여야 하며, 양이 간의 차이가 없을 경우에는 일반적으로 오른쪽 귀를 먼저 측정한다.
⑥ 한쪽 귀의 청력이 다른 쪽 귀보다 매우 좋으면 나쁜 쪽 귀의 역치가 얻어지기 전에 자극 음의 강도가 검사 귀의 이어폰 밑으로 일부 빠져나와서 좋은 쪽 귀로 들을 수 있다.

키워드 Pick

⑦ 기도전도에 의해서 들어간 음은 실제 골도전도를 통해서 머리의 한쪽으로부터 다른 쪽으로 건너간다.

⑧ 음의 강도가 충분히 높으면 기도전도수화기는 두개골을 진동시킬 정도로 동요가 일어난다. 이것이 골도자극으로 변하는데, 만약 이렇게 해서 생긴 음이 기도청력검사 동안 비검사 귀의 골도역치 위에 있다면 피검아는 피검아의 청각역치를 얻기 전에 음을 듣는다고 반응할 것이다.

(3) **양이감쇄**(양이감쇠, 이간감약, IA : Interaural Attenuation)

① 이간감쇠는 한쪽에서 준 자극음이 반대쪽 귀로 전달될 때 발생하는 소리에너지의 소실현상을 말한다.

② 소리가 반대편 귀로 전달되는 과정에서 음의 강도가 줄어드는 이간감쇠 현상으로 인해 반대편에서는 일정 부분 소리가 소실된다. 여기서 일정 부분이란, 기도전도의 경우 약 40dB, 골도전도의 경우 0dB이다.

③ 즉, 골도에서는 거의 이간감쇠가 발생하지 않는다. 따라서 청력검사 시 양측 귀의 청력차이가 이간감쇠량을 초과할 경우에만 차폐를 한다.

(4) **차폐에 영향을 주는 요인**

구분	내용
양이감쇄(IA) (양이감쇠, 이간감약)	• 공기전도검사 시 나쁜 쪽 귀에 강한 자극음을 주면 기도수화기의 진동이 두개골의 진동을 유발하여 골도전도로 좋은 쪽 귀의 달팽이관에 도달하거나, 수화기 밖으로 누설된 소리가 기도와 골전도를 통해 반대쪽 귀의 달팽이관에 도달하기 때문에 발생되는 것 • 머리의 한쪽으로부터 다른 쪽으로 음이 전도되면 이때 전달로 인한 어떤 양의 에너지 손실이 일어나는 것
폐쇄 효과	• 폐쇄 효과는 골도청력검사의 차폐 시 비검사 귀에 헤드셋을 통해 잡음을 들려주게 되는데 이 헤드셋이 외이도를 막아 음압이 증가하여 소리가 더 잘 들리게 되는 것을 의미한다. • 우리가 귀를 막고 소리를 듣게 되면 소리가 울려서 더 크게 들리는 것을 경험하게 되는데 이것이 폐쇄 효과이다. • 폐쇄 효과는 저주파수대역에서 주로 나타나며 250Hz와 500Hz는 25dB, 1,000Hz는 10dB이 증가된다. • 표에 제시된 소리의 크기만큼 더하여 차폐음을 들려주어야 한다. 그러나 전음성 난청일 경우는 폐쇄 효과가 나타나지 않는다. • 주파수별 폐쇄 효과 값

구분	250Hz	500Hz	1,000Hz	2,000Hz	4,000Hz
이어폰	30	20	10	0	0
헤드셋	10	10	0	0	0

(5) **차폐가 필요한 경우**(차폐의 기준) 20초

- 검사 귀 기도와 비검사 귀의 기도청력역치의 차이가 40dB 이상인 경우
- 검사 귀 기도와 비검사 귀의 골도청력역치의 차이가 40dB 이상인 경우
- 골도검사를 할 경우

① 기도전도의 경우 좌우역치의 차이가 IA보다 적을 경우에는 반대청취가 되지 않기 때문에 차폐가 필요하지 않다. 골도전도는 양측 IA가 거의 일어나지 않기 때문에 임상에서는 골도검사 시 바로 차폐검사를 실시하는 것이 일반적이다.

② 따라서 검사 실시 순서에 있어서는 제일 먼저 비차폐기도검사를 실시하고, 필요 시 차폐 골도검사를 한다. 여기서 필요시란 기도역치가 비정상인 것을 말한다. 이러한 경우에는 차폐골도역치를 확인한 후 차폐기도검사를 실시한다. 여기서 차폐검사는 좋은 쪽 귀에 차폐음을 준 상태에서 나쁜 쪽 귀(검사 귀)를 재검하는 것으로서 피검자의 실제 역치는 차폐검사에서 얻어진 값이 된다.

③ 만약 청력검사에서 반대청취가 이루어졌다면 차폐검사는 나쁜 쪽 귀의 청력역치가 더 나쁘게 나타난다.

④ 청력이 좋은 쪽 귀에 전도성 장애가 있으면 기도청력 수준의 차이가 적어도 음영곡선이 생길 가능성이 있다.

⑤ 차폐는 검사하는 귀의 청력과 검사하지 않는 귀의 골도청력에 의해 결정한다.

㉠ 일반적으로 차폐를 시행하지 않고 구한 청력역치가 검사하지 않은 귀의 골도청력역치와 40~50dB 이상 차이가 있는 경우 차폐를 시행한다.

㉡ 이간감약보다 작은 음으로 검사하는 경우 검사하지 않은 쪽의 차폐는 필요 없으며, 이보다 큰 음으로 검사하는 경우 반드시 차폐를 하여야 한다.

㉢ 주파수의 여하에도 불구하고 양이의 청력차가 40dB 이상일 때는 좋은 쪽 귀에 차폐를 실시한다.

㉣ 비검사귀의 골도청력 상태에 의하여 차폐의 필요 여부가 결정되는 것이므로, 양쪽 귀의 기도청력 수준만으로 판단해서는 안 된다.

Chapter 11

키워드 Pick

맵 Plus

차폐검사 실시 여부 예시

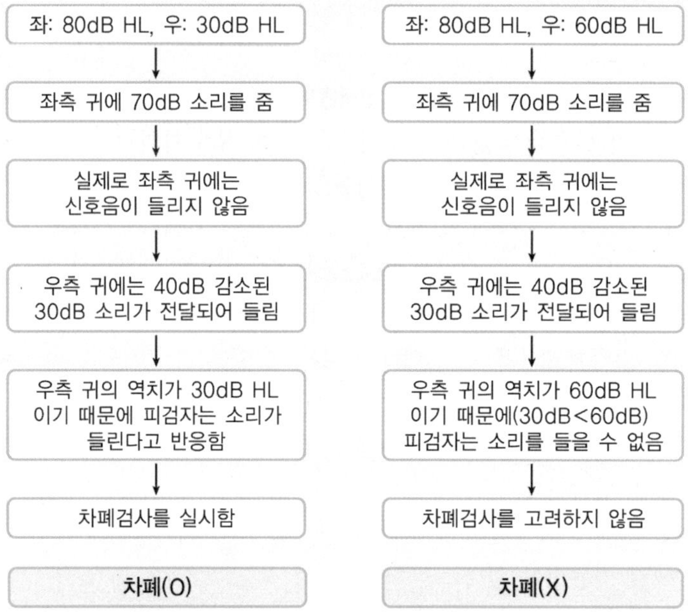

차폐(O)	차폐(X)
좌: 80dB HL, 우: 30dB HL	좌: 80dB HL, 우: 60dB HL
↓	↓
좌측 귀에 70dB 소리를 줌	좌측 귀에 70dB 소리를 줌
↓	↓
실제로 좌측 귀에는 신호음이 들리지 않음	실제로 좌측 귀에는 신호음이 들리지 않음
↓	↓
우측 귀에는 40dB 감소된 30dB 소리가 전달되어 들림	우측 귀에는 40dB 감소된 30dB 소리가 전달되어 들림
↓	↓
우측 귀의 역치가 30dB HL이기 때문에 피검자는 소리가 들린다고 반응함	우측 귀의 역치가 60dB HL이기 때문에(30dB<60dB) 피검자는 소리를 들을 수 없음
↓	↓
차폐검사를 실시함	차폐검사를 고려하지 않음
차폐(O)	차폐(X)

(6) 차폐음 및 차폐음 강도 조절

① 차폐음의 종류 19유

협대역잡음	협대역잡음은 순음청력검사 시 사용되는데, 검사음의 주파수를 중심으로 위아래의 좁은 범위의 주파수만을 밴드 형태로 포함하는 잡음이다. 즉, 특정 주파수에서만 에너지가 높은 것이 특징이다. 검사 상황에서 다양한 주파수별로 소리를 제공할 수 있다는 장점이 있다. 차폐하는 소리와 검사음이 서로 비슷한 주파수일 때 쉽게 차폐가 발생된다는 점에서, 순음청력검사에는 순음의 주파수와 영역대와 일치하는 협대역잡음이 효과적이다.
백색잡음	백색잡음이란 TV방송 시작 전 또는 종료 시 영상과 음성이 사라지고 '치~' 하는 잡음과 함께 만들어지는 잡음을 말한다. 10~10,000Hz의 전 주파수에 걸쳐 거의 동일한 강도의 에너지를 가진 신호음이다. 따라서 어음청력검사에서는 차폐음으로 넓은 주파수대역을 갖는 백색잡음이 많이 사용된다.

② 차폐강도 조절

㉠ 차폐음이 너무 작을 경우에는 차폐 효과를 얻지 못한다. 이를 '과소차폐'라고 한다. 반대로 소음의 크기가 너무 클 경우에는 과잉차폐현상이 나타날 수 있다.

㉡ 수평법을 이용한 차폐음 조절

- 좌/우의 기도청력역치를 파악한 후, 잘 들리는 쪽(검사하지 않는) 귀에 차폐음을 들려주고, 검사를 시행한다.

- 잘 들리는 쪽 귀에 차폐음을 들려주고 나쁜 쪽 귀에는 검사음을 들려준다. 이때 차폐음은 좋은 쪽 귀의 기도역치보다 10dB 큰 소리로 한다.
- 잘 들리지 않는 쪽 귀의 역치가 10dB 이상 증가하는 양상을 보일 때까지 올려준다(최소차폐 값).
- 추가로 5~10dB씩 올려주면, 어느 순간에는 더 이상 잘 들리지 않는 쪽 귀의 역치 값이 변하지 않는 수준에 도달하게 된다(최대차폐 값).
- 이 수준이 넘어가면 역으로 검사하는 귀에서 교차 청취되는 현상이 발생할 수 있다. 이것을 과잉차폐라고 한다.

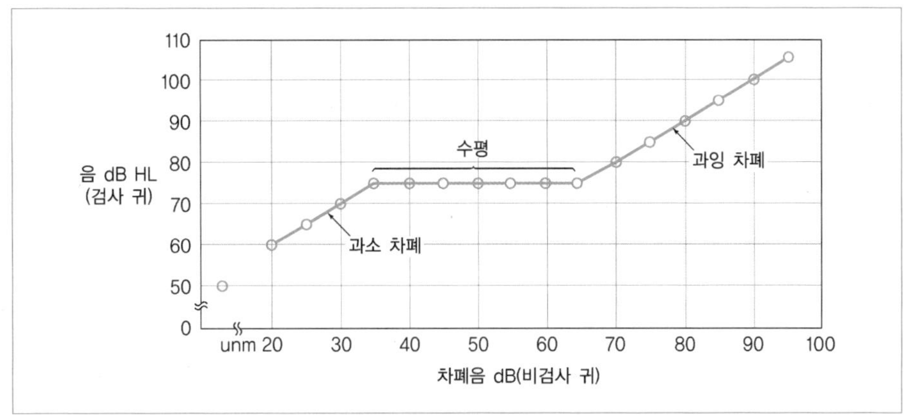

ⓒ 임상에서는 수평법을 이용하여 각 주파수별로 차폐음을 찾는 것이 쉽지 않다. 차폐량을 얼마나 사용할 것인지에 대한 적정차폐 강도를 구하는 공식은 학자마다 혹은 임상가마다 조금씩 다르다.

ⓔ 현장에서 약식으로 사용되는 방법 중 하나는 기도청력의 경우 나쁜 쪽 귀의 청력역치에서 25dB을 뺀 강도를 차폐음으로 주고 어음청력검사에서는 나쁜 쪽 귀에서 30dB을 뺀 차폐음을 주는 것이다. 골도검사에서는 정상 또는 감각신경성 난청의 경우에는 +30dB, 전음성 난청의 경우에는 +15dB을 검사 귀의 골도역치에서 더 주는 방법을 사용하기도 한다.

키워드 Pick

6. 청력도와 검사결과 해석

(1) 청력도의 표기

① 가로축이 주파수를 나타내며, 가장 왼쪽 125Hz에서 시작해서 오른쪽 끝이 8,000Hz이다.

② 가로축을 보면 옥타브 간격이 모두 동일하다. 즉, 주파수가 배가 되는 간격이 항상 동일하게 되어 있다(125~250Hz, 1,000~2,000Hz, 1,500~3,000Hz, 4,000~8,000Hz 사이의 간격). 이것은 청력도의 주파수 척도가 대수법을 사용한다는 의미이다.

③ 청력은 세로축을 따라 dB HL로 나타낸다. 강도는 맨 위쪽에 −10dB HL에서 시작하여 점차 커지며 맨 아래쪽이 대개 120dB HL을 표시한다.

④ 청력도에서 기도역치 및 골도역치가 청력도의 아래쪽에 위치할수록 청력손실 정도가 크다는 것을 의미한다.

⑤ 역치로 표시된 부분의 아래쪽은 피검자가 들을 수 없는 소리의 범위를 나타낸다.

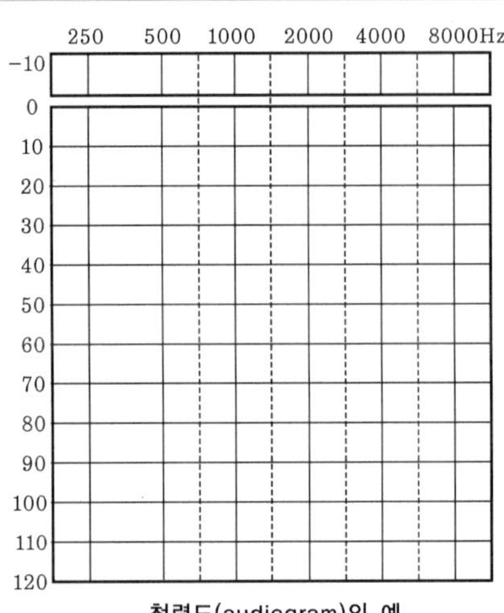

청력도(audiogram)의 예

청력도 기호

표시 내용	오른쪽	왼쪽
비차폐기도	○	×
차폐기도	△	□
비차폐골도	<	>
차폐골도	[	]
쾌적역치	M(빨강)	M(파랑)
불쾌역치	U(빨강)	U(파랑)
맨 귀 음장 최소가청역치	S 스피커에서 출력된 소리를 듣고 반응하기 때문에 좌우 차이를 알 수 없다.	
보청기 교정 최소가청역치	A(빨강)	A(파랑)
인공와우 교정 최소가청역치	CI(빨강)	CI(파랑)
무반응	↙	↘

(2) 청력도의 해석 21유, 16·19초, 16·17중

① 청력장애 정도(평균청력역치) 19유, 14·21초, 13·13추·14·16·20중

구분	계산식	활용
3분법	a+b+c/3	–
4분법 16중	a+2b+c/4	청력손실평가
6분법 19유, 16중	a+2b+2c+d/6	장애등급 판정, 직업성 난청 진단

[a : 500Hz의 역치, b : 1,000Hz의 역치, c : 2,000Hz의 역치]

○ **청력손실의 정도**

청력손실(dB)	장애표현 정도 – ISO, ANSI(1996) 기준
~26	정상역(normal hearing)
27~40	경도난청(mild hearing loss)
41~55	중등도난청(moderate hearing loss)
56~70	중등고도난청(moderately severe hearing loss)
71~90	고도난청(severe hearing loss)
91 이상	농(profound hearing loss)

② 청각장애의 유형 : 청력손실의 정도는 기도청력검사와 골도청력검사의 결과를 통해서 청력장애의 유형을 판단할 수 있다. 13·16유, 13중

		공기전도역치	
		정상	비정상
골전도역치	정상	정상	• 전음성 난청
	비정상	불가능	• AB Gap × : 감각신경성 난청 • AB Gap ○ : 혼합성 난청

[AB Gap : 기도(air)검사와 골도(bone)검사의 차이]

키워드 Pick

기출 LINE

9중)
- 침골과 등골에 손상이 있다.
- 기도 검사 결과에는 청력손실이 있고, 골도 검사 결과는 정상 범위에 있다.
- 보청기 착용 효과가 충분히 예상되므로, 보청기 적합 절차를 거쳐 착용한다.

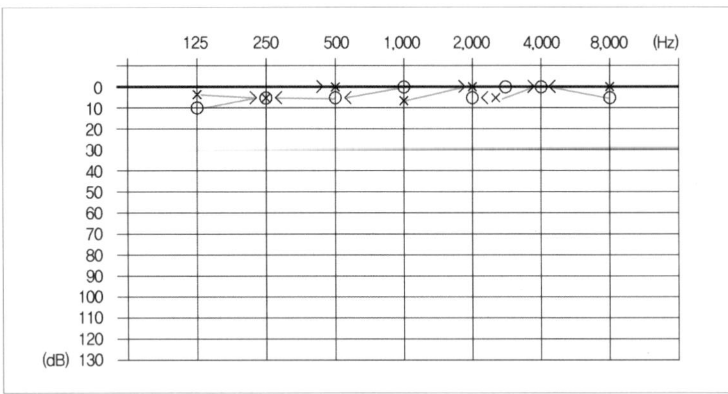

| 정상청력 |

전음성 청각장애
25유

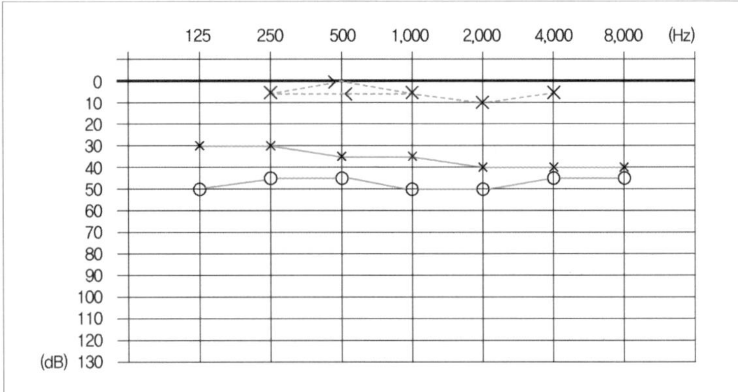

| 전음성 난청 |

- 음을 전달하는 기관, 즉 외이나 중이에 병변이 있을 때 초래되는 장애로 그 정도가 심하지 않다.
- 순음청력검사결과, 골도청력은 거의 정상이고 기도청력에만 장애가 있다.
- 일반적으로 경도 내지 중등도의 손실이며, 일부는 일시적인 청력손실이다.
- 대부분 60dB 이하로 의료적 처치가 가능하며, 심한 경우 수술이나 기타 의학적인 방법으로 교정이 가능하다.
- 대다수가 자신에게 청각장애가 있는지 알지 못하고, 적절한 보청기를 착용하거나 청각재활 서비스를 받지 않고 있다.
- 언어발달에 청력손실이 영향을 미쳤는가를 평가할 때는 청력손실 시기, 손실 정도, 지속 기간 등을 함께 고려하여야 한다.
- 전도성 청력손실은 모든 주파수에 영향을 미치기 때문에 특정 말소리와 운율적 자질을 감지하지 못하여 대화에 적절하게 참여하지 못할 수도 있다.
- 건청아동보다 간단한 구문을 사용하는 경우가 있다.
- 시제 및 주어-동사의 일치 등에 문제를 보이기도 한다.
- 모든 주파수에서 영향을 받기 때문에 음운 사용이나 초분절적 자질 사용에 문제를 보인다.

- 청각적으로 유사한 단어를 이해하는 데 혼동이 있는 경우가 있다.
- 초기 어휘발달 속도가 느린 면이 있지만 보통은 정상적으로 발달한다.
- 귓바퀴와 외이도의 선천성 기형의 경우 소리 전달에 있어 외이와 깔때기 효과(집음 및 증폭)를 얻을 수 없다.
- 외이염이라고도 하는 외이도 감염은 엄청난 통증과 함께 외이도 피부선을 붓게 만들고 외이도 협착으로 전음성 청력손실이 생기게 된다.
- 두부외상으로 인한 고막과 중이의 손상은 전음성 청력손실을 일으킬 수 있다.
- 중이염은 주로 중이강의 염증으로 중이 안에 액체를 동반하고 이로 인해 평균 20~30dB HL의 경도 청력손실을 주로 보인다.
- 이경화증은 진행성 전음성 청력손실을 보이고 일부의 경우에선 달팽이관이 석회화되면서 혼합성 청각장애로 발전할 수 있다.

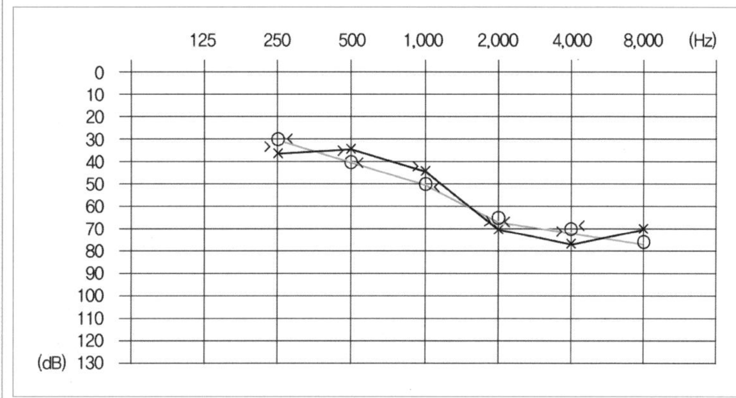

감음신경성 난청

감각신경성 청각장애

- 물리적 음향에너지를 전기적 음향에너지로 바꾸어 청각중추로 전달하는 기관인 내이와 청신경계에 이상이 있어 청각장애를 일으키는 경우를 말한다.
- 대부분 정도가 심하여 청각을 통한 의사소통에 어려움을 겪으며 특수교육적 지원이 요구된다.
- 순음청력검사결과, 골도청력과 기도청력의 차이가 거의 없다.
- 일반적으로 저주파수대보다 고주파수대의 청력손실이 크다.
- 감각신경성이라는 용어는 달팽이관과 관련이 있는 감각적 청력손실이라는 용어와 청신경과 관련된 신경적 청력손실이라는 용어를 합친 것이다.
- 달팽이관이나 청신경에 기능부전이 존재한다면 감각신경성 청력손실을 초래하나 외이와 중이의 기능은 정상이다.
- 감각신경성 청력손실은 편측 또는 양측 손실을 보일 수 있고, 청력손실 정도는 경도부터 전농에 이르며, 말소리 인지 또한 경미한 것에서부터 높은 강도에 이르기까지 방해받을 수 있다.
- 청력손실을 정상적으로 회복시키기 위해 의료적 처치나 수술은 효과적이지 못하다.

기출 LINE

9중)
- 코르티기에 손상이 있다.
- 기도와 골도 검사 결과 모두에 청력손실이 있고, 그 정도가 유사하다.
- 보청기 착용 효과가 없는 경우에는, 인공와우 이식을 고려한다.

키워드 Pick

	• 감각신경성 청력손실을 보이는 아동들은 수용언어나 표현언어, 구어, 문어 등의 발달 수준이 제각각이며, 청력손실만으로 아동을 동질적으로 볼 수 없다. • 어휘발달이 지체되어 있고 제한된 어휘를 사용한다. • 추상적인 명사보다 구체적인 명사를 사용한다. • 감각신경성 청력손실을 보이는 아동에게 가장 어려운 개념은 시간과 양이고, 공간개념은 보다 쉽게 획득된다. • 쓰기에서 많은 오류를 보인다. • 표현언어의 융통성이 부족하며 문장의 길이가 짧다. • 어휘나 개념을 알고 있어도 구문의 구조를 이해하는 데 어려움을 보인다. • 보통 과비음이 많고 성대 울림이 부자연스러울 수 있다. • 말의 크기와 리듬, 강약, 높이, 억양에 문제를 보인다. • 호흡조절을 적절히 하지 못하기도 한다.
혼합성 청각장애 10유, 10초, 13중	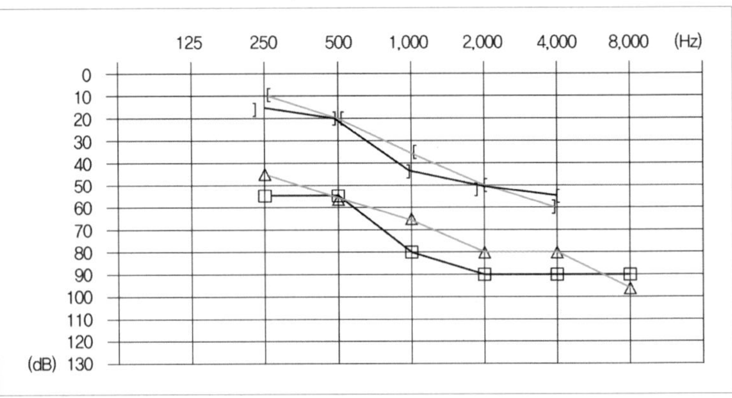 혼합성 난청 • 혼합성 청각장애는 전음성 청력손실과 감각신경성 청력손실이 함께 나타남을 말한다. • 중이와 내이 모두 손상을 입히는 여러 가지 외상, 내이까지 진행되는 중이염, 중이와 달팽이관 구조에까지 진전되는 이경화증 등에 의해 발생될 수 있다. • 감각신경성 청력손실이 먼저 생기고 전음성 청력손실이 더해지거나 그 반대가 되기도 한다. • 중이의 전도성 장애는 치료가 가능하나 감각신경성 장애는 치료가 불가능하다. • 혼합성 청각장애는 일반적으로 청력손실 정도는 심하지 않다. • 순음청력검사결과, 골도청력보다 기도청력의 손실이 더 크게 나타난다.

기출 LINE

13중) 혼합성 청각장애는 기도와 골도검사 모두에서 청력손실이 나타나는데, 기도검사의 청력손실이 골도검사의 청력손실보다 더 크게 나타나지요.

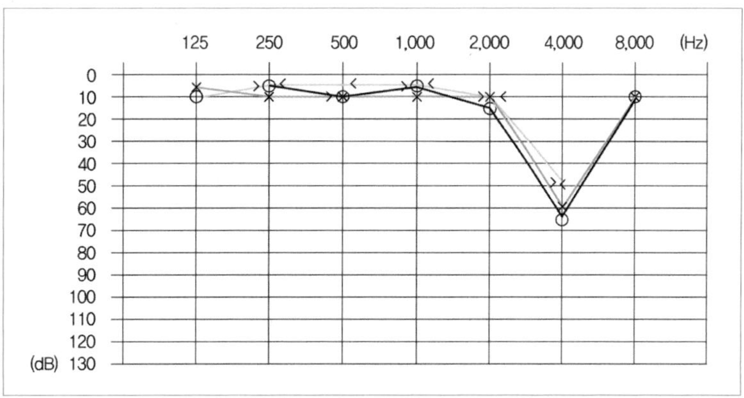

| 소음성 난청 |

소음성 난청

- 소음은 생리적·심리적·생활적 측면에 영향을 미친다.
- 생리적으로는 청력손실, 즉 난청 유발요인이 되며 맥박과 혈압을 상승시키고 소화기와 순환기 질환의 원인이 되기도 한다. 심리적으로는 불쾌감이나 정서불안 등을 가져오는 '공해'로 지각될 수 있으며, 생활적으로는 작업·휴식·수면방해 등 신체에 미치는 영향이 크다.
- 소음은 노출 특성과 소음 강도 그리고 기간에 따라 청각기관의 변화를 가져온다. 외유모 세포의 손상 및 변성이 가장 대표적이며, 미국 노동부에서는 하루 평균 90dBA가 넘는 작업환경에 있을 경우에는 최대 8시간을 넘지 않도록 기준을 정하고 있다.
- 소음으로 인해 나타나는 현상들은 다음과 같다.
  - 차폐: 소음이 신호음보다 더 커서 듣고자 하는 소리가 잘 들리지 않는다.
  - 일시적 역치의 변화(TTS: Temporary Threshold Shift): 초단위에서부터 수일에 이르기까지 일시적으로 청력이 떨어진다.
  - 영구적 역치의 변화(PTS: Permanent Threshold Shift): TTS를 일으키는 소음에 반복적으로 노출되면 유모세포손상이 누적되어 역치의 상승을 가져온다.

키워드 Pick

 Plus

전음성 청각장애와 감각신경성 청각장애의 비교

전음성 청각장애	감각신경성 청각장애
• 청력손실이 많아도 전 주파수에서 60~70dB을 넘지 않는다. • 음을 강화하면 정상인과 같이 들린다. • 보청기의 효과적인 활용이 기대된다. • 약물이나 수술적 요법으로 거의 치료가 가능하다. • 청력검사의 결과 전음성 난청은 골도청력은 정상이고 기도청력의 장애만이 있다.	• 중도에 이르기까지 그 정도가 다양하다. • 종종 음의 보충현상을 수반하므로 음의 크기가 충분히 강해도 음을 잘못 인지한다. • 보청기의 도움을 받기 어려운 경우가 많다. • 예방이 최선책이 되고 있다. • 청력검사의 결과 골도와 기도청력 모두가 떨어지며, 골도와 기도청력의 차이가 발견되지 않는다.

맥 Plus

청각손상 부위에 따른 청각장애 유형별 블록 다이어그램

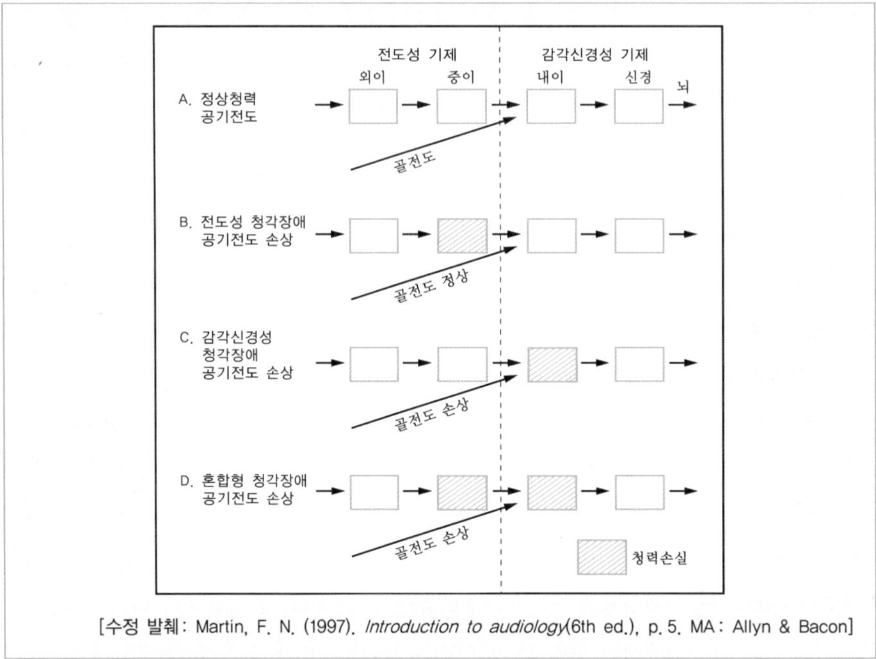

[수정 발췌: Martin, F. N. (1997). *Introduction to audiology*(6th ed.), p. 5. MA: Allyn & Bacon]

말초청각장애와 중추청각장애 25중

네 가지 청각장애 유형은 다시 말초청각장애와 중추청각장애로 구분된다. 말초청각장애는 외이, 중이, 내이, 청신경의 병변으로 발생하며, 중추청각장애는 청신경을 거쳐 청각 중추에 이르는 과정에서의 문제로 발생한다.

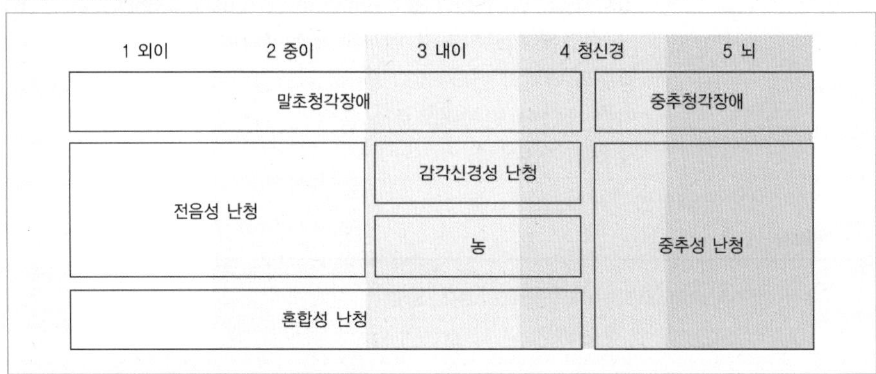

Chapter 11

맥 Plus

중추성 청각장애(청각처리장애)

1. 청신경이 연수에 들어가서부터 대뇌피질 사이의 중추신경계통에 장애가 있어 초래되는 경우이다.
2. 청각신호에 담긴 정보를 지속적으로 전송, 분석, 조직, 변형, 정교화, 회상, 사용하는 데 결함을 보인다.
3. 청각처리장애(auditory processing disorders)는 후미로성 청각문제로서 말초청각장애로 기인하는 청력손실을 넘어 소리 중에서 특히 말소리에 비정상적인 반응을 보인다.
4. 청각처리장애를 가진 경우 순음청력검사결과 정상적인 청력역치를 보이면서 청각적 정보를 사용하는 데 어려움을 보인다.
5. **행동 특성**
   ① 청각자극에 대하여 비일관적으로 반응한다. 예를 들면, 아동은 때때로 몇 가지 지시를 성공적으로 따르나 또 다른 때는 똑같은 과제를 혼란스러워 한다.
   ② 비교적 짧은 주의집중 주기를 보이거나 길고 복잡한 듣기 활동을 할 때면 쉽게 피곤해한다.
   ③ 다른 아동들보다 더 자주 '뭐라고?'라고 말하면서 정보를 자주 반복하도록 요구한다.
   ④ 계산하기, 알파벳, 날짜, 주, 달 등의 암기하기, 집주소나 전화번호 기억하기와 같은 장·단기 기억기술의 문제를 가진다.
   ⑤ 청각과 시각자극 모두로부터 과도하게 방해를 받는 것으로 보인다. 청각처리장애를 가진 일부 아동은 자신이 듣고 보고 만지는 모든 것에 대하여 즉각적으로 그리고 완전하게 반응하는 것에 무리가 있음을 느끼며, 관련이 있는 자극에서 관련이 없는 자극을 무시하지 못한다. 예를 들면, 교실의 컴퓨터 소음과 어항의 보글거리는 소음은 교사의 음성만큼이나 주의를 빼앗고 아동은 관련이 없는 배경소음을 무시하지 못한다. 이러한 행동은 주의력 결핍 및 과잉행동장애와도 일치하기 때문에 진단을 내리는 데 어려움을 초래할 수 있다.
6. **중추성 청각장애 중재방법**
   ① 교실 안을 조용하게 유지하고 학생들과 교사도 작은 소리로 말하는 태도를 갖는다.
   ② 교실은 주변 소음에서 차단될 수 있어야 하며, 교실이 크지 않은 것이 좋다.
   ③ 내부소음을 감소시킨다.
   ④ 아동과 말을 할 때는 가까이 다가가서 또렷한 발음(과장되지 않은)으로 말한다.
   ⑤ 아동의 이름을 부를 때는 반드시 눈을 맞추거나 가볍게 몸을 만져서 신호를 준다.
   ⑥ 앞쪽으로 자리를 배치하되 중간보다는 모서리 쪽에 앉히는 것이 좋다. 그러나 창가나 문 옆은 피해야 한다.
   ⑦ 소음에 예민하거나 조용한 시간이 필요할 경우에는 때때로 소음차단 귀마개를 사용하도록 한다.
   ⑧ 교사의 말에만 집중하지 않도록 되도록 시각자료를 부가적으로 활용하도록 한다.
   ⑨ 학생이 정말로 맞게 이해하였는지 수시로 확인한다.
   ⑩ 한 명이 말하고 다른 한 명이 듣는다는 원칙을 지닌다.
   ⑪ 말을 할 때 천천히 하고, 긴 문장을 피하고 가급적 짧은 문장으로 말해 준다.
   ⑫ 즉시 집중을 요구하거나 받아쓰도록 하는 것은 피하는 것이 좋다.
   ⑬ 녹음을 해서 수업내용을 다시 확인하도록 하는 것도 좋다.
   ⑭ 과제 수준이 너무 높을 경우에는 쉬운 과제로 바꿔 준 후, 그것을 수행하고 나면 다시 원 과제를 제시한다.
   ⑮ 난청을 동반한 경우에는 마이크로폰으로 교사가 말을 하고, 무선으로 학생에게 전달되는 FM 보청기도 도움을 줄 수 있다.

키워드 Pick

③ 청력형 11 · 16중

㉠ 수평형: 모든 주파수의 청력손실 정도가 20dB 이내로 비슷한 형태

㉡ 상승형: 고음역으로 갈수록 청력이 좋아지는 형태

㉢ 하강형(고음점경형): 고음역으로 갈수록 청력이 나빠지는 형태

㉣ 급하강형(고음급추형): 고음역으로 갈수록 음계마다 20dB 이상씩 나빠지는 형태

㉤ 딥형: 특정 주파수에서 20dB 이상 급격하게 나빠졌다가 다시 회복되는 형태

㉥ 곡형: 중음부에 청력손실이 큰 형태

㉦ 산형: 주음부에서 청력이 좋고 저 · 고음역으로 갈수록 청력이 나빠지는 형태

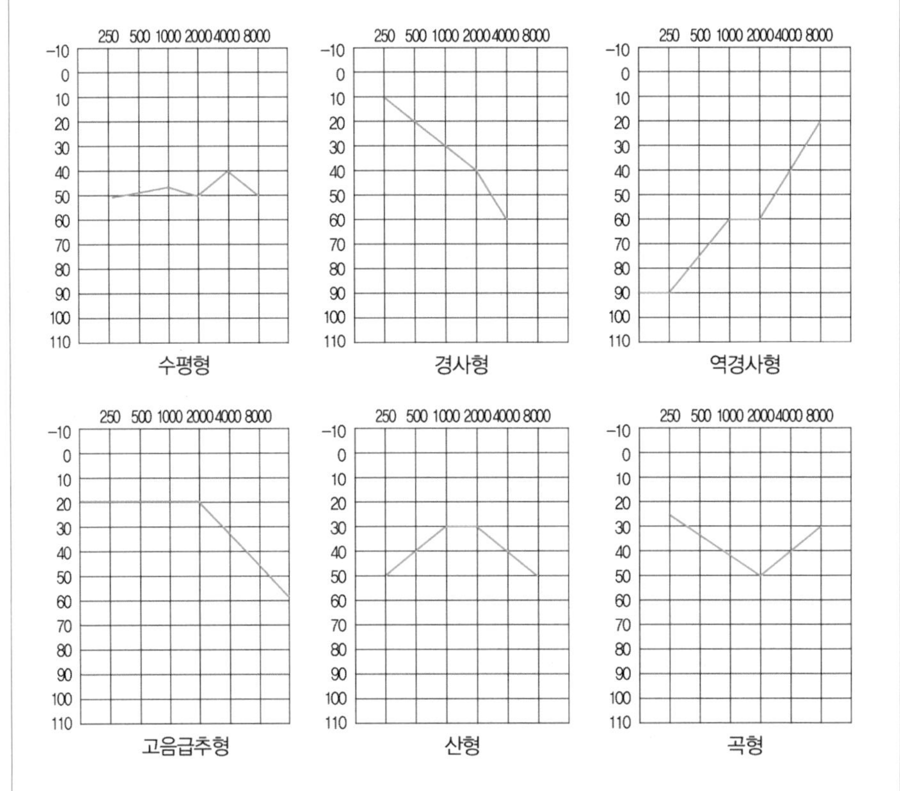

④ Ling의 6개음 검사 적용 및 해석 11 · 12 · 20 · 20 · 21유, 12 · 17 · 21 · 24초, 12 · 17중

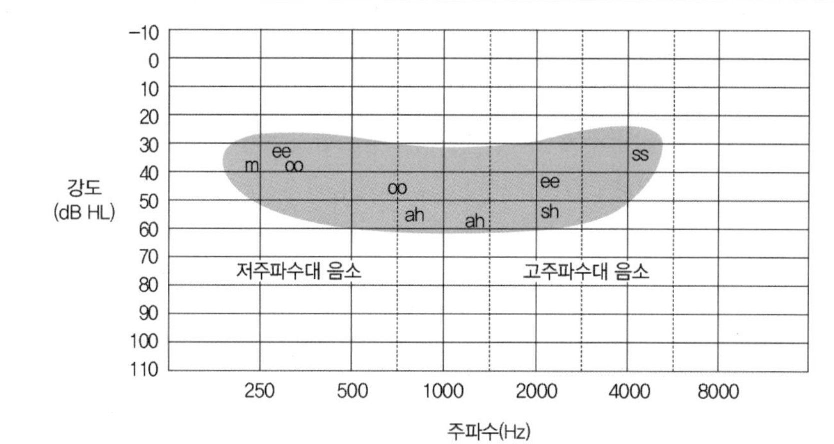

- 모든 말소리는 250~8,000Hz에 놓여 있다.
- 250Hz에는 초분절적 요소(강세, 억양, 속도, 어조)와 /ㅁ/ /ㄴ/와 같은 비음 등이 분포되어 있다.
- 대부분의 모음은 1000Hz 이하 주파수대역에 위치하며 강도에 있어서도 자음과 비교하여 비교적 큰 특성을 가지고 있다.
- 대부분의 자음은 1000Hz 이상의 고주파수대역에 분포되어 있다.

㉠ 이 검사는 말소리(어음)의 중요한 음소주파수 범위를 포괄적으로 포함한 6개음을 선정하여 청취능력을 검사하는 방법으로 Ling(1978)이 처음 고안하였다.

㉡ Ling이 초기 어음검사에 선정한 음은 ee/i/, oo/u/, ah/a/, sh/ʃ/, ss/s/의 5개음이었으나 10년 후에 저주파수대(250Hz)에 해당하는 m/m/음을 추가하여 6개음으로 구성하였다. 많은 어음 가운데 6개의 음이 검사 어음인 이유는 250~8,000Hz에 있는 대표적인 말소리라고 분류되기 때문이다.

㉢ 약 1.8m 거리에서 대화할 때 나타나는 대략적인 강도에 따른 주파수대역을 표기한 것으로서, 30~60dB의 영역을 CLEAR(Conversational Level Elements in the Acoustic Range)라고 부른다.

㉣ Ling의 6개음 검사는 저주파수, 중주파수 그리고 고주파수 범위에 대한 정보를 제공하며, 자극음의 제시 거리와 강도 수준을 달리하여 아동의 탐지와 확인반응을 평가할 수 있다.

㉤ 말소리를 들려주고 말소리에 대한 해당 그림을 찾거나 혹은 따라 말하도록 함으로써 어음지각능력을 알 수 있다.

㉥ 해당 말소리가 들렸을 경우 박수를 치는 등의 반응은 탐지 여부를 알 수 있는 방법이 된다.

㉦ 넓은 주파수대역에 펼쳐져 있는 6음으로 말소리를 감지하는 주파수대역을 파악할 수 있게 된다. 즉, 건청아는 6음을 감지하지만 청각장애아는 청력손실이 있는 주파수대역에 해당하는 음을 지각하지 못할 수 있다.

기출 LINE

11유)
- 인공와우가 작동하지 않으면 수업을 하기 어렵죠. 그래서 영미 담임선생님은 아침마다 보청기와 인공와우를 한 아이들의 청취력을 검사하세요.
- 근데 무슨 검사를 하신대요?
- 대부분의 말소리가 위치하는 말소리 바나나(speech banana) 영역의 소리를 들을 수 있는지 보려고 Ling이라는 학자가 제시한 '5개음 검사'를 합니다.

17초)
'링(D. Ling)의 6개음 검사'를 해보면 동호가 말소리를 듣는 정도를 간편하게 확인할 수 있습니다. 이 검사에서 사용하는 6개음은 /a/, /u/, /i/, /s/, /ʃ/, /m/이에요.

기출의 맥

6개음 검사는 어음검사의 일종입니다. 순음청력검사의 결과에 적용하여 해석하는 것이지, 순음청력검사의 일부가 아니에요!

키워드 Pick

ⓞ 이 검사에서 청각장애아가 지각하지 못하는 말소리를 그 주파수대역의 손상을 의심할 수 있으므로, 청각장애아의 청력손실 주파수대역을 행동반응으로 예측할 수 있는 검사이다.

ⓧ 따라서 이 검사는 청능선별검사로도 사용되며, 교육현장에서 청능교육 및 발성, 발화 지도에 앞서 주파수별에 따른 아동의 청능적인 문제를 간단하게 검사할 수 있어 자주 활용된다.

맥 Plus

Ling의 6개음 검사

1. 6음

① Ling의 6음 검사(Ling's 6 Sound Test)는 청각장애 임상 및 교육 현장에서 흔히 사용되는 청각 및 청능 평가이다.
② 검사에 사용되는 6개의 말소리는 순음청력검사의 주파수대역을 대표하는 것이다.
③ 우(/u/), 아(/a/), 이(/i/), 음(/m/), 쉬(/ʃ/), 스(/s/)는 약 200~6,000Hz에 분포될 수 있는 말소리로 일반적인 강도는 30~60dB 정도이다.
④ 1,000Hz까지의 청력에 문제가 없으면 /우/, /아/, /이/는 들을 수 있다.
⑤ 2,000Hz 정도까지 들을 수 있다면 /쉬/를 들을 수 있다.
⑥ 만약 4,000Hz까지 들을 수 있는 청력이라면 /스/도 들을 수 있다.
⑦ 이와 같이 /우/, /아/, /이/와 같은 모음은 제1, 제2 포먼트(formant)가 1,000Hz 이하의 저 및 중 주파수대역에 분포한다.
⑧ 반면에 /쉬/와/스/는 주파수 성분이 고주파수 음역에 있다는 특징을 갖는다.
⑨ 따라서 6개의 음을 사용하여 평가하면 주파수대역별 청각 및 청능 평가가 가능하다. 이를 이용해 청능훈련을 실시하기도 하고, 보청기나 인공와우의 적합이나 평가를 실시하기도 한다.

2. 검사방법

① 먼저 대상 아동에게 반응방법을 알려 주고 익숙해질 때까지 연습한다.
② 6개의 소리자극을 무작위로 청각만으로 들려주고 들리면 반응하게 한다.
③ 반응은 연령에 따라 다를 수 있다. 들리는 소리를 따라 말하게 하거나 손들기 등의 행동을 하도록 한다.
④ 자극과 반응에 대해 익숙해지면 음의 제시 방향, 거리 혹은 강도를 다르게 하여 실시할 수 있다.
⑤ 6음 검사는 국내 유일의 표준화된 말지각검사인 국립특수교육원 말지각발달검사(KNISE-DASP)의 하위검사로 포함되어 있어, 내용과 절차가 자세히 제시되어 있으므로 참고할 수 있다.
⑥ 아동의 반응에 따라 청능 수준에 관한 평가가 가능하다.
⑦ 자극음의 제시 방향을 달리하는 것은 검사의 신뢰성을 높이고 아동이 가장 잘 들을 수 있는 거리와 강도 등을 알기 위해서다.
⑧ 일반적인 듣기환경에서는 음원과의 거리를 1/2로 줄이면 약 60dB의 음향 이득을 얻을 수 있다.
⑨ 자극음을 강조하여 제시하였을 때와 작은 소리로 제시하였을 때의 차이는 약 12dB 정도가 된다.
⑩ 다양한 제시 조건에서 검사한 결과는 개인별 청능훈련 프로그램을 설정하는 데 도움이 될 것이다.

6 어음청력검사

1. 어음청력검사의 이해

(1) 순음과 어음

① 순음은 한 가지 주파수를 가진 음인 반면에 어음(말소리)은 여러 가지 주파수들이 결합된 복합음이다.

② 순음을 듣는 능력과 복합음인 어음을 듣는 능력에 있어서 차이가 있을 수 있다.

③ 피험자가 한 가지 주파수를 가지고 평가하는 검사인 순음청력검사에 비해 말소리를 지각하는 청력 정도를 검사하는 어음청력검사는 다양한 주파수대를 결합하여 동시에 말소리가 들리는 정도나 말소리를 인지하는 정도를 측정하는 것이다. 그러므로 순음청력검사와 달리 특정 검사 주파수대가 형성되지 않는다.

(2) 어음청력검사의 의미와 특징

① 어음청력검사(speech audiometry)는 언어음을 사용하여 청력의 민감도와 인지도를 측정하는 검사이다.

② 어음청력검사란 청각기능을 평가하기 위해 어음자극을 사용하여 어음을 듣는 민감도(회화 어음에 대한 역치)와 명확도(회화 어음에 대한 이해능력)에 대해 평가하는 검사이다.

③ 순음청력검사로 어음에 대한 청취와 이해능력을 추정할 수는 있으나 정확한 정보를 제공해 주지는 못한다. 따라서 회화에서 사용되는 어음에 대한 청취와 이해능력을 보다 정확하게 측정하기 위해서는 자극음으로 어음을 사용하여 검사를 실시해야 한다.

④ 언어음은 순음과 다른 복합음이므로 일상적인 듣기능력을 나타내는 것이 장점이다.

⑤ 어음청력검사는 순음청력검사를 보충하거나 실제적인 듣기능력을 측정하는 데 유효하고, 보장구의 적응과 조절, 청능 재활에 필요한 실질적인 정보를 제공하며, 예후나 효과를 예측하는 데도 유효하게 활용될 수 있다.

(3) 어음청력검사의 목적

① 보청기나 인공와우와 같은 청각보조장치의 착용 효과를 평가한다.

② 후미로성 난청을 감별할 수 있다.

③ 일상생활의 의사소통능력을 평가한다.

④ 순음청력검사를 보완하여 종합적인 청각능력을 판단한다.

⑤ 순음청력검사역치와의 일치 여부를 확인하여 검사신뢰도를 확인한다.

기출의 맥

최근 몇 년간 어음청력검사가 매년 출제되었습니다. 순음청력검사와 비교하는 문제도 자주 출제되고 있고, 어음청력검사 자체도 과거에 비해 상세하게 출제되고 있습니다.

기출 LINE

17중) 어음청력검사는 순음청력검사 결과를 기초로 말소리 청취와 이해 수준을 알아보는 검사로, 대표적인 것으로는 어음명료도 검사가 있습니다. 어음명료도 검사는 최적의 듣기 강도에서 말소리 이해 정도를 나타내는 어음명료도(speech discrimination score)를 알아보고, 이후 청능훈련을 하거나 보청기를 착용하고자 할 때 활용될 수 있는 검사입니다.

키워드 Pick

(4) 어음청력검사의 장단점

장점	• 자극의 통제와 반응의 기록이 정확하다. • 여러 가지 자극제시 수준과 피검자가 말소리 신호를 정확하게 인지하는 능력 간의 관계를 고려할 때, 그리고 피검자의 반응을 정상반응 형태와 비교할 때 매우 유용하다. • 청력손실과 관련되는 정상음량의 부족이 적절한 수준으로 보상될 때 피검자가 말을 명백하게 인지하는 능력을 전반적으로 평가할 수 있다. • 양쪽 귀를 각각 평가할 수 있으며, 어음인지에서 배경소음의 효과를 체계적으로 평가하고, 다양한 어음 자료와 자극 제시방법(예 듣기 대 듣기와 보기)에 따른 피검자의 수행을 믿을 만하게 평가할 수 있다. • 어음인지와 관련하여 다양한 보청기의 효과를 평가할 수 있다.
단점	• 방음장치가 된 청력검사실에서 얻은 검사결과를 피검자의 일상대화 상황에 일반화하는 것은 문제가 될 수 있다. • 클리닉에서 세심하게 측정하여 녹음한 말소리를 헤드폰을 통해 제시하는 것과 피검자의 집이나 직장에서의 개별 말소리를 비교할 때 실제 생활 속의 말소리는 부정확하고 강세가 실려 있으며 크기가 매우 다양하다. • 어음청력검사를 통해 얻은 정반응의 점수는 피검자가 말을 인지하는 능력이 모든 상황에서 모든 환자에게 적용되는 것이 아닐 수 있다. • 어음변별검사는 피검자가 보청기의 증폭으로 받을 수 있는 도움을 과소평가할 수 있다. 왜냐하면 청력검사기는 자연스러운 말소리가 아닌 피검자에게 특별히 처방된 보청기 시스템의 주파수반응과 대조되는 일정한 주파수 신호를 전달하기 때문이다.

(5) 어음청력검사기

① 현대 청력검사기의 대부분은 순음청력검사와 어음청력검사를 하나의 청력검사기로 사용할 수 있도록 한다.

② 어음청력검사기의 보조입력장치: 마이크로폰, 축음기, 녹음기 등

③ 검사는 대개 양쪽 귀를 따로 검사하는 방법과 양쪽 귀를 동시에 검사하는 방법을 사용한다.

④ 청력 수준 다이얼: 대개 120dB 범위로 제공(−10에서 110dB)한다.

⑤ 어음청력검사기의 구성요소

어음녹음 자료	• 어음청력검사를 위해서는 육성 또는 어음녹음 자료가 있어야 한다. • 마이크로폰을 통해 실제 소리를 입력하는 육성 자료는 융통성 있게 검사과정에서 수정할 수 있다는 장점이 있으며, 녹음 자료는 표준화되어 있으므로 검사진행이 빠르고 간단하다는 장점이 있다. • 녹음 자료는 1,000Hz 교정음에 맞추어져 있다.

음량계기 조절기	• 녹음된 어음을 재생하면 VU(Volume Unit) 미터에 레벨이 표시된다. • 이때 UV 미터는 방송이나 녹음을 할 때 그 크기를 모니터링하기 위해 사용되는 계기로서 자극의 크기를 일정하게 유지하기 위해 눈금은 계속 0dB이 되어야 한다. 만약 UV 미터가 −3dB이면 신호는 감쇠기 눈금보다 3dB이 작다는 것을 의미한다. 따라서 육성의 경우 VU미터를 보면서 말의 평균 피크가 0dB이 되도록 조정해야 한다.
출력 조절	• 우측/좌측 헤드셋(이어폰), 우측/좌측 스피커, 골진동자로 소리를 출력한다. • 피검자는 헤드셋을 통하여 육성 또는 녹음된 자극음을 강도에 따라 듣게 된다.
소음발생기	• 어음검사에서는 대부분 백색잡음이 사용된다.

2. 어음청력검사의 종류 16 · 19초, 20중

(1) **어음탐지역치**(어음인식역치, SDT: Speech Detection Threshold) 21초

① 의미

㉠ 어음탐지역치는 어음을 말이라고 감지하여 확인할 수 있는 최저 수준의 어음강도를 말한다.

㉡ 피검아가 어음의 50%를 탐지할 수 있는 가장 낮은 강도로, 이것은 말의 의미를 이해하는 강도라기보다 말소리의 존재를 탐지할 수 있는 강도라고 하는 것이 바람직할 것이다.

㉢ 때로는 어음감지역치(Speech Awareness Threshold: SAT)라고도 부른다.

② 방법

㉠ 피검아가 그 말을 겨우 발견할 수 있다고 지적할 때까지 청력 수준을 높이거나 내린다.

㉡ 어음탐지역치를 찾는 데는 독립된 단어나 구보다도 문장이 더 적절하다.

㉢ 자료는 비교적 흥미가 없는 종류이어야 한다.

㉣ 어느 쪽 귀를 먼저 검사할 것인가는 임의적이다.

㉤ 피검자에게 친근한 어음을 들려주고, 어음이 들릴 때만 반응하도록 한다.

㉥ 순음청력검사와의 차이점은 자극음이 순음이 아니라 어음이라는 것이다

㉦ 말의 의미를 이해하는 것과는 상관없이 자극음이 있다고 인식되면 반응하도록 한다.

(2) **어음청취역치**(어음인지역치, 어음수용역치, SRT: Speech Recognition Threshold)

21유, 19초, 10 · 12중

① 의미

㉠ 이해될 수 있는 말의 제일 낮은 청력 수준(HL)이다. 제시된 일정 수의 어음 가운데 50%를 인지할 수 있는 어음 강도를 가리킨다.

㉡ 어음청취역치는 어음인지역치와 동일하게 사용되는 용어로서, 어음청취역치검사란 제시된 2음절 단어를 정확히 50% 확인할 수 있는 가장 작은 강도(dB HL)를 측정하는 검사이다.

기출 LINE

10중)
- 검사 결과를 dB로 기록한다.
- 강강격 이음절어가 검사음이다.
- 검사할 때 하강법과 상승법을 사용한다.
- 6개의 검사음 중 3개를 정확히 들을 수 있는 최저 수준을 기록한다.
- 피검사자는 헤드폰을 통해 청취한 검사음을 듣고 곧바로 반복해서 따라 말하거나 받아쓴다.

키워드 Pick

ⓒ 대개 피검아가 제시된 어휘를 50% 이해할 수 있는 음의 강도를 어음청취역치로 사용한다.

ⓓ 이해라는 의미는 피검아가 정확하게 따라 말하기가 가능한 것으로, 따라 말하기가 50%가 되는 수준을 말하는 것이다.

ⓔ 어음청취역치와 어음감지역치는 10dB 내외의 차이를 보이며, 순음청력검사의 결과와도 유사하게 나타난다.

ⓕ 어음청력검사의 역치 수준은 순음청력검사의 역치 수준과 비교하여 해석한다.

② 방법

ⓐ 계속적인 이야기나 독립단어를 사용하여 측정하며, SRT 측정에는 일반적으로 강강격(혹은 양양격) 단어라고 불리는 2음절 낱말이 사용된다.

ⓑ 미국표준협회(ANSI)에 따르면 어음청력검사에서 0dB SRT란 정상청력을 가진 사람에게 19dB SPL 양양격 단어를 들려주었을 때 50% 들을 수 있는 수준을 말한다.

ⓒ 대개 SRT는 SDT에 비해 역치가 8~10dB가량 높다.

ⓓ 어음청취역치를 측정하기 곤란한 경우는 어음탐지역치(SDT : Speech Detection Threshold)를 측정하여 사용한다.

ⓔ 어음청취역치의 목적 중 하나는 순음청력의 신뢰도를 검증하는 것으로 검사결과가 순음청력검사의 3분법 평균청력역치와 ±10dB 범위에서 나타나야 한다. 만약 그 이상 차이가 나타나면 피검자의 반응을 신뢰할 수 없다. 16초

ⓕ 중추성 청각장애나 고음급추형 청각장애는 두 역치의 차이가 10dB 이상 나타날 수 있다는 것을 유의해야 한다.

검사 어음	• 검사어음은 일상생활에서 자주 사용되는 쉽고 친근한 낱말로 구성되며, 양양격 단어여야 함 • 표준화된 검사어음표를 사용
검사 방법	• CD 플레이어를 사용할 경우 청력검사기의 모드를 전환하고, 검사기의 볼륨 등을 확인 • 피검자가 검사 단어를 알고 있는지 확인 • 친숙화 단계에서 검사 강도는 평균순음역치(PTA)보다 30~40dB 큰 소리 또는 쾌적역치(MCL)에서 제시 • 피검자가 검사방법에 대해 충분히 이해했다고 판단되면 본 검사에 들어감 • "아주 작은 소리부터 큰 소리까지 다양한 소리 크기에서 단어가 들릴 거예요. 단어가 확실치 않을 때는 유추해서 대답해도 됩니다. 단어가 들릴 때마다 그 단어를 소리 내서 말해 주세요."라고 지시문을 줌 • PTA 값보다 일반적으로 20~25dB 더 큰 강도의 어음을 들려줌 • 제시되는 단어간격은 약 4초로 함 • 자극 강도의 조절은 약 5dB 간격으로 점점 올리거나(상승법), 내리거나(하강법) 할 수 있음
검사 해석	• 일반적으로 PTA에 10dB을 더한 값이 어음청취역치 값이 됨. 그 차이가 15dB 이상일 경우는 검사 자체가 신뢰도가 없거나 위난청을 의심할 수 있음 • PTA와 SRT와의 차이가 ±6dB 이내일 경우는 신뢰도가 우수, ±12dB 이내일 경우에는 보통으로 해석

(3) 어음명료도검사 21유, 16 · 19 · 20초, 10 · 12 · 17 · 20 · 22 · 23중

① 의미

㉠ 어음명료도 값은 역치를 측정하는 것이 아니라 단어를 듣고 정확하게 따라 말하는 단어의 백분율을 말한다.

㉡ 어음명료도검사는 어음인지도 값 그리고 단어명료도 값으로 혼용되어 사용되고 있다.

㉢ 듣기 편안한 강도, 즉 쾌적역치(MCL : Most Comfortable Level)에서 제시된 단어나 문장에 대해 인지할 수 있는 비율을 말한다. 즉, 가장 편하게 느끼는 어음의 강도에서 검사어음을 얼마나 정확하게 이해하는가를 측정한다.

② 방법

㉠ 피검자에게 일정한 수의 1음절 단어를 쾌적역치 수준에서 제시하고 따라 말하기, 쓰기 혹은 그림(사물) 지적하기 등의 반응을 하도록 한다.

㉡ 피검자의 반응에 대해 정오를 판단하여 전체 단어 혹은 문장 가운데 바르게 인지한 비율을 산출한다.

㉢ 정상청력을 가진 사람의 경우 어음명료도는 대개 100%이고, 전음성 청각장애의 경우도 일반적으로 100%가 나타난다. 그러나 감각성이나 신경성 청각장애의 경우 어음명료도가 매우 떨어지는 것으로 나타난다.

㉣ 어음을 청취시키면서 이를 복창하게 하거나 받아쓰도록 하여 피검사자가 정확히 들은 검사어음의 수를 백분율로 표시한다.

㉤ 검사음은 주로 단음절의 음소적 균형 단어목록을 사용하며 일상회화에서 사용되는 친숙한 어음을 사용한다.

㉥ 검사 절차는 보통 쾌적역치나 어음청취역치보다 20~40dB 정도의 큰 소리를 들려주고 따라 말하기나 받아쓰기의 반응을 통해 다양한 강도에서 명료도를 구한다.

㉦ **어음명료도 값**: 피검사자가 아무 단어도 구분할 수 없는 것을 0%, 모든 검사어음을 구분하는 것을 100%로 한다.

㉧ **어음인식역치**: 검사어음을 감지만 할 수 있는 가장 낮은 음압이다.

㉨ **최적음량역치**: 피검사자가 가장 편안하게 느끼는 검사어음의 강도이다.

㉩ **불쾌음량역치**: 피검사자가 검사음으로 불편함을 느끼는 검사어음 강도를 의미한다.

㉪ **역동 범위**: 어음청취역치와 불쾌음량역치의 범위를 의미한다(보청기 조절에 활용).

기출 LINE

22중)
- 어음명료도검사: 양측 귀 70dBHL에서 PB max 40%
- 말림현상이 관찰됨

23중)
- 가장 듣기 편안한 소리 강도로 제시된 말소리를 얼마나 정확히 이해하는지 측정하는 검사로, 검사음이 들릴 때마다 소리 내어 따라 말하거나 소리 나는 대로 종이에 쓰는 검사입니다.

키워드 Pick

검사어음 23중	• 검사에 사용되는 어음은 일상에서 흔히 사용되는 단음절어로 이루어져 있다. • 일반용은 50개의 단음절어, 학령기와 학령전기는 25개의 단음절어로 구성되어 있음
검사방법	• CD플레이어를 사용할 경우 청력검사기의 모드를 전환하고, 검사기의 볼륨 등을 확인함 • 피검자에게 검사방법을 설명함. 단어가 들릴 때마다 소리 내어 따라 말하거나 소리 나는 대로 종이에 쓰도록 함 • 검사방법을 숙지했다고 판단되면 본 검사에 들어감 • 청력이 좋은 쪽 귀를 먼저 검사함 • SRT보다 30~40dB 더 큰 강도 또는 쾌적역치(MCL)로 어음을 들려줌 • 제시되는 단어간격은 약 4초로 함
검사해석	• 10dB 혹은 20dB 간격으로 명료도를 구하고 이 점들을 연결하면 어음명료도 곡선이 됨 • 만약 검사결과 50dB HL / Score 100%라면, 50dB HL에서 들려준 어음의 100%를 정확하게 인지하였다는 것을 의미

③ 어음명료도 곡선

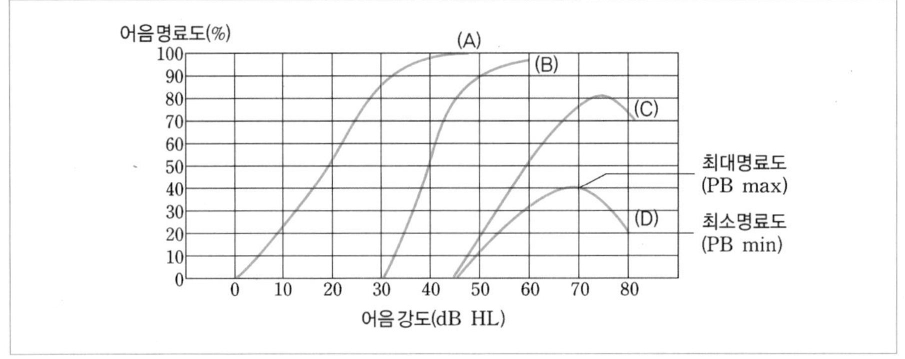

㉠ 해석방법 17중

• 어음명료도 곡선은 피검자의 어음이해능력을 보다 정확하게 보여 준다. (A)는 정상청력을 가진 경우에 해당한다. (B)는 40dB를 들려주었을 때 50%의 정반응을 보이다가 60dB로 어음강도를 높여 주면 거의 100%의 명료도를 보이고 있다. (C)와 (D)는 감각신경성 난청에서 나타난다. (C)는 와우에 이상이 있는 미로성 난청의 전형적인 곡선으로 소리 강도를 높이더라도 최대명료도(PB max)가 약 80%를 넘지 못한다. (D)는 후미로성 난청의 전형적인 명료도 곡선으로 말림현상이 매우 뚜렷하게 관찰된다.

• 어음명료도는 최대명료도에서 얻어진 점수에 따라 96~100%는 아주 뛰어남, 88~95%는 매우 좋음, 80~87%는 좋음, 70~79%는 보통, 50~69%는 저조함, 50% 미만은 매우 저조함으로 해석한다.

• 어음명료도검사의 가장 큰 임상적 의의는 순음청력검사와 달리 미로성 난청과 후미로성 난청을 구별해 준다는 것이다. 후미로성에 대한 보다 정확한 진단을 위해서는 ABR 검사를 추가 실시할 수 있다.

ⓛ 말림현상 22중

- 말림현상이란 최대명료도에서 소리 강도를 높이면 오히려 명료도가 낮아지는 현상을 말한다.
- 최대명료도(PB max)는 강도가 계속해서 상승해도 점수가 더 이상 향상되지 않는 지점을 말한다.
- 최소명료도(PB min)는 PB max를 얻은 강도보다 더 높은 강도의 지점에서 나타난 가장 낮은 어음명료도 점수를 말한다.
- 말림지수(RI : Rollover Index)가 0.45이면 후미로성 난청을 의심할 수 있다.
- RI = (PB max − PB min)/PB max

맥 Plus

어음청력검사의 요약

구분	어음청취역치검사	어음명료도검사
목적	민감도(역치)	인지도
자극음	강강격단어	단어/문장
방법	제시된 단어 가운데 50%를 인지하는 어음의 강도 수준	쾌적역치 수준에서 단어/문장을 인지하는 비율
결과	어음청취역치(dB)	어음명료도(%)
참고	어음청취역치 측정이 어려울 경우 어음탐지역치로 대치	

맥 Plus

청력검사 요약

검사	측정	판독
순음청력검사	청감각	• 손실 정도 • 손실 유형 • 손실 형태 • 양 귀의 차이
보청기 착용역치 링(Ling)의 6개음 검사	보청기 착용 상태의 청감각	• 말소리 자질의 감지 및 인지 가능성 • 환경음의 감지 및 인지 가능성 • 보청기 착용의 효과
고실계측법 청각반사검사	중이의 기능	• 의학적 중재의 필요 • 청력역치의 일시적 변동에 대한 이유 • 손실 정도의 예측
어음감지역치	말소리에 대한 청감각	• 말소리 감지에 대한 최소가청력 • 말소리 인지에 대한 최적강도 수준의 예측
어음인지역치	말인지에 대한 청감각	• 단어 내 모음인지력 • 말인지에 대한 최적강도 수준의 예측과 최소가청력 • 순음청력역치의 신뢰도
어음변별검사 점수	말소리의 인지	• 자음과 모음의 인지능력 • 양 귀의 단어인지력 차이

키워드 Pick

04 보청기와 인공와우

① 보청기

1. 기본원리 11중

① 보청기는 귀에 음을 보다 효율적으로 전달해 주는 도구이다. 보청기는 단순히 공기로부터 보다 많은 음에너지를 집음할 수 있고, 음이 전달되는 동안 음의 분산을 막고, 전기적 증폭기의 건전지에 의해서 음에너지를 첨가할 수 있다.

② 최근의 보청기는 특정 주파수만 차별적으로 증폭할 수 있으며, 청각손실이 있는 각 아동의 특성에 맞게 조절이 가능하다.

③ 보청기는 소리를 크게는 해 주지만 반드시 명료하게 해 주지는 않는다는 것을 이해하는 것이 중요하다.

④ 소음이 많은 교실에서 학습하는 청각장애아동은 많은 어려움을 경험하는데, 보청기는 소음과 소리가 반사되는 교실환경에서는 효과가 적다. 신호 대 소음비율(SNR : signal to noise ratio)이 적어도 15dB 이상일 때 보청기와 잔존청력의 이득을 최대화할 수 있다. 17초, 22중

2. 보청기의 구성요소

기출 LINE

11중) 보청기의 기본 구조는 마이크로폰, 증폭기, 이어폰으로 이루어져 있다.

기출의 맥

보청기의 구성요소별 세부사항 중 출제될 만한 내용들이 있습니다. 출제되지 않은 부분도 보청기의 기능과 관련이 되는 부분은 정확하게 정리해 둘 필요가 있습니다.

◎ **모든 보청기의 구성요소**(유형 상관없이)

요소	내용
마이크	외부환경에서 음향에너지를 포착하여, 전기신호로 바꾼 다음 증폭기로 전달하는 역할을 한다.
증폭기	전기신호의 압력을 증가시켜 수신기로 보낸다.
수신기	음향에너지로 바꾸어 사용자의 외이도로 전달한다.

마이크로폰	음파의 에너지를 수집하여, 이를 전기적으로 변환시키는 역할, 즉 음파를 전파로 바꾼다.
증폭기	마이크로폰을 통하여 유입된 전기적 자극을 확대시키는 역할을 하는데, 이것은 건전지의 에너지에 의해서 이루어진다.
건전지	건전지의 에너지를 통해 전기적 자극은 확대된다.
이어폰	전파로 변한 음파를 본래의 모양으로 귀에 전달하는 역할을 하는데, 이 부분이 난청자에게 가장 관심사가 되는 곳이다. 왜냐하면 마이크로폰과 증폭기는 신체 어느 부위에라도 타인의 눈을 피할 방법이 없기 때문이다.

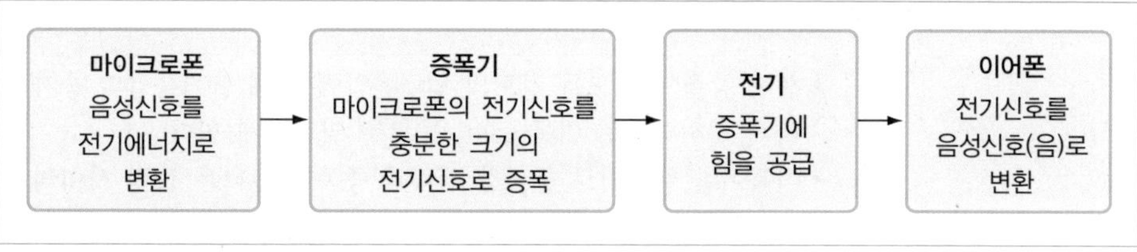

Chapter 11

(1) 마이크로폰(송화기)

① 유입된 음향에너지를 전기에너지로 바꾸는 기능을 한다.

② 마이크로폰에 따른 분류

㉠ 변환방식에 따른 분류: 다이나믹/콘덴서/일렉트릭트 콘덴서 마이크로폰

㉡ 지향 특성에 따른 분류: 전방향/방향 송화기

㉢ 주파수 특성에 따른 분류: 평탄형/변형형 마이크로폰

(2) 증폭기

① 증폭기는 송화기에서 보내준 작은 전기신호를 크게 하여 큰 신호로 바꾸어 주는 기능을 한다. 즉, 음성확성장치라 할 수 있다.

② 가장 중요한 것은 청력검사결과에 따라 각 주파수별 이득을 조정하는 것이다.

③ 증폭기의 방식에 따른 보청기의 분류

㉠ 증폭기의 신호방식에 따른 분류

구분	내용
아날로그 증폭기	• 마이크로폰에서 출력된 전기신호가 증폭기에서 입력신호의 변환과정 없이 그대로 수화기로 소리를 전달하는 방식을 말한다.
디지털 증폭기	• 현재 사용되는 보청기는 대부분 디지털 증폭기를 사용한다. • 디지털 증폭기는 다음과 같은 원리로 이루어진다. 마이크로폰으로부터 아날로그 신호가 입력되면 내부의 아날로그-디지털 변화기를 거치게 된다. 디지털 증폭기에서 디지털 신호로 바꾸어 주며, 디지털 처리과정이 끝나면 신호는 다시 디지털-아날로그 변환기를 통해 다시 아날로그 신호로 변환된다. 이렇게 변환된 아날로그 신호가 수화기로 보내져서 소리로 재생된다. • 디지털 증폭기의 장점 21초 – 주파수반응 특성과 압축비율 조정이 가능하다. – 신호대잡음비 개선이 가능하다. – 음향되울림 발생을 억제한다. – 소비전류가 감소되고 건전지크기가 축소된다. – 고음역에서 이루어지는 말소리를 저음역으로 이동시켜 어음이해도를 높인다. – 보청기와 전화기를 자동으로 연결시킨다. – 청취환경에 따라 증폭이득을 자동 적용한다. – 음향 액세서리, 블루투스, 와이파이 등의 무선 통신이 가능하다.

키워드 Pick

㉡ 증폭기의 압축방식에 따른 분류

선형 증폭기	• 선형 증폭기는 모든 강도의 입력음압에 대해 출력음압의 증가 비율이 동일하다. 즉, 이득(gain)을 모두 일정하게 한다. • 이득이란 증폭기로 들어간 입력과 증폭에서 나온 출력 사이의 차이를 말한다. • 선형 증폭기는 모든 입력신호에서 동일한 이득을 주어 출력하는 방식으로 청력손실이 크지 않은 전음성 난청의 경우에는 적당한 방식이다. • 전음성 난청은 청력역치가 높은 만큼 불쾌역치도 함께 높아지기 때문에 역동 범위가 정상청력과 비교하여 큰 차이가 나지 않기 때문이다.
비선형 증폭기	• 비선형 증폭기는 입력음압과 출력음압의 증가 비율을 서로 다르게 적용한 방식을 말한다. • 작은 소리는 이득을 크게 주고, 큰 소리는 이득을 조금 주기 때문에 역동범위가 좁은 감음신경성 난청의 경우에는 비선형 증폭기가 바람직하다. • 비선형 증폭기의 장점은 음의 왜곡현상을 방지할 수 있다는 것이다. 선형 증폭시스템의 경우에는 예를 들면, 최대출력이 110dB SPL일 경우 80dB SPL 이상에서는 왜곡현상이 발생한다. 그러나 비선형 증폭시스템에서는 50dB SPL에서부터 이득을 점차 줄여 주기 때문에 90dB SPL이 되어야 출력음압이 포화점에 도달하게 되고, 따라서 그 이하에서는 음의 왜곡이 발생하지 않는다. • 감각신경성의 경우 비선형 증폭시스템을 적용해야 하는 또 다른 이유는 바로 누가현상(보충현상)이다. 누가현상은 청력역치는 높지만, 불쾌 수준은 정상청각과 비슷하거나 오히려 약간 감소된 상태를 말한다. • 즉, 청력역치는 증가하지만 불쾌 수준은 증가하지 않는 것이다. 작은 소리는 듣지 못하고, 보통 크기의 소리를 약하거나 매우 작게 들으며, 큰 소리에 대해서는 (정상청각과) 비슷한 크기나 오히려 더 큰 소리로 지각하게 된다. • 따라서 감음신경성 난청의 경우에는 작은 소리에서 이득을 많이 주고 큰 소리는 이득을 조금만 주어서 큰 소리를 불편하지 않게 들을 수 있도록 조절해 주어야 한다. 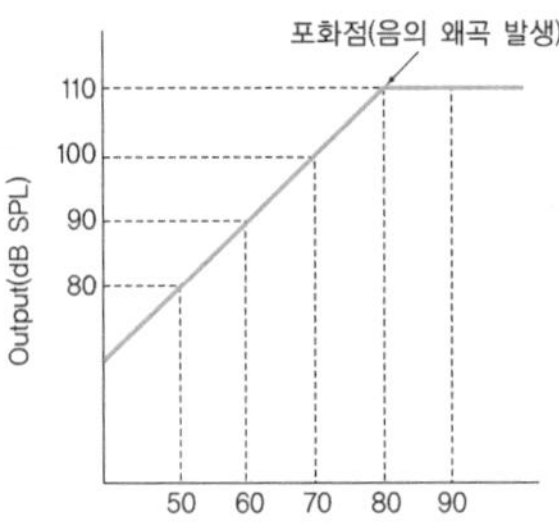 포화점(음의 왜곡 발생) Output(dB SPL) 80 90 100 110 50 60 70 80 90 선형 증폭시스템 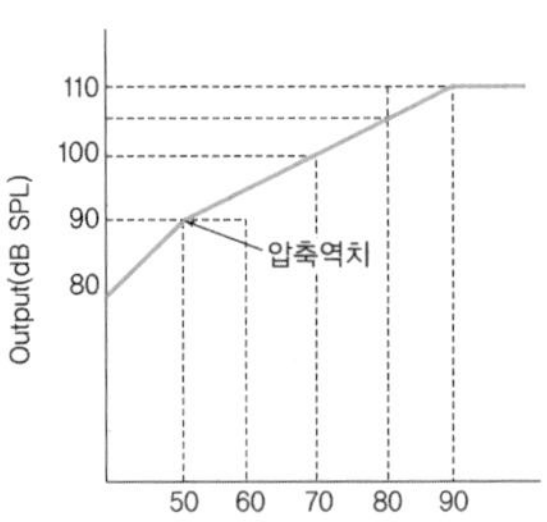 Output(dB SPL) 80 90 100 110 압축역치 50 60 70 80 90 비선형 증폭시스템

ⓒ 증폭기의 채널방식에 따른 분류

- 채널이란 각각의 압축기로 제어되는 모든 주파수 영역을 말한다.
- 채널의 숫자가 많을수록 주파수 영역을 더 세분화하여 기능을 조절할 수 있으며, 개인의 청력 수준에 따른 이득 조절이 가능하다는 장점을 갖는다.
- 수평형 전음성 난청은 전 주파수대역에서 단순히 소리의 크기를 높여 주는 것으로 충분하지만, 주파수 범위에 따라 청력역치 차이가 많은 경우에는 각 채널에 해당하는 주파수대역 조절이 필요하다.

단채널	1,000Hz를 기준으로 저주파수와 고주파수로만 분리된 방식
다채널	여러 개의 채널이 모여서 주파수대역에 따라 이득과 압축 비율 등을 자유롭게 조절하는 방식

맥 Plus

음의 누가현상

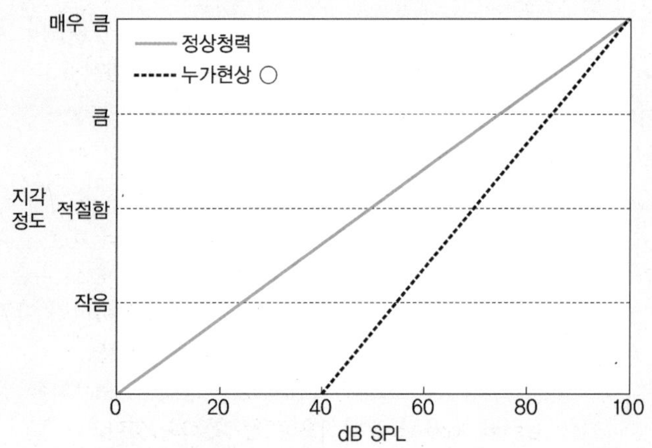

- 와우의 누가현상으로 인하여 역동 범위가 좁아지면 보청기의 착용 효과가 줄어든다.
- **보충(누가)현상**: 내이의 유모세포의 손상으로 인하여 작은 소리는 잘 듣지 못하지만 작은 소리의 변화에 민감하게 반응하는 것을 말한다.

키워드 Pick

(3) 수화기

수화기는 증폭기에서 나온 전기신호를 음향에너지로 변환시켜 다시 소리로 들려주는 기능을 한다. 수화기는 일종의 스피커 역할에 해당한다고 볼 수 있다.

폐쇄 효과	• 폐쇄 효과는 저주파수의 음이 울리는 현상으로 설명되며, 자신의 귀를 막고 발성하면 소리가 증폭되는 현상을 느낄 수 있다. 외이도로 입력된 소리는 고막을 통해 전달되고, 압력은 다시 귀 밖으로 나가야 한다. 그런데 손으로 귀를 막거나, 또는 보청기를 착용하여 외이도를 막고 있으면 중이공간과 외이도 압력 차이로 인하여 폐쇄 효과가 발생한다. • 보청기를 착용할 경우 외이도 내의 음압레벨이 높아지면서 소리가 울리는 폐쇄 효과가 나타난다. • 특히 골전도로 듣게 되는 자신의 목소리의 저음 성분이 상대적으로 더 울리고 증폭되면서 처음 보청기를 착용하였을 때 불편함을 호소하는 경우가 많다. 이럴 경우 외이도가 완전히 막히지 않도록 보청기 외형의 크기를 줄여 주거나, 환기구를 설치하여 폐쇄 효과를 감소시킬 수 있다.
환기구	• 환기구는 보청기와 고막 사이의 공간에서 공기 압력이 높아지는 것을 억제하기 위해 설치하며 공기 압력의 평형을 이루어 착용감이 좋아진다. • 환기구는 보청기의 외형의 아랫부분에 구멍을 내거나, 보청기 외형을 외이도의 직경보다 다소 작게 만들어 사용할 수 있다. • 특히 환기구는 저음의 이득을 줄일 수 있다. • 그러나 환기구의 직경이 너무 커지면 음향되울림이 발생할 수 있으니 주의해야 한다.
텔레코일	• 텔레코일을 보청기에 장착하면 전화기에서 나오는 소리를 명료하게 들을 수 있으며, 최근에는 텔레코일을 보청기 내부에 삽입하여 마이크로폰과 텔레코일 기능을 상황에 따라 선택하여 사용할 수 있다. • 스위치를 이용하여 'M'은 마이크로폰 사용을, 'T'는 텔레코일을, 'MT'는 두 가지를 동시에 사용하는 방식으로 선택할 수 있다. • 보청기에 텔레코일을 장착하면 전화기에서 나오는 말소리를 깨끗하고 정확하게 들을 수 있다.
음질 조절장치	• 고주파수 및 저주파수에서 상대적인 강도를 조절하여 들을 수 있게 한다. • 저음역여과기를 선택하면 고주파수 영역에 비해 저주파수 음역이 강조되어 보다 부드러운 음질을 들을 수 있으며, 반대로 고음역여과기는 저주파수 음역을 내려 줌으로써 상대적으로 고음역이 강조된다. • 일반적으로 저음역의 이득을 감소시키려면 소리는 다소 선명하게 들리며, 고음역의 이득을 감소시키면 소리가 부드러워진다.
볼륨	• 보청기에서 출력되는 소리의 크기를 조정하는 장치를 말한다.
리모컨	• 보청기의 여러 가지 기능은 별도의 리모컨으로 조정되기도 한다. 볼륨, 텔레코일, 음량, 마이크로폰의 지향성, 소음 억제, 음색, 전원 스위치 등의 기능이 포함되어 있으며, • 보청기의 크기가 너무 작아서 쉽게 조작이 어려운 경우에 효과적이다.

3. 보청기의 종류

(1) 착용위치/형태

상자형 보청기	• 마이크로폰과 수화기의 사이가 멀기 때문에 보청기에서 발생하는 음향되울림 현상이 상대적으로 적다는 장점을 갖는다. • 또한 높은 이득을 얻을 수 있어서 고도난청을 가진 경우에 효과적이며 분실의 위험이 적고 활동이 잦거나 조작이 어려운 유아에게 적합하다.
귀걸이형 보청기 22중	• 귀걸이형 보청기는 마이크로폰과 증폭기, 수화기 그리고 건전지는 모두 이개 뒤에 착용하는 본체에 들어간다. 수화기에서 출력되는 소리는 음도관을 통해 외이도로 전달된다. • 귓속형에 비하여 증폭이 크기 때문에 고도난청의 경우에도 착용이 가능하다는 장점을 갖는다. • 귓속형도 마찬가지지만 마이크로폰과 수화기의 위치가 가까이 위치할 경우 소리가 다시 마이크로폰으로 입력되는 문제점을 가지고 있다. • 귀걸이형 보청기는 상대적으로 큰 출력을 낼 수 있기 때문에 주로 고도난청 환자가 사용하며, 소아에게 보청기가 필요한 경우에는 일반적으로 귀걸이형을 추천한다.
귓속형 보청기	• 외관상으로는 좋지만, 귀걸이형에 비하여 음향되울림현상이 쉽게 발생한다. • 또한 부품의 크기가 전반적으로 작기 때문에 보청기의 이득이 상대적으로 작다는 제한점을 갖는다. • 귓속형 보청기는 착용 위치에 따라 크게 갑개형 보청기, 외이도형 보청기, 고막형 보청기 등으로 구분한다. • 이 가운데 갑개형 보청기가 가장 높은 이득과 출력이 가능하며, 반면에 외이도형이나 고막형은 출력은 작지만 외부에서 볼 때 눈에 잘 띄지 않아 미용 효과가 크다는 장점이 있다. • 고막형 보청기는 송화기의 위치가 외이도 내에 있어 이개의 공명 효과 때문에 고주파수의 증폭 효과를 얻을 수 있고, 폐쇄 효과(occlusion effect)를 줄이는 것도 용이하다.
오픈형 보청기	• 귓속형과 귀걸이형의 장점을 결합한 보청기이다. • 귀걸이형에 비해 본체가 작고 가벼우며, 가늘고 눈에 띄지 않는 튜브로 구성되어 있다. • 귓속형에 비해 이득이 높아서 고도난청의 경우에도 착용이 가능하다. • 무엇보다도 튜브가 얇기 때문에 눈에 띄지 않으며 머리카락이 귀 뒤를 가리므로 선호도가 높다. • 또한 무선 커뮤니케이션기술이 완벽하게 적용되어 있어 최근 가장 많이 사용되는 형태의 보청기이다.

키워드 Pick

(2) 음전도방식

① 음전도방식에 따라 보청기를 분류하면, 기도 보청기와 골도 보청기로 구분한다.

② 기도 보청기(air conduction hearing aid)는 일반적으로 사용되는 보청기로 기도전도를 통해 증폭된 신호를 전달한다.

③ 골도 보청기(bone conduction hearing aid)는 골도전도를 사용해 증폭된 소리를 전달한다. 진동체는 주로 두개골의 유양돌기에 부착하여 안경이나 머리띠 형태로 사용된다.
④ 골도 보청기는 기도 보청기의 사용이 어려운 외이도 폐쇄 및 협착, 만성중이염, 귀꽂이 알레르기 등이 있는 사람에게 적용되는 특수 보청기의 하나이다.

(3) 신호처리방식

① 아날로그 보청기는 입력된 전기신호의 변환과정 없이 증폭하여 수화기로 전달하는 가장 일반적인 방식의 보청기이다.
② 디지털 보청기는 변환된 전기신호를 디지털 신호처리, 즉 증폭, 여과, 분석 등의 과정을 통해 원하는 신호로 처리하는 과정을 거치는 보청기이다. 디지털 신호처리를 거친 보청기의 장점은 보청기의 크기를 줄일 수 있으며, 내부의 잡음이 적고, 건전지의 소모가 작으면서도 안정된 소리를 출력할 수 있다는 점이다.

(4) 증폭방식

① 증폭방식에 따라 보청기를 분류하면 선형(방식) 보청기와 비선형(방식) 보청기로 구분한다.
② 보청기로 입력되는 소리와 출력되는 소리의 크기가 동일하게 증가하는 방식의 보청기를 선형 보청기라고 한다.

(5) 특수 보청기

기출 LINE

21유) 민기는 주변 소음이 많거나 거리가 멀어지면 말소리를 훨씬 이해하지 못하더라고요. 그런 경우에는 FM 보청기를 사용하면 도움이 됩니다.

기출의 맥

특수 보청기에 해당하는 유형들이 꾸준히 최근 지속적으로 출제되고 있어요. 각 보청기의 핵심 기능을 정확하게 이해해 두고, 정리해 두세요!

① FM 보청기 13·15·21유, 13초, 13추·22·25중

의미	• 라디오 주파수를 이용한 청각보조기기로서, 인공와우나 보청기 또는 블루투스 등에 결합하여 사용하는 무선 송수신장치이다. • 화자가 착용한 마이크, 즉 송신기를 통해 입력된 신호음을 청각장애아동이 착용한 수신기에 FM 신호를 사용해서 직접 전달하는 보청기 혹은 장치를 FM(frequency modulation) 보청기라고 한다. • 일반적으로 청각장애 아동의 듣기를 방해하는 요소, 즉 신호대잡음비를 발생하는 요인으로는 배경소음, 반향(reverberation) 등이 있다. • FM 보청기는 이러한 방해요인에 상관없이 신호음을 직접 들을 수 있어 특히 교실 등과 같이 소음이 많은 장소에서 매우 효과적으로 사용되고 있다. • FM 수신기는 보청기나 인공와우 모두 직접 혹은 간접으로 연결하여 사용한다.
특징 및 활용	• 주파수 변조(frequency modulation)방식의 라디오 송수신 원리를 이용하여 신호음대잡음비(SNR)를 현저히 개선한 FM 보청기의 활용은 청각장애 학생의 청각손실 정도, 교실 환경, 나이, 교육방식 등에 상관없이 효과적이다. • 교사가 앞에서 말을 하고 학생들이 줄을 맞추어 앉는 구조에서 FM 보청기는 더 효과적이다.

장점	소음	• FM 보청기는 발화자와 청취자가 심하게 움직이고 있다고 하더라도 항상 최적의 거리를 유지하는 효과를 가짐으로써 일정한 음압을 유지하게 한다. • 소음의 문제를 최소화시킬 수 있다.
	거리	• FM 보청기는 음을 전달하는 데 있어 거리와는 관계없이 최상의 상태를 유지시키는 역할을 한다. • 교사와 학생과의 거리가 항상 일정하게 유지되기 어렵지만 아동에게 전달되는 음압이 다른 보청기에 비해 뛰어나므로 FM 보청기는 거리에 관계없이 음을 전달하는 데 효율적이다.
	반향 효과	• 보청기로 전달되는 또 다른 원치 않는 소리는 반향 효과, 즉 음의 반사에 의한 것이다. • 반향 효과는 울림이 없도록 설계한 방음실을 제외하고는 모든 교실이나 방에서 일어난다. • 반향 효과가 일어나는 시간이 길면 길수록 건청인이나 청각장애 학생의 단어인지 점수는 낮아지는데, 이는 곧 반향 효과가 청각장애 학생이 음을 인지하는 데 있어 부정적인 작용을 하고 있음을 의미한다. • FM 보청기는 소음에서나 방음에서 다른 보청기에 비해 탁월하게 음성언어를 인지할 수 있다.
단점	• 주파수의 혼선, 즉 다른 전파의 방해로 인해 소음이 생길 수도 있다는 것이 가장 큰 단점이다. • FM 신호체계는 차폐물에 매우 약하다. • 발화자와 청취자 사이에 신호를 가로막는 물건 혹은 환경이 존재하는 경우, FM 보청기의 성능에 많은 제약을 받을 수밖에 없다.	

② **크로스 보청기** 18초, 24중

㉠ 크로스(CROS : Contralateral Routing Of Signal)형 보청기는 주로 편측 난청 혹은 비대칭형의 청력손실이 있는 경우에 사용되며, 청력이 나쁜 쪽 귀로 들어오는 신호를 청력이 좋은 쪽 귀에서 청취할 수 있도록 해 주는 보청기이다.

㉡ 따라서 소리가 발생한 방향에 관계없이 청력이 좋은 귀로 소리를 들을 수 있으며, 나쁜 쪽에서 입력되는 소리에 대해 두영 효과(head shadow effect)의 영향을 크게 받지 않는다는 장점을 갖는다.

㉢ 좌우 청력차가 커서 한쪽만 보청기를 착용할 경우 한쪽이 양호하더라도 잡음이 있을 경우 어음이해력이 크게 떨어지고 방향분별이 어렵기 때문에 크로스 보청기 착용이 필요하다.

㉣ 귀걸이형의 크로스형 보청기는 양쪽 귀에 수화기와 보청기를 동시에 착용해야 하므로 미용 효과가 떨어지고 번거로울 수 있는 단점도 있다.

기출 LINE

18초) 연지는 편측성 난청이 있어서 크로스 보청기를 착용하고 있지만 부모님이 농인이어서 수어에 익숙하고, 음성 언어를 접한 지 오래되지 않아서 소리 구조를 이해하는 것이 쉽지는 않을 거예요.

키워드 Pick

ⓜ **단일-크로스 보청기**: 나쁜 쪽 귀에는 마이크로폰(송화기)을, 좋은 쪽 귀에는 수화기를 착용한다.

ⓑ **바이-크로스 보청기**: 편측성이면서 좋은 쪽 귀 역시 난청의 정도가 심한 경우에 착용한다. 좋은 쪽 귀에 일반 보청기를 착용하고 나쁜 쪽 귀로 입력된 소리신호를 좋은 쪽 귀로 보내준다. 24중

크로스 보청기 유형	원리 및 장점	단점
단일-크로스 보청기	좋은 귀가 경도 또는 정상 귀/나쁜 귀는 고도난청 또는 농	
	• 나쁜 쪽 귀에서 입력되는 소리신호를 좋은 귀로 전달하여 듣는다. • 송화기와 수화기가 따로 있어서 음향되울림이 감소한다.	• 양 귀에 수화기와 송화기를 따로 착용해야 한다. • 소음이 나쁜 귀로 들어오면 말소리의 이해력이 감소된다.
바이-크로스 보청기	좋은 귀가 중도 또는 고도/나쁜 귀는 고도난청 또는 농	
	• 좋은 귀에 일반보청기를 착용하여 양측으로 소리신호가 입력된다.	• 음향되울림현상이 발생할 수 있다.

③ **주파수압축 보청기(frequency compression hearing aid)**

㉠ 주파수전위 보청기(frequency transposition hearing aid)라고 부르기도 한다.

㉡ 고도청력손실이 있으면서, 고주파수와 저주파수대역에 따른 차이가 클 경우 사용된다.

㉢ 이때 저주파수 영역의 청력이 어느 정도 보존되어 있고 고주파수에서 거의 잔존청력이 없을 경우에 효과적이며 어음에 들어 있는 고음 성분을 저주파수대역으로 이동시켜 증폭시키는 원리를 이용한다.

㉣ 원리는 고주파수대역의 에너지를 저주파수대역으로 변환 혹은 압축시켜 증폭시키는 것이다.

㉤ 고주파수대역의 청력이 거의 없으면서 저주파수대역에 일부 잔존청력이 남아 있는 고도 및 최고도 청각장애 아동에게 사용되거나 인공와우 이식을 결정하기 전 단계에서 보청기의 효과를 검증하는 데도 활용된다.

④ **적외선 보청기**: 구조와 원리는 FM 보청기와 유사하지만 TV 리모컨처럼 적외선에 해당하는 전자기파를 사용한다는 차이가 있다.

⑤ **촉각 보청기**: 일반 보청기의 증폭 효과를 기대할 수 없는 경우에는 음향학적 신호를 청각이 아닌 진동자극이나 전기자극으로 변환시켜 주는 촉각 보청기를 사용할 수 있다. 최근에는 인공와우로 대체되는 경향이 있다.

(6) 청각보조장치 유형

<table>
<tr><td>FM 시스템
보청기</td><td colspan="3">• FM 시스템 보청기는 소음이 심한 방이나 음의 울림이 큰 홀, 음성을 청취하기에 부적합한 환경에서 어음변별 효과 및 언어청취명료도를 증진시킬 목적으로 만들어진 것
• FM 시스템은 화자의 말을 무선 마이크로 청취하여, 이를 FM 보청기로 전달해 준다. 따라서 말하는 사람의 음성만이 명료하게 증폭되고, 그밖에 필요없는 주위의 소음은 제거되거나 혹은 억제됨</td></tr>
<tr><td rowspan="4">집단용
보청기
15유</td><td colspan="3">• 집단용 보청기는 고주파수나 저주파수에서 큰 음을 양쪽 귀로 양호하게 들을 수 있는 장점이 있는 반면, 아동들과 교사들의 동작을 제한한다는 단점이 있음
• 집단 환경에서 겪을 수 있은 청각적인 문제를 해결하기 위해 사용하는 증폭기기의 유형
• 원리는 음원 가까이에 해당 장치의 마이크로폰을 설치함으로써 주위 소음보다 원하는 신호의 강도를 증가시키는 것
• 종류</td></tr>
<tr><td rowspan="2">소규모
집단용
장치</td><td>개인용</td><td>• 송신자가 마이크로폰을 이용해 말을 하면, 지정된 주파수나 채널을 통해 전달됨. 이때 보청기 사용자나 인공와우 사용자는 자신의 FM 수신기를 장치의 FM 주파수 수신기의 잭에 꽂아 개별적으로 청취하면 됨</td></tr>
<tr><td>음장증폭</td><td>• 신호가 개별 수신기로 전파되는 것이 아니라 교실 혹은 회의실 주위에 고루 배치된 오디오 스피커를 통해 전달됨</td></tr>
<tr><td>대규모
집단용
장치</td><td colspan="2">• 이어폰에 꽂을 수 있는 배선잭
• 소규모 집단용 장치와 비슷한 FM 발신기-수신기를 설치
• 전자기 유도장치가 있는 보청기로 전달하기 위한 오디오 감음 고리형 회로가 존재</td></tr>
<tr><td>유도파
보청기</td><td colspan="3">• 유도파를 발생시키는 전선이 배선되어 있는 공간에서 보청기의 스위치를 전환하여 사용하는 보청기
• 배선이 된 공간에서 자계강도가 동일하기 때문에 행동반경이 집단용 보청기보다 넓고 난청아동이 가정에서 전화를 하거나 텔레비전을 시청할 때뿐만 아니라 대규모 공연시설에서는 일반인들도 사용할 수 있음
• 그러나 연속된 교실에서 다른 발전기를 사용하여 혼선이 될 가능성이 있고, 보청기 제조회사마다 약간의 차이가 있어 실외에서의 사용이 어려울 수도 있음</td></tr>
<tr><td>적외선
보청기</td><td colspan="3">• 일반적으로 사용하는 리모컨에 이용되는 적외선을 응용한 방식
• 적외선은 전파와 달리 빛을 차단하는 장애물을 통과하여 밖으로 나갈 일이 없어 루프의 혼선문제를 해결한 장점이 있지만, 채광이 너무 잘되면 태양광선 중 적외선과 혼선이 되어 신호가 전달되지 않을 수도 있다는 단점이 있음</td></tr>
</table>

키워드 Pick

4. 보청기 적합

(1) 보청기 적합의 의미

① 청각장애 아동을 위한 보청기 적합과정은 크게 다섯 단계로 구성된다.

② 청력평가(assessment), 보청기 선택 및 적합(selection), 적합확인(verification), 교육 그리고 결과평가(outcome evaluation) 단계이다.

③ 어린 아동은 신체적·청각적 조건이 성인과 달라 보청기를 적합하는 과정에서도 유의해야 할 점이 있다.

④ 먼저 동일한 청력검사기로 측정했을 때 아동의 청력역치는 성인과 다를 수 있다.

⑤ 아동의 외이도 모양과 길이는 성인과 다르기 때문에 외이도 공명주파수가 다르다.

⑥ 청각적인 특징으로는 정상청력의 아동이라도 효율적으로 의사소통하기 위해서는 성인에 비해 높은 신호대잡음비가 필요하다는 점이다.

⑦ 아동의 경우 동일한 청력일 때 약한 소리에 대해서는 성인에 비해 높은 이득이 필요하다. 그러나 영유아에 대한 청각학적 데이터가 아직 부족하기 때문에 어린 아동의 보청기 적합과정은 매우 신중하게 진행해야 한다.

(2) 보청기 착용 아동평가

① 의학적 치료가 필요한 경우에는 보청기 착용에 앞서 우선적으로 필요한 의학적 치료를 받아야 한다.

② 일반적으로 보청기 착용 효과는 청력손실 정도 및 발생시기, 청각장애의 유형, 역동범위 및 어음인지력 등에 따라 차이가 난다. 따라서 보청기 착용 아동평가에는 이러한 요인을 충분히 평가해야 한다.

③ 경도의 청력손실은 부분적으로 보청기의 이득을 볼 수 있다.

④ 난청 기간이 짧을수록 보청기의 착용 효과가 좋다.

⑤ 역동 범위가 45dB 이상으로 넓으면 보청기를 통해 큰 효과를 볼 수 있으나 25dB 이하로 좁은 경우 보청기 착용이 매우 어렵다. 하지만 이 경우에도 비선형 증폭기(nonlinear amplifier)를 사용하여 압축비율을 높이면 도움을 받을 수 있다.

⑥ 어음인지력이 높을수록 보청기의 효과가 크게 나타난다. 그러나 보청기를 사용해도 어음인지도가 50% 미만인 경우는 청각만으로 의사소통이 어려울 수 있으므로 독화나 수화 등 시각 정보를 통합한 의사소통매체를 고려하는 것이 좋다.

Chapter 11

(3) 보청기 선택

① 양측 착용

㉠ 양측 귀에 청력손실이 있는 경우 양이 착용이 원칙이나 반드시 양이 착용을 고수할 필요는 없다. 그러나 양측 귀 대칭형 청력손실아동이 편측 착용보다 양이 착용을 우선으로 하는 이유는 양이 효과(biaural hearing) 때문이다.

㉡ 두 개의 귀로 소리를 들을 때는 한쪽 귀로 듣는 것보다 역치 부근에서 약 3dB 정도 크게 들을 수 있으며, 특히 고주파수대역에서 두영 효과로 인한 영향을 덜 받는 것으로 알려져 있다.

㉢ 양이 착용이 소음이나 반향으로 인한 소리의 방해를 덜 받고 어음인지도를 높일 수 있다.

㉣ 양이 효과 24 · 25중

- 소리의 방향을 감지하기 쉽다.
- 신호대잡음비가 향상된다.
- 어음명료도를 향상시킨다.
- **양이합산**: 소리의 크기가 건청인의 경우 약 3dB 증가하는 양이합산현상이 나타난다.
- **양이진압**: 입력된 음압이 한쪽 귀보다는 양쪽 귀에 도달하였을 때, 소음과 반향음을 더 효과적으로 감소시키는 청각시스템이다. 소음 상황에서 양이착용자의 말소리인지에 직접적인 도움을 줄 수 있다
- **양이중복**: 같은 소리를 두 번 청취하는 것과 같은 양이중복이 발생한다.

② 보청기 착용 귀 선택(특별한 이유로 단측 착용이 불가피할 경우)

㉠ 여러 이유 때문에 편측 착용을 할 수밖에 없는 경우 첫째, 역동 범위가 상대적으로 넓은 귀를 선택하며, 둘째, 어음인지도가 높은 쪽 귀에 보청기를 착용하는 것이 효과적이다.

㉡ 양이의 청력손실이 비대칭적일 때는 먼저 1~2개월 정도 시험기간을 갖는 것이 좋으며, 보청기를 착용해야 할 귀를 선택할 때는 첫째, 양이의 청력이 모두 55dB 이하인 경우는 청력손실치가 큰 쪽에 착용하고 둘째, 양이의 청력이 모두 80dB 이상으로 심한 청각장애인의 경우 청력이 좋은 쪽에 착용하는 것이 좋다.

㉢ 양이 청력의 차이가 매우 큰 경우, 즉 한쪽은 거의 최고도 수준이며 다른 한쪽은 중도인 경우에는 청력이 좋은 쪽에 착용하도록 권하는 것이 좋다.

㉣ 청력역치의 조건에 따른 착용위치

조건	착용위치
양쪽 귀의 청력역치가 55dB보다 좋을 때	나쁜 쪽 귀에
양쪽 귀의 청력역치가 55dB보다 나쁠 때	좋은 쪽 귀에
비슷한 역치를 가질 경우	어음인지도가 좋고 역동 범위가 넓은 귀에
양측 청력의 차이가 없을 경우	오른쪽 귀에

키워드 Pick

ⓜ 착용 귀의 유형에 따른 착용방법

손실 유형	착용방법
양측성 손실	• 폐쇄 효과로 인하여 한쪽에서 소리가 나는 경우 반대쪽은 잘 들리지 않는다. 양이 합산능력으로 인하여 양쪽 귀에 보청기를 착용하는 것이 더 효과적이다.
편측성 손실	• 양이의 청력차가 심한 경우이며 두영 효과의 발생으로 소리분별 능력이 떨어진다. 보청기를 착용하지 않을 경우 소리 균형의 이상으로 좋은 청력의 귀까지 나빠질 가능성이 크다.
대칭형 손실	• 양이 청력차가 심할 경우 양이 착용 효과가 적게 나타날 수 있다. 양이 간섭 효과로 어음명료도가 떨어질 경우 한쪽 귀 착용이 유리하다. 역동범위가 넓고 어음이해 정도가 높은 귀를 선택하는 것이 바람직하다.
비대칭형 손실	• 양쪽 귀가 55dB보다 좋은 경우 ⇨ 나쁜 쪽 • 양쪽 귀가 80dB보다 나쁠 경우 ⇨ 좋은 쪽 • 한쪽이 55dB보다 좋고 다른 한쪽이 80dB보다 나쁠 경우 ⇨ 좋은 쪽 • 양이 모두 55~80dB 사이일 때 ⇨ 60dB에 가까운 쪽

③ 보청기 유형의 선택

㉠ 우선적으로 고려할 사항

- 사용자의 연령 ⇨ 아동은 반드시 양이 착용을 하여 양쪽 귀에 동일한 자극을 받을 수 있도록 한다.
- 사용자의 청력 정도와 유형
- 보청기를 사용하는 사회적 환경이나 경제력

㉡ 착용 위치에 따른 선택

- 가장 보편적으로 많이 사용되는 귀걸이형 보청기와 귓속형 보청기의 선택은 청력손실 정도가 가장 중요한 변인이다.
- 청력손실 정도가 심한 경우는 당연히 증폭양이 큰 귀걸이형 보청기가 적당하며, 경도나 중도인 경우 귓속형 보청기가 적합하다.
- 귓속형 보청기는 성장에 따라 이개나 외이도의 크기가 달라지는 어린 아동에게는 적합하지 않다.

㉢ 청각장애 유형 및 특성에 따른 선택

- 전음성 청각장애는 아날로그 보청기로도 충분히 적합하며, 일부 경도의 감각신경성 청각장애의 경우도 굳이 비싼 디지털 보청기를 선택하지 않아도 된다.
- 역동 범위가 넓은 전음성 청각장애나 청력손실 정도가 심하지 않아 적은 양의 증폭으로 충분한 경도 및 중도의 감각성 청각장애 아동은 선형 보청기를 선택하는 것이 좋다.
- 대부분의 감각신경성 청각장애는 역동 범위가 상대적으로 매우 좁기 때문에 비선형 보청기를 선택해야 한다. 일반적으로 역동 범위가 30dB 이하인 경우는 비선형 보청기가 적당하다.

㉣ 청력손실도에 따른 선택

<table>
<tr><th rowspan="2">청력손실</th><th rowspan="2">귀걸이형 보청기</th><th colspan="3">귓속형 보청기</th></tr>
<tr><th>ITE</th><th>ITC</th><th>CIC</th></tr>
<tr><td>경도</td><td rowspan="4">착용 가능</td><td rowspan="3">전방향의
소리에
민감하게
반응할 수 있음</td><td rowspan="2">이개의 공명
효과</td><td rowspan="2">폐쇄 효과 감소</td></tr>
<tr><td>중도</td></tr>
<tr><td>고도</td><td rowspan="2">부적합</td><td rowspan="2">부적합</td></tr>
<tr><td>최고도</td><td>부적합</td></tr>
</table>

㉤ 보청기를 처음 사용하거나 스스로 음량조절기를 조절하기 어려운 아동 및 청취 환경이 다양한 청각장애 아동은 광대역 압축방식의 보청기가 유리할 수 있으며, 급추형의 청력형을 가진 청각장애 아동은 다채널의 비선형 보청기가 유리하다.

(4) 보청기평가

① 심리음향적 평가는 숙련된 귀를 사용한 주관적인 평가이며, 전기음향적 평가는 보청기 성능분석장치(hearing aid analyzer)라고 하는 장비를 사용하여 객관적인 지표를 통해 분석하는 방법이다.

② 보청기평가의 목적은 보청기가 최적의 상태를 유지하고 있는지 혹은 사용 중인 보청기에 특별한 문제가 있는지 점검하기 위한 것이다.

③ 보청기평가 결과는 청각장애 아동의 청력에 맞는 보청기를 선택하고, 유지 및 관리하는 데 필요한 정보로 활용된다.

(5) 보청기적합 시 고려할 점

① 보청기 착용 대상 아동의 나이가 만 3세 정도가 되면 어음청각검사 등을 보청기적합에 사용할 수 있으며, 나이가 더 많으면 스스로 자신에 맞는 보청기와 소리에 대한 의견을 나타낼 수도 있다.

② 나이가 아주 어린 영유아에게 불쾌역치를 넘지 않도록 최대출력을 조절하거나 음압이 적은 소리나 큰 소리가 역동 범위 내에 충분히 들어갈 수 있도록 조정하는 일은 매우 어려운 과정이다.

③ 처방된 최대출력음에 대해서는 아동의 행동을 잘 관찰하면서 적합을 실시한다.

④ 어른에 비해 아동의 보청기 착용은 말소리의 입력과 이해에 큰 영향을 미친다. 따라서 성인보다 주파수 범위가 넓은 것을 선택, 적합시키는 것이 바람직하다.

⑤ 성인에 비해 아동은 외이도의 길이가 작아 목표로 하는 이득을 얻기 위해 성인보다 커플러 이득이 적게 필요할 수도 있다. 이를 고려하여 보청기 이득음의 크기를 결정해야 한다.

⑥ 성인에 비해 아동이 사용하는 보청기의 송화기는 일반적인 것보다는 전방향성 송화기나 지향성 송화기가 화자가 전달하는 언어음을 입력하는 데 효과적일 수 있다.

⑦ 청각장애 아동의 보청기 사용을 극대화하기 위해서는 무엇보다도 부모의 이해와 협조가 필요하다.

키워드 Pick

5. 보청기 성능검사

(1) 최적이득

① 사용자에게 일상생활에서 소리의 크기와 질, 그리고 말소리변별의 관점에서 가장 듣기가 좋다고 제시되는 주파수별 이득을 최적이득이라 한다.

② 최적이득에 대한 처방법은 청력손실의 정도와 형태, 입력음의 크기에 따라서 다양하게 개발되어 있으며, 보청기 증폭방식에 따라 선형 방식과 비선형 방식이 있다.

(2) 최대이득

① 보청기의 볼륨을 최대로 올린 상태로 일상생활 대화음 정도의 강도(50~60dB SPL)에서 세 주파수(1,000Hz, 1,600Hz, 2,500Hz)의 평균이득을 말한다.

② 보통 최적이득보다 10~15dB 높게 처방하는 것이 낫다.

(3) 최대출력

① 보청기의 볼륨을 최대로 올린 상태로 귀가 아플 정도의 큰 소리(90dB SPL)에서 세 주파수(1,000Hz, 1,600Hz, 2,500Hz)의 평균출력을 의미한다.

② 이러한 최대출력이 사용자의 불쾌 수준을 넘어설 경우 귀가 아프거나 불쾌하므로 사용을 중단할 수 있기 때문에 불쾌 수준을 넘지 말아야 한다. 또한 최대출력을 너무 많이 제한할 경우 음이 왜곡될 수 있으므로 가급적 넓은 폭의 가청 범위를 유지해야 한다.

(4) 주파수 범위

① 일반적으로 사람이 들을 수 있는 주파수는 20~20,000Hz이다.

② 그중에 어음 분포가 가장 많이 포함되어 있는 주파수는 약 125~8,000Hz라고 볼 수 있다. 따라서 보청기의 효율적인 증폭이 가능하도록 주파수의 범위를 측정해야 하며 넓을수록 좋다.

(5) 배음 왜곡

음이 왜곡되는 정도를 측정하여 백분율(%)로 표시하고, 주로 세 주파수 500Hz, 800Hz, 1,600Hz에서 측정한다.

(6) 건전지 전류

보청기의 사용시간과 전류 소비량을 측정한다.

6. 보청기의 관리 20유

(1) 일반적인 관리사항

① 취침이나 목욕(물놀이 포함)할 때는 반드시 보청기를 빼 둔다.
② 보청기를 장기간 사용하지 않을 때도 건전지를 분리하여 제습제가 든 통(dry pack)에 보관한다. 보청기 보관 장소는 너무 춥지 않고, 공기가 잘 통하며, 건조하고, 냄새가 없고, 자기 자기장을 발생하는 기계로부터 멀리 떨어진 곳에 건전지를 분리하여 보관한다.
③ 보청기에 무리한 힘을 가하거나 떨어뜨리지 않도록 한다.
④ 열기를 피하고 특히 더운 날은 자동차 등에 보관하지 않도록 한다.
⑤ 애완동물 근처에 보청기를 두지 않는다. 보청기의 음향되울림 때문에 벌레로 오인하여 보청기를 파손시키는 경우가 있다.
⑥ 보청기 청소를 주기적으로 실시한다. 송화기를 아래로 향하게 손에 쥐고 전용 청소용 솔로 부드럽게 털어 준다. 무리하게 힘을 주지 말고 솔을 송화기의 구멍에 넣지 않도록 한다.
⑦ 이비인후과를 정기적으로 방문하여 귓속을 청결하게 유지하도록 한다.
⑧ 정전기가 발생하지 않도록 주의한다.
⑨ 보청기 착용시간을 조금씩 늘려 가는 것이 좋다.
⑩ 보청기는 적응기가 필요하다.

(2) 건전지 교체

① 장애아동의 경우에는 스스로 건전지 교체 필요성을 지각하기 어렵기 때문에 보호자가 잘 관찰할 필요가 있다.
② 건전지 수명을 오래 유지하기 위해서는 건전지에 붙어 있는 스티커는 미리 뜯지 않으며, 습기가 차지 않도록 잠잘 때는 건전지 입구를 열어 습기제거 통에 넣어 두는 것이 좋다.

(3) 보청기의 보관 20유

① 매일 아침 건전지를 점검하는 것으로 보청기의 상태를 점검해 볼 수 있다.
② 이어폰과 마이크를 접근시켰을 때 '삐-' 하는 음향되울림현상이 일어나지는 않는지, 이어폰의 음질과 볼륨은 적절한지 살펴볼 필요가 있다.
③ 이어몰드가 찢어지거나 느슨해졌는지, 먼지가 묻어 오염되지는 않았는지 살펴보아야 한다. 만약 이어몰드가 느슨하다면 다시 제작해야 하고, 이어몰드에 먼지가 붙거나 오염되었다면 부드러운 솔로 청소해 준다.
④ 보청기 착용 전 면봉으로 귓속 청소를 하고, 운동 시 흘리는 땀이나 먼지 등은 보청기를 손상시킬 수 있으므로 사용 후 보청기를 항상 마른 수건으로 닦아 착용하도록 한다.
⑤ 마이크 부분에 먼지가 끼었을 경우 부드러운 솔로 먼지를 털어내 주며 이어몰드에 때가 끼었을 경우 부드러운 솔로 닦아 주거나 물을 살짝 묻힌 물수건으로 닦아 주도록 한다.

기출 LINE

20유)
- 찬우가 보청기를 착용하는데 수업 시간에 보청기에서 가끔 '삐~' 소리가 나요.
- 음향 피드백(음향 되울림)이 발생하면 찬우의 보청기 이어몰드나 건전지 상태를 확인해야 해요.
- 그리고 찬우가 소리를 최대한 잘 듣도록 신호대 잡음비(Signal to Noise Ratio; SNR)를 개선할 필요가 있어요.

키워드 Pick

(4) 습기와 온도 조절

① 보청기는 습기와 온도에 약하다. 습기가 많은 곳에서나 물에 젖을 경우 오작동되거나 고장이 날 확률이 무척 높다. 그러므로 보청기를 착용한 채로 샤워나 세수를 해서는 안 되며, 수영장에 가거나, 비를 맞아도 안 된다. 만약 이런 경우 가능한 한 빨리 물기를 제거한 후 습기제거제와 함께 보관해 두는 것이 좋다.

② 밤에 자기 전, 하루 일과를 마치고 나면 보청기를 구입할 때 받은 습기제거 통에 넣어 두면 보청기 사용기간을 늘릴 수 있다.

③ 보청기를 장기간 사용하지 않을 때에도 건전지를 분리하여 습기제거 통에 넣어 보관한다.

④ 보청기는 너무 높거나 낮은 온도에서 고장 나기 쉽다. 또한 보청기를 착용하고 찜질방을 간다거나 사우나를 해서는 안 된다.

② 인공와우

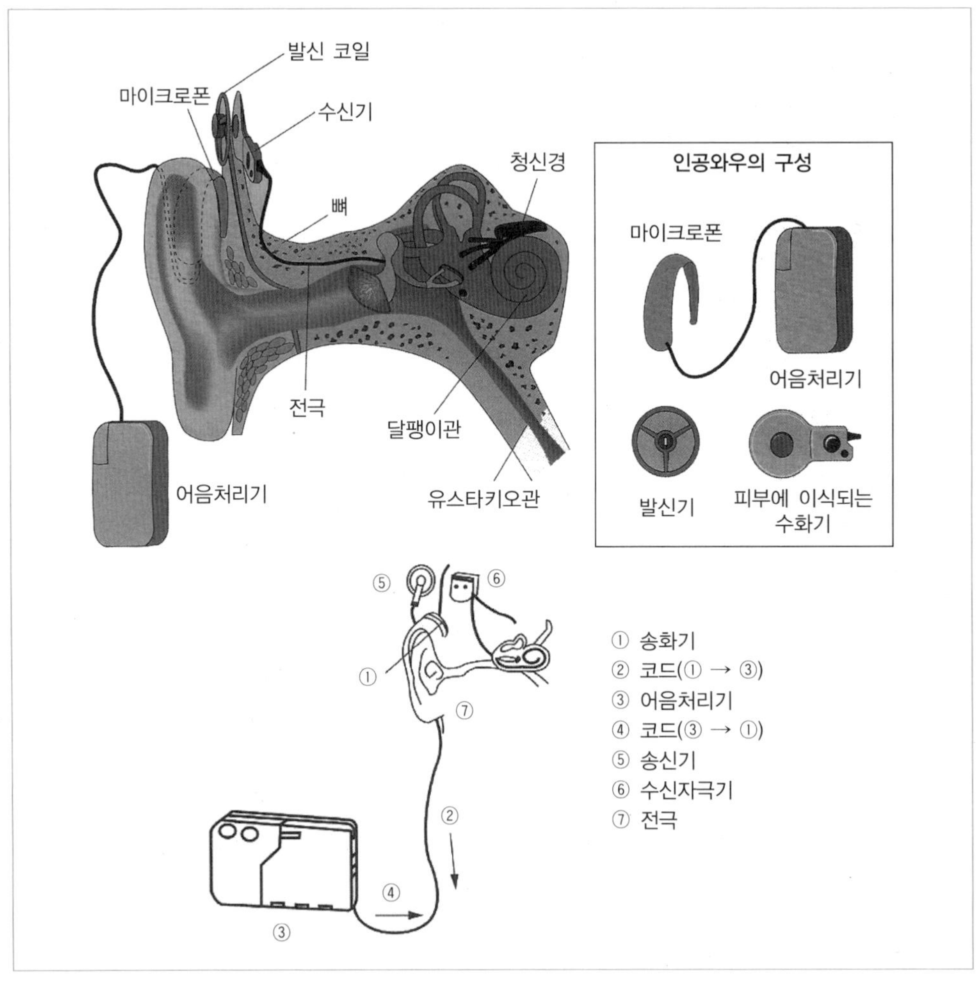

인공와우의 기본구조

1. 구성요소 12 · 13유, 12 · 13초, 11 · 12중

기출의 맥: 인공와우는 체외부와 체내부로 구분되는 구성요소별 기능이 가장 중요합니다.

○ 인공와우의 구조와 기능

외부	• 마이크(송화기, 마이크로폰): 주변의 소리를 감지하여 어음처리기로 보낸다. • 어음처리기(어음합성기): 입력된 소리를 프로그램에 따라 전기신호로 변환시킨다. • 헤드셋(코일과 자석): 측두골에 위치한 헤드셋은 자석과의 접촉을 통해 내부기기와 연결되어 있다.
내부	• 수신기(리시버): 수신기에 전달된 신호는 달팽이관 내에 삽입된 전극으로 전달된다. • 전극: 신호에 알맞은 전극이 청신경을 자극한다.

(1) 마이크(송화기, 마이크로폰)와 헤드셋

① 주변의 소리를 감지하여 어음처리기로 보내는 역할을 한다.

② 인공와우의 마이크는 어음처리기의 외형상 종류(귀걸이형 또는 박스형)에 관계없이 귀걸이형 구조를 가진다.

③ 마이크는 넓은 주파수대역의 소리를 받아들이면서도 머리의 움직임이나 걷기 등에서 발생되는 낮은 주파수 울림에 대해서는 거의 반응하지 않아야 한다.

④ 헤드셋은 머리의 측두골에 부착하며, 자석과의 접촉을 통하여 내부기기와 연결된다.

(2) 어음처리기(말소리 합성기, 어음합성기)

① 어음처리기는 마이크에서 감지된 소리를 입력 프로그램에 따라 전극을 자극시킬 수 있게 알맞은 전기적인 신호로 변환시키는 역할을 한다.

② 어음처리기는 메모리 크기에 따라서 여러 개의 정보를 저장할 수 있다. 이러한 정보는 소리를 듣는 다양한 방법을 선택할 수 있게 해 주며, 이로써 어음처리에 대한 정보를 저장하는 맵(map)을 만든다.

③ 이 맵을 통하여 인공와우의 민감도와 볼륨, 레벨을 조절하는 방법을 제공해 준다.

구분	박스형	귀걸이형
장점	• 충격이나 분실의 위험이 적다. • 3~4개의 프로그램을 넣을 수 있다.	• 심미적으로 덜 부담스럽다.
단점	• (소형 디지털카메라) 크기가 커서 거부감을 가지기 쉽다.	• 습기나 충격 등으로부터 쉽게 손상될 수 있다. • 2~3개의 프로그램을 넣을 수 있다.

키워드 Pick

(3) 수신기(리시버)

① 체내에 삽입하게 되는 내부 수신기는 다양한 재료로 만들 수 있다.

② 수술받은 부위에 일정량 이상의 충격을 받은 경우, 내부 수신기에 손상을 줄 수 있으며, 이 경우 재수술을 통해 손상 부분을 해결해야 한다.

③ 수신기는 외부에서 안테나를 부착할 수 있도록 자석이 내장되어 있는데 MRI 촬영 시 이식기의 자석부를 제거할 수 있도록 되어 있다.

구분	실리콘	세라믹
장점	• 재료가 얇고 부드러워 두개골에 장착이 쉽다.	• 충격으로부터 내부기기를 보다 잘 보호해 줄 수 있다. • 신호를 좀 더 효율적으로 전달해 줄 수 있다.
단점	• 충격에 약하다.	• 두께가 두꺼워 수술 시 두개골 절개가 조금 더 필요하다.

(4) 전극

① 전극은 내부기기 중 하나로 와우의 각 신경 끝부분에 신호를 전달해 주는 역할을 한다.

② 전극의 수에 따라 단전극과 다전극으로 나누어지며, 정보를 전달하는 한쌍의 활성전극과 기준전극을 채널이라고 한다. 이 채널의 수에 따라 단채널, 다채널이라고 한다.

③ 단채널은 소리의 시간적 정보밖에 전달하지 못하지만, 다채널은 시간적 정보와 함께 와우 내 자극 위치에 따른 주파수 정보를 전달할 수 있다.

④ 최근 단채널은 이미 사용하지 않고 다채널이 일반화되어 있으며 제품에 따라 다양하나 대부분 16개에서 24개이다.

(5) 배터리

① 인공와우의 배터리는 어음처리기의 종류와 제조회사에 따라서 약간의 차이가 있다.

② 박스형은 충전이 가능한 AA건전지나 회사에서 특별히 제작된 충전용 배터리로부터 전원을 공급받기 때문에 작동이 효율적이다.

③ 충전용 배터리는 사용한 뒤에는 다시 충전해서 사용할 수 있다.

④ 모든 배터리는 어음처리에 저장된 맵에 따라서 사용시간에 차이가 생기기도 한다.

2. 신호 전달방법

① 인공와우는 외부에서 들어온 음자극을 전기신호로 부호화하여 직접 청신경을 자극하여 소리를 감지하게 한다.

② 인공와우의 신호 전달방법에는 활성전극(activeelectrode)의 위치, 전극의 수, 자극 방법 등에 관한 전극의 설계와 신호를 처리하는 부호화전략이 있다.

③ 인공와우는 활성전극이 와우 안에 삽입 되는 와우 내 이식형(intracochlear type)과 와우갑각이나 정원창 가까이 부착된 와우 외 이식형(extracochlear type)으로 나누어진다.

④ 또한 전극의 수에 따라 단전극(single electrode)과 다전극(multielectrode)으로 나누어진다. 단전극방식은 활성전극과 기준전극이 멀리 떨어져 있는 경우, 즉 활성전극은 와우 안에 있고 기준전극은 와우 밖의 측두근 내에 두는 것을 말하며, 양전극방식은 두 전극이 가까이 있는 것으로 와우 안에 두 전극이 인접해 있는 경우를 말한다.

⑤ 정보를 전달하는 한쌍의 활성전극과 기준전극을 채널이라 하며 이 수에 따라 단채널 혹은 다채널이라 한다. 단채널은 소리의 시간적 정보밖에 전달하지 못하지만 다채널은 시간적 정보와 함께 와우 내 자극 위치에 따른 주파수 정보를 전달할 수 있다.

⑥ 외부에서 들어온 음을 전기신호로 변환하여 자극하는 방법에는 아날로그와 디지털 방법이 있다. 다채널 인공와우의 신호처리방법으로는 음을 구별하는 데 주요한 요소들을 선택적으로 추출하는 전략(feature extration strategy)과 들어온 음 전부를 필터하는 전략(filter bank strategy)이 대표적이다.

3. 인공와우 이식

(1) 인공와우 이식 대상자

① 누구나 인공와우를 이식받을 수 있는 대상자가 되는 것은 아니다. 이식 대상자 선정은 전반적으로 팀의 여러 구성원과 더불어 많은 검사(의학적 검사, 청각적 검사, 영상 진단적 검사, 정신학적 검사)로 이루어진 평가 결과에 따른다.

② 공식평가는 일련의 표준 보청기 미착용 청각검사, 이음향방사검사, 보청기 착용 말인지검사, 보청기 착용 말읽기평가를 포함한다. 말언어평가는 언어 습득 전 청각장애 성인과 아동 모두에게 실시해야만 한다. 이과적 의학적 평가는 의사들이 수행한다. CT 검사는 인공와우기가 이식될 수 있는지를 결정하기 위하여 필요하다.

③ 예를 들면, 뇌신경 8번의 부재와 같은 의학적 금기가 없어야 하며, 활동성 중이염이 없고 수술과 마취를 견딜 수 있는 사람이어야 한다.

④ 아동 수술 대상자는 결정하기가 매우 어려울 때가 있기 때문에 이미 언급한 전문가들의 팀에 의해 결정이 이루어져야 한다.

⑤ 아동은 적어도 6개월 동안 양쪽 귀에 적절한 보청기를 꾸준히 사용해야 하며 그 기간 동안 청능훈련을 받아야 한다.

⑥ 어린 아동의 경우 3~6개월 이상의 수술 전 재활에도 불구하고 간단한 청각기술도 습득하지 못한다면 보청기로부터 받는 도움이 제한적인 것으로 판단한다.

⑦ 나이 든 아동의 경우 말인지검사를 수행할 수 있을 때 보기가 제시되는 검사에서 20% 이하의 점수를 획득하였다면 보청기로부터 받는 도움이 제한적인 것으로 판단한다.

⑧ 가족의 동기와 기대도 평가되어야 하며 가족이 적절한 기대치를 가질 수 있도록 상담을 받아야 한다. 인공와우는 치료가 아니며 아동에게 정상청력을 돌려 주지 못한다는 것을 가족에게 말해 주어야 한다.

⑨ 수술 대상자

㉠ 생후 12개월 이상(뇌막염의 경우 12개월 이전 수술 가능),
㉡ 양측 고도 감각신경성 청각장애 아동이고,
㉢ 보청기를 적정 기간 착용하고도 도움이 안 되거나 적으며,
㉣ 내과적 또는 방사선 소견상 금기사항이 없고,
㉤ 기능을 하는 청신경이 남아 있으며(전기자극검사에서 양성반응),
㉥ 아동과 부모가 수술하고자 하는 동기와 적절한 기대를 가지고 있으며,
㉦ 가족의 지원이 가능하고,
㉧ 청각기능의 발달을 위하여 필요한 교육 및 재활 프로그램을 받을 수 있을 때 수술 대상자로 선정된다.

키워드 Pick

(2) 수술 절차

적격성 심사	• 청신경이 건재해야 한다. • 보청기로 일정한 이득을 얻을 수 없을 정도로 청력손실이 커야 한다. • 단어인지능력이 약 30% 이하로 어음능력에 충분히 문제가 있어야 한다. • 의학적·방사선학적 평가를 통해 건강상의 문제가 없는지 확인해야 한다. • 인지적 장애 여부를 판단한다(인지장애를 가지고 있는 경우에는 인공와우의 충분한 효과를 기대하기 어렵다). • 연령과 청각장애 지속기간 등을 고려해야 한다(인공와우의 예후는 어릴수록 그리고 농 기간이 길지 않을수록 좋다).
청각학적 평가	• 순음청력검사 • 어음청력검사: 성인의 경우에는 어음이해도가 50% 이하일 때 대상자로 보고 있으나, 최종 결정단계에서는 청력손실의 정도와 난청기간 등의 다른 요소들을 종합하여 실시한다. • 임피던스검사: 전음성 난청의 동반 여부를 알기 위해 실시한다. • 이음향방사: 영유아의 경우에는 주관적 청력검사가 불가능하므로, 실제 유모세포가 기능을 하고 있는지를 확인하기 위해 반드시 실시한다. • ABR: 약 90dBnHL 이상의 역치일 경우 대상자로 고려할 수 있으나, 파형이 최대자극 강도에서도 나타나지 않을 경우에는 청신경 이상을 확인해 보아야 한다.
수술방법	• 귀의 뒷부분인 유양돌기 부분에 드릴로 구멍을 만든다. • 구멍을 통해 와우가 보이면 고실계에 전극을 삽입하고, 수신기를 고정시킨다. 이때 인공와우는 유모세포를 자극하는 것이 아니고 나선신경절을 직접 전기적으로 자극한다. • 텔레메트리(telemetry)방법을 사용하여 작동을 확인한다. • 절개 부분을 봉합한다.

4. 인공와우 이식 아동을 위한 청각재활

(1) 수술 전 청각재활

① 수술 전 청각재활은 청력손실이 확인된 아동에게 잔존청력의 정도와 특성에 따라 가장 적합한 보청기를 선정하여 조정하고, 아동이 보청기를 통해 어느 정도의 말 신호를 들을 수 있는지를 평가하는 과정이다.

② 수술 전 평가

㉠ 청각학적 평가
㉡ 의학적·방사선학적 평가
㉢ 말언어평가
㉣ 영상검사
㉤ 정신의학적 평가

(2) 인공와우 프로그래밍

① 의미

㉠ 수술 후 약 4~6주가 지난 다음에야 비로소 이식자는 외부장치를 착용할 수 있다. 이 기간은 외부 안테나의 자석이 수술 부위에 놓이기 전에 수술 상처가 낫는 데 필요한 시간이다.

㉡ 인공와우 이식술로부터 약 4주 뒤 외부장치를 착용할 수 있게 되면 인공와우 프로그래밍을 시작한다.

㉢ 인공와우의 초기 착용과 프로그래밍은 보통 1시간 30분~2시간 정도 걸린다.

㉣ 외부장치를 착용한 상태에서 임상가는 컴퓨터와 연결된 진단적 프로그래밍 시스템을 사용하여 말소리합성기를 프로그래밍한다.

㉤ 프로그래밍의 목적은 아동에게 최대한의 음향 정보와 알아들을 수 있는 형태의 말소리를 제공하기 위한 것이다. 이러한 목적에 따라 프로그래밍은 먼저 아동에게 외부장치를 편안하게 착용시킨 다음 전극에 전달될 신호를 결정하는 말소리합성기의 자극변수를 조정한다.

㉥ 아동들은 일반적으로 놀이청력검사법을 적용하여 전기자극역치와 최대쾌청치에 따라 각각의 전극을 프로그램한다. 이렇게 프로그램하는 과정을 매핑이라 하며 각 전극의 전기자극역치(T level)와 최대쾌청치(C level)의 입력 정보를 맵(MAP)이라 한다.

② 매핑 16중

㉠ 매핑은 어음처리기에 프로그램하는 과정으로 말소리가 왜곡되지 않고 편안하게 들리도록 T-레벨과 C-레벨을 찾아서 조절해 주는 과정을 말한다.

㉡ 매핑의 궁극적인 목적은 이식된 전극이 편하고 적절한 음자극을 할 수 있도록 하는 것이며, 이를 위해 여러 가지 변수를 조절하고 이들 정보를 언어합성기에 저장하게 된다.

㉢ 삽입된 각각의 전극을 활성화하여 자극역치와 쾌적역치를 결정한다.

㉣ **자극역치**: 반응을 일으키는 가장 작은 자극치를 말한다. 가장 낮은 전기자극으로서 T-레벨이라고 한다.

㉤ **쾌적역치**: 불쾌할 정도로 크게 느껴지지 않는 최고의 자극치를 말한다. 가장 적절한 크기의 레벨로서 C-레벨이라고 한다.

㉥ **역동 범위**: 작은 소리에서 큰 소리까지 소리가 변화할 수 있는 정도의 범위를 말한다. 즉, 쾌적역치에서 자극역치 사이의 범위를 말한다(T-레벨과 C-레벨의 차이가 역동 범위가 된다).

㉦ 처음에는 좁은 역동 범위를 보이다가 시간이 지날수록 점점 역동 범위는 넓어진다.

㉧ 매핑에 어려움이 있는 아동의 경우에는 전기뇌간유발반응검사를 통해 작동 여부를 확인하고, 행동관찰을 통해 역치를 추정하는 방법을 사용한다.

㉨ 일반적으로 첫 매핑을 하기까지는 4~6주가 걸리며, 인공와우 수술 후 재활은 차후 언어발달에 매우 중요하다.

기출 LINE

19유) 인공와우는 인간의 말소리를 잘 들을 수 있게 하는 데 초점이 맞춰져 있어요. 그리고 무엇보다도 매핑(mapping)이 중요하죠.

키워드 Pick

③ 문제전극 파악

㉠ 삽입된 전극 수에 따라 자극방법이 결정되고 매핑 시 각 전극의 사용 여부를 파악하게 된다.

㉡ 전극의 부분 삽입으로 와우 밖에 남아 있는 전극이 중이와 접촉되어 불쾌한 느낌이나 통증을 유발할 수 있으며 와우의 정점 가까이 있는 전극에 의해 안면 연축을 일으킬 수도 있다.

④ 정기적 관찰 및 재조정

㉠ 삽입된 전극의 전기자극역치와 최대쾌청치를 측정한 맵이 만들어지고 마이크로폰이 작동하면 이식자는 말소리와 환경음을 들을 수 있다. 말소리에 대한 초기 반응은 이식자마다 다른데, 대부분의 이식 성인은 말소리가 기계적으로 들리며 만화 속의 소리와 유사하다고 말한다.

㉡ 선천성 청각장애아동의 경우 소리에 대한 개념이 없어 소리자극에 놀라서 울 수 있다.

㉢ 아동은 처음으로 자신의 울음소리를 포함하여 자신의 음성을 듣게 된다. 아동은 진정되면서 자신이 울음을 멈추면 자극도 멈춤을 깨닫는다. 이런 식으로 첫 단계인 청각인지가 이루어질 수 있다.

㉣ 아동의 경우 인공와우가 잘 작동되는지에 대한 전반적인 프로그래밍의 문제를 알아보기 위해서는 발달단계에 맞는 간단한 말인지검사(음운감지 혹은 음운모방 등)와 링(Ling)의 6개음 검사, 인공와우 착용 시 청력검사 등을 실시한다.

㉤ 아동이 말소리에 대한 반응이 줄어들 때, 말소리모방이 부정확하고 어음명료도가 이전보다 떨어질 때, 음성의 변화가 나타날 때마다 말소리합성기는 재매핑되어야 한다.

㉥ 마이크로폰의 민감도 설정과 마이크로폰을 포함한 주변기기 모든 것이 정확하게 잘 작동한다면 아동은 전체 말소리의 주파수를 충분히 들을 수 있다.

㉦ FM 시스템을 사용하는 아동의 경우 말소리합성기와 FM 시스템이 바르게 연결되어 있는지, 말소리의 전달에 문제는 없는지에 대하여 부모, 언어치료사, 교사들은 착용 전후 및 일과 중에 수시로 살펴보아야 한다.

㉧ 인공와우 이식자와 그 가족은 인공와우의 관리에 대해서도 지도를 받아야 한다. 전기전달장치와 안테나를 붙이는 방법, 배터리를 교환하는 방법, 기기를 조작하고 고장을 점검하는 방법을 알아 둘 필요가 있다.

㉨ 인공와우 초기 사용 중 이식자와 부모는 듣기경험을 일기나 일지를 작성하여 경험에 대한 긍정적인 것과 부정적인 것을 기록하도록 한다. 그뿐만 아니라 주위 사람들도 이식자가 인공와우를 사용하는 것을 관찰하여 기록하도록 한다.

(3) 수술 후 평가와 청각재활

① 수술 후 평가

㉠ 프로그래밍을 위한 두 번째 회기는 대개 초기 프로그램 후 최초 착용일로부터 일주일 이내에 실시한다.

㉡ 인공와우에 대한 이식자의 경험과 일지를 참고하면 이식자가 사용하는 맵이 소리 인식과 감지를 위하여 충분하였는지 혹은 불편할 정도로 최대쾌청치가 너무 높게 설정되어 소리가 너무 크지는 않았는지를 결정하는 데 도움이 된다. 이렇게 하여 전기자극역치와 최대쾌청치는 재측정되고 새로운 맵들이 말소리합성기에 저장된다.

㉢ 수술 후에는 정기적으로 이식자의 능력에 대한 초기 말인지 진단검사를 실시해야 한다. 이러한 평가의 목적은 청능학습을 위한 목표를 설정하고 청능학습 전후 말인지의 향상 정도에 대한 구체적인 정보를 얻기 위함이다.

㉣ 특히 시간이 경과함에 따라 인공와우 이식 아동들이 인공와우의 도움을 어느 정도 받고 있는지 알아보기 위해 평가는 필수적이다.

㉤ 평가를 통해 인공와우 이식 아동과 그 가족에게 인공와우로부터 받는 도움에 대한 객관적 정보를 제공하여 인공와우를 계속 사용하도록 권장할 수 있다.

㉥ 비교 대상에 대한 기초선을 제시하여 말소리합성의 개선을 요구하는 데에도 사용할 수 있다.

㉦ 아동의 말인지는 발음, 언어, 인지발달뿐만 아니라 개인의 인성에도 영향을 미치므로 인공와우 이식 아동의 말인지능력에 대한 평가는 매우 중요하다.

② 청각재활

㉠ 말소리합성기의 첫 매핑이 끝남과 동시에 청각재활이 시작된다.

㉡ 수술 후 청각재활은 전기신호를 말소리와 연결하여 해독하는 능력을 기르기 위하여 인공와우가 제공하는 말소리를 습득하는 과정이라 할 수 있다.

㉢ 청각재활 프로그램은 주로 말인지, 발음, 언어, 인공와우기에 대한 교육, 대화 훈련과 가족 구성원의 참여 등으로 이루어진다.

㉣ 청각재활 기간은 아동의 수행력에 따라 달라질 수 있고 이에 대해서는 많은 연구가 필요하다.

㉤ 최초 매핑을 시작으로 매핑과 청능학습에 매주 1시간~1시간 30분 정도의 시간을 규칙적으로 할애할 수 있도록 한다.

키워드 Pick

5. 인공와우 관리 13 · 19유, 13초, 12중

① 인공와우 이식자와 가족은 인공와우 관리방법, 즉 송신기를 붙이는 방법, 배터리 교환하는 방법, 기기를 조작하고 고장을 점검하는 방법 등에 대해 지도를 받아야 한다.
② 부모나 가족은 아동이 착용하기 전에 기기를 점검해 주어야 하고, 안전 등에 주의하도록 알려 주어야 한다.
③ 이식한 부위에 충격이나 강한 자극을 주지 않도록 하고, 어음처리기를 떨어뜨리거나 강하게 부딪히지 않도록 주의를 주어야 한다.
④ 기종과 상관없이 습기를 조심해야 하고, 플라스틱 미끄럼틀이나 정전기를 발생시키는 물건을 가지고 놀 때는 외부장치를 빼 놓도록 해야 한다.
⑤ MRI 촬영이 필요할 때는 주의가 필요하다. MRI는 강력한 자기장을 이용한 검사장비이기 때문에 촬영을 할 경우에는 인공와우 내부에 포함된 자석이 움직일 수 있고, 자석 주변으로 영상 왜곡이 발생하여 정확한 진단이 어려울 수 있으므로 자석이 움직이지 않도록 내부기기 주변으로 압박붕대를 감거나, 자석을 제거하고 촬영해야 한다.
⑥ 아침에 일어날 때는 기기의 전원을 켰는지 확인하고, 볼륨과 민감도를 조절해 준다.
⑦ 박스형일 경우에는 활동 중에 옷 속에서 조절기가 감길 수 있으므로 테이프 등을 감아 두거나 잠금 기능을 사용할 수 있다.
⑧ 대부분의 제품은 건전지 소모가 LED 액정에 표시되도록 되어 있다. 표시내용을 수시로 확인한다.
⑨ 건전지를 교체할 경우에는 전원을 끄고 도어를 연 다음 새것으로 교체하는데, +극과 −극 방향을 반드시 확인한다. 그런 다음 전원을 다시 켠다.
⑩ 건전지 수명은 어음처리기의 프로그램 유형, 착용시간, 볼륨크기에 따라 다르다. 귀걸이형이 박스형보다 건전지 소모량이 많으며, 충전식 건전지는 평균 12~15시간, 일회용인 알카라인 건전지는 24시간 정도 사용이 가능하다.
⑪ 가급적 여분의 건전지를 소지해 두는 것이 좋다.
⑫ FM 보청기는 텔레코일을 사용할 경우에는 모드 설정 버튼을 'T'로 조절하여 사용한다.
⑬ 이식한 부위에 충격이나 강한 자극을 받지 않도록 주의한다.
⑭ 어음처리기를 떨어뜨리거나 충격을 받지 않도록 해야 한다. 특히 귀걸이형은 분실의 위험이 있으므로 주의해야 한다.
⑮ 물에 닿지 않도록 하며, 습기를 조심해야 한다. 물놀이를 하는 등의 활동에서는 외부기기를 빼야 한다.
⑯ 비행기를 탈 경우에는 인공와우 착용자라는 시술확인카드를 지참한다.
⑰ 인공와우의 마이크는 습기에 노출될 경우 고장이 날 수 있으니 정기점검이 필요하다.
⑱ 인공와우의 코일은 오래 사용하거나 기타 요인으로 손상될 수 있으니 정기점검이 필요하다.

6. 교사지원

① 아동의 자리 배치를 고려한다. 인공와우를 착용한 아동은 소음으로부터 먼 곳이 좋으며, 뒷자리보다는 교사의 입모양을 잘 볼 수 있는 앞자리에 앉히는 것이 좋다.
② 소음을 통제한다. 외부의 소음이 클 경우에는 창문을 닫거나, 교실 내에서도 지나친 소음은 통제해 준다.
③ 교실에서는 FM 시스템을 함께 사용하여 교사의 말을 더 잘 들을 수 있도록 할 수 있다.
④ 아동이 쉽게 이해할 수 있도록 문장을 간단히 재구성해 주거나 반복해서 말해 준다.
⑤ 독화를 돕기 위해 입 모양을 보여 주거나 시각적 단서 및 자료를 제시해 준다.
⑥ 일상적인 활동에는 지장이 없으나 과격한 체육활동에 참여할 시에는 헬멧을 착용하거나 수술 부위에 충격을 받지 않도록 한다.
⑦ 건전지가 없거나 헤드셋이 떨어지는 경우가 있을 수 있으니 아동이 평소와 다른 태도를 보일 경우 반드시 확인해 본다.
⑧ 정전기에 노출될 경우 어음처리기의 맵이 변조될 수 있으니 플라스틱으로 된 기구들은 피하는 것이 좋다. 플라스틱 제품보다는 목재 장난감을 제공해 주며, 정전기가 불가피할 경우에는 외부기기를 빼 놓도록 한다.
⑨ 바닥에서의 활동이 많은 유아의 경우에는 정전기가 많이 발생하는 카펫은 피하는 것이 좋으며, 경우에 따라서는 정전기 방지용 스프레이 등을 뿌리는 것이 좋다.
⑩ 아침에 등교하여 인공와우를 점검한다. 매일 아침수업을 시작하기 전에 인공와우를 바르게 착용했는지, 잘 들리는지 볼륨과 민감도를 점검한다. 아동과 1m 정도의 거리에서 청각수행력을 확인한다. 교사가 확인하고 조절할 수 있는 부분은 배터리 교체, 전원 및 프로그램 선택, 볼륨 조절, 민감도 조절 등이다.
⑪ 습기와 외부의 충격을 조심해야 한다. 어음처리기와 마이크, 헤드셋에 물이 들어가지 않도록 주의하고, 격렬한 체육활동을 할 때에는 몸에서 빼는 것이 좋다. 또한 외부의 충격과 정전기는 내부 수신기에 손상을 줄 수 있으므로 유의하며, 귀 뒷부분이 부었을 경우에는 부모와 연락하여 병원에서 검사를 받도록 한다.
⑫ 교실수업을 지원하기 위해서는 청취환경을 조성해 주어야 한다. 이를 위해서는 교실 소음을 줄여주고, 소음으로부터 멀고 교육활동으로부터 가까운 곳에 자리를 배치해 주어야 한다. FM 보청기를 사용할 경우 교사의 송신기 전원과 주파수가 일치되어 있는지를 확인한다.
⑬ 수업활동을 잘 이해할 수 있도록 청각적 지원을 해 준다. 수업시간에 잘 이해할 수 있도록 구문을 반복하고 강조해서 말해 준다. 문장은 완전한 형태로 반복해서 말해 주며, 학생이 이해하고 있는지를 확인한다.
⑭ 수업활동을 잘 이해할 수 있도록 시각적 지원을 해 준다. 활동 전에 교사의 시범을 먼저 보여 주며, 영상 자료는 자막이 있는 것을 선택한다. 중요한 전달 사항이나 숙제 등은 칠판에 적어주면 뒤돌아서서 말하지 않는다.

기출 LINE

12유초) 인공와우 시술을 받은 유아의 경우에도 유아의 효율적인 청취를 위해 적절한 학급 환경을 조성해야 합니다.

키워드 Pick

⑮ 아동의 참여를 촉진하는 의사소통환경을 조성해 준다. 수업 중 아동의 의사소통능력에 맞는 질문과 발표기회를 제공한다. 다른 학생들이 발표할 때에는 그 학생의 얼굴이 보이도록 한다.

⑯ 학급 동료들과 효과적으로 상호작용할 수 있도록 한다. 인공와우에 관한 영상물이나 만화 등을 이용하여 학급 동료들이 서로 이야기를 할 수 있는 시간을 가진다. 조음이 정확하지 않아 의사소통에 어려움이 있으므로 동료들이 집중해 주고 이해하려는 태도를 보임으로써 자신감을 길러 준다.

맥 Plus

소리를 보완, 대체하는 지원과 공학

종류	내용	
자막(caption)	• 텔레비전과 영화에 음성을 대신하여 문자 정보를 제공한다.	
	오픈	누구나 볼 수 있다.
	폐쇄	자막을 수신하는 장치인 디코더(decoder)를 통해서만 볼 수 있다. 대부분의 자막이 폐쇄자막 형식이다.
	온라인	뉴스 혹은 생방송에서 실시간으로 자막을 속기하고 이를 실시간으로 송출한다.
	오프라인	드라마, 다큐멘터리 등과 같이 방송시간 이전에 대본을 바탕으로 내용을 입력하였다가 이를 송출하는 사전제작방식이다.
골도 전화기	• 뼈에 울리는 진동을 사람의 청신경에 전달하여 청각장애인이 소리를 들을 수 있도록 한 전화기로, 고막 이상으로 인한 청각장애인은 이용 가능한 데 반해 청신경 손상으로 소리를 듣지 못하는 청각장애인이나 언어에 대한 식별능력이 없는 청각장애인에게는 효과가 없다.	
오디오 포트	• 소리를 잘 듣지 못하는 청각장애인이 여러 사람과 대화할 때 소리를 확대해 주는 휴대용 음성 증폭장치로 거치대와 본체 어댑터를 연결하여 충전 후 사용 본체의 스피커 부분을 양쪽 귀에 밀착하는 방식으로 사용한다. • 근거리에서 회의 등을 할 때 사용하기 편리한 장점을 갖고 있으나 외국산 제품으로 특수 어댑터 사용을 위한 별도의 변압기가 필요하다는 단점을 갖고 있다.	
골도 헤드셋	• 고막에 이상이 생겨 청각기능이 떨어진 청각장애인의 얼굴 측면부에 진동으로 소리를 전달해 주는 장치로 고막을 통해 소리를 듣는 것을 대신해 두개골을 이용해 소리를 전달한다. • 라디오 기능이 있어 라디오를 청취할 수 있을 뿐만 아니라 휴대전화와 연결하여 통화가 가능하다. 그러나 청신경이 모두 손상된 청각장애인의 경우는 사용해도 효과를 보기 어렵다.	
말-문자 변환	• 강의와 같은 실제 삶 속에서 농학생의 접근을 보장하는 것으로 각광을 받는 것이 컴퓨터에 근거한 말-문자 변환장치이다. • 잘 훈련받은 자막입력자가 교사의 수업을 입력하고 속기부호를 사용하여 학생의 개인 모니터나 전체 화면에 자막내용을 제시한다. • 학생들에게 수화언어통역사를 사용하여 수업할 때 단어를 생각할 수 있는 시간을 상대적으로 더 많이 줄일 수 있다. • 이 장치는 1분당 150 단어의 비율에서 가능하며, 자막을 입력하는 사람은 강의내용을 글자 그대로 입력하지는 않고, 가급적 원래 단어와 비슷하게 입력한다. • 자료파일은 저장, 수정, 출력이 가능하다. • 학생들은 수업 후에 공부를 더 쉽게 하기 위해 C-Print를 사용할 수 있다.	

05 청각장애 언어지도 방법론

① 구화법

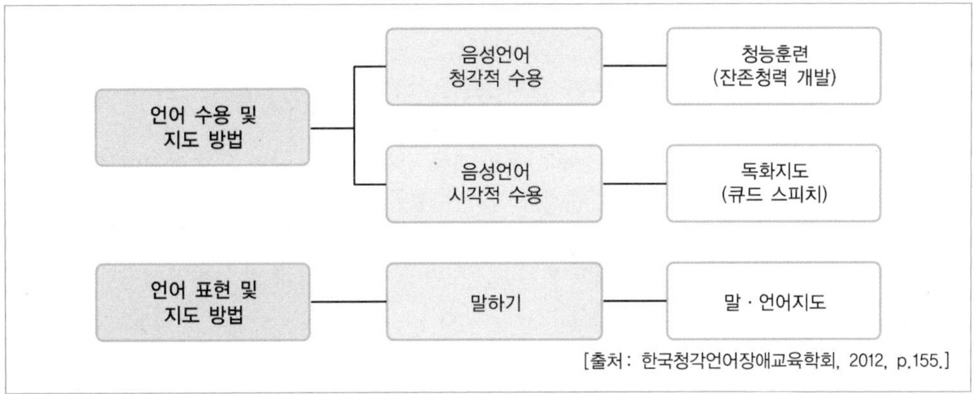

| 구어교육의 수용과 표현의 구분 |

1. 청각장애 아동의 언어발달 특성

(1) 청각장애 아동의 듣기 특성

① 듣기는 소리듣기(hearing)와 의미듣기(listening) 모두를 포함하는 선택적 과정이다.

② 학습자는 듣기과정에 능동적으로 참여하고, 듣기의 주요 목적이 이해일 경우에만 효율적으로 듣는 것이 가능하다.

③ 일반적으로 사람이 들을 수 있는 가청음역은 20~20,000Hz, 일상생활에서 회화음을 들을 수 있는 회화음역은 250~3,000Hz에 해당한다.

④ 말소리는 1,000Hz 이하에서 약 95%의 에너지가 분포하지만 말소리를 지각하기 위한 주파수의 범위는 1,000Hz 이상에서 약 95%가 해당한다.

⑤ 1,000Hz 이하에서 청력손실을 가진 청각장애 아동은 산출하는 말소리의 주파수 범위와 말소리를 이해하는 주파수의 범위가 다름으로 인해서 말소리를 듣고 지각하는 데 어려움을 가진다.

⑥ 청각장애 아동은 상대방의 말소리를 잘 듣지 못하고 /s/, /t/, /k/와 같은 소리들을 생략하여 말하는 경우가 많은데 이는 청각장애 아동이 그 소리들을 잘 듣지 못하기 때문일 수도 있다.

(2) 청각장애 아동의 말하기 특성

말소리 발달	• 청각장애 아동은 건청아동들과 비슷하게 옹알이(babbling)를 산출하지만 출현시기가 다소 늦음 • 생후 6~10개월부터 자음과 유사한 음성 발성이 줄어들고, 11개월에서 25개월까지 중첩성 옹알이가 시작되지 않거나 건청아동에 비해 그 양이 아주 적으며, 다양한 음소 및 음절 형태를 산출하는 데 제한을 보임

기출의 맥

청각장애 학생에게 구화법을 적용할 때에는 잔존청력을 최대한 활용하고자 합니다. 이에 따라 듣기와 말하기 특성을 알아 두는 것이니, 모든 내용을 외우려 하지 말고 청각장애 학생의 듣기와 말하기 특성으로 이해하며 많이 읽어두세요!

키워드 Pick

기출 LINE

20중)
- 말 명료도가 낮음
  - '결석'을 [겨서]로 발음함
  - [i] 발음 시 [a]에 가깝게 발음함

말명료도 특성 20중	• 경도에서 중등도의 청각장애 아동은 모음 발성은 대부분 명료하나 자음의 발성과 음성 자질 및 초분절 특성에서는 적은 강도, 높은 주파수, 짧은 지속 시간의 특성을 보임 • 청각장애 아동은 개별 말소리들의 산출에서 오류를 나타내기도 하는데 이러한 오류는 자음과 모음에서 모두 나타남	
말소리 특성	자음 특성	• 자음은 모음보다 높은 주파수대에 에너지가 분포되기 때문에 고주파수 청력손실을 가진 청각장애 아동은 무성자음의 지각에 곤란을 느낌 • 청각장애 아동의 자음 산출 특성을 보면 오류 유형에서는 음소 탈락, 대치와 생략이 많으나 왜곡도 상당수 관찰된다고 보고함 • 오조음의 유형은 초성과 종성 자음의 생략, 비음 오류 및 생략이 많고 특히 초성보다 종성에 오류가 많으며, 유성음과 무성음을 혼동 • 조음 위치별 산출 특성을 보면 치조음과 양순음이 경구개음이나 연구개음보다 더 정확하게 산출되고, 조음방법에서는 폐쇄음과 비음이 정확하게 산출되었지만, 마찰음, 파찰음, 유음 등은 오조음하는 경우가 많은 편임
	모음 특성	• 청각장애 아동은 모음 산출 시 모음 대치, 모음의 비음화, 이중모음의 오류 등을 보인다. 또한 혀를 입안 중앙에 위치하여 각 모음에 따라 조금씩만 움직이기 때문에 모음의 중성화가 나타나고, 모음을 보다 길게 말함 • 청각장애 아동은 중모음이나 저모음을 고모음보다 더 정확하게 산출한 반면, 이중모음에서는 두 개의 음소를 연장하여 발음하기도 하고, 하나를 없애거나 중성화하여 산출하였음
	초분절적 특성 16중	• 말명료도에는 강세, 말의 속도, 호흡, 억양, 리듬 등의 초분절적 요소가 영향을 줌 • 청각장애 아동의 경우 이러한 초분절적 요소에 어려움을 보이며 그로 인해 말 명료도에 방해받음 • 청각장애 아동의 언어표현은 일반아동에 비하여 음성의 지속시간이 짧고, 호흡의 양과 세기를 조절하여 소리의 크기, 장단, 고저 등을 적당하게 발성하지 못하며, 비정상적으로 발성하기 쉬우므로 자연스러운 운율을 산출하지 못함 • 청각장애 아동은 호흡과 말하기가 조화를 이루지 못하며, 흡기에 소리를 내거나 적절하지 못한 곳에서 숨을 쉬어 의미 전달을 어렵게 함 • 청각장애 성인들은 호흡할 때의 공기량은 정상이지만 발화를 하기 위해 호기 조절을 할 때 문제를 보임

음성 특성	음도	• 억양의 높낮이 변화가 거의 없거나 한 음절에서도 높낮이가 변화하는 등의 비정상적인 변화를 보임 • 건청아동들은 청소년기를 거치면서 음도가 저하되는데 청각장애 아동들은 연령이 증가함에 따라 건청아동들과 비교해 볼 때 상대적으로 음도가 부적절하다고 할 만큼 높게 산출됨 • 청각적 피드백이 상대적으로 부족한 청각장애 아동들에게 또래와 비슷한 음도를 습득시키기 위해서는 부가적인 지도가 필요
	강도	• 음성의 강도는 후두 생리와 밀접한 관련이 있음 • 약한 강도, 큰 강도. 변화가 나타나지 않는 강도는 모두 청각장애아동의 발성에서 나타날 수 있는 특징 • 목소리 크기를 잘 조절하지 못해 말의 내용과 목소리의 크기가 조화롭지 못하고 어색한 편
	공명	• 청각장애 아동은 인두를 거의 막을 만큼 혀를 입안 뒤쪽으로 자리하게 하여 공명하는 맹관공명(cul-de-sac resonance)의 특성이 자주 나타남 • 강한 기식성 음성과 과대비성, 자음에 과도한 비음이 섞이거나 비강으로 공기가 유출되어 소리가 왜곡되는 현상도 보임
	초기 음운발달 단계의 특성 20중	• 전혀 소리를 듣지 못하는 농아동도 쿠잉단계와 초기 옹알이단계에서는 말소리를 산출 • 생후 6개월 전후에 나타나는 옹알이단계에서 점차적으로 나타나는 음소확장(phonetic expansion)과 음소축소(phonetic contraction) 현상이 뚜렷하게 나타나지 않음(음소확장이란 옹알이단계에서 처음에는 제한된 소리를 내다가 점차 인간이 내는 거의 모든 소리를 산출하는 현상이며, 음소축소란 모국어에 없는 음소는 소멸하고 모국어에 있는 음소만 남게 되는 현상을 말함) • 건청아동의 경우 옹알이단계에서 자음과 모음을 결합하여 여러 가지 소리를 만들어 반복하는 반면, 청각장애 아동은 똑같은 소리를 반복하는 경향을 보임 • 자기소리모방이 끝나고 타인의 말소리를 모방하는 단계에서는 양적 · 질적 차이를 크게 보이기 시작 • 건청아동은 성인의 말소리를 의식적으로 모방하고 이와 비슷한 소리를 지속적으로 만들어 내는 반면, 청각장애 아동은 오히려 정체된 경향을 보임 • 청각장애 아동은 분절적 요소뿐만 아니라 초분절적 요소에서도 오류를 보임. 여기서 분절적 요소란 자음 · 모음과 같은 음소를 말하며, 초분절적 요소는 말의 억양, 장단, 속도, 쉼, 강세 등을 말함. 예를 들면, 청각장애 아동의 말은 비(非)운율적이거나 단조롭고(monoton) 음도가 높거나 음성의 높낮이가 불규칙적이며, 음도 이탈이 잦음

키워드 Pick

		• 일반 조음음운장애 아동은 대부분 자음에서만 오류를 보이는 반면, 청각장애 아동은 모음과 자음 모두에서 오류를 보임. 따라서 전체적인 말의 명료도가 낮음. 고도청력 손실을 가진 경우 말의 명료도는 20% 정도에 그치는 것으로 보고되고 있음 • 모음의 중성화(neutralization) 현상이 나타남. 이는 일종의 모음변형으로, 예를 들면 전설모음 [i]를 발음할 때 중성음인 [a]를 섞어서 발음하는 것을 말함 • [b], [d], [g]와 같이 성대의 진동으로 만들어지는 유성음과 [p], [t], [k]와 같은 무성음을 혼동하여 발성하는 경우가 많음. 그러나 한국어 사용자에게는 그 차이가 분명하게 인지되지 않기 때문에 대부분 동일한 음소로 지각됨. 반면에 /ㅍ/, /ㅌ/, /ㅋ/와 같은 파열음에서의 유기음과 /ㅃ/, /ㄸ/, /ㄲ/의 무기음은 의미의 차이를 가져오므로 한국어 사용자에게 매우 중요. 청각장애 아동은 예를 들면 '토끼'를 [도기]로 발음하는 등의 경우가 많음 • 청각장애 아동은 모음보다는 자음에서 더 오류가 많은데, 특히 마찰음과 파찰음 산출에서 오류가 잦음 • 조음에서의 정확도가 낮을 뿐만 아니라 단어에서 초성이나 종성을 생략하는 경우가 많음. 예를 들면, '했습니다'를 [해 읍니다]로 발음하는 식 • 청각장애 아동의 경우 혀를 지나치게 인두 쪽으로 당겨서 발음하는 경향이 있음. 이는 맹관공명현상과 모음정확도를 떨어뜨리는 결과를 가져옴 • 고도청력손실을 가진 경우에는 타인의 말소리뿐만 아니라 자신의 말소리 지각이 어렵기 때문에 목소리가 크고 거칢 • 발화의 지속시간이 짧음

(3) 청각장애 아동의 읽기와 쓰기 특성 09중

음운인식 및 초기 문해기술	• 읽기학습에서 대부분의 아동들은 전체 단어, 즉 단어들 사이의 순수한 시각적 차이점들에 기초해서 제한된 시각어휘(sight vocabulary)를 구성하는 합성활자적(logographic) 전략을 사용해서 읽다가 문자 대 음운 혹은 철자 대 소리 규칙을 통해서 낱자를 음운으로 전환시키는 음운(phonic)전략까지 발전시켜 자신이 친숙하지 않은 단어읽기를 시도할 수 있게 됨 • 청각장애 아동은 음운인식을 발달시키는 데 어려움을 갖게 되며 이것은 읽기의 곤란으로 이어질 가능성이 큼 • 형식적인 읽기와 쓰기 학습에 들어간 후에도 청각장애 아동들은 읽기과정에서 읽기 수준은 같으나 나이가 어린 건청아동들보다 음운부호화를 덜 사용하며, 생활연령이 같거나 읽기연령이 같은 건청아동들보다 시각적 단어 형태에 더 많이 의지 • 청각장애 아동은 음운지식을 획득하지만 건청또래들에 비해 일반적으로 읽기과정에서 음운에 기초한 부호화를 효과적으로 사용하지 못한다는 것을 의미

기억 특성	• 선천성 청각장애 대학생을 대상으로 읽기와 쓰기 과제에서 단기기억 용량과 내적 표상화를 제공하는 부호가 무엇인지를 조사한 결과, 청각장애 대학생들은 건청대학생에 비해 단기기억 용량이 작으며 이는 비효율적인 시연전략에 기인한다고 하였음 • 청각장애 대학생은 기능어보다는 내용어를 더 많이 부호화하고 음운(말)과 수화 두 가지 부호를 다 사용하였는데, 의사소통 시 거의 말을 사용하지 않는 학생도 음운부호화를 사용하는가 하면 초등학교 시절 수화를 배운 학생은 음운부호화와 함께 수화부호도 사용하였음 • 청각장애 아동이 작동기억에서의 단어를 처리할 때 사용하는 해독(decoding)은 청각-언어적인 음운부호뿐만 아니라 수화에 근거한 부호도 사용함. 또한 그러한 부호의 효율적인 사용은 단기기억 용량과 관계가 있으며, 단기기억에서의 회상능력과 읽기 성취 수준 사이에는 강한 관련이 있음을 알 수 있음 • 단기기억 용량이 크면 문장을 읽을 때 문법적 구조에 대한 정보까지 단기 보유할 수 있으므로 독해능력이 더 좋을 것임. 그러므로 작동기억에서의 단어를 처리하는 능력은 청각장애 아동의 독해능력을 구별하는 지표가 될 수 있음
어휘지식	• 청각장애 아동의 경우, 어휘에 대한 지식은 우연학습의 결핍 등과 같은 언어경험의 부족이라는 요인에 의해 영향을 받을 것임. 따라서 청각장애 아동은 어린 시절부터 또래의 건청아동에 비해 지체되고 있음을 알 수 있음 • 청각장애 아동은 단어를 연합하고 분류하는 과제를 통해 알아보았을 때 건청 또래보다 단어를 의미적 범주로 조직화하는 능력이 부족하고 어휘지식의 폭이 좁으며 연합적으로 조직하지 못하였음. 이는 양적 측면뿐만 아니라 질적인 측면에서도 어휘력이 부족하다는 것임 • 특히 언어적 경험이 부족한 청각장애 아동의 경우, 다양한 맥락을 통해 습득해야 하는 다의어의 이해에도 어려움을 겪을 수밖에 없음 • 은유는 언어표현의 의미를 풍부하게 하고, 의미 영역을 확장하는 창조적 역할을 함. 그러나 언어경험이 부족한 청각장애 아동은 은유적 표현과 어려움을 보임 • 청각장애 아동의 쓰기에서 나타난 어휘의 특성을 살펴보면, 활용빈도는 체언, 관계언, 용언, 수식언 순으로, 오류 빈도는 관계언, 용언, 수식언, 체언의 순으로 나타났으며, 또래 건청아동에 비해 적은 어휘 수, 부적절하고 제한된 어휘의 사용, 수화의 영향에 의해 나타나는 어휘의 오류가 발견됨

키워드 Pick

구문 및 통사적 특성	• 청각장애 아동은 문법형태소에 의해 의미를 파악하기보다는 의미적으로 해석하므로 의미적인 제약성이 강한 문장을 의미적 제약성인 약한 문장보다 더 잘 이해하였으며, 타동사 구문을 가장 잘 이해하며, 다음으로 수여동사 구문을 잘 이해하고, 사동사 구문을 가장 잘 이해하지 못함 • 통사지식을 습득하기 어려운 청각장애 아동은 문장을 이해할 때 가장 먼저 매칭하는 전략과 의미전략을 사용하고 다음으로 어순전략을 사용하다가 가장 마지막으로 조사전략을 발달시키는데, 학년이 올라가도 문장이해능력은 정체되어 있으며 여전히 어순과 의미적 전략을 사용함 • 중·고등학교 청각장애 아동들이 읽기를 할 때 주어 + 서술어, 주어 + 목적어 + 서술어로 된 기본 구문은 잘 이해하나, 주어 + 보어 + 서술어 구문과 주어가 생략된 서술어 구문은 이해에 어려움을 보이고 복합문 이해에서도 어려움을 보였는데 상대적으로 다른 복합문보다는 관형화 내포문과 연결관계 대등접속문, 인과관계와 첨의관계 종속접속문을 쉽게 이해한다고 하였음 • 청각장애 아동들은 건청아동에 비해 통사적 구조에 대한 이해가 느리기는 하지만 정상 발달 순서를 따라 발달함 • 수화를 사용하는 청각장애 대학생을 대상으로 한 연구에서 보면 주동문은 잘 이해하나 피동문과 사동문에서는 어려움을 보였으나, 피동과 사동 보조어간이 들어가는 문장보다는 수화어휘[시키다]를 사용하여 그 설명이 명시적으로 가능한 '~게 하다.'와 [되다]라는 수화로 표현이 가능한 '~지다.' 구문은 잘 이해하였음 • 청각장애 아동의 쓰기에서 나타나는 통사적 특징을 살펴보면 건청아동에 비해 단순 구문을 사용하고 정형적인 구문표현을 산출하며, 문법형태소의 발달이 지체되어 있음. 특히 청각장애 아동은 학년이 올라감에 따라 단순문 구조보다는 복합문 구조를 더 많이 쓰는데. 이러한 복합문에서 문법적 오류가 많이 나타나며 대부분의 복합문이 나열 구조의 접속문으로 이루어져 있음

맵 Plus

대체사고전략(PATH: Providing Alternative Thinking Strategy)

① 문장지도를 위해서는 먼저 어휘지도가 되어야 하고, 어휘를 중심으로 문장으로 연계되어야 한다는 점에서 PATH의 적용이 효과적이다.

② PATH는 정신과 치료를 받는 청각장애 학생을 위하여 정신과 의사에 의해 개발된 전략이다. 정신과 의사들이 내린 결론은 정신과 치료가 필요했던 것이 아닌, 의사소통의 어려움이 근본적인 요인임을 알게 되는 역사적 배경을 가지고 있다.

③ PATH는 어휘, 문장 그리고 사고의 촉진을 보장하는 방법으로서, 자료수집원칙, 자료의 단계와 난이도, 자료전략, 수업전략으로 구분하여 설명한다.

맥 Plus

청각장애 아동의 말 · 언어 영역별 특성

영역		특성
말	초분절적 요소	• 말의 속도가 느린 편이다. 자음과 모음의 지속 시간이 길고, 쉼(pause)이 잦으며, 조음운동이 느리다. • 호흡 조절이 어렵다. 숨쉬기와 말하기의 조화가 안 되어 부적절한 곳에서 숨을 쉬므로 음절과 낱말이 부적절하게 묶이고 의미전달이 어렵다. • 말의 리듬이 부적절하다. 단어나 문장 내 부적절한 음절에 강세를 둔다. • 음도: 음도가 너무 높거나 낮고, 음도변화가 과하거나 부족하다. • 공명: 과대비음과 과소비음이 모두 나타난다. • 음성의 질: 쉰 목소리, 거친 소리, 쥐어짜는 소리
	모음	• 모음의 중성화: 구강 내 혀의 전후, 상하 움직임이 제한적이다. • 모음의 지속시간이 길다. • 이중모음이 왜곡된다. • 모음이 비음화된다.
	자음	• 생략 오류가 많다. 특히, 종성자음과 입의 중간과 뒤쪽에서 산출되는 자음이 빈번히 생략된다. • 대치 오류가 많다. 유성자음과 무성자음의 대치, 조음방법에 따른 대치, 조음 위치에 따른 대치, 비음성 유무에 따른 대치 오류가 나타난다. • 과소비음화와 과대비음화가 나타난다. • 모음이 자음 사이에 덧붙여진다.
언어	어휘	• 새로운 어휘를 습득하는 데 오랜 시간이 걸린다. • 또래 건청아동보다 어휘 수가 부족하며, 나이가 들수록 격차가 더욱 커진다. • 낱말의 의미에 대한 지식이 일반적이지 못하다. • 다의어를 이해하는 데 어려움을 겪는다.
	문법	• 복문의 이해와 사용이 어렵고, 단순하고 짧은 문장 구조를 사용한다. • 내용어를 나열한 전보식 문장을 사용한다. • 문법규칙 습득의 어려움이 구어와 문어 모두에서 나타난다. • 언어의 하위 요소 중 문법지식의 습득과 사용에서 가장 큰 어려움을 겪는다.
	화용	• 구어 의사소통의 사용 빈도가 낮고, 비구어적인 수단을 자주 사용하는 경향이 있다. • 다양한 의사소통 의도를 사용하지 않는다. • 대화기술이 부족하다. 주제 유지하기, 차례 지키기, 주제 전환하기에서 어려움을 겪는다. • 명료화 요구기술이 부족하고, 적극적으로 사용하지 않는다.

키워드 Pick

맥 Plus

가청아동과 청각장애 아동의 언어발달의 특성

구분	초기발성	상호작용	일대일 대응	연상력	문자언어발달
가청아동	가능	가능	가능	가능	가능
청각장애 아동	가능	제한적 가능	제한적 가능	제한적 가능	지체
DCDP	가능	가능	가능	가능	가능
언어발달	조사발달	사고발달	어휘발달	문장발달	고등사고기능

[DCDP: Deaf Children of Deaf Parents]

기출 LINE

13중) 청능훈련을 통해 잔존 청력을 최대한 활용하여 음성언어 발달을 상소하며, 음성언어를 사용하여 수업을 한다.

2. 청능훈련

(1) 정의와 목적

정의	• 청능훈련이란 청각장애를 가지고 있는 농・난청 아동 또는 성인에게 남아 있는 잔존청력을 최대한 활용해 음향이나 말소리를 듣는 청각적인 수용력을 발달시키는 것을 말한다. 여기서 청각적 수용력이란 소리를 듣고 의미를 알고, 말을 듣고 이해하는 능력을 말한다. • 청각장애를 가진 아동이나 성인이 말을 지각할 때 청각단서를 충분히 이용하도록 가르치는 과정이다. 그러므로 소리의 인식, 비음성자극의 대변별, 말소리의 대변별 및 미세한 변별에 중점을 두어야 한다.
목적	• 청능훈련의 궁극적인 목적은 청각능력을 충분히 계발하여 의사소통의 가능성을 최대한 향상시키는 데 있다. • 청능훈련의 일차적인 목표는 수용적 의사소통능력을 최대화하는 것이지만, 이러한 기본목표를 성취함으로써 보다 능숙한 말과 언어기술의 획득, 교육・직업상의 진보, 성공적인 심리사회적 적응과 같은 다른 중요한 성취를 이룰 수 있다. – 어음변별능력을 향상시킨다. – 보다 명료하고 자연스러운 말을 사용한다. – 다른 사람의 말을 보다 더 잘 이해할 수 있다. – 언어 습득과 정상적인 언어발달을 돕는다. – 보청기나 인공와우의 착용 효과를 높인다. – 학교생활 적응력을 높이고 교과목 성취 수준을 향상시킨다.

(2) 청능훈련의 기초개념

① 청각기술의 발달

② 비음성자극의 지각

③ 말소리의 강도, 주파수, 지속시간 등 말소리의 특성

④ 전이단서

㉠ 음소를 분리해서 발음하였을 때와 연결된 담화나 대화에서 산출하였을 때의 음향적 속성은 의미 있게 달라진다.

㉡ 연결된 담화에서 인접한 음소를 산출하기 위한 조음부의 역동적인 움직임은 음향상의 부산물을 만드는데, 이것을 전이단서라고 한다.

㉢ 전이단서들은 말소리를 지각하는 데 매우 유용하다.

⑤ 말소리의 물리적 속성

㉠ 말소리의 물리적 속성은 말소리의 지각과 청력손실 간의 관계를 이해하는 데 가장 중요하다.

㉡ 청각장애인의 경우 말소리의 신호 모두를 지각할 수 없다.

㉢ 2,000~8,000Hz에서 50dB의 역치를 가진 사람은 고주파수의 음소를 지각하는 데 상당한 어려움이 있다.

㉣ 최중도일 때에는 모음지각도 어려워진다.

ⓜ 고주파대에서 청력손실의 경사가 심할수록 이들 음소를 정확하게 듣기가 더욱 어려워진다.

⑥ 잉여성과 소음

㉠ 구어로 의사소통을 성공적으로 하기 위해서는 전언에 충분한 정보가 담겨 있어야 한다.

㉡ 특정한 의사소통 상황에서 이용 가능한 정보의 양은 잉여성과 소음이 어떠한가와 밀접하게 관련되어 있다.

㉢ 대화어(conversational speech)는 청자가 의사소통의 일부를 듣지 못할지라도 전언의 의미를 파악하기 위해 사용할 수 있는 다양한 정보를 담고 있다.

㉣ 청자가 들은 내용을 예측할 수 있는 정도 또한 달라질 수 있다.

㉤ 전언의 내용이 중복될수록 청자는 지각을 더욱 용이하게 한다.

㉥ 구어로 하는 의사소통에서 소음이란 청자가 이용할 수 있는 정보의 양을 줄일 수 있는 여러 요인을 말한다.

㉦ 화자와 청자, 그리고 의사소통환경과 관련된 여러 소음은 청자가 말을 지각하기 위해 사용할 수 있는 정보 또는 잉여성의 양을 줄일 수 있다.

(3) 청능훈련 단계 13 · 13추 · 17유, 15 · 20 · 22초, 16 · 21 · 22중

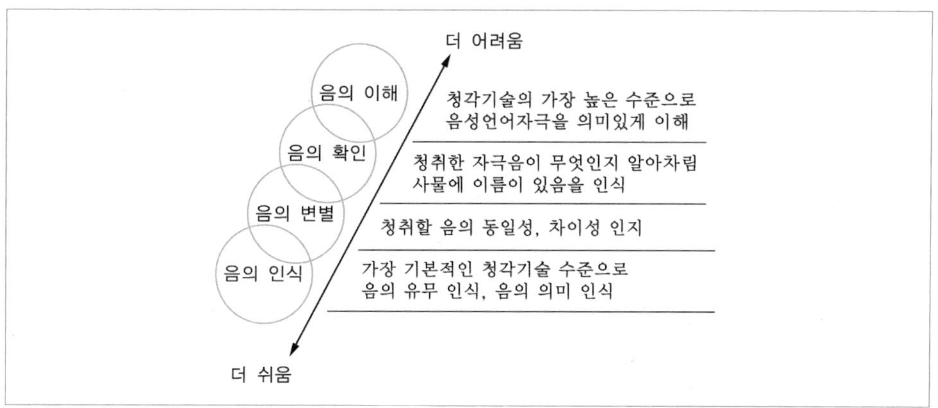

음의 인식	• 소리의 유무에 반응하는 능력으로, 아동은 소리의 존재를 자각하고 소리에 주의를 기울이는 것을 학습한다. • 음의 인식 활동 – 소리에 대한 선택적 주의집중 – 음원 탐색 및 방향지각 – 소리에 대한 조건화된 반응 – 소리에 대한 자발적인 인식
음의 변별	• 둘 이상의 말소리 간의 유사성과 차이점을 인식하는 능력으로, 아동은 소리 간의 차이점에 집중하고 다른 소리에 대해 다른 방식으로 반응한다. • 특정한 소리가 같은지 다른지를 알고, 서로 다르게 반응하는 것을 학습하는 단계이다.

기출 LINE

23중)
• 청능훈련은 청각 발달에 맞춰 단계적으로 실시합니다.
• 일반적으로 단계는 탐지, 변별, 확인, 이해가 있습니다.

키워드 Pick

<table>
<tr><td rowspan="3">음의 확인</td><td colspan="2">• 들은 말소리 자극에 대해 반복, 지적, 쓰기를 함으로써 이름을 붙이는 능력이다.
• 새로운 청각 정보를 이미 알고 있는 범주에 비추어 인식하고 알아맞히는 반응을 학습하는 단계이다.
• 제시자극에 맞는 그림 지적하기, 제시자극 따라하기 등의 활동을 할 수 있다.</td></tr>
<tr><td>초분절적 요소</td><td>• 말소리의 운율적 특성(음색, 크기, 리듬, 강세, 억양)
• 남성, 여성, 아동 음성에 대한 자각
• 상징물과 연계된 말소리 배우기</td></tr>
<tr><td>분절적 요소</td><td>• 음절 수가 다른 단어 확인
예 1음절, 2음절, 3음절, 4음절
• 자음과 모음이 다양한 1음절 단어 확인
• 친숙한 표현 및 지시 따르기
• 자음은 동일하고 모음이 다른 단어 확인 예 감, 곰, 김
• 모음은 동일하고 자음의 조음방법, 조음위치, 유성성이 다른 단어 확인 예 발, 달, 날
• 모음은 같고 자음의 조음방법만 다른 단어 확인
예 발, 딸, 살
• 모음은 같고 자음의 유성성만 다른 단어 확인
예 발, 말, 날</td></tr>
<tr><td rowspan="4">음의 이해</td><td colspan="2">• 대답하기, 지시 따르기, 대화 참여 및 의미 해석(이해) 등을 통한 말소리의 의미를 이해할 수 있는 능력으로, 아동은 주어진 상황보다 질적으로 다른 반응을 보여야 한다.
• 변별이나 확인을 바탕으로 청각적 정보가 지닌 의미 및 내용을 이해하여 바르게 반응하는 것을 학습하는 단계이다.</td></tr>
<tr><td>청각적 계열화</td><td>• 친숙한 표현
• 한 가지 지시 따르기
• 교실 상황 지시 따르기
• 중요한 요소를 순차적으로 따르기
• 3가지 지시 연속으로 따르기
• 다양한 요소의 지시를 따라 수행하기</td></tr>
<tr><td>구조화된 듣기 상황에서의 기술</td><td>• 다양한 요소의 지시에 연속적으로 따르기
• 몇 가지 구어적 단서에 기초해 인지하기
• 3가지 → 4가지 → 5가지의 연속적인 사건
• 사건이나 이야기, 수업 등에서 다섯 가지 세부사항 기억하기
• 수업이나 복잡한 이야기의 주제 이해하기</td></tr>
<tr><td>대화 상황에서의 기술</td><td>• 짧은 대화의 주제 이해에 필요한 질문에 답하기
• 다른 말로 바꾸어 표현하기
• 자발적인 주장, 논평 등의 표현 사용하기</td></tr>
</table>

(4) 청능훈련 계획 시 고려할 변인

변인	내용	
청능 수준 (auditory skill level)	• 소리 감지 • 확인	• 변별 • 이해
과제의 난이도 (difficulty level)	• 반응 수준 • 자극의 유사점 • 수업환경: 구조적, 자연스러운 • 배경소음 유무 • 길이 • 속도 • 분절적 요소 정도	• 자극 요소 • 문맥단서 • 듣기 상황 • 반복 여부 • 복잡성 • 초분절적 요소 정도 • 상황 및 친숙도
활동 형식 (activity type)	• 형식적 활동	• 비형식적 활동
자극단위	• 음성학적 단계	• 문장단계

맥 Plus

청능훈련을 위한 자극의 형태

구분	내용
폐쇄형 (closed set)	• 자극의 수가 정해져 있고 아동이 이미 알고 있는 어휘들로 구성되어 있는 경우를 말함 • 예: 음악시간과 관련된 단어나 문장을 미리 제시하고 제시된 단어나 문장을 이용하여 훈련을 실시하는 형태 • 폐쇄형에서 과업 수행력이 좋은 경우 제한형(limited set)으로 듣기 과제를 확대
오픈형 (open set)	• 자극 형태 중 가장 어려운 형태 • 상황과 문맥적 단서를 최소화하여 아동이 아무런 단서 없이 단어, 구, 문장을 듣는 것

(5) 청능훈련 방법

① 다양한 접근방법

구분	내용
분석적(analytic) 접근	• 말을 보다 작은 요소(음소, 음절, 단어)로 나누어 실시 • 분절된 성분을 하나로 통합시켜 나가는 방법
종합적(synthetic) 접근	• 구어를 통한 의사소통의 효과를 높이기 위해 전언의 구문, 문맥단서의 활용을 강조하는 방법 • 의미 있는 자극(단어, 구, 문맥)을 사용
화용적(pragmatic) 접근	• 청각을 통하여 실제 대화에서 필요한 정보를 얻게 하기 위하여 말의 수준, 신호음에 대한 소음의 비, 전언의 맥락과 복잡성 등과 같은 의사소통변인을 통제하는 훈련을 강조
절충적(eclectic) 접근	• 앞의 모든 전략을 결합한 형태

키워드 Pick

② 청능훈련의 대표적인 프로그램

㉠ 어버(Erber)의 프로그램

㉡ DASL Ⅱ(developmental approach to successful listening Ⅱ) 프로그램

㉢ SKI-HI(home-intervention treatment program, 가정 중재 처치) 프로그램

㉣ 파운데이션스(Foundations) 프로그램

③ 컴퓨터를 활용한 청능훈련

㉠ 3가지 요소(게임을 활용한 청능훈련에서 고려할 점)

- 첫 번째, '적극성(initiative)'은 청각장애 아동에게 훈련에 적극적인 참여를 유도하기 위해 쉽고 친근한 스토리 중심의 서사 구조로 게임의 배경 스토리를 구성하는 것이다.
- 두 번째 요소인 '지속성(continuity)'은 게임의 다양한 경쟁 요소를 적용하여 청각장애아동이 지속적으로 훈련할 수 있게 한다.
- 세 번째는 '성취감(fulfillment)'으로서 청능훈련 기능성 게임에서 미션의 완수와 청각장애 아동이 동화될 수 있는 캐릭터와 게임 배경, 애니메이션의 특징을 연구하여 높일 수 있다. 또한 게임 속의 가상 캐릭터와의 경쟁에서 승리로 훈련의 만족감을 함양할 수 있도록 게임을 설계하고 개발한다.

㉡ 장점

- 게임의 재미와 상호작용을 활용함으로써 청능훈련활동에 대하여 보다 높은 관심과 흥미를 유발할 수 있다. 따라서 아동의 적극적이고 능동적인 훈련 참여를 유도할 수 있다.
- 효과적인 청능훈련을 위해서는 지속적인 청능훈련을 가능하게 하는 물리적 환경요소가 중요하다. 기능성 게임은 온라인을 기반으로 개발하여 시간적·공간적 한계를 극복하고, 여기에 게임의 흥미요소를 적용하여 청능훈련을 지속적으로 할 수 있는 훈련환경을 마련한다.
- 음악, 놀이, 미술 등 기존의 청능훈련방식과는 달리 청각장애 아동이 직접 컴퓨터 게임을 조작하고 참여를 유도한다. 자발적이고 적극적인 참여는 청각장애아동이 쉽게 훈련에 몰입하게 하고, 이를 통해 학습에 대한 부정적인 시각을 감소시킬 수 있다.
- 청각장애 아동에게 높은 성취감을 줄 수 있다. 즉, 청각장애 아동은 청능훈련 기능성 게임과정에서 경쟁, 랭킹 등 게임의 다양한 보상시스템을 통해 자기성취감을 높일 수 있다. 또한 청각장애 아동은 교육에 대한 다양한 수업내용과 관련된 자료 수집을 함께 함으로써 학습에 대한 긍정적인 의식을 가질 수 있다.

(6) 보청기 착용과 청능훈련 원칙

① 조기 발견을 통해 중재를 시작하는 연령이 아무리 어리다고 해도 청능훈련을 실시하기 위해서는 반드시 보청기를 항상 착용해야 한다.

② 인공와우 이식을 예정하고 있는 아동 가운데 굳이 보청기를 착용하지 않아도 된다고 생각하는 경우도 흔히 있지만 인공와우 이식 전까지의 기간이 얼마 되지 않아도 반드시 보청기를 착용하고 청능훈련을 받도록 해야 한다. 이 점은 잔존청력을 향상시키는 데도 중요한 변인이다.

③ 보청기의 착용 상태가 중요한 만큼 보청기의 적합 상태 또한 매우 중요한 변인이다. 청능훈련을 받는 아동의 보청기는 항상 적절하게 작동되고 적합되어 있어야 한다. 이를 확인하기 위해서는 청능훈련 시작 전에 6음 검사 등을 실시하여 상태를 점검하는 것이 바람직하다.

④ 아동 청능훈련에 사용되는 자극은 반드시 아동의 입장에서 의미 있는 문맥 내에서 제공되어야 하며, 아동의 전반적인 발달과 아동 개인의 조건을 고려해서 구성하고 실시해야 한다.

⑤ 청능훈련은 언어훈련이나 의사소통훈련과 매우 밀접한 관련성을 갖는다. 따라서 청능훈련은 언어수용을 촉진하는 것이어야 하며, 듣기기술의 습득과정에서 수용된 언어나 소리 정보는 즉시 표현으로 연결되도록 해야 한다.

⑥ 청능훈련의 방법은 반드시 학교나 치료실에서만 이루어지는 것이 아니다. 특히 청각장애 아동의 경우는 더욱 그러하다. 그러므로 청각장애 아동의 일상생활 속에 청능훈련의 듣기 활동을 포함되도록 해야 한다.

⑦ 아동의 듣기기술은 구조적인 청능훈련의 과정을 통해서만 습득되는 것은 아니다. 또한 훈련실에서 아동이 경험해야 하는 모든 소리를 대상으로 훈련이 가능한 것도 아니다. 따라서 아동 청능훈련은 소리에 대한 관심과 듣는 것의 중요성 등에 대해 아동 스스로 인식하게 하는 것이 중요하다. 따라서 소리를 탐지하는 기술 그 자체를 학습하는 것도 중요하지만 학습과정 자체에 대한 도입 부여도 매우 중요하다. 청능훈련은 이러한 동기부여가 가능한 분명한 활동을 선택하여야 한다. 앞서 지적한 바와 같이 이를 위해 교사는 아동의 청능훈련이 단순한 반복 연습을 통한 훈련이 아니라 아동 스스로 학습한다는 점을 반드시 염두에 두고 훈련에 임해야 한다.

⑧ 아동 청능훈련의 특징 가운데 중요한 한 가지는 지속적이고 꾸준하게 청능훈련을 실시하는 것이다. 청능훈련은 보청기 착용 초기에 실시되는 일시적인 과정이 아니고, 언어학습을 위한 보조과정이 아니라는 점을 인식하고 아동이 성장하는 가운데 지속성을 가져야 한다.

⑨ 아동 청능훈련은 청능훈련의 목표나 내용에 따라 개별 훈련과 집단 훈련, 형식적 훈련과 비형식적 훈련을 적절하게 구분하여 다양하게 실시해야 한다.

⑩ 아동 청능훈련에서 중요한 변인 중의 하나는 부모나 가족이다. 아동뿐만 아니라 부모와 가족이 성취감을 느낄 수 있는 활동부터 시작해서 청능훈련의 필요성과 동기를 인식하도록 지원해야 한다.

키워드 Pick

(7) 청능평가

① 청력이란 개인이 들을 수 있는 수준으로 훈련이나 학습 등과 같은 다른 외적인 요인으로 변화할 수 없으며, 청력검사로서 수량화할 수 있다.

② 청능도 사람이 들을 수 있는 능력을 가리키는 것이지만 훈련이나 학습을 통해 발달할 수 있는 청각적 잠재력 혹은 청각적 지각능력을 말한다.

③ 청능평가는 청능훈련의 목표와 내용을 결정하고 실시하기 위해 듣기 수준을 결정하고, 훈련이나 학습을 통해 변화해 나가는 청능의 정도를 지속적으로 추적하기 위한 것이다.

④ 청능평가를 위한 검사

㉠ 말지각검사

○ KNISE-DASP 구성

번호	하위검사	자극단위	자극방법
1	링(Ling) 6개음 검사	음소	폐쇄
2	자음・모음검사		폐쇄/개방
3	단어패턴인지검사	단어	폐쇄
4	단어인지검사		폐쇄
5	문장인지검사	문장	폐쇄/개방
6	문장이해검사		폐쇄/개방
7	문장기억・순서화검사		폐쇄
8	이야기이해검사	이야기	개방

○ KNISE-DASP 하위검사별 문항 예시

하위검사	문항(예시)
링(Ling) 6개음 검사	• /쉬/음을 들려주며 해당하는 그림카드를 고르도록 한다.
자음・모음검사	• 선생님 말을 잘 듣고 소리를 글자판에서 골라 보세요. 예 조(ㅈ+ㅗ), 라(ㄹ+ㅏ)
단어패턴인지검사	• 선생님이 말하는 단어를 그림판에서 찾아보세요. (이때 그림판의 단어들은 음절수가 다른 단어들로 구성되어 있다.)
단어인지검사	• 일음절 단어(강, 눈, 달…)를 들려주고 그림카드를 고르도록 한다. • 이음절 단어(거울, 눈썹, 돼지…)를 들려주고 그림카드를 고르도록 한다.
문장인지검사	• 선생님이 말하는 문장을 따라 말해 보세요. – 곰이 모자 써. – 사슴이 풍선을 만져요.
문장이해검사	• 아프면 가는 곳이 어디야? • 오늘 날씨는 어때?

문장기억 · 순서화검사	• <준비물> 공, 나비, 물고기, 상자 1개 – 물고기와 나비를 넣으세요. – 공을 넣고 물고기를 흔드세요. – 나비와 공을 넣고 물고기를 흔드세요.
이야기이해검사	• 오늘 오후에 학교 앞에서 친구와 만나기로 했다. 그런데 엄마가 심부름을 시켜서(…) 예 왜 약속시간을 늦추었나요?

ⓛ Ling의 6개음 검사

- 6개음 검사는 청능평가도구로서 독립적으로 사용된다.
- 말소리를 가지고 검사하며 피험자의 구어반응을 요구한다는 점에서 주관적 어음청력검사의 하나로 분류된다.

3. 독화(말읽기)

(1) 말읽기의 구성요소 23중

일차요인	• **지각능력**: 지각능력 중 가장 영향력이 큰 요인은 시지각능력인데, 시지각능력도 시력, 시각적 주의집중 등과 같은 말소리의 인식능력이다. 또한 말 요소의 지각 속도 및 주의집중 속도 등과 입에 초점을 두면서 얼굴이나 환경으로부터 정보를 얻는 주변시력 등도 여기에 해당한다. • **종합능력**: 단어나 문장의 일부분으로 전체적인 형태를 인식하는 능력이다. 종합능력은 요소와 조직의 분류, 추측에 의한 지각, 사고를 통해 누락된 요소를 보충하는 지각종결능력에 해당된다. • **융통성**: 시각기억, 추상적 · 귀납적 추리, 리듬 등을 통한 지각종결의 수정과 언어적 · 귀납적 추리, 사회적 인식을 통한 개념종결을 수정한다.
이차요인	• 말읽기수업의 양과 아동의 연령, 학년, 교육기간 등에 따른 훈련적 요인과 청각장애 아동의 지능, 청력손실도, 청력형, 청각변별력, 교육시작 시기, 청력손실 발생 시기 등이 대상자 개인의 요인이 해당된다. • 대상자의 형태론, 의미론, 어휘, 관용적인 표현에 대한 언어이해력과 자아개념, 개인적인 적응, 좌절과 실패에 대한 반작용, 동기 등의 정서적 특성이 말읽기에 영향을 줄 수 있다. • 말읽기를 하는 사람의 하위요소에는 기능, 행동양식, 시각기능 및 기타 요소가 있다. • 환경의 하위요소에는 거리, 제시 속도, 조명, 물리적 환경 및 산만도가 포함되며, 말읽기 자료의 3가지 하위영역에는 문단 내에서 문장의 위치, 여러 문단 가운데 문단의 위치, 문장의 길이 등이 포함된다.

(2) 독화 관련 변인

화자변인	안면특성, 성량, 조음기관의 움직임(말의 속도, 말의 정확성), 몸짓, 손짓
환경변인	조명, 각도, 거리, 노출, 화자의 수
부호변인	가시도(동음이의어, 동시조음, 음운변동현상), 친숙도, 전달속도
독화자변인	시각의 예민성, 변별력, 잔존청력, 지적능력, 과거경험 등

기출 LINE

23중)
- 선생님의 입술 모양을 통해 듣지 못하는 정보를 얻으려고 하는 것입니다. 이를 말읽기 또는 독화라고 합니다.
- 말읽기는 시지각 능력을 사용합니다. 학생 A는 선생님의 입술 모양을 보며 낱낱의 부분들을 의미 있게 연결하여 전체적으로 의미를 구성하게 됩니다.
- 그럼 시지각 능력만으로 모든 음성 언어를 이해할 수 있나요?
- 그렇지 않습니다. 시각적으로 유사한 음소들이 많아 이를 정확하게 구분하기 어렵기 때문에 학생 A는 자신이 받아들인 잘못된 정보를 상황에 따라 수정해 나가게 됩니다.

키워드 Pick

○ 독화에 영향을 미치는 변인들

음성단서	화자에 의해 표현되는 음성단서로서 청자의 청력손실도가 낮을수록 활용도가 높다.
시각단서	화자의 조음운동에 의한다. 그러나 음소가 가진 변별력 자질과 달리 말의 시지각적 최소단위인 독화소는 시각적 가시도가 높은 자음을 제외하고는 조음운동을 통해 시각단서를 알아내고 화자의 말을 충분히 이해하는 것이 어렵다.
비음성단서	화자에 의해 표현되는 비음성단서로서, 예를 들면 적절한 손짓과 몸짓이 대표적이다. 하지만 과한 비음성단서는 방해가 될 수 있다.
환경적 단서	의사소통 상황, 물리적 배치, 화자의 수, 거리, 조명, 각도 등이 모두 포함된다. 일반적으로 조음운동을 정확하게 지각하기 위해서는 화자로부터 멀지 않은 거리에 있도록 하며, 최상의 독화 조건을 제공해 주어야 한다.
독화자변인	독화자의 숙달도, 종합능력, 잔존청력, 과거 경험이 독화단서로 활용될 수 있다. 특히 언어이해력과 추리력이 높은 아동은 시각단서를 보다 효과적으로 사용한다. 아동의 청력 상태가 좋을수록, 언어능력이 좋을수록, 어휘력이 높을수록 그리고 동기부여가 높을수록 독화 수행능력도 우수하다.
화자변인	화자의 안면 특성, 조음기관의 움직임, 몸짓, 손짓 그리고 화자가 가지고 있는 독화자에 대한 태도는 독화 상황에서 중요한 영향을 미친다.

(3) 독화소 25초, 20중

① 한국어의 기본단위가 음소인 것처럼 독화의 기본단위는 독화소(visual phonemes: visemes, 시각소)이다.

② 독화소는 시각적으로 유사한 음소들을 하나로 묶어 동일한 시각적 변별자질로 보는 음성의 가장 작은 시각적 단위이다.

③ 자음보다 모음은 음향학적으로 차이가 크고, 조음방법적으로도 구형이 같은 모음이 적기 때문에 독화소군이 많이 나누어진다.

④ 독화소의 분류는 연구자마다 약간의 차이가 있다.

⑤ 독화에서는 입모양은 같지만 다른 의미를 가지고 있는 음을 동형이음어(동구형 이음어)라고 한다.

(4) 독화의 한계점 16유, 14 · 20중

① **말소리의 낮은 가시도**: 독화자는 자·모음의 조음적 특징을 익히는 것이지만 치조음(ㄷ, ㄸ, ㅌ 등), 경구개음(ㅈ, ㅉ, ㅊ 등), 연구개음(ㄱ, ㄲ, ㅋ 등) 등의 조음운동은 시각적으로 확인이 어렵다.

② **동형이음어**: /바, 파, 마/와 같이 소리와 철자는 다르지만 입모양이 비슷하게 보이므로, 독화만으로 의미 파악이 어렵다.

기출 LINE

20중)
- 독화로 음성언어를 수용하나, 독화의 시각적 한계로 인한 어려움을 보임
  - /ㅁ, ㅂ, ㅍ/를 구분하지 못함

③ **빠른 구어속도**: 정상적인 회화어의 속도는 빠르므로 독화자가 자기에게 필요한 정보를 빠짐없이 눈으로 받아들이는 것은 어려운 일이다. 더욱이 보통사람보다 말이 빠르고 조음운동을 작게 하는 화자의 말은 전혀 알아듣지 못할 수 있다. 그러므로 독화자와 대화할 때는 정상적인 구형으로 보통 말하기 속도보다 약간 느린 속도로 말하는 것이 좋다.

④ **음운환경에 따른 전이 효과**: 한국어는 선・후행하는 음소에 따라 자음과 모음은 다르게 발음된다. 표준발음법에서도 '굳이'로 쓰고 /구지/로 발음하는 것과 같은 발음의 편의성을 위해 음운변동을 허용하고 있다. 이러한 현상은 독화자가 문맥적 의미를 도출하는 데 복잡한 과정일 수 있다.

⑤ **조음운동의 개인차**: 동일한 음소를 말하더라도 사람마다 입을 더 크게 벌리기도 하고 더 적게 벌리기도 하며 혀의 위치도 차이가 있을 수 있다.

⑥ **환경적 제약**: 독화자가 화자의 얼굴이나 입을 계속 주시하는 것도 어렵고, 화자나 독화자가 등을 돌리거나 조명 상태가 좋지 않거나 물체 등에 의해 시야가 방해받으면 독화자는 정보를 부분적으로 놓치게 된다.

(5) 독화의 한계를 보완하는 방법

큐드스피치 (발음암시법) 16유, 14・22 중	• 구어 의사소통을 보충하기 위한 방법이다. • 발음암시법은 구어의 패턴들을 분명하게 하기 때문에 어린 농아동들에게 정확하고 집중적인 언어자극을 줄 수 있으며, 또한 말의 자연스러운 리듬을 방해하지 않는다. • 말소리를 나타내는 수신호 단서와 함께 쓰이는 구어로 독화를 보충하여 향상시키는 절차이다. • 볼 근처에서 수신호 형태로 단서를 추가하는 것으로, 독화로 구별하기 어려운 음소들을 인식할 수 있게 함으로써 구어의 시각적 표현을 제공한다. • 수신호는 말과 함께 사용되어야 한다. • 이것들은 수화도 아니고 지문자도 아니며 혼자서는 쓰임새가 없다. • 큐드스피치는 구어언어의 보조수단으로 개발되었으며, 교육에서는 수화나 독화와 함께 선택적으로 사용되기도 한다. • 낮은 가시도와 변별의 어려움이 독화의 제한점이라면, 큐드스피치는 보다 정확하게 청각적 메시지를 시각적으로 전달해 준다. • 수신호와 입모양을 동시에 사용함으로써 화자의 메시지를 읽을 수 있는데, 큐드스피치의 가장 큰 특성은 구어 언어를 음소단위로 변환하여 전달하는 것이다. • 자음들을 인지할 수 있게 8개의 손으로 만든 형태가 사용되고, 모음들을 인지할 수 있도록 네 곳의 위치가 사용된다. • 위치와 손 형태를 동시에 표시하는 것은 음절을 시각적으로 나타낸 것이다. • 큐드스피치를 사용하는 사람은 청각장애인이 아니라 청각장애인에게 말하는 건청인이다.

키워드 Pick

촉각 보조기구	• 고도의 청각장애인의 독화에 대한 훌륭한 보조기구로, 단일채널 촉각보조기구와 다채널 촉각보조기구가 있다. • 음향신호를 기계적 신호로 바꾸어 피부를 자극함으로써 촉각으로 말을 이해하도록 하는 것이다.
타도마법	• 말소리를 내도록 가르칠 때 사용되는 방법이다. • 독화, 발어 지도에 촉각을 이용할 것을 강조하고 있다. • 말하는 사람의 뺨이나 입술 또는 목에 아동의 손가락이나 손바닥 혹은 손등을 닿도록 하고, 때에 따라서는 눈을 감게 하여 성대의 진동 유무에 의해 유성음과 무성음의 구별을 학습시킨다. • 손에 닿는 숨의 강도에 의해 파열음을 식별케 한다.

(6) 독화 지도방법

① 총체적 접근법(종합적 접근법, 자연적 접근법)

- 모든 아동에게 한 가지 기법만을 사용하지 않는다는 점에서 전통적인 독화 지도방법과 다르다.
- 아동의 의사소통에 대한 동기화, 인내력, 책임감의 향상에 초점을 두고 있다.
- 자연스러운 상황에서 지도되기 때문에 자연적 접근(naturalistic approach)이라고도 한다.
- 아동 중심적이며 판에 박힌 듯한 연습보다는 아동의 가능성과 요구에 기초하여 지도되는 점이 특징이다.
- 청각장애 아동의 독화 수행은 언어와 어휘발달, 말 명료성, 읽기이해 수행 등과 밀접한 관계가 있다.
- 다양한 의사소통 상황에서 독화력을 평가한다.
- 청각을 최대한 활용하고, 발성 및 발화 훈련도 함께한다.
- 적극적으로 독화하는 태도를 갖도록 한다.
- 교사 중심이 아닌 아동 중심의 교수·학습을 강조하고, 자기평가를 강조한다.
- 가능한 한 실제 생활에서 독화할 수 있는 기회를 제공한다.
- 다양한 주변 사람과 독화를 해 보도록 한다.
- 독화과제는 아동에게 친숙하고 흥미로우며 상황적 맥락을 가지고 있어야 한다.
- 아동의 언어발달 수준에 맞는 독화과제로 한다.
- 독화의 난이도는 언어적인 복잡성, 화제 및 어휘의 친숙성, 시각적 환경 조건, 아동의 흥미와 요구 등을 고려하여 작성한다.
- 필요한 경우에는 시각적 변별단서나 촉각장치 등을 활용한다.

② 종합법과 분석법

종합법	단어부터 시작하여 문장, 문단의 순으로 지도하는 것이다.
분석법	음운의 단위부터 시작하여 음절, 단어, 구, 문장, 문단의 순으로 지도하는 것이다.

③ 비형식적 학습과 형식적 교수

비형식적 학습	일상생활에서 아동과의 상호작용을 통해 지도하는 것이다.
형식적 교수	체계적인 독화 지도 프로그램을 적용하는 것으로, 비형식적 학습에 의한 독화력의 향상을 기대하기 어려운 아동에게 주로 적용하는 방법이다.

④ 단일감각 접근법과 다감각 접근법

단일감각 접근법	주로 시각기능에 의존하여 독화하는 것이다.
다감각 접근법	시각만 활용하는 것이 아니라 청각과 촉각의 활용도 강조한 것이다.

⑤ 말 추적법

- 기본적인 절차는 우선 전달자인 화자가 미리 준비된 내용을 짤막짤막하게 읽어 주고 수신자인 독화자는 전달자가 말한 그대로를 되풀이해서 말한다.
- 이 훈련 절차의 원칙은 먼저 말 따라 하기(verbatim)로 불완전한 말을 되받아서 바르게 교정해 주는 것이다. 이 기법은 반응이나 중요 단어를 평가할 때 자극에 대한 반응 차이를 어느 정도까지 받아들일지 결정하는 문제에 대한 책임을 없애 주며, 독화자가 언어요소와 말의 가시적인 요소 간의 연관성을 배울 수 있게 해 준다.
- 추적은 화자의 행동이 독화자의 활동에 달려 있다는 점에서 상호작용한다고 할 수 있다.
- 교정을 할 때 의미단위를 반복해야 하며, 의사소통 상황에서 교정해야 하고 화자의 계획성과 순발력이 필요하므로 그의 역할이 중요하다.
- 화자의 교정전략
  - 절을 반복하라.
  - 잘못 인식된 단어를 반복하라.
  - 단어의 순서를 재구성하라.
  - 빠진 주요 단어를 위해 동의어나 반의어를 되풀이해서 말하라.
  - 그 주제의 핵심단어를 써서 보여 줘라.

키워드 Pick

⑥ 말읽기 지도의 유의사항 21중

- 말읽기 지도에서 목소리를 사용하는 것은 매우 중요하다. 목소리의 양도 청력손실에 따라 차이를 두는데, 청각을 통해 비교적 많은 이득을 얻을 수 있는 30~90dB의 난청아동에게는 낮은 목소리를 사용하거나 보청기의 볼륨을 줄여서 연습하는 것이 좋다. 그러나 90dB 이상의 농아동에게는 큰 목소리를 사용하거나 보청기 볼륨을 높여 충분한 이득을 얻게 해야 한다.
- 화자는 목소리의 사용 유무, 목소리의 양과 말의 요소, 교사의 말 특성 등을 고려해야 할 필요가 있다.
- 말읽기 기능 증진을 위하여 의도적으로 계획된 수업에서는 청각장애 아동에게 목소리를 작게 하거나 보청기의 볼륨을 낮출 필요가 있지만, 그 외의 모든 수업이나 생활 장면에서는 청각을 최대한으로 이용할 수 있는 상태가 유지되도록 해야 한다.

- 말읽기의 일반적인 지도 원리는 말의 속도를 느리게 시작하여 아동의 기능이 숙달됨에 따라 속도를 점점 증가시키는 것이다.
- 농아동은 정보의 대부분을 시각 통로로 받아들여야 하므로 아주 느린 속도로 제시해 주어야 한다.
- 고도 난청아동은 정보의 약 절반 정도를 말읽기로 받아들이기 때문에 역시 느린 속도로 말하는 것이 좋다.
- 말읽기를 지도하는 교사가 지녀야 할 바람직한 말하기 습관은 입술과 턱을 많이 움직이는 것이다. 많이 움직이지 않으면 가시도가 낮아져서 말의 시각적 요소를 통하여 의미를 연상하는 데 어려움을 겪는다. 그러나 정상적인 속도와 관용적인 방법을 유지해야 한다.
- 말을 할 때 입모양이나 조음기관의 움직임을 지나치게 과장하여 지도하면 말읽기를 하는 청각장애 아동은 실생활에서 접하게 되는 회화 장면에서 연습했던 것이 도움이 되는 것이 아니라 오히려 지장을 초래한다.
- 말에 내포된 정서와 뉘앙스를 잘 전달하기 위하여 얼굴 표정을 풍부하게 지어야 한다.
- 정상적인 리듬과 강세를 유지하는 것도 필요하다.
- 말읽기는 듣기를 보충할 수 있으나 대체하기는 어려운 점이 있다. 말소리의 가시도가 낮고 말소리운동이 모두 시각적으로 나타나지 않기 때문이다.
- 입모양이 동일한 말이 많고 정상적인 말은 속도가 빠르다. 빠른 대화에서는 전이효과가 많이 작용하여 지각에 어려움이 있고 조음운동에는 개인차가 있으며, 환경에서 오는 제약도 많다.

⑦ **말읽기를 위한 교사의 지원전략** 21중

- 학생들의 정서적 문제와 요구에 민감하게 대처해야 한다. 학생이 독화에 대해 긍정적인 반응을 보이지 않을지라도 교사는 독려하면서 함께 노력해야 한다.
- 교사는 독화과정에 대한 지식을 가지고 있어야 한다. 시각적으로 분명하게 보이는 말소리와 그렇지 않은 말소리를 구분할 줄 알고, 그에 따른 혼선이 없도록 한다.
- 교사의 말하는 습관을 개선해야 한다. 입모양을 좀 더 분명하게 하고, 정상적인 형태를 유지하면서 명확한 발음을 하는 방법을 익혀야 한다.
- 학생의 독화 수준에 따라 난이도를 조절해야 한다. 또한 처음 사용되는 단어는 가시도가 높고 친숙한 단어여야 하며, 내용을 연상시킬 수 있는 사전단서를 제공하는 것이 좋다.
- 독화 지도에는 교사가 말하는 것을 보고 그대로 따라 말하기, 질문에 대답하기 또는 써 보기 등의 다양한 방법이 있다.
- 독화에는 가시도(visibility), 친숙도(familiarity), 연상(association)이 중요한 요소이다. 즉, 훈련 초기 단계에서는 가시도 높은 단어, 친숙한 어구 그리고 연관되는 내용을 사용하여 쉽게 연상시켜 주는 것이 중요하다. 초기 단계에서부터 너무 난이도가 높을 경우 좌절하거나 흥미를 잃을 수 있다.

기출 LINE

16유) 말읽기를 지도할 때, 자연스러운 입 모양으로 말하고, 영희가 다양한 위치와 방향에서 화자를 보게 함

16중) 청각장애 학생의 자리 배치는 독화하기 좋은 자리로 하되, 학생과 상의하여 결정한다.

- 수업 시 말할 때는 항상 좀 더 큰소리로 말해야 하며, 1~2개의 핵심단어를 칠판에 써 놓으면 독화를 하는 데 도움이 된다.
- 말하면서 판서를 하지 않으며, 교사 및 학생의 위치를 고려하여 좌석 배치를 해야 한다. U형이나 O형은 집단 토의를 할 때 독화를 좀 더 용이하게 하는 장점을 갖는다.
- 필기시간은 별도로 배정하여 수업 중에 이해하지 못하고 넘어가는 일이 없도록 해야 한다.
- 교과서를 읽을 때 입을 가리지 않고, 말을 할 때 교사의 위치를 고정시켜 독화를 하는 학생들이 독화를 하는 데 방해요인을 최소화해 주어야 한다.
- 필요 시 자료를 수정해 준다. 예를 들면, 가시도와 친숙도가 더 높은 단어나 어구로 교체한다. 내용을 상세화하거나 내용을 다른 방법으로 진술하기 또는 연관되는 내용을 연상시키기 등이 있다.
- 아동이 교사의 구형을 잘 볼 수 있도록 아동 쪽을 향하여 말을 하고 교사의 정면에 빛이 와닿도록 해야 한다.
- 말읽기 지도를 처음 시작할 때는 교사가 정확한 구형으로 말하는 것이 중요하다. 그러나 입을 과장하여 크게도 하지 말고 작게도 하지 않아야 한다. 너무 느리거나 빠르게도 하지 말고, 처음에는 천천히 말하다가 점차 속도를 높여 일반적인 말 속도에 이르도록 반복 지도해야 한다.
- 구절을 잘 띄어 말하여 연습하며, 좌우로 왔다 갔다 움직이며 말하지 않도록 한다.
- 가까운 곳에서 점차 멀리 거리를 두어 구형을 익힌다.
- 처음에는 아동의 눈높이에서 구형을 볼 수 있도록 하지만 연습이 진행되면 높이도 점차 변화시켜 다양한 각도에서 연습하도록 한다.
- 좌석을 1개월에 1회 정도는 이동하여 여러 각도에서 구형을 익히도록 하는 것이 필요하다.
- 가능한 독화단서를 모두 활용하도록 한다.
- 말은 과장하지 않고 자연스럽게 한다.
- 차폐물이 없는 밝은 곳에서 한다.
- 소음이 통제된 곳에서 한다.
- 약 2~3m 이내의 거리를 유지하되 거리를 너무 좁히지 않는다.
- 항상 동일한 위치와 방향에서 독화하지 않도록 한다.
- 독화하려는 태도를 갖게 한다.
- 화자는 말할 때 가만히 서서 하되 가능하면 아동과 비슷한 높이를 유지한다.

키워드 Pick

맥 Plus

청각장애 아동을 위한 말하기 지도방법

청각장애 아동의 말하기를 촉진하기 위해서는 다음의 3가지 영역을 지도해야 한다.

① 말소리 지각력을 최대화하여 말의 청각적 패턴에 익숙해지게 한다.

② 복잡한 운동구어 패턴을 산출하기 위해서는 구어 메커니즘의 협응이 필요하다.

③ 익숙한 말소리운동 패턴을 의미 있는 말에서 사용해야 한다.

지도방법	내용
말소리 지각력 촉진	• 잔존청력의 활용을 통해 말소리 지각력이 발달할수록 말소리를 자발적으로 습득할 가능성이 높아짐 • 아동은 보청기를 지속적으로 착용해야 함 • 교사나 부모는 보청기가 잘 작동하고 있는지 Ling's 6sound(음, 우, 아, 이, 쉬, 스) 등을 이용하여 매일 확인해야 함 • 말산출과 관련한 말소리 지각력 발달의 목적은 다양한 언어적 수준에서 목표음소를 들을 수 있는 연습 기회를 제공하여 말소리의 청각적 표상을 확립하고자 하는 것
말산출 촉진	• **청각전반 접근법**: 아동이 충분한 청각적 자극을 제공받는다면 명료한 말소리를 산출할 수 있다고 주장, 비구조화된 접근 • **다감각적 음절단어 접근법**: 보다 전통적인 접근법으로, 청각, 시각, 운동감각을 다양하게 사용하고, 음절단위에서의 자극 제시를 강조하며, 아동은 말소리 패턴을 모방함으로써 말하기를 학습할 수 있다고 설명. 말하기중재 시 미리 정해진 순서에 따라 산출하기 쉬운 음절부터 시작하여 점차 자발적이고 의미 있는 말하기 수준으로 진행해 감
음성학적 수준과 음운론적 수준에서 동시에 지도하기	• 중재 초기부터 음성학적 수준과 음운론적 수준의 연습이 동시에 이루어짐 • 건청아동의 음운론적 습득과정을 볼 때 대부분의 말소리를 단어 수준에서 습득한다는 원리에 입각한 것 • 중재의 첫 단계는 초분절적 요소에서부터 시작하며, 아동이 자연스러운 리듬과 억양으로 음성을 사용할 수 있으면 분절적 단계로 진행 • 분절적 요소의 연습단계에서는 가능하면 아동이 산출할 수 있는 기본 모음부터 시작하며 음성학적 수준에서 습득된 말소리가 점차 늘어남에 따라서 1음절, 2음절, 다음절 단어로 확대하여 목표음의 산출을 연습

4. 의사소통 전략

(1) 대표적인 의사소통 전략 22초, 18·24중

화자와 청자가 의사소통을 하는 것을 돕는 전략으로서, 청각장애 아동의 화자의 입장이 되기도 하고, 청자의 입장이 되기도 한다. 의사소통 전략은 화자와 청자가 의사소통을 하는 데 있어 그 과정을 용이하게 하거나, 강화 또는 의사소통 단절을 극복하기 위해서 사용하는 것을 의미한다.

예기전략	• 청각장애 아동이 다가올 의사소통 상황을 미리 준비하는 전략이다. • 사용 가능한 어휘, 질문, 의사소통 상황 등을 미리 검토하고 연습함으로써 의사소통 환경을 쉽게 느끼게 될 것이다. • 의사소통의 내용 및 상호작용을 사전에 준비한다. • 사용 가능한 어휘, 질문, 의사소통에서 예측되는 어려움을 미리 검토한다.
수정전략	• 의사소통을 방해할 수 있는 다양한 사건이나 상황, 발화의 내용이나 형태를 수정하여 의사소통을 원활히 유지하기 위하여 청각장애 아동들이 수정하려는 노력을 의미한다. • 아동이 의사소통하는 데 화자의 부적당한 행동이나 환경에 어려움이 있는 경우 수정하도록 요구한다. • 화자의 말이 지나치게 빠르거나 입을 가리는 행동을 할 때 혹은 주변의 소음이 너무 크거나 조명이 너무 어두워 화자의 얼굴을 제대로 볼 수 없는 경우 등 곤란을 주는 문제를 확인하여 수정하도록 요구한다.
회복전략	• 청각장애 아동이 화자의 구어가 불분명하거나 발화를 잘못 이해하였을 때 의사소통을 계속 이어가기 위해 사용하는 전략이다. • 이러한 전략에는 화자의 메시지를 전혀 이해하지 못했을 경우에 사용하는 메시지를 다시 말해 줄 것을 요구하기, 같은 내용의 메시지를 다른 단어로 바꾸어 말하기, "대화의 주제가 무엇인지 말씀해 주시겠어요?"와 같이 핵심단어를 말해 줄 것을 요청하기 등의 방법이 있다. • 메시지의 내용과 구조 혹은 화자의 의사소통 행동 모두를 수정(예 더 천천히, 더 분명하게 해 달라고 요구하기)할 것을 요구할 수 있다. • 부분적으로 반복하기, 바꾸어 말하기, 핵심단어 말하기, 철자 말하기, 허공 혹은 손바닥에 쓰기, 쓰기 등 부가 설명을 요구할 수 있다.

기출 LINE

24중) 듣는 정보가 부족하고 알고 있는 어휘 수도 적은 편이어서 의사소통이 잘 되지 않을 수 있어요. 학생 A가 예상하는 전략과 회복하는 전략을 사용할 수 있도록 지도하면 됩니다.

키워드 Pick

○ 회복전략의 예

유형	예시
반복	화자: 주말에 연습 열심히 하고 오세요. 청자: <u>다시 한번 이야기해 주시겠어요?</u> 화자: 주말에 연습 열심히 하고 오세요.
바꾸어 말하기	화자: 내가 생각했던 것과는 너무 상이한 결과였어. 청자: <u>다른 단어로 말해 주시겠어요?</u> 화자: 내가 생각했던 것과 결과가 많이 달랐어.
간략화	화자: 차라리 그 인간이 황홀한 지경이 되도록 칭찬을 해 주는 거야. 청자: <u>쉬운 말로 해 줄래?</u> 화자: 그 인간에게 칭찬을 많이 해 주라고.

(2) 발화 수정 전략

청각장애 아동의 말을 상대방이 잘 알아듣지 못했을 경우 청각장애 아동이 스스로 회복할 수 있는 전략이다. 즉, 여기서는 청각장애 아동이 화자 입장이 된다. 발화 수정 전략은 서로 의사소통이 단절되었을 때 메시지를 수정하거나 변경해서 의사소통을 유지하기 위한 목적을 갖는다. 매우 불분명한 발음으로 인하여 상대방이 이해하지 못했을 때 청각장애 아동 스스로가 수정전략을 사용하여 의사소통을 유지할 수 있다. 즉, 화자의 입장에서 발화 내용이나 형태를 수정하는 것이다.

유형	정의	예시
반복 (repeat)	이전 발화의 내용을 똑같이 반복한다.	A: 칭찬받았어요. B: 뭐라고? A: 칭찬받았어요.
수정 (rephrase)	발화를 새로운 단어나 구문으로 반복한다.	A: 오늘 영화는 다 매진이래. B: 뭐라고? A: 오늘 영화는 자리가 없대.
부연설명 (elaboration)	이전 발화를 자세히 설명한다.	A: 홍준이 봤어? B: 뭐라고? A: 아까 모임에서 홍준이 봤냐고.
구어 확인 (verbal feedback)	청자가 요청한 정보만을 구어로 제시한다.	A: 그 집은 짜장면 값 얼마야? B: 짜장면? A: 응. 짜장면.
비구어반응 (nonverbal feedback)	몸짓으로 청자의 질문에 대답하는 것이다.	A: 그 중국집 최고야. B: 양이 많아서? A: (고개 끄덕임)

② 수어를 통한 의사소통

1. 자연수어와 문법수화

(1) 자연수어와 문법수화의 의미 19유, 23초, 13·21중

자연수어	• 농인들이 문화와 관습 속에서 자연발생적으로 만들어 낸 수화이다. 그런 맥락에서 자연수어는 '농식수화' 또는 '한국수화(KSL)'라고도 불린다. 자연수어는 문법이 국어와 다르고 자체의 문법과 규칙을 가지고 있다. 관용적 표현이 많은 것이 특징이다. • 자연수어는 가청아동이 특별한 노력 없이 모국어를 습득하듯 청각장애 아동 역시 자연적으로 습득하게 되는 수화이다. • 자연수어를 언어개념으로 배우기 시작하는 영·유아기부터 체계적으로 수화를 제시하게 되면, 가청아동과 동일한 수준의 언어능력을 나타낸다. • 이렇듯 자연수어는 고유의 언어적 체계를 갖춘 것으로 볼 수 있다. • 그러나 한국의 자연수어는 독자적인 속성이 강하지 못하고 문법수화와 중간 형태적 성격을 가지고 있다.

문법수화	• 각국의 언어 문법에 맞게 인위적으로 만들어 낸 수화를 말한다. 그래서 '표준수화'라고도 불리는데, 과연 이것을 '표준'이라고 할 수 있느냐는 점에서는 논란의 여지가 있다. 자연수어가 관용적 표현 중심인 반면, 문법수화는 문장형식의 수화가 중심이 되기 때문에 '문장식 수화' 또는 국어 문법에 맞도록 개발되었다 하여 '국어대응식 수화'라고도 불리고 있다. • 문법수화는 가청인과 원활한 의사소통을 하려는 목적으로 만들어진 자연수어와 가청인이 사용하는 구화를 결합하여 만든 인공언어이다. • 문법수화는 청각장애인 사이에 그리고 수화를 배워 사용하는 일반인 사이에 의사소통이 원활하게 이루어질 수 있게 하고, 언어생활의 통일성과 정확성을 기하며 수화가 필요 이상으로 변화되고 분화되는 것을 막기 위해 표준화된 것이다. • 이러한 표준수화는 수화기호와 지문자를 병용하여 국어 문법에 맞게 표시하는 것을 원칙으로 한다. • 수화기호에 있는 낱말은 수화기호로 표시하고, 수화기호에 없는 낱말은 지문자로 표시한다. • 문법수화는 조사나 어미 활용 등 국어의 문법 정보를 시각적으로 전달한다는 면에서는 가치가 있다.
지화	• 문어의 철자와 숫자 등을 나타내는 수단으로 문어를 종이에 철자하는 것처럼 손가락으로 음성언어를 표현하는 시각운동언어이다. • 지화를 통해 읽기를 이해하고, 쓰기를 표현하는 수단으로 활용하기도 한다.

(2) 자연수어와 문법수화의 특성

한국수화(자연수어)	국어대응식 수화(문법수화)
• 축약하여 표현함 • 구조와 어순 등이 음성언어와 매우 다름 • 지화를 거의 활용하지 않음 • 국어에 대한 이해가 필요 없음 • 문법형태소를 생략함	• 말이나 문장을 그대로 표현함 • 구조와 어순이 음성언어와 유사함 • 지화를 적극 활용함 • 국어 문법지식을 필요로 함 • 문법형태소를 지문자나 수화어휘로 표현함

키워드 Pick

2. 수어의 특성

(1) 언어적 특성

① 언어의 자의성이다. 문자언어와 동일하게 수화에서도 손 모양과 그 의미에 필연성이 없다.

② 수화의 양면성으로, 수화는 모양과 움직임이라는 2개의 단어로 이루어져 있다. 어떠한 의미를 나타내기 위하여 이루어지는 한 장면, 한 장면은 언어에서와 같이 수화의 하위 층이라고 할 수 있다. 이러한 것들이 결합하여 의미를 만들어내므로 수화도 일반언어의 자질인 양면성을 가지고 있다고 할 수 있다.

③ 언어의 창조성으로, 이러한 언어의 창조성 때문에 한 언어의 어휘 수는 제한이 없고, 필요에 따라 신조어를 만들 수도 있다. 수화에서도 시대에 따라 생긴 수화가 있고, 어떤 의미에서는 일반언어보다 수화에서 신조어의 생성, 파급 효과가 더 빠르다고 볼 수 있다.

④ 수화언어의 상호 교환성으로, 언어의 전위 또는 부재표현은 언어가 시간이나 공간과 상관없이 쓰일 수 있다는 점을 뜻한다. 이런 점에서 인간의 언어는 상호 교환성의 특성을 가지고 있다고 볼 수 있다. 즉, 동일인이 화자가 될 수도 있고, 청자가 될 수도 있다는 뜻이다. 수화에서도 수화를 사용하는 사람이 송신자이며, 동시에 수신자가 될 수 있다.

⑤ 언어의 전위로, 언어의 전위·부재 표현은 언어가 시간이나 공간과 상관없이 쓰일 수 있다는 것을 뜻한다. 수화는 수화자의 수화 공간을 적절히 가상적으로 나누어서 이 전위성으로 표현할 수 있다.

⑥ 언어의 문화적 전승으로, 언어는 후천적으로 습득하는 것이지 유전적으로나 생물학적으로 전승되는 것이 아니다. 이런 면에서 인간의 언어는 문화적으로 전승되고 수화 역시 언어이므로 문화를 전승한다고 볼 수 있다. 15중

(2) 수화의 구성 특성 15중

도상성	• 실제로 지시하는 대상이 언어에 투영되어 있는 것을 말한다. 자의성과 반대되는 개념으로 음성언어와 비교하였을 때는 도상성이 높다고 할 수 있으나, 실제로 수화의 대부분은 자의적이다. • 그럼에도 수화는 약간의 도상성(iconic)인 특성을 가지고 있기 때문에 문장 속에 담겨 있는 의미를 간혹 이해하는 것처럼 느껴지기도 한다.
자의성	• 낱말과 대상 간의 직접적인 관계가 없는 것을 말한다. 음성언어와 마찬가지로 수화는 임의적인 약속기호이다. • 즉, 수화 동작과 지칭하는 사물 간에는 대부분 인과관계가 없다. • 사상성과 규약성 – 음성언어에서는 어떤 의미와 음성은 약속된 것으로 결합되어 있다. 수화에서는 수화의 의미에 해당하는 기호내용과 수형과 수동에 해당하는 기호표현에 대한 사상관계가 강한 편이다. – 구체적 사물은 사상성이 높고, 추상적 어휘는 규약성이 높다. – 몸짓모방, 전통적 수화, 문법적 수화와의 사상적 의존도는 몸짓모방, 자연수화, 문법수화의 순서이고, 규약성 의존도는 문법수화, 자연수화, 몸짓모방의 순서를 보인다. – 수화가 발전함에 따라서 사상성보다는 규약성 의존도가 높아진다.

기출 LINE

13중)
- 수화를 구성하는 요소인 수화소는 음성언어의 음소에 해당한다.
- 음운론, 형태론, 통사론 등 규칙과 문법 체계를 가지고 있는 언어이다.
- 수화 단어의 형태와 의미 사이에는 도상성(사상성)이 강하지만, 자의성(규약성)이 있는 단어도 많다.
- 건청 아동이 말을 습득하는 것과 마찬가지로 농아동도 수화 환경에 노출되면 자연스럽게 수화를 습득한다.

기출의 맥

수어는 하나의 언어이지만, 일반적인 언어와는 다른 독특한 특성이 있습니다. 수어만의 독특한 특성의 의미를 정확히 알아 두세요!

동시성	• 동시성은 음성언어의 분절성과 반대되는 개념이다. • 음성언어는 2개의 말소리가 동시에 발성되지 않는다. 그러나 수화는 공간에서 표현되기 때문에 여러 가지 요소가 동시에 산출되는 '동시성'을 갖는다. • 수화는 양손을 주요 운동기관으로 하고 공간과 몸을 운동하는 장소로 하는 시각적 기호이다. • 수화는 동시적 분절을 지님으로써 수형, 수위, 수동이 동시에 단어를 형성한다.
가역성	• 가역성을 어떤 변화의 과정을 역으로 밟아 가면 다시 원상으로 복귀될 수 있다는 의미로 해석한다면, 수화는 음성언어와 달리 가역성을 가지고 있는 언어이다. • 예를 들어, 음성언어가 가역성을 가지고 있다면 '행복'의 반대어는 '복행'이어야 한다. • 가역성은 수화만의 독특한 특성으로 음성언어에서는 존재하지 않으며, 대개 반의어에서 관찰된다.
반복성	• 의성어, 의태어 그리고 강조를 나타낼 때 나타내는 것으로 '항상', '자주' 등은 반복으로 의미를 나타낸다.
축약성	• 수화는 통사론적 측면에서 매우 두드러진 축약성을 갖는다. • 특히 자연수화는 긴 말을 짧게 줄여서 표현하는 축약성이 문법수화에 비해 훨씬 크다.
공간성	• 수화의 중요한 특성 중 하나는 바로 공간성이다. • 메시지가 공간에서 이루어질 뿐만 아니라 어떤 특정 공간에서 수화가 만들어지느냐에 따라 의미와 문법이 달라지기 때문이다. • 예를 들면, 대화에서 "A와 B가 경기를 했는데 A는 이기고 B는 졌다."를 수화로 표현할 때는 공간을 둘로 나누어 의미를 전달한다. • 수화는 공간적으로 배열한다. 이는 음소를 순차적으로 배열하는 음성언어와 차이를 보인다.
발신의 운동량	• 수화는 음성언어의 조음에 필요한 운동량보다도 더 큰 편이다. • 운동향이 커지면서 발신시간도 길어진다.
비수지 운동적 기능	• 비수지운동에는 표정, 머리의 방향, 몸의 방향 등이 포함된다. • 예를 들면, '찾다'는 찾는 듯한 눈의 동작이 요구되고, '늦다'는 '아직~않다'의 안면표정이 수반되어 나타낸다.

키워드 Pick

3. 수어의 구성요소: 수어소 25중

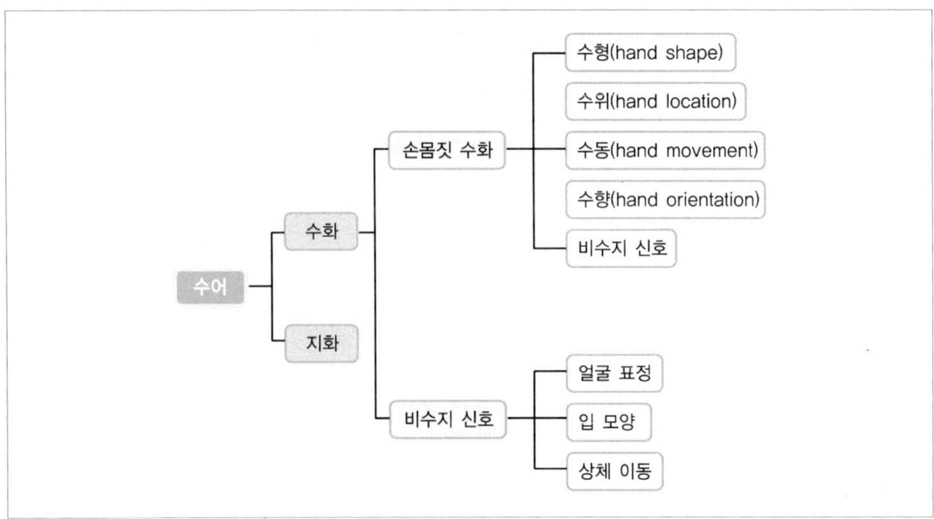

수형	• 수형은 어떤 위치에서 어떤 방향으로 어떤 동작을 하는 '두 손의 형태'를 의미한다. • 수형은 선택된 손가락의 수와 손가락들을 굽히거나 펼치는 방법에 따라 다양하다. • 수형은 고정되어 있는 것이 아니고 처음 위치에서 다음 위치로 옮겨지는 과정에서 변화한다. • 하나의 수화를 완성하기 위해 하나의 수형을 필요로 하는 경우도 있고 두 수형 이상을 필요로 하는 경우도 있다.
수동	• 수동은 수형의 운동을 의미하는 것으로, 신호가 표현되는 방법이다. • 수동은 수화를 형성하는 핵심 역할을 하며 운동의 방향과 양손의 관계로 분류된다. • 수동은 음성언어에서는 '모음'에 해당하는데 이는 다른 수화소보다 두드러짐(sonority)이 높기 때문이라고 한다.
수위	• 수위는 수화를 하는 동안 손의 신체상 위치에 관한 것으로 머리, 몸통, 팔, 중립적 공간, 비우세 손과 같은 몸의 특정 영역뿐 아니라 3차원 평면을 포함한다. • 수위는 주로 수화자의 앞이나 옆 공간인 중립적 공간에서 가장 많이 이루어진다.
수향	• 수향은 수화자가 신체에 대한 손의 공간 관련으로 손바닥의 방향, 손가락의 끝 방향 등으로 결정되는 것이다.
비수지신호 19·21·22·25중	• 비수지신호란 수지신호의 반대개념으로, 얼굴표정이나 입 모양, 머리와 상체의 움직임 등과 같이 손동작 외의 몸짓이 주는 신호를 말한다. • 비수지신호는 음성언어에서 초분절음과 같은 역할을 한다. 초분절음은 강세, 고저 또는 장단에 의해 만들어지는 소리로서 뜻이 구별되는 기능을 하는데, 수화에서 비수지신호는 문장을 이해하는 데 중요한 역할을 하며, 문법적 기능을 담당한다.

맥 Plus

분트의 수화기호 구성방법

형식	의미	
지사기호 (direction signs)	가장 간단하고 원시적인 것으로서 의미하는 대상이나 사물을 가리키는 것을 말한다.	
모방 (imitative signs)	대상이나 행위 또는 개념을 유사하게 만들어 내는 것을 말한다.	
	모사(copying)	대상의 윤곽이나 손이나 손가락으로 그리는 것을 말한다.
	표상(representing)	대상의 특성을 묘사하는 것을 말한다.
	상징(symbolizing)	단어의 유사성을 표현할 수 없는 추상적 개념을 나타내는 것이다.

일곱가지 수화기호 구성방법(김승국)

지사	• 수화기호가 의미하는 것을 직접 손이나 손가락으로 가리키는 것을 말한다. • 예를 들면, '머리'와 같은 단어를 직접 가리킬 수도 있지만, '당신', '이것' 등과 같이 가리키는 동작이 무엇인지 쉽게 변별할 수 있는 것 등을 모두 포함한다.
모방	• 기호가 의미하는 동작을 그대로 해 보이는 것을 말한다. • 예를 들면, '울다'나 '아프다'와 같이 상징하는 동작의 수화를 말한다.
상형	• 상형문자의 본 의미는 물체의 형상을 본 따서 낱말의 뜻을 나타내는 것을 말한다. • 즉, 수화에서 상형이란 대상의 형체를 만들거나 그려 보이는 것을 말한다. • 예를 들면, '집'이나 '주먹' 등과 같은 수화를 말한다.
형지	• 기호가 의미하는 대상의 형체를 만들고 그것을 가리키는 동작을 해 보이는 것을 말한다. • 예를 들면, 바깥(밖)은 왼손을 중심으로 하며 오른손을 왼손 밖으로 이동시키는 수화이다.
형동	• 기호가 의미하는 대상의 형체를 만들고 그 대상이 하는 행동을 해 보이는 것을 말한다.
회의	• 둘 이상의 글자를 합하여 새로 한 글자를 만드는 방법을 회의문자라 한다. • 수화에서 회의란 '우체국'처럼 '편지'와 '집'이 만나는 경우이다.
전주	• 전주의 원뜻은 어떤 한자의 원래의 뜻을 비슷한 뜻으로 전용하는 방법으로, 한자에서 '악할 악'이 '미워할 오'로도 쓰이는 경우이다. • 수화에서는 수화기호의 의미가 전이되어 다른 뜻의 수화기호로 사용되는 것을 말한다. • 예를 들면, 단어 '땀', '덥다', '여름'은 하나의 수화로 사용된다. • 수화는 음성언어에 비하여 전주가 훨씬 많이 일어난다.

키워드 Pick

4. 수어의 언어학적 분석

(1) 기본 어순과 종결어미

① 자연수화와 달리 국어대응식 수화에서는 종결어미의 경우 손바닥이 위로 향하게 편 왼손바닥에 오른손바닥을 댔다가 떼어 내린다.

② 반면에 자연수화는 과거시제 '끝'이라는 수화기호를 사용하여 종결어미까지 국어의 모든 문법 정도를 전달한다.

(2) 높임법

자연수화에서는 '몸을 숙이는 자세'와 같은 비수지신호를 사용하여 높임을 표현한다.

(3) 최소대립쌍

기출 LINE

18초) 수어도 음성 언어처럼 수어소 대치가 가능하니 수어소에 따른 의미 변화를 연습하도록 수어 최소대립쌍을 활용할 수 있어요.

수화에서 최소대립쌍이란 수형, 수위, 수동, 수향에 해당하는 수화소 가운데 하나에서만 대조를 보임으로써 의미가 달라지는 것을 말한다. 18초, 22중

(4) 관용적 표현

자연수화에서 관용적 표현은 매우 빈번하게 나타나는 특성이다. 예를 들면, 귓불을 잡아 당기는 것은 '귀가 얇다'라는 의미의 관용적 표현이다.

(5) 단어형성방법

① 수화는 구어와 달리 하나의 동작이 품사의 구별 없이 동일하게 사용된다. 예를 들면, 명사인 '건강'과 동사로서의 '건강하다', 그리고 형용사 '건강한'을 표현할 때도 구분이 없다.

② 동작의 반복은 강조의 기능을 갖는다. 예를 들면, '또'는 오른손 2, 3지를 오른쪽에서 왼쪽으로 이동하면서 한 번만 펴는 반면에, '자주'는 이 동작을 두세 번 반복한다.

③ 지화를 쓸 경우에는 오른손을 사용하여 천천히 한 음절씩 또박또박 써야 하며, 손의 위치와 모양 그리고 방향을 정확히 해야 한다.

④ 수화를 할 때는 하나의 음(音)뿐만 아니라 표정과 제스처를 풍부하게 표현해야 한다.

⑤ 윗사람과 대화를 할 경우에는 몸의 자세나 표정을 공손하게 하여 존대의 의미를 나타낸다.

⑥ 수화에는 '~은', '~가', '~에게' 등의 조사가 대부분 생략된다.

⑦ 생략과 축약이 많다.

⑧ 과거형인 '했다', '먹었다' 등의 동사는 '끝'의 수화를 함께 사용함으로써 과거형이 된다.

⑨ 수화는 음성언어와 비교하여 어휘가 다양하지 않다. 한 가지 수화가 여러 가지 뜻으로 사용되는 경우가 많은데, 예를 들면 사계절의 경우 '봄'은 '따뜻하다'의 동사로 함께 쓰이며, '여름'은 '덥다', '가을'은 '바람'과 '불다', '겨울'은 '춥다'로 함께 사용된다.

⑩ 수화표현이 없거나 고유명사의 경우는 지화를 사용하기도 한다.

5. 지문자 09유, 11 · 14 · 16 · 17 · 21 · 22 · 25초, 12 · 18 · 22 · 23중

(1) 한글 지문자

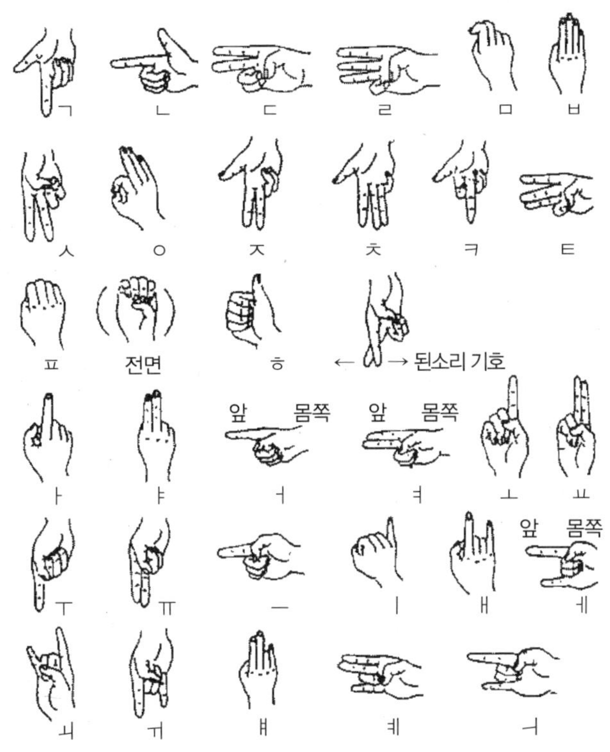

- 방향표시가 없는 지문자의 자형은 화자 측에서 본 것이다.
- ㄲ, ㄸ, ㅃ, ㅆ, ㅉ 등의 지문자는 된소리기호 다음에 각 홑글자의 지문자를 표해 보이거나, 각 홑글자의 지문자를 반복하여 표해 보인다.
- 된소리 기호에 있는 ← →는 손가락을 퉁겨 바로 세운다는 기호이다.
- ㅘ는 ㅗ + ㅏ로, ㅝ는 ㅜ + ㅓ로, ㅙ는 ㅗ + ㅐ로, ㅞ는 ㅜ + ㅔ로 표시한다.

키워드 Pick

⑵ 영어 지문자

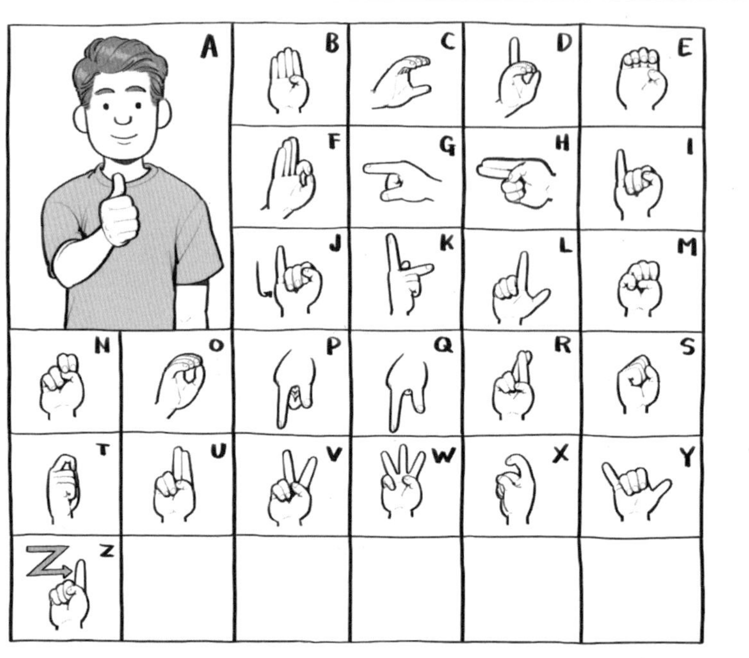

[출처 : 방해성(2001)]

⑶ 지숫자

Chapter 11

6. 수어교육 접근법

(1) 구조적 접근법

① 구조적 접근법은 과학적이고 객관적이며 경험-분석적 교수 모형을 사용하는 접근법이다.

② 이 방법은 언어의 수행적인 면을 강조한다. 따라서 모국어 습득의 경우는 성인이 구사하는 말이 최종 목표가 되고, 제2언어나 외국어 학습의 경우는 그 언어를 모국어로 사용하는 사람들의 말이 최종 학습목표가 된다.

③ 발음, 단어, 문장의 순서대로 학습하여 새로운 언어 습관을 이루도록 하는 것을 목표로 한다.

④ **장점**: 습관 형성과 규칙의 내재화, 구조의 이해, 의사소통능력의 획득을 돕는다.

⑤ **단점**: 교사의 철저한 음성지식을 갖추기 위한 시간이 오래 걸리고, 교실에서 모국어 제공자와 언어학자에 대한 언어 지도를 필요로 한다.

(2) 자연적 접근법

① 자연적 접근법은 일반아동의 언어 획득 순서와 같은 순서로 언어를 발달시키고자 하는 접근법으로, 학습자가 암기나 언어훈련 없이 노출, 모방, 확장 등을 통해 규칙들을 무의식적으로 학습할 것으로 보는 입장이다.

② **장점**: 제2언어 구조 연습에 시간을 낭비하지 않아도 되고, 수업 후 스스로 많은 연습을 할 수 있으므로 학습과 의사소통활동이 결합되어 효과적인 학습을 이끌 수 있다.

③ **단점**: 제한된 구조 내에서 어휘를 많이 사용하므로 부정확한 의사소통이 될 수 있고, 교사가 오류를 수정하지 않기 때문에 학습자의 철저한 연습이 요구된다.

(3) 제2언어 교육으로서의 수화교육

수화교육에서 제2언어 교수전략을 적용할 때 교사에게 필요한 실제적인 제안점은 다음과 같다.

① 언어교육의 궁극적 목적은 학생이 창의적이고 목적적으로 그 언어로 의사소통할 수 있는 능력을 계발시키는 것이므로 대부분의 언어는 듣기, 말하기, 읽기, 쓰기의 4가지 영역에서 의사소통하는 능력을 요구한다. 언어는 그 언어를 사용하는 사람들의 사회 문화적 가치에 영향을 받으므로 수화교육에서도 청각장애 사회에 대한 정보를 정확하게 이해하고 교육하여야 한다.

② 어떤 목표언어의 교수에서 가장 결정적인 요소는 학생들이 목표언어에 적절하게 노출되는 것이므로 교사는 그 언어의 문법보다는 가능한 많은 언어환경을 제공하는 것이 중요하다.

③ 학생은 목표언어로 의사소통할 욕구와 기회를 가져야만 한다.

④ 대화, 훈련, 의사소통활동 그리고 게임의 사용은 목표언어에 대한 의미 있는 노출을 위해 필요한 것이다.

⑤ 학생들은 그들이 하는 수화에 대한 분명한 개념을 가지고 있어야 한다. 수화를 실제로 연습하여 수화의 규칙이나 개념을 분명하게 제공해야 한다.

키워드 Pick

⑥ 언어교육의 제재와 활동은 목표언어의 자연스러운 사용에 초점을 맞추어야 한다.

⑦ 학습과정에서는 오류가 있을 수 있으므로 교사는 학생들의 실수와 원인을 분석해야 한다.

7. 수어를 활용한 언어지도법

(1) 종합적 의사소통법(Total communication, 총체적 의사소통법) 23초, 13중

① 종합적 의사소통, TC라고 불리는 이 방법은 청각장애인끼리든 청각장애인과 일반인 간이든 의사소통의 모든 수단을 활용하는 것을 의미한다.

② 동시법 또는 결합법이라고도 하는 것으로 의사소통에 사용할 수 있는 모든 수단, 즉 독화, 발화, 수화, 지문자, 몸짓, 기타 등을 동시에 사용하거나 그러한 것들 중에서 의사소통에 적절한 어떤 한 수단을 사용하는 것이다.

③ 종합적 의사소통은 의사소통방법에서는 청각장애 아동이 조기부터 이용할 수 있는 청능, 발어, 말읽기, 지문자, 몸짓, 그림, 읽기, 쓰기 등을 배우도록 한다.

④ 의사소통에서 아동의 요구, 능력에 따른 최적의 이해 · 표현을 보장하는 것은 청각장애아동에 대한 도덕적 권리를 보장하는 것이며, 극단적인 구화주의는 청각장애 자체를 부정하는 것이다.

⑤ 종합적 의사소통 철학이 청각장애인을 위한 최적의 선택을 지지하는 것이라며, 언어적 측면에서 체계화된 지도가 수반되어야 한다. 조기에 시각적으로 제시되는 양식에 의존해 온 청각장애아동은 청각으로 부호화된 언어를 수용해 본 경험이 없으므로, 수화가 일차적 언어를 수행하는 매체가 될 것이다.

(2) 이중언어 · 이중문화 접근법 16유, 18초, 13 · 19중

① 이중언어 · 이중문화 접근법은 '두 가지 언어와 두 가지 문화를 배우는 것'을 의미하는 것으로 교실에서 교수를 위한 1차 언어로 그들이 자유롭게 구사하는 수화를 채택하여 가르치는 것을 말하며, 국어를 읽기와 쓰기를 위한 2차 언어로 가르친다.

② 2개 이상의 언어를 구사하는 능력과 그 언어를 배경으로 한 문화의 차이를 이해하는 것으로, 청각장애인 사이의 문화를 제1문화로 보고 수화를 의사소통과 사고활동을 위해 사용하는 지배적인 문화로 인정하고 가청인의 문화를 제2의 것으로 학습하는 것이다.

③ 이중언어 접근에서는 시각이 청각장애 아동이 언어를 배울 수 있는 최선의 통로이고 자연수화가 시각적이고 완전한 언어이므로, 자연수화를 1차 언어로 습득하게 하고 그를 통해 2차 언어인 문어를 획득하게 할 것을 주장하고 있다.

④ 이 접근법의 목적은 청각장애인의 사고에 필요한 도구를 발달시키고 다른 청각장애인과의 관계를 통해 건강한 자아의식을 발달시키기 위해 강력한 시각적 1차 언어를 갖도록 하는 것이다.

⑤ 농인 문화 속에서의 교수를 지지하고, 청각장애인 교육에 농인사회의 역사와 기여, 가치, 전통을 포함시키며, 가청인 부모가 다양한 프로그램을 통해 농인과 수화를 포함한 농인 문화를 만날 수 있는 기회를 제공한다.

기출 LINE

19중) 수어를 1차 언어로 하고, 읽기나 쓰기를 위한 한국어를 2차 언어로 가르치는 이중언어접근법으로 지도하고 있어요. 학교에서 이중언어접근법을 강조하는 이유는 학생 G의 농정체성(향상)을 목표로 하기 때문이지요.

⑥ 이 접근법은 청각장애인의 문화를 가청인의 문화와 동등하게 인정해 준다.

⑦ 청각장애인을 위한 이중언어교육이라는 말 속에서는 두 언어를 사용하여 공부한다는 의미의 이중언어(Bilingual)와 두 언어 모두에 능통함을 목적으로 한다는 의미를 함축하고 있다.

⑧ 이중언어 · 이중문화 접근법은 청각장애인 중심의 사회, 교육, 문화를 인정하는 교육의 본질에 초점을 둔 철학이다.

⑨ 이 접근법이 지지받는 이유는 그것이 무엇보다도 청각장애학생의 자아실현과 학업 성취도 및 언어발달을 촉진시킬 수 있다고 믿기 때문이다.

⑩ 이중언어 · 이중문화 접근 프로그램 구성내용

구성내용	구성요소	특징	제한점
농문화	• 농문화 이해 • 농인과의 교류	• 농문화 이해 프로그램 개발 • 농문화 지원 단체와의 교류	• 농문화에 대한 학부모의 거부감
일차언어	• 자연수화 정착 • 가청인과의 대화	• 일차언어 확립 및 전이 • 수화를 통한 의사소통	• 가청인이 자연수화 체계를 지도하기 힘듦
학습 방법	• 수화를 통한 수업 • 수화통역	• 이차언어 이해 • 수화통역사 지원	• 수화통역사 배치 문제만으로 학습 효과가 극대화되는 것은 아님
사회통합	• 농문화 수용 • 의사소통 향상	• 2Bi 접근 프로그램 • 농문화 축제 참여 유도	• 교류를 위한 공간 필요 • 비행과 탈선 예방을 위한 자체 윤리 필요

⑪ 청각장애 아동을 위한 우리나라의 이중언어 접근법 모형

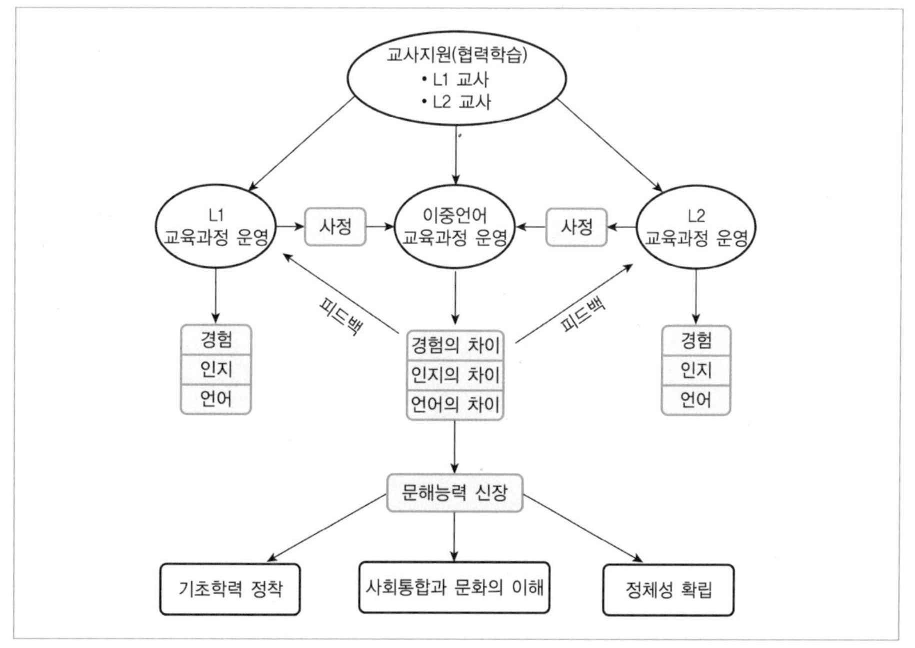

맥 Plus

로체스터법(Rochester method) 13중

구화법에 지문자를 병용하는 청각장애아 언어교육방법의 하나이다. 로체스터법은 1878년경 미국 뉴욕주의 로체스터 농학교에서 처음 사용되었다. 독화의 불완전성과 발어의 불명료성을 지문자로 보완함과 동시에, 수화는 구화법의 저해요인이 된다고 보아 수화를 배제한 것이 특징이다. 그러나 당시 미국에서 구화법을 중시하고 있던 다른 농학교에서는 지문자는 구화법에 역작용을 한다고 생각하여 이 방법이 널리 보급되지는 못하였다. 그 후 소련에서 제창된 농언어 지도방법인 신구화주의(neo-oralism)에서 로체스터법의 원리가 많이 반영되었다.

— **「특수교육학 용어사전」**

 Plus

청각시각장애인의 의사소통방법

방법	내용
촉수화 또는 지문자 16유, 15중	청각장애가 먼저 발생하고 그 이후에 시각장애가 발생하여 아동이 수화언어를 모국어로 습득 또는 학습한 경우에 수화언어로 의사소통이 가능한데, 이때 잔존시력이 없는 경우에는 수화언어표현을 맹농인 손으로 접촉하여 수화언어로 의사소통하는 방법이 촉수화이다. 청각시각장애인이 수화언어를 습득하지 못한 경우에는 수화언어 대신 지문자를 사용할 수도 있다. 잔존시력이 있는 경우에는 수화자가 보이도록 거리를 조정하여 제시해야 하는데, 시각청각장애인이 수화언어를 이해하기 위해서는 우선 수화자의 위치를 파악해야 하므로 수화자는 맹농인이 수화자 위치를 파악했는지 먼저 점검해야 한다.
손가락 점자 15중	점자를 주된 의사소통수단으로 학습한 맹농인이 점자타자기에 점자를 입력하는 것과 같은 방법으로 점자를 직접 양손의 손가락 위를 접촉하여 의사소통하는 방법이다. 보통 왼손가락과 오른손가락을 각각 3점씩 사용하며, 맹농인이 사용하는 촉각언어 중 배우기 쉽고 사용하기 쉬운 방법이다.
손문자	손바닥에 문자를 적어 의사소통을 하는 방법이다.
필담	점자 또는 묵자를 이용하여 기록하여 의사소통하는 방법이다.
구어	보청기나 인공와우를 활용하여 의사소통하는 방법이다.

06 통합교육을 위한 교육적 지원

① 청취를 위한 지원

1. 소음 수준과 반향 20유, 17초, 22중

① **소음 수준**: 교실은 상당한 소음으로 둘러싸여 있는데, 일반적으로 교실의 소음은 55dB, 체육관은 83~86dB, 식당은 75~80dB에 이른다. 이러한 소음 때문에 청각장애 아동은 의사소통에 어려움을 겪을 수 있다.

② **신호음 대 소음 수준**: 보통 교실에서는 5dB로, 이는 교사의 목소리가 주위의 소음보다 5dB 정도 크다는 의미이다. 말소리를 변별할 수 있는 가장 좋은 환경은 소음보다 신호음이 30dB 큰 경우이다.

③ **반향**: 소리가 교실 안의 단단한 벽에 반사되어 길게 늘어나는 것으로, 반향은 소음 수준과 상호작용하므로 청각장애학생들이 말을 인식하는 데 어려움을 주는 요소이다.

2. FM 보청기의 활용

① **FM 시스템을 사용하는 이유**: 주변 소음의 방해를 최대한 줄여서 청취하기 위함이다.

② **활용**: 청각장애 아동의 청각손실 정도, 교실환경, 나이, 교육방식 등에 상관없이 효과적인 편이다.

③ FM 보청기 활용의 성공 여부는 교사와 학생의 참여도, 사용자의 운용 기준 등에 달려있다.

3. 효과적인 말소리 청취를 위한 교사의 지원

① 아동이 교사와 동료의 말에 청각적, 시각적으로 접근하도록 보장해 주어야 한다.

② 교사는 자료를 제시할 때 여러 방법을 동시에 사용하지 말아야 한다.

③ 가정, 가사, 체육시간 같이 기본적으로 소음이 생기는 수업에서는 시각적 지원을 중심으로 해야 한다.

④ 학급토의를 할 때 교사는 다음 화자의 이름을 지명하여 청각장애아동이 화자를 쳐다볼 수 있는 충분한 시간을 주어야 한다.

키워드 Pick

② 청각장애 학생을 위한 교수적 수정

1. 교수환경 수정

① 학교 건물 외벽의 차음 성능 및 교실 간 경계벽의 차음 성능을 향상시킨다.
② 천장에 흡음판을 설치하여 소음을 감소시킨다.
③ 교실의 잔향시간을 줄이기 위하여 흡음재를 고르게 배치한다.
④ 카펫은 바닥에서 학생들이 끄는 책상이나 걸상의 소음을 감소시킬 수 있다. 그러나 인공와우를 착용한 경우에는 정전기를 가급적 피해야 한다는 점에 주의해야 한다.
⑤ 각종 기계 설비 소음 등을 최대한 낮춘다. 예를 들면, 냉난방을 위해 일체형 패키지 장비를 사용하지 않는다.
⑥ 문과 문 사이의 거리가 떨어져 있는 것이 좋다. 문이 마주 보거나 인접해 있을 경우 소음이 쉽게 전달된다.
⑦ 교실 내 소음 수준을 최대한으로 낮출 수 있도록 한다. 또한 교사의 음성레벨과 배경 소음과의 비(S/N)는 최소 10dB 이상이어야 한다.

2. 교수방법의 수정

① 발표 기회를 의도적으로 준다.
② 활동은 작은 단계로 제시한다.
③ 구어적 지시는 짧은 문장으로 한다.
④ 시각적 단서 및 자료를 함께 제시해 준다.
⑤ 구형을 잘 볼 수 있도록 입 모양을 크게 해 준다.
⑥ 필요한 경우 선행학습을 할 수 있도록 자료를 사전에 배부해 준다.
⑦ 새로운 단어가 나올 경우 개념을 먼저 습득할 수 있는 충분한 시간을 준다.

구분	내용
교수활동	• 의도적인 발표 기회 제공 　– 발표내용에 대한 사전 개별 지도 　– 보고 쓴 것을 읽는 형식으로 발표 • 개별 학습활동 지도 　– 용어와 개념에 대한 사전 개별 지도 　– 수행 수준에 맞는 실험·관찰 내용 수정 　– 주요 핵심 단어 읽고 쓰기 지도 • 교수할 과제를 작은 단계로 나누기 • 과제의 양을 줄이기 • 과제를 쉽게 또는 구체적으로 수정하기 • 과제를 활동 중심적으로 수정하기

교수전략	• 경험과 발견학습이 중시되는 전략 • 지역사회 중심적 수업을 통한 전략 • 행동강화전략 • 활동 중심적 수업 • 정보 제시 및 반응양식 전략
교수자료	• 특수교사와 사전에 협의하여 학습자료를 요청하거나 공동으로 제작 • 학습에 필요한 그림, 사진 자료, 모형 준비 • 단원별 필요한 개별 학습지 제작 • 보조공학기기와 컴퓨터 활용 • 구체물 활용

3. 평가방법의 수정

(1) 평가수정의 범주 및 방법

표준평가의 수정 범주	방법
평가환경	평가공간의 수정과 평가시간의 수정 등이 주로 이루어진다. • 소음으로부터 차단된 독립된 교실 제공 • 특별 자리 배치 • 시간 연장
평가도구	평가 자료의 수정과 보조인력지원 등이 주로 이루어진다. • 소리 증폭장비 사용 • 어휘사전 사용 • 수화통역사와 같은 보조인력지원
평가방법	평가문항 제시, 학생이 응답하는 방법 등의 수정이 이루어진다. • 평가문항의 단순화 • 핵심어 강조 • 의사소통능력과 독해력을 감안한 문항의 난이도 조절 • 수화로 답하기

(2) 평가조정의 예

조정의 형태	조정의 예시
제시형태	수화 지시, 청각보조기 사용, 수화 통역자 제공
반응형태	수화 응답
검사시간	검사시간 연장, 검사 중 휴식, 몇 차례로 나누어 실시
검사환경	증폭 및 방음시설, 독립된 장소, 특수자리 배치, 듣기평가-필답고사로 대체

키워드 Pick

③ 청각장애 학생을 위한 통합수업 지원

1. 수업 시 고려할 점

① 가르치는 개념에 대해 명확하게 설명하고 시각적 예를 많이 사용한다. 용어를 일관되게 사용하는 것이 중요하다.

② 교사나 일반또래들이 청각장애 학생과 이야기할 때, 자연스럽게 이야기하고 몸짓도 자연스럽게 하되 얼굴을 마주 보며 말하도록 한다.

③ 청각장애 학생이 보청기나 인공와우를 항상 착용하도록 독려한다. 불편하기 때문에 자꾸 빼면 학습내용을 이해하는 것이 더 어려워진다.

④ 청각장애 학생이 교사의 말하는 내용을 독화하기가 가장 좋은 자리가 어디인지 학생과 상의하여 결정한다.

⑤ OHP를 사용한다. OHP를 사용하면 교사가 필기를 하면서도 학생들 쪽으로 얼굴을 향하고 있으므로 무슨 말을 하는지 알기 쉽다. 단, OHP는 기계소리가 조용한 것을 사용하고, 실내가 너무 어두우면 독화가 힘들다는 점을 고려한다.

⑥ 게시판을 사용하거나 그림, 도표, 컴퓨터 그래픽 등 가능한 시각적인 교수방법을 최대한 활용한다.

⑦ 자료를 나누어 줄 때는 말하지 않는다.
⇨ 자료와 교사의 입을 동시에 볼 수 없기 때문이다.

⑧ 수업이 강의식으로 진행될 때는 다른 친구 두 명 정도의 노트를 빌릴 수 있게 한다.
⇨ 동시에 독화하며 필기하기가 불가능하기 때문이다.

⑨ 중요한 단어나 새로운 단어는 칠판에 써 주고, 수업 전에 새로운 단어를 미리 공부하도록 한다.

⑩ 과제물을 말할 때 칠판에도 적어 준다.

⑪ 비디오나 컴퓨터 동영상 자료 등을 볼 때 자막이 있는 것을 선택한다.

⑫ 청각장애학생이 수업내용을 이해했는지 확인한다.
⇨ 항상 잘 이해하는 것이 아니며 교사에게 질문하는 것을 어렵게 생각하는 경우가 많기 때문이다. 이때에는 질문에 답하도록 하거나 다시 말해 보도록 할 수 있다.

⑬ 완전한 문장으로 말해 준다. 알아듣지 못했을 때에도 한두 단어만 말해 주지 말고 전체 문장을 다시 반복하거나 말을 바꾸어서 말해 준다.
⇨ 문장 속에서 내용과 의미를 파악하기가 더 쉽기 때문이다. 13추중

⑭ 보청기의 상태를 매일 확인한다.

⑮ 청각장애 학생이 독화하거나 귀 기울여 듣는 일은 매우 힘든 일이므로 학생이 피로해 하는지를 관찰한다.

⑯ 수업을 시작할 때 중요한 내용을 미리 요약하고, 마칠 때도 요점을 정리해 주는 것이 도움이 된다.

⑰ 학생들이 토론할 때는 한 번에 한 사람씩 하도록 하고, 누가 말하는지 청각장애 학생에게 알려 주어 누구를 보아야 하는지 알 수 있도록 한다.

기출 LINE

17초)
- 반향 시간을 줄이려고 동호를 제 가까이에 앉혔습니다.
- 신호대잡음비(SNR)를 높이기 위해서 FM 시스템을 사용하고 있어요.
- 자리 배치도 중요할 것 같아서 소그룹 토론식 수업을 할 때는 책상을 'U'자 모양으로 배열하고, 동호를 제일 오른쪽이나 왼쪽에 앉혀 전체 학생을 볼 수 있도록 했습니다.

⑱ 많은 청각장애 학생들이 지능의 결함 때문이 아니라 언어능력의 문제 때문에 학업성적이 떨어지므로 청각장애 학생들의 학업성취도를 유의하여 관찰한다.

⑲ 청각장애 학생들의 급우들이 수화를 배우고 싶어 할 수도 있다. 적절한 경우에는 배울 수 있는 기회를 마련한다.

⑳ 전문가들과 긴밀히 협조하며 청각장애 학생들이 일반학습 내에서 적절한 경험을 할 수 있도록 한다.

㉑ 청각장애 학생의 좌석은 소음으로부터 멀고, 교육활동이 진행되는 곳과 가까워야 한다.

㉒ 청각장애 학생의 자리는 교사를 정면으로 바라볼 수 있도록 배치되어야 하며, 교사는 말할 때 청각장애 학생에게 등을 돌리는 일이 없도록 주의해야 한다. 또한 토론이나 다른 학생의 발표가 있을 때에는 청각장애 학생이 필요한 경우에 자리를 옮겨 다니며, 말하는 사람의 입을 볼 수 있게 해 주어야 한다.

㉓ 수화통역자가 교실에 있다면, 청각장애 학생이 잘 볼 수 있는 위치에 있도록 한다.

㉔ 말하는 사람이 빛을 등지고 서지 않도록 한다. 교사가 빛이 들어오는 창문 앞에 서서 말한다면, 청각장애 학생은 교사의 입을 볼 수 없어 무슨 말을 하는지 알 수가 없다.

㉕ 교실 안팎의 소음을 가능한 한 줄인다. 보청기를 착용하고 있는 경우에는 말소리뿐만 아니라 모든 소리가 크게 들리기 때문에 소음의 수준을 고려해야 한다.

㉖ 식당이나 음악실 등으로부터 먼 교실을 택하고, 의자 다리 밑에 커버를 씌우거나, 가능하다면 카펫이나 커튼 등을 이용하여 소리를 흡수하도록 한다.

㉗ 청각장애 아동의 나이가 어린 경우, 교실 내의 물건들에 이름을 써 붙여서 어휘발달을 돕는다. 이러한 방법은 다른 일반아동들의 읽기능력을 발달시키는 데도 유익하다.

㉘ 시각적 단서를 활용한다. 예를 들어서, 활동시간이 얼마나 남았는지를 구두뿐만 아니라 시각적으로도 알려 줄 수 있다.

2. 청각장애 학생을 위한 교실환경 개선 16 · 20 · 25유, 17초, 16중

(1) **자리 배치**(학습 진행과 사회적 맥락에서)

키워드 Pick

① 학습의 진행과 교실 내 상호작용에서 비구어적인 메시지 교환이 중요한 부분이므로 자리 배치는 중요하다.

② 흔히 앞자리에 배치하는 경우가 있는데, 이는 학생이 학급 전체의 분위기를 파악하는 데 힘이 들고, 흐름의 맥락을 놓치는 경우가 많다.

③ 또한 앞에 앉은 경우 뒤를 자주 돌아보는 경우가 있으며, 산만해지는 경우가 많다.

④ 상호작용에는 적절한 순간에 눈빛과 미소 등을 교환한다는 것이 사회적 교류에서 결정적 요소가 되기도 한다. 수업 진행에서 교과 내용과 흐름을 놓치지 않도록 도우미를 짝으로 배치하는 것도 효과적이다.

⑤ 또한 수화통역사를 활용하는 경우에는 청각장애 학생이 교사 혹은 칠판과 수화 통역사를 번갈아 볼 수 있도록 유의하여 자리를 배치한다.

⑥ 토론을 진행하거나 기자재를 활용할 경우에도 교사는 사전에 자리 배치를 정해 두어야 한다.

⑦ 교사는 교과내용을 설명할 때, 가능한 이동을 하지 않고 청각장애 학생이 교사의 입술과 표정을 볼 수 있게 한다.
⑧ U자 형태 배치가 가장 적절하다.

(2) 청취환경의 적정화

① 청각장애 학생이 활용하는 보조장비를 점검해 주어야 한다.
② 교사는 말소리에 대한 간단한 선별검사(예 5개음 검사)를 실시하여 보청기 및 인공와우의 상태를 확인한다.
③ 그리고 항상 착용하여 정보를 효과적으로 수용할 수 있도록 격려하는 것도 중요하다.
④ 교실 및 주위의 환경에서 생기는 소음이 적도록 조정하여야 한다.
⑤ 예를 들어, OHP를 수업시간에 활용하는 것이 도움이 되는데, 기계 소리가 적은 것을 사용하여야 한다.
⑥ 냉난방기의 소음을 고려하여 청취환경을 개선해야 한다.
⑦ 그리고 FM 보청기를 활용하여 청취환경을 개선하는 것도 중요하다.

(3) 시각적 정보 수용을 위한 환경 구성

① 청각장애 학생이 독화를 할 때 실내가 너무 어둡지 않도록 한다.
② 또한 교실에서 수업을 할 때 청각장애 학생이 여러 가지 시각적 자료를 통해 정보를 수용해야 하므로 눈의 피로를 줄여 줄 수 있는 광선 및 조명과 밝기 조절도 적정하게 이루어져야 한다.
③ 중요하거나 새로운 단어 및 어휘 그리고 과제물 및 알림 사항은 칠판에 적어 주도록 한다.
④ 수업내용과 관련된 비디오 혹은 동영상 자료를 활용할 때는 자막이 있는 것을 활용한다.
⑤ 학교의 비상사태 등을 알리는 경보가 음성과 시각적 경보와 병행되도록 구성한다.

학급규모	• 학급규모가 크다는 것은 청각장애 학생에게는 그만큼 불리한 요건이다. 따라서 학교장은 통합학급에 대해서는 학생 수를 줄여 주고, 업무분할을 도입하여 교사의 부담을 덜어 주어야 한다.
교실 배치	• 청각장애 학생에게 좋은 자리 배치란 잘 볼 수 있는 조건을 말한다. • 첫째는 조명이다. 교실은 전체적으로 밝고 동일한 조명 밝기를 가져야 한다. 칠판 앞쪽은 어둡지 않도록 필요시 조명을 비춰 주는 것이 좋다. 프로젝터(빔)나 TV를 사용한 후에는 반드시 바로 꺼야 하며, 눈부심을 방지하기 위하여 조명은 학생의 등 뒤에 있는 것이 좋다. 창문은 가급적 학생을 등지고 있는 것이 좋으며, 학생의 자리와 교탁과의 거리는 3m를 넘지 않아야 한다. • 모둠수업을 하게 될 경우 쉽게 책장 위치를 변형할 수 있는 구조가 좋으며 교실에서 사용되는 의자는 쉽게 방향을 바꾸어 앉을 수 있는 회전의자가 좋다. 책상배치는 반원 형태나 L자형 등의 형태가 적절하다.

음향학적 조건	• 교실에서의 소음은 청각장애 학생의 어음청취력과 집중력을 현저하게 떨어뜨린다. 따라서 교실 내 소음을 줄이는 것은 무엇보다도 중요하다. • 학교 건물이 노후화되었거나 교실이 도로변에 있을 경우에는 청각장애 학생에게 불리하다. 학교 건물을 신축하거나 혹은 청각장애 학생이 있는 통합교실의 경우에는 소음제거에 효율적인 자재를 사용하는 것이 좋다. • 교실의 잔향은 0.45초를 초과해서는 안 되며, 의자나 책상 다리에는 소음용 덮개를 씌워 주는 것이 소음을 줄이는 데 효과적이다. • TV나 프로젝터 등과 같은 전자제품은 사용 즉시 꺼야 하며, 일상적인 활동을 하면서 발생하는 소음을 줄일 수 있는 행동지침 등을 학생들에게 알려주는 것이 필요하다.
교실 분위기	• 설령 대부분의 학생이 청각장애 학생을 수용한다 하더라도, 연령이 어린 학생들은 지속적으로 충분히 배려하는 자세를 갖기 어렵다. • 청각장애 학생의 입장에서도 '함께 하기'에 대한 심리적 압박감은 크다. 특히 청각장애의 경우에는 의사소통에서 문제가 뚜렷하게 나타난다. • 청각장애로 인하여 다른 사람의 말을 이해하지 못하고, 상대방은 불분명한 발음으로 인해서 청각장애 학생의 말을 이해하기 어렵다. 이는 교우관계를 형성하는 데 부정적인 영향을 미친다. • 어떤 경우에는 청각보조기기 착용을 꺼려서 일부러 보청기를 빼 놓는 경우도 있을 수 있으며, 교사가 인지하지 못하는 사이에 '왕따'를 경험하는 경우도 있다. 따라서 교사는 그 모든 가능성을 열어 두고 학급 분위기를 주의 깊게 관찰할 필요가 있다. • 여기에는 장애인식에 대한 개선도 필요하다. 문제가 있을 경우에는 그에 대해 말할 수 있어야 하며, 수업시간에 '청각장애'에 대한 주제를 가지고 토론을 하거나 '소리'에 대해 각자 경험해 보는 시간을 가질 수도 있다. 예를 들면, 주변 소음에 집중해 보거나, 특정 소리를 듣지 못함으로써 갖는 불편함을 경험해 보는 것도 좋다. 물론 여기에는 대상 아동이 불편해하지 않는다는 것을 전제로 한다.
독화조건	• 교사가 얼굴 방향을 일정하게 유지하기 위해서는 칠판보다는 프로젝터를 사용하는 것이 보다 효율적이다. 교사의 동선은 짧은 것이 좋으며 다른 학생들과도 눈 맞춤이 잘 이루어질 수 있어야 한다. 특히 청각장애 학생은 교사뿐만 아니라 발표자의 얼굴도 쉽게 볼 수 있어야 한다. 그런 맥락에서 모둠 형태의 자리 배치는 적절하다고 볼 수 없다. • 모든 학급 구성원은 말소리의 크기와 억양, 속도 그리고 발음 등에 주의할 뿐만 아니라 소음이나 여러 사람이 동시에 말하는 상황을 피할 수 있는 규칙을 만드는 것이 좋다.

키워드 Pick

3. 교사의 발화태도

① 분명하고 과장되지 않은 정도에서 천천히 이야기한다.
② 불필요한 감탄사는 가급적 사용하지 않는다.
③ 완전한 문장을 사용하되, 짧은 문장으로 말한다.
④ 질문을 할 때는 명확하게 하며, '무엇', '누가', '언제', '왜' 등의 의문사를 사용한다.
⑤ 학생의 언어발달 수준에 맞는 어휘를 사용한다.
⑥ 학생의 발화가 잘못되었을 경우에는 수정해 준다.
⑦ 학생의 이해를 돕기 위하여 비구어적 요소를 충분히 활용한다.
⑧ 학생을 부를 때는 이름과 함께 손짓을 함께 사용한다.
⑨ 학생이 정확히 이해했는지를 확인한다. 그러나 이때 "선생님이 한 말 이해했어?"라고 묻지 않고 "선생님이 뭐라고 했지?"라고 묻는다.
⑩ 학생이 다른 학생들과 이루어진 대화 전체를 이해할 수 있도록 다른 사람의 말을 교사가 그대로 옮겨 준다.
⑪ 학생에게 한 번 더 들을 수 있는 기회를 주기 위하여 도움을 줄 수 있다.
⑫ 말 도중에 쉼을 적절히 주어 생각하고 답을 준비할 수 있도록 한다.
⑬ 학생이 무엇을 쓰고 있을 때에는 기다려 주고 가급적 말하지 않는다.
⑭ 경우에 따라서는 이해를 돕기 위하여 글로 다시 한번 보여 준다.
⑮ 표현을 바꾸어 말해 주거나 짧게 말해 준다.

기출 LINE

16중) 수화통역사를 활용하는 경우, 학생이 교사와 통역사를 동시에 볼 수 있는 자리에 배치한다.

4 수어통역사 13 · 16중

상황	활용방법
수업 전	• 청각장애 학생이 교사, 수화통역자, 다른 시각적 교수자료를 번갈아가며 보기가 쉽도록 자리 배치에 유의한다. • 칠판, 지도, OHP 등의 시각적 자료를 다양하게 활용하여 수화통역자의 설명을 이해하기 쉽도록 한다. 불을 꺼야 할 때도 부분 조명을 이용하여 수화통역자를 볼 수 있도록 한다. • 수화통역자는 수업내용에 대해 익숙하지 않으므로 사전에 교안이나 주요 단어와 교재 등을 보도록 하여, 주요 학습내용 중 어려운 수화나 개념 등을 미리 준비할 수 있도록 하고 토론을 하거나 기자재를 이용하게 될 때에는 자리 배치에 대해 미리 생각하도록 한다. • 수화통역자의 역할을 확실히 한다.
수업 중	• 가능한 한 고정된 위치에서 청각장애 학생을 마주 보고 수업한다. 수화통역자가 있어도 교사의 말을 독화하거나 제스처 등을 보아야 하기 때문이다. • 학생들의 행동 지도 및 학급관리는 교사가 관할하고, 수화통역자에게 맡기지 않는다. • 학생이 이해하는지에 대한 책임은 수화통역자가 아니라 교사 자신에게 있음을 인식한다. • 수화통역자가 용어나 개념을 설명할 때는 충분한 시간을 준다(특히 난이도가 높은 문장으로 된 교재나 시험문제 등). • 질문을 할 때는 학생에게 직접 하고, 통역자에게 하지 않는다.

MEMO

CHAPTER 12

의사소통장애

01 의사소통장애의 이해

- **의사소통에 대한 이해**
  - 말, 언어, 의사소통
  - 언어 이전기 의사소통능력 발달
  - 말 · 언어기관의 생리
- **의사소통장애의 정의**
  - 법적 정의
  - 미국 말언어청각협회 정의

02 의사소통장애의 진단

- **의사소통장애 진단평가의 개관**
- **역동적 · 상호작용적 평가**
- **자발화 분석을 통한 언어진단 방법**
  - 자발화검사의 의미 및 특징
  - 자발화표본의 수집
  - 자발화표본의 전사
  - 자발화표본의 분석
    - 의미론적 분석
    - 구문론적 분석
    - 화용론적 분석

03 말장애

- **조음장애**
  - 정의
  - 원인
  - 조음 · 음운 발달 특성
  - 조음 오류 진단
    - 말소리의 분류
    - 조음 · 음운 오류의 진단
    - 진단 시 사용되는 평가기준
    - 조음검사도구 및 검사방법
  - 조음장애 중재
    - 훈련단계에 따른 접근 단계
    - 목표음소 설정 시 고려할 사항
    - 전통적 접근법
    - 언어인지적 접근법
    - 의사소통 중심 접근법
    - 상위음운지식을 이용한 접근법
    - 컴퓨터를 이용한 접근법
    - 조음중재 일반화
    - 교실에서의 중재방법
- **유창성장애**
  - 유창성장애의 이해
  - 말더듬장애
  - 유창성장애 진단
    - 상황별 유창성 평가
    - 유창성 분석
    - 심리 및 태도 평가
    - 표괄적 유창성 검사
  - 유창성장애 중재
    - 말더듬 수정법
    - 유창성 완성법
    - 가족 및 교사의 유의사항
- **음성장애**
  - 정의
  - 하위 유형
  - 음성장애 진단
  - 음성장애 중재

04 언어장애

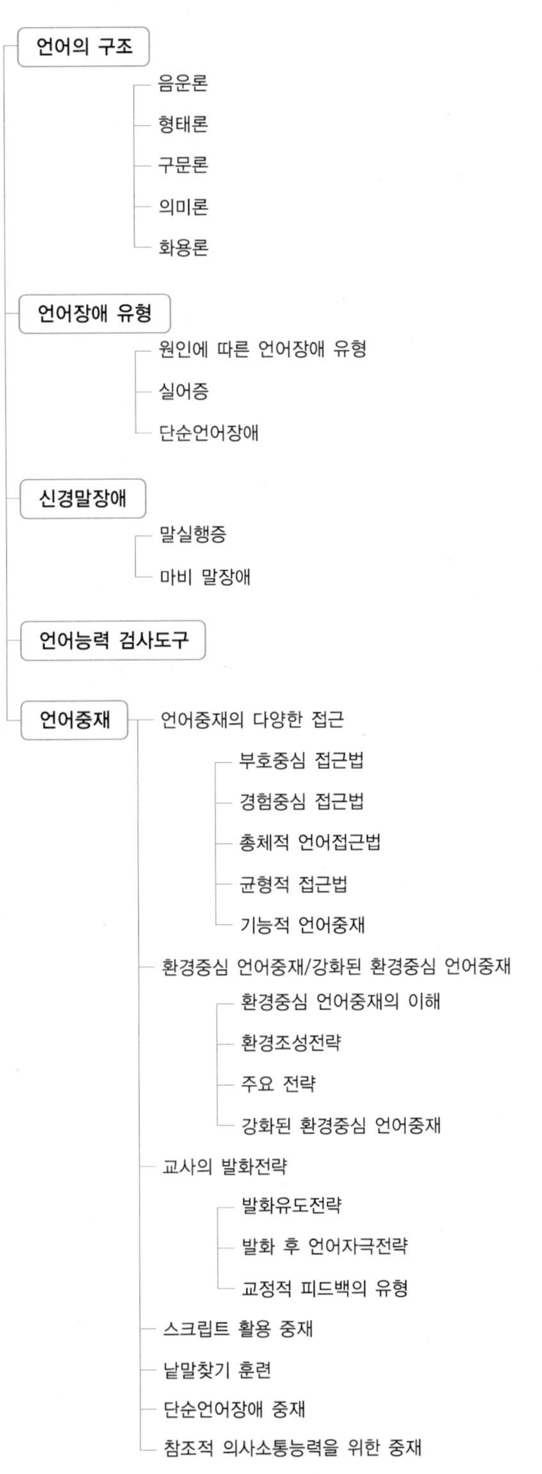

05 보완대체 의사소통체계(AAC)

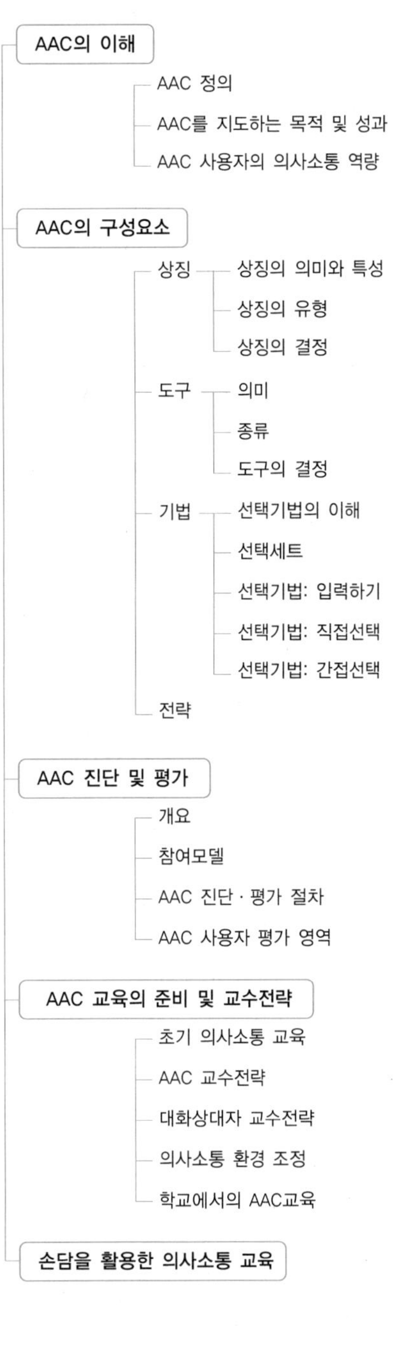

의사소통장애

01 의사소통장애의 이해

① 의사소통에 대한 이해

1. 말, 언어, 의사소통

(1) **말**(speech)

① 언어의 음성 산출
② 발성기관의 움직임에 의해 만들어지는 독특한 소리
③ 의미를 전달하기 위한 의사소통수단 가운데 가장 보편적인 것
④ 의사소통을 위해서 필요한 정교한 신경근육 협응이 요구되는 근육활동
⑤ **말장애**: 말소리를 산출하기 위해 필요한 근육활동에 문제가 있어서 모국어의 말소리를 정상적으로 산출하지 못함으로 인하여 의사소통에 문제를 보이는 경우

(2) **언어**(language)

① 생각을 표현하는 신호와 부호들을 이해하고 사용하는 방법을 포함하는 규칙을 지닌 의사소통의 방법
② 생각과 정보를 전달하기 위한 상징의 조직적 체계
③ 음성이나 문자를 통하여 생각과 감정을 표현하는 체계적 수단
④ 말을 형식으로 한다면 음성언어, 글을 형식으로 한다면 문자언어
⑤ 언어는 형식, 내용, 사용을 갖추어야 함(음운론, 형태론, 구문론, 의미론, 화용론)

(3) **의사소통**(communication) 16초

① 정의
㉠ 구어나 비구어적인 언어(예 몸짓)를 통하여 지식, 생각, 의견, 감정 등을 교환하는 과정이다.
㉡ 두 사람 혹은 그 이상의 사람들 사이의 정보 교환으로서 사회적 행동의 한 형태이다.
㉢ 화자가 전달하고자 하는 '의도'와 화자가 전달하고자 하는 '파트너(수용자)', 그리고 전달하는 '메시지의 형태'가 포함한다.
㉣ 의사소통에 어려움을 보이는 사람은 있지만, 의사소통이 불가능한 사람은 없다.
㉤ 몸짓, 표정과 같은 비형식적(비구어적) 방법을 포함한다.

② 요소

<table>
<tr><td>언어적 요소</td><td colspan="2">말, 언어 등 음성이나 문자 통해 생각과 감정 등을 전달하는 것</td></tr>
<tr><td>준언어적 요소
(반언어적)
13 · 25유</td><td colspan="2">억양, 강세, 속도, 일시적인 침묵 등과 같이 말에 첨가하여 메시지를 전달하는 것</td></tr>
<tr><td>비언어적 요소
22 · 23유</td><td colspan="2">몸짓, 자세, 표정 등과 같이 말이나 언어에 의존하지 않고 메시지를 전달하는 것</td></tr>
<tr><td rowspan="5">초언어적 요소</td><td colspan="2">언어 자체를 사고의 대상으로 하여 언어의 구조나 특질을 인식하는 능력</td></tr>
<tr><td>메타 음운론적 능력</td><td>단어를 만드는 소리에 대한 이해력으로 음소를 인식하고 의도적으로 정확하게 사용하는 것</td></tr>
<tr><td>메타 의미론적 능력</td><td>단어구조와 단어의미에 대한 능력으로서 주어진 문맥에 적합한 어휘를 선택하는 것</td></tr>
<tr><td>메타 통사론적 능력</td><td>통사적 구조를 의식적으로 추론하고 문법 사용 등을 의도적으로 통제하는 것</td></tr>
<tr><td>메타 화용론적 능력</td><td>사회적 맥락에서 언어를 적절히 사용하는 것</td></tr>
</table>

③ 기능

서술	관계가 있는 일련의 사건을 순서에 맞게, 분명하게, 흥미롭게 연결하여 이야기할 수 있어야 한다.
설명/정보전달	다른 사람이 구어와 쓰기로 설명한 것을 말(구어)과 문자로 이해하고, 자신이 이해한 것을 단어로 옮길 수 있으며, 다른 사람은 그것을 듣거나 읽으면서 이해할 수 있어야 한다.
요구	자신이 바라는 것을 표현하고, 다른 사람에게 적절한 방법으로 요구할 수 있어야 한다.
표현	자신의 개인적인 감정과 의견을 표현하며, 다른 사람이 느끼는 것에 대해 적절하게 반응할 수 있어야 한다.

2. 언어 이전기 의사소통능력 발달 19유, 23초

(1) 초보적 의사소통 행동 단계

① 초보적 의사소통 행동 단계(primitive communicative behaviors : 0~3개월)에서는 울음, 미소, 눈맞춤 따위의 초보적인 의사소통 행동들을 보이는데, 이러한 행동들은 아직 반사적이다.

② 신생아들의 의사소통 행동들은 주로 배가 고프다거나 기분이 좋을 때와 같은 생리적 상태의 표현이지만, 사실 이러한 행동들은 주변 성인들에게는 막강한 의사소통의 힘을 갖는다.

기출 LINE

16초)
- 맞장구치거나 질문하며 대화하기를 지도할 때, 반언어적(준언어적) 표현과 비언어적 표현을 함께 가르친다.

22중)
- 표정, 몸짓으로 대답하고 표현합니다.
- 상징과 그림카드를 눈으로 응시하거나 손으로 가리켜서 대답하고 표현할 수 있습니다.
- 친구의 표정과 몸짓을 자세히 살펴보세요. 표정과 몸짓에 대답과 생각이 담겨 있습니다.

23유)
- 현우의 손 모양이랑 표정을 같이 보았구나. 우리는 몸짓이나 손짓으로도 말할 수 있어요.
- 요즘은 서로 표정이나 손짓, 몸짓 등에도 관심을 가지면서 보다 수월하게 소통하고 있어요.

키워드 Pick

(2) 목표지향적인 의사소통 행동 단계

① 목표지향적인 의사소통 행동 단계(perlocutionary communicative behaviors : 4~7개월)가 되면 유아는 자신의 소리내기, 몸짓, 눈 맞추기 등의 행동이 성인의 행동이나 환경에 영향을 미칠 수 있다는 것을 깨닫게 된다.

② 그러나 유아의 관심과 행동은 즉각적인 목표에 한정되어 있어서, 의사소통적인 신호도 즉각적인 목표성취에 제한된다.

③ 이 시기의 전의도적(preintentional) · 목표지향적인 유아의 의사소통 행동들은 다음과 같다.

㉠ 눈길로 관심 있는 물건을 표현한다.

㉡ 흥미로운 행동을 재현한다. 예 장난감을 작동시켰다 멈추면 다시 반복한다

㉢ 좀 더 다양한 소리를 낸다(자음과 모음을 결합하여 반복한다).

㉣ 성인의 눈길을 따라간다.

㉤ 익숙한 사회적 게임(예 짝짜꿍, 까꿍)에 나오는 말에 반응하곤 하는데 성인의 과장된 목소리, 운율 패턴, 그리고 문맥적 상황에서 단서를 찾는 것으로 보인다.

㉥ 습득한 음소나 낱말의 범위 내에서 성인의 소리나 말을 모방한다.

㉦ 말은 못하더라도 소리내기(vocalization)로써 성인과 차례를 바꿔 가며 소통한다.

(3) 도구적인 전환기 행동 단계

① 목표지향적인 의사소통 단계와 의도적인 의사소통 단계 사이에는 점차적인 도구적 전환 시기(transitional instrumental communicative : 8~11개월)가 관찰된다.

② 이 시기의 유아는 미리 계획된 목적을 이루기 위해서 분명한 신호를 보내게 된다.

③ 예를 들어, 유아는 안아 달라고 팔을 벌리거나 성인들의 관심과 웃음을 자아내기 위하여 여러 가지 우스꽝스러운 행동을 하기도 한다.

(4) 언어 이전의 의도적 의사소통 행동 단계

① 언어 이전의 의도적 의사소통 행동 단계(illocutionary communicative behaviors : 11~14개월)가 되면 유아는 의도적인 의사소통 행동을 보여 준다.

② 의도적인 의사소통이라 함은 유아 자신이 신호를 보내기 이전에 그 신호가 상대방에게 어떤 영향을 미쳐서, 어떤 행동적인 결과를 초래하리라는 인과관계를 충분히 이해하는 것을 의미한다.

③ 그래서 그 목적이 달성되거나 그렇지 못하리란 확신이 설 때까지 계속해서 의사소통을 시도해 보는 것이다.

④ 이 시기에 유아의 의사소통은 의도적이기 때문에 자신의 행동이 성인의 주의를 충분히 끌지 못했을 때 다른 여러 가지 방법을 써서라도 그 목적을 성취하려고 시도한다.

⑤ 정상적인 아동에게 있어서 3세 정도가 되면 대화를 부드럽게 이끌어 나가는 대화의 규칙이나 과정들에 대한 이해가 많이 발달한다. 그러나 실제로 아동은 언어를 통한 의사표현이 있기 전인, 약 10~12개월 정도에 언어 이전기적 의사소통 행위(prelinguistic communicative acts)를 발달시킨다.

⑥ 10~18개월 정도에 나타나는 의사소통 행위들을 그 기능에 따라 다음과 같이 분류하였다.

도구적 기능 (instrumental function)	자신의 물질적 필요나 욕구를 채우기 위한 의사소통 행위로서, "원해요/주세요(I want)"와 같은 의사를 내포하고 있다. 문헌에는 '물건 요구하기' 기능으로도 소개되어 있다.
조정적 기능 (regulatory function)	다른 사람을 조절 또는 통제하기 위한 의사소통 행위로서, "하라는 대로 하세요(Do as I tell you)"와 같은 의사를 내포하고 있다. 문헌에는 '행동 요구하기' 또는 '지시하기'의 기능으로도 소개되어 있다.
상호작용적 기능 (interactional function)	다른 사람과 교류 또는 상호작용을 하기 위한 의사소통 행위로서, 인사하기, 타인을 공통적인 관심(joint attention)이나 활동(joint activity)에 끌어들이기 등의 기능을 나타낸다. 이것은 '나와 너(me-you)'의 의사를 내포하며 '주고받기' 기능이라고도 불린다.
개인적 기능 (personal function)	자신의 존재를 알리고자 하는 의사소통 행위로서, 자신의 감정, 태도, 흥미 등을 표현한다. "저 여기 있어요(Here I come)"와 같은 의사를 내포하고 있다.
발견적 기능 (heuristic function)	환경을 탐구하고 정리하려는 의사소통 행위로 "왜 그런지 말해 주세요(Tell me why)"와 같은 의사를 내포하고 있으며 '정보 요청하기'의 기능으로도 불린다.
가상적 기능 (imaginative function)	가상적인 상황을 만드는 의사소통 행위로서, "우리 ~척해요(Let's pretend)"와 같은 의사를 내포하고 있다.

(5) 언어적 의사소통 행동 단계

① 언어적 의사소통 행동 단계(locutionary communicative behaviors : 14~16개월)는 아동이 말을 사용함으로써 자신이 원하는 의사소통의 목적을 달성하게 되는 시기이다.

② 초기 단계에서는 흔히 말과 몸동작이 함께 동반되기도 하는데 이때의 '말'은 발성을 통한 구화뿐 아니라, 수화나 언어보조기(예 communication board, synthesized voice device, E-tran) 등을 통한 언어도 포함된다.

키워드 Pick

3. 말 · 언어기관의 생리 10유, 10초

(1) 호흡기관

① 숨을 쉬는 것과 관련된 구조이다.

② 기관 및 기관지와 같은 호흡로와 폐를 내포하고 있는 흉곽으로 이루어진다.

③ 폐의 일차적 기능이 생명 유지를 위한 호흡이라면, 이차적 기능은 발성을 위한 호흡이다.

④ 발성을 하기 위해서는 공기라는 에너지가 필요하고 폐는 바로 그러한 공기를 제공하는 역할을 한다.

⑤ 우리가 말하려고 할 때 폐에서 나온 공기는 양쪽 성대에 의해 닫혀진 성문 아래에 기압을 형성함으로써 성대를 진동시킬 힘을 제공한다.
⑥ 호흡과정은 들숨단계와 날숨단계로 나뉜다. 각 단계에서 흉곽은 흉부근육의 운동과 폐의 탄성 회복력에 의해서 확대되기도 하고 축소되기도 한다.
⑦ 일반적으로 말하는 동안에는 일단 들이마신 공기를 폐에 저장하여 조금씩 사용하기 때문에 날숨단계가 들숨단계보다 길게 된다.

(2) 발성기관

① 소리내기를 하기 위해서는 호흡과정을 통하여 숨을 짧게 들이쉬고 길게 내쉴 수 있어야 하며, 날숨을 이용하여 후두의 성대를 진동시킬 수 있어야 한다. 발성기관을 공부하기 위해서는 성대를 진동시킴으로써 소리를 산출하는 후두의 구조와 생리를 잘 파악하는 것이 중요하다.

② **발성의 원리**

㉠ 성문을 열고 닫으려는 역학적인 힘의 결과로 성대가 진동한다.
㉡ 말을 하지 않는 동안에 성대는 열려 있으며 성문은 V자 모양을 하지만, 일단 성대가 열리도록 압력이 가해지면 성대의 자연 탄성력 때문에 성대는 중앙으로 다시 되돌아와 붙게 된다. 발성을 할 때 성대는 초당 수백 번에서 수천 번 진동한다.

③ **후두와 성대**

<table>
<tr><td>후두</td><td>• 후두의 기능: 일차적인 기능은 기도 보호(생명 유지의 기능), 이차적인 기능은 호흡이다(폐에서 만들어진 공기는 폐포에서 기관지를 통해 기도를 타고 올라와 후두를 지난다. 후두를 지나는 공기는 성대에 부딪히게 되는데, 이때 성대가 진동하게 되고 이 진동이 바로 목소리가 된다).
• 후두는 호흡로의 입구로서 사람이 숨을 쉴 때 공기가 호흡로로 들어가고 나오게 하는 역할을 하며, 성대를 진동시켜 말소리를 만드는 발성의 기능을 한다.
• 성문하 압력을 형성해 줌으로써 무거운 물건을 들어올릴 때 힘을 쓸 수 있게 도와준다.
• 후두개: 후두에 있는 나뭇잎 모양의 기관, 음식물 입자가 기도를 통해 폐로 들어가는 것을 막아 준다.
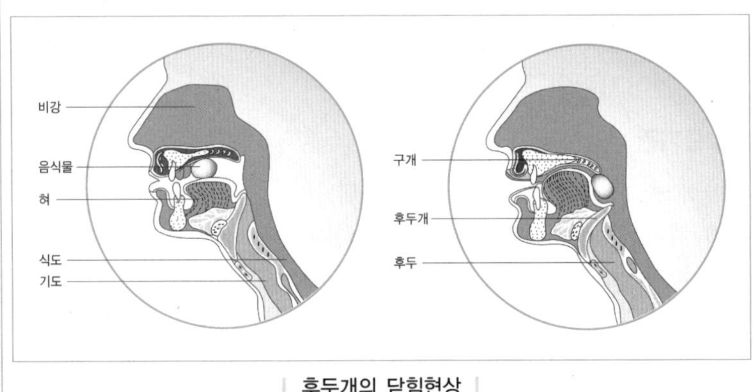

| 후두개의 닫힘현상 |</td></tr>
</table>

성대	• 성대의 주기적인 개폐운동이 소리를 만든다. • 여성보다 길고 두꺼운 남성의 성대는 낮은 주파수로 진동하기 때문에 남성의 목소리는 여성보다 기본 주파수가 낮다(여성은 반대). • 성대의 진동은 성대의 질량과 길이에 반비례하고 긴장도에 비례한다. • 내전에 관여하는 근육과 외전에 관여하는 근육에 의해서 성대는 서로 접근하여 성문이 좁아지기도 하고 열리기도 한다. • 성대의 외전은 성대가 열리는 것이고, 내전은 중심선으로 접근하는 것이다. • 발성을 하기 위해서는 성대가 진동하여야 하므로 양쪽의 성대는 최대한 가깝게 붙어야 한다. • 유성음을 내기 위해서는 성대가 내전되어 충분히 가깝게 모아져야 한다. 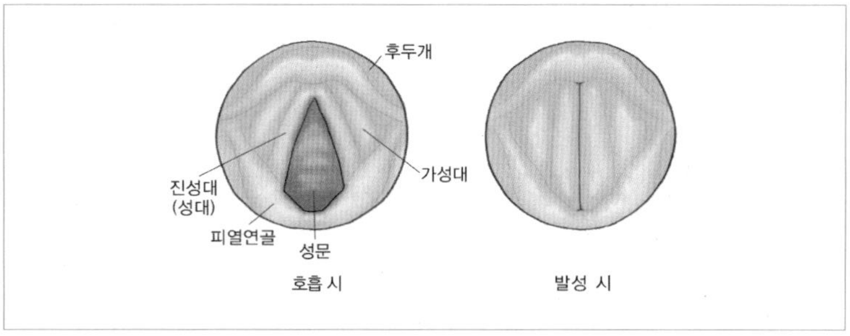 성대의 개폐

(3) 공명기관

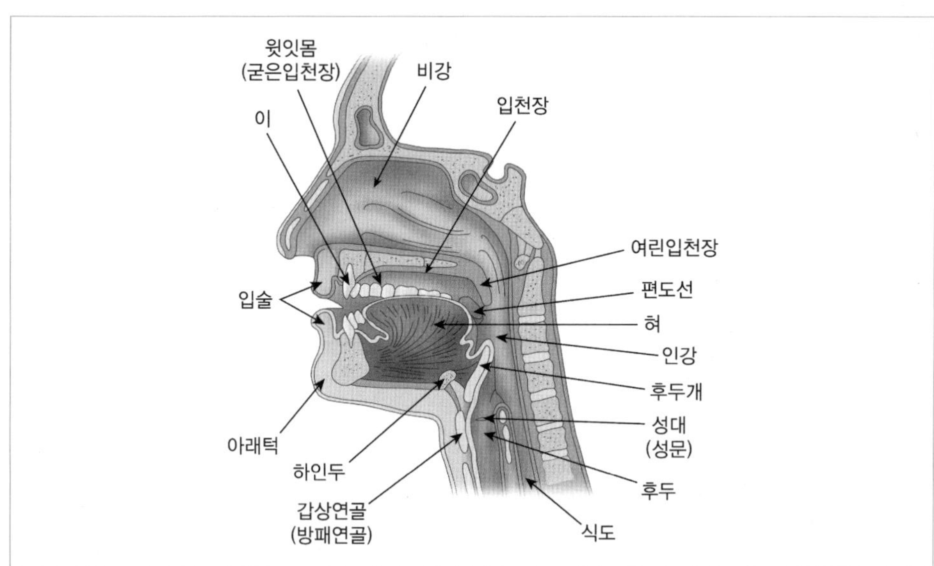

① 공명은 후두에서 발성된 소리가 증폭·변형되는 과정을 의미한다.
② 공명기관은 성문을 통과한 소리가 증폭·변형되면서 지나가는 빈 공간을 의미한다.
③ 공명기관에는 인두강, 구강, 그리고 비강이 있다.
④ 사람의 목소리는 인두벽의 크기, 모양 및 상태에 따라 달라진다.
⑤ 인두의 모양과 크기의 변화는 주로 연인두의 상태에 의해 좌우된다.

Chapter 12

키워드 Pick

⑥ 발성된 후인두를 통하여 올라온 소리는 연인두가 닫혀 있는 경우에는 구강으로 나가면서 공명되는 반면, 연인두가 열려 있는 경우에는 구강과 비강 양쪽으로 나가면서 공명한다.
⑦ 우리 말소리에는 구강공명만을 사용하여 이루어지는 입소리뿐만 아니라 /ㅁ/, /ㄴ/, /ㅇ/과 같이 비강공명을 사용하여야 하는 콧소리도 있다.
⑧ 연인두가 폐쇄되기 위해서는 여린입천장이 올라가고 인두의 옆벽과 뒷벽이 안쪽으로 수축되어야 한다.
⑨ **공명**: 주기적 에너지원인 진동횟수가 같거나 비슷해지면 커다란 강도의 자연적인 증가현상이 나타나는 것을 말한다.
⑩ 공명은 공명강의 용적과 형태에 의해 서로 다른 울림이 생성된다.
⑪ 공명강을 지나면서 소리도 커지고 배음이 첨가되고 아름다워진다.

(4) 조음기관

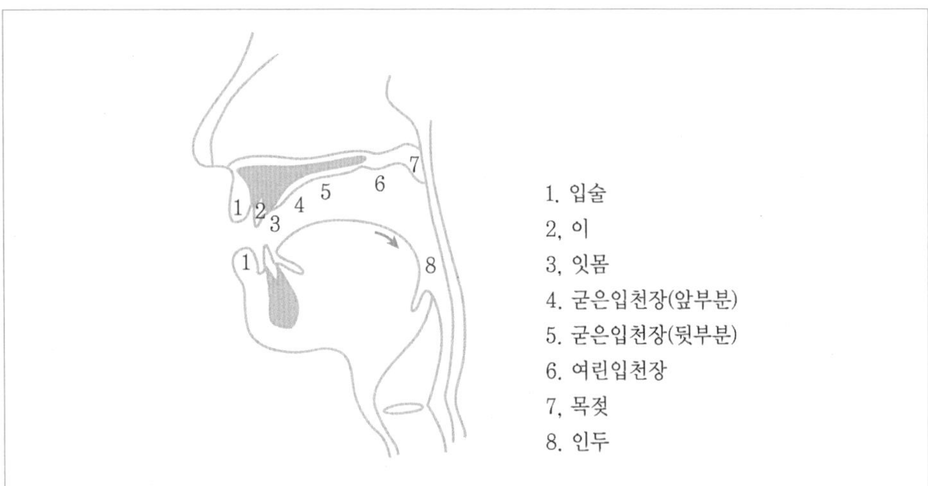

조음과정은 발성된 소리가 공명과정을 거쳐 증폭·보완된 후 말소리의 단위인 음소를 형성해 가는 과정을 말한다. 조음기관으로 혀를 가장 중요하게 생각하지만, 실제로 음소를 만드는 데는 혀뿐만 아니라 안면의 여러 가지 구조가 관여한다.

혀	• 혀의 부위들은 뚜렷한 경계선이 없으므로 구별하는 것이 쉽지는 않으나 기능적인 측면에서 혀의 외부구조를 구별하는 것은 정상적인 조음뿐만 아니라 병리적인 조음을 이해하는 데 도움이 된다. • 혀는 다른 어떤 조음기관보다도 말 산출을 하는 데 중요하다. 혀의 상하 및 앞뒤 운동은 모음과 자음의 산출 모두에 영향을 미치기 때문이다. • 임상적으로 보면 혀의 내부나 외부 근육 중에 어느 한 곳에라도 이상이 있으면 말장애가 발생한다.
입술	• 입술은 입의 입구를 이루는 부분으로 얼굴표정이나 조음에 중요한 기능을 한다. • 특히, 여러 가지 모음은 혀의 움직임뿐 아니라 입술의 모양에 의해서도 음소가 구별되며, 두입술자음들은 입술이 닫혀져야만 발음될 수 있다.

턱과 치아	• 턱은 움직이지 않는 위턱과 상하 및 좌우 운동을 하는 아래턱으로 구분된다. • 턱의 치조돌기에는 치아가 배열되어서 치열을 형성한다. • 턱은 혀와 아랫입술과 함께 공동으로 움직이는데, 모음 산출에서 턱의 상하 운동 통제는 고모음과 저모음의 변별 산출능력과 밀접한 연관이 있다. 그러나 턱의 상하운동이 말 명료도에 영향을 미치는 정도는 제한적이다.
잇몸과 굳은 입천장	• 코와 입의 경계가 되는 입천장은 앞쪽은 뼈질로, 뒤쪽은 근육질로 이루어져 있다. • 입천장 뼈구조의 앞쪽 2/3 부분은 위턱의 안쪽돌기인 입천장돌기로 뒤쪽 1/3 부분은 입천장 뼈의 수평부분으로 이루어져 있다. • 입천장돌기는 앞쪽이 매우 두꺼운데, 여기서 잇몸궁과 병합하여 잇몸을 이루고 그 뒤로는 차츰 얇아져 굳은입천장을 형성한다.
여린 입천장	• 여린입천장은 근육질의 입천장으로 우리가 입천장을 따라 혀를 옮겨 가다 보면 가장 뒤에서 느껴지는 부드러운 부분이다. • 여린입천장의 근육인 구개올림근은 여린입천장을 비강 쪽으로 올림과 동시에 인후의 뒷벽으로 이동시킨다. 이러한 조음기관의 움직임을 연인두폐쇄라고 한다. • 비음인 /ㅁ/, /ㄴ/, /ㅇ/과 같은 소리를 산출하기 위해서는 구개올림근육이 작동하지 않고 인두에서 비강으로 통하는 길이 열려 있어야 한다. 반면에, 비음 외의 자음과 모음을 정상적으로 산출하기 위해서는 구개올림근육이 비강을 닫아야 한다. • 만일 여린입천장의 운동이 적절히 이루어지지 않으면 말소리에서 심한 콧소리가 들리거나 비음을 산출하는 동안에 비성이 거의 들리지 않게 되는 경우가 발생한다.
인두	• 인두는 말소리의 산출을 위한 구강, 비강 및 후두 사이의 연결기관으로서, 공명강들 사이에서 주요한 연결역할을 하며 식도와 구강을 연결하고 음식물이 들어가기 전에 통과되는 관인기관 뒤에 위치한다. • 인두는 호흡을 위해 비강과 구강, 후두를 연결할 뿐만 아니라 비강과 중이를 연결하여 외부와 중이강의 기압이 같아지게 한다. • 음향학적인 말소리의 조음관점에서 보면 인두는 후두의 성문에서부터 입술까지 확장된 성도의 한 부분으로 볼 수 있다. • 인두는 조음과정 동안 혀의 뒷부분을 조음지점에 접촉하게 할 뿐 아니라, 비음 산출에 중요하나 연인두문의 개폐와도 관계가 있다.

Chapter 12

키워드 Pick

(5) 심리언어기관

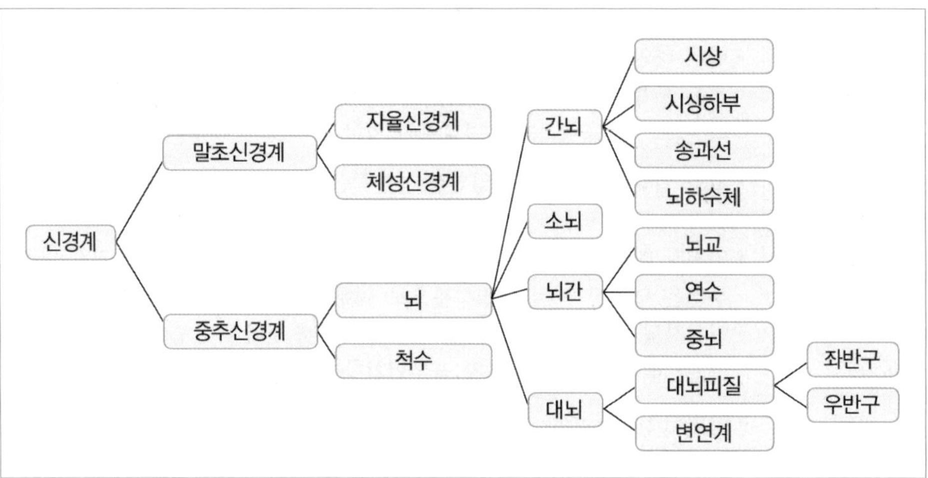

① 중추신경계

<table>
<tr><td rowspan="4">대뇌피질</td><td>전두엽</td><td>일차운동 영역으로서 발성기관의 움직임을 조절하며, 말의 산출과정에 있어서 중요한 영역이다. 운동성 말 산출을 계획하고 수행하며, 브로카 영역을 포함하고 있다.</td></tr>
<tr><td>두정엽</td><td>감각정보를 인식한다. 감각피질에 해당하며 촉감, 압력의 지각, 신체의 좌우 위치 등을 조절한다.</td></tr>
<tr><td>측두엽</td><td>청각피질이 위치하며 말의 청각적인 인식에 관여하는데, 특히 측두엽이 손상되면 수용언어의 이해가 어려워지게 된다. 베르니케 영역을 포함하고 있다.</td></tr>
<tr><td>후두엽</td><td>시각피질이 위치하며 후두엽의 손상은 인쇄된 글자를 인식하는 능력의 손상을 가져온다.</td></tr>
<tr><td>백질</td><td colspan="2">• 백질은 신경원 중 축삭이나 수상돌기들로 구성된 신경섬유들로, 뇌에서 희게 보이는 부분이다.
• 대뇌수질의 신경섬유를 통하여 감각이나 운동명령이 효율적으로 전달된다.</td></tr>
<tr><td>변연계</td><td colspan="2">• 신경계 안에서 감정과 본능적 충동(예 성욕, 식욕, 충만감), 그리고 자율신경계의 기능에 관여한다.</td></tr>
<tr><td>대뇌
피질하 영역</td><td colspan="2">• 대뇌피질 아래에 있는 회백질부위를 대뇌피질하 영역이라고 한다.
• 간뇌는 시상, 시상상부, 시상하부와 같은 시상 부위들로 이루어져 있다.</td></tr>
<tr><td>소뇌</td><td colspan="2">• 대뇌피질은 자연스럽고 협응된 운동을 실현하기 위해 소뇌와 상호작용을 해야 한다.</td></tr>
</table>

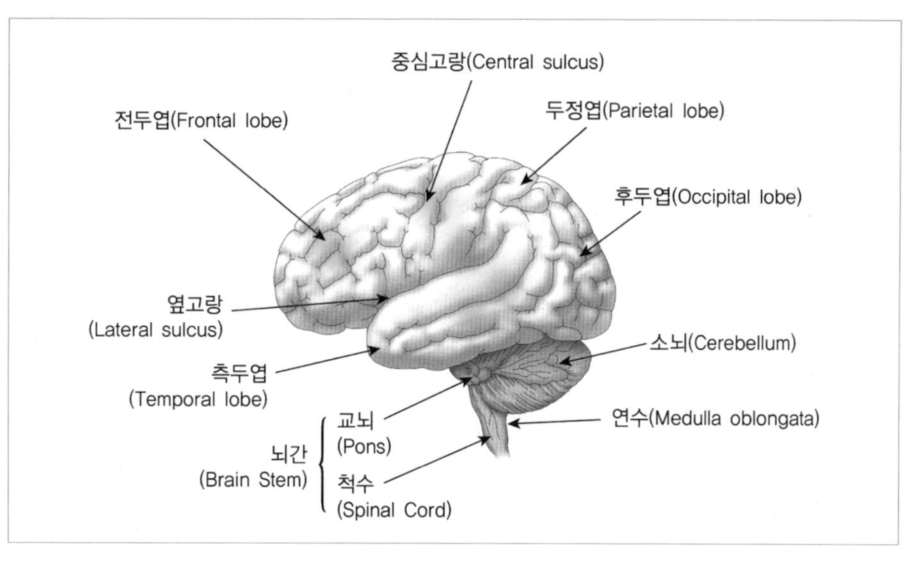

대뇌피질의 주요 영역(Owens, 1999)

② 말초신경계

㉠ 말초신경계에는 뇌줄에서 뻗어나간 뇌신경과 척수에서 뻗어나간 척수신경이 있다.

㉡ 척수신경은 수의근의 운동이나 감각체계, 그리고 반사작용과 연관된다.

㉢ 말·언어과정과 좀 더 관련된 말초신경은 뇌신경으로 모두 12쌍으로 이루어져 있다.

㉣ 이들 중 어떤 것은 감각정보만, 어떤 것은 운동정보만, 또 어떤 것은 감각과 운동 정보를 모두 전달하는 기능을 한다.

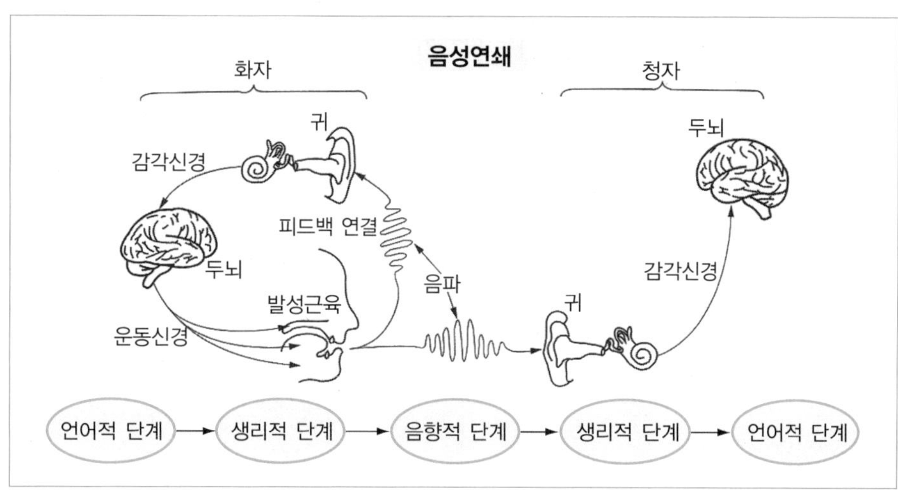

말 연쇄과정의 도식(고도흥 외, 1995)

키워드 Pick

② 의사소통장애의 정의

1. 법적 정의

다음 각 목의 어느 하나에 해당하여 특별한 교육적 조치가 필요한 사람
① 언어의 수용 및 표현능력이 인지능력에 비하여 현저하게 부족한 사람
② 조음능력이 현저히 부족하여 의사소통능력이 어려운 사람
③ 말 유창성이 현저히 부족하여 의사소통이 어려운 사람
④ 기능적 음성장애가 있어 의사소통이 어려운 사람

2. 미국 말언어청각협회 정의 14유, 14초

(1) 의사소통장애(communication disorder)

개념이나 구, 비구어 및 그래픽 상징체계를 수용하고 전달하고 처리하는 능력에 있어서의 손상을 의미한다. 의사소통장애는 청각, 언어 또는 말의 처리과정에서 분명하게 나타날 수도 있다. 그리고 경도에서 최중도에 이르는 범위를 보이며, 발달적이거나 후천적으로 나타난다. 한 가지 이상의 의사소통장애가 혼합적으로 나타나기도 한다. 또 의사소통장애는 주 장애로 또는 기타 장애의 2차적인 장애로 나타날 수 있다.

① **말장애**(speech disorder): 말소리의 발성, 흐름, 음성에 있어서의 손상을 의미한다.
   ㉠ **조음장애**(articulation disorder): 말의 이해를 방해하는 대치, 탈락, 첨가, 왜곡으로 특징지어지는 말소리의 비전형적인 산출을 의미한다.
   ㉡ **유창성장애**(fluency disorder): 비전형적인 속도, 리듬 또는 음절, 어절, 단어, 구절의 반복으로 특징지어지는 말하기 흐름의 방해를 의미한다. 유창성장애는 과도한 긴장, 힘들여 애쓰는 행동, 2차적인 매너리즘과 함께 나타날 수도 있다.
   ㉢ **음성장애**(voice disorder): 자신의 나이나 성별에 부적절한 음성의 질, 높이, 크기, 공명, 지속시간에 있어서의 비정상적인 산출이나 결여를 의미한다.

② **언어장애**(language disorder): 말, 문자, 기타 상징체계의 이해 및 활용에 있어서의 손상을 의미한다.
   ㉠ 언어장애는 언어의 형태(음운론·형태론·구문론), 언어의 내용(의미론), 언어의 의사소통 기능(화용론)에 있어서의 손상을 포함한다.

㉡ 언어의 구성요소 11 · 14 · 15유, 11 · 14초, 11 · 16 · 17중

구성요소	하위영역	내용
내용	의미론	• 개념에 대한 명명, 개념 간의 관계 • 사람의 의미를 전달하기 위해 언어를 어떻게 사용하는가를 설명함
형식	음운론	• 소리의 최소 단위인 음소를 조합하고 배치하는 규칙 • 언어의 음체계를 지배하는 언어학적 규칙을 연구하는 것으로, 음운론적 규칙은 음이 어떻게 결합되고 연결되는가를 설명함
	형태론	• 의미를 지닌 최소 단위인 형태소 간의 규칙(독립형태소/의존형태소) • 의미의 기본 단위가 단어로 어떻게 결합하는가를 설명하는 규칙
	구문론	• 단어의 결합과 배합에 대한 문법적인 규칙 • 문장으로 의미에 맞게 단어를 배열하는 규칙체계
활용	화용론	• 의사소통의 목적과 사회적 기능 수행을 위해 언어를 사용하는 것 – 언어를 어떻게 활용하는가에 관한 규칙 – 대화의 상황에서 정보를 사용하는 것 – 효과적인 대화의 기술을 사용하는 것

(2) **의사소통의 다양성**(communication variations)

① 의사소통상의 차이 · 방언은 지리적, 사회적, 문화 · 민족적 요소들을 반영하고 이들에 의해서 결정되는 개인의 집단이 사용하는 상징체계의 다양성을 의미한다. 상징체계의 지리적, 사회적, 문화 · 민족적 다양성은 말이나 언어장애로 간주되어서는 안 된다.

② 보완 · 대체 의사소통체계는 심각한 표현 및 언어이해의 장애를 지닌 개인의 손상과 장애 패턴을 위해서 일시적이거나 영구적으로 보상하고 촉진하려고 시도하는 의사소통체계이다.

키워드 Pick

02 의사소통장애의 진단

① 의사소통장애 진단평가의 개관

1. 진단과정

진단팀 구성	• 교육적, 의학적 영역 등 다영역 전문가들로 구성
사례사 정보 수집	• 사례사는 다양한 의사소통장애에 대한 일반적인 질문과 특수한 의사소통 장애(조음, 언어, 유창성, 음성)에 대한 일반적인 질문으로 이루어짐
진단 계획하기	• 아동의 전반적인 발달 수준을 결정하기 위한 계획 • 어떤 영역을 검사해야 하는지를 결정(주된 문제가 의사소통의 한 부분일지라도 관련된 다른 영역에 대한 정보를 더 많이 얻는 것이 현명함) • 각 영역별 평가도구의 결정

2. 진단과정의 결정사항

(1) 언어기능

① 이해능력평가

② 산출(표현)능력평가

③ **언어 영역**: 이해와 표현의 능력에서 언어의 3가지 영역[형식(구문, 형태론, 음운론), 내용(의미론), 화용(화용론)]에 대한 평가를 하게 된다.

(2) 부수적인 영역

아동의 의사소통과 관련된 영역을 평가하는 것도 진단과정에서 필수적이다. 그러므로 간학문적(interdisciplinary) 혹은 초학문적(transdisciplinary) 진단 팀의 다른 전문가의 도움을 받는 것이 중요하다. 아동의 검사가 좀 더 필요한 경우에는 전문가에게 의뢰서를 작성하여 부가적인 검사를 요청할 수도 있다.

① 청력검사

② 구강・안면운동검사

③ 인지영역검사

④ 사회적 기능검사

3. 평가방법(평가의 종류)

(1) 표준화검사 및 비표준화검사

① 검사도구는 공식검사와 비공식검사, 직접검사와 간접검사, 또는 표준화검사와 비표준화검사로 나눌 수 있다.

② 표준화된 검사나 발달척도는 아동의 수행능력을 정상발달에 근거하여 해석해 볼 수 있게 해 주므로 현재 수행능력을 평가하거나 언어 문제를 판별하는 데 주로 사용될 수 있다.

③ 특히 표준화된 검사는 가장 구조화된 검사 절차로, 타당도와 신뢰도를 갖추고 있으며 규준 자료에 기초하여 검사결과를 해석해 볼 수 있기 때문에 아동의 언어 문제 선별 시 우선적으로 사용된다.

④ 반면 비표준화검사나 행동관찰은 임상가나 교사가 보다 간단하게 실시할 수 있으며, 아동이 문제를 보이는 부분을 보다 집중적으로 평가할 수 있다. 따라서 중재를 계획하거나 평가하는 데에는 유용하게 활용될 수 있으나 언어 문제의 유무를 선별하는 데에는 적합하지 않다.

⑤ 발달척도는 장애아동과 또래의 일반아동을 비교하는 데 이용된다. 발달척도에는 크게 2가지 유형이 있다. 첫 번째 유형은 제3자, 주로 부모에 의존하는 비공식적 면접척도이고, 두 번째 유형은 아동으로부터 특정 행동을 유도하는 것이다. 그러므로 발달척도는 i) 발달지표에 근거한 간접적 보고와 ii) 직접관찰에 근거한 객관적 보고의 두 가지 유형으로 나누어 볼 수 있다.

⑥ 비공식적인 또는 비표준화된 검사의 가장 큰 장점은 설계와 적용 양쪽 모두에 융통성을 갖고 있다는 점이다.

⑦ 검사에 맞추어 아동이 수행하도록 강요하지 않고, 검사를 아동에 맞게 설계할 수 있다.

⑧ 비표준화검사는 흔히 언어표본이나 모방과제를 사용한다.

(2) 직접검사 및 간접검사

① 직접검사는 검사자가 아동을 대상으로 검사를 수행하고 그 결과를 기록하여 채점하는 검사방법이며, 간접검사는 아동에게 직접적으로 검사를 실시하는 대신에 부모보고나 행동관찰과 같은 간접적인 방식으로 실시된다.

② 직접검사는 간접보고 형식에 비하여 아동에 대한 보다 객관적이고 신뢰성 있는 자료를 얻을 수 있게 해 주나, 아동이 구조화된 검사를 수행하기에 너무 어린 경우나 다른 장애를 동반하여 검사 수행이 어려운 경우에는 부모보고나 행동관찰과 같은 간접적인 형태의 평가를 취하는 경우가 많다.

(3) 부모보고가 지니는 장점

키워드 Pick

① 사용이 용이하다.

② 부모들이 다양한 환경에서 아동을 관찰하게 되므로 치료실 밖의 여러 가지 환경으로부터의 행동들을 반영하여 치료실 상황에서보다 더욱 대표성이 있는 언어 자료를 얻을 수 있다.

③ 다양한 환경에서 자료를 수집하기 때문에 행동평가를 통한 표집보다 낱말빈도(word frequency)와 같은 요인의 영향을 덜 받게 된다.

④ 비용 및 시간 면에서 경제적이다.

⑤ 행동평가 전에 결과를 얻을 수 있으므로, 심화검사를 위해 치료사가 적절한 평가방법을 선택하는 지침이 될 수 있다.

⑥ 평가 및 중재과정에 부모가 직접 개입할 수 있다.

⑦ 연구실에서 얻은 언어표본의 대표성을 평가할 수 있고, 중재 결과로부터 특정한 언어학적 변화를 모니터할 수 있다는 점에서 임상적인 유용성을 갖는다.

4. 대표적인 검사도구의 특성

검사도구명	해당 연령	채점방식			수용 언어	표현 언어	언어 영역별 평가		
		등가 연령	백분위 지수	언어 지수			의미	화용	음운 구문 형태
영유아언어 발달검사	5~36개월	V	V		V	V	V	V	V
취학 전 아동의 수용언어 및 표현언어 척도	2~6세	V	V	V	V	V	V	V	V
그림어휘력검사	2~8세	V	V		V		V		
언어이해 · 인지력 검사	3~5세 11개월	V			V				
한국 노스웨스턴 구문선별검사	3~6세	V	V		V	V	V		
문장이해력검사	4~6세	V	V		V				V
구문의미이해력 검사	4~9세	V	V		V				V
언어문제해결력 검사	5~12세	V			V	V			
MCDI-K (부모질문지)	30개월 미만					V	V		V

[V : 각 검사도구에서 측정가능한 구성요소]

② 역동적 · 상호작용적 평가

1. 전통적 평가방법의 특징 및 제한점

(1) 전통적 평가방법의 특징

발달단계를 중시하는 모델로 언어습득의 보편성을 기초로 하고 있으며 상호작용이 배제된 언어의 영역을 평가한다.

(2) 제한점

① 발달단계란 발달과정에서 일어나는 진정한 단계라기보다는 행동변화를 분류하고 정리하는 구간으로서의 의미가 더 크다.

② 단계모델은 발달이 순차적으로 일어나며 그 순서는 불변하다고 전제하나 2세 이전의 영유아 발달연구에서는 발달이 일정하기보다는 갑작스럽게 나타나거나, 정체되기도 하며 퇴행하기도 한다고 보고한다.

③ 검사도구의 단순성은 검사도구에 의존한 평가의 타당도에 영향을 미친다. 공식검사는 아동이 접하는 일상생활의 문맥을 반영하기가 힘들기 때문에 사회적 타당도가 떨어진다.

2. 역동적 상호작용적 평가모델

(1) 특징

언어의 습득이 상호작용적이고 역동적이며 다면적이므로 아동의 환경을 중요시하며 평가에 있어서 문맥을 중요한 변인으로 다룬다. 통합적인 활동을 통해서 나타나는 아동의 전체적인 능력에 초점을 맞추며, 언어 영역의 능력을 개별적인 측면뿐 아니라 능력 간의 상호작용적인 측면에서도 평가하고자 한다.

(2) 언어평가의 시사점

① 문맥을 중시하여야 하며 다양한 상황적 문맥을 제공하는 것이 필요하다.
② 아동들의 초기 습득기 언어이해력을 평가할 수 있도록 평가조건을 고려한다.
③ 언어표현력을 평가하는 데에도 다양한 문맥을 활용한다.
 ㉠ 활동이나 상호작용의 목적에 따라 자연스러운 문맥에서부터 구조적인 문맥의 형태가 있다.
 ㉡ 의사소통 상대방과의 친숙도에 따라 낯선 상대방에서부터 친숙한 상대방을 사용한다.
 ㉢ 제시물의 특성에 따라 새로운 제시물에서부터 친숙한 혹은 주제가 있는 제시물이 있다.
 ㉣ 활동의 친숙도에 따라 새로운 활동에서부터 일상적인 활동문맥의 형태가 있다.
 ㉤ 청자의 반응에 따라 즉각적인 반응을 보이는 문맥에서부터 지연된 반응을 보이는 문맥이 있다.
 ㉥ 단서나 촉진의 제공 정도에 따라 일반적인 발화에서부터 유도발화의 형태가 있다.
④ 한 번만 실시하는 일시적인 검사보다는 '검사–단기학습–검사'와 같은 과정을 밟아야 한다.
 ㉠ 아동의 학습잠재력에 대한 정보
 ㉡ 주어진 과제에서 아동이 성공하거나 실패하는 데 영향을 미치는 요인에 대한 정보
 ㉢ 무엇이 아동의 발달이나 기능을 촉진했는지에 대한 정보
⑤ '검사–단기학습–검사' 결과는 단기학습반응 시 정반응을 유도하기 위해 사용된 촉진이나 단서의 수준에 따라 아동의 학습잠재력을 예언해 준다.

키워드 Pick

3. ZPD에 근거한 언어평가

(1) 특징

① 발달잠재 영역 안에서의 교수-학습활동은 성인과 아동 간에 적극적이고 의도적인 협조로 이루어져야 한다.

② 발달잠재 영역에서의 활동은 잘 결합된 상호작용에 의한 것이어야 한다.

③ 발달잠재 영역 안에서의 상호작용은 아동이 가질 미래의 기술이나 지식을 향한 것이어야 한다.

(2) LPAD(Learning Potentional Assessment Device) 평가 모델

구분	내용
초기과제평가	초기 훈련과제는 아동의 현재 수준보다 약간 높은 수준, 즉 학습해야 할 언어행동을 검사하는 과제이다.
관련 과제평가	관련 과제는 초기 과제와 관련된 항목으로 이루어진 것으로 아동의 학습 후 전이 또는 일반화 능력을 평가하기 위해서 실시하는데, 친숙도, 난이도, 복잡성이 다른 비훈련 항목이 포함된다.
과제의 단기학습	아동이 성공한 항목에서는 강화를 해 주고, 실패한 항목에 대해서는 위계적인 촉진이나 단서를 제공한다.
단기학습 후 재검사	촉진이나 단서를 제공하였을 때 과제에 대한 아동의 반응이 어떻게 달라지는지, 즉 발달잠재 영역을 찾아내기 위하여 재검사를 실시한다.

③ 자발화 분석을 통한 언어진단 방법 09 · 13 · 16 · 20유, 09 · 10 · 11 · 13 · 16 · 17 · 19중

1. 자발화검사의 의미 및 특징 20 · 25유

① 자발화검사는 비표준화검사로서 아동의 평상시 언어 수준을 알 수 있으며, 아직 의미 있는 언어를 사용하기 이전 아동의 언어발달 수준을 알 수 있다.

② 교사는 자발화검사를 통해 보고자 하는 영역별로 발달 수준을 알 수 있으며, 몸짓언어를 비롯한 비구어적 의사소통발달 정도도 평가할 수 있다.

③ 표준화된 검사도구를 실질적으로 사용할 수 없는 장애아동의 언어 수준을 평가하는 데 있어 자발화 분석은 매우 유용하다.

④ 무엇보다도 표준화된 검사는 대개 교육목표를 수립하는 데 필요한 정보를 충분하게 제공해 주지 못한다는 단점이 있다. 그에 비해 자발화검사는 구체적인 교수목표, 특히 일간 혹은 주간 진보 정도를 점검할 때 사용될 수 있다는 장점이 있다.

⑤ 그러나 자발화검사는 일상생활에서 아동이 사용하는 말을 평가한다는 점에서는 매우 적합하지만, 말표본을 얻는 것이 항상 쉽지만은 않을 뿐만 아니라 시간과 노력이 많이 소요된다는 단점이 있다. 특히 아동이 의도적으로 특정 단어 혹은 발화 자체를 피할 수 있다는 문제점이 나타날 수 있다.

기출 LINE

9유)
- 어머니와의 대화, 친구나 형제와의 대화와 같은 다양한 대화 상대자들과의 발화 자료를 수집하였다.

13중)
- 자발화 평가를 통해 언어 영역별 능력을 알아보기 위해서는 자연스러운 상황에서의 자발화 수집이 요구된다.
- 자발화 평가는 성취 수준 및 교수 목표를 파악하는 데 유용하다는 장점이 있다.

⑥ 자발성은 대화 상황과 상대자에 따라 다를 수 있으므로 여러 사람과의 대화와 다양한 장소에서 수집하는 것이 필요하다. 따라서 검사자와 아동 간의 친밀감 형성은 무엇보다도 중요하다.

⑦ 자발화 수집방식은 자유놀이, 대화, 이야기 등이 있으며, 가장 이상적인 것은 아동과의 대화를 통해 연속적인 자발화를 수집하는 것이다. 그러나 그것이 여의치 않을 때에는 그림을 보고 대화를 유도할 수도 있다.

⑧ 임상에서는 인터뷰 형식의 대화와 그림을 보고 이야기하기 방식이 주로 사용된다. 어떤 방법으로 말표본을 수집할지는 아동의 연령과 언어 수준에 따라 결정하여야 한다.

⑨ 연구의 목적에 따라 발화 수와 시간은 차이가 있을 수 있다.

⑩ 말-언어 표본수집의 수나 수집방법 등은 대상 아동의 연령과 언어발달 수준에 따라 차이가 있다.

⑪ **표준화검사와 자발화검사의 비교** 25유

표준화검사	자발화검사
• 정적인 상황에서 이루어짐 • 검사시간의 효율성이 좋음 • 자료수집이 용이함 • 언어 측정에 대한 신뢰도가 높음 • 반복적인 검사 실시 가능 • 검사 실시와 분석이 간단함 • 객관적 진단 및 평가 자료로 활용됨 • 실제 언어사용에 대한 정보 수집 어려움	• 실제적인 언어능력 파악이 용이함 • 검사목적에 따라 다양하게 적용할 수 있음 • 자연스러운 상황에서의 정보 수집 가능 • 발화의 질적 분석 가능 • 표현언어와 대화기술 파악 용이함 • 장애 정도와 상관없이 모두에게 실시 가능 • 시간과 노력이 많이 소요됨 • 개별화계획 수립 시 평가지표로 활용

2. 자발화표본의 수집

(1) 자발화표본 수집 절차

① 친숙하게 상호작용할 수 있도록 부분적으로 구조화된 놀이 상황을 만든다.

② 자발화표본을 얻기 어려운 경우에는 사전에 친숙한 장난감이나 사진 등을 사용하여 대상 아동의 다양한 반응을 이끌어 낼 수 있도록 한다.

③ 발화를 녹화한다. 만약 비디오 장비가 구비 되지 않은 경우에는 녹음기에 언어표본을 녹음하고 관찰자가 발화의 맥락을 기록한다.

④ 가능한 한 빨리 테이프를 전사한다.

⑤ 개별 발화 목록을 작성한다.

(2) 대화 발화 시 유의사항

① 아동이 상호작용하는 상대방과 주고받는 의사소통의 형태를 수집한다.

② 낯선 사람보다는 익숙한 사람에게 많은 말을 하는 경향이 있으므로, 우선 친밀감을 형성하는 것이 중요하다.

③ 아동 스스로 말을 하도록 호기심을 자극한다.

④ 아동이 발화를 끝내거나 새로 시작할 시간을 충분히 주어야 한다.

키워드 Pick

⑤ 과도하게 말을 많이 하거나 질문을 하여 아동의 발화를 구조화하는 것은 피해야 한다.

⑥ 아동의 표현에 대해 질문을 하거나 모방을 강요하는 것을 피해야 한다.

⑦ 그림을 보고 이야기하는 방식으로 발화를 수집할 때 아동의 발화가 시작되지 않았을 경우에는 교사의 독백으로 시작하는 것이 좋다.

⑧ 검사자는 가능한 한 질문을 자제한다.

⑨ 검사자의 발화는 아동의 발화를 촉진하기 위한 정도로 맞추어져야 하며 아동의 발화 수준에 적합하여야 한다.

⑩ 아동이 말을 멈추거나 계속해서 휴지가 이어질 때, 검사자는 너무 민감하게 반응하지 않되, 아동의 발화를 유도해야 한다.

3. 자발화표본의 전사

(1) 언어표본의 기록

① 일반적으로 2세 수준 이상의 언어를 사용하는 아동의 말을 전사할 때는 비디오로 상황을 참조하면서 고성능 오디오녹음기도 함께 사용하는 것이 최상이다.

② 아동의 발화 자체만을 기록하기보다는 그 말을 할 때의 상황과 아동의 말을 유도한 대화 상대자의 말도 같이 기록하는 것이 좋다.

③ 아동의 발화뿐 아니라 아동이 말하기 이전에 한 상대자의 말이나 행동과 그때의 상황 등을 기입한다. 그러나 오직 아동의 문장에만 문장번호를 매긴다.

④ 아동과 상대자의 모든 발화는 한글의 철자법에 맞춰 기록하되, 불분명한 발음이나 아동 특유의 발음은 국제음성기호를 써서 기록하여 그 옆에 추측되는 단어를 써넣는다.

⑤ **언어표본을 기록하는 방법**: 즉석에서 받아쓰는 방법, 오디오 녹음 후 전사하는 방법, 비디오 촬영 후 전사하는 방법 등이 있다.

⑥ 일반적으로 수집된 발화는 대화를 시작하기 위하여 다소 어색했던 앞부분은 분석에서 제외한다.

○ **발화기록의 예**

상황	상대자의 말	발화 번호	아동의 말	아동이 하는 말의 자발성(즉각모방, 지연모방, 자발)	아동이 하는 말의 적절성	동반된 소리 또는 몸짓
의사놀이를 하면서	누가 의사 할까?	1	재민이가	자발	적절	자신을 가리킴
	그럼 내가 환자다	2	내가 환자다	즉각 모방	부적절	

(2) 발화의 구분 16중

① 발화의 정의: 말 끝을 내리거나, 쉬거나 혹은 다른 생각이 난 표시로 숨을 쉬는 것과 같은 행동에 의해서 서로 분리되는 문장이나 그보다 더 짧은 말이다.

② 발화 구분의 원칙

발화의 구분 원칙	예시
말차례가 바뀌지 않았으나 종결어미, 종결억양, 휴지의 출현 그리고 내용의 완결성이 있을 경우 발화로 구분한다.	비오면 못 놀아? 왜? 발화 1: 비오면 못 놀아 발화 2: 왜
2회 이상 동일한 발화가 단순반복되었을 때는 최초 발화만 분석한다.	빵, 빵, 빵, 빵, 빵 주세요. 발화 1: 빵 주세요
자기수정을 하였을 때는 최종 수정된 발화만 분석한다.	이거 아니 저거 줘 발화 1: 저거 줘
시간의 경과(3~5초 이상)나 두드러진 운율의 변화, 주제의 변화가 있을 때는 발화 수를 나눈다.	너 진짜, 선생님! 발화 1: 너 진짜 발화 2: 선생님
같은 말이라도 다른 상황이나 문맥에서 표현되거나 새로운 의미로 표현되었을 때는 발화 수를 나눈다.	(사진 속 엄마를 가리키며) 엄마! (이때 엄마가 들어오자) 엄마! 발화 1: 엄마 발화 2: 엄마
습관적으로 사용하는 간투사는 분석에서 제외한다. 간투사를 많이 쓴 아동에 대해서는 표본 자료의 10%에 해당하는 발화까지만 간투사를 포함해서 분석하고 나머지는 괄호 처리하여 분석에서 제외한다.	음 그니까 내가 할 거야 그니까 내가 혼자 한다고 발화 1: 내가 할 거야. 발화 2: 내가 혼자 한다고
'아', '오' 등의 감탄하는 소리나 문장을 이어 가기 위한 무의미 소리들은 분석에서 제외한다.	아~ 밖에 나가 아~~~ 발화 1: 밖에 나가
노래하기, 숫자세기 등과 같이 자동구어는 발화로 구분하지 않고 분석에서 제외한다.	(블록을 쌓으며) 하나 둘 셋 넷 ♪♩♬ 나 잘했지? 발화 1: 나 잘했지?
불명료한 발화나 의미파악이 어려운 중얼거림 또는 의미가 없는 단순반응 등의 말은 제외한다.	뿌두뿌두뿌두 이거 뭐야? 발화 1: 이거 뭐야?

키워드 Pick

맥 Plus

언어표본을 수집한 후 낱개의 발화로 정리할 때의 유의사항

① 아동의 발화뿐 아니라 아동이 말하기 이전에 한 상대자의 말이나 행동과 그때의 상황 등을 기입한다. 그러나 오직 아동의 문장에만 문장번호를 붙인다.

② 아동과 상대자의 모든 발화는 한글의 철자법에 맞춰 기록하되, 불분명한 발음이나 아동 특유의 발음 등은 국제음성기호(IPA : International Phonetic Alphabet)를 써서 기록하여 그 옆에 추측되는 낱말을 써넣는다[예 엄마 나 ki(김) 줘]. 그러나 아동이 뭔가 낱말을 말하긴 했지만 알아들을 수 없을 때에는 그 음절 수만큼 "X"를 표시해서 기록하고 이러한 불명료한 음절이 전체의 50% 이상을 차지할 때는 문장번호는 붙이지 않는다(예 엄마 XXX).

기출 LINE

10중)
- 어휘 다양도 수준을 고려하면 의미론 발달은 문제가 없다고 봅니다.
- 평균 발화 길이를 평가한 결과, 구문론 발달에는 별 문제가 없습니다.
- 조사나 연결어미의 발달을 확인한 결과 구문론 발달에는 문제가 없는 것 같은데, 다른 낱말의 수(number of different words; NDW)를 살펴보니 의미론 발달에 문제가 좀 있는 것 같습니다.

16유)
- 은미가 하는 말이 계속 같은 낱말을 반복하는 것인지 아니면 여러 가지 어휘를 사용하는 것인지도 알아보고 싶어요. 그것은 어떻게 알 수 있을까요?
- 그건 은미가 사용한 총 낱말 중에서 서로 다른 낱말의 비율을 산출해보면 알 수 있어요.

기출의 맥

자발화표본 분석을 하려면 관련 국어문법에 대한 이해가 필요합니다. 기본 문법 중 취약한 부분이 있을 경우, 별도의 정리가 필요합니다.

4. 자발화표본의 분석

(1) 의미론적 분석 22초

① 의미론적 분석 절차

㉠ 분석할 발화가 단문인지, 복문인지를 구분한다.

㉡ 단문일 경우에는 문장 내 의미유형 및 의미관계를 분석한다.

㉢ 복문일 경우에는 우선 문장 간의 의미관계를 분석하고, 다음에 각 단문의 문장 내 의미유형 및 의미관계를 분석한다.

㉣ 개별 의미유형의 분석에서는 아동이 어떤 의미유형을 많이 사용하는지, 어떤 의미유형이 아직 나타나지 않는지, 그리고 이러한 특성이 일반아동의 발달특성과 어떻게 다른지를 분석한다.

㉤ 의미관계 분석에서는 아동이 어떤 의미관계를 주로 사용하는지, 또한 일반아동의 의미관계와는 어떻게 다른지를 분석한다.

② 의미유형 분석

㉠ 한 낱말발화(단일어 단계)의 의미 분석

실명사	물건이나 사건(단, 실명사가 특정 물건이나 사건을 지칭할 경우에는 호칭으로 분류된다)
호칭	부모, 형제, 인형이나 애완동물의 이름
기능	물건이나 사건을 통해 형성되는 상태(부사, 동사, 형용사, 감탄사)

㉡ 여러 낱말(다단어)단계의 의미 분석(개별 의미유형 분석의 보고방법): 각 의미유형에 따른 출현빈도를 비율로 나타내어 그 아동이 어떤 의미유형을 많이 사용하는지를 분석한다.

체언부	행위자	• 동작을 하는 주체로, 흔히 동사에 대한 주어의 역할을 한다. 행위자는 행위의 주체이며 그때의 행위는 주로 관찰 가능한 동작이어야 한다. • 행위자는 사람이나 동물, 자동차와 같이 움직이는 것도 되지만, 때로는 의인화된 인형이나 사물일 수도 있다.
	경험자	• 어떤 경험이나 상태·상황을 겪는 사람으로 동작보다는 감정이나 상태의 주어 역할을 한다. • 아동은 사물을 의인화해서 표현하는 경우가 많기 때문에 사람 외의 사물을 의인화하여 경험자로 표현할 때도 있다.
	소유자	• 대상을 소유하거나 대상이 소속되어 있는 사람이나 사물을 의미한다. • 소유자는 주어나 목적어의 역할을 한다.

	공존자	• 행위자와 함께 행위를 수행하는 사람이나 상태를 경험하는 사람이다. • 때로는 행위자나 경험자와 함께 쓰이기도 하고, 때로는 행위자나 경험자가 생략되기도 한다. • 공존자는 공존격조사 '고'나 '하고' 등과 흔히 같이 쓰이지만, 의미 분석에서는 조사가 없더라도 공존자의 의미이면 '공존자'로 분석한다.
	수혜자	• 행위의 대상이 되는 사람이나 사물을 나타내는 의미이다. • 수혜자는 '에게'나 '한테'와 같은 여격조사와 함께 쓰일 수도 있고 그렇지 않을 수도 있다. 의미 분석에서는 비록 조사가 생략되거나 다른 조사로 잘못 쓰이더라도 의미를 중심으로 분석해야 한다.
	대상	• 행위의 대상이 되는 사람 또는 사물로, 목적어의 역할을 하는 의미이다. • '목적'이란 용어는 형식에 중점을 둔 용어이므로 의미에 좀 더 적합한 '대상'으로 대치한다.
	실체	• ⅰ) 행위 없이 명명된 사물이나 소유물, 또는 "~이다"와 같은 서술의 대상이 되는 의미로서, ⅱ) 아동이 사용한 의미가 명사이기는 하지만 그 의미가 확실치 않을 때 분류하는 의미이다. • ⅰ)의 경우, 'A는 B다'(이건 사과다)와 같은 표현에서 'A'를 '실제'로 분석한다. ⅱ)의 경우, 내용어이기는 하지만 특정 의미로 구분되지 않는 낱말들에 대한 적용이다. • 이러한 의미는 문법적 범주로 따로 구분하기도 하는데 아동의 말에서는 이러한 형태가 많이 나오기 때문에 본 분석체계에서는 따로 분류하기보다는 하나의 의미유형으로 분류한다.
	인용/ 창조물	• 인용/창조물은 어떠한 행동이나 현상을 인용하거나 그로 인해 만들어진 것을 의미하는 것으로 보어의 역할을 한다. • 아동의 발화 중에는 '~가 되다', '~로 변하다', '~로 만들었어', '~라고 했다' 등의 이름을 짓거나 물리적 상태의 변화를 나타내는 표현이 많이 나오는데, 이것을 '대상'이나 '실체'로 처리하기에는 적절하지 않기 때문에 '인용/창조물'이라고 한다.
용언부	행위	• 행위자(생물 또는 무생물)에 의해 관찰될 수 있는 움직임이나 활동을 나타내는 의미로서 동사의 역할을 한다. • 행위는 적극적인 행동을 의미하는 것이므로 그 주체가 '경험자'가 될 수는 없다. • 두 개 이상의 동사를 겹쳐서 사용할 경우 문법적인 유형에 관계없이 하나의 의미로 처리한다. • 그러므로 복합동사(왔다 갔다 한다), 본동사-보조동사(들고 간다), '~(해)봐' 유형(있어 봐), '~(해야) 돼' 유형(먹어야 돼) 등과 같이 여러 개의 동사가 겹쳐서 사용된 경우에는 모두 '행위' 하나의 의미로 분석한다.

키워드 Pick

			• 또한 형식적으로는 '목적어-명사'로 표현되는 동사(잠을 잔다, 청소를 한다)도 의미적으로 하나의 의미를 나타낸다면 하나의 '행위'로 분석한다. • "코 자다"와 같이 유아적 표현으로 하나의 의미를 나타내는 것도 하나의 '행위'로 분석한다.
	서술		• 사물이나 사람이 경험하는 소극적인 상태나 느낌을 나타낸다. 그러므로 '행위자'를 주체로 갖지 않고 주로 '경험자'나 '실체'를 주체로 갖는다. • 서술은 상태 동사나 형용사의 역할을 한다.
		상태 서술	• 마음이나 느낌, 상태를 나타내는 의미로, 동사나 형용사의 역할을 한다. • 예를 들어, '~싶다(원한다)', '안다', '느낀다', '있다', '병들다', '아프다', '되다', '필요하다', '죽다' 등과 같이 문법적으로는 동사지만 상태를 나타내는 것과 '좋다', '예쁘다', '밉다' 등과 같이 문법적으로는 형용사이지만 상태를 나타내는 것이 있다. • 또한 영어의 피동사처럼 행위가 가해져서 나온 결과의 상태를 나타내는 표현들(비치다, 부딪히다, 막히다, 써 있다)도 '상태'로 봐야 한다. • 또한 상태서술 앞에 '~을(를)'의 목적어 형식을 가진 명사가 있을 경우(영어 알아), 그 명사는 '대상'으로 하기보다는 '실체'로 처리하는 것이 더 의미적으로 타당하다.
		실체 서술	• 보어의 역할을 하여 '무엇은 무엇이다'에서 '~이다'를 붙일 수 있는 의미유형이다.
		부정 서술	• 낱말 속에 부정적 의미가 내포된 경우에는 그 상태와 부정적 의미를 고려하여 부정서술로 처리한다. • 단, 용언의 앞이나 뒤에 부정어(안, 못)가 붙어서 부정적 의미를 나타내는 경우에는 [부정-용언(행위, 서술)]으로 처리한다. • 예를 들어, "못~가"나 "안~가"는 [부정-행위]로 분석한다.
수식부	체언수식		• 사물이나 사람을 지시하거나 그 크기, 모양, 질 등을 나타내는 의미유형이다. • 체언수식은 주로 관형사의 역할을 하며, 체언수식의 대상은 실체, 대상, 행위자, 경험자, 소유자 등 체언으로 사용되는 의미유형들이다.
	용언수식		• 행위나 서술, 또는 부사를 수식하는 의미유형으로 부사의 역할을 한다. • 행위를 수식하는 경우는 시간, 방법, 기간, 방향, 빈도 등으로 행동을 꾸며 주는 것이며, 서술을 수식하는 경우는 서술의 시간, 방법, 질, 강도 등을 나타낸다.

	배경		• 체언이나 용언을 직접 꾸며 주기보다는 체언이나 용언의 뜻을 변형("안 해"에 있어서 "안")하거나 그 배경(장소, 시간, 이유, 조건 등)을 첨가하는 의미이다. • 그러므로 주로 부사어에 해당한다.
		부정	• 거부, 거절, 부인, 부재, 중단 등의 의미로 행위나 상태 서술에 대한 부정으로 상용된다. • 대체로 '마', '못', '안', '아니', '그만' 등의 부정어(영어의 not)가 이에 속한다.
		때	• 행위나 서술과 관련된 시기를 나타내는 의미이다.
		장소	• 사물이나 사람이 놓여 있는 곳이나 어떤 행동이 취하여지는 지점을 나타내는 의미유형이다. • 우리말에는 여러 낱말들이 중복되거나 합하여 한 장소를 나타내기도 하는데 그런 경우 1개의 의미유형으로 분석한다.
		도구	• 행위자나 경험자가 그것을 가지고 특정한 행위나 상태를 보이는 의미유형이다.
		이유	• 행위나 서술과 관련된 이유나 의도, 또는 원인을 나타내는 의미유형이다.
		조건	• 행위나 서술에 전제되는 의미유형이다.
		비교	• 대상이나 실체를 직접적으로 또는 간접적으로 대조시켜서 표현하는 의미유형이다.
		재현	• 사람, 사물, 사건 등이 반복되는 것을 나타내는 의미유형이다.
		양보	• 행위나 상태서술을 양보하거나 허용하는 의미유형이다.
대화요소	주의끌기		• 주의를 끌기 위하여 이름이나 다른 표현을 사용하는 것으로, 호칭이나 부르기의 대화요소적 기능을 가지고 있다.
	되묻기/확인하기		• 상대방에게 다시 말해 달라고 표현하는 대화의 구성요소이다. • 아동의 말에는 상대방이 말한 것을 되묻는 표현이 많다. 이러한 표현은 정말 못 들어서 다시 말해 달라는 의도가 담겨 있기도 하고 자기가 들은 것을 확인하는 의도가 담겨 있기도 하다. • 또한 상대방의 말을 그대로 반복하면서 되묻기도 하고(예 "간다구?"), "응?", "어?" 등의 대용어를 사용하는 경우도 있다.
	감탄		• 놀라거나 당황할 때 나오는 소리로, 이것 역시 다른 낱말들과 의미관계를 갖기보다는 대화요소로 처리한다.
	예/아니요 대답		• '예/아니요' 질문에 대하여 수긍 또는 부인하는 대화요소이다.
	강조		• 본 진술을 강조하는 대화요소로, 그 부분이 없어도 문장의 의미가 변하지는 않는다.

키워드 Pick

동반소리	• 낱말이라기보다는 문장 내에서 함께 사용하는 소리로, 문장 내에서 다른 낱말들과 의미관계를 보이기보다는 독립적인 대화요소로 나타날 때 동반소리로 분류한다. • 그러므로 체언이나 용언을 수식하는 의성어나 의태어와는 구분되어야 한다. • "칙칙폭폭 가요"에서 '칙칙폭폭'은 '가요'라는 '행위'를 수식하는 '용언수식'으로 보는 것이 적절하다.
인사	• 자동화된 인사 부분을 나타낸다.
접속	• 단문 속에 나타나는 접속사를 나타낸다.
자동구	• 생각해서 창의적으로 하는 말이기보다는 외워진 표현을 의미한다. • 즉, 숫자세기, 철자외우기, 노래 등 독립적인 의미없이 외워서 사용하는 상용구이다. • 이러한 자동구는 처음부터 발화번호에서 제외하는 경우도 많다. 그러나 아동의 말 대부분이 자동구일 때는 기록하여 CD(자동구)로 분석한다.
기타	• 이상의 유형으로 분류되지 않는 것은 기타 유형으로 처리한다.

③ 의미관계 분석

㉠ **문장(구나 절) 내 의미관계의 분석**: 의미관계 분석은 각 발화 속에 내표된 개별 의미유형들의 관계를 분석하는 것이다. 그러므로 의미 분석을 할 때는 우선 의미관계로 분석하고 나서 그 속에 포함된 개별 의미유형을 분석하면 된다.

2낱말 의미관계			3낱말 의미관계			4낱말 의미관계		
의미관계	빈도	백분율	의미관계	빈도	백분율	의미관계	빈도	백분율
실체-서술			실체-배경-서술			행위자-배경-대상-행위		
대상-행위			대상-배경-행위			행위자-대상-용언수식-행위		
배경-행위			행위자-대상-행위			체언수식-대상-배경-행위		
배경-서술			행위자-배경-행위			소유자-실체-배경-서술		
행위자-행위			대상-용언수식-행위			배경-실체-용언-수식-서술		
용언수식-행위			행위자-용언수식-행위			실체-배경, 배경-서술		
소유자-실체			경험자-배경-서술			소유자-행위자-배경-행위		

경험자-서술			소유자-실체-서술			기타		
소유자-서술			체언수식-대상-행위					
체언수식-실체			실체-용언수식-서술					
용언수식-행위			배경-배경-행위					
공존자-행위			배경-배경서술					
배경-실체			체언수식-실체-서술					
체언수식-서술			경험자-실체-서술					
배경-행위자			경험자-실체-서술					
공존자-서술			용언수식-배경-행위					
용언수식-배경			용언수식-배경-서술					
수여자-행위			공존자-용언수식-행위					
창조물-행위			소유자-대상-행위					
기타			소유자-배경-행위					
계								

[백분율 = 해당의미관계 출현빈도/낱말별 의미관계의 총 출현빈도 × 100]

키워드 Pick

Ⓛ 구나 절 간의 의미관계 분석

문장 간 의미관계	활용	빈도	백분율
나열	같은 의미유형들이 나열되어 있거나, '-(하고)'와 같은 연결어미에 의해 나열되어 주부-술부의 관계가 2개 이상 나타난 경우 예 "나 사과, 포도, 수박, 먹었어."		
연결	접속사나 연결어미에 의해 한 발화가 두 개 이상의 절로 구성된 것으로 두 절이 의미적으로 대등한 경우		
	ⓐ 때연결: 한 구나 절에서 나타난 사건이 다른 구나 절에서 나타난 사건과 i) 시간적인 선후관계('-고', '-고 나서', '-한 후에')나 ii) 동시성('-(하)다가', '-하면서')을 나타내는 의미관계이다. 예 "미끄럼 타고 나서 그네 타요." 예 "텔레비 보면서 밥 먹었어."		
	ⓑ 조건연결: 한 구나 절에서 나타난 사건이 다른 구나 절에서 나타난 사건과 i) 상반되거나('-나', '-아도', '지만', '-라도'), ii) 가정이나 조건을 나타내거나('-면', '-라면', '-거든', '-더라도'), iii) 첨가의 관계를 나타내거나('뿐 아니라', '-ㄹ수록'), 혹은 iv) 배경을 나타내는('-는데', '-ㄴ데') 의미관계이다.		
	ⓒ 이유연결: 한 문장이 다른 문장의 i) 의도나('-려고, '-고자', '-러') ii) 이유 또는 원인이 되는('-으니까', '-으므로', '-아서') 의미관계이다. 예 "친구가 때려서 발로 찼어."		
	ⓓ 양보연결: 한 사건이 다른 사건에 대한 양보('-아도', '-할지라도')나 무관함을 나타내는('-거나', '-든지') 의미관계이다. 예 "네가 따라오든지 말든지 난 갈 거야."		
내포	한 발화가 다른 문장을 절의 형식으로 안고 있는 것으로 대체로 한 절이 다른 절의 주부와 술부 사이에 위치하지만 때로는 주부가 생략될 수도 있다. 꾸밈절이 있는 모든 개별 의미유형은 'ㅇㅇ 내포'로 분석할 수 있다. 예 "아프던 아기가 이제 나았대." ⓐ 행위자 내포 ⓑ 경험자 내포 ⓒ 소유자 내포 ⓓ 공존자 내포 ⓔ 수여자 내포 ⓕ 대상 내포 ⓖ 실체 내포		

맥 Plus

의미유형 및 의미관계 분석의 예

1. 개별 의미유형의 정의, 특징 및 예

① **체언**: 문장 속의 주체나 객체의 역할을 하는 의미들

의미유형	정의	특징	예
행위자	행동의 수행자	• 주어의 역할 • 생물 또는 무생물	<아가 잔다> ⇨ [행위자-행위]
경험자	어떤 경험이나 상태/상황을 겪는 사람이나 의인화된 사물	• 주어의 역할 • 행위보다는 서술의 주체, 의인화되지 않은 사물이 상태서술의 주체일 경우에는 '실체'로 분석	<난 좋아> ⇨ [경험자-상태서술]
소유자	대상을 소유하거나, 대상이 소속되어 있는 사람이나 사물	• 주어 또는 목적어의 역할	<내 양말> ⇨ [소유자-대상]
공존자	행위자와 함께 행위를 수행하는 사람이나 상태를 경험하는 사람	–	<엄마랑 잘래> ⇨ [공존자-행위]
수혜자	행위의 대상이 되는 사람이나 사물	–	<나한테 줘> ⇨ [수혜자-행위]
대상	행위의 대상이 되는 사람 또는 사물	• 목적어의 역할 • '목적'이란 용어는 형식에 중점을 둔 용어이므로 의미상 적합한 '대상'이라 함	<사과 먹었대요> ⇨ [대상-행위]
실체	행위 없이 명명된 사물이나 소유물, 또는 일부 서술의 대상	• 주어, 보어, 상태서술의 형식적 목적(대상)이 될 수 있음 • 양수사(예 -송이, -개, -마리 등)의 경우는 그 앞의 의미에 붙여 하나의 의미유형으로 분석	<칼 서랍에> ⇨ [실체-장소] <다섯 개> ⇨ [실체]
인용/창조물	어떠한 행동이나 현상에 의해서 만들어진 것	• 보어의 역할을 하며 이름, 물리적 상태의 변화 등을 나타냄 • Rutherford 등은 그리거나 부르기 등의 행동에 의한 창조물(그림, 노래)을 의미하였으나, 본 지침에서는 그림이나 노래 등을 '목적물'로 처리하고, '-로 되다/변하다' '-라 말하다/부르다' 등 보어로 쓰인 것을 '창조물'로 봄	<오빠가 되었지> ⇨ [인용/창조물-상태서술]

기출의 맥

맥 Plus에 제시된 예시를 하나하나 분석해 보면서 연습해 보세요!

키워드 Pick

② **용언**: 문장 속에서 행위나 서술의 역할을 하는 의미들

<table>
<tr><th>의미유형</th><th colspan="2">정의</th><th>특징</th><th>예</th></tr>
<tr><td>행위</td><td colspan="2">행위자(생물 또는 무생물)에 의한 관찰될 수 있는 움직임이나 활동</td><td>• 동사의 역할
• 적극적인 행동을 의미하며, 행동의 주체는 '행위자' 또는 '동반자'('경험자'는 안 됨) ⇨ 복합동사는 하나의 '행위'로 취급. '(명사화된 동사)+-했다'의 경우도 하나의 '행위'로 처리. '-봐'나 '-(야) 돼' 등의 낱말은 하나의 '행위'로 취급</td><td><로봇이 보여 준대>
⇨ [행위자-행위]
<왔다 갔다 했다>
<공부를 했다>
⇨ [행위]
<이걸 빼야 돼>
<이거 쥐고 있어 봐>
⇨ [대상-행위]</td></tr>
<tr><td rowspan="4">서술</td><td colspan="2">사물이나 사람이 경험하는 소극적인 상태나 느낌의 서술</td><td>• 상태 동사 및 형용사의 역할
• 경험자/실체만을 주체로 가짐</td><td>–</td></tr>
<tr><td>상태
서술</td><td>마음이나 느낌, 상태를 나타내는 동사나 형용사의 역할</td><td>• 상태서술에는 ⅰ) 상태동사(-싶다, 안다, 느낀다, 있다, 병들다, 아프다, 되다, 필요하다), ⅱ) 상태형용사(좋다, 이쁘다, 밉다), 그리고 ⅲ) 피동상태서술(비치다, 부딪히다, 막히다, 써 있다) 등이 나타남
• 상태서술의 주체는 '행위자'가 아니라 '경험자' 또는 '실체'(존재의 경우)로 취급하고, 객체는 '대상'이 아니라 '실체'로 취급</td><td><나 영어 알아>
⇨ [경험자-실체-상태서술]
<아가가 멍멍이가 예뻐>
⇨ [경험자-실체-상태서술</td></tr>
<tr><td>실체
서술</td><td>보어의 역할을 하여 '-이다'를 붙일 수 있는 의미</td><td>–</td><td><이거는 사과야>
⇨ [실체-실체서술]</td></tr>
<tr><td>부정
서술</td><td>서술어의 역할을 하면서 부정이나 부재 등의 뜻을 내포하고 있는 의미</td><td>• 서술 낱말 속에 부정적 의미가 내포된 경우(예 싫다, 없다, 아니다)에는 그 상태와 부정적 의미를 고려하여 부정서술로 처리
• 단, 용언의 앞이나 뒤에 부정어(예 안, 못)가 붙어서 수식을 하는 경우에는 '부정'으로 처리</td><td><아저씨가 없어>
⇨ [실체-부정서술]
<난 싫어>
⇨ [경험자-부정서술]
<이게 아니야>
⇨ [실체-부정서술]
cf) <못 먹어>
⇨ [부정-행위]</td></tr>
</table>

③ **수식언**: 문장 속에서 체언이나 용언, 또는 수식언을 수식하는 의미들

의미유형		정의	특징	예
체언수식		사물이나 사람을 지시하거나 그 크기, 모양, 질 등을 내포하는 의미	• 관형사의 역할, 수식의 대상은 실체, 목적, 행위자, 경험자, 소유자 등 명사에 해당하는 의미유형이 될 수 있음	<예쁜 신발> ⇨ [체언수식-실체]
용언수식		행위나 서술, 수식(부사)을 수식하는 의미	• 부사의 역할 • 다음 세 가지의 경우가 있음 – 행위수식: 시간, 방법, 기간, 방향, 빈도 등으로 행동을 꾸며 주는 경우 – 서술수식: 서술의 시간, 방법, 질, 강도를 나타내는 경우 – 부사를 수식하는 경우	<빨리 온대> <조금 먹어> ⇨ [용언수식-행위] <언니 정말 미워> ⇨ [실체-용언수식-상태서술]
배경	문장의 배경을 나타내는 의미			
	부정	거부, 거절, 부인, 부재, 중단 등의 의미로 행위나 상태서술에 대한 부정을 나타내는 의미	• 대체로 영어의 'not'에 해당하는 부정어로, '-마, 못, 안, 아니, 그만' 등이 속함	<가지 마> ⇨ [행위-부정] <나 안 해> ⇨ [행위자-부정-행위]
	때	행위나 서술과 관련된 시기를 나타내는 의미	–	<어제 먹었어> ⇨ [때-행위] <비올 때 우산 써> ⇨ [때-대상-행위]
	장소	사물이나 사람이 놓여 있는 곳이나 어떤 행동이 취하여 지려는 지점	–	<아빠 회사 갔어> ⇨ [행위자-장소-행위] <나무 밑에서 잤어요> ⇨ [장소-행위]
	도구	행위자나 경험자가 가지고 특정한 행위나 상태를 보이게 하는 물건의 의미	–	<가위로 잘라> ⇨ [도구-행위]
	이유	행위나 서술과 관련된 이유, 의도, 또는 원인을 의미	–	<왜 안 오니?> ⇨ [이유-부정-행위] <자려고 눈을 감았어요> ⇨ [이유-대상-행위] <배불러서 그런 거야> ⇨ [이유-행위]
	조건	행위나 서술과 관련된 조건을 의미	–	<그럼 죽어> ⇨ [조건-상태서술]
	비교	체언의 내용을 비교하는 의미	–	<나보다 밉다> ⇨ [비교-상태서술]
	재현	사람, 사물, 사건 등의 반복의 의미	–	<또 먹어> <다시 해> <더 해> ⇨ [재현-행위]

Chapter 12

키워드 Pick

④ **기능적 구성요소** : 문장 속의 다른 낱말들과는 의미관계를 형성하지 않고, 독립적인 기능을 하는 의미들(CD : Communicative Devices)

의미유형	정의	특징	예
주의끌기	주의를 끌기 위하여 이름이나 다른 표현을 사용하는 것	–	<엄마, 장난감요> ⇨ [CD(주의), 실체서술]
되묻기	앞에 말한 것을 되묻는 표현	–	<응? 뭐?> ⇨ [CD(되묻기), 대상]
감탄	감탄할 때 나오는 소리	–	<와! 예쁘다> ⇨ [CD(감탄), 상태서술]
'예/아니요' 대답	'예/아니요' 질문에 대하여 수긍하는 표현	–	<응, 먹었어> ⇨ [CD(대답), 행위]
강조	본 진술을 강조하는 부분	–	<아냐, 못 해> ⇨ [CD(강조), 부정–행위] <맞아, 내 거야> ⇨ [CD(강조), 소유자–실체서술]
동반소리	의성어·의태어의 기능을 가진 소리로 독립적인 부분	–	<까꿍, 놀랬어?> ⇨ [CD(소리), 상태서술]
인사	자동화된 인사 부분	–	<안녕, 잘 있었어?> ⇨ [인사(인사), 서술수식–상태서술]
접속	단문 속의 접속사	–	<그런데 내가 나빴어> ⇨ [CD(접속), 경험자–상태서술] <그리고 밥 먹자> ⇨ [CD(접속), 대상–행위]
자동구	숫자세기, 철자 외우기, 노래 등 독립적인 의미 없이 외워서 사용하는 상용구	–	<일, 이, 삼, 사, 오... 잘 하지?> ⇨ [CD(자동구), 용언수식–행위
기타	이상의 유형으로 분류되지 않는 의미들		

2. 개별 의미유형 습득에 대한 비교 자료

① 아동의 발화를 의미관계로 분석하고 나면, 전체 언어표본 속에 포함된 의미유형들의 특성을 분석한다.

② 이러한 결과를 통해 일반 또래아동의 자료와 비교하여 어떤 의미유형들이 아직 습득되지 않았는지, 사용은 하되 그 빈도가 너무 제한되어 있어서 막 습득하기 시작하는 단계인지, 또는 모방에서만 제한적으로 사용하는지 등을 분석할 수 있다.

3. 개별 의미유형 분석의 보고방법

① 아동의 각 발화에 대한 의미관계 분석이 끝나면 그 속에 포함된 의미유형들의 빈도가 어떤지 요약표를 사용하여 보고할 수 있다.

② 출현빈도에는 '正正' '////////'이나 '√'와 같은 빈도표시를 하고 총 빈도수를 적는다.

③ 문장구성요소 내에서의 비율은 체언부 개별 의미유형들의 총 빈도를 특정 의미유형의 빈도로 나누어 100점을 곱할 것이다.

맥 Plus

복문의 구별 요령 및 구별 후 문장 간 의미관계 분석

1. 우선 어떤 발화를 복문으로 처리하여 문장 간의 의미관계도 분석해야 하는가를 살펴보면 다음과 같다.
   ① 단문과 복문의 차이는 주어와 용언(행위 또는 서술) 간의 관계에 있다. 관계가 한번 맺어지면 단문, 두 번 이상 맺어지면 복문이다.
   ② 아동의 불완전한 (단문처럼 사용하는) 복문의 경우는 단문 취급을 한다.
   ③ '동사 + -싶다'는 영어로는 'want to V'로 복문이지만, 우리말에서는 '싶다'가 독립적으로 쓰일 수 없으므로 '상태서술'의 의미유형으로 처리한다.
   ④ 복합동사는 1개의 의미유형으로 분석한다. 그러나 행위를 나열한 경우에는 복문으로 취급한다.
   ⑤ 의존명사(예 '거', '것', '지' 등)가 발화에 있을 경우, 의존명사가 이끄는 명사구 속에 체언-용언으로 이루어진 의미관계가 있으면 복문으로, 없으면 단문으로 처리한다. 예를 들어, "이거는 집을 고치는 거야"라는 발화에서, 발화 전체의 큰 의미관계는 "이거는 ○○야"라는 '실체-실체서술'의 관계이다. 여기서 "○○야" 부분에는 "집을 고친다"의 '대상-행위'의 의미관계가 더 들어 있다. 그러므로 이 발화는 복문으로 분석한다.
   ⑥ 배경어(예 부사구)의 경우도 그 구 속에 주부-술부의 의미관계가 있으면 복문으로, 그렇지 않으면 단문으로 처리한다.
   ⑦ 인용구 속에도 주부-술부의 의미관계가 있으면 복문으로, 그렇지 않으면 단문으로 처리한다. 단문으로 처리할 때는 '인용'으로 하고 복문으로 처리할 때는 '인용내포'로 분석한다.
   ⑧ 접속구 속에도 주부-술부의 의미관계가 있으면 복문으로, 그렇지 않으면 단문으로 처리한다.

2. 복문을 구별한 후에는 다음과 같은 유형으로 문장 간 의미관계(intersentence seamantic relations)를 분석한다.
   ① **나열**(juxtaposition): 같은 의미유형들이 나열되어 있거나, '-(하)고'와 같은 연결어미에 의해 나열되어 주부-술부의 관계가 2개 이상 나타난 경우이다.
   ② **연결**(conjoining): 접속사나 연결어미에 의해 한 발화가 두 개 이상의 절로 구성된 것으로 두 절이 의미적으로 대등한 경우이다. 연결의 문장 간 의미관계는 '배경'에 해당하는 의미유형들(예 때, 장소, 이유, 조건 등)에 '연결'만 붙여서 표기한다. 연결관계가 많이 나타나는 배경 의미유형들은 때, 조건, 이유, 양보 등이다. 그러나 좀 더 세분화된 연결관계를 분석하기 위해서는 다음과 같은 하위 유형의 연결관계로 분석한다.
      - **때연결**: 한 구나 절에서 나타난 사건이 다른 구나 절에서 나타난 사건과 i) 시간적 선후관계('-고', '-고 나서', '-한 후에')나 ii) 동시성('-(하)다가', '-하면서')을 나타내는 의미관계이다. 이러한 발화는 문장 간 의미관계는 '때연결'로 하고, 문장 내 의미관계는 '때'로 기록하면 된다.
      - **조건연결**: 한 구나 절에서 나타난 사건이 다른 구나 절에서 나타난 사건과 i) 상반되거나('-나', '-아도', '-지만', '-라도'), ii) 가정이나 조건을 나타내거나('-면', '-라면', '-거든', '-더라도'), iii) 첨가의 관계를 나타내거나('-뿐 아니라', '-ㄹ수록'), 혹은 iv) 배경은 '조건연결'로 하고, 문장 내 의미관계에서는 '조건'으로 기록하면 된다.
      - **이유연결**: 한 문장이 다른 문장의 i) 의도('-려고', '-고자', '-러')나, ii) 이유 또는 원인('-으니까', '-으므로', '-아서')이 되는 의미관계이다. 이러한 발화는 문장 간 의미관계는 '이유연결'로 하고, 문항 내 의미관계에서는 '이유'로 기록하면 된다.
      - **양보연결**: 한 사건이 다른 사건에 대한 양보('-아도', '-할지라도')나 무관함을 나타내는('-거나', '-든지') 의미관계이다. 이러한 발화는 '양보연결'로 하고, 문장 내 의미관계는 '양보'로 기록한다.
   ③ **내포**(embedding): 내포는 한 발화 안에서 한 문장이 다른 문장을 구나 절의 형식으로 안고 있는 것이다. 대체로 한 절은 다른 절의 주부와 술부 사이에 위치하지만 때로는 주부가 생략될 수도 있다. 내포가 나타나면 우선 전체 문장에서의 구나 절 간의 의미관계를 찾고, 그 안에 포함된 의미관계를 다시 분석한다. 내포는 대부분의 개별 의미유형이 내포구나 절로 확장될 수 있으므로 해당 의미유형 이름(예 '행위자')에 '내포'라고 붙여서 기록한다(예 '행위자내포'). 분석 시에는 문장 간 의미관계는 '○○내포'라고 하고, 문장 내 의미관계는 그 속에 나타난 의미관계들을 기록하면 된다.

키워드 Pick

④ 어휘다양도(TTR) 16유, 22초, 17중

주요개념	• 아동이 사용한 총 낱말 중에서 다른 낱말의 비율이 얼마나 되는가를 산출해 내는 것이다. • 다른 낱말 수(NDW)를 총 낱말 수(NTW)로 나누어 산출한다.
분석방법	• 아동이 사용한 낱말을 해당 품사란에 적는다. • 똑같은 낱말을 사용한 경우에는 이미 사용한 낱말 옆에 '正正...'과 같은 표시를 하고 빈도수를 적는다. • 용언의 경우 파생어들은 한 낱말로 한다. 즉, 문장어미가 다른 낱말은 한 낱말로 계산한다. • 품사별 NDW는 각 품사 밑의 '낱말' 수가 되므로 표 하단의 해당 품사란에 낱말 수를 적는다. • 품사별 NTW는 각 품사 밑의 '빈도' 수가 되므로 표 하단의 해당 품사란에 빈도수를 적는다. • 전체 NDW는 품사별 NDW의 합계로 산출한다. • 전체 NTW는 품사별 NTW의 합계로 산출한다. • TTR은 전체 NDW를 전체 NTW로 나눈 값이다. • 어휘다양도 $= \frac{\text{아동이 사용한 다른 낱말의 수}}{\text{아동이 사용한 총 낱말의 수}}$

(2) 구문론적 분석

기출 LINE

13중) 구문론적 능력을 알아보기 위해서 학령기 아동의 문장능력과 문장 성숙도는 T-unit(terminable unit)를 활용하여 분석한다.

22초) 평균발화길이 분석은 유아의 표현언어 능력을 평가하고, 교육진단에 목적을 두며, 구문론적 특성을 알아보기 위해서 하는 것이군요.

① 평균발화길이의 분석 13 · 17유

㉠ 평균발화길이

의미	• 아동의 자발적인 발화의 길이를 측정하는 척도로 아동의 각 문장 속에 포함된 낱말이나 형태소의 수를 평균 내는 것이다.
분석 방법	• **평균 낱말길이**: 각 발화의 낱말 수를 총 발화 수로 나누어 평균을 구한 것이다. • **평균 형태소길이**: 각 발화의 형태소의 수를 총 발화의 수로 나누어 평균을 구한 것으로 지금까지 가장 많이 사용되어 오고 있는 평균 발화길이의 척도이다. • **평균 구문길이**: 한 개의 형태소로 이루어진 발화는 제외시키고 2개 이상의 형태소로 된 발화만을 분석하여, 총 형태소의 수를 총 발화의 수로 나누어 평균을 구한 것이다.

㉡ 형태소에 의한 평균발화길이 분석

<table>
<tr><td>산출 방법</td><td colspan="2">• 평균 형태소길이(MLU-m) = 각 발화 형태소 수의 합 ÷ 총 발화의 수
• 최장 형태소길이(UBL) = 분석한 발화 중 가장 긴 발화의 형태소 수
• 평균 구문길이(MSL) = 총 형태소의 수 ÷ 총 발화의 수(2개 이상의 형태소로 된 발화만을 분석)</td></tr>
<tr><td rowspan="2">해석 방법</td><td>평균 형태소 길이의 해석방법</td><td>개별 아동의 평균 형태소길이는 또래의 평균 형태소길이와 비교하여 그 의미를 해석할 수 있다.
• 평균이나 평균과 −1표준편차(SD) 수치 사이에 있으면 정상 수준으로 해석한다.
• −1SD와 −2SD 사이에 있으면 '약간 지체'의 가능성이 있다고 해석한다.
• −2SD보다 낮으면 '지체'의 가능성이 높다고 해석한다.
• 평균보다 높은 경우는 '또래의 평균 수준보다 긴 발화를 사용한다'고 해석한다.</td></tr>
<tr><td>최장 형태소 길이의 해석방법</td><td>개별 아동의 최장 형태소길이는 또래의 평균 형태소길이와 비교하여 그 의미를 해석할 수 있다.
• 평균이나 평균과 −1표준편차(SD) 수치 사이에 있으면 정상 수준으로 해석한다.
• −1SD와 −2SD 사이에 있으면 '약간 지체'의 가능성이 있다고 해석한다.
• −2SD보다 낮으면 '지체'의 가능성이 높다고 해석한다.
• 평균보다 높은 경우는 '또래의 평균 수준보다 긴 발화를 사용한다'고 해석한다.</td></tr>
</table>

키워드 Pick

형태소

기본개념	자립형태소	홀로 사용될 수 있는 형태소
	의존형태소	홀로 사용될 수 없는 형태소
	어휘형태소	형태소 간의 문법적 관계와 다른 형태소 및 구성성분의 의미를 명백히 해주는 형태소
	문법형태소	형태소들을 결합시켜, 뜻을 가진 언어표현을 구성하게 하는 문법적 의미를 갖고 있는 형태
	구성소	문장형성에 직접 참여하는 형태소
	형성소	문장형성에 간접 참여하는 형태소
형태소 구분원칙	• 한 언어 내에서 의미를 내포하고 있는 가장 작은 단위로, 더 분석하면 그 뜻을 잃어버리는 말을 하나의 형태소로 분류한다. • 모든 문법형태소는 독립된 형태소로 계산한다. • 말의 구성성분이 하나의 음소로 사용되었을지라도 개별적인 의미를 가지고 사용되면 개별적인 형태소로 분류한다. • 한 의미를 가지고 중복되어 표현한 어휘는 하나의 형태소로 간주한다. • 중복된 의미의 문법형태소는 하나의 형태소로 간주한다. • 각 형태소를 잇기 위해 발음상 매개되는 모음 또는 자음은 개별적인 형태소로 분류하지 않는다. • 이름 등의 고유명사는 하나의 형태소로 분류하지만, 호칭에 있어서 발음을 위해 학습적으로 붙이는 '–이'는 개별적인 형태소로 구분하지 않는다. • 우리말에는 여러 형태의 문장종결어미들이 있다. 형태소를 분석할 때 어말종결어미나 비어말종결어미는 각각 1개의 형태소로 분석한다.	
예외적인 형태소 구분	• 성인 말에서는 의존형태소로 이루어진 한자어도 개별 형태소로 분석하지만, 아동 말에서 사용된 한자어는 개별 어휘를 의미 있게 사용한 예가 없는 한, 그 독립성 여부와 관계없이 하나의 형태소로 분류한다. • 성인 말에서는 줄임말의 경우 그 본디말로 바꾸어 형태소를 분석하지만, 아동 말에서 줄임말은 각 어휘의 개별적인 사용이 관찰되지 않는 한, 하나의 형태소로 분류한다. 아동에게 있어 이러한 줄임말은 하나의 단위로 습득될 수도 있기 때문이다. • 아동이 오류로 중복해서 말한 것은 괄호로 처리하고 형태소 길이 산출에는 사용하지 않는다. 아동의 말에서는 특히 주격조사가 겹쳐서 사용되는 경우가 많은데, 이런 오류를 발화길이에 포함시키는 것이 바람직하지 않다. • 복합어라도 아동이 처음부터 하나의 낱말로 습득하였다고 추정되는 경우, 한 형태소로 취급한다. 또한 2~3개의 어휘로 구성된 복합명사의 경우, 아동이 개별 어휘로 의미 있게 사용한 예가 있으면 각각 형태소로 계산하지만 그렇지 않은 경우에는 한 개의 형태소로 취급한다.	

ⓒ 낱말에 의한 평균 발화길이 분석

산출 방법	• 평균 낱말길이(MLU-w) = 각 발화 낱말 수의 합 ÷ 총 발화의 수	
해석 방법	평균 낱말 길이의 해석방법	• 개별 아동의 평균 낱말길이도 또래의 평균 낱말길이와 비교하여 그 의미를 해석할 수 있다. – 평균이나 평균과 −1표준편차(SD) 수치 사이에 있으면 정상 수준으로 해석한다. – −1SD와 −2SD 사이에 있으면 '약간 지체'의 가능성이 있다고 해석한다. – −2SD보다 낮으면 '지체'의 가능성이 높다고 해석한다. – 평균보다 높은 경우는 '또래의 평균 수준보다 긴 발화를 사용한다'고 해석한다. • 4세 이상의 발달기 아동의 경우엔 평균 발화길이만을 가지고 구문적인 발달을 평가하는 것은 무리이다.
	최장 낱말 길이의 해석방법	• 개별 아동의 최장 낱말길이도 또래의 최장 낱말길이와 비교하여 그 의미를 해석할 수 있다.

키워드 Pick

○ 낱말

<table>
<tr>
<td>구분원칙</td>
<td>
낱말은 자립성과 분절성의 원칙에 따라 다음과 같은 경우에 낱말로 계산한다.
• 말 또는 어절에 붙어 그 말과 다른 말과의 관계를 표시하는 조사의 종류는 하나의 낱말 수로 계산한다.
<table>
<tr><td>격조사</td><td>– 주격, 서술격, 목적격, 보격, 관형격, 부사격, 호격</td></tr>
<tr><td>접속조사</td><td>– 둘 이상의 체언을 접속시켜 주는 기능을 하는 조사
– 와, 과, 하고, 이며, 에다, 랑</td></tr>
<tr><td>보조사</td><td>– 단순한 자격표시 이외에 특수한 뜻을 더하는 조사
– 만, 도, 는, 부터, 까지, 조차, 마다, (이)나, (이)든지, (이)라도, 마저, (이)나마</td></tr>
</table>
• 다른 품사라도 동사로 전성되었을 경우에는 문장어미와 함께 한 낱말로 취급한다.
• 의존명사는 자립성은 결여되어 있지만 준자립어로 분류되므로 한 낱말로 분석한다.
• 의존명사에는 ‘것’, ‘거’, ‘수’, ‘바’, ‘지’와 같이 대명사 역할을 하는 것과 ‘마리’, ‘켤레’, ‘채’ 등과 같이 단위를 나타내는 것이 있는데, 모두 1개의 낱말로 분석한다.
• 보조동사나 보조형용사와 같은 보조용언도 자립성은 결여되어 있지만 준자립어로 분류되므로 본용언과 분리하여 낱말로 분석한다.
• 통상적으로 하나의 개념으로 쓰여 굳어버린 복합용언은 보조용언을 따로 떼어서 계산하지 않고, 전체를 1개의 낱말 수로 분석한다.
• 홀로 설 수 있는 동사의 어간이 의존형태소와 만난 경우, 동사 활용의 법칙과 일치성이 없으므로 그 각각을 낱말로 간주하지 않고 하나로 묶는다.
• ‘–이다’에 대한 존대적 표현인 ‘–요’의 경우, 서술격조사의 분류에 포함되므로 개별 낱말로 취급한다. 그러나 ‘–요’ 서술격조사로 사용되지 않고 습관적인 언어 형태의 하나인 ‘간투사’로 사용되었거나 체언 옆에 붙어서 존대만을 나타내는 경우에는 낱말로 분류하지 않는다.
• 복합어라도 일반적인 고유명사의 경우 한 낱말로 취급한다.
</td>
</tr>
</table>

㉣ 어절에 의한 평균발화길이 분석

<table>
<tr><td>산출 방법</td><td colspan="2">• 평균 어절길이(MLU-c) = 각 발화 어절 수의 합 ÷ 총 발화의 수</td></tr>
<tr><td rowspan="2">해석 방법</td><td>평균 어절 길이의 해석방법</td><td>개별 아동의 평균 어절길이도 또래의 평균 어절길이와 비교하여 그 의미를 해석할 수 있다.
• 평균이나 평균과 −1표준편차(SD) 수치 사이에 있으면 정상 수준으로 해석한다.
• −1SD와 −2SD 사이에 있으면 '약간 지체'의 가능성이 있다고 해석한다.
• −2SD보다 낮으면 '지체'의 가능성이 높다고 해석한다.
• 평균보다 높은 경우는 '또래의 평균 수준보다 긴 발화를 사용한다'고 해석한다.</td></tr>
<tr><td>최장 어절 길이의 해석방법</td><td>• 개별 아동의 최장 어절길이도 또래의 최장 어절길이와 비교하여 그 의미를 해석할 수 있다.</td></tr>
</table>

○ 어절

구분 원칙	• 현행 맞춤법의 띄어쓰기는 어절을 단위로 하고 있으므로 띄어쓰기를 기준으로 어절을 정의 내릴 수 있다. 조사를 제외한 모든 낱말은 각각 하나의 어절로 분석한다. 한 어절은 그대로 한 낱말이 되기도 하고 두 낱말이 모여서 한 어절이 되기도 한다. • 현행 맞춤법에서는 복합용언은 붙여 쓰되, 보조용언은 띄어 쓰는 것을 원칙으로 한다. 그러나 보조용언은 경우에 따라서는 붙여 써도 되도록 허용하고 있다. 따라서 모두 각각 1개의 어절로 분석하도록 한다. • 띄어쓰기 규칙 중에 단음절로 된 낱말이 연이어 나타날 때에는 붙여 쓰거나 띄어 써도 된다. 이런 경우 붙이는 것은 시각적인 부담감을 줄이려는 것이므로, 본 분석체계에서는 구어에서의 의미전달과 분석의 일관성을 위하여 각각의 낱말을 어절로 구분한다. • '것'이나 '거'와 같은 의존명사는 띄어 쓰므로 각각 1개의 어절로 취급한다. 그 외에도 두 말을 이어 주거나 열거할 때 쓰이는 의존명사도 각각의 어절로 분석한다. • 현행 맞춤법에서는 여러 낱말로 이루어진 고유명사는 띄어 쓰는 것을 원칙으로 하되 붙이는 것도 허용한다. 붙여서 하나의 어절로 분석한다. • 성과 이름은 붙여서 하나의 어절로 처리하되, 여기에 붙는 호칭이나 직위 이름 등은 떼어서 다른 어절로 처리한다.

키워드 Pick

② 문법형태소 및 구문유형의 분석

유형			문법형태소	발화번호/예
복수			-들, -희	
격조사	주격		-가, -이	
	목적격		-을, -를	
	관형격		-의	
	서술격		-(이)다, -이요, -인지	
	보격		-가	
	호격		-야	
	부사격	처소	-(으)로, -에, -에게, -한테	
		도구	-로(써)	
		비교	-과, -처럼, -만큼, -보다	
		동반	-와, -하고, -(이)랑, -도	
		변성	-로	
		인용	-(라)고	
접속조사			-하고, -이며, -에다, -랑	
보조사			-은, -는, -도, -만	
시제	현재형		-ㄴ, -는-	
	과거형		-었-, -았-, -였-	
	미래형		-겠-, -(으)ㄹ-	
태	피동형		-이-, -히-, -리-, -기-	
	사동형		-이, -우-, -기-	
존대			-(으)시-, -세-, -요	
추측			-겠-	
문장어미 (종결/비종결)	종결 어미	평서문	-다, -요, -네	
		감탄문	-구나	
		의문문	-냐?, -니?, -디, -ㄹ까?, -요?	
		명령문	-(아, 어, 거)라, -게, -야지, -오, -ㅂ시오	
		청유문	-자, -(으)라	

	비종결 (연결) 어미	대등		-고, -(으)며, -(으)나, -지만, -거나, -든지	
		종속	인과	-니까, -(아, 어)서, -므로	
			동시/ 순서	-면서, -고, -다가	
			조건/ 목적	-면, -(아, 어)야, -려면, -려고, -게, -더라도	
			기타		
파생	명사형	-기, -이			
	관형형	-은, -ㄴ			
	부사형	-게			

구문유형	세부 형태		
명사구	지시관형사, 수량관형사, 성상관형사		
동사구	어말어미	종결	평서형, 의문형, 감탄형, 명령형, 청유형
	비종결	비종결	연결어미, 전성어미, 명사형 어미
	선어말어미		존대, 시제, 서법, 강조, 피동
절	명사절, 서술절, 관형절, 부사절, 인용절		
문장종류	평서문, 의문문, 명령문, 청유문, 부정문		

(3) 화용론적 분석 12중

① 문장의 자율성 분석

자발적 문장	• 자발적 시도 발화: 아동이 대화를 시작하거나, 선행되는 질문이 없어도 서술이나 질문 등으로 대화를 이어간다. • 질문에 대한 반응: 선행되는 질문에 대해 자발적으로 대답한다.
모방	• 즉각모방: 상대방의 말을 즉시 모방한다. • 지연모방: 상대방이 한 말을 시간이 경과한 후에 모방한다. • 완전모방: 상대방의 문장을 그대로, 똑같이 모방한다. 완전모방은 흔히 반사적인 경우가 많아서 완전, 즉각 모방의 형태를 띤다. • 부분모방: 상대방의 문장 중 일부분만 모방한다. • 변형모방: 상대방의 문장 형태나 내용을 일부 바꾸어 모방한다. 흔히 반향어에서 진정한 발화로 넘어가는 전환 시기에 나타나는 형태이다. 예를 들어, 민규에게 "나 보고 싶었니?"라고 하면, "민규 보고 싶었니?" 혹은 "나 보고 싶었어."라고 대답한다.

키워드 Pick

Chapter 12

맥 Plus

문장의 화용적 적절성 분석

1. **화용적으로 적절한 문장**
   문맥에 적절하며 선행발화가 요구하는 기능에 맞는 발화이다. 예를 들어, 질문에 대해서는 대답하고, 요구에 대해서는 수긍하거나 거부, 또는 부정하는 발화는 적절하다고 할 수 있다.

2. **화용적으로 부적절한 문장**
   문맥에 적절하지 못하거나, 선행발화가 요구하는 기능에 부적절한 발화이다. 예를 들어, 주제에 어긋난 발화를 한다거나, 엉뚱한 대답이나 질문을 하는 등 화용적으로 이상하면 일단 부적절한 문장으로 분류하고 다음에서 설명하는 기능별 분석을 한다.

② 대화기능 분석 22유, 10 · 15초, 19중

㉠ 의사소통 행동은 상호작용에서 나타나는 행동으로 비상호작용적 행동은 포함하지 않는다. 여기서 상호작용 행동이란 i) 신체적으로 근접한 상황에서 나타나는 행동이나, ii) 몸짓이나 발성 또는 말로 접근이 일어난 경우, 또는 iii) 엄마의 의사소통 의도가 있은 후 아동이 3초 이내에 응시 또는 반응한 경우를 포함한다.

㉡ 의사소통 분석은 크게 7개의 상위 범주로 분류하고 각 범주 안에 하위 범주를 두어 분류한다.

㉢ 의사소통 의도의 산출 형태는 '몸짓이나 발성'이 동반된 형태, 또는 '말' 형태로 분석한다. 단, 말에 동반되는 몸짓이나 발성은 '말' 형태로 분석한다. 그러나 알아들을 수 없는 자곤은 말로 분석하지 않는다.

㉣ 의미 없는 상투적인 부르기는 전체 자료의 10%만 분석에 포함한다.

㉤ 동일한 대상 또는 행위를 연속하여 반복적으로 지칭하는 행동들은 한 번만 기록한다.

상위 기능	하위 기능	설명	
요구	정보요구	예/아니요 질문	상대로부터 '예/아니요'의 반응을 요구하는 질문
		의문사 질문	의문사를 이용한 질문
		명료화 질문	상대의 이전 발화에 대해 명료화를 요구하는 질문
		확인질문	아동 자신이 알고 있는 사실을 확인하는 질문
	행위요구	상대에게 어떤 행위를 하도록 요구하는 행동	
	사물요구	상대에게 사물을 달라고 요구하는 행동	
	허락	상대에게 허락을 요구하는 행동	

기출 LINE

13중) 화용론적 능력을 알아보기 위해서 의사소통의 의도와 대화 능력을 분석한다.

기출의 맥

대화기능은 해당 문장의 전후 상황을 반드시 고려해야 합니다. 상황과 맥락에 따라 대화문이 어떤 의도로 사용된 것인지를 파악해야 해요!

반응	질문에 대한 반응	예/수용	상대의 질문에 긍정적인 대답을 하는 경우로, 단 의미 없는 내용은 제외한다.
		아니요/저항 또는 부정	상대의 질문에 부정적인 대답을 하는 경우로, 단 의미 없는 대답은 제외한다.
		의문사 대답	–
	요구반응	명료화	상대의 명료화 요구 후에 이전 발화를 반복하거나 명료하게 하려는 시도
		순응	상대의 요구에 긍정적으로 응하는 행동
		거부/저항	상대의 요구를 거부하거나 저항하는 행동
	반복		상대의 선행 의사소통 행동을 전체 또는 부분적으로 새로운 추가없이 모방하는 행동
	의례적 반응		특별한 의도 없이 인사에 대한 반응과 같은 의례적인 행동
객관적 언급	사물 주의집중		단순히 사물에 주의를 집중토록 하는 수준의 행동
	이름 대기		아동이 타인과 상호작용하는 장소에서 눈으로 볼 수 있는 사물 또는 사건을 명명하는 기능이다. 단, 질문에 대한 대답이 아닌 경우만을 포함한다.
	사건·상태		행위/사물의 움직임이나 상태의 상대의 주의를 끄는 행동
	고유의 특성		아동이 타인과 상호작용하는 장소에 있는 대상에 대해, 그 대상이 본질적으로 가지고 있는 외형적 특성을 기술하는 기능
	기능		사물의 기능을 나타내는 행동이나 언급
	위치		공간적 관계에 대한 행동이나 언급
	시간		시간적 관계에 대한 행동이나 언급
대화 내용 구성 요소	의례적 인사		상대의 반응을 기대하지 않는 의례적인 인사
	부르기		다른 의사소통 의도와 연결되지 않은 단순한 부르기
	화자선택		반응할 상대를 선택하는 행동
	동반		행동의 한 부분으로 수반되는 말
	감탄		자신 또는 상대의 행동이나 사물에 대한 감탄 또는 놀람을 표현하는 행동
발전된 표현	농담		남을 웃기려고 우스갯소리로 하는 말
	경고		문제를 지적, 위험을 알리거나 또는 조심토록 주의를 주는 말
	놀림		남의 흉을 보거나 놀리는 말
발전된 표현	농담		남을 웃기려고 우스갯소리로 하는 말
	경고		문제를 지적, 위험을 알리거나 또는 조심토록 주의를 주는 말
	놀림		남의 흉을 보거나 놀리는 말

키워드 Pick

<table>
<tr><td rowspan="6">주관적
진술</td><td>규칙</td><td>규칙에 대한 행동이나 진술</td></tr>
<tr><td>평가</td><td>상대 또는 자신의 행위에 대한 주관적인 평가</td></tr>
<tr><td>내적 보고</td><td>자신의 생각 또는 느낌을 표현</td></tr>
<tr><td>속성</td><td>객관적 판단의 기준이 없는 상대적 특성에 대해 자신이 주관적으로 느끼는 사물의 특성을 기술하는 기능</td></tr>
<tr><td>주장</td><td>자신의 의견 또는 주장을 표현하거나 청유하는 기능</td></tr>
<tr><td>설명</td><td>현재의 장소에 없거나, 현재에 존재하지 않는 사물 또는 상황/사건에 대한 설명이나 의견 또는 이유를 설명하는 기능</td></tr>
<tr><td rowspan="3">대화
내용
수신
표현</td><td>수용</td><td>질문이나 요구 이외에, 상대의 앞선 의사소통 행동에 대해 단순히 메시지를 받았다는 것을 표현하는 행동</td></tr>
<tr><td>승인/동의</td><td>질문이나 요구 이외에, 상대의 앞선 의사소통 행동에 대해 새로운 정보의 추가 없이 단순히 승인/동의를 표현하는 행동</td></tr>
<tr><td>부인/반대</td><td>질문이나 요구 이외에, 상대의 앞선 의사소통 행동에 대해 새로운 정보의 추가 없이 단순히 부인/반대를 표현하는 행동</td></tr>
</table>

 **Plus**

자발화 분석

<table>
<tr><td>평균
발화길이</td><td>• 평균 형태소길이: 발화의 형태소 수를 총 발화 수로 나누어 평균을 구한다.
• 평균 낱말길이: 발화의 낱말 수를 총 발화 수로 나누어 평균을 구한다.
• 평균 구문길이: 총 형태소의 수를 한 개의 형태소로 이루어진 발화를 제외한 발화 수로 나누어 평균을 구한다.</td></tr>
<tr><td>CIU
(Correct
Information
Unit)</td><td>• 문맥상 명료하게 주제 혹은 과제에 적합하고 정확한 정보를 제공하는 낱말이다.
• 분당 음절 수(syllables/min): 1분 동안 산출되는 모든 음절 수를 계산함으로써 발화의 속도를 측정할 수 있다.
• 분당 낱말 수(words/min): 1분 동안 산출되는 내용의 명료도와 상관없이 산출되는 모든 낱말 수를 계산한다.
• 분당 CIU 수(CIUs/min): 1분 동안 사용한 낱말 중에서 내용이 적절하고 명료도가 있는 낱말 수만을 계산한다.
• CIU 비율(%): 1분 동안 사용된 전체 낱말 수 중에서 CIU 수가 차지하는 비율을 CIUs/words × 100으로 측정한다. CIU 비율이 높을수록 효과적으로 정보를 전달하는 능력이 높다.</td></tr>
<tr><td>어휘 다양도
(TTR)</td><td>• 얼마만큼 다양한 낱말을 사용하는가를 측정하는 방법으로서 이를 통해 의미론적 발달을 알 수 있다.
• 샘플에서 총 낱말 수에 대한 다른 낱말 수의 비율이다.
• 총 낱말 수 대 다른 낱말 수의 비는 어휘 산출능력을 측정할 수 있는 기준이 된다.
• 발화에서 사용하는 총 낱말 수가 갖는 의미는 그리 크지 않으며, 사용한 총 낱말 중에서 다른 낱말의 사용 비율이 얼마나 되는지를 알아보면 보다 심층적인 어휘력을 측정할 수 있다.</td></tr>
</table>

CIU의 분석 기준

<table>
<tr><th>요소</th><th colspan="2">분석 기준</th></tr>
<tr><td>분당 음절 수</td><td colspan="2">• 내용에 관계없이 모든 음절 수를 세어 1분당 음절 수로 환산한다.
• 간투사(어-, 음)도 포함한다.</td></tr>
<tr><td>분당 낱말 수</td><td colspan="2">• 내용에 관계없이 알아들을 수 있을 정도의 명료도를 가진 낱말의 수를 세어 1분당 낱말 수로 환산한다.
• 착어나 마비 말장애 등으로 인한 발음상의 왜곡이 있어도 의미가 통할 정도의 명료도를 가진 낱말이면 포함한다.
• '어-' 등과 같은 무의미한 음절의 간투사는 제외하나, '말하자면' 등과 같은 간투사는 포함한다.
• 약어는 풀어서 센다. 예 걔는 ⇨ 그 아이는
• 복합명사는 한 낱말로 간주한다.
• 보조용언은 한 낱말로 간주한다.</td></tr>
<tr><td>분당 CIU 수</td><td colspan="2">• 알아들을 수 있을 정도의 명료도를 가지며, 내용이 주제 및 과제에 적절하고 올바른 정보를 제공하는 낱말의 수를 세어 분당 CIU 수로 환산한다.
• 부적절한 내용을 전달하는 낱말은 제외한다.
• 자기수정한 경우는 마지막 반응을 분석한다.
• 반복된 정보는 한 번만 센다.
• 주제와 관계없는 개인의 느낌이나 언급은 제외한다.</td></tr>
<tr><td>CIU 비율</td><td colspan="2">• 전체 낱말 중 내용상 적절하고 올바른 정보를 제공하는 낱말의 비율이다.
• CIU 비율이 높을수록 정보를 효과적으로 전달하는 능력이 높다.</td></tr>
<tr><td rowspan="3">분당
머뭇거림 수</td><td>간투사</td><td>• '어-, 음-, 그-' 등과 같은 음절 또는 '말하자면' 등과 같이 머뭇거림을 채우기 위한 낱말이 이에 해당한다.</td></tr>
<tr><td>반복</td><td>• 음소, 음절, 부분/전체 낱말, 구, 문장의 반복을 말한다.</td></tr>
<tr><td>수정</td><td>• 오반응을 수정하는 경우로 음절, 낱말, 구, 문장 등이 이에 해당한다.</td></tr>
</table>

키워드 Pick

03 말장애

기출 LINE

15유) 지수의 발음이 정확하지 않아서 친구들이 잘 알아듣지 못하는 것 같아요. 친구들하고 이야기할 때 지속적으로 '풍선'을 '푸선'이라고 하고 '사탕'을 '아탕'이라고 하거든요.

① 조음장애

1. 정의

(1) 조음장애

① 말소리를 산출할 때 어려움을 지니는 장애로, 일반적으로 첨가, 생략, 왜곡, 대치 등의 단어 산출상의 실수를 의미한다.

② 조음기관을 통하여 말소리가 만들어지는 과정에서 결함을 나타내는 것이다.

(2) 조음장애와 음운장애 24초

① 조음장애와는 달리 특정 말소리를 산출할 수는 있지만 상황에 따라 정확하게 발음하지 못하는 경우이다.

② 연령에 적합한 음운지식이나 능력이 부족하여 정상적인 음운 규칙을 단순화하거나 나름대로의 대치 규칙, 즉 오류 음운 패턴을 사용하는 것이다.

조음장애	음운장애
• 몇 개의 특정 음에서만 오류를 보인다.	• 복합적인 조음 오류를 보인다.
• 특정 음에서 일관적인 오류를 보인다.	• 오류가 일관적이지 않다.
• 말을 산출하는 조음기관의 이상으로 나타난다.	• 문맥이나 단어의 위치에 따라 오류가 나타난다. • 운동근육적으로는 소리를 낼 수 있지만, 적절한 위치에서 소리를 내지 못한다. • 음운과정에서 일관적 오류를 나타낸다(마지막 자음 생략, 단어의 다른 위치에서는 음소를 정확하게 발음할 수 있으면서 특정 위치에서는 같은 소리를 내는 데 실수를 하는 것).
• 조음기관을 통하여 말소리가 만들어지는 과정에서의 결함을 말한다.	• 음운지식이나 능력의 부족으로 정상적인 음운규칙을 사용하지 못하고 오류 음운 패턴을 사용하는 것을 말한다.
• 의사소통장애가 공존할 수도 있지만, 음운장애와 같이 나타나지는 않는다.	• 언어의 다른 부분도 지체되어 있다(음운은 언어의 구성요소이기 때문).

2. 원인 15·25중

원인		결함
기질적 요인	신경운동결함	• 중추신경과 말초신경계의 이상으로 생겨나는 마비 말장애, 말실행증
	구개 이상 (구개파열)	• 구강과 비강이 완전히 닫히지 않음으로 인하여 폐쇄음, 마찰음, 파찰음에서 특히 오류가 많음
	부정교합	• 치열, 특히 윗니와 아랫니 사이의 부정교합은 심미적인 문제뿐만 아니라 /ㅅ/과 /ㅈ/음의 오류를 보임
	혀의 이상	• 대설증 또는 소설증, 설소대 단축증 등으로 인하여 말소리 산출에 제약이 따름
	청력손실	• 정확히 듣지 못함으로 인하여 말소리를 정확하게 산출하지 못함
기능적 요인 25중	낮은 지능	• 인지능력의 결함으로 인하여 말소리의 차이를 청각적으로 잘 판별하지 못함
	어음지각 및 음운인식능력의 결함	• 청력은 정상이나, 청지각과 관련된 처리능력이 부족함
	개인·환경적 요인	• 잘못된 모델을 통해 오류가 고착화된 상태 • 적절한 언어자극의 부족과 부적절한 보상으로 인한 습관적인 조음 오류

(1) 청각장애

① 청력손실의 정도와 그 시기에 따라 조음장애에 미치는 영향은 다르다.

② 청력손실이 커질수록, 그리고 난청보다는 농의 경우가 더 조음·음운능력이 떨어진다.

③ 언어가 완전히 습득되기 이전에 청각장애인이 된 경우가 그 후의 경우보다 조음·음운장애의 정도가 더 심하다.

(2) 조음기관의 결함

조음기관	결함
입술	• 여러 가지 모음은 혀의 움직임뿐만 아니라 입술의 모양에 의하여 음소가 구별됨 • 입술의 모양을 변화시키는 데는 주변 근육들이 작용
혀	• 설소대가 짧은 설구착증 • 혀가 너무 큰 대설증 • 혀가 너무 작은 소설증 • 조음을 할 때 혀를 앞으로 내미는 경향이 있는 혀 내밀기
치아와 턱	• 일부 치아가 빠졌거나 치열이 비정상이면 혀잇몸소리 등에 오류를 나타낼 수 있음 • 상치돌출이나 하치돌출 등의 문제가 있음 • 근심교합, 원심교합, 이개교합 등의 부정교합이 문제가 됨

키워드 Pick

입천장	• 입천장이 너무 높을 경우 정확한 파열음이나 /ㄹ/ 발음에 어려움을 초래할 수 있음 • 입천장 뼈나 점막에 파열이 있어 연인두 부위 근육들의 기능이 저하되어 있거나, 연인두 부위가 너무 넓은 경우에는 콧소리가 심하게 흔들리는 과대 비성 목소리장애가 나타남 • 구순열의 경우에는 봉합수술을 하고 나면 조음에 큰 영향을 미치지 않지만, 입천장에만 파열이 있는 경우나 입술과 입천장에 파열이 있는 경우에는 수술을 하더라도 대개 조음에 문제가 계속해서 나타나게 됨

(3) 신경운동결함

① 조음기관의 근육을 통제하는 중추신경계나 말초신경계에 결함을 보이는 것으로, 근육의 마비나 약화현상을 보이는 마비 말장애는 말명료도가 매우 낮으며 조음을 하는데 매우 힘겨워하는 특징이 있다.

② 중추신경계의 결함에 의한 말실행증은 마비장애와 달리 조음에 관여하는 근육의 마비나 결함없이 말 프로그래밍에 결함을 나타낸다.

③ 말실행증이 마비 말장애와 다른점

㉠ 조음 오류의 일관성이 별로 없다.

㉡ 느리게 말할 때보다는 빠르게 말할 때 더 오류가 적게 나타난다.

㉢ 읽기보다는 자발어 과제에서 더 적은 오류를 보인다.

(4) 감각적인 요인

① 음소에 대한 변별능력

② 조음기관의 감각능력

(5) 개인적인 요인

구분	내용
연령	정상아동은 대략 8세 가량이 되면 조음·음운능력이 성인 수준에 도달한다.
지능	정상 범위의 인지능력을 나타내는 아동들에게는 조음·음운능력 간에 큰 관계가 없으나 정신지체가 있는 아동들은 조음·음운장애가 더 많이 발생한다.
성별	남아보다는 여아가 다소 빠른 발달을 보이는 편이며, 조음·음운장애는 여아보다는 남아에게서 다소 높은 발생률을 나타낸다.
형제	맏이나 외동아동들이 형이나 누나 또는 쌍둥이 형제가 있는 아동보다, 또 나이 차가 많이 나는 형제를 가진 아동이 그렇지 않은 아동보다 더 나은 조음·음운능력을 보인다.
언어발달	언어장애를 가진 아동들은 조음·음운장애도 나타낼 가능성이 높으나 모든 언어장애 아동들이 모두 조음·음운장애를 동반하는 것은 아니다.

3. 조음·음운 발달 특성

① 일반적으로 모음은 자음보다 오류를 덜 보이지만, 연합조음을 하는 데 있어서는 중요한 역할을 한다.

② 모음은 단어를 형성하는 데 있어서 말의 명료도를 증가시킨다.

③ 자음은 혀의 조음점(조음위치)과 조음방법 그리고 성대진동 유무에 따라 다양한 소리가 형성된다.

④ 특정 자음은 이른 시기에 습득되기도 하고 늦게 습득되기도 한다.

⑤ 예를 들면, 조음위치에 따른 분류에서는 양순음이, 방법에 따른 분류에서는 비음과 폐쇄음이 먼저 습득된다.

⑥ 반면에 조음위치에 있어서는 구강 뒤쪽에서 산출되는 성문음과 연구개음이, 조음방법에 있어서는 마찰음과 파찰음이 비교적 늦게 습득되는 경향이 있다.

⑦ **마찰음의 습득이 늦은 이유**: 동서양을 막론하고 마찰음 습득이 늦은 이유는 무엇일까? 마찰음은 조음기관의 미세한 운동 기능과 조절 기능을 필요로 하기 때문이다. 폐쇄음(파열음)은 혀와 해당 조음부위의 완전한 접촉으로 시작되므로 소리를 내기 위한 준비가 그리 어렵지 않다. 그러나 마찰음은 조음점(혀와 입술)과 조음위치를 완전히 접촉시키지 않고 적절한 간격을 유지시킨 상태에서 호기를 조절해야 하므로 미세한 기능과 감각이 요구된다.

키워드 Pick

4. 조음 오류 진단

(1) 말소리의 분류

① 자음 23중

○ 한국어 자음 변별자질

구분			p	p^*	p^h	t	t^*	t^h	k	k^*	Kh	s	s^*	tG	tG^*	tG^h	m	n	ŋ	l	h
주요 부류 자질		공명성	−	−	−	−	−	−	−	−	−	−	−	−	−	−	+	+	+	+	−
		자음성	+	+	+	+	+	+	+	+	+	+	+	+	+	+	+	+	+	+	+
		성절성	−	−	−	−	−	−	−	−	−	−	−	−	−	−	−	−	−	−	−
자음 분류 자질	조음 방법 자질	지속성	−	−	−	−	−	−	−	−	−	+	+	−	−	−	−	−	−	−	+
		지연 개방성	−	−	−	−	−	−	−	−	−			+	+	+	−	−	−		
		설측성				−	−	−				−	−	−	−	−		−		+	
	조음 위치 자질	설정성	−	−	−	+	+	+	−	−	−	+	+	+	+	+	−	+	−	+	−
		전방성	+	+	+	+	+	+	−	−	−	+	+	−	−	−	+	+	−	+	−
	발성 유형 자질	긴장성	−	+	+	−	+	+	−	+	+	−	+	−	+	+	−	−	−	−	−
		기식성	−	−	+	−	−	+	−	−	+	−	−	−	−	+	−	−	−	−	+
모음 분류 자질	혓몸 자질	고설성	−	−	−	−	−	−	+	+	+	−	−	+	+	+	−	−	+	−	−
		저설성	−	−	−	−	−	−	−	−	−	−	−	−	−	−	−	−	−	−	+
		후설성	−	−	−	−	−	−	+	+	+	−	−	−	−	−	−	−	+	−	+
	입술 자질	원순성	−	−	−	−	−	−	−	−	−	−	−	−	−	−	−	−	−	−	−

음영으로 표시된 부분은 해당 부류의 소리에 덜 중요한 자질을, 빈칸으로 표시된 곳은 해당 자질에 대한 자질가를 명시할 수 없음을 의미한다.

○ 한국어 자음 변별자질

구분		양순음	치조음	경구개음	연구개음	성문음
파열음	예사소리(평음)	ㅂ	ㄷ		ㄱ	
	된소리(경음)	ㅃ	ㄸ		ㄲ	
	거센소리(기식음)	ㅍ	ㅌ		ㅋ	
마찰음	예사소리(평음)		ㅅ			ㅎ
	된소리(경음)		ㅆ			
파찰음	예사소리(평음)			ㅈ		
	된소리(경음)			ㅉ		
	거센소리(기식음)			ㅊ		
비음		ㅁ	ㄴ		ㅇ	
유음			ㄹ			

조음 위치에 따른 분류	두입술소리 (양순음)	위아래 입술이 맞닿아 나는 소리
	입술치아소리 (순치음)	앞니로 입술을 살짝 누르며 내는 소리
	치아사잇소리 (치간음)	위아래 앞니 사이에 혀를 갖다 대면서 내는 소리
	잇몸소리 (치조음)	혀날부분이 위 앞니 뒷면과 맞닿아 있는 잇몸 부위, 즉 치조와 맞닿거나 좁혀져 나는 소리
	권설음	혀를 입천장 쪽으로 말아 올려서 내는 소리, 영어 단어 등에서 나는 [r] 발음
	굳은입천장소리 (경구개음)	잇몸 뒤에 딱딱한 뼈 부위인 굳은입천장에서 조음되는 소리
	여린입천장소리 (연구개음)	여린입천장이 맞닿거나 좁혀져 나는 소리
	목구멍소리 (성문음)	인두 부위가 좁혀져 나는 소리
	후설음	후설을 목젖에 대고 조음하는 소리
	인두음	인두를 수축해서 나오는 소리
조음 방법에 따른 분류	파열음 (폐쇄음)	성문을 통하여 입(구강)으로 올라온 공기의 흐름을 입술 또는 혀로 완전히 막았다가 파열시켜서 조음함
	마찰음	매우 좁은 공간을 통하여 공기가 빠져나가면서 마찰되어 나는 소리
	파찰음	짧은 시간 동안 공기를 폐쇄시켰다가 마찰시켜 조음함 파열음의 특성과 마찰음의 특성을 함께 가지고 있음
	비음	연인두를 열어 공기가 비강으로 올라가게 하여 조음함
	유음	청각적으로 흐르는 듯한 느낌을 주는 소리 – 설측음: 혀의 측면으로 기류가 빠져 나가면서 조음되는 /ㄹ/이 이에 해당 – 설전음: 혀끝이나 목젖을 떨거나 굴려서 내는 소리를 말한다. 한국어에서도 혀끝을 굴려 /ㄹ/을 발음하게 되는 경우가 있음 예 라면
발성유형에 따른 분류	무기음	발성할 때 성대 사이가 거의 붙어 있어서 마찰이 없음. 무기음에는 평음과 경음이 있는데, 평음은 긴장성이 동반되지 않고, 경음은 긴장성이 동반됨
	유기음	발성할 때 성대 사이가 멀어져 성문 마찰(/ㅎ/)이 동반되어 격음(기식음)이 됨

키워드 Pick

② 모음 24초

㉠ 혀의 높낮이에 따른 분류: 개모음, 저모음, 폐모음, 고모음

㉡ 혀의 전후위치에 따른 분류: 전설모음, 중설모음, 후설모음

㉢ 입술의 원순상태에 따른 분류: 원순모음, 평순모음

㉣ 조음위치에 따른 분류: 단모음, 이중모음

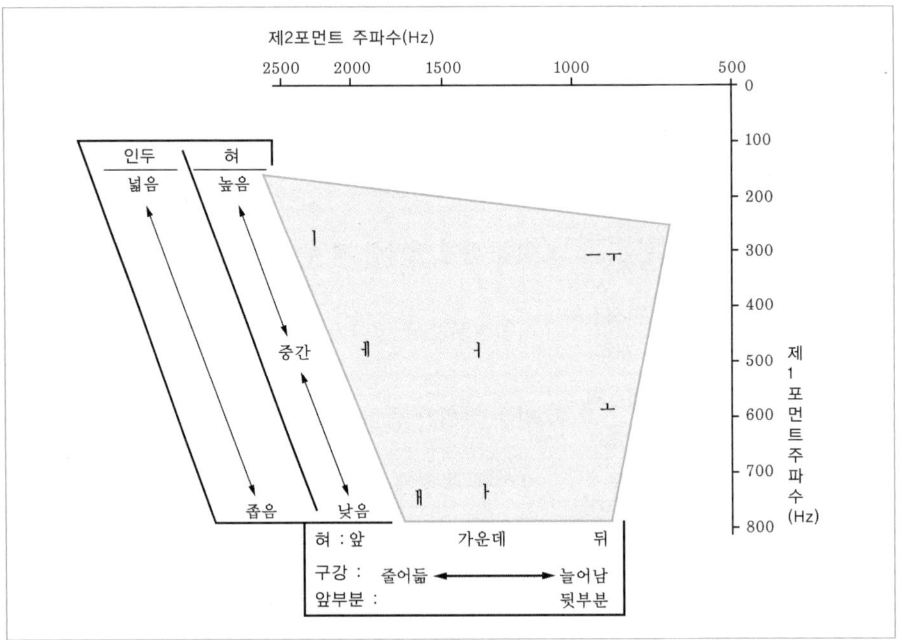

조음기관 위치와 포먼트(Borden, Harris, & Raphael, 1994)

허높이 \ 혀위치와 입모양	앞모음		가운뎃모음		뒷모음	
	비원순	원순	비원순	원순	비원순	원순
높은 모음	ㅣ	ㅟ			ㅡ	ㅜ
약간 높은 모음	ㅔ	ㅚ	ㅓ*			ㅗ
약간 낮은 모음	ㅐ					
낮은 모음			ㅏ*			

(2) 조음 · 음운 오류의 진단

① 개별 음소의 조음 오류 형태 13 · 20유, 13 · 18초

형태	특징
생략 (omission)	• 생략은 음소를 빠뜨리고 발음하지 않는 오류 형태이다. 예 '연필'을 '연피'로 발음하는 경우 • 생략된 부분은 '–' 또는 '?'로 표시한다.
대치 (substitution)	• 대치는 목표음소 대신 다른 음소로 바꾸어 발음하는 오류 형태이다. • 대치는 정상 아동들의 발달과정에서도 흔히 관찰되는 발달성 조음 오류이다. 예 3세 아동의 경우 /ㅅ/을 /ㅌ/으로 대치하여 '풍선'을 '풍턴'으로 발음하기도 한다. • 대치는 '/'로 표시한다.
왜곡 (distortion)	• 대치가 한 음소를 다른 음소로 바꾸어 발음하는 것이라면, 왜곡은 변이음의 형태로 바꾸어 발음하는 것이다. • 왜곡은 목표음소에 소음을 첨가하거나 조음기관을 잘못 사용하는 등의 오류를 일컫는다. • 바꾸어 발음하는 변이음이 목표음소와 차이가 많이 날 경우 '대치'로 분석하여야 할지, 아니면 '왜곡'으로 분석하여야 할지에 대해서는 논란이 많다.
첨가 (addition)	• 첨가는 목표음소나 단어에 필요 없는 음소를 첨가하는 오류 형태이다. • 첨가는 모음이나 자음으로 나타날 수 있다.

② 오류 음운과정의 형태 13 · 17 · 20 · 24유, 13 · 15 · 17초, 13 · 20 · 23중

㉠ 생략 및 첨가 음운변동

• 음절구조에 따른 변동

음절 생략	음절이 생략되는 경우 예 '장난깜' ⇨ '난깜'
초성 생략	낱말이나 음절의 첫 자음이 생략되는 경우 예 '사탕' ⇨ '아탕'
종성 생략	낱말이나 음절의 받침소리가 생략되는 경우 예 '풍선' ⇨ '푸선'
첨가	소리가 첨가되는 경우 예 '오뚝이' ⇨ '코뚝이'

• 조음방법에 따른 변동

마찰/파찰음 생략	마찰음(/ㅅ/ /ㅆ/ /ㅎ/)이나 파찰음(/ㅈ/ /ㅉ/ /ㅊ/)이 생략되는 경우 예 '썰매' ⇨ '얼매'
파열음 생략	파열음(/ㅂ/계열, /ㄷ/계열, /ㄱ/계열)이 생략되는 경우 예 '김밥' ⇨ '임밥'
비음 생략	비음(/ㅁ/ /ㄴ/, 받침 /ㅇ/)이 생략되는 경우 예 '단추' ⇨ '다추'
유음 생략	유음(/ㄹ/)이 생략되는 경우 예 '말' ⇨ '마'

키워드 Pick

• 조음위치에 따른 변동

두입술소리 생략	두입술소리(/ㅂ/계열, /ㅁ/)가 생략되는 경우 예 '김밥' ⇨ '김바'
잇몸소리 생략	잇몸소리(/ㄷ/계열, /ㅅ/계열, /ㄴ/, /ㄹ/)가 생략되는 경우 예 '장난깜' ⇨ '장나깜'
굳은입천장 소리 생략	굳은입천장소리(/ㅈ/계열)가 생략되는 경우 예 '깡총' ⇨ '깡옹'
여린입천장 소리 생략	여린입천장소리(/ㄱ/계열, 받침 /ㅇ/)가 생략되는 경우 예 '깡총' ⇨ '깡초'
목구멍소리 생략	목구멍소리(/ㅎ/)가 생략되는 경우 예 '호랑이' ⇨ '오랑이'

㉡ 대치 음운변동

• 조음위치에 따른 변동

앞소리 되기 (전설음화)	목표음의 조음점보다 혀를 앞쪽으로 움직여 조음이 이루어지는 현상 예 '짝자꿍' ⇨ '딱따꿍' 예 '자동차' ⇨ '자돈차'
뒷소리 되기 (후설음화)	목표음의 조음점보다 혀를 뒤쪽으로 움직여 조음이 이루어지는 현상 예 '자동차' ⇨ '자종차' 예 '책상' ⇨ '책장'
두입술소리 되기 (양순음화)	다른 음소가 두입술소리(/ㅁ/ /ㅂ/ /ㅃ/ /ㅍ/)로 대치되는 경우 예 '장난깜' ⇨ '방난깜'
잇몸소리 되기 (치조음화)	다른 음소가 잇몸소리(/ㄴ/ /ㄷ/ /ㄸ/ /ㅌ/ /ㄹ/ /ㅅ/ /ㅆ/)로 대치되는 경우 예 '호랑이' ⇨ '호란이'
굳은입천장 소리 되기 (경구개음화)	다른 음소가 굳은입천장소리(/ㅈ/ /ㅉ/ /ㅊ/)로 대치되는 경우 예 '토끼' ⇨ '초끼'
여린입천장 소리 되기 (연구개음화)	여린입천장소리가 아닌 음소가 여린입천장소리(/ㄱ/ /ㄲ/ /ㅋ/ /ㅇ/)로 대치되는 경우 예 '김밥' ⇨ '김방'
목구멍 소리 되기 (성문음화)	목구멍소리가 아닌 음소가 목구멍소리(/ㅎ/)로 대치되는 경우 예 '모자' ⇨ '모하'

• 조음방법에 따른 변동

파열음화	파열음이 아닌 음소가 파열음(/ㅂ/ /ㅃ/ /ㅍ/ /ㄷ/ /ㄸ/ /ㅌ/ /ㄱ/ /ㄲ/ /ㅋ/)으로 대치되는 경우 예 '모자' ⇨ '모다'
마찰음화	마찰음이 아닌 음소가 마찰음(/ㅅ/ /ㅆ/)으로 대치되는 경우 예 '책상' ⇨ '색상'
파찰음화	파찰음이 아닌 음소가 파찰음(/ㅈ/ /ㅉ/ /ㅊ/)으로 대치되는 경우 예 '눈썹' ⇨ '눈첩'
유음화	유음이 아닌 음소가 유음(/ㄹ/)으로 대치되는 경우 예 '오뚜기' ⇨ '오뚜리'
비음화	비음이 아닌 음소가 비음(/ㅁ/ /ㄴ/ /ㅇ/)으로 대치되는 경우 예 '로봇' ⇨ '로못'

• 동화에 따른 변동

조음위치에 따른 동화	– 변동에는 두입술소리 동화 예 '연필' ⇨ '염필' – 잇몸소리 동화 예 '자동차' ⇨ '자돈차' – 여린입천장소리 동화 예 '풍선' ⇨ '풍껀' – 성문음 동화 예 '호랑이' ⇨ '호랑히'
조음방법에 따른 동화	– 파열음 동화 예 '짝짜꿍' ⇨ '따따꿍' – 마찰음 동화 예 '책상' ⇨ '색상' – 파찰음 동화 예 '자동차' ⇨ '자종차' – 비음 동화 예 '못' ⇨ '몬' – 거친소리 동화 예 '깡총' ⇨ '캉총' – 된소리 동화 예 '장난깜' ⇨ '짬난깜'

• 긴장도와 기식도에 따른 변동 23중

이완음화	긴장음들(/ㅃ/ /ㄸ/ /ㄲ/ /ㅆ/ /ㅉ/)의 긴장성이 상실될 때 예 '땅콩' ⇨ '당콩'
긴장음화	긴장음이 아닌 음소에 긴장도를 첨가하였을 때 예 '김밥' ⇨ '김빠'
기식음화	기식음이 아닌 음소에 기식성을 첨가하였을 때 예 '나무' ⇨ '파무'
탈기식음화	기식음들(/ㅍ/ /ㅌ/ /ㅋ/ /ㅊ/)의 기식성이 상실될 때 예 '책상' ⇨ '잭상'

키워드 Pick

◦ 오류 음운과정의 형태

오류	정의		유형	예시
생략 및 첨가 음운변동	음절구조에 따른 초·종성 생략 및 첨가		초·종성 생략	시계 ⇨ 이계, 발 ⇨ 바
	조음방법에 따른 생략 및 첨가		폐쇄음 생략	김밥 ⇨ 임밥
	조음위치에 따른 생략 및 첨가		연구개음 생략	크레파스 ⇨ 으레파스
대치 음운변동	조음 위치	조음점보다 혀를 앞으로	전설음화	자가용 ⇨ 다가용
		조음점보다 혀를 뒤로	후설음화	다람쥐 ⇨ 자람쥐
		목표음을 경구개음으로 대치	경구개음화	바다 ⇨ 바자
		목표음을 치조음으로 대치	치조음화	기차 ⇨ 기따
	조음 방법	목표음을 파찰음으로 대치	파찰음화	거북이 ⇨ 저북이
		목표음을 마찰음으로 대치	마찰음화	도깨비 ⇨ 소깨비
		목표음을 유음으로 대치	유음화	문방구 ⇨ 문방루
	동화	앞의 음소의 영향을 받음	순행동화	책상 ⇨ 책강
		뒤의 음소의 영향을 받음	역행동화	가방 ⇨ 바방
		조음방법에 영향을 받음	파찰음동화	자전거 ⇨ 자전저
		조음위치에 영향을 받음	양순음동화	연필 ⇨ 염필
		기식음에서 기식성이 없어짐	탈기식음화	파도 ⇨ 바도
		긴장도(된소리화)가 첨가됨	긴장음화	장난깜 ⇨ 깜남깜

(3) 진단 시 사용되는 평가기준

평가기준	의미
오조음 발생빈도	• 잘못 발음하는 음소의 수이다.
음소정확도 22중	• 음소의 위치를 고려한 전체 음소의 수를 바르게 조음된 음소의 수로 나누어 100을 곱한 것이다.
발달연령	• 정상아동들의 발달연령과 비교하는 방법이다. – 습득연령: 특정 음소를 75~90% 이상의 아동들이 바르게 발음하는 발달시기 – 습관적 연령: 특정 음소를 50% 정도의 아동들이 바르게 발음하는 발달시기
출현율	• 오조음의 출현율이다.
자극반응도	• 특정 음소에 대하여 청각적·시각적, 또는 촉각적인 단서나 자극을 주었을 때 어느 정도로 목표음소와 유사하게 조음할 수 있는가를 의미한다. 17·22중

기출 LINE

22중) 우리말 조음·음운평가(U-TAP) 결과, 낱말 수준에서 자음 정확도는 65.1%이며 모음정확도는 90%임

기출 LINE

22중) 모방이나 청각적 혹은 시각적 단서를 주었을 때, 정조음 하는지를 알아보는 자극반응도 검사에서 /ㄱ/ 음소는 10회 중 6회 정반응을 보임

오류 자질의 패턴 분석	• 오류를 보이는 음소들을 조음위치, 방법, 발성 등에 따라 구별하여 오류의 자질적인 패턴을 분석하는 방법이다.
말명료도 18초, 24중	• 듣는 사람의 입장에서 느끼는 주관적인 기준이다. ⇨ 말명료도(%) = 청자가 바르게 받아 적은 낱말 수/화자가 의도한 발화 낱말 수×100 • 조음의 정확도만으로는 말의 명료도를 결정하지 못한다. • 청자의 입장에서는 똑같은 자음정확도를 가지고 있는 화자의 말일지라도 좀 더 쉽게 이해되는 말이 있는데, 이는 바로 말의 명료도가 다르기 때문이다. • **말의 명료도에 영향을 미치는 요소** – 오류 음소의 수가 많을수록 이해하기 어렵다. – 오류를 보이는 음소가 일관되지 않은 패턴을 보이면 이해하기 어렵다. – 오류를 보이는 음소가 우리말에서 많이 쓰이고 높은 빈도를 차지하면 이해하기 어렵다. – 목표음과 오조음 사이에 차이가 클수록 이해하기 어렵다. • **명료도 지표**: 아동의 말 자료를 아동의 말에 익숙하지 않은 성인에게 들려주고 음운, 단어, 문장 수준에서 5점 척도로 평가하여 평균 점수를 산출하는 방법을 사용한다.

(4) 조음검사도구 및 검사방법

① 조음검사도구

㉠ 우리말 조음 · 음운평가(U-TAP)

목적 및 대상	• 본 검사는 단어와 문장 수준에서 자음과 모음 오류 여부를 검사하기 위한 목적으로 제작되었으며 2세부터 12세 아동을 대상으로 한다. • 정상발달 아동과 비교하여 조음치료에 대한 필요 여부를 결정하고, 음소목록과 분석 자료를 이용하여 조음치료 계획을 수립할 수 있도록 해준다. • 그림낱말검사와 그림문장검사를 실시한다. – 그림낱말검사의 내용은 이름 말하기, 따라 말하기가 가능한 아동의 조음 평가의 활용에 가능하고, 지적장애, 청각장애, 뇌병변 아동들에게도 실시할 수 있다. – 그림문장검사의 경우 이야기 구성이나 문장 따라 말하기가 가능한 아동에게 실시할 수 있다.

키워드 Pick

<table>
<tr><td>구성 체계</td><td>• U-TAP의 그림낱말검사는 아동이 목표낱말을 쉽게 산출할 수 있는 그림들로 구성되어 있다.
• 자음의 경우 우리말 19개 음소의 각 위치(어두초성, 어중초성, 종성)에 따라 총 43개 음소검사를 실시하며, 한 낱말 속에 최대 2개의 음소(총 23개의 낱말 판에서 검사)가 포함된다. 모음의 경우 우리말 단모음 10개에 한하여 검사하며, 한 낱말 속에 최대 2개의 단모음(총 7개의 낱말 그림판에서 검사)이 포함된다.
• 그림문장검사는 그림낱말검사에서 사용하고 있는 30개의 목표낱말(자음검사 23개, 모음검사 7개)을 16개 문장 속에 포함시켜 검사하며, 평균 5개 어절, 평균 15.5개 음절로 한 문장을 구성한다. 그리고 하나의 그림에서 2~3개의 문장을 유도하고, 그림 내 각 사물을 보면서 문장을 산출한다.</td></tr>
<tr><td>실시 방법 및 채점</td><td>• 검사자는 기록지와 그림을 준비해 두고 검사 실시 내용을 녹음기로 녹음하거나 비디오로 녹화할 수 있도록 사전에 준비한다.
• 검사자가 그림을 보여 주면서 목표 문장을 들려주면 아동이 이를 모방하거나 재구성해서 말하게 하여 조음능력을 평가한다.
• 발음전사
<table><tr><td>정조음</td><td>+</td></tr><tr><td>오조음</td><td>발음대로 음소로 표기</td></tr><tr><td>모방산출</td><td>(　)를 쳐서 구분</td></tr><tr><td>반응하지 않는 경우</td><td>NR</td></tr></table>• 오류분석을 기록
<table><tr><td>목표음소 대치</td><td>대치한 음소대로 기록</td></tr><tr><td>왜곡한 경우</td><td>D</td></tr><tr><td>생략한 경우</td><td>∅</td></tr><tr><td>음운변동</td><td>검사지의 해당 빈칸에 × 표시 ⇨ 해당 음운변동이 나타난 빈도(× 표시 개수)를 세어 음운변동 출현 기회 수로 나눈 후 100을 곱하여 해당 음운변동의 출현율을 계산</td></tr></table></td></tr>
<tr><td>결과 및 해석</td><td>• 문장발음전사와 낱말발음전사를 통해 어두초성, 어중초성, 종성에서의 오류분석을 실시하며 낱말수준과 문장수준에서의 오류횟수를 계산하여 자음정확도와 모음정확도를 산출한다.
• 피검사자의 자음 정확도가 −1표준편차 이하인 경우 조음치료의 고려가 필요하며, −2표준편차 이하인 경우 조음치료가 반드시 요구된다.
• 음운변동 분석을 통해 생략 및 첨가 음운변동, 대치음운변동에 대한 오류를 분석한다.</td></tr>
</table>

㉡ 한국어 발음검사

검사 목적 및 구성	• 그림발음검사와 문장발음검사로 구성되어 있다. • 음소의 위치를 고려한 자음(55개)과 단모음(11개), 이중모음(14개)을 검사하는 80개의 그림으로 구성되어 있다. • 한글음성문자(KPA)나 국제음성문자(IPA)로 아동의 오류발음을 표기하도록 되어 있다. • 검사결과는 조음방법, 위치, 유・무성에 따라 자음의 오류를 분석한 것이다. • 자음정확도, 모음정확도, 음운변동기록표를 통하여 음운 오류의 패턴 분석이 가능한 검사이다. • 어두초성, 어중초성, 종성 가운데 최대 2개의 음소를 검사하기 위하여 총 30개의 낱말그림이 제시되며, 여기에는 43개의 음소와 단모음 10개를 검사하도록 구성되어 있다. • **단어 수준 검사**: 검사자가 아동에게 그림을 보여 주고 이름을 말하게 하며, 아동의 발음을 그대로 전사, 목표단어를 말하지 못할 경우에는 적절하게 유도하여 해당 단어를 발음하도록 하지만, 전혀 무반응일 경우에는 모방을 하도록 한다. • **문장 수준 검사**: 단어 수준에 사용된 30개의 목표낱말이 포함된 16개의 문장이 사용되는데, 대상 아동이 문장 내에서 단어를 정확하게 발음하는지를 알고자 한다.
결과 표기	• **표기**: 정조음(+), 대치(대치한 음소 그대로 표기), 왜곡(D), 생략(∅) • **자음정확도**: (43 − 오류 음소 수)/43 × 100 • **모음정확도**: (10 − 오류 음소 수)/10 × 100

㉢ 아동용 발음평가(APAC)

- 만 3세 이상의 취학 전 아동(만 2세 6개월~6세 5개월)이나 취학 전 아동 수준의 발음능력을 보이는 취학아동을 대상으로 한다.
- 아동의 조음・음운능력이 연령에 알맞은지를 평가하는 검사도구이다.
- 언어치료사가 아동으로 하여금 그림을 보고 단어나 연결발화를 표현하게 하면서 단어나 연결발화에 포함된 말소리가 어떻게 발음되는지를 관찰하여 기록한다.
- 약 20분 정도 소요된다.

키워드 Pick

② 말 샘플 분석

㉠ 아동이 자연스러운 생활 속에서 조음하는 것을 분석하기 위하여 말 샘플을 수집하여 분석하는 방법이다.

㉡ 말 샘플을 통하여 아동의 조음능력을 분석하는 것은 그 어떤 검사도구를 사용하는 것보다 바람직하지만, 목표낱말을 유도해 내는 데 시간이 많이 소요되고, 간혹 일부 음소는 전혀 사용될 기회가 주어지지 않는다는 점에서 그 통제가 다소 어렵다고 할 수 있다.

㉢ 아동의 음소 목록에 대한 정보를 얻을 수 있는데, 아동이 바르게 조음할 수 있는 음소목록을 작성하는 것은 일반화의 측면이나 심한 조음장애 또는 어린 아동의 조음치료에서 중요하다.

㉣ 음소 목록을 작성할 때는 모든 음소가 관찰될 기회가 주어졌는지, 아동의 조음이 일관성이 있는지를 고려하여야 한다.

③ 심화검사

㉠ 특정 목적을 가지고 목적에 맞게 검사를 제작하여 평가하는 검사이다.

㉡ 예를 들어, 자음능력만을 평가한다면 이 중에서도 음절 수, 모음맥락, 음절구조, 낱말 혹은 문장 환경, 음소빈도, 음운 규칙 등 더 구체적으로 살펴보고 싶은 부분에 대한 것을 정해 두고 이에 맞게 검사내용을 구성·제작하여 검사를 진행하는 것이다.

㉢ 장애 영역(청각장애, 마비 말장애, 공명장애, 후두적출장애)에 따라 취약한 부분을 집중적으로 평가할 수 있도록 문항을 구성하는 것도 심화검사라 할 수 있다.

5. 조음장애 중재

(1) 조음장애 훈련단계에 따른 조음·음운장애의 치료접근 단계

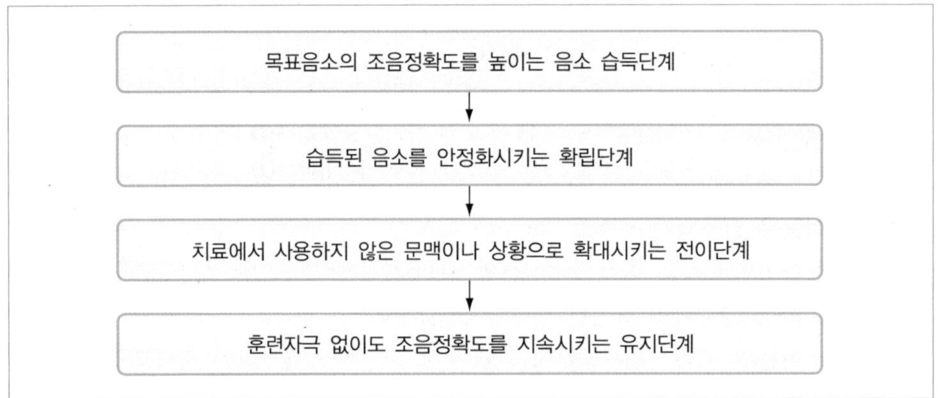

(2) 목표음소 설정 시 고려할 사항

아동의 연령	해당 아동의 발달단계에서 반드시 습득하여야 하는 음소와 그렇지 않은 음소를 고려한다.
음소의 빈도	우리말의 일상적인 대화에서 자주 쓰이는 음소를 먼저 훈련하면 말의 명료도를 우선 높일 수 있다.
음소의 자극반응도	단서나 자극을 주었을 때 아동이 얼마나 유사한 발음을 낼 수 있느냐 하는 것으로 자극반응도가 높은 음소는 그렇지 않은 음소보다 좀 더 쉽게 습득될 수 있다.
오류 정도	오류의 일관성과 형태에 따라 치료의 순서를 정한다.

(3) 전통적 접근법

① 반 리퍼의 전통적 치료기법 단계

단계	내용
1단계: 확인 (scanning)	• 무엇이 오조음이고 무엇이 목표음(정조음)인지를 확인한다. • 아동들은 아직 오조음과 목표음의 차이를 인식하지 못하기 때문에 이 단계에서는 말소리에 대한 청지각과 주의를 기울이는 법을 배운다.
2단계: 비교 (comparing)	• 자신의 발음을 스스로 듣고 자신의 오조음을 인식한다. • 치료사는 청각적 피드백을 정확하게 할 수 있도록 도와주어야 한다.
3단계: 변화 (varying)	• 목표음이 형성될 때까지 조음방법을 변화시킨다. • 치료사는 조음점을 지시해 주고, 아동은 자신의 감각을 활용하여 정확한 발음 산출을 위한 조음운동 훈련을 한다.
4단계: 수정 (correcting)	• 새로 학습한 조음방법을 확립하는 데 초점을 둔다. • 아직은 상황에 따라 오조음이 나올 수도 있기 때문에 반복해서 훈련하여야 한다. • 처음에는 독립된 음소를 훈련하여 아동이 음소에 대한 감각 · 청각적 특성에 집중할 수 있도록 하고, 점차적으로 음절-단어-문장 순으로 훈련한다.
5단계: 안정 (stabilizing)	• 단어에서 사용되는 음소들을 다양한 입술과 혀의 위치에서 산출하도록 학습한다. • 예를 들면, /슐레/에서 조음점을 변화시키면서 /쥴레/, /질레/, /숄레/ 등으로 바꾸어 가면서 감각적인 피드백을 가볍게 변화시킬 수 있다. • 시간적 압박과 스트레스 상황에서도 목표음을 산출할 수 있을 때, 비로소 안정적으로 조음할 수 있게 되었다고 할 수 있다.

② **짝자극법** 18 : 24유, 23초, 15중

㉠ 짝자극기법은 정조음이 가능한 핵심단어(열쇠단어)와 훈련단어의 짝에 의해 조음치 료를 하는 방법이다.

㉡ 핵심단어는 10번 가운데 9번을 정조음하는 단어로, 훈련단어는 3번 가운데서 2번 이상 오조음하는 단어로 구성된다.

㉢ 짝자극기법의 핵심은 하나의 말소리에 지나치게 집중하기보다는 아동이 정확히 산출하는 단어를 이용하여 다른 단어로 자연스럽게 정조음이 전이될 수 있다는 데 있다.

㉣ 정확하게 산출할 수 있는 표적음소가 들어 있는 단어 하나와 표적음이 들어 있는 훈련단어들로 하나의 짝을 만들어 훈련하는 것으로서, 핵심 단어가 없을 경우에는 일차적으로 핵심단어를 만들어야 한다.

㉤ 따라서 이 경우에는 너무 많은 시간과 노력이 요구된다는 단점이 있으나, 준전문가도 쉽게 적용할 수 있으며 다양한 연령과 능력수준에 맞게 적용할 수 있다는 장점이 있다.

㉥ 짝자극기법은 자연스러운 일상생활 상황을 반영하기에는 제한이 있다.

기출 LINE

23초) 나희가 발음할 수 있는 '고기'를 핵심단어로 하고 발음하지 못하는 단어를 훈련단어로 선정하여 서로 연결해 발음하도록 함

키워드 Pick

ⓢ 훈련은 단어, 문장, 회화 수준으로 이루어질 수 있다.

ⓞ 프로그램 진행의 예시

- 아동에게 '가방'이 그려진 그림카드를 보여 주고 명명하도록 한다.
- 아동이 10번 가운데 9번을 정조음하면 핵심단어가 된다.
- 핵심단어 '가방'을 지적하면 아동이 '가방'을 발음하고, 훈련단어인 '감'을 지적하면 '감'을 발음한다.
- 가방–감, 가방–거울, 가방–그네 등으로 훈련한다.

맥 Plus

열쇠 낱말법(keyword method) / 핵심단어법

한 단어가 지닌 이미지를 이용하여 다른 단어를 기억하도록 하는 핵심단어를 이용하는 기억전략의 일종이다. 주로 익숙하지 않은 단어를 기억하기 위해 익숙한 단어의 운과 심상을 연결하여 사용된다. 조음 음운장애 치료방법 중 하나인 짝자극기법에서도 사용된다. 결함이 있는 발음을 바른 발음으로 정확하게 안정시키기 위해서 어떤 단어를 선택하여 교정의 기준 또는 표적으로써 제공한다. 아동이 나타내는 오류음(표적음)을 포함한 단어에서 아동이 10회 중 9회 이상 정조음할 수 있는 단어가 열쇠 낱말이 된다. 열쇠 낱말은 어두나 어중, 어말 위치에 단 한 번 표적음을 내포하고 있어야 한다. 만약 열쇠 낱말이 아동의 어휘 가운데 발견되지 않으면 가르쳐서 만들 수 있다. 예를 들어, 단어의 어두에 위치한 /ㄱ/ 음소를 지도할 경우 열쇠 낱말로 '감', 훈련단어(training words)로 '강, 갓, 검, 공, 궁, 귤, 금, 곰, 김, 길' 등을 선택하고 하나의 열쇠 낱말과 하나의 훈련단어를 짝지어 하나의 단위반응(unit response)으로 제시하여 지도한다. 이때 훈련단어는 열쇠 낱말과 짝지어 훈련시킬 단어로 3회 중 2회 이상 오조음되어야 하고 어두, 어중, 어말 위치에 단 한 번 표적음을 내포하고 있어야 한다. 이러한 단어를 최소한 각각 10개씩 찾아야 한다.

— **「특수교육학 용어사전」**

③ 조음 조절 프로그램

㉠ ㅂ, ㄴ, ㄷ, ㅅ, ㄹ, ㅈ, ㄱ, ㅎ 등 총 8개의 음소를 무의미 음절부터 단어 수준, 구 수준, 문장 수준, 이야기 수준, 읽기 그리고 대화로 나누어 단계별 학습으로 구성한다.

㉡ 특정 음소의 어두와 어말을 학습한 후에는 어중과 중복으로 확장시켜 나간다.

㉢ 중복은, 예를 들면 단어 '비겁'이나 '바보'처럼 어두와 어말 혹은 어두와 어중 또는 어중과 어말에 동일한 음소가 들어간 단어를 말한다.

㉣ 이렇게 단어 수준이 끝나면 구 수준으로 넘어가게 된다. 구 수준은 '벽돌과 나무' '어린이집의 버스'와 같은 2어절부터 '운전자가 바르게 준수하는 교통법규'와 같은 4어절 따라 하기 훈련이 이루어진다. 문장 수준에서는 문장 읽기와 그림을 보고 문장을 산출하기 훈련이 이루어지며, 읽기단계에서는 문단을 읽는 훈련을 한다. 조음조절 프로그램의 마지막 단계는 이야기 수준으로서, 교사가 들려주는 이야기를 듣고 그림을 보면서 다시 아동이 이야기하게 된다.

㉤ 조음 조절 프로그램의 예시

- "잘 듣고 따라 하세요." 바 배 버 베 보 부 브 비 뵈 뷔
- "그림을 보고 따라 하세요." 배 방석 비둘기 북
- "1분 동안 많이 읽어 보세요." 밤 봉투 버스 뱀

④ **조음점 지시법**: 목표음소에 대한 입술, 혀, 턱 등 조음기관의 바른 위치와 공기 흐름의 바른 사용을 가르치는 것으로서, 조음점 지시법은 개별 음소를 정확하게 조음하는 데 주력하므로 대화까지 그 기술을 전이시키기는 어렵다. 수동적 방법의 하나로서 치료사가 지시해 주는 대로 조음 위치와 방법을 지각하는 훈련이다. 15중, 24초

㉠ 치료사는 설압자나 면봉 등을 이용하여 조음점을 지적해 준다.

㉡ 구강모형이나 그림 등을 사용하여 입술과 혀의 위치를 지도할 수 있다.

㉢ 손이나 그림을 통한 조음점 지시법은 구체적 조작기에 있는 초등학교 연령 학생들에게 효과적이다.

⑤ **청지각을 이용한 훈련법**: 목표음소의 발음을 훈련하기에 앞서, 청각적으로 아동 자신의 오류 발음을 판별하고 목표음소를 다른 음소와 변별해 낼 수 있도록 훈련하는 것이다.

⑥ **운동감각적 기법**: 조음점 지시법과 유사한 방법으로, 개별 음소보다는 음절, 낱말, 구 또는 문장을 이용한다. 환자를 이완된 상태로 눕게 하고 언어치료사가 환자의 조음기관을 자극하여 바른 발음이 되도록 돕는데, 이때 언어치료사는 환자에게 목표발음을 보여 줌으로써 촉각적·운동감각적·청각적·시각적 피드백을 제공한다. 한편, 이 방법은 신경결함에 의한 조음장애 대상자에게 활용되어 왔다.

⑦ **다중음소 접근법**: 여러 음소에서 조음 오류를 보이는 아동들을 위하여 고안된 프로그램으로, 우선 낱말 수준에서 조음검사를 하고 19개 자음에 대하여 독립음소로 5번 이상 반복 훈련을 시키다가 점차 음절, 낱말, 문장 수준으로 확대시켜 훈련한다. 이 방법은 반복 훈련에 지나치게 의존하기 때문에 매우 흥미로운 강화를 사용하지 않는 한 아동의 자발성을 이끌어 내기가 어렵다.

⑧ **점근법**: 형성하기의 행동수정기법을 활용한 것으로서, 이는 아동이 목표음소를 정확하게 발음하기 어려운 경우, 목표음소와 유사한 중간 단계의 발음에 대해서도 강화해 줌으로써 점진적으로 목표음소를 조음하도록 하는 것이다. 이 방법의 단점은 아동이 중간 단계의 발음에 머물러 버림으로써 또 다른 오류 음소를 학습시키는 결과를 초래할 수도 있다는 점이다.

기출 LINE

24초)
- 발음할 때 설압자나 면봉 등을 이용하여 입술, 혀, 턱 등의 바른 위치를 지적하여 알려줌
- 발음이 정확도를 높이기 위해 거울이나 구강 모형을 활용함

키워드 Pick

기출 LINE

17중) H는 조음음운지도가 필요한 듯합니다. 다양한 접근법 중에서 H에게는 오류를 보이는 음소가 가지고 있는 음운론적 규칙이나 양식을 알게 하는 방법을 적용해 보겠습니다. 이 접근법은 /ㅅ/가 포함된 어휘를 선정하여 낱말짝을 구성하고, 낱말짝을 이루는 두 어휘의 뜻을 H가 이해하는지 확인하는 단계부터 시작합니다.

기출의 맥

변별자질 접근법은 우선 '자질'이 어떤 의미인지부터 이해해야 합니다.

(4) 언어인지적 접근법 18초

① 변별자질 접근법 13 · 15초, 13 · 15 · 17 · 23중

변별자질의 의미

- 음운론에서 말하는 변별자질이란, 어떤 음성 요소를 다른 음성 요소로부터 구별하는데 필요한 음운상의 특징을 말한다
- 음소대립을 초래하는 음성적 자질을 의미한다.

대표적인 자질

- 자질의 유무에 따라 (+), (−)로 표기 13추유, 13추초, 13추중

자질	내용
자음성(consonantal)	− 자음과 모음을 구별하기 위하여 사용 − 모든 자음은 [+자음성]
공명성(sonorant)	− 모음, 반모음, 비음, 설측음, [r]음을 가리킴
성절성(syllabic)	− 음절을 이루는 데에 중심이 되는 분절음 − 모음은 [+성절성]
지속성(continuant)	− 조음을 할 때 계속해서 소리를 낼 수 있는 것 − 마찰음은 [+지속성]
소음성(strident)	− [s] 등은 [+소음성] − [θ]는 [−소음성]

- 자음의 변별자질별 분류(예시) 13초, 13중

구분	ㄱ	ㄴ	ㄷ	ㅌ	ㄹ	ㅁ	ㅂ	ㅍ	ㅅ
자음성	+	+	+	+	+	+	+	+	+
공명성	−	+	−	−	+	+	−	−	−
지속성	−	−	−	−	+	−	−	−	+
소음성	−	−	−	−	−	−	−	−	+

- 모음의 변별자질별 분류(예시)

구분	이	에	애	아	우	오	어
자음성	−	−	−	−	−	−	−
공명성	+	+	+	+	+	+	+
고설성	+	−	−	−	+	−	−
원순성	−	−	−	−	+	+	−
후설성	−	−	−	−	+	+	+

<table>
<tr><td>변별자질 접근법의 의미 및 특징</td><td colspan="2">• 아동이 보이는 오류 패턴에 어떤 자질적인 특성이 있는가를 분석하는 방법이다.
• 흔히 한 가지 변별자질만 다른 음소의 짝을 이용하여 아동이 습득하지 못한 새로운 변별자질을 훈련한다.
예 마찰음을 습득하지 못한 아동에게는 /ㄷ/-/ㅅ/을, 후설음에 오류를 보이는 아동에게는 /ㄷ/-/ㄱ/을 대비시켜서 훈련한다.
• 두 음소 간에는 공통된 자질과 구별 짓는 자질이 있다.
예 /p/와 /b/는 모두 양순폐쇄음에 해당하지만, 전자는 무성음이고 후자는 유성음이다.
• 변별자질 접근법에서는 /ㅅ/음이 치료의 목표음이 되는 것이 아니라, /ㅅ/음이 가지고 있는 변별자질에 초점을 두고, 오류에 깔려 있는 음운론적 양식을 발견할 수 있도록 돕는 데 목적이 있다.
• 치료의 초점을 개별 음성의 교정에 두지 않고 여러 음성에 포함된 체계적인 오류 양식을 찾아 그것을 하나하나 줄여 나가는 데 두고 있다.
• 아동이 보이는 오류 패턴에 어떤 특징적 자질이 있는지 없는지를 먼저 분석하여야 하는데, 이때 기본 가정은 일단 하나의 표본 음성이 정확히 조음되면 그와 동일한 자질을 가지고 있는 다른 음성에 일반화될 것이라는 것이다.</td></tr>
<tr><td rowspan="4">변별자질 접근법의 4단계
17중</td><td>확인단계</td><td>• 아동이 치료에 사용될 어휘의 개념을 아는지를 확인한다.</td></tr>
<tr><td>변별단계</td><td>• 아동이 변별자질을 지각할 수 있는지를 알아본다.
• 예를 들면, /팔/과 /발/ 또는 /붓/과 같은 최소단어짝을 제시하고 아동이 해당 그림 또는 단어를 선택한다.
• 예 : '공'과 '곰'은 연구개음-양순음의 최소대립쌍이다.
• 최소대립쌍이란 말소리 하나를 교체함으로써 의미의 변별이 생기는 음절이나 단어의 쌍을 말한다.</td></tr>
<tr><td>훈련단계</td><td>• 최소대조를 인식하고 단어를 발음한다.
• 아동에게 그 단어를 말하도록 하고 치료사는 아동이 발음한 단어와 일치하는 그림을 가르친다.</td></tr>
<tr><td>전이-훈련 단계</td><td>• 아동이 표적단어를 발음할 수 있게 되면 길고 복잡한 문장에서 훈련을 한다.</td></tr>
<tr><td>훈련단계</td><td colspan="2">• 먼저, 조음검사를 하여 오류 음소와 자극반응도를 알아낸다.
• 오류 음소에 대한 심층검사를 실시하여 기초선 자료를 확립한다.
• 변별자질 분석을 하여 아동이 습득하지 못하고 있는 목표자질과 그에 해당하는 3~4개의 목표음소를 선택한다.
• 목표음소들에 대한 치료계획과 전이를 포함한 치료단계들을 설정한다.
• 계획에 따라 치료를 실시하고 나서 조음검사를 재실시한다. 또한 자발적인 말 샘플도 표집하여 분석한다.</td></tr>
</table>

키워드 Pick

맥 Plus

변별자질을 활용한 다양한 치료법

1. 최소대립자질 치료법

① 최소낱말짝과 같이 자질이 대조되는 음소를 낱말 수준에서 대비시켜 치료하기도 한다.
② 특히, 아동들에게는 무의미 음소보다는 의미를 내포하고 있는 낱말을 사용하는 것이 전이에 더 효과적이다.

예 파열–마찰 대비는 '대장'–'새장'으로, 전설–후설 대비는 '다리'–'구리'로 훈련할 수 있다.

2. 최대대립자질 치료법

① 최대대조를 이용하기도 한다.
② 이는 더 복잡하고 미세한 운동을 요하는 음소의 조음을 먼저 배우면 좀 더 단순한 운동을 요하는 음소는 쉽게 습득할 수 있다는 전제에 기초한 것이다.

예 어려운 변별자질이 포함된 마찰음이나 파찰음을 먼저 훈련하고 나서 파열음을 훈련한다.

기출 LINE

20중)
- 언어 인지적 접근법 중 하나인 음운변동접근법이 있어요. 이 방법은 말소리 발달 과정에서 남아 있는, 발음을 단순화하는 비정상적인 음운변동 현상을 제거해 주는 방법이에요.
- 자음이나 모음의 정확도만으로 찾아내기 어려운 학생의 조음 오류 양상을 찾을 수 있고, 그 오류 양상을 제거하면 여러 개의 오류음을 동시에 수정할 수 있어요.

② 음운변동 접근법 17초, 15 · 20 · 24중

음운변동의 의미	• 음운변동은 음운발달이 진행되는 과정에서 발음을 편리하게 하기 위해 음운체계를 수정하거나 단순화시키는 것을 의미한다. • 음운변동이란 단어 내부에서 말소리가 바뀌는 현상으로서, 예를 들어 '안+밖'이 '안팎'이 되는 것 따위다. • 이렇듯 국어에서의 음운변동은 하나의 규칙하에서 발생한다. 우리가 일반적으로 말하는 음운변동 규칙이란 하나의 음소가 다른 음소로 바뀌거나 탈락하거나 첨가되는 음운현상으로서, 한국어는 음절과 음절의 경계에서 많은 음운변동이 일어나므로 자음과 모음의 정확한 발음만으로는 한국어다운 발음을 할 수 없고, 소리의 축약이나 연음 등을 알지 못하면 듣는 데에 장애가 생길 수 있다. • '국민'이 [궁민]으로 발음되는 것은 비음동화, '좋은'이 [조은]으로 발음되는 것은 /ㅎ/ 탈락 또는 '막일'이 [망닐]로 발음되는 것은 /ㄴ/ 첨가현상이다. 이러한 음운변동은 국어에서 표준발음으로 인정되는 변이이다. • 그러나 발달기에 유아들은 음운변동 규칙에서 벗어나 편하게 발음하기 위해 음운체계를 수정하거나 단순화시키는 경향이 있다. 그리고 조음·음운장애를 가지고 있는 아동은 국어에 존재하지 않는 방식으로 연령이 지났음에도 불구하고 사라지지 않고 여전히 비정상적인 음운변동현상을 보인다.

음운변동 접근법	• 음운변동 접근법은 아동이 단순히 특정 음소를 습득하지 못하였기 때문이 아니라, 아동 나름대로 성인의 음운 규칙을 단순화하거나 대치 규칙을 사용하기 때문에 조음 오류가 생긴다는 시각에서 아동의 잘못된 음운변동 패턴을 소거하는 데 초점을 맞춘다. • 음운변동 접근법에서는 특정 음소정확도만으로 찾아내기 어려운 아동의 조음 패턴을 찾아, 치료의 초점을 개개의 다른 음을 가르치기보다 아동에게 나타나는 비정상적인 음운변동을 제거함으로서 여러 개의 오류음을 동시에 수정하는 데 둔다. • 이것이 효과적인 이유는 개별 조음 오류현상에 접근하는 것보다 일반화 가능성이 높아지기 때문이다. • 변별자질 접근법과 음운변동 접근법은 모두 개별음소를 목표로 하지 않으며, 반응 일반화가 용이하다는 장점을 갖는다. • 음운변동 접근법은 한번에 여러 개의 음소를 동시에 수정할 수 있는 장점을 갖는다.

맥 Plus

주기법

① 주기를 정해 놓고 매주 목표 변동과 음소를 바꾸는 음운변동 접근법이다.

② 먼저 음운 오류 패턴의 보편도에 따라 중재의 우선순위를 정하고, 각 변동에 따른 치료 주기를 사용하여 목표오류 변동에 대한 반복적이고 주기적인 치료를 실시하는 것으로, 이는 심한 조음·음운장애 아동을 위한 매우 효과적인 치료 프로그램이라 할 수 있다.

(5) 의사소통 중심 접근법 25중

① 의사소통 중심법은 의사소통을 중시하는 기능(화용)적 언어 치료법이 확산됨에 따라 발전된 것으로 자연스러운 학습환경 속에서 말소리를 치료하도록 하는 접근법이다.

② 그림카드를 제시하면서 많은 발음연습을 시키는 방법 대신, 실생활과 유사한 사물이나 활동 속에서 자동적인 조음 훈련을 유도함으로써 일반화를 촉진한다.

③ 의사소통 중심접근법의 기본 원칙

㉠ 훈련 상황을 실제 상황과 유사하게 설정함으로써 일반화 효과를 높여야 한다. 목표 발화는 아동의 일상생활 속에서 자주 쓰이는 것으로 선택하여야 한다. 특히, 아동이 그 말을 함으로써 환경이나 다른 사람의 행동을 조정할 수 있는 의사소통적인 효과가 큰 것으로 선택한다. 예를 들어, /ㅅ/을 훈련하더라도 '수박'보다는 '싫어(요)'가 의사소통적인 효과가 더 크다고 할 수 있다.

㉡ 목표음소는 의사소통적인 발화 속에 포함되도록 계획을 세운다. 전통적인 접근법이나 언어학적 접근법에서는 개별 음소를 우선 치료하고 나서 음절이나 낱말과 같은 발화로 전이시켰지만, 여기서는 바로 의미를 내포하는 언어학적 단위(흔히, 낱말이나 구)에서 치료한다.

㉢ 사용하는 낱말이나 구는 아동의 수준에 맞추어 아동이 일반화하기 쉽도록 해야 한다.

기출의 맥

의사소통 중심법은 25학년도에 처음 출제되었어요. 앞으로도 다루어질 수 있으니 조음장애 중재전략에 꼭 포함하여 정리하세요!

키워드 Pick

㉣ 목표발화와 직접적으로 관련된 강화를 사용한다. 칭찬이나 강화물을 사용하기 보다는 발화의도에 적절한 행동(예 '싫어요'에 대해서는 행동이나 물건을 제거하여 줌)으로 강화해 준다.

㉤ 습득 훈련과 일반화 훈련은 함께 이루어져야 하며, 독립적으로 실시되어서는 안 된다.

단어단위 접근법(whole-word approach)

단어의 전체 정발음을 목표로 하는 접근 기법이다. 단어단위 접근법은 단어에서 표적 음소의 정발음을 목표로 하는 음소단위의 전통적 기법과는 다르다. 따라서 조음적 기법보다는 음운적 접근으로, 과제분석적 접근보다는 의사소통적 접근으로, 행동주의적 접근보다는 인간주의적 접근으로 이루어진다. — **「특수교육학 용어사전」**

(6) 상위음운지식을 이용한 접근법

① 상위음운지식을 이용한 접근법은 아동들에게 스스로 음운 규칙체계를 변화시킬 수 있는 정보를 제공하고 격려하면 아동의 말 산출이 변화될 수 있다는 원리를 이용한 접근법이다.

② 중등도에서 심도의 음운장애를 갖고 있는 아동들에게 적합한 것으로 일반적으로 음운지식이 발달하고 있는 시기인 학령 전기의 음운장애 아동에게 효과적인 접근법으로 알려져 있다.

③ 치료의 첫 단계는 음운인식을 발달시키는 단계로 소리 특성을 인식하는 훈련과정을 통해 현실적인 의사소통의 근거를 마련하는 것이며, 두 번째는 음운론과 의사소통의 인식을 발달시키는 단계로서 첫 단계에서 획득한 상위음운지식을 실제 의사소통 상황에 전이시켜서 활용하는 것이다.

(7) 컴퓨터를 이용한 접근법

① 일반적으로 컴퓨터 자체에 대한 즐거움이나 관심으로 인해 아동의 집중력과 흥미를 높일 수 있다.

② 조음·음운장애 치료를 목적으로 한 컴퓨터 활용은 시각적 채널에 초점이 맞추어져 있다.

③ 조음을 할 때 혀와 입술의 움직임 등을 소노그래프(sonography)를 이용하여 스크린에 보여 줌으로써 조음점과 조음기관의 움직임을 쉽게 이해할 수 있다.

④ 컴퓨터를 활용한 치료는 전통적인 치료방법을 동일선상에 놓고 선택하는 치료기법이 아니다. 컴퓨터는 치료사와 아동 사이에 이루어지는 상호작용과 의사소통을 대체해 줄 수 없다.

⑤ 이는 치료법이라기보다는 보조도구 또는 훈련방법이라고 보는 것이 적절하다.

(8) 조음중재 일반화

위치 일반화	단어 안의 특정 위치에서 다른 위치로 일반화하는 것으로서 특정 음소를 어두 초성에서 산출하는 것을 배운 후 어중 또한 어말에서도 바르게 발음함
문맥 일반화	음성적 환경으로의 일반화로서 특정 음소를 모음 /ㅣ/ 앞에서 산출하는 것을 배운 후 다른 모음 앞에서도 바르게 발음함
언어학적 일반화	독립된 말소리에서 음절, 단어, 구 그리고 문장 등 복잡성이 증가해 가는 언어학적 단위로의 일반화로서, 그, 저, 거 등을 학습한 후 '그네', '저울', '그네를 타고 싶어요.' 등의 단어와 문장에서도 바르게 발음함
변별자질 일반화	특정 변별자질을 공유한 말소리의 일반화로서 특정 음소, 예를 들면 /ㄱ/을 산출하는 법을 배운 후 동일한 변별자질을 가지고 있는 음소도 바르게 발음함
상황 일반화	구조화된 장소에서 학습한 후 가정이나 일상생활에서도 바르게 발음함

(9) 교실에서의 조음·음운장애 중재방법

① 아동의 발달단계에서 습득시기가 빠른 음소부터 지도한다.

② 일상생활에서 사용빈도수가 높은 음소부터 지도한다.

③ 자극반응도가 높은 음소부터 지도한다(자극반응도: 특정 음소에 대해서 청각적·시각적·촉각적인 단서가 주어졌을 때 목표음소와 유사하게 조음하는 능력을 말함).

④ 오류의 일관성이 없는, 즉 가끔 올바르게 발음하기도 하는 음소부터 지도한다.

⑤ 예를 들면, [ʃ]음의 경우 처음에는 독립된 소리를 모방하도록 하고, 그 다음에는 의미 없는 음절 [ʃu], [ʃo], [ʃa], [ʃe], [ʃi]를 만든다. 그 다음에는 단어, 문장, 문단으로 학습한다. 음소는 어느 위치에서 어느 음소와 결합되는가에 따라 조음의 난이도가 달라지는데, [ʃo]가 [ʃi]보다 쉽게 발음되는 것은 입술을 모으고 있는 것이 옆으로 끌어당기는 것보다 쉽기 때문이다.

⑥ 첫 음절에 가장 집중이 되기 때문에 가르치고 싶은 음소는 초성에 놓인 것부터 하는 것이 좋다. 예를 들면, 유음 /ㄹ/의 경우 /라면/이 /신라/보다 더 효과적이다.

⑦ 단음절이 다음절 단어보다 조음하기 쉬우므로 /자동차/보다는 /차/라는 단어를 먼저 사용한다.

⑧ 명사, 단단어, 의미적으로 쉬운 개념을 갖는 단어를 먼저 사용하여 가르친다.

⑨ 음운인식에 대한 지식이 형성되지 않은, 혹은 결함을 가지고 있는 아동에게는 행위와 함께 전달하는 것도 효과적이다.

⑩ 교사는 좀 더 적극적으로 치료 교수적 수업을 설계할 수 있다. 우선, 교사가 목표로 하는 음소나 단어 앞에서는 잠깐 휴지를 두어야 한다. 또한 아동이 집중할 수 있는 시간을 준 다음, 천천히 그러나 약간 강세를 두고 반복해서 조음을 해 주어야 하는데, 그래야만 아동이 교사가 주는 수정 모델에 청각적으로 주의를 기울일 수 있다.

⑪ 선택 질문을 줌으로써 아동이 특정 발음을 하되, 교사의 발음을 한 번 듣고 발음할 수 있는 기회를 준다.

⑫ 아동이 잘못된 조음을 하였을 때, 교사는 즉시 피드백을 해 주어야 한다.

키워드 Pick

기출 LINE

20유) 말의 흐름이 자연스럽지 않고, 말 리듬이 특이해서 무슨 말을 하는지 이해하기가 힘들어요. 특정 음절을 반복, 연장하고, 말이 막히기도 해요.

② 유창성장애

1. 유창성장애의 이해

(1) 정의

말이 흐름이 자연스럽지 않아서 말의 내용보다는 그 사람의 말이 갖는 리듬 자체에 집중하게 될 때 우리는 유창성장애라고 말한다. 유창성장애는 말더듬과 속화로 나눌 수 있다.

(2) 하위유형

말더듬	말더듬은 말소리나 음절의 반복, 소리의 연장, 소리의 막힘 등으로 인하여 말의 흐름이 순조롭지 않은 현상이다. 이러한 일차적인 증상이 더 심해지면 말더듬에서 빠져 나오려는 탈출행동과 말을 기피하는 회피행동이 생기고 심리적으로 위축되어 자기 자신을 비하하는 열등의식까지 갖게 된다.
말빠름증 (속화) 17유	말의 속도가 너무 빨라서 생기는 유창성장애로 종종 언어장애와 사고장애를 동반하기도 한다. 이는 말의 리듬이 불규칙하고 발음이 엉키는 듯하며, 강세나 높낮이가 없이 단조로운 어조로 말을 하는 것이 특징이다. 또한, 조음장애를 동반하는 경우가 많아 말빠름증을 보이는 사람은 종종 말소리의 위치를 바꾸는 실수를 보이기도 한다.

◎ 말더듬과 속화의 차이

구분		말더듬	속화
주요 증상		• 음/음절의 반복 및 연장	• 말의 빠른 속도, 불규칙적인 말의 비율
문제인식		• 인식한다.	• 별로 인식하지 못한다.
말의 속도		• 정상 또는 느리다.	• 빠르다.
말에 대한 공포		• 있다.	• 별로 없다.
조음장애		• 없다.	• 나타난다.
말을 할 때	집중할수록	• 더 많이 더듬는다.	• 증상이 더 좋아진다.
	외국어의 경우	• 더 많이 더듬는다.	• 증상이 더 좋아진다.
	알콜 섭취 시	• 더 나아진다.	• 더 나빠진다.
	반복요구 시	• 더 나빠진다.	• 더 좋아진다.
	낯선 대화상대자	• 더 나빠진다.	• 더 좋아진다.
읽기	모르는 텍스트	• 더 좋지 않다.	• 증상이 더 나아진다.
	잘 아는 텍스트	• 더 나아진다.	• 더 나빠진다.
글씨		• 경직되고 힘이 들어간다.	• 흘려 쓰는 경향이 있다. • 읽기와 받아쓰기 오류가 많다.

행동	• 경직되고 소극적인 모습	• 참을성이 없고 조심성 없는 모습
증상의 진행	• 변화가 심하다.	• 일정하다.
치료동기	• 높다.	• 별로 없다.
치료	• 자신의 말에 둔감해지도록 한다. • 발음에 집중하지 않는다.	• 자신의 말을 끊임없이 모니터링하면서 조정하도록 한다. • 정확한 발음에 집중하도록 한다.

(3) 비유창성

① 정상적인 비유창성

㉠ **발달성 말더듬의 특징**: 자신이 말하려고 하는 생각이 단어로 신속하게 만들어지지 않는 발달상의 문제에서 비롯되는 것이다. 발달성 말더듬은 대부분 3세 전후에서 길게는 취학 전까지 관찰되다가, 자연스럽게 없어지는 것이 일반적이다.

㉡ 정상적인 비유창성의 특징

특징	예
삽입	음… 그러니까…
수정	최 선생님이 아니아니 강 선생님이…
미완성 구	학교에 갔는데…
쉼	교육의 철학을(…쉼) 논하자면
구의 반복	느낌에 대해서는 느낌에 대해서는…

- 구어의 흐름이 간혹 깨지기는 하지만, 말을 할 때 근육의 긴장이 느껴지지 않는다.
- 비유창성을 보인 것에 대해 긴장과 고통 등이 나타나지 않는다.

② 병리적인 비유창성

㉠ **경계선 말더듬**: 말의 10% 이하에서 비유창성이 나타난다. 단어횟수는 2회 이상이며, 수정이나 미완성 구보다 반복과 연장이 더 많이 나타난다. 2차적 증상은 나타나지 않고 아동들은 자기 말의 비유창성에 대해 의식하지 않는다.

키워드 Pick

㉡ **초기 말더듬**: 반복의 속도가 빠르고 불규칙적이며 긴장되고 막힘 증상이 나타난다. 말을 더듬을 때 눈을 깜빡인다거나, 목소리가 높아지고 커지는 현상이 나타나며, 아동은 자기의 비유창성을 인지하고 당황해 한다.

㉢ **중간급 말더듬**: 반복과 연장보다 막힘 증상이 더 많이 나타난다. 탈출행동과 회피행동이 뚜렷해지고 아동은 공포, 당황, 긴장, 수치심을 표현한다.

㉣ **진전된 말더듬**: 막힘 증상이 길게 지속되고 긴장되어 있다. 부가적으로 부정적인 자아개념이 형성된다.

2. 말더듬장애

(1) 말더듬의 요인

① 심리사회적 요인

심리역학적 이론	• 프로이트의 정신분석적 관점으로서 정신적 이상심리에서 그 원인을 찾고자 한다.
진단기인론	• 말더듬은 부모의 귀로부터 시작된다. • 부모가 아동의 정상적인 비유창성을 말더듬으로 진단하고 그에 대해 부정적인 반응을 보임으로써 말더듬이 진행된다고 본다.
상호작용 가설	• 말을 더듬는 화자와 말을 듣는 청자 간의 상호작용으로 말을 더듬게 된다. – 화자의 말더듬에 대한 청자의 민감성 – 화자의 말더듬 정도 – 청자의 반응에 대한 화자의 민감성
예기투쟁 가설	• 말을 더듬을 것이라고 스스로 예견하고, 더듬지 않으려고 노력함으로써 말을 더듬게 된다.
학습이론	• 말더듬에 대해 심한 야단을 맞거나 주변으로부터 모멸감을 받은 아동은 그 후 비슷한 상황에서 항상 말을 더듬게 된다. • 우연히 말을 더듬는 행위가 잘못 강화를 받고 고착된다.

② 심리언어학적 요인 19중

음운론적 측면	• 첫 단어, 단어의 첫 음절, 초성에서 발생한다. • 모음인 경우보다 자음에서 더 자주 더듬는다. • 특정음에서 특히 말을 자주 더듬는다. • 폐쇄음이나 파찰음에서 더 더듬는다. • 마찰음에서는 연장이 자주 나타난다.
형태론적 측면	• 기능어(조사나 접속사)보다 내용어(명사, 동사, 형용사, 부사)에서 더 자주 더듬는다. • 비교적 긴 단어에서 더 많이 나타난다. • 사용빈도가 높은 단어보다 잘 사용하지 않는 단어에서 더 더듬는다.
구문론적 측면	• 문장의 길이가 길수록 출현빈도가 높아진다. • 문장구성이 복잡할수록 출현빈도가 높아진다.
화용론적 측면	• 대화상대자가 친숙하고 허용적일수록 말을 더듬는 빈도가 낮아진다. • 의사소통 스트레스 정도가 높을수록 빈도가 높아진다.

③ 생리학적 요인

유전적 요인	• 말더듬은 유전적 요인으로 인해 발생한다. • 229명의 유창성장애를 가지고 있는 사례의 55.0%가 언어장애의 가족력을 가지고 있는 것으로 나타났다[신문자와 이성은(2002)의 조사].
근육의 불협응	• 걸음마를 배울 때 대근육운동 조절능력이 요구되듯이, 말더듬은 미세한 근육 조절능력의 결함으로 생겨난다. • 심한 말더듬을 가지고 있는 경우에는 비정상적인 호흡 패턴이 나타난다. 말을 더듬을 때는 호흡이 더욱 빨라지고 막히면서 불규칙한 호흡이 생겨나는데, 말더듬은 호흡 – 발성 = 조음 간의 불협응으로 발생한다.
뇌기능의 장애	• 좌반구와 우반구 간의 협응이 잘 이루어지지 않는다. • 언어를 관장하는 뇌조직 간의 신호전달의 문제이다. • 왼손잡이를 오른손잡이로 강요할 때 좌반구와 우반구의 불균형으로 말더듬이 유발될 수 있다. • 우반구의 지배를 받는 것으로 알려진 노래를 부를 때는 말더듬 증상이 나타나지 않는다.

Chapter 12

(2) 말더듬의 분류 및 특성 24유, 14 · 19 · 22중

① 핵심행동

반복	• 말더듬 초기에 가장 빈번히 관찰되는 행동으로 말소리나 음절 또는 낱말을 1회 이상 되풀이하는 것을 말한다. • 다음 말소리가 나올 때까지 한 소리나 낱말에 고착되어 계속적으로 되풀이한다. 예 '안안안녕히 계세요' • **반복횟수**: 말소리, 음절, 낱말 등을 전체적으로 반복한 수 • **단위 반복 수**: 각각의 반복횟수에서 반복의 단위를 되풀이한 수
연장	• 일반적으로 반복보다 늦게 나타나는 말더듬 유형이다. • 연장을 보이는 경우는 반복을 보이는 경우보다 좀 더 심화된 말더듬단계에 도달한 것으로 본다. • 연장이란 소리나 공기의 흐름은 계속되나 한 소리에 머물러 있는 상태를 말한다. • 0.5초 정도로 짧을 수도 있으나 심한 경우에는 몇 초간 이어지기도 한다. • 마찰음과 단모음에서 대부분 발생하게 되는데, 일반적으로 화자의 말소리가 0.5초 이상 연장되면 들었을 때 유창성이 깨어졌다고 인식하게 된다. • 일반적으로 지속음(/p/, /t/, /k/와 같은 폐쇄음을 비지속음이라 하며, 모음과 자음은 지속음에 해당)이 계속 연장되어 발음되는 현상을 연장이라고 한다.
막힘	• 가장 늦게 나타나는 핵심행동이다. • 말의 흐름이 부적절하게 중단되고 조음기관의 움직임이 고착된다. • 말 산출과정의 어떤 곳에서도 발생할 수 있다. • 기류가 완전히 차단되었다가 나오는 폐쇄음과 차단되었다가 천천히 산출되는 파찰음에서 많이 발생한다.

기출 LINE

14중)
• 예를 들면, 학생 A는 말을 할 때 "ㅂㅂㅂㅂ보여요."라고 하기도 하고, "보--------여요." 라고 하기도 하고, "--------보여요."라고 하기도 해요.
• 학생 A가 말을 더듬다가 갑자기 고개를 뒤로 젖히기도 해요.

키워드 Pick

	• 조음기관의 운동은 멈춘 듯하고 후두의 긴장된 막힘은 화자나 청자 모두에게 고통스럽게 느껴진다. • 막힘은 강직성 고정이라고도 한다. • 청자가 소리를 들을 수도 있고 듣지 못할 수도 있다. • 조음의 포즈는 취하고 있지만 소리가 나오지 않을 때 '막힘'이라고 한다.
기타 비유창성 유형	• 주저, 반복, 삽입, 연장, 수정, 막힘, 미완성

기출 LINE

23초)
- 발표할 차례가 되면 자꾸 화장실이나 보건실에 다녀오겠다고 함
- 원하지 않는 사람들과의 대화 중에는 눈을 마주치지 않고 딴 곳을 보거나 대화에 끼지 않고 싶어 함

② 부수행동 17유, 23초, 14중

구분	내용		
탈출행동 (투쟁행동)	• 말더듬이 고착화되면서 말더듬에서 빠져 나오려는 보상행동으로 나타나는 신체적인 행동이다. • 말을 더듬는 도중에 말더듬에서 벗어나려고 취하는 행동을 뜻한다. • 말을 더듬기 시작하면 자기가 의도하지 않았는데도 말더듬이 멈추지 않고 계속된다. • 이러한 말더듬에서 탈출하려고 발을 구른다든가 갑자기 고개를 뒤로 젖히면서 말더듬에서 빠져나온다.		
회피행동 (도피행동)	• 말을 더듬는 것을 피하기 위한 노력이다. • 말을 더듬을 가능성이 있는 '상황'을 피하는 행동을 의미한다. • 사람과 마주치지 않도록 주의하는 노력, 자주 더듬는 낱말을 피하면서 말하거나 그 낱말 앞에 다른 표현을 붙여 말하거나 에두르기를 하는 일 등이 포함된다. • 회피행동의 유형		
		동의어로 바꾸어 말하기	똑같은 의미를 가지고 있는 단어로 바꿔 말한다. 예 진짜? ⇨ 정말? 예 식사 ⇨ 밥
		돌려 말하기 (에둘러 말하기)	말을 더듬을 확률이 높은 단어 대신 다른 단어를 사용한다. 예 고향이 어디세요? ⇨ 이쪽 사람이세요? 예 박○○ 선생님이 ⇨ 영어 선생님이
		순서 바꾸어 말하기	문장의 첫 단어가 어려울 경우에는 문장 안에서 순서를 바꾸어 말한다. 예 '소풍 가니까 좋다' ⇨ '좋아 소풍 가니까'
		대용어 사용하기	명사 대신 대명사 등을 사용한다. 예 우체국 앞에서 보자 ⇨ 거기서 보자
		간투사 사용하기	어려운 단어 앞에 '어', '그', '음' 등의 무의미한 말소리를 넣어서 불안감을 감추려고 한다.
		상황회피	전화벨이 울리면 얼른 화장실에 가는 척하거나 끊어버린다.
		사람회피	전혀 대화에 끼고 싶지 않다는 듯 눈을 마주치지 않거나 딴전을 부린다.

(3) 말더듬의 공통현상

① **예측성**: 초기 말더듬 연구자들은 말을 더듬는 사람들이 책을 소리 내어 읽을 때 비교적 정확하게 어떤 낱말에서 더듬을지를 미리 예측할 수 있다는 것을 발견하였다.

② **일관성**: 같은 자료를 여러 번 읽게 하였을 때 많은 사람이 두 번째, 세 번째 읽을 때 같은 낱말에서 더듬는 경향을 보였다.

③ **적응성**: 여러 번 되풀이하여 읽을수록 더듬는 횟수가 줄어드는 적응력이 있음을 발견하였다.

3. 유창성장애 진단

(1) 상황별 유창성 평가

① 다양한 언어 조건에서 유창성의 변화를 관찰하여야 한다.

② 전형적인 몇몇 조건에서 유창성을 살핀 후 곧바로 대상자가 어렵다고 여기는 상황을 연출하거나 실제로 해 보게 하는 것이 필요하다.

③ 아동의 경우는 부모와 말하는 상황에서 상호관계와 유창성의 변화 등을 관찰하여야 한다.

(2) 유창성 분석

① 유창성장애 정도 측정

㉠ 말더듬 중증도 도구이다.

㉡ 빈도, 막히는 시간, 그리고 부수행동을 측정한다.

㉢ 빈도는 말해진 200음절 중 처음과 나중의 50음절을 제외한 100음절 가운데 말이 막히는 횟수(%)를 말한다.

㉣ 빈도를 계산할 때는 단어 내의 비유창성을 모두 포함하게 되어 있다.

㉤ 단어 내의 비유창성은 음절반복, 소리반복, 막힘 등과 같이 단어보다 작은 단위에서 일어나는 것을 말한다.

② 비유창성 유형 조사

㉠ 비유창성 유형을 나누어 이러한 질적인 차이를 분석하는 것이 필요하다.

㉡ 비유창성 유형

주저 (hesitation : H)	잠시 또는 1초 이내의 침묵을 말한다.
삽입 (Interjection : I)	의미전달 내용에 관계없는 말이 덧붙여지는 것으로 다음과 같은 유형이 있다. • 단어삽입(word interjection : Iw) : '그러니까', '글쎄' 등 전체 단어를 적절하지 않게 끼워 넣는 것을 말한다. • 음절삽입(syllable interjection : Isy) : '음', '에', '아' 등 불필요한 음절을 끼워 넣는 것을 말한다. • 중모음삽입(neutralized vowel interjection : Inv) : 말의 시작이나 중간에 /어/소리와 같은 중모음이 삽입되는 것을 말한다.

키워드 Pick

수정 (Revision : Rv)	말하고자 하는 전달내용, 문법형태, 단어발음 등을 바꾸는 것을 말한다.
미완성 단어 (Unfinished word : U)	끝내지 않은 단어를 말하며, 대개 수정이 뒤따르지만 그것 없이 이어지기도 한다.
반복 (Repetition : R)	말이 되풀이되는 것으로서 다음과 같이 나눈다. • 구반복(phrase repetition : Rp) : 적어도 두 개 이상의 완성된 단어의 반복을 말한다. 이에 덧붙여지는 소리나 음절 반복은 별도로 명명한다. • 단어반복(word repetition : Rw) : 단어 전체의 반복으로 단음절어의 반복도 포함한다. • 음절반복(syllable repetition : Rsy) : 소리반복과 단어반복의 중간으로 음절만 반복하는 경우를 말한다. • 소리반복(sound repetition : Rs) : 한 음소나 이중모음의 일부만을 반복하는 경우를 말한다.
연장 (Prolongation : P)	음운이나 모음의 한 요소가 부적절하게 길게 지연되는 것을 말한다. 이따금 고조변화나 긴장 등이 함께 온다.
막힘 (Block : B)	어떤 음운을 시작하거나 폐쇄음을 터뜨리려고 할 때 생기는 부적절한 시간차로 소리의 정지가 오는 것을 말한다. 이를 비청각 연장이라고도 한다.

③ **말 속도 측정**: 일반적으로 말 속도는 1분당 말한 음절이나 낱말을 세어 측정한다.

(3) 심리 및 태도 평가

① Erickson(1969)의 '대화부담평가표(s-scale)'가 있다.

② 자신의 말에 대한 부담에 대해 '예-아니요'로 표시하도록 하여 말을 더듬는 사람의 전형적 반응과 얼마나 일치하는지를 점수화한다.

③ 읽기가 가능한 아동은 아동태도 검사표(Communication Attitude Test-R : CAT-R, Brutten & Dunham, 1989)를 이용하여 말에 대한 부담 정도를 측정한다.

(4) 포괄적 유창성 검사

① 파라다이스-유창성 검사(P-FA)

② 사례면담지, 구어평가, 의사소통 태도평가로 구성

③ 한 검사 내에서 유창성 등을 종합적으로 평가

맥 Plus

말더듬 측정을 위해 개발된 표준화된 검사는 다음과 같은 요소를 집중적으로 다룬다.

말을 더듬는 비율	• 말을 더듬는 비율은 일반적으로 단어나 음절 수로 계산한다. • 그러나 말더듬 증상은 수시로 변할 수 있는, 즉 검사에서 말을 더듬는 비율의 수치가 절댓값은 아니다. 그것을 감안한다는 전제하에 블러드스타인(Bloodstein, 1995)은 말더듬의 경우 읽기평가에서 약 10%에 해당하는 단어에서 비유창성을 보인다고 하였으며, 이승환(2005)은 100단어 발화 시 10회 이상의 비유창성이 나오면 말더듬으로 간주하고 그 이하는 정상적인 비유창성으로 분류하고 있다. • 그러나 말더듬의 비율만으로는 말더듬의 정도를 평가할 수 없다. 왜냐하면 단순히 막힘이나 투쟁을 보이지 않으면서 음의 반복을 많이 보이는 아동이 있는가 하면, 한 번 막힐 때 투쟁 행동이 심하지만 비율이 그보다 높지 않은 경우가 있기 때문이다. 그래서 말을 더듬을 때 말의 속도를 중요한 변수로 함께 보기도 한다.
말을 더듬는 시간	• 전체 발화 시간과 비유창성 시간을 비교한 시간, 이것을 스타크웨더(Starkweather, 1993)는 'Percentage of Discontinuous Speech Time(PDST)'라고 부른다. • PDST는 컴퓨터 프로그램을 이용하여 분석할 수 있는데, 전체 발화시간이 측정되고 발화 도중에 나타나는 말더듬 시간이 별도로 측정된다.
부수행동	• 탈출행동과 회피행동은 말더듬의 정도를 짐작할 수 있는 중요한 요소다. • 부수행동은 말더듬 초반에는 거의 나타나지 않다가 말더듬이 어느 정도 고착화되거나 질적인 변화단계에서 많이 나타나며, 말더듬을 스스로 지각하면서 나타난다.

질적 평가와 양적 평가

질적 평가	양적 평가
• 1차적 증상: 음·음절·단어의 반복, 연장, 막힘 • 2차적 증상: 표정, 신체, 호흡변화	• 더듬는 음절의 % • 1분당 더듬는 음절 수 • 더듬는 단어의 % • 발화시간과 비유창성 시간의 비율 • 반복, 연장, 막힘의 횟수와 평균 지속시간
다양한 언어 사용에서의 평가	
• 단어적 측면에서 나타나는 말더듬 증상 • 단순한 문장 안에서 나타나는 말더듬 증상 • 복잡한 문장 또는 짧은 이야기 말하기에서 나타나는 말더듬 증상 • 자유로운 주제나 대화에서 나타나는 말더듬 증상	

Chapter 12

키워드 Pick

4. 유창성장애 중재

(1) 말더듬 수정법: MIDVAS 치료법 13중

① 말더듬 수정법의 이해

의미	• 자신의 말이 더듬어지는 순간을 수정하는 것으로 피하려는 행동이나 말과 관련된 두려움을 줄이고 말을 좀 더 쉽게 더듬도록 하는 데 목표가 있다. • 말더듬 수정법의 목표는, 첫째, 수치심과 두려움을 감소시키고, 둘째, 의사소통에서 좀 더 부드러운 방법으로 말을 더듬도록 하는 것이다. • 말더듬 수정법은 말을 더듬지 않으려는 회피와 노력이 결국 말더듬을 악화시키므로 말에 대한 공포감을 줄이고 긍정적인 태도를 갖게 되면 말의 유창성이 만들어진다는 데에서 출발한다. • 따라서 말을 더듬는 순간에 화자가 가능한 한 긴장과 투쟁 없이 말을 더듬는 방법을 배우는 것이 바로 말더듬 수정법이다. • 치료의 궁극적인 목표가 자발적으로 만들어지는 유창한 말에 있다고 하였다. 즉, 치료의 궁극적인 목표는 유창성 완성법과 동일하다.	
목표	자발적 유창성	정상적 언어 사용자의 유창성을 말하는 것으로, 긴장이나 투쟁행동, 반복이나 막힘과 같은 비정상적 말더듬을 보이지 않고 힘들이지 않고 말을 하는 것이다.
	수용적 유창성	말하는 사람이 말을 유창하게 유지하기 위하여 말하는 방법을 바꾸는 것을 말한다.
	수용된 말더듬	말더듬이 지각되기는 하지만 아주 심한 막힘은 아니며, 막히는 순간이 있지만 말을 더듬는 사람 자신은 이에 대해 당황이나 공포를 느끼지 않고 편안하게 더듬는 것을 말한다.
중재의 핵심	• 자신의 말더듬을 인정하고 자신의 말더듬 증상을 모니터링한 후에 자신의 말더듬을 받아들이는 것에서부터 출발한다. • 접근단계에서 말을 더듬는 순간을 수정하여 더 쉽게 말을 더듬을 수 있도록 한다. '더 쉽게 더듬는 것을 허용하는 것'은 새로운 방식으로 더 쉽고 편하게 말을 더듬는 방법을 배우는 것이기도 하고, 궁극적으로 심리적 압박을 제거함으로써 2차적 증상인 탈출행동이나 회피행동을 감소시켜 줄 수 있다. • 취소와 말소(이끌어 내기)기법의 가장 큰 차이점은 취소의 경우 막혔던 단어에서 말하기를 멈춘다는 것이다. • 말더듬 수정법은 자신의 말더듬 형태를 쉽고 편하게 더듬는 방향으로 수정해 나가는 것을 목적으로 하며, 이를 통해 유창한 구어 산출이 가능하다고 보는 방법이다.	

② MIDVAS의 6단계

반 리퍼의 MIDVAS 치료방법은 동기, 확인, 둔감 그리고 안정 단계로 간소화하여 구성할 수 있으며, 변형과 접근 단계에서는 대상에게 적절한 새로운 언어 패턴을 중재할 수 있다. 말더듬 치료는 정기적인 추수관리가 반드시 뒤따라야 하며, 부모교육이 동시에 이루어져야 한다.

㉠ 6단계

단계	교수-학습활동
동기	• 교사에 대해 신뢰를 갖도록 한다. • 자신의 말더듬을 직시하고 수용한다.
확인	• 자신의 말더듬 증상을 스스로 확인한다. • 1차적 증상, 2차적 증상, 느낌, 태도를 스스로 확인한다. • 거울이나 비디오 또는 치료사가 보여 주는 모방을 통해 자신이 어떻게 말하는지를 보고 듣는다. • 말을 더듬을 때 자신에게 나타나는 탈출행동과 회피행동을 확인한다. • 이제까지 주변 사람들이 자기 말에 어떻게 반응했었는지, 스트레스를 유발했던 의사소통 상황은 무엇이었는지, 힘든 단어는 무엇인지 등에 대해 솔직하게 이야기한다.
둔감	• 두려움과 부정적인 감정을 감소시킨다. • 자신이 말을 더듬는다는 사실을 인정하고 청자의 반응에 무감각해지도록 한다. • 말을 더듬는 증상을 보이면 치료사의 신호에 따라 말을 멈춘다. • 두 번째 신호를 주면 음이나 음절을 연장하거나 반복하면서 편하게 말을 더듬는다. • 말을 더듬으면서 갖게 되었던 긴장을 점차 해체시킨다. • 치료사-전화통화-낯선 사람 등으로 대화 상황을 바꾸어 가면서 주변 반응에 둔감해지는 훈련을 한다.
변형	• 고착된 말더듬의 형태를 변형시킨다. • **낱말 공포**: 예상되는 단어를 빼고 읽는다. • 긴장된 연장 대신에 모든 단어를 반복한다.
접근	• 말더듬의 취소, 이끌어 내기, 준비하기 기법을 사용하여 쉽게 더듬는 말더듬 형태로 접근해 나간다. • **취소기법**: 말을 더듬기 시작하더라도 일단 그 말을 더듬어서 끝낸 후, 잠시 말을 쉬었다가 다시 그 말을 편안하게 시도한다. • **이끌어 내기**: 말더듬이 나타나면 말을 멈추고 천천히 부드럽게 이끌어 낸다. • **준비하기**: 말을 더듬을 것으로 예상되는 단어에서 의식적으로 조절하면서 말한다.
안정	• 교실 밖에서의 효과를 검증해 본다. • 두려운 상황에 들어가서 일부러 말을 해 본다. • 거짓 말더듬을 일부러 연출해 본다. • 스스로 치료사의 역할을 한다.

키워드 Pick

ⓛ 변형(수정) 및 접근 단계에 적용되는 기법 10 · 13중

1단계 : 취소기법 (cancellation)	• 대상자가 말더듬는 순간을 그 사건이 지난 후 접근하게 한다. • 대상자는 말더듬 발생 후 어떻게 변형하는지 알게 된다. • 말을 더듬는 단어 바로 다음에 화자는 말을 멈추고 대략 3초 동안 휴지기를 갖는다. • 대상자가 말더듬 순간을 확인하고 말더듬 후에 일관적으로 휴지를 할 수 있으면 자신의 말더듬 행동에 대해 분석할 수 있다. • 치료사를 따라 자신이 이제 막 더듬었던 방식을 모방하고 자신의 행동의 신체적 특징을 조사함으로써 분석할 수 있다.
2단계 : 이끌어 내기 (pull-out)	• 말더듬은 단어를 끝까지 하는 것을 기다리는 대신, 화자는 그 단어를 잡아채서 기류를 향상시키고 성도에서의 조음자세를 바꾸어 단어를 일반적으로 부드럽게 더듬음으로써 끌어 내기 시작한다. • 대상자는 이러한 말더듬는 순간에서의 끌어 내기 기법이 취소하기의 자연스러운 진정과정임을 알게 되어 자발적으로 사용하기를 시작할 수도 있다. • 끌어내기가 취소하기보다 눈에 더 잘 띄는 것은 아니며 청자의 반응도 더 긍정적이다.
3단계 : 준비하기 (preparatory set)	• 화자는 말더듬는 순간을 예견하고 그 단어를 회피하지 않고 부드럽게 말더듬는 형태로 접근한다. • 편안한 말더듬이라는 것은 부드러운 형태로 발화하는 것이다. • 화자는 자신의 말더듬에 반응하기보다는 사전에 계획한다. • 말더듬을 회피하고 완전히 유창한 발화를 하는 것이 목표는 아니다.

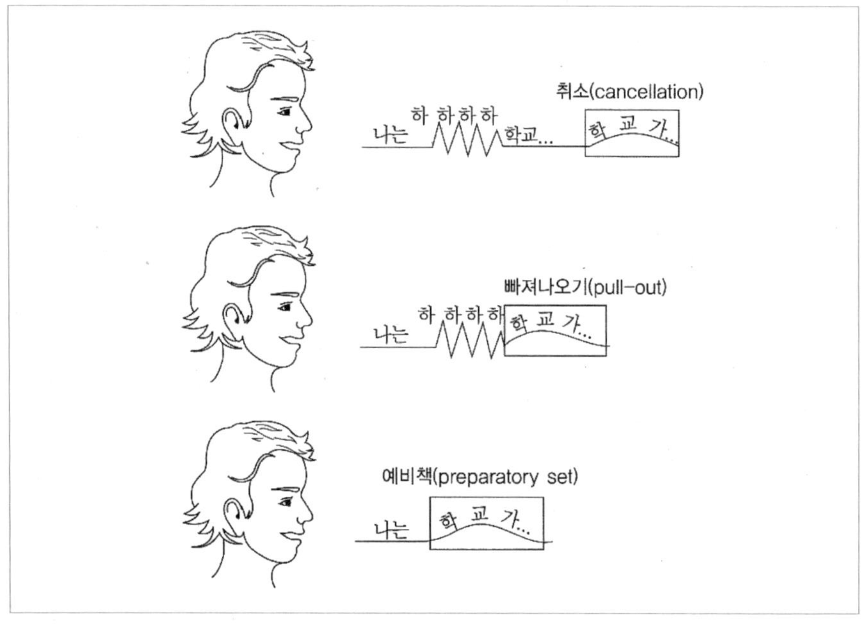

말더듬 수정기법의 예

맥 Plus

Van Riper의 말더듬 경로

경로	비유창성 특성
경로 1	• 어린 말더듬인들에게 제일 많은 비율로 나타난다. • 정상적인 비유창성의 기간이 지나고 병리적 비유창성이 점진적으로 발생한다. • 2.5~4세경에 말더듬이 발생되며, 병리적인 비유창성은 긴장이나 자각이 거의 없이 주로 음절 반복의 속도가 보다 더 불규칙적으로 되는데 시간이 흐를수록 이러한 현상이 더 자주 일어난다. • 아동은 점점 더 많은 긴장과 연합한 연장을 나타내기 시작한다. • 긴장, 좌절, 공포, 회피가 후기에 나타난다.
경로 2	• 언어발달 초기에 언어발달과 동시에 발생한다. • 아동은 언어를 사용하는 처음부터 매우 유창한 경험을 한 번도 해 보지 못한 특징을 가진다. • 대부분의 아동은 조음과 언어장애를 동시에 가지고 있다. • 처음에는 긴장이나 자각이 거의 또는 전혀 없지만 점진적으로 발달하고 점차 구어 속도가 빨라진다. • 회피행동이 거의 나타나지 않는다.
경로 3	• 말더듬 발생 이전에 유창했던 아동에게서 갑자기 말더듬이 나타났다. • 가끔은 외상적 사건과 관련되어 말더듬이 발생된다. • 말을 더듬은 처음부터 긴장을 많이 경험하고, 후두폐쇄의 증후와 소리 나지 않는 연장, 느리고 계획적인 구어 속도가 특징이다. • 아동은 말더듬 발생 시부터 병리적 비유창성을 깨닫고 있으며, 좌절과 특정한 상황 및 단어의 공포를 경험한다. • 말더듬의 진행 과정이 빠르고 병리적이며 심한 형태를 나타낸다. 자연적인 경감은 거의 혹은 전혀 없다.
경로 4	• 말더듬의 시작이 갑작스럽고, 5~9세 사이에 비교적 늦게 나타난다. • 아동은 자신의 말더듬을 잘 알고 있지만 좌절이나 공포를 나타내는 증후는 없다. • 주요 특징은 단어 전체나 구의 반복을 의도적으로 하는 것으로 보인다. 시간이 경과함에 따라 빈도는 증가하지만 말더듬 형태는 그대로이다. • 방해나 억지로 하려는 것은 없으며, 공포나 회피행동의 증상도 거의 없다.

(2) 유창성 완성법 13중

① 유창성 완성법의 이해

정의 및 목적	• 유창한 말을 체계적으로 수립하여 차츰 말더듬는 순간을 유창한 말로 바꾸도록 하는 방법이다. • 유창성 완성법은 새로운 언어 패턴을 중재하여 말을 유창하게 하고 궁극적으로는 말더듬 증상을 없애는 것을 목적으로 한다. • 말을 할 때 나타나는 부정적인 감정과 태도 등은 말이 유창해짐으로써 자연스럽게 사라지게 된다고 보고, 초성을 부드럽게 산출하기, 말을 천천히 하기 등의 훈련에 중점을 둔다. • 새롭게 학습된 언어 패턴은 치료가 끝난 후에도 끊임없이 자기의 말을 조정해 나가면서 유지된다.

키워드 Pick

기본원리	• 행동수정 이론의 조작적 조건화와 프로그램 원리를 기초로 하여 한 상황에서 유창한 말을 하도록 확립시킨 후 차츰 일반적 상황에서도 유지할 수 있도록 유도하는 방법이다.
치료 목표	• 자발적 유창성을 궁극적인 목표로 하지만 그것이 어렵다면 조절된 유창성을 사용하는 것을 목표로 한다. 그러나 수용적 말더듬이 아닌 철저히 통제된 상황에서 말이 더듬어지지 않도록 한다.

② 전략

전략	내용
호흡 훈련	• 호흡과 발성을 별도로 훈련하는 것보다 호흡과 발성을 함께 훈련하는 것이 좋다. • 올바른 호흡 훈련은 새로운 언어 패턴을 학습하기 전에 필수적으로 선행되어야 하지만, 호흡법만을 가지고 훈련하는 것은 말의 유창성을 증진시키는 데 큰 도움이 되지 않는다. • **호흡이 중요한 이유**: 말더듬이 고착된 경우에는 흡기과정에서 비정상적인 발성이 나타나기 때문이다. • 호흡과 발성의 협응이 깨져 버린 발화는 우선 지속시간이 짧고 억압된 음성으로 산출된다. • 이완된 발성은 말의 유창성에 영향을 주기 때문에 적절한 호흡 훈련이 필요하다. • **호흡 훈련의 예시** – 눈을 감고 파도타기를 하는 느낌으로 긴장을 푼다. – 그 상태에서 흡기와 호기를 반복한다. – 날숨과 함께 모음을 길게, 그러나 부드럽게 발성한다. – 점차적으로 자음을 그리고 짧은 단어로 확장해 나간다. – 모음의 순서는 u, o, a, e, i 순으로 한다. – 모음을 초성으로 한 음절을 훈련한 경우에는 h를 앞에 삽입하여 발성한다. – h를 삽입할 경우 단어의 시작을 보다 부드럽게 산출하는 동시에, 기존의 불필요한 음절의 삽입을 저지하는 역할을 하는데, 이때 h는 소리를 내기보다는 숨을 내쉬는 듯 발성하며 혀의 위치는 아랫니의 뒤쪽에 고정시킨다.
말을 천천히 하기 (DAF기기 활용하기)	• 메트로놈이나 DAF(delayed auditory feedback, 지연청각 피드백)가 사용된다. • DAF는 말을 하고 나서 몇 초 후에 다시 이어폰을 통해서 스스로 자기 말을 듣는 기기로, 지연되는 시간은 1/5~1/4초 정도에서 스스로 조절할 수 있다. • 지연시간은 개인의 말더듬 정도와 선호도에 따라 달리해야 한다.

휴지와 분절화 기법	• 말더듬 현상을 관찰해 보면 문장 내에 휴지가 불필요한 음절이나 소리로 대치되어 있는 것을 발견할 수 있는데, 일반적으로 말의 휴지는 특정한 학습을 통해서 이루어지는 것이 아니라 자동화된 말의 시스템 내에서 자연스럽게 이루어진다. • 말더듬의 경우에는 증상의 경중에 상관없이 모두 단어와 단어 사이 혹은 발화 첫 음절 앞에 비의도적인 음이 삽입되어 있는데, 이러한 비의도적인 음을 제거하는 것을 기본목적으로 하는 것이 바로 휴지와 분절화 기법이다. • 결국 말더듬에서 가장 중요한 것은 말을 분절시켜 주는 것이라고 할 수 있다. • 이 기법은 말막힘 상태에서 말을 산출하려고 하면 할수록 더욱 탈출행동이 가중되고 말더듬 증상을 악화시키므로 완전히 말에서 빠져 나오는 것을 기초로 한다. 문장 내에 휴지가 소음으로 채워지고 호흡이 들숨 상태로 머무르게 되며, 후두의 압박감을 가중시키면서 다음에 오는 단어에서 다시 막힘 증상이 오기 때문에 발성기관의 근긴장도 완화가 이루어져야 한다.

③ 구체적인 중재방법

㉠ 말막힘이 지각되는 즉시 그 상태에서 멈춘다. 일단 긴장된 상태에서 말을 하기 시작하면 100% 더듬게 되기 때문이다.

㉡ 그 상태를 편안하게 지각하면서 시간을 두고 기다린다.

㉢ 의식적으로 자신에게서 말더듬이 빠져 나가는 느낌을 갖도록 한다.

㉣ 내부에서 생겨나는 이완된 상태와 저항의 느낌을 계속적으로 체험한다.

㉤ 이완된 상태가 되었을 때 숨을 밖으로 뱉으면서 말을 산출하는 것을 시도해 본다.

㉥ 스스로 조율할 수 있도록 한다. 즉, 긴장 상태라고 느낄 때는 숨만 밖으로 뱉고 이완 상태라고 느낄 때만 말을 산출한다.

㉦ 문장의 휴지기간에는 반드시 입과 후두는 완전히 닫지 않고 열어 두도록 한다.

㉧ 단어와 단어 사이에는 반드시 의도적으로 충분한 휴지기간을 준다.

㉨ 이때 입술을 완전히 다물지 않은 상태로 둔 채 다음 단어를 계속한다.

㉩ 단어의 끝은 끊어지듯 하지 않고 부드럽게 천천히 낮춘다.

키워드 Pick

(3) 가족 및 교사의 유의사항

① 가족구성원이 경계선급 말더듬 아동을 도와주는 방법

듣는 연습	모든 아동은 말에 있어 말하는 내용도 중요하다는 것을 깨달아야 한다. 특히 말더듬이 시작되는 아동에게는 이러한 깨달음이 더우 중요하다. 매일 일정시간을 정해 두고(15~20분) 아동과 함께 듣는 시간(listening time)을 갖도록 한다. 이 시간 동안 아동에게 제안 혹은 지시는 삼간다. 아동이 다른 사람이 말하는 것을 유심히 듣지 않는다면 조용히 활동만 하도록 유도한다.
느린 구어 속도	가족구성원은 대화에서 부드럽고 느리게 말하도록 한다. 전체적으로 이완되고 조용하게, 편안한 상태로 말해야 한다.
쉼(휴지)	대화에서 말을 주고받을 때 최소 1~2초 정도 쉼을 가지도록 하는 것도 도움이 된다. 이는 다른 사람이 끼어들거나 방해하지 못하도록 하는 데 특히 도움이 된다.
긍정적 반응	자녀가 말하는 것과 행동하는 것에 대해 긍정적인 반응을 많이 하도록 한다. 매우 중요한 문제가 아니라면 교정 혹은 비평은 삼간다. 보통 사람은 '잘하고 있어'라는 생각이 들 때 더 나은 변화들이 빨리 나타난다. 자신에 대해 긍정적인 느낌을 가지고 있는 아동은 보다 더 유창하게 말을 하기 위해 '듣는 연습', '느린 구어속도' 등을 더욱 잘 수행할 것이다.
질문 줄이기	아동이 새로운 것을 학습하도록, 그리고 학습된 지식을 보여 주도록 유도하기 위해 많은 질문을 하는 것은 일반적으로 자연스럽다. 그러나 이는 어떤 아동들(예를 들면, 말더듬 아동)에게는 스트레스를 더 많이 받도록 만든다. 따라서 질문과 지시를 감소시키는 것이 필요하다. 물론 질문과 지시를 감소시켰을 때 아동이 충분히 학습하지 못할까 혹은 학습이 부족할까 염려스럽겠지만 아동에게서 학습은 자연스럽게 일어나는 과정이라는 점을 기억하라. 아동은 자신이 하고 있는 것 그리고 말하는 것에 대해 관심과 긍정적인 반응을 받을 때 학습을 잘할 수 있게 된다.

② 교사가 주의를 기울일 점

㉠ 부정적 정서(벌, 좌절, 불안, 죄의식, 적의)를 감소시켜 주어야 한다.

㉡ 말을 더듬어도 괜찮다는 허용적 분위기를 조성해 준다. 필요한 경우 교사가 약간 말을 어눌하게 하는 모습을 보여 주는 것도 괜찮다.

㉢ 질문할 때는 짧고 간단한 문장으로 한다.

㉣ 잘 알지 못하는 답을 할 때는 말더듬의 빈도가 높아지므로 예상치 못한 질문은 피하는 것이 좋고, 다른 아동에게 먼저 질문함으로써 아동이 준비할 수 있는 시간을 준다.

㉤ 아동이 말을 하려고 할 때는 절대로 중단하거나 다른 아동이 끼어들지 않도록 하고, 교사가 충분히 그 아동에게만 집중하는 모습을 보여 준다.

㉥ 놀림을 당하지 않도록 반 아이들을 대상으로 사전교육을 시킨다. 우리는 모두 다 조금씩 말을 더듬는다는 사실과, 상대방의 태도에 따라 더 말을 더듬을 수 있다는 주의도 함께 준다.

ⓢ '말더듬'이라는 용어를 사용하지 않도록 한다.
ⓞ 듣기가 답답하거나 아동이 힘들게 말하더라도 "이 말을 하려는 거지?"하면서 대신 나머지 말을 해 주지 않는다.
ⓙ 수업시간에 '읽기' 순서를 면제해 주기보다는, 짝을 이루어 2명씩 함께 읽도록 하는 방법을 사용하는 것이 좋다. 이때 다른 아이들과 동일한 규칙을 주어야 한다.
ⓒ 아이의 말을 이해하지 못했다면 이해한 척하지 말고 "미안해. 중간 단어를 이해 못했어." 또는 "철수가 뭘 어쨌다고? 다시 한번 해 줄래?"라고 구체적으로 요구하는 것이 좋다.
ⓚ 말을 더듬는 아동들은 말로 자신의 부당함이나 상황을 잘 표현하지 못한다. 구두적 직면을 두려워하기 때문에 사실이 드러나지 않는 경우가 많다. 따라서 또래 아동과의 갈등 상황이 발생할 경우 교사는 아동에게 설명할 수 있는 시간을 충분히 주고 들어 주려는 자세가 필요하다.
ⓣ 편안하고 수용적인 학급 분위기를 조성한다.
ⓟ 교사는 말의 속도를 늦추고, 아동의 발화가 끝난 후 바로 대답하지 말고 시간간격을 둔 후에 반응한다.

Chapter 12

맥 Plus

말더듬 치료법의 요약

심리적 접근법	• 정신 분석: 무의식에 있는 갈등을 해소시킴 • 심리 치료: 심리적 문제를 해소시킴 • 상담: 부정적 감정과 연관된 태도를 수정함
말더듬 수정법 (유창하게 더듬기)	• 편하고 쉽게 반복하기 • 부수적인 행동을 감소시키기 • 비정상적 유창성을 감소시키기
유창성 완성법 (유창하게 말하기)	• 조절된 언어 익히기(음절 늘려 말하기, 숨 적절히 쉬기, 쉽게 시작하기, 살짝 접촉시키기) • 단계적 언어 상황 올리기
통합적 접근법	• 부정적인 감정 줄이기 • 회피행동 줄이기 • 말더듬 순간을 변화시키기 • 유창성 수립하기

키워드 Pick

구어 속도 조절중재를 위한 전략들

구어 속도 조절방법	중재전략
느린 속도	• 임상가의 모델 제시 • 천천히 하는 것을 상기시키기
연장된 구어	• 음과 음절에서 모음 연장하기 • 유성음 연장하기 • 음성가의 모델 제시하기
리드믹한 암시법	• 임상가가 문단 내 단어를 지적하기 • 손가락 두드리기를 통해 원하는 구어 속도에 맞게 리드믹한 신호 보내기
메트로놈	• 메트로놈을 분당 90비트로 맞추기
손가락/손으로 두드리기	• 리듬이 있는 손가락 혹은 손 두드리기로 각 단어를 말하기 • 임상가의 모델 제시
속도 게시판	• 산출하는 각 단어에 해당하는 속도 게시판을 지적하기 • 임상가의 모델 제시
지연청각 피드백 (DAF)	• DAF를 250ms에 맞추기 • 임상가의 모델 제시 및 지시하기

속화인을 위한 치료 프로토콜

단계	치료 프로토콜
확인단계	• 속화인에게 평가와 치료의 필요성을 확인시키기 • 속화인의 기본 관심사를 확인하기 • 합의에 의한 목표 설정하기 • 속화의 근본적인 요소에 대해 토의하기
모니터링과 자기 인식단계	• 비디오를 통해 분석하기 • 구어를 이해하는 데 어려움에 대해 확인하기 • 치료과정에서 자기 모니터링의 중요성을 강조하기
수정단계	• 지나치게 빠른 구어 속도 수정하기 • 구어의 리듬과 억양 수정하기 • 조음 수정하기 • 과도한 조음/중얼거림 수정하기 • 언어적 문제 수정하기 • 담화와 정보의 순서성 수정하기 • 화용적 측면 수정하기 • 이완하기 • 지연청각 피드백(DAF) 이용하기
유창성 유지단계	• 재발현상에 대해 토의하기 • 재발을 일으킬 수도 있는 요인을 확인하기

③ 음성장애

1. 정의

성대, 호흡기관, 그리고 말소리 길의 구조적·기능적 이상으로 인하여 소리의 높낮이, 크기 또는 음성의 질 변화를 초래하는 말장애의 한 유형이다.

<table>
<tr><td>강도장애</td><td colspan="2">• 음성을 전혀 낼 수 없거나, 지나치게 음성이 크거나 너무 작아서 상대방에게 유쾌하지 않은 느낌을 주거나, 이야기의 내용이 충분히 전달되지 않는 경우이다.
• 대부분의 강도장애는 신체적인 문제를 가지고 있지 않는 한 심리적인 문제가 대부분이다.</td></tr>
<tr><td>음도장애</td><td colspan="2">• 연령과 성에 따라 기대되는 음도보다 지나치게 높거나 낮은 경우를 말한다.
– 단조로운 음성: 말을 할 때 음도의 변화가 거의 없다.
– 음도이탈: 말하는 동안 음도가 갑자기 위아래로 변한다.</td></tr>
<tr><td rowspan="6">음질장애</td><td colspan="2">• 거친 소리, 숨 새는 소리, 목 쉰 소리, 이중음성, 과대비음</td></tr>
<tr><td>거친 소리</td><td>과도한 근육긴장과 근육사용으로 인하여 성대가 너무 단단하게 서로 누르면서 나오는 소리이다.</td></tr>
<tr><td>숨 새는 소리</td><td>성대가 서로 접촉할 때 완전히 가까이 접촉하지 못한 상태에서 나오는 소리이다. 마치 바람 빠진 소리처럼 깨끗하지 않다.</td></tr>
<tr><td>목 쉰 소리</td><td>성대가 진동할 때 규칙적이지 못함으로 인해서 생겨나는 소리이다. 거칠고 기식성 소리가 함께 섞여 있다.</td></tr>
<tr><td>이중음성</td><td>성대의 좌우 크기가 다르거나 비대칭적으로 움직이게 되면 상이한 주파수로 진동하게 되고, 따라서 두 개의 음도를 가진 음성이 산출된다.</td></tr>
<tr><td>과대비음</td><td>성대에서는 정상적인 소리를 만들어 내지만 구강음을 산출할 때 비강으로 가는 연구개를 열어 두어서 기류가 코로 빠져나가게 될 때 산출되는 코맹맹이 소리이다.</td></tr>
</table>

기출 LINE

20유) 부자연스러운 고음과 쥐어짜는 듯한 거칠고 거센 소리를 내요.

키워드 Pick

2. 하위 유형

기능적 음성장애	• 성대에는 특별한 병변이 없으나 성대오용·남용 등과 같은 음성 과기능으로 발생 – 기능적 실성증 – 근육긴장 실성증 – 기능적 무성증 – 성대 비대증 – 성대결절 – 변성기 가성 – 가성대 실성증
기질적 음성장애	• 발성기관의 구조적 손상이나 기질적 질병에서 기인한 음성장애 – 선천적(구조적) 음성장애: 기도협착, 후두횡격막 – 성대의 조직변화로 인한 음성장애: 라인케부종, 후두염, 성대휘어짐, 성대고랑, 후두외상
심인성 음성장애	• 심리적인 문제로 인하여 발생하는 음성장애
신경학적 음성장애	• 성대마비 • 파킨슨병 • 근무력증 • 경련 실성증 • 후두암

3. 음성장애 진단

(1) **주관적 음성평가**: GRBAS 척도

① 평가자에 의한 청지각적 검사로서 청지각적(auditory perceptual) 평가는 대상자의 음성을 귀로 듣고 주관적으로 판단하는 방법이다.

② 대표적으로 가장 많이 사용되는 GRBAS 평정법은 일본 음성언어의학회에서 제시한 방법으로서 각 항목은 0, 1, 2, 3점으로 된 4점 척도이다. 0점은 해당하는 항목에 특성이 없을 때, 즉 정상인 경우를 말하며, 가장 심할 경우에는 3점을 주어 점수를 산출한다.

③ 음성 샘플은 다섯 가지 모음인 /a/, /e/, /i/, /o/, /u/를 각 2초 동안 자연스러운 높이와 크기로 발성하도록 하여 평가한다.

④ G(grade)는 음성에 대한 전반적인 느낌을 평가하며, R(rough)은 거칠거나 탁한 음성의 정도를 말한다. B(breathy)는 발성할 때 성문 사이로 기류가 빠져나가면서 만들어지는 잡음의 정도이며, 또한 기식성의 정도를 알 수 있다. A(asthenic)는 음성을 들었을 때 청각적으로 힘이 없다고 느끼는 정도로서 주로 음성의 과소기능증에서 많이 나타난다. S(strained)는 쥐어짜는 듯한 소리로서 성대의 과도한 근육긴장과 노력이 느껴지는 정도이다.

⑤ GRBAS 평정법은 이비인후과 의사나 음성언어 병리학자들이 많이 사용하는 방법이다. 일상적으로 사용하기에 적당한 단순성과 짧은 척도가 장점이지만, 검사자의 배경과 임상경험, 검사자의 편견과 음성 샘플에 따라 다양한 판정이 나올 수도 있다. 무엇보다도 목소리의 강도나 음도를 평가하지 못하고 음질만을 평가한다는 단점이 지적되고 있다.

⑥ 유럽에서는 GRBAS 척도를 RBH 척도로서, R(Rough), B(Breathy), H(Husky)를 0~3점으로 점수를 주는 방법을 사용하기도 한다.

○ GRBAS 평정법

G	전반적으로 목 쉰 소리를 표시	전체적인 음성 등급
R	음성의 거친 정도를 표시	거친 음성
B	숨찬 소리의 정도를 표시	기식성 음성
A	충분한 힘의 정도를 표시	무력성 음성
S	과도한 근육긴장 정도 표시	억압적 음성

(2) 객관적 음성평가

① 객관적 평가방법은 음향음성학적(acoustic) 평가로서, 음성장애의 정도를 양적으로 수치화할 수 있다는 장점을 가지고 있다.

② 객관적 음성평가를 위하여 다양한 컴퓨터 소프트웨어가 사용되고 있다.

(3) 생리학적 평가

① 성대의 질병을 정확하고 객관적으로 진단하기 위해서는 후두 스트로브스코피(Laryngeal Strobscopy)가 가장 많이 사용된다. 성대의 움직임을 자세히 관찰함으로써 후두기관의 병변을 확인할 수 있다. 이 검사를 통해 기질적 음성장애와 기능적 음성장애의 판정도 가능하다.

② 또는 전기성문파형 검사를 이용하여 후두기능을 평가할 수 있다. 성대가 외전 시에는 성대 사이에 공기가 있으므로 저항이 커지고 내전 시에는 저항이 작아지게 된다.

(4) 대상자의 주관적 음성평가

① 음성장애를 가지고 있는 대상자가 직접 자신의 음성과 관련된 심리적 측면을 평가하는 방법으로서 음성장애지수(VHI : Voice Handicap Index), 아이오와 환자음성색인(IPVI) 등이 있다.

② 환자 스스로 어떻게 인식하는지를 알 수 있으나, 수치 자체가 음성장애 정도를 보여주는 것은 아니다.

키워드 Pick

4. 음성장애 중재 11중

(1) 음성장애의 예방

① 아동의 음성남용을 피하기 위해 가족구성원은 상황에 적절한 크기로 대화를 하고 있는가를 돌아보고, 조용히 말하는 습관을 갖도록 하여야 한다. 또한 아동이 극도로 시끄러운 환경(TV가 항상 켜져 있다거나, 라디오에서 시끄러운 음악이 나온다거나)에서 말을 하고 있는지를 살펴보고, 가급적 불필요한 소음음원을 제거하는 것이 좋다.

② 주변 소음이 클 경우에는 자신도 모르는 사이에 목소리의 크기가 커지게 되므로, 가급적 소음 속에서 말하는 것은 피하도록 한다.

③ 소리를 크게 질러야 할 상황에서 어떻게 하고 있는지 살펴본 후, 경우에 따라서는 호루라기나 작은 종 등을 활용해서 소리를 질러야 하는 상황을 피하게 한다.

④ 보통 때는 드러나지 않다가 과격한 놀이를 할 때 목소리를 과도하게 사용하는 경향이 있으므로, 형제자매나 또래 친구들과 놀 때 지나치게 고성을 지르는지 관찰할 필요가 있다.
⑤ 특히 늘 헛기침을 하는 습관이 있는지를 보아야 하는데, 무의식으로 헛기침을 할 때마다 아이와 어떤 신호를 정해서 습관을 고치도록 하여야 한다.
⑥ 고성을 지르는 것만큼 성대에 좋지 않은 것은 바로 귓속말하는 습관이다. 따라서 그에 대한 설명을 해서 귓속말하는 습관을 갖지 않도록 하여야 한다.
⑦ 방향제나 아로마 오일 등을 과도하게 지속적으로 사용할 경우에는 성대 점막을 건조하게 하므로 가급적 사용하지 않는 것이 좋다.
⑧ 지속적인 기침 또한 성대에 좋지 않은 영향을 미치므로 의사의 진단을 받도록 하여 평소 말할 때의 자세도 살펴보아야 한다.
⑨ 목소리는 자세가 중요한 영향을 미치므로 반드시 허리를 펴고 말하는 습관을 갖게 한다.
⑩ 특히 성대는 점막질로 이루어져 있기 때문에 충분한 수분 공급이 필요하다.
⑪ 하루 최소 1리터 이상의 물을 마시도록 한다. 또는 방에 가습기를 두어 습도를 조절해 주고, 일상생활에서 아동의 공격성을 해소할 수 있는 충분한 신체적 운동기회를 갖도록 한다.

(2) 음성장애 학생을 위한 교실에서의 중재 16초

① 학급 안의 소음을 줄인다.
② 학급 밖의 소음이 클 경우에는 음성 사용을 자제하도록 한다.
③ 교사 스스로 좋은 음성을 모델링해 준다.
④ 생수를 자주 마실 수 있도록 생수를 교실에 비치해 둔다.
⑤ 체육시간에 응원을 할 때는 음성 대신 손뼉이나 도구(깃발 등)를 사용하도록 한다.
⑥ 음악시간에는 과도하게 음도를 높이거나 힘을 주지 않도록 한다.
⑦ 친구를 부를 때에는 다가가서 말하거나 손을 흔들어서 신호하도록 한다.
⑧ 운동하는 동안 음성남용이 쉽게 발생할 수 있다는 것을 염두에 두고, 음성보다는 손신호를 사용하도록 한다.
⑨ 교실 내에서 음성오용과 남용을 줄일 수 있는 방법을 개발한다.

(3) 음성장애의 중재

① 윌슨의 행동주의적 접근

㉠ 손다이크와 스키너의 조작적 조건형성 이론을 바탕으로 한다.
㉡ 음성장애중재의 첫걸음은 긍정적인 음성 산출에 강화를 주어 바람직한 음성 산출 발생확률을 증가시키는 것이며, 잘못된 성대 사용을 억제하고 적절한 강도와 음도, 속도, 공명, 근육긴장을 목표로 한다.
㉢ 행동주의적 접근에서는 '청각 훈련'을 강조한다.
㉣ 다른 사람들의 목소리를 듣고 음성적인 특징을 변별하는 훈련을 한 다음, 자신의 음성을 스스로 지각하는 단계를 거치게 된다. 아동이 자신의 음성을 빨리 지각하면 할수록 잘못된 음성사용 습관이 빨리 개선되기 때문이다.

ⓜ 음성행동변화를 위해 만들어진 체계화된 프로그램에 따라 아동은 적극적으로 참여하게 된다.

ⓑ 아동은 소리를 지르지 않고도 자신의 의견을 전달하고 관철시킬 수 있다는 것을 배우고, 상대방에게 말을 할 때 부르지 않고 그 사람에게 가까이 가서 말하는 습관을 길러야 한다.

ⓢ 말보다는 행동으로 자신의 요구를 더 효과적으로 전달하는 방법 등을 학습함으로써 잘못된 성대남용 습관을 고칠 수 있다.

② 놀이활동을 통한 중재

㉠ 청지각 훈련을 통한 활동

- 청각적인 지각능력의 개선은 아동이 자신의 음성을 의식적으로 지각할 수 있도록 하는 데 목적이 있다.
- 카세트에서 나오는 다양한 음성을 듣고 큰 소리/작은 소리, 거친 소리/부드러운 소리, 높은 소리/낮은 소리, 쥐어짜는 소리/기식음 소리, 불쾌한 소리/좋은 소리 등을 말하도록 한다. 다음에는 아동의 음성을 녹음한 후 그것을 듣고 똑같은 방법으로 분석해 본다.
- 각 아동들은 하나씩 동물의 울음소리를 흉내 내는데, 원래 울음소리보다 곱고 부드럽게 소리를 내는 것을 약속한다. 그 울음소리를 유지하면서도 기쁨, 슬픔, 화남 등을 표현하도록 한다.
- 동일한 크기와 형태를 가지고 있는 통 속에 다양한 재료들(돌, 콩, 모래, 쌀, 잘게 찢은 신문지, 비스킷, 사탕 등)을 넣고 뚜껑을 닫는다. 소리를 듣고 안에 무엇이 들어 있는지를 알아맞히고, 소리의 특성을 말하도록 한다.

㉡ 호흡지각 및 호흡연장

- 직접적인 호흡법을 중재하게 되면 경직되고 호흡의 메커니즘이 깨어질 수 있으므로 즐거운 놀이 형태로 자연스럽게 접근하여야 한다.
- 책상 주변을 5~6명의 아동이 둘러선다. 책상 위에 있는 탁구공을 불어서 책상 밑으로 떨어지지 않고 춤만 추도록 하는 과제를 제시한다. 공을 불 때는 사전에 약속된 동일한 정도의 숨만 내뱉도록 하고 최소한의 호흡을 하도록 한다.
- 입을 크게 벌리고 목구멍으로 소리 나게 숨을 들이마신다. 이때 혀는 밖으로 길게 뺀다. 순간 호흡을 멈추고 혀를 길게 뺀 채로 2~3초 유지한 후 한숨과 함께 숨을 내뱉는다.

㉢ 자세

- 옳지 않은 자세는 좋은 음성을 만들어 내지 못한다. 그래서 아동들은 자신의 자세를 지각하고 문제가 있다면 자세를 교정하는 노력을 하여야 한다.
- 아이들은 머리에 무거운 책을 얹고 공간을 조심스럽게 걸어 다니기 시작한다. 어느 정도 익숙해지면 /아/, /마/, /파/ 등 음소를 말하고 점차적으로 짧은 문장을 말하면서 걷도록 한다.

키워드 Pick

㉣ 말소리의 속도

- 음성에 문제를 가지고 있는 아동들은 말을 너무 빨리 하고 쉼 없이 급하게 이어 나가는 경향이 있다. 이런 아동들은 자신의 말소리의 속도를 지각하고 변화시켜야 한다.
- 아동들은 모두 의자에 기차처럼 일렬로 앞을 보고 앉는다. 앞사람과의 간격은 넓지 않게 하며, 기차가 천천히 출발한다. 이때 '쉬 쉬 쉬'하는 소리를 부드럽게 낸다. 기차는 점점 빨라진다. 손과 발이 함께 장단을 맞추면서 '쉬 쉬 쉬' 소리를 내다가 점점 더, 나중에는 더 이상 빨라질 수 없을 만큼 빨라진다. 그다음 다시 이완하고 부드러운 소리를 내면서 전후를 비교하여 느끼도록 한다.

㉤ 부드러운 성대접촉

- 부드러운 음성을 산출하기 위해서는 성대가 부드럽게 접촉하여야 한다. 급작스럽고 강하게 접촉하게 되면 거친 소리가 나오며, 성대를 상하게 하는 결과를 가져온다.
- 아동과 나란히 서서 상대방에게 공을 던져 주는 게임을 한다. 상대편 사람이 공을 받으면 '오－호', '아＝하' 혹은 '아－후'라고 말하고, 공을 받지 못하면 '이＝히'라고 말한다.
- 아주 높은 산을 오르고 있다는 상상을 한다. 음도를 선택한 후 도, 레, 미, 파, 솔, 라, 시, 도로 발성을 한다. 만약 음도를 너무 높게 잡거나 소리가 너무 거칠 경우에는 산에게 피해를 줄 수 있으니 조심스럽고 부드럽게 소리를 내기로 약속을 한다.
- 아동과 교사 또는 아동과 아동이 약 2m 거리를 두고 마주 선다. 그 사이에는 커다란 강이 놓여 있고 거센 물결이 일고 있다고 상상한다. 한 아동은 사공이 되고 또 한 아동은 도움을 요청하는 사람이 된다. "Hoho, hallo, hoho, hallo"하면서 손을 양 입에 모으고 소리가 저쪽까지 들리도록 하되, 목소리는 아주 낮고 부드러워야 한다. 사공이 오라고 손짓을 해야만 합격이 되어 강을 건널 수 있다. 만약 아동의 소리가 너무 크거나 고음일 경우에는 사공의 손짓을 받을 수 없다.

㉥ 음도유지

- 호기를 오랫동안 유지하는 훈련은 음도를 지속시키는 기능을 한다.
- 입안에 껌이 있다고 상상하고 씹는다. 그 다음에는 껌을 엄지와 검지를 이용해서 길게 밖으로 늘려 뺀다. 이때 가능할 때까지 소리를 지속시킨다.

(4) 음성치료 접근법

① **음성위생법**: 음성장애의 행동적 원인을 찾아내고 그것을 감소시키거나 제거하는 것에 초점을 둔다.

② **증상개선법**: 원인에 관심을 갖기보다는 낮은 음도, 소리 크기 및 음성의 질이 정상적인 범위를 넘어섰을 경우 이러한 증상을 수정하는 데 초점을 둔다.

③ **심리적 접근법**: 음성장애의 치료에 영향을 미칠 수 있는 음성장애 환자의 감정 및 사회심리적 상태의 변화에 대해 관심을 갖는다.

④ **생리학적 접근법**: 음성이 편안하게 될 수 있도록 호흡, 발성 및 공명 기관에 관련된 근육의 움직임을 변화시킨다.

⑤ **절충적 접근법**: 앞의 네 가지 접근법을 혼합하여 사용하는 접근법이다.

(5) 성대 남용 및 오용으로 인한 음성장애의 치료방법 16초

① 첫 단계에서는 우선 성대에 부정적인 영향을 주는 성대행동을 확인하고, 그 행동의 사용빈도를 점차 감소시켜 결국 환자에게 적합한 음성 산출 유형으로 바꾸어 주는 것을 목표로 한다.

② 목표를 달성하기 위해 환자에게 습관화된 성대 사용 패턴을 가능한 한 의식적으로 사용하지 말고, 말하는 시간을 줄일 것을 권유한다.

③ 치료하는 동안에도 환자에 대한 계속적인 정신적 지원과 격려가 필요하다.

④ 하루 동안 얼마나 자주 큰 소리로 말하였는가, 매우 흥분된 상태에서 얼마나 자주 말하였는가를 스스로 기록하게 하는 것이다.

⑤ 성대 위생교육

⑥ 씹기 기법 또는 하품-한숨 기법

⑦ 이 기법을 사용하여 음성치료를 하는 직접 치료방법보다는 환자에게 정상적인 음성 유지법, 효율적인 음성 사용법, 성대남용 습관의 제거법에 대한 설명을 해주는 간접 치료방법을 이용한다.

맥 Plus

삼킴장애에 따른 교수방법

1. 정의

① 삼키는 것의 어려움을 일컫는 용어이다.

② 일반적으로 음식물을 입에서 식도를 통해 위장으로 옮기는 과정에서의 장애를 말한다.

③ 넓은 의미로는 음식을 먹게 되는 상황에 대한 기대, 음식물에 대한 시각적·후각적 지각을 비롯하여 침의 분비 등 식사 전반에 걸친 모든 과정을 포함한다.

④ 언어장애와 삼킴장애의 동반 가능성은 매우 높다.

2. 원인

뇌졸중, 파킨슨병, 루게릭병, 알츠하이머병, 다발성 경화증, 뇌성마비 등 구강 및 인두, 후두, 식도의 기능에 영향을 미치는 어떠한 문제도 삼킴장애를 일으킬 수 있다.

3. 증상

① 가장 흔한 증상은 음식물을 삼킬 때 보이는 기침, 즉 흡인이다.

② 흡인이 일어날 경우, 대부분 기침이나 재채기를 해서 기도로부터 이물질을 제거하려고 하는 것이 정상적인 반응이지만 감각/운동기능에 심한 손상이 있는 경우 외부로 드러나는 아무런 반응을 보이지 않을 수도 있다.

③ 무증상흡인을 보이기도 한다.

④ 원인 모를 체중감소나 가래 등 인후두 부근의 분비물 증가, 가릉거리는 음성도 삼킴의 문제로 인한 것일 수 있다.

⑤ 폐렴이 자주 재발하는 경우도 삼킴장애를 의심해봐야 한다.

⑥ 흡인성 폐렴은 특히 삼킴장애의 가장 위험한 합병증으로 환자를 사망에 이르게까지 한다.

4. 삼킴장애에 사용되는 치료기법

혀고정삼키기, 노력삼킴, 온도-촉각 자극법, 고개올리기운동, 밸델슨 법, 성문위삼킴, 최대성문위삼킴 등이 있다.

키워드 Pick

04 언어장애

① 언어의 구조 15유, 20초

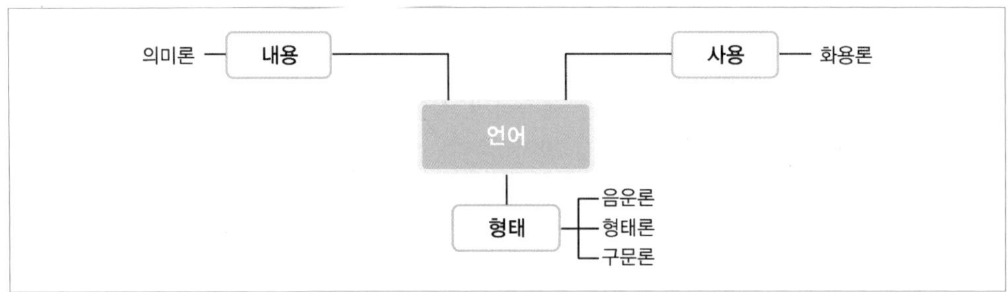

| 언어의 다섯 가지 구성요소 |

기출의 맥

언어의 구성요소별 이론은 구체적으로 잘 정리해 두어야 합니다. 관련 예시들을 포함하여 폭넓게 봐 두세요.

언어의 구성요소 15 · 20유, 18 · 20초, 20중

구성요소	언어의 하위체계	정의	사용의 예	
			수용언어	표현언어
형태 (form)	음운론 (phonology)	말소리 및 말소리의 조합을 규정하는 규칙	말소리를 식별함	말소리를 만들어서 분명하게 발음함
	형태론 (morphology)	단어의 구성을 규정하는 규칙	단어의 문법적인 구조를 이해함	단어 내에서 문법을 사용함
	구문론 (syntax)	단어의 배열, 문장의 구조, 서로 다른 종류의 문장구성을 규정하는 규칙	단어의 의미와 단어들 간의 관계를 이해함	단어의 의미와 단어들 간의 관계를 사용함
내용 (content)	의미론 (semantics)	의미(단어 및 단어의 조합)를 규정하는 규칙	문구와 문장을 이해함	문구와 문장 내에서 문법을 사용함
사용 (use)	화용론 (pragmatics)	사회적 상황에서의 언어 사용과 관련된 규칙	사회적 또는 상황적 단서를 이해함	다른 사람에게 영향을 미치기 위하여 언어를 사용함

1. 음운론

(1) 음운론의 의미

<table>
<tr><td>음성학</td><td colspan="2">• 말소리에 대한 과학적인 기술과 분류이다.
• 음성학에서는 의미와 상관없이 소리가 어디에서 어떻게 산출되는가에 대한 특성을 다룬다.
• 사람의 입에서 만들어지는 물리적인 말소리, 즉 '음성'을 기본단위로 하며 음성 기호인 [ ]을 사용한다.</td></tr>
<tr><td rowspan="3">음운론</td><td colspan="2">• 말소리의 체계와 기능을 연구하는 분야이다.
• 소리가 어떤 체계와 기능을 갖느냐를 다룬다.
• 음운론의 기본단위는 '음운(또는 음소)'이다.</td></tr>
<tr><td>음소</td><td>• 분절 음운으로서 자음과 모음으로 구성된다.
• 말을 하거나 듣는 사람에게 소리의 차이를 일으키게 하는 자음과 모음으로 구성된 최소의 음성단위이다.</td></tr>
<tr><td>운소</td><td>• 장단, 억양, 강세 등과 같은 비분절 음운을 의미한다.</td></tr>
</table>

(2) 일반적인 음운발달의 구체적 특성

① 모음은 자음보다 먼저 발달한다.

② 자음은 양순음을 가장 먼저 습득하고 마찰음과 파찰음을 가장 늦게 습득한다.

③ 유성음을 무성음보다 먼저 습득한다.

④ 그 문화권에서 자주 사용하는 말소리를 빨리 습득한다. 예를 들면, 독일어의 'ich'=[ɪʃ]는 '나'라는 의미로서, [ʃ] 발음은 일반적으로 습득이 어려움에도 불구하고 빨리 발음하는 것을 볼 수 있다.

⑤ 분절음보다 초분절음(억양과 강세 등)을 먼저 습득한다.

⑥ 음운발달과정에서 나타나는 현상

㉠ 반복현상은 음절 습득 초기에는 '마마', '꿀꿀', '까까' 등과 같이 일정한 음운을 반복해서 발성하는 경향을 보인다.

㉡ 축약현상은 발성할 때 끝음절을 생략하고 말하는 것으로서, 복잡한 음운의 경우에는 단순화시켜서 습득하는 경향을 보인다. 예를 들면, '할머니'는 '함니'로, '빠이빠이'는 '빠빠이'로 생략하여 발음하는데, 이것은 의도적이 아니라 조음하기 어려운 음운을 생략하거나 축약하여 말하는 것이라 볼 수 있다.

㉢ 대치현상은 발음하기 어려운 특정한 음을 다른 음으로 바꾸어 발음하는 것으로서, 조음기관이 제대로 발달하지 못한 상태에서 나타난다. '노래'가 '노내'로, '과자'가 '가자'로 발음되는 경우가 그 예이다.

㉣ 언어 습득기에 나타나는 경음화현상은 평음에 강세를 넣어 발성하는 것으로서, '고기'가 '꼬기'로, '밥'이 '빱'으로 발음된다.

키워드 Pick

2. 형태론

(1) 형태론의 의미

① 형태론은 한 언어에서 형태소들이 결합하여 낱말을 형성하는 체계 또는 규칙을 말하는 것으로, 즉 단어를 형성하는 규칙(통사론은 문장을 구성하는 규칙)을 의미한다.

② **형태소**: 형태론의 기본 단위, 의미를 가진 더 이상 쪼갤 수 없는 최소 단위

예 차(車)와 차(茶)는 어형은 같지만 다른 의미를 가지고 있기 때문에 동일한 형태소가 아니다.

③ 형태소 기호는 일반적으로 { } 안에 넣어서 표기한다.

④ 독자적으로 존재하는 형태소도 있지만, 반드시 다른 형태소와 결합되어야만 하는 형태소들도 있다.

(2) 형태소의 종류

① 형태소가 가지고 있는 의미 유무에 따라

실질형태소	• 어휘형태소 • 어휘적 의미를 가지고 있는 형태소
형식형태소	• 문법형태소 • 문법적 의미를 가지고 있으며, 독립적으로는 쓰이지 못하고 실질형태소와 결합해서만 쓰임

② 자립성에 따라

자립형태소	문장에서 독립된 단어로 쓰일 수 있음 예 {아프리카}, {사람}, {원숭이} 예 '맏형'이라는 단어에서 {형}은 자유롭게 독립적으로 사용될 수 있으므로 자립형태소라 하고, {맏}은 다른 형태소와 결합하지 않으면 안 되기 때문에 의존형태소라고 함
의존형태소	다른 형태소에 부착되어야만 쓰일 수 있음 예 {들}, {-이}, {-를}, {잡-}, {았-}, {-다} 예 '하얀'은 '하얗다'의 어간 '하얗'에 어미 '-ㄴ'이 붙은 형태로서 '하얗'은 실질적인 의미를 가지고 있지만 홀로 쓰일 수 없다는 점에서 의존형태소로 분류됨

③ 파생어와 합성어

파생어	• 두 개의 어휘형태소가 붙어서 새로운 단어를 이루는 방식 • 파생어는 어근에 접사가 결합되는 형태 • 어근은 단어의 중심 의미를 나타내는 부분이고, 접사는 단어의 부차적인 의미를 나타내는 부분으로, 접사는 다시 접두사와 접미사로 나뉨 예 '외할머니'는 '할머니'가 어근이 되고, '외'는 접사가 됨 예 '공손히'는 '공손'이 어근, '히'가 접사가 됨
합성어	• 두 개의 어휘형태소가 결합하여 새로운 단어를 이루되, 형성방식이 두 개 이상의 어근으로 만들어진 것 예 들짐승, 처남댁, 그만두다

④ 이형태: 형식형태소의 형태가 다르지만 같은 의미를 가지고 있는 경우

예 주격조사 '이'와 '가'는 앞 음운이 자음일 경우는 '이', 모음일 경우는 '가'를 사용

(3) 형태소의 발달

① 문법형태소 출현의 경향성

㉠ 문법형태소는 실질형태소보다 늦게 습득된다.

㉡ 어휘량이 늘어나고 낱말이 조합되면서 문법형태소가 나타나기 시작한다.

㉢ 공존적 조사(같이, 랑, 하고)를 먼저 습득한다.

㉣ 주격조사 'ㅇㅇ가, ㅇㅇ이, ㅇㅇ는'은 3세의 경우 60~65% 이해한다.

㉤ 동사의 어미는 서술형(다, 라, 자 : 하자), 과거형(았, 었 : 했었어), 미래형(ㄹ : 할 거야) 순으로 습득한다.

㉥ 조사는 5세경에 거의 습득한다.

② 형태소의 발달단계

단계	내용
첫 어휘단계	자립형태소 중심으로 첫 단어 산출 예 엄마, 코, 빵빵, 맘마
새 어휘첨가단계	새로운 단어를 결합하여 산출 예 안 줘, 엄마 밥, 아빠 가
초기 의존형태소 출현 단계	복수형, 소유격, 동사시제 출현 예 토끼들, 엄마의 옷, -다, -까?, -요 등의 굴절어미 사용
복합어 형성단계	두 개 이상의 형태소 결합 예 과일가게, 사촌누나, 식탁의자
후기 의존형태소 출현단계	비교급, 최상급, 파생어 예 더 많이, 가장 빨리, 앉혀 줘

③ 문법형태소의 출현 순위

순위	문법형태소	예
1	문장어미	엄마야(호칭어미), 내꺼야(문장어미)
2	공존격	엄마랑, 아빠하고, 나랑
3	장소	엄마한테(목표격), 안에(장소격)
4	과거	산에 갔어, 쉬했다
5	미래	갈래, 낸내 할 거야
6	주격조사	아가가, 삼촌이
7	진행	이제 비 온다, 책 본다
8	수동	바지 입혀줘, 먹여줘
9	주어조사	나는, 오빠는
10	목적격 조사	밥을, 엄마를
11	도구적 조사	칼로 고쳐, 이걸로 깨

키워드 Pick

3. 구문론

(1) 의미

① **구문론**: 낱말의 배열에 의하여 구, 절, 문장을 형성하는 체계 또는 규칙이다.
② **구**: 두 개 이상의 어절이 모여 하나의 문장 성분(명사구, 동사구, 형용사구, 부사구, 관형사구)을 이루지만 자체 내에 주어와 서술어 관계를 형성하지 못한 것이다.
③ **절**: 주어와 서술어 관계를 가지고 있지만 독립적으로 사용하지 못한다는 점에서 문장과 구별된다.
④ 구문론의 주성분은 문장인데, 문장은 단어가 일정한 규칙에 의해서 연결되고 조직된 형태를 의미한다.
⑤ 문장 내 단어의 배열은 정해진 규칙을 따라야 하며, 문장은 서술, 명령, 의문 등 문장의 기능에 따라 다르게 구성되어야 한다.

(2) 구성요소

발화길이	• 사용하는 발화의 길이 • 성장하면서 점차적으로 발화길이가 증가 • 아동이 사용하는 문장의 길이는 구문발달의 지표가 될 수 있음 • 평균발화길이(MLU)는 언어발달과 밀접한 관계가 있음
문장양식	• 서술문 • 의문문 • 감탄문 • 명령문 • 부정문
문장의 종류	• **단문**: 문장 내에 주어와 동사가 하나씩인 경우 • **중문**: 두 개 이상의 문장으로 만들어져 있고 접속사로 연결되어 있음 • **복문**: 하나 이상의 문장이 또 하나의 문장 속으로 들어가서 구나 절이 포함된 구조로, 복문은 다시 접속사에 의한 복문과, 절을 하나의 문장으로 가지고 있는 내포문 형식의 복문으로 나눌 수 있음

(3) 구문발달의 특성

① 연령이 증가할수록 구문의 길이가 길어진다.
② 초기의 단문 형태는 연령 증가와 함께 감소되고, 대신 복문이 출현한다.
③ 연령이 증가할수록 복문 가운데 접속문보다 내포문의 사용이 증가한다.
④ 초기 단계에서는 접속문에 '나열' 구조가 가장 많이 사용되고, 연령이 증가할수록 다른 접속문 형태가 증가한다.
⑤ 내포문에서는 명사절이 가장 빨리 출현한다.
⑥ 복문 내에서의 절 사용과 시제 및 피동/사동 접사 사용은 학령기에 들어가서까지도 발달과정을 거친다.
⑦ 의문문은 서술문보다 늦게 출현한다.
⑧ 의문사의 출현 순서는 연구자들마다 조금씩 차이를 보이지만, 일반적으로 '무엇'과 '누구'를 가장 먼저 습득하고 시간 개념인 '언제'는 늦게 출현한다.
⑨ 부정문의 경우에는 '안'이 '못'보다 먼저 나타난다.

4. 의미론 21·24중

(1) 의미론의 의미

① 의미론이란 언어의 의미를 연구하는 언어학의 한 분야로서 말의 이해 및 해석에 관한 영역이다.

② 의미론의 주성분은 단어이다. 그렇다면 단어란 무엇인가? 단어는 '자립할 수 있는 최소 단위'라고 보는 것이 일반적이다. 명사, 동사, 형용사, 부사, 관형사와 같은 내용어는 자립성과 독립성을 충족하고 있다.

③ 그러나 조사나 어미와 같은 기능어는 어떻게 볼 것인가? 그에 대한 논의는 계속되고 있다.

④ 표준국어대사전에서는 '단어란 분리하여 자립적으로 쓸 수 있는 말이나 이에 준하는 말, 또는 그 말의 뒤에 붙어서 문법적 기능을 나타내는 말'로 정의하고 있다.

(2) 여러 가지 의미 유형

① 중심적 의미(가장 핵심적인 의미)와 전이적 의미(중심적 의미를 제외한 의미, 주변적 의미)

② 외연적 의미(보편성을 가진 사물의 특정한 의미)와 암시적 의미(내포적 의미, 개인마다 상이할 수 있는 의미)

③ 단의어, 다의어, 동음어

④ 유의어와 반의어

⑤ 단일어와 복합어

(3) 어휘 습득과정에 나타나는 일반적인 특성

① 보통명사를 고유명사보다 먼저 습득한다. 보통명사란 어떤 종류 전체를 나타내는 명사로서, 꽃 또는 산 등이 해당한다. 반면에 고유명사는 하나뿐인 특정한 사람이나 사물의 이름으로서, 예를 들면 개나리꽃, 영취산 등이 해당한다.

② 일반명사와 일상생활 용어를 가장 먼저 습득한다.

③ 추상적인 개념을 표현하는 단어(생각하다, 느끼다)보다는 구체적인 행위(간다, 먹다)를 표현하는 단어를 먼저 습득한다.

④ '고양이'나 '자동차'라는 이름보다는 '야옹', '빵빵'이라는 의성어를 먼저 습득한다.

⑤ 동사보다 명사를 먼저 습득한다.

⑥ 24개월경부터 동사 산출이 급격히 증가한다.

⑦ 30개월이 지나면서 조사, 위치, 시간, 대명사 등과 같은 문법적 기능어들이 출현하기 시작한다.

⑧ 36개월경이 되면 연결접속사(그리고, 그런데, 그래서)들이 출현하기 시작한다.

⑨ 수용언어가 표현언어보다 먼저 발달한다.

기출 LINE

24중) 어휘 수도 부족하고 낱말을 확실하게 기억하지 못해서, 낱말의 이름을 떠올려 산출하는 것을 어려워합니다.

키워드 Pick

(4) 두 단어 의미관계 출현 순위(국내아동에게서 자주 나타나는 두 단어 의미관계)

순위	의미관계	예
1	실체-서술	이거 신발이야.
2	대상-행위	이거 먹어.
3	배경(장소)-행위	여기에 놔.
4	배경(장소)-서술	위(안)에 있어.
5	행위자-행위	내가 할래.
6	용언수식-행위	빨리 먹어.
7	소유자-실체	내 양말
8	경험자-서술	나 배고파.
9	소유자-서술	내 사과야.
10	체언수식-실체	큰 책

기출 LINE

19유)
- 교실 어항의 공기 펌프에서 나오는 공기 방울을 가리키며 "콜라"라고 말했다. 영희 어머니와 통화를 하다가 그 이유를 알게 되었다. 며칠 전 집에서 컵에 따라놓은 콜라의 기포를 본 후로 공기 방울만 보면 "콜라"라고 한다는 것이었다.
- 놀이터에 가고 싶을 때는 "선생님 놀이터 가", 과자를 좋아한다는 표현에 대해 "나 과자 좋아"라고 말한다.

(5) 두단어 시기(이어문)에 나타나는 어휘발달의 특징 19·24유, 13·22·25초

특징	내용
과잉확대현상	• 아직 알고 있는 어휘의 양이 부족하고 정확한 지식이 형성되지 않아서 생기는 현상 • 성인 남자 모두 '아빠'라고 한다거나, 네 발 달린 동물을 모두 '개'라고 말하는 것 • 잠깐 동안 나타났다가 어휘력과 지식이 증가하면 점차 사라짐
과잉축소현상	• 단어가 가지고 있는 본래의 뜻보다도 더 좁은 의미로 사용하는 현상 • 자신이 가지고 있는 경험 속에서만 단어의 의미를 제한하는 것 • '의자'가 앉는 데 사용되는 개념이라는 것을 아직 알지 못하기 때문에, 자기가 아는 특정한 대상만 '의자'라고 생각하는 것
과잉일반화현상	• 언어를 배우는 과정에서 사용 규칙을 일반화시키는 것 • 특히 문법 습득과정에서 많이 나타나는데, 가장 대표적인 것은 주격 조사의 과잉일반화 예 '선생님이가'
주축문법 (pivot grammar)	• 주축이 되는 단어를 중심으로 새로운 단어를 조합하여 문장을 표현하는 것 • 주축어: 두 단어 조합에서 축이 되는 단어 • 개방어: 주축어에 합쳐지는 단어 예 엄마 + 쉬, 엄마 + 어부바, 안 + 가, 안 + 밥이라고 했을 때, '엄마'와 '안'은 주축어

의미적 수평적 발달과 수직적 발달	• 수평적 발달: 사용하는 어휘의 의미에 많은 것들을 경험하면서 새로운 속성을 덧붙여 나가는 것 예 '학교'라는 단어를 배움으로써 학생, 선생님, 숙제, 시험, 공부 등과 같은 어휘들을 학습하는 것 • 수직적 발달: 어떤 어휘개념의 속성을 알고 그와 관련된 단어들을 습득해 나가면서 어휘를 확장해 나가는 것 예 '학교는 공부하는 곳'이라는 속성을 안 다음 초등학교, 중학교, 고등학교, 학원, 그리고 대학교 등의 단어들을 습득해 나가는 것
전보식 문장	• 2세에 접어들면서 어휘의 수가 급격하게 증가하고, 단어들을 함께 결합하여 초보적인 문장을 만들어 가기 시작 • 전보식 문장: 조사나 문법적 의미를 가진 단어들은 모두 생략하고 대부분 핵심적인 단어로만 이루어진 문장을 말함 예 "나는 바나나가 더 좋아요"라고 말하기보다는 "나 바나나 좋아"라고 줄여서 말하는 것

맥 Plus

언어 습득 이론: 행동주의 이론[스키너의 언어행동 유형(맨드, 택트 등)]

구분	내용
맨드	• command와 demand 등의 단어에서 만들어진 용어 • 아이가 무엇인가를 요구하고 부모가 그 요구를 충족시켜 주는 과정에서 만들어지는 언어행동 예 "물"이라는 말로 '물'을 얻고 갈증을 해소함으로써 강화가 되었다면 맨드가 일어난 것 • 언어습득 시 가장 먼저 사용되는 방법
택트	• contact라는 단어에서 유래 • 대상이나 사건에 대하여 이름을 붙이는 기능을 하는 언어반응 • 단순히 욕구충족이 아니라 어떤 사물과 접촉하였을 때 이루어지는 방법 • 어떤 대상을 보고 그 대상의 명칭을 말하면 강화가 주어짐 예 아이가 책상에 있는 '빵'을 보고 유사한 발음을 하게 되면 엄마는 아이의 발화에 의미를 실어 주고 그에 반응함 예 토끼 인형을 가지고 놀면서 아이가 "이끼, 이끼!"라고 할 때마다 엄마는 "맞아! 토끼지. 잘했어!"라고 말을 해 주고 안아주면 아이는 '토끼'라는 단어를 정확하게 습득하게 되는 것
모방	• 말소리를 듣고 우연한 기회에 또는 의도적으로 비슷하게 소리를 내는 과정
오토클래티스 (autoclitics)	• 꾸밈어로서 다른 언어행동 기능에 영향을 줌 예 아동이 "아이스크림"이라는 언어행동으로 아이스크림을 얻는 것이 맨드반응이라면, 그림카드를 보여주고 "이게 뭐지?"라고 묻는 질문에 "아이스크림"이라고 대답하는 것은 택트임. 그리고 "저는 제일 큰 아이스크림 주세요."라고 대답하는 것은 맨드의 꾸밈어 기능을 습득한 것
언어자극-언어반응	• 다른 언어행동에 의해 생겨나는 언어행동 예 "너의 이름이 뭐니?" 등과 같은 질문에 대한 답변

키워드 Pick

언어행동	전제조건	결과	조작활동
mand (맨드)	특정한 동기나 상황	직접적 효력	교사: 왜, 뭐 하고 싶어? 아동: 화(소리를 내지 않고 입모양으로) 교사: 우리 ○○이, 화장실 가고 싶구나!
tact (택트)	물리적 환경과의 접촉	사회적 효력	교사: (그림가드를 보여 주며) 이건 무엇일까요? 아동: 토끼 교사: 참 잘했어요.
echoic (모방)	다른 사람의 언어적 행동	사회적 효력	교사: 완전 잘 했어요, (박수를 치며) 훌륭해! 아동: 훈늉해?
autoclitics (오토클래티스)	자신의 언어적 행동	직접적 효력	아동: 아이스크림 줘. ↓아동: 아이스크림 하나만 더 먹고 싶어요. ↓아동: 딸기 말고 민트 아이스크림 주세요.
intraverbal (언어자극-언어반응)	다른 사람의 언어적 행동	사회적 효력	교사: (신체놀이시간에 익숙한 멜로디와 함께) 코는 어디 있니? 아동: 여기 교사: 입은 어디 있나? 아동: 여기

기출 LINE

24유) 상황과 목적에 맞게 말을 하는 데 어려움을 보였다. 또한 친구들과 대화할 때 대화 순서를 지키거나 적절한 몸짓과 얼굴 표정을 나타내는 것에도 어려움을 보였다.

기출의 맥

화용론과 관련된 개념 및 용어는 다양한 맥락에서 사용됩니다. 각 개념 및 용어를 잘 정리해 두세요.

5. 화용론 24유, 16 · 17중

(1) 의미

① 화용론이란 실제 상황적 맥락에서 화자와 청자에 의해서 쓰이는 말의 기능을 다루는 분야이다.

② '어떻게 말이 사용되는가'에 대한 문제를 다루며, 화용론의 주 성분은 담화(談話)다.

③ 담화란 넓은 의미에서는 실제 사용되는 모든 대화, 모든 의사소통 행위를 포함한다. 반면, 좁은 의미의 담화는 의사소통 목적을 추구하는 구체적인 두 명 이상의 대화 참가자가 화자와 청자의 역할과 발화 순서를 교대로 하면서 수행하는 의사소통의 유형을 의미한다.

④ 담화의 구성요소에는 '화자, 청자, 언어표현, 맥락' 등이 있으며 현행 학교문법에서는 문장 이상의 문법단위를 '이야기'라고 하고 이를 다루는 분야를 화용론이라고 한다. 그리고 이야기가 구어적 언어 형식일 때 담화로, 문자언어일 때 텍스트로 구분한다.

(2) 화용론적 발달을 위해 요구되는 능력

추론능력	• 다양한 출처에서 만들어지는 정보들을 선택하고 통합해서 논리적으로 유추해 내는 능력
마음 읽기능력	• 다른 사람의 의도나 감정들을 인식하는 능력
실행능력	• 지능이나 고도의 인지 과정들을 행하는 능력으로, 주의집중을 하고, 계획하고, 순서화하고, 결정하는 등의 능력
기억력 및 저장 용량	• 접수된 정보를 저장, 처리 그리고 다시 인출하는 능력

(3) 화용론의 연구주제(내용)

① 직시

의미	• 직시의 사전적 의미는 대상을 지시하는 기능을 말한다. • 인칭대명사, 지시대명사, 장소부사, 시간부사 등이 포함된다. • 이처럼 의사소통 상황에서 직시는 화자와 청자의 역할, 시간 및 장소를 지시하는 기능을 한다. • 의사소통 참여자는 직시를 인식하며 의사소통 상황에서 언급되는 사람, 사물, 행동을 파악할 수 있고, 발화를 해석할 때 필요한 정보를 얻을 수 있다. • 정확한 직시가 이루어지기 위해서는 화자의 의도된 직시 대상을 청자가 바르게 이해해야만 한다. • 직시는 맥락을 전제로 하며, 기본적으로 자기중심적인 관점에서 표현된다.
예시	(전화통화 상황) A : 어디야? B : 도서관, 넌 어디야? A : 식당. 거기 있지 말고 여기로 와. 지금. B : 난 여기가 좋은데?

② 전제와 함의 21중

의미	• 전제와 함의는 서로 구분하기가 쉽지 않다는 전제하에 어떤 문장이나 발화가 표현되었을 때 당연히 참으로 여겨지는 내용들을 말한다. • 예를 들어, "영희는 철수와 결혼한 것을 후회한다."라는 문장이나 발화는 영희와 철수는 결혼했고, 두 사람이 부부라는 것을 전제한다. 혹은 "문을 닫아라!"의 명령 발화가 제대로 힘을 가지려면, 문은 당연히 열려 있는 것으로 전제된다. 이런 논리적·상황적 전제가 부정되거나 의문이 제기되면 대화는 제대로 진행되지 못한다. • 비슷한 의미의 함의는 사용된 언어 의미의 논리적 관계로부터 추론되는 것으로서, 그 명제내용이 참이면 당연히 그와 관련되어 결과도 참이 되는 내용을 말한다. 예를 들면, "철수가 그 개미를 죽였다."라는 문장이나 발화가 참이라면 당연히 "그 개미는 죽었다."도 참으로 받아들여진다. • 이처럼 전제와 함의는 모두 추론성을 가지고 있으며, 비맥락성이다. 즉, 맥락의 영향을 받지 않고도 추론이 가능하다. 차이점이라고 한다면, 전제는 명제를 부정하여도 참이 되는 성질을 갖는다. 그러나 함의는 부정문에서는 참이 유지되지 못한다.

키워드 Pick

<table>
<tr><td>예시</td><td>• 전제의 예

ㄱ. 어제 식당은 진짜 맛있었어.
ㄴ. 어제 식당은 맛이 없었다. (부정문)
ㄷ. 어제 식당에 갔다.
⇨ 이 경우는 부정문에서도 일치성을 가지므로 ㄱ과 ㄴ은 모두 ㄷ을 전제한다. 즉, 명제가 부정이 되어도 의미가 보존되는 것이다. “남자친구한테 크리스마스 선물 받았어.”라는 문장 안에는 남자친구가 있다는 것을 전제로 한다.

• 함의의 예

ㄱ. 철수는 미국에 이민 갔어.
ㄴ. 철수가 한국을 떠났다.
⇨ 이 경우에 ㄴ은 ㄱ의 함의다. 만약 ㄱ이 참이 아니라면, ㄴ은 참일 수도 있지만 거짓일 수도 있기 때문이다. 이처럼 주문장을 부정문을 바꾸었을 때 정보의 의미가 더 이상 참이 되지 않는 것을 ‘함의’라고 한다.</td></tr>
</table>

③ 함축

<table>
<tr><td>의미</td><td>• 함축은 추론에 의해 얻어진 의미로서 청자나 독자가 주어진 말이나 글의 표면에 나타나지 않았어도 미루어 짐작할 수 있는 내포된 의미이다.
• 함축은 전제와 함의와는 다르게 당연히 참이 되지는 않는다.</td></tr>
<tr><td>예시</td><td>• 예를 들면, “철수 어디 있는지 아니?”라는 질문에 “철수 차가 장미카페 앞에 있던데.”라고 하면 그것은 철수가 카페에 있다고 추정될 뿐 반드시 있다는 것을 의미하지는 않는다.
• 또 다른 예시는 다음과 같다.

A: 이제 다 나았어?
B: 어제부터 학교 다시 나가.
⇨ 이 경우에는 어느 정도 나았을 것이라고 추정은 하지만, 완전히 다 나았다는 것을 의미하지는 않는다. 함축은 이처럼 간접적인 표현을 하지만, 유능한 청자는 문맥에서 내포하고 있는 의미를 이해한다.</td></tr>
</table>

④ 협력 원리

<table>
<tr><td>의미</td><td>• 그라이스(Grice)는 원활한 대화 진행을 위한 요건으로 협력의 원리를 제시하였다.
• 협력의 원리는 다음의 네 가지 격률로 구분된다.
<table>
<tr><td>양의 격률</td><td>– The maximum of quantity
– 주고받는 대화의 목적에 필요한 만큼만 정보를 제공하라.
– 필요 이상의 정보를 제공하지 말라.</td></tr>
<tr><td>질의 격률</td><td>– The maximum of quality
– 진실된 정보만을 제공하도록 노력하라.
– 거짓이라고 생각되는 말은 하지 마라.
– 증거가 불충분한 것은 말하지 마라.</td></tr>
<tr><td>관련성의 격률</td><td>– The maximum of relevance
– 적합성이 있는 말을 하라.</td></tr>
<tr><td>태도의 격률</td><td>– The macximum of manner
– 명료하게 표현하라.
– 모호한 표현은 피하라.
– 중의성은 피하라.
– 간결하게 말하라.
– 조리있게 말하라.</td></tr>
</table>
</td></tr>
<tr><td>예시</td><td>• 예를 들면, “저희 반에는 담임 선생님이 한 분 계시는데, 선생님 성함이 ○○○이신데, 저는 그 ○○○ 담임 선생님이 참 좋아요.”의 발화는 필요 없는 말을 덧붙임으로써 양의 격률을 어긴 경우다.
• 격률의 예시

A: 왜 늦었어?
B: 오늘 아침에 로마에 갔다가 방금 공항에서 오느라고. 정말 미안해.
⇨ 이처럼 진실되지 못한 답을 한 경우는 질의 격률을 어겼다고 볼 수 있다. “오늘 무슨 영화 볼까?”라는 질문에 “날이 추우니까 삽겹살 먹으러 가자.”라고 답을 한다면 이는 동문서답이기 때문에 관련성 격률의 위배다.

A: 이번 휴가는 어디로 갈까?
B: 휴가는 쉬는 게 최고니까 그래도 많이 걷지는 않더라도 볼거리가 많은 게 좋겠지. 가지 않는 것도 나쁘진 않지.
⇨ 이 예문은 태도의 격률을 위배함으로써 화자와 청자의 대화를 어렵게 하고 있다. 이처럼 협력의 원리를 어기게 되면 대화가 원활하지 않고 문제가 생길 수 있다. 그러나 실제 의사소통과정에서 사람들을 의도적으로 대화의 격률을 위반함으로서 자신의 발화 의도를 함축적으로 전달하기도 한다.

A: 내가 더 예뻐, 효리가 더 예뻐?
B: 너희 집에는 거울이 없지?
⇨ 이처럼 ‘의도적 격률 위반’은 많은 경우에는 의도한 발화내용이 더 의미 있고 정확한 문장으로 표현될 수도 있다.</td></tr>
</table>

키워드 Pick

⑤ 직접 화행과 간접 화행

의미	• 대화를 하는 데 있어서 화자의 의도를 직접적인 언어표현으로 나타내는 것을 직접 언어행위, 직접 수행, 직접 화행이라고 한다. • 간접 언어행위 또는 간접 화행은 언어로 직접 표현하지 않은 상황이나 맥락의 도움을 받아 추론의 과정을 거쳐서 화자의 의도가 간접적으로 드러나게 하는 것을 말한다.
예시	엄마: 너 도대체 몇 살이니? 아들: 12월이 되면 스무 살이 됩니다, 어머니. ⇨ 이 대화에서 어머니는 정보를 요구한 것이 아니기 때문에 아들의 대답은 적절하지 않다. 이처럼 간접 언어행위는 발화의 형태와 기능이 일치하지 않는 경우가 많다. 길을 물어 볼 때 "혹시 ○○ 어디 있는지 아세요?"라고 묻는다면 그 발화의 형태는 질문의 형식을 가지고 있지만 기능은 가르쳐 달라는 요청행위인 것이다.

(4) 효과적이고 효율적인 의사소통을 이끌기 위한 담화기술

① 대화의 순서적인 조직화
② 대화를 시작하고 유지하기
③ 대화 시에 적절히 피드백 주기
④ 대화에서 실수 수정하기
⑤ 대화의 양과 질 또는 태도 고려하기

(5) 대화참여기술 16중

말차례 주고받기 능력	• 말차례 주고받기를 구성하는 말차례(turn)는 상대방이 말을 시작하기 전까지 화자가 주제에 대해 말하는 발화(topically related utterance)로 정의된다. • 말차례에서 나타날 수 있는 오류는 상대방의 말이 끝나기 전에 끼어드는 중첩(overlapping), 지나친 자기중심의 발화를 하는 발화방향(utterance focus)의 오류, 상대방의 말에 대해 시간 내에 반응하지 못하거나(반응률 오류), 상대방의 말에 의미적으로 관계없는 말(의미연결 오류)을 하는 등의 오류가 나타날 수 있다. – **중첩 및 순차적 말차례**: 중첩된 말차례는 중첩된 위치에 따라 문장초 중첩과 문장내 중첩의 형태가 나타난다. 문장초 중첩은 성인과 아동이 동시에 말을 시작하여 발화 처음부터 겹치는 것을 말하며, 문장내 중첩은 성인이 이미 발화를 시작한 이후 아동이 말을 시작하여 두 사람의 말이 발화 중간에서 겹치는 것을 말한다. 순차적 말차례는 말차례 주고받기가 적절히 이루어진 것으로 두 명의 대화 참여자가 교대로 한 번씩 말차례를 갖는 것을 말한다. – **발화방향**: 발화방향(utterance focus)은 시선(gaze), 상대방과의 거리 및 방향(proximity), 그리고 발화 외적요소 등에서 분석할 수 있다.

기출 LINE

17중)
D는 친구들과 대화할 때 상대방의 말이 끝나기 전에 끼어들거나 대답을 듣지도 않고 질문만 합니다. 그래서 대화 내용을 잘 따라가지 못해서 주제를 놓치는 경우가 많습니다. 그리고 반 친구들이 하는 간접적이고 완곡한 표현을 이해하지 못하기도 합니다. D가 대화할 때 '명료화 요구하기' 전략을 활용할 수 있겠어요.

20유)
자신의 말하기 순서를 기다리지 못해서 불쑥 얘기하기도 해요.

	– **반응률**: 반응률이란 말차례 주고받기에서 대화 상대방의 선행발화 후에 아동이 반응할 만한 충분한 시간(약 3초)을 주었을 때 반응하는 정도를 말한다. – **선행발화에 대한 의미연결 반응률**: 상대방의 선행발화내용에 의미적으로 연결되었는지(semantic relationship) 여부에 따라 의미연결 반응을 살펴볼 수도 있다.
대화주제 관리능력	• 대화주제 관리능력은 ⅰ) 대화주제를 시작하는(topic initiation) 능력, ⅱ) 대화주제를 유지하다가 잘 바꾸는(topic change) 능력, 그리고 ⅲ) 대화를 자연스럽게 잘 끝내는(topic termination) 능력이 포함된다. • 대화의 주제를 바꿀 때에도 기술이 필요하다. 취학 전 언어장애아동 중에는 대화나 주제를 사전 신호 없이 갑자기 끝내는 경우가 있다. • 정상적인 화자의 경우에는 관련되지만 다른 주제로 바꾸는 주제 간 이동(topic shifting)이나, 주제의 큰 틀은 유지하되 초점만 약간 바꾸는 주제 내 점진적 이동(topic shading)으로 주제를 바꾸게 된다.
의사소통 실패해결 능력	• 두 사람 이상이 서로 대화를 할 때 의사소통의 실패(혹은 단절, communication breakdown)가 일어날 수 있는데, 이런 상황을 해결하는 능력을 습득하는 것 또한 대화기술에서 매우 중요하다.

(6) 명료화 요구 유형 17 · 21중

명료화 요구 유형	정의	예
일반적 요구	• 원래 발화의 의미를 다시 묻는 경우 끝을 올리는 억양으로 이전 발화의 어떤 부분에 대해 반복해 줄 것을 요구함 • 주로 "응?", "뭐라고?", "못 알아듣겠다"	A: "나 어제 할머니 집에 갔어요." B: "응?" 또는 "뭐라고?"
확인을 위한 요구	• 화자의 발화 일부 혹은 전체를 반복함으로써 원래 발화의 의미를 확인하는 것 • 주로 끝을 올리는 억양이므로 '예/아니요' 질문과 비슷함	A: "나 어제 할머니 집에 갔어요." B: "어제?" 또는 "할머니 집?"
발화의 특별한 부분 반복 요구	• 원래 발화의 구성요소의 일부를 의문사로 바꾸어 질문하여 특별한 부분을 반복해 줄 것을 요구하는 경우	A: "나 어제 할머니 집에 갔어요." B: "어제 어디에 갔어?'

키워드 Pick

(7) 참조적 의사소통능력

① 참조적 의사소통능력의 의미 및 발달

㉠ 자연스러운 대화를 나누기 위해서는 말하는 사람(화자)이나 듣는 사람(청자)이 상대방의 입장을 고려하여 표현하거나 이해할 수 있어야 한다. 그러기 위해서는 참조적인 의사소통기술이 요구된다.

㉡ 참조적 의사소통(referencial communication)을 성공적으로 수행하기 위해서는 화자와 청자 모두 정보와 그 정보가 언급하는 참조물의 관계를 이해할 수 있어야 한다. 이러한 능력은 학령기 동안 지속적으로 발달한다.

㉢ 참조적 의사소통에서 청자의 역할은 화자의 정보를 이해하고 화자 정보의 적절성에 대해 피드백을 제공하는 것이다. 따라서 참조적 의사소통은 대화 상대방의 입장을 고려하여 특정한 정보를 제공하고 이해하는 능력이라고 할 수 있다.

㉣ 화자능력에는 청자가 파악할 수 있도록 사물의 특징들을 변별하고, 일관적인 메시지로 이러한 특징들을 제시하며, 도움이 되지 않는 중복적인 정보를 제외하는 능력이 포함된다. 또한 좋은 화자는 청자가 자신에게 주목하도록 조절할 수 있어야 하며, 청자가 화자의 말을 이해하지 못한다고 하였을 때 자신의 말을 수정할 수 있어야 한다.

㉤ 청자능력은 화자의 말에 얼마나 적절한 반응을 하느냐, 즉 목표 참조물을 얼마나 정확하게 파악하는가로 측정한다. 화자의 표현이 정확하지 않거나 화자가 한 가지 참조물 이상의 것을 언급할 때 아동이 그러한 부적절성에 어떻게 대처하는가가 많은 연구의 관심이 되어 왔다.

② 상대방에게 말하는 내용을 정확히 전달하기 이해 필요한 능력 21중

전제 (presupposition)	• 듣는 사람에게 어떠한 정보가 필요한가를 결정하는 전제기술이 필요하다. • 문맥이나 상대방의 사전지식에 대해 말하는 사람이 어떻게 가정하고 있는지를 말하며, 이러한 가정에 의해서 말하는 방식이나 내용이 수정되는 것이다.
결속표지 (cohesive device)	• 결속표지와 같은 특정한 방식으로 그 정보를 전달하는 능력이 필요하다. • 가리킴말(deixis)을 써서 문장 속에 포함된 낱말을 이해하기 쉽게 만들기도 하고, 접속사나 연결어미를 써서 문장과 문장 사이의 관계를 명확하게 해 주기도 하며, 때로는 중복되는 부분을 생략(ellipsis)해서 불필요한 부분까지 다 듣지 않아도 되게 해 준다.
적절한 피드백	• 참조적 기술에서는 상대방의 반응에 대해 적절한 피드백을 제공하는 것도 중요하다. 상대방의 지식에 대한 전제를 바탕으로 말을 했는데 상대방의 대답이나 반응이 적절치 못하다면 말하는 사람은 자신의 전제를 바꾸어 다시 표현할 수 있어야 한다.

맥 Plus

화용론 관련 용어

1. **결속표지**(cohesive device)
   문장을 서로 연결하기 위해 사용되는 언어적 장치로, 어휘적 결속, 생략, 접속사, 연결어미, 대명사 등이 포함됨
2. **담화**(discourse)
   둘 이상의 문장이 연속되어 이루어지는 언어적 단위
3. **대화기술**(conversational skill)
   대화를 하기 위해서는 화자가 상황과 관계된 지식, 청자가 필요로 하는 사회적 지식의 전제기술과 청자를 위한 새로운 문맥의 설명을 포함한 참조적 기술, 대화차례 주고받기, 주제운용, 결속표지 사용 능력 등이 요구됨
4. **상위언어 인식**(metalinguistic awareness)
   단순히 문장을 이해하고 표현하기 위해 언어를 사용하는 것이 아니라, 언어 자체를 사고할 수 있는 능력
5. **이야기 문법**(story grammar)
   이야기의 구조를 설명하는 이론적 틀 중 하나. 이야기는 배경과 하나 이상의 일화체계(episode system)로 구성되며, 일화는 다시 계기사건, 내적 반응, 시도, 결과, 반응의 범주로 구성됨
6. **주제운용**(topic manipulation)
   하나의 주제를 제시하였을 때 주제를 이탈하지 않고 주제에 적절하게 이야기하는 능력. 주제 개시, 주제 유지, 주제 전환 등의 능력이 포함됨

의사소통 오류의 형태

의사소통 오류 형태	정의
목소리 크기(reduced volume)	아동이 너무 조용히 이야기하는 경우
음운 오류(phonological)	아동의 발음이 불명료하거나 음운 오류가 나타나는 경우
어휘 오류(lexical)	아동이 산출한 낱말이 상대방이 이해할 수 없는 또는 상호작용 맥락에 적합하지 않은 경우
내용 오류(contents rejection)	아동발화가 의미적으로 부정확하거나 정확하지 않은 정보를 담는 경우
화용 오류(pragmatic)	아동이 정확하지 않은 대명사나 주제를 전환하는 경우
무발화(nonverbal)	아동이 이해할 수 없는 제스처를 사용하는 경우
미완성(incomplete)	아동이 미완성 발화를 산출하는 경우
기타(other)	위 목록에 속하지 않는 오류

발화 수정전략 형태 20중

세부전략	정의
반복	이전 발화 전체 혹은 부분을 반복하는 것
개정	이전 발화의 문장 형태를 구조적으로 변화시키는 것
첨가	이전 발화에 특정 정보를 더하는 것
단서추가	이전 발화의 용어를 정의, 배경정보에 대한 설명, 발화 수정 자체에 대해 말하는 것

키워드 Pick

② 언어장애 유형

1. 원인에 따른 언어장애 유형

(1) 구어(말소리)의 결여

3세 이후까지도 언어를 이해하는 징조가 나타나지 않고, 자발적으로 언어를 사용하지 않는 경우로 주로 언어 이전의 의사소통방법을 사용한다.

예 선천적 또는 발달 초기에 발생한 농, 청손상 또는 지적장애/발달장애

(2) 질적으로 다른 언어

말소리를 내거나 광범위한 어휘발성에 있어서 전혀 문제가 없으면서도 말을 사용하는 방법이 정상적인 말의 사용과는 매우 다른 경우, 결정적으로 의사소통을 목적으로 말을 사용하지 못한다.

예 청각적 자극을 이해하지 못함, 중도정서장애, 학습장애, 지적발달장애

(3) 지체된 언어

정상적인 언어발달단계를 거치지만, 그 발달속도가 다른 아동들에 비해서 유의하게 느린 경우

예 정신지체, 경험박탈, 언어자극의 결여, 청각장애

(4) 중단된 언어발달

일정시간 동안 정상적인 언어발달이 있은 후 청각, 두뇌기능에 심각한 손상을 가져와 언어발달이 중단된 경우

예 후천적 청각장애, 산소결핍, 신체적 손상, 감염에 의한 뇌손상

2. 실어증 13 · 22중

(1) 정의 및 원인

① 신경계 손상으로 인하여 후천적으로 생기는 언어장애이다.

② 언어는 말하기, 듣기, 쓰기, 읽기의 네 가지 언어영역을 통하여 실현될 수 있는 언어행위를 일컫는데, 실어증은 이 네 가지 모든 영역에서 관찰되는 언어장애이다.

③ 언어의 능력이 완전히 없어져 버린 상태를 의미하는 것이 아니라 언어를 사용하는, 즉 수행하는 데 효율성이 떨어지는 상태를 말한다.

④ 효율성이란 얼마나 능률적으로 언어 정보를 저장하거나 유출할 수 있는가를 의미한다.

⑤ 실어증은 다른 인지기능장애나 지각기능 감소, 운동기능 감소 등에 기인하여 생기는 언어장애를 뜻하지는 않는다.

⑥ 실어증 자체는 '병'의 이름이 아닌 그 병으로 기인되는 '증세'라고 할 수 있다.

⑦ 실어증의 원인 중 가장 큰 비중을 차지하는 것은 흔히 뇌졸중이라 부르는 혈관성 질환이다.

(2) 실어증과 관련하여 자주 쓰이는 용어 22중

① 실문법증: 전보식 문장으로 문법형태소가 생략된 문장이다.
② 신조어: 환자가 순전히 새롭게 단어를 만들어 내는 말이다.
③ 착어증: 목표단어 대신 비슷하게 들리는 단어를 말하거나(음소착어증), 의미적으로 유사한 단어를 산출하는 말(의미착어증)이다.
④ 자곤: 명료하지 못한 태도로 무의미한 말을 웅얼거리는 현상이다.
⑤ 언어상도증: 비슷한 문구만을 되풀이하여 말한다.
⑥ 이름대기장애: 말하고자 하는 단어가 떠오르지 않아 둘러말하기를 사용한다.
⑦ 실서증(agraphia): 신경쓰기장애로서 쓰기능력이 상실되는 경우를 말한다.
⑧ 실독증(alexia): 신경읽기장애로서 읽기능력이 상실되는 경우를 말한다.
⑨ 보속증(perseveration): 바로 앞에서 발음된 말소리나 단어를 반복하여 말한다.

(3) 분류 및 특성

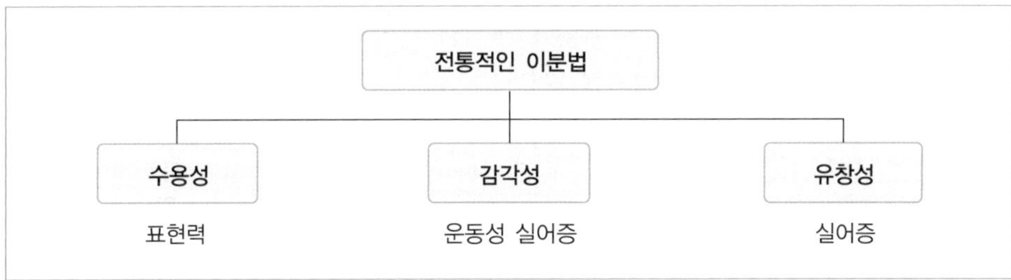

기출 LINE

13중)
- 브로카실어증은 비유창실어증이며, 청각적 이해력이 좋은 편이고, 느린 발화 속도와 단조로운 운율 특성을 등을 보인다.
- 베르니케실어증은 청각적 이해력이 떨어지고, 유창성, 따라 말하기가 좋은 편이나 이름대기 수행력이 낮고, 착어가 자주 관찰된다.

○ 8가지 실어증 유형과 4가지 과제수행력 13중

유형 / 과제수행력	베르니케 실어증	초피질 감각 실어증	전도 실어증	이름 실어증	브로카 실어증	초피질 운동 실어증	혼합 초피질 실어증	전반 실어증
유창성	+	+	+	+	−	−	−	−
청각적 이해력	−	−	+	+	+	+	−	−
따라 말하기	−	+	−	+	−	+	+	−
이름대기	−	−	+	−	−	−	−	−

① 베르니케 실어증 13중
㉠ 유창 실어증, 감각 실어증, 수용 실어증, 뇌후반구 실어증이 포함된다.
㉡ 상부측두엽의 후반 1/3을 차지하는 뇌영역, 즉 베르니케 영역을 중심으로 한 뇌손상이 있을 때 흔히 관찰된다.
㉢ 그 손상부위가 두정엽까지 포함되기도 한다.
㉣ 가장 대표적인 특색은 청각적 이해력이 두드러지게 떨어진다는 것이다.
㉤ 제시되는 자극어가 문법적으로 복잡하거나 그 길이가 길어질수록 오류가 증가한다.

키워드 Pick

ⓑ 언어상동증: 청각적 이해력이 떨어질수록 여러 가지 질문에서 거의 비슷한 문구만을 되풀이하여 반응하는 현상이다.

ⓢ 대화를 할 때 혹은 그림 설명을 할 때 비교적 유창하며, 때에 따라서는 지나치게 많은 말을 늘어놓는 과유창성을 보이기도 한다.

ⓞ 대개 정상적인 운율이나 발음을 유지하고 비교적 문법에 맞게 말을 하나, 어떤 이는 기능어를 과도하게 사용하는 과도 문법성의 경향을 보이기도 한다.

ⓙ 단어 유출상의 어려움으로 인하여 의미착어가 많이 등장한다. 의미착어란 목표단어 대신 그 단어와 의미적으로 연관된 단어로 대치된 반응이다.

ⓒ 목표단어의 일부 음소를 다른 음소로 대치하여 반응하는 음소착어를 보이기도 한다.

ⓚ 목표단어와 그 의미나 발음이 전혀 유사하지 않고 그 나라말의 어휘에도 속하지 않는 반응을 신조어라고 한다.

ⓣ 명료하지 않은 태도로 웅얼거리는 듯한, 이른바 '자곤(jagon)'이 관찰되기도 한다.

ⓟ 구, 절, 문장 등을 따라 말하게 하였을 때는 실어증의 심한 정도에 따라 자극어를 전혀 따라하지 못하거나 착어를 보이기도 한다.

ⓗ 자가 수정도 거의 관찰되지 않는다.

② 초피질감각 실어증

㉠ 청각적 이해력이 저하되기는 해도 따라 말하기 능력은 유지된다는 것이 특징이다.

㉡ 발화의 특성은 베르니케 실어증과 비슷하고, 이름대기능력 역시 저하된다.

㉢ 주요 병변은 두정엽, 베르니케 영역의 심층부, 후반구의 피질하 부위 등이다.

③ 전도 실어증

㉠ 전도 실어증을 일으키는 주요 병변은 베르니케 영역 사이를 이어 주는 활모양섬유다발로 알려져 있다. 활모양섬유다발의 역할은 베르니케 영역에서 이해된 언어정보를 브로카 영역에서 표현할 수 있도록 전달해 주는 것이다.

㉡ 청각적 이해력은 유지되고 발화 역시 유창한 편이다.

㉢ 유창한 발화 속에 음소착어가 자주 관찰된다.

㉣ 자극의 길이가 같더라도 유의미자극보다는 무의미자극에서 오류현상이 두드러진다.

㉤ 이름대기과제에서도 흔히 음소착어가 관찰되며, 오류 단어에 대하여 여러 차례에 걸친 자가 수정을 보이기도 한다.

㉥ 읽기능력에서는 소리내어 읽게 하면 음소착어를 보이는 등 어려움을 보이나 묵독 후 읽기과제에 대한 이해능력은 양호한 편이다.

④ 이름 실어증

㉠ 이름 실어증은 엄격한 의미에서 청각적 이해력, 유창성, 따라 말하기 능력에 비하여 이름대기 수행력이 상대적으로 유난히 떨어지는 경우를 일컫는다.

㉡ 주로 언어중추 영역 내 측두엽손상에서 기인한 것이다.

⑤ 브로카 실어증 13중

㉠ 비유창 실어증, 운동 실어증, 표현 실어증, 전뇌반구 실어증 등에 속한다.

㉡ 전뇌반구상, 주로 하부전두엽의 후반 1/3을 차지하는 영역, 즉 브로카 영역을 포함하여 인근 전두엽 영역의 손상에서 기인된 것이다.

㉢ 대화나 그림 설명 등에서 표현능력이 상당히 저하되며, 특히 유창성이 떨어진다.
㉣ 심한 경우에는 의미전달이 전혀 안 될 정도로 '아, 이, 저저……우……저……'와 같은 식으로 무의미한 음절이나 모음만 반복하기도 한다.
㉤ 말할 때 운율이 비정상적으로 단조로우며, 속도가 느리고 단어 사이의 쉼이 길다.
㉥ 조사 등의 기능어가 많이 생략된 발화길이가 짧은 전보문 형식과 어순이 문법에 맞지 않게 형성되고 동시에 문법형태소의 쓰임이 정확하지 않은 탈문법성을 들 수 있다.
㉦ 음소착어도 자주 관찰된다.
㉧ 청각적 이해력은 상당히 유지되는 편이지만 기능어가 많이 포함되거나 문법적으로 복잡한 문장에서는 이해력이 많이 떨어지는 편이다.
㉨ 쓰기능력 역시 상당히 저하되는 것으로 관찰되나 대부분의 환자에게서 읽기능력은 말하기나 쓰기능력에 비하여 좋은 편이다.

⑥ 초피질운동 실어증
㉠ 브로카 실어증처럼 발화의 유창성이 떨어지기는 하나 브로카 실어증과 달리 따라 말하기 능력이 비교적 좋다.
㉡ 언어이해력은 좋은 편으로 전뇌반구 브로카 영역의 앞쪽 부근의 손상에서 기인한 것이다.
㉢ 브로카 실어증 환자가 회복하는 과정에서 자발화에 비해 따라 말하기 능력이 상대적으로 향상되었을 때 초피질운동 실어증의 증상을 거치기도 한다.

⑦ 혼합초피질 실어증
㉠ 언어중추를 제외한 영역의 뇌병변으로 인해 생길 수 있는 실어증이다.
㉡ 언어의 특징으로는 언어이해력이나 표현력에 비하여 따라 말하기 능력이 상대적으로 잘 보존되어 있다는 것을 알 수 있다.
㉢ **언어보속증**: 전에 주어진 자극에 대한 언어반응을 후속 자극에 대해서도 되풀이하는 현상을 말한다.

⑧ 전반 실어증
㉠ 우성 뇌반구의 광범위한 손상으로 인하여 언어이해와 표현의 장애 정도가 가장 심한 실어증이다.
㉡ 모든 과제의 수행력이 상당히 떨어진다.

키워드 Pick

(4) 평가

① 평가 자료
㉠ 한국판 파라다이스・웨스턴 실어증 검사(K-P・WAB: Korean version-Paradise・Western Aphasia Battery)
㉡ 미네소타 실어증 검사
㉢ 한국 실어증 감별 진단검사
㉣ 보스턴 실어증 검사

② 평가방법

말하기	• 환자와의 대화를 통하여 자발적으로 말을 유도하거나 특정 그림을 설명하게 할 수도 있다. • 환자의 말하기에서 가장 관심을 두고 관찰할 사항은 발화의 유창성이다.
알아듣기	• 환자에게 다양한 질문을 주고 '예-아니요'의 형식으로 대답하게 하는 방법이다. • 단어나 다양한 길이의 문장을 들려주고 그에 적합한 반응을 해 보게 하는 방법 등이 있다.
따라 말하기	• 환자에게 다양한 발화길이나 문법 형태를 지닌 자극어를 들려준 후, 그대로 따라 말하게 한다.
이름대기	• 환자에게 실물 혹은 그림카드를 보여 주고 그 이름을 말하게 하는 대면 이름대기(confrontation naming) 검사가 있다. • 일정한 의미에 속한 범주를 정해 주고 정해진 시간 내에 그 범주에 속하는 낱말을 말하도록 하는 통제단어연상(COWA : Controlled Oral Word Association) 검사가 있다.
읽기	• 단음절, 단어, 문장, 문구 등으로 그 길이를 달리하여 제시하고, 단어카드와 실물을 짝짓는 과제도 시행한다.
쓰기	• 음절, 단어, 구, 문장, 문구 등으로 그 자극의 길이를 달리하며 써 보게 하는 자동 과제, 풍경화 설명, 이름-주소 쓰기 등을 시행할 수 있다. • 많은 실어증 환자가 오른손 마비로 인하여 글씨 자체가 명료하지 못할 수 있는데, 이런 경우에는 왼손으로 쓰게 하기도 한다.

(5) 치료

① 일반적 원칙

㉠ 모든 실어증 환자가 어느 정도 청각적 이해력에 장애를 보이므로 이해력 증진을 위한 치료를 포함해야 한다.

㉡ 환자에게 주어지는 자극을 환자의 상태에 맞게 조정하되 자극의 길이, 연관관계, 단서, 입력방법의 선택 등을 고려하여야 한다.

㉢ 모든 자극은 반응을 유발할 수 있도록 구성되어야 하고 최대한의 반응 수를 목표로 하여야 한다.

② 전통적 치료법

청각적 자극요법	• 모든 실어증 환자가 청각적 이해력 장애가 있으므로 치료의 목표를 이해력 증진에 둔다.
멜로디 억양 치료법	• 브로카 실어증 환자처럼 비유창하고 청각적 이해력이 유지되는 환자군에게 유용하게 사용되어 온 대표적인 치료법이다.
단어인출치료	• 이름대기에 어려움을 보이는 환자들에게 도움이 되는 치료법이다. • 의미단서나 음소단서를 제시하여 도움을 준다.
시각동작치료	• 전반 실어증 환자들에게 사용하는 대표적인 언어 치료법이다. • 전반 실어증 환자들은 청각적 이해력과 표현력이 매우 저하되어 있으므로 이 방법에서는 환자에게 동작만을 사용하게 하여 치료를 돕는다.

3. 단순언어장애 09유, 09초, 21중

(1) 의미

언어능력과 관련된 요인들, 즉 지능이나 청력, 신경학적 손상과 같은 영역에는 전혀 문제가 없이 언어발달에만 문제를 보이는 아동을 말한다.

(2) 단순언어장애의 조건

① 언어능력이 정상보다 지체되어야 한다(표준화된 언어검사를 실시하였을 때 그 결과가 최소한 표준편차 −1.25 이하에 속하여야 한다).
② 지능이 정상범주에 속하여야 한다(비언어성 지능검사로 측정한 지능지수가 85 이상이어야 한다).
③ 청력에 이상이 없어야 하며, 진단 시 중이염을 앓고 있지 않아야 한다.
④ 간질이나 뇌성마비, 뇌손상과 같은 신경학적 이상을 보이지 않아야 한다.
⑤ 말 산출과 관련된 구강구조나 기능에 이상이 없어야 한다.
⑥ 사회적 상호작용능력에 심각한 이상이나 장애가 없어야 한다.

(3) 단순언어장애의 영역별 특성 21중

의미적 특성	어휘적 특성	• 단순언어장애 아동의 어휘발달 특성 중 가장 두드러진 것은 초기 낱말 산출의 지체이다. • 일반아동은 대체로 생후 1년경에 첫 낱말을 산출하는 반면, 단순언어장애 아동은 2세 가까이 되어서야 첫 낱말을 산출하는 경우가 많다. • 단순언어장애 아동은 초기 낱말 산출뿐 아니라 이후의 어휘발달에서도 지체를 나타낸다. • 단순언어장애 아동의 어휘발달과 관련해서 많이 보고되는 또 다른 특성은 이러한 아동이 낱말찾기(word-finding)에서 문제를 겪는다는 점이다.
	의미 관계적 특성	• 단순언어장애 아동의 의미관계 특성 연구는 어휘연구에 비하여 상대적으로 소수에 불과하나 낱말 산출 연구 결과와 마찬가지로 단순언어장애 아동은 첫 낱말 습득은 물론 낱말 조합도 일반또래아동에 비해 지체된다고 보고하고 있다. • 낱말조합의 유형에 대한 연구는 단순언어장애 아동이 일반아동에 비하여 더 적은 수의 의미관계를 산출하는 경향이 있다고 보고하였다.
구문적 특성		• 단순언어장애 아동은 일반아동에 비하여 비교적 느린 약 3세경에 이르러서야 구문을 산출하기 시작한다. • 그러나 대체로 일반아동과 마찬가지로 주요 통사적 범주들, 예를 들면 명사나 동사와 같은 문법적 범주어를 사용해서 문장을 산출하는 데에는 큰 어려움이 없으며, 구문을 습득하는 시점이나 패턴도 대체로 일반아동과 유사하다고 보고되었다. • 구문 이해에 대한 연구 결과들 역시 단순언어장애 아동이 일반아동에 비해 어려움을 보인다고 보고하고 있다.

키워드 Pick

형태적 특성	• 단순언어장애 아동이 일반아동과 가장 많은 차이를 보이는 것으로 보고된 영역이 바로 형태소 습득 및 산출과 관련된 측면일 것이다. • 먼저 단순언어장애 아동의 전반적인 형태소 습득과 산출연구는 일치된 결과를 보고하고 있지 않다. 일부 연구자들은 단순언어장애아동을 일반아동과 비교하였을 때 전반적인 형태소 사용에서 차이를 보이지 않는다고 보고한 반면, 일부 연구자들은 단순언어장애 아동의 전반적 형태소 사용능력이 일반아동에 비해 지체되었다고 보고하였다. • 특정 형태소 사용과 관련된 연구들에서는 단순언어장애 아동이 동사와 관련된 형태소, 특히 과거형 형태소 사용에서 어려움을 보인다고 제시하고 있다.
음운작업기억 특성	• 음운작업기억(phonological working memory) 혹은 음운기억(phonological memory)이란 새로운 낱말을 들었을 때 청각적으로 제시된 음운 정보를 음운적 표상으로 부호화할 수 있는 능력으로, 어휘 습득에 있어 중요한 역할을 하는 것으로 여겨진다. • 더 나은 음운기억능력을 가지고 있는 아동, 즉 청각적으로 제시된 새로운 낱말을 더 잘 기억하는 아동은 그렇지 않은 아동보다 어휘를 더 빨리 습득할 수 있기 때문이다. • 단순언어장애 기저의 원인으로 음운작업기억의 손상을 꼽는 연구자들은 단순언어장애 아동의 언어처리능력을 평가할 때는 작업기억, 특히 음운작업기억검사를 포함시키는 것이 중요하다고 주장하였다.
화용 및 담화적 특성	• 대화 및 담화 상황에서의 주제운용(topic manipulation)이나 대화 특성과 관련된 연구들은 단순언어장애 아동이 타인과 상호작용 시 대화를 개시하는 측면에서나 대화 시 대답하는 능력에서 일반아동과 별다른 차이를 나타내지 않았으며, 매우 적극적이고 자기주장적인 특성을 나타내었다고 보고하였다. • 반면, 단순언어장애 아동이 화용능력의 결함으로 인해 또래관계에서 어려움을 겪는다고 보고한 연구들은 단순언어장애 아동은 일반아동보다 또래와의 상호작용이 유의하게 적을 뿐만 아니라 진행되고 있는 대화에 접근하거나 끼어드는 것에도 어려움을 보인다고 보고하였다. • 또한 단순언어장애 아동은 기술된 사건에 대해서 청자가 이미 알고 있다고 생각하는 전제(presupposition) 기능이나 이와 유사한 참조적(referential) 기능에서도 일반아동에 비해 어려움을 보이는 것으로 보고되었다.

맵 Plus

비단순언어장애(NSLI: non-specific language impairment)

비단순언어장애는 언어능력과 인지능력 모두에서 일반화된 발달지체를 보이는 것을 말한다. 단순언어장애와 달리 언어 능력인 수용·표현 문제뿐만 아니라 비언어성 지능검사에서도 발달에 상당한 지체를 보인다.

(4) 단순언어장애의 비언어적 특성

① 진단준거에 의하면 비언어적 능력은 정상범주에 있다. 그럼에도 불구하고, 단순언어장애 아동들은 다양한 비언어적 과제에서 일반아동에 비해 다소 낮은 수행을 보인다.

② '제한된 처리용량' 가설: 작업기억과 처리속도의 차원으로 설명되는데, 작업기억이란 복잡한 인지적 활동에 필요한 정보를 일시적으로 저장하고 조작하는 능력이다. 들려준 문장을 이해하면서 문장의 마지막 낱말을 제대로 기억해야 하는 과제로 작업기억을 실험한 연구에서 단순언어장애 아동들은 문장이해에서는 일반아동과 차이를 보이지 않았으나 낱말을 기억해야 하는 과제에서는 일반아동보다 매우 낮은 수행능력을 보였다.

 Plus

단순언어장애의 의미론적 영역의 특성: 오류 분석 기준(낱말찾기과제)

구분		정의	예
의미적	상위개념어	목표어를 포함하는 상위 범주어로 대치하는 경우	양파 ⇨ 채소
	대등어	동일한 수준의 다른 낱말이나 동일 의미범주의 낱말로 대치하는 경우	그네 ⇨ 미끄럼틀
	하위개념어	목표어를 나타내는 하위 범주어로 대치하는 경우	가구 ⇨ 책상
	기능적	목표어의 기능적 속성을 나타내는 낱말로 대치하는 경우	달력 ⇨ 날짜
	장소적	목표어와 관련된 장소를 나타내는 낱말로 대치하는 경우	그네 ⇨ 놀이터
	구성요소	목표어를 구성하는 낱말로 대치하는 경우	주사기 ⇨ 바늘
	연합	목표어와 같이 사용되는 낱말이나 개념으로 대치하는 경우	낙하산 ⇨ 비행기
	의미적 에두르기	목표어의 의미적 특성을 여러 낱말로 설명하거나 묘사하는 경우	국자 ⇨ 국 떠주는 것
음운적	음운대치	목표어를 구성하는 음소를 다른 유사음소로 대치하는 경우	분수 ⇨ 푼수 기타 ⇨ 치타
	음운첨가	목표어에 다른 음소를 첨가하는 경우	그네 ⇨ 근네
	음운생략	목표어에 포함된 음소나 음절을 생략하는 경우	우표 ⇨ 표
	음운유사 낱말대치	음소적으로 유사한 다른 실제 낱말로 대치하는 경우	주사위 ⇨ 주사기 마이크 ⇨ 마스크
	음소(절)반복	목표어의 첫 번째 음소 또는 음절을 반복하는 경우	그네 ⇨ 그그네
시각적	시각적 대치	시각적으로 유사한 낱말로 대치하는 경우	우표 ⇨ 그림
	시각적 부분대치	목표어를 묘사한 그림의 일부분을 지칭하는 낱말로 대치하는 경우	분수 ⇨ 물 화장대 ⇨ 거울
	시각적 에두르기	목표어의 시각적 특성을 여러 낱말로 설명하거나 묘사하는 경우	꼬리 ⇨ 동그라미에 뭐 달렸있어
기타	모르겠다	'모른다'고 응답하는 경우	
	무반응	그림을 제시한 후 8초가 경과될 때까지 반응을 보이지 않는 경우	
	보속반응	이전 문항에서의 반응을 되풀이하는 경우	
	무관련 반응	목표어와 전혀 관련되지 않은 낱말로 반응하는 경우	

키워드 Pick

③ 신경말장애

맥 Plus

신경 말장애(neurogenic speech disorders) ⓢ **운동 말장애, 운동 구어장애**

신경학석 손상으로 구어산출과 관련한 근육 움직임의 문제로 인하여 야기되는 말장애(speech disorder)이다. 운동 말장애 혹은 운동 구어장애(motor speech disorder) 등으로 불린다. 신경 말장애는 마비성 말장애(dysarthria)와 말실행증(apraxia of speech)으로 분류할 수 있다. 마비성 말장애는 선천적 혹은 후천적 원인에 의한 손상으로 구어와 관련된 근육의 약화, 느림, 불협응이 초래되어 정상적인 말 산출이 저하된 병리적 상태이다. 말실행증은 마비성 말장애와는 달리 근육의 약화나 마비 없이 신체 일부분을 연속으로 움직이는 것에 대한 장애가 있는 상태이다. 마비성 말장애 환자들은 읽고 쓰고 이해하나, 말소리 측면에서 항상 오류를 보이고 발성과 호흡의 문제를 보인다. 반면 말실행증의 경우 이해능력은 정상이나 말소리에 나타난 오류들은 대체로 일관성이 없고, 의도적으로 말을 할 경우 해당 말소리를 찾는 행위가 빈번하게 나타난다. — **「특수교육학 용어사전」**

1. 말실행증 13중

(1) 정의 및 원인

① 우리는 어떤 목표를 가지고 행동하고자 할 때 체계적이면서도 구체적인 프로그래밍을 해야 한다.

② 이와 마찬가지로 말을 하는 경우에도 성대는 언제 열어 주어야 하며, 혀・입술・턱 등의 위치와 모양은 어떻게 지정되어야 하는가 등의 프로그래밍이 선행되어야 한다.

③ 말실행증은 후천적인 뇌손상으로 인한 근육의 마비나 약화현상 없이, 조음기관의 위치를 프로그래밍하거나 일련의 조음운동을 체계적으로 수행하는 데 어려움을 보이는 말장애이다.

④ 전반적으로 변이성이 높으며, 발화 시 입술을 끊임없이 움직이면서 정확한 조음의 위치나 방법을 찾는 듯한 모색현상도 관찰된다.

⑤ 말실행증의 발현시점이 아동인 경우에는 아동 말실행증(CAS : Childhood Apraxia of Speech)이라고 부르며 중증 음운장애와의 감별이 쉽지만은 않다.

(2) 특성 및 평가

① 말실행증을 보이는 많은 환자 중 자신의 입술 오므리기, 혀 내밀기 혹은 휘파람 불기 등에서 어려움을 보이는 경우가 있다. 이런 현상을 구강실행증(oral apraxia/nonverbal oral apraxia)이라고 부른다.

② 이는 말실행증 환자 모두에게서 관찰되는 것이 아니므로, 먼저 그 동반 여부를 평가하는 것이 중요하다.

③ 말실행증의 주요 특징은 숫자세기, 인사말하기 등의 자동발화에 비해 명제발화에서 그 어려움이 증가한다는 것이다.

④ 명제발화란 이전에 이미 많이 연습된 것이 아니라 그 자리에서 즉각적인 반응으로 보여야 되는 발화이다.

⑤ 말실행증 환자의 말 오류 정도는 일반적으로 자극어 자체가 복잡할수록, 자극어 길이가 길수록 심해진다.
⑥ 말실행증 환자들은 말하기뿐만 아니라 쓰기에서도 오류를 보인다.
⑦ 임상에서 말실행증 환자와 전도 실어증 환자의 감별평가는 쉽지 않은데, 이는 둘 다 자발화에서 음소착어가 많이 관찰되며, 따라 말하기 능력이 떨어지기 때문이다.
⑧ 보편적으로 말실행증 환자들의 오류는 전도 실어증 환자들의 오류에 비하여 목표단어에 포함되는 음소들로 대치되는 경우가 많다.
⑨ 말실행증의 오류는 첫 음절에서 많이 관찰되는 것에 비하여 전도 실어증의 오류는 끝 음절에서 많이 관찰된다.

(3) 치료

① 말실행증의 치료원칙은 운동학습에 근거하여 반복연습이 치료의 주요 부분을 이룬다.
② 반복연습의 과제는 집중적이면서 광범위하게 구성하는 것이 필요한데, 특히 주의해야 할 것은 자극이 복잡하고 길수록 오류가 많아지므로 소리, 단음절, 단어 등 비교적 단순한 자극에서 시작하여 그 복잡성과 길이를 점차 늘려 가도록 해야 한다.
③ 만일, 소리, 단음절 등의 단계에서도 모색이 두드러지거나 오류가 많이 관찰된다면 비구어적 구강운동 과제를 사용하여 집중적인 훈련을 해야 한다.
④ 말실행증의 정도가 아주 심하여 자발화가 거의 불가능하다면 기침하기, 웃기, 노래 부르기 등의 과제를 활용하여 반사적인 단계에서 점차 수의적인 단계로 옮겨가야 한다.
⑤ 환자의 말 속도를 느리게 하도록 하여 조음의 정확도를 높여야 한다.
⑥ 조음 차이를 구별하는 청각훈련을 거치고 언어치료사의 모델링을 따라 하게 하며, 환자의 이해 정도에 따라 차트나 그림 등을 이용하여 조음 위치와 방법 등에 대한 간단한 설명을 곁들이는 것도 효과적이다.
⑦ 훈련을 할 때는 시각적 단서(visual cue)를 활용하는 것이 좋다.
예 "내 입을 잘 쳐다보면서 들어보세요."
⑧ 환자의 반응에 대한 피드백을 주어 자가 수정을 하도록 지도하는 것도 중요하다.
⑨ 도구를 이용한 피드백으로 흔히 거울을 사용하는데, 이는 치료사와 환자의 조음을 함께 관찰하면서 연습할 수 있기 때문에 효과적이다.
⑩ 구강 실행증을 함께 보이는 경우의 예후는 단순 말실행증보다 좋지 않은데, 이때는 구강 실행증 치료를 먼저 하는 것이 바람직하다.
⑪ 말실행증과 실어증을 함께 보이는 경우에는 실어증과 말실행증 치료를 병행하는 것이 좋다.

키워드 Pick

맵 Plus

말실행증(apraxia of speech) 동 **구어 실행증**

근육마비나 약화현상 없이 말소리를 내기 위해서 필요한 운동을 시작하고 실행하는 데 어려움을 나타내는 증상이다. 일종의 운동계획장애(motor planning disorder)이다. 후천적 말실행증은 뇌졸중, 퇴행성 질병, 외상, 대뇌혈관 사고 등 다양한 원인으로 인하여 대뇌피질의 보조운동 영역(supplementary motor area)과 브로카 영역 등의 연합영역의 손상에 의해 발생된다. 반면에 발달성 말실행증은 아동기에 발생하는 발달성 음운장애와는 구분되는 그룹을 설명하기 위해 사용된다. 이 경우 말을 계획하거나 프로그래밍하는 주된 문제 이외의 언어적 문제도 보고되고 있으며, 발병원인은 명확하게 알려지지 않고 있다. —「**특수교육학 용어사전**」

기출 LINE

13중)
- 마비말장애는 체계적인 호흡 훈련, 조음 지도 및 운율 지도 등을 통해 말 명료도를 향상시킬 수 있다.
- 마비말장애는 말 산출과 관련된 근육의 약화, 불협응 등에 의한 말장애로 정확한 말소리 산출에 어려움을 보인다.
- 말 실행증은 근육 약화나 협응 곤란은 없지만 말 산출 근육의 프로그래밍 문제로 조음 및 운율 오류를 보이고, 정확한 조음 위치를 찾으려는 모색행동(groping)이 관찰된다.

2. 마비 말장애 13중

(1) 정의 및 원인

① 마비 말장애란 중추 및 말초신경계의 손상으로 인하여 말기제의 근육조정장애로 나타나는 말장애를 뜻한다.

② 정상적인 말하기는 호흡, 발성, 공명, 조음, 운율 등을 담당하고 있는 여러 발화 하부체계의 구조가 정상적인 상태여야 하며, 이들 기관 간의 기능이 조화롭게 이루어져야 비로소 가능하다.

(2) 평가

① **평가 시 전제조건**

㉠ 말평가로 해당 신경질환에 대해 직접적인 진단을 내리는 것이 아니라 특정 진단을 내리는 절차나 감별진단에 도움이 되게끔 해야 한다.

㉡ 평가 도중이나 평가가 끝난 후에 관찰되는 반응들과 상호 연관성이 있는 신경질환을 정리해 본다.

㉢ 평가를 할 때 눈으로 보이는 것이 반드시 귀로도 들을 수 있는 것은 아님을 명심하여야 한다. 즉, 환자의 혀에 쇠퇴현상이 보인다고 해서 그 환자에게서 반드시 마비 말장애가 관찰되는 것은 아니다. 따라서 비구어 활동 시의 구강기제와 구어 활동 시의 구강기제의 기능은 다를 수 있다.

② **비구어 활동 시의 운동기관 평가 영역**: 비구어 활동 시의 구강운동기제가 얼마만큼 구어 활동에 영향을 미치는가에 대한 결론은 불분명하나, 구강운동기제에 심각한 문제가 관찰되는 경우 말생성에 끼치는 영향은 적지 않다고 할 수 있다.

③ **말검사**

㉠ 말평가 시 포함되어야 할 과제들로는 모음연장 과제, 교대 및 일련운동속도 과제, 문맥 속의 발화 등을 들 수 있다.

㉡ 모음연장과제는 환자에게 숨을 크게 들이쉬게 한 다음, '아', '이', '우' 등을 쉬지 않고 길게 소리 내도록 하는 과제이다.

㉢ 교대 및 일련 운동속도과제는 '퍼', '터', '커' 등의 음절을 일정시간(예 약 5초) 동안 반복하도록 하는 과제로서 반복의 속도와 규칙성 등을 관찰한다.

㉣ 문맥 속의 발화를 수집할 때는 환자에게 표준화 문구를 읽게 하거나, 환자와의 대화 자료를 수집하여 말의 명료도를 판단하여야 한다.

맥 Plus

마비성 말장애(dysarthria)

중추 및 말초신경계의 손상으로 조음, 호흡, 발성, 운율 등에 관련한 구어 메커니즘의 근육 통제 문제를 발생시키는 구어장애이다. 일반적으로 신경해부학적 손상위치에 따라 이완형 마비성 말장애, 경직형 마비성 말장애, 실조형 마비성 말장애, 저긴장형 마비성 말장애, 과긴장형 마비성 말장애, 혼합형 마비성 말장애, 일측성 마비성 말장애로 분류되며, 하위 유형에 따라 다양한 특성을 나타낸다. 마비성 말장애의 주요 특징은 조음, 과비성, 성대내전 시 과긴장, 성대의 불충분한 내전, 운율의 손상, 소리 크기의 결함 등이 있다. 마비성 말장애의 일반적 진단은 비구어적 측면과 구어적 측면으로 나눌 수 있다. 비구어적 측면은 안정 시 안면, 발성부 기관, 발음기관, 호흡 등을 평가하고, 구어적 측면은 구어 시 음도, 강도, 음질, 공명, 호흡, 말의 속도와 쉼, 조음, 전반적 발화의 명료도 등을 평가한다. ―「**특수교육학 용어사전**」

(3) 치료

① 마비 말장애의 치료는 마비 말장애의 유형과 심한 정도에 따라 다르다.
② 이완형 환자는 말기관이 전반적으로 약화되어 있으므로 직접적으로 힘을 기르거나 약화된 부분을 보충해 주는 간접 운용이 바람직하다.
③ 경직형 환자에게는 긴장완화를 유발할 수 있는 치료방법이 바람직하다.
④ 마비 말장애에 대한 치료는 전통적으로 조음단계에 가장 집중되어 있다.
⑤ 조음치료 시 병행되는 훈련은 말 속도를 줄이는 것이다.
⑥ 말 속도를 줄임으로써 조음을 정확하게 하여 말명료도가 상당히 향상될 수 있다.

키워드 Pick

기출의 맥

대표적인 검사도구의 목적, 구성, 검사결과 등을 요약하여 정리해 두세요! 검사도구의 내용은 보통 학생특성으로 제시됩니다. 제시된 내용을 정확히 파악할 수 있도록 알아 두면 됩니다.

④ 언어능력 검사도구

1. 영유아 언어발달검사(SELSI)

<table>
<tr><td>목직 및 대상</td><td>• SELSI는 비장애아동이나 언어발달지체나 장애를 나타낼 가능성이 있는 영유아의 언어발달 정도를 평가하기 위한 검사로 생후 4개월부터 35개월까지를 대상으로 하는 검사이다.
• 이 검사는 언어장애 위험성이 있는 영유아의 조기 선별뿐 아니라 대상의 현재 언어발달 정도와 영역별 언어발달 특성을 살펴보도록 하였다.</td></tr>
<tr><td>구성체계</td><td>• 검사 영역은 2개 영역에 걸쳐 총 112문항으로 되어 있으며 생후 4개월부터 35개월 까지 2개월 단위로 4문항씩을 검사하도록 구성되어 있다.
• 검사영역과 문항구성 검사의 내용
<table><tr><th>언어영역</th><th>검사의 내용</th></tr><tr><td rowspan="2">인지개념 및 의미론</td><td>인지적 개념을 내포하는 수용 및 표현 어휘력</td></tr><tr><td>의미관계 또는 지시의 이해 및 표현 능력</td></tr><tr><td>음운론</td><td>조음·음운 능력</td></tr><tr><td rowspan="2">구문론</td><td>간단한 구문 이해력 및 표현력</td></tr><tr><td>복잡한 구문 이해력 및 표현력</td></tr><tr><td>화용론</td><td>이야기의 논리나 상황을 이해하여 표현하는 화용적인 이해력 및 표현력</td></tr></table></td></tr>
<tr><td>실시 방법 및 채점</td><td>• SELSI는 주양육자와의 면담이나 주양육자의 직접적인 관찰과 판단을 통해 이루어지는 검사이다.
• 아동의 만 나이를 개월 수로 환산하여 아동의 생활연령을 산출 한 후 생활연령에 해당하는 연령 단계에서 두 단계 낮은(어린) 연령 단계의 첫 번째 문항부터 검사를 시작한다.
• 검사는 수용언어 영역부터 시작하며 기초선과 최고한계선을 찾아서 평가가 이루어지도록 한다. 본 검사의 기초선은 "예"라는 응답이 계속해서 여덟 번 나오는 것을 기준으로 하며 기초선 이전의 응답은 모두 "예"로 간주하여 점수 계산을 한다. 또한 문항에 대한 응답이 "아니요"인 경우가 연속적으로 여덟 번 나오면 검사를 중지하고 그 연령 단계를 최고한계선으로 한다.
• "예"인 경우에는 평가 기록지 해당 칸에 1점을 주고, "아니요"인 경우에는 0점을 준다.
• 기초선으로부터 최고한계선까지 검사가 모두 끝나면, 평가 기록지의 하단에 총점을 기재한다. 영역별 점수는 그 항목이 1점을 얻은 경우에는 해당 문항의 해당 영역 모두에 동일한 점수를 준다. 예를 들어, 표현 언어 56번 '관형어가 포함된 문장 사용' 항목이 "예"인 경우에는 '의미·인지'영역에 1점, '구문'영역에 1점을 준다.</td></tr>
</table>

결과 및 해석	• SELSI는 일차적으로 획득점수를 해당 생활연령대의 평균과 표준편차 점수와 비교하여 '정상발달', '약간지체', '언어발달지체'로 판정한다. • 이때 '정상발달'은 해당 생활연령대의 평균점수로부터 −1표준편차 이상에 해당하는 경우이며 '약간 지체'는 해당 생활연령대의 평균점수로부터 −1표준편차와 −2표준편차 사이에 해당하는 경우이다. '언어발달지체'는 생활연령대의 평균점수로부터 −2표준편차 이하에 해당하는 경우이다. • 1차 판정에서 '약간지체' 혹은 '언어발달지체'로 판정이 된 경우 2차 전문 평가에서 등가연령과 동일 연령대별 백분위점수를 산출할 수 있다. 3차 영역별 평가에서는 검사문항을 언어의 영역별로 세분하여 정상발달의 규준을 제공하고 있다.

2. 취학 전 아동의 수용언어 및 표현언어 발달척도(PRES)

목적 및 대상	• PRES는 아동의 수용언어 및 표현언어 능력을 측정하기 위한 검사로 언어발달수준이 2세에서 6세까지를 대상으로 하는 검사이다. • 본 검사는 비장애아동뿐 아니라 단순언어발달장애, 자폐, 지적장애, 뇌성마비, 청각장애, 구개파열 아동을 대상으로 한다. • 아동의 언어발달이 정상적인지 혹은 언어발달에 지체가 있는지의 여부를 판별할 수 있으며 아동의 수용언어 및 표현 언어 발달 간의 차이를 분석할 수 있다. 또한 본 검사의 문항들은 언어의 의미론, 구문론, 화용론 측면을 모두 포함하고 있으므로 언어영역들에 대한 대략적인 평가도 가능하다.
구성체계	• PRES는 수용언어 영역과 표현 언어 영역에 걸쳐 총 90개의 문항으로 되어 있다. 두 영역 모두 15개의 언어발달단계로 구성되어 있으며, 각 단계는 1세 6개월에서 4세까지는 3개월 간격으로, 4세 1개월에서 6세까지는 6개월 간격으로 구분된다.
실시 방법 및 채점	• PRES는 검사도구(부모 보고 포함)를 이용하여 전문가가 실시하는 검사이며, 수용언어 검사부터 시작한다. • 문항은 아동의 생활연령에 해당하는 연령 단계에서 한 단계 낮은(어린) 연령 단계의 첫 번째 문항부터 시작한다. • 표현 언어 검사는 수용언어 검사를 시작한 문항번호에서 시작하거나 수용언어의 기초선이 확립된 단계에서부터 시작하면 된다. • 본 검사의 기초선은 아동이 세 문항 모두 '+'를 받는 연령 단계로 하고, 한 연령 단계의 세 문항 모두 '−'가 나오면 그 연령 단계를 최고 한계선으로 한다. • 본 검사에서는 언어발달연령을 연령 단계에 기초하여 산출하는 방법과 획득점수에 기초하여 산출하는 두 가지 방법을 모두 제시하였다. − 연령 단계에 기초한 언어발달연령의 산출은 수용언어, 표현 언어, 통합언어 발달연령으로 산출할 수 있으며 각 검사별로 기초선이 확립된 이후 처음으로 '−'가 2개 이상 나타난 연령 단계의 평균연령으로 산출한다. − 획득점수에 기초하여 언어발달연령을 산출하는 경우에는 연령 단계와는 상관없이 아동이 최고한계선까지 정반응한 문항을 점수화하여 언어발달연령을 산출한다.

키워드 Pick

결과 및 해석	• 검사결과로부터 언어발달연령과 백분위점수를 산출하여 언어발달 정도를 살펴볼 수 있다(통합언어발달연령: CLA, 생활연령: CA). – CLA가 CA보다 2세 이상 낮은 경우 ⇨ 언어장애 – CLA가 CA보다 1세 이상 2세 미만 정도로 낮게 산출된 경우 ⇨ 약간 언어발달지체 – CLA가 CA와 1세 미만 정도로만 차이를 보이는 경우 ⇨ 정상 범위 • 수용언어 발달연령(RLA)과 표현 언어 발달연령(ELA)이 2세 이상 차이가 나는 경우 수용언어장애나 표현 언어장애 등의 특정 언어영역의 장애로 간주한다. • 언어의 하위구성영역(의미론, 구문론, 화용론)에서의 능력을 비교함으로써 대상 아동이 언어의 어떤 하위구성영역이 우세하거나 약한지를 고찰할 수도 있다.

3. 그림어휘력검사(PPVT-R)

목적 및 대상	• 그림어휘력검사는 아동들의 수용어휘능력을 측정하기 위한 검사로 2세부터 8세 11개월까지를 대상으로 하는 검사이다. • 이 검사의 결과는 언어문제를 겪는 아동들의 수용어휘능력을 평가하는 데 사용할 수 있다.
구성체계	• 그림어휘력검사도구는 검사를 위한 그림책과 실시요강 및 검사지로 구성되어 있으며 112개의 문항으로 구성되어 있다. • 각 문항은 품사 어휘, 범주 어휘별로 이루어져 있다.
실시 방법 및 채점	• 그림어휘력검사는 그림책을 아동에게 보여주고 검사문항에 따른 아동의 반응을 검사지에 표시하는 검사이다. • 실시요강에 나와 있는 연령별 시작문항 번호를 참조하여 첫 문항을 실시하되, 연속해서 8개의 문항을 바르게 반응하지 못하면 8개의 문항을 연속해서 바르게 맞출 때까지 낮은 번호의 문항으로 내려가서 기초선을 확립한다. • 기초선이 확립되면, 계속 높은 번호의 문항들을 검사해 나가다가 아동이 연속적이 8개의 문항 중 6개를 틀리게 반응하면 중지한다. 이때 틀리게 반응한 마지막 문항을 최고한계선으로 한다. 최고한계선 이후의 문항은 틀린 것으로 간주한다. • 각 문항은 1점씩 배정하고 원점수를 계산한다.
결과 및 해석	• 검사의 원점수를 계산하며, 원점수를 또래의 평균과 비교하여 백분위를 구하고 현재 아동의 수용어휘력의 등가연령을 구한다.

4. 구문의미 이해력검사(KOSECT)

목적 및 대상	• KOSECT는 4세부터 초등학교 3학년 수준의 구문이해력 범주에 있는 아동을 대상으로 하며 구문의미 이해력 평가를 하기 위한 목적으로 사용된다. • 본 검사는 단순언어장애 아동의 하위유형을 판별하거나 여러 언어 하위영역 중에서 구문의미에 대한 아동의 강점과 약점을 파악하고자 할 때 사용한다. • 치료교육의 기초방향과 치료교육의 효과를 보고자 할 때도 사용할 수 있다. • 본 검사는 장애아동의 경우 생활연령이 9세를 넘더라도 구문이해력이 초등학교 3학년 아동보다 지체를 보이는 경우에도 사용할 수 있다.
구성체계	• KOSECT는 구문의미이해를 알아보는 57개(문법형태소: 10문항, 구문구조: 28문항, 의미: 19문항)의 문항으로 구성되어 있다. • KOSECT는 1개의 목표항목 검사 시에 모두 3개의 그림을 제시하는데 하나는 정답문항이고 2개는 혼동문항으로 구성되어 있다.
실시 방법 및 채점	• KOSECT는 검사 책자를 아동에게 보여 주고 검사문항에 따른 아동의 반응을 검사지에 표시하는 검사이며, 10분에서 15분 정도의 짧은 시간에 평가가 가능하다. • 모든 아동은 1번 문항부터 시작하고 천정점을 찾을 때까지 검사를 실시한다. 천정점은 연속해서 3개 틀리는 문항으로 천정점 이후의 항목은 틀린 것으로 간주한다. • 문장을 듣고 3개의 그림 중에서 맞는 그림을 손가락으로 가리키는 방법으로 검사한다. • 맞으면 '+' 표시를 하고, 틀리면 틀리게 응답한 기호를 쓰거나 '−' 표시를 한다.
결과 및 해석	• '+' 표시된 항목수를 모두 더하여 원점수를 계산하고 기록지의 검사결과 부분에 있는 '원점수'란에 기록한다. • 생활연령 또는 학년에 근거한 백분위점수를 구한 후 평균과 표준편차 집단에 따른 결과를 살펴본다. 또래 비교집단은 1년 집단 또는 6개월 집단에서 선택할 수 있다. 또한 이 검사는 아동의 연령과 학년을 고려하여 또래 아동의 85% 이상이 맞춘 항목을 피검 아동이 틀린 경우, 지침서의 실시안내서를 참고하여 그 항목번호들을 적어 둠으로써 항목별 검토를 할 수 있다.

키워드 Pick

5. 문장이해력검사

목적 및 대상	• 문장이해력검사는 4세에서 6세 11개월의 아동들에 대한 문장이해능력의 수준을 측정하며 비장애아동을 대상으로 할 뿐 아니라 지적장애, 청각장애, 언어장애, 자폐장애, 주의력결핍 과잉행동장애 그리고 뇌병변 등의 문제로 인해 언어에 문제를 가지고 있는 아동을 대상으로 한다.
구성체계	• 검사도구는 실시요강과 그림 자료, 검사지로 구성되어 있으며 4세에서 6세 11개월 아동에게 적절한 총 27문항으로 구성되어 있다.

<table>
<tr><td>실시 방법 및 채점</td><td>• 문장이해력검사는 검사 책자를 아동에게 보여 주고 문항에 따른 아동의 반응을 검사지에 표시하는 검사이다.
• 본 검사는 아동의 생활연령에 상관없이 1번 문항부터 시작한다. 만약 아동이 첫 문항부터 시작하여 연속적으로 5문항 이상 실패하면 검사를 중단한다.
• 통과했으면 빈칸에 '+', 실패했으면 '−', 무반응이면 'NR', 그리고 실시하지 않은 문항은 '•'을 기입한다. '+'의 숫자로 총점(원점수)을 구한다.</td></tr>
<tr><td>결과 및 해석</td><td>• 원점수로 백분위 산출표에서 백분위점수를 구하여 아동의 문장이해력을 또래 집단과 비교하여 볼 수 있으며 등가연령을 산출하여 문장이해력 발달 수준을 대략적으로 파악할 수 있다.</td></tr>
</table>

6. 언어문제해결력검사

<table>
<tr><td>목적 및 대상</td><td>• 언어문제해결력검사는 아동들의 논리적 사고과정을 언어화하는 상위 언어기술과 언어를 통한 문제해결 능력을 측정하기 위한 검사로 5세부터 12세까지를 대상으로 하는 검사이다.
• 언어적 추리력과 조직 기술이 부족한 아동들, 학습장애가 의심스러운 아동들, 단순 언어장애가 의심스러운 아동들의 언어 사용 능력, 기타 언어장애 아동들의 의사소통능력을 평가하는 데 사용될 수 있다.
• 이 검사의 결과는 학령기 아동의 언어장애 유무를 판단하고, 아동의 동일 연령 집단 내에서 어느 정도 수준에 해당되는지 상대적인 위치 파악을 할 수 있도록 한다.</td></tr>
<tr><td>구성체계</td><td>• 언어문제해결력검사는 17개의 그림판과 총 50개의 검사문항으로 구성되어 있다.
• 언어문제해결력검사의 범주별 문항
<table>
<tr><th>범주</th><th>질문</th><th>문항수</th><th>총 문항수</th></tr>
<tr><td>원인이나 이유를 파악하는 원인 이유 범주</td><td>'왜'라는 의문사를 포함</td><td>18</td><td rowspan="3">50</td></tr>
<tr><td>해결 대안을 제시해야 하는 해결 추론 범주</td><td>'어떻게'가 포함된 질문</td><td>20</td></tr>
<tr><td>상황 단서나 미래 상황을 추측하는 단서 추측 범주</td><td>어떻게 알았나요?</td><td>12</td></tr>
</table></td></tr>
<tr><td>실시 방법 및 채점</td><td>• 언어문제 해결력검사는 그림판을 아동에게 보여 주고 검사문항에 따른 아동 반응을 검사지에 표시하는 개인 검사로 검사 소요시간은 대개 20분에서 30분 정도이다.
• 검사자는 대답하는 말을 듣는 동시에 검사지에 적고, 적을 수 없는 상황일 때는 녹음기를 사용하여 검사 후에 바로 전사한다.
• 검사자는 각 문항별로 아동의 반응을 채점 기준에 의거하여 0,1,2점 중 하나로 채점하고 각 쪽의 소계를 합한 후 마지막 쪽에 있는 총계 점수의 세 범주 점수란에 기입한다.</td></tr>
</table>

결과 및 해석	• 총점과 세 범주에 대한 원점수와 아동이 속한 연령 집단을 비교 기준으로 퍼센타일 점수대를 기록한다. 총점과 세 범주의 퍼센타일 점수대를 프로파일에 옮겨 아동의 언어문제해결력의 강약점을 표시한다. 이때 개개인의 상대적인 강약점을 파악하는 데 중점을 둔다.

7. 수용 · 표현어휘력검사(REVT)

목적 및 대상	• REVT는 수용어휘능력과 표현어휘능력을 측정하기 위한 검사로 2세 6개월부터 만 16세 이상 성인 연령을 대상으로 한다. • 검사는 환경적 요인, 유전적 요인이나 발달적 요인, 단순 언어장애, 정신지체, 청각장애, 뇌손상, 자폐, 전반적 발달장애, 뇌병변 등으로 인해서 수용어휘력이나 표현어휘력 발달의 지연이 예상되는 자를 대상으로 한다. • 본 검사는 검사대상자의 어휘 발달 수준과 같은 생활연령대의 대상자들에 대한 상대적인 어휘 발달 수준을 제시할 수 있다. 또 품사별, 의미 범주별 수행 분석을 통하여 치료 진행 시 목표어휘의 선정과 치료효과를 점검하거나 특정 집단 간 어휘능력 비교 등의 연구에 활용할 수 있다.
구성체계	• 검사 내용은 수용어휘(명사 98개, 동사 68개, 형용사 및 부사 19개)와 표현어휘(명사 106개, 동사 58개, 형용사 및 부사 21개)로 구성되어 있으며, 총 문항 수는 수용어휘와 표현어휘 각 185문항이다.
실시 방법 및 채점	• REVT 검사는 그림판을 아동에게 보여 주고 아동의 반응에 따라 검사문항을 검사지에 표시하는 개인 검사이다. • 6세 미만인 경우에는 연습문항 A, B, C를 실시하고, 6세 이상일 경우에는 연습문항 D와 E를 실시한다. 검사를 실시하기 위해서는 대상자의 생활연령을 계산해야 한다. • 검사는 표현 어휘검사부터 실시하고, 검사지침서에 나와 있는 표를 참고하여 생활연령에 따른 시작 문항을 결정한다. • 수용어휘검사의 경우 표현어휘검사에서 설정된 기초선 번호를 시작 문항번호로 한다. 연속해서 8개를 맞히는 문항을 기초선으로 하고 8개 중 6개를 틀리는 문항을 최고 한계선으로 하고 검사를 중지한다.
결과 및 해석	• 이 검사는 어휘능력 발달에 대한 전반적인 정보를 제공해 주는 선별검사이므로 1차적으로 검사결과를 '정상발달', '약간 지체/유의 요망', '어휘능력 발달지체'로 나눌 수 있다. – −1표준편차 내에 해당하는 경우: 정상발달 – −1과 −2표준편차 내에 있을 경우: 약간지체/유의 요망 – −2표준편차를 넘어선 점수를 얻을 경우: 어휘능력 발달지체 • 본 검사는 어휘력 발달이 문제가 되는 경우 수용 및 표현 어휘능력 발달 연령 규준을 제공하여 정상발달 연령 수준과 어느 정도의 차이를 보이는지를 설명할 수 있도록 수용 및 표현 어휘능력 획득점수에 따른 등가연령과 백분위점수를 산출한다.

키워드 Pick

기출 LINE

9초)
- 음소의 분석 및 결합 기능을 가르친다.
- 문자해독과 관련된 개별 기능을 가르친다.
- 상향식 접근을 적용하여 문자를 습득시킨다.

5 언어중재

1. 언어중재의 다양한 접근

(1) 부호중심(발음중심, 해독중심) 접근법 17유, 09초

의미 및 특징	• /ㄱ/에 /ㅏ/를 더하면 '가', /ㅑ/를 더하면 '갸', 거기에 /ㄹ/이 붙으면 '걀'이 된다."는 식의 지도방법이다. • 이는 자모식이며, 음절식 지도는 가, 나, 다⋯ 식의 지도법이다. • 기본 음절표를 활용하여 한글의 구조를 체계적이고 논리적으로 지도할 수 있다는 장점이 있다. • 자모 체계를 배우고 대응 관계에 대한 원리를 가르치면서 문자해독을 지도하고, 이때 단어, 문장 그리고 이야기 순으로 지도를하기 때문에 전형적인 상향식 접근방법에 해당한다. • 행동주의적 관점에 기초한 전통적인 언어 교수방법으로 조직적이고 명확하게 글자와 소리의 관계를 지도하는 방법이다. • 학습방향을 자·모음 낱자 → 글자 → 단어 → 문장 → 문단 → 텍스트로 나아가는 계열식 과정으로 보기 때문에 상향식 접근(bottom-up approach)이라고도 한다. • 이 방법은 학습전이가 좋고 문자해독 측면에서 효과적이라는 장점은 있지만, 지나치게 분석적이고 논리적이며 단지 읽기와 쓰기만을 강조하였다는 단점이 있다. • 발음중심 교수법을 언제부터 얼마나 직접적으로 지도해야 되는가의 문제는 중요한 쟁점사항이다.
지도 시 고려할 사항	• 읽고 쓰는 기술에 문제가 없는 신체적 능력을 가지고 있어야 한다. • 문자부호를 이해할 수 있는 기본적인 지적·인지적 능력이 있어야 한다. • 음성부호(언어)와 문자부호의 일대일 관계를 알아야 한다. • 왼손과 오른손의 차이와 글을 읽고 쓰는 방향과 순서를 알아야 한다. • 부호의 크기와 모양의 차이점을 알아야 한다. • 눈과 손의 협응이 우선되어야 한다. • 읽고 쓰는 목적을 이해해야 한다.

맵 Plus

상향식 읽기 교수법(bottom-up reading instruction)

어휘 자체에 대한 이해에서 시작하여 문장의 구와 절에 대한 이해를 확인하고 나아가 글의 전체 의미를 파악하도록 하는 읽기 지도법이다. 하향식 읽기 교수법의 경우 모르는 단어는 전체적인 글의 맥락을 통하여 그 의미를 추론하도록 하지만, 상향식 읽기 교수법에서는 모르는 단어에 대한 이해를 통하여 점차 문장과 문맥의 의미를 파악하도록 한다. 읽기 교수법은 교재의 형태에 초점을 두느냐 또는 독자가 교재에 부여하는 언어와 경험의 형태에 초점을 두느냐에 따라 구분할 수 있는데, 상향식 읽기 교수법은 교재중심 분석기법에 해당한다. 읽기에 중요한 요인과 영향을 주는 요소들을 간과하고 있으며, 교수와 관련된 실험적 연구가 아니라, 언어정보의 인지, 분석, 저장, 인출에 대한 연구 결과로부터 도출된 교수법이다. ─「**특수교육학 용어사전**」

(2) 경험중심(의미중심) 접근법 17유, 09 · 10초

의미 및 특징	• 아동은 경험에 기초한 읽기와 쓰기에서 요구하는 의미중심의 교수–학습 방법으로 이해된다. 읽기와 쓰기에서 요구하는 능력은 단순히 인쇄된 글자에 대한 읽기와 쓰기가 아니라 언어와 경험에 기초한 의미가 부여되고 있다. • 의미를 지닌 덩어리를 중심으로 가르치는 교수방법이다. 음소나 글자를 중심으로 언어를 가르치는 것과 대조적이다. 언어의 기본 단위는 의미이며 의미의 구성은 사고의 행위로 본다. • 따라서 언어활동이 의미이해의 과정이 되도록 아동의 사고력을 신장시키는 데 중점을 둔다. • 말하고, 듣고, 쓰고, 읽는 행위는 의미구성과정이므로 언어의 말하기, 듣기, 읽기, 쓰기를 총체적이고 통합적으로 지도한다.
지도 시 고려할 사항	• 다양한 경험에 기초한 소재가 마련되어야 한다. • 집단 학습이 이루어질 경우에는 한 아동의 경험이 다른 아동에게 간접적 경험으로 학습이 전이되도록 한다. • 다양한 경험을 체험하기 위한 관찰, 실험, 주말 농장, 여행 등과 같이 통합적으로 접근되도록 해야 한다. • 아동의 언어 지도는 그림, 발표, 읽기, 쓰기 등과 같이 통합적으로 접근되도록 해야 한다. • 가정과 유기적인 협력체제를 가져야 한다.

맥 Plus

하향식 읽기 접근법(top-down approach for reading instruction)

언어 학습능력을 향상시키기 위하여 언어경험을 중시하며 언어의 의미를 강조하는 학습방법이다. 즉, 상향식 읽기 교수법과 상반되는 읽기 교수법으로 독자중심 이해 교수법이다. 하향식 읽기 교수법은 글에 포함된 단어 해독과정을 강조하기보다는 글의 의미에 대한 독자의 가정이나 추측과정을 강조한다. 하향식 읽기 교수법은 음운부호에 대한 지식은 언어가 발달되는 것과 같은 방식으로 자연스럽게 발달될 수 있다고 가정한다. 따라서 교사는 읽기 지도 때 음운분석을 통한 단어해독에 중점을 두기보다는 글의 주제에 대한 아동의 강한 동기와 흥미유발, 글의 주제에 대한 친숙성에 초점을 맞추어 그림을 포함한 다양한 문맥 단서의 활용을 적용하여 읽기를 가르친다. 하향식 읽기 교수법에 따르면 독자는 글을 읽을 때 배경지식을 바탕으로 자기 스스로의 의미를 구성하게 되므로 같은 글을 읽어도 독자마다 서로 다른 의미를 구성할 수 있다.

– 「특수교육학 용어사전」

맥 Plus

상향식 모델과 하향식 모델

① **상향식 모델**: 가장 작은 단위부터 올라가는 방식으로서 처음에 단어를 보고 문단을 보고 전체 줄거리를 파악한다. 문자해독이 기초이며 음소와 같은 작은 요소에서 시작해서 단어, 구, 절, 문장과 같은 큰 단위로 학습한다.

② **하향식 모델**: 글 자체의 언어적 요소보다는 글이 포함하고 있는 맥락에 의존한다. 독자의 경험으로부터의 배경지식이 글 이해에 주도적으로 작용하는 방식이다.

기출 LINE

10초)

- 학생의 흥미를 유발할 수 있도록 이솝이야기에 나오는 cow, egg, fox, pig, red 등의 단어들을 사용하여 영어 단어의 읽기와 쓰기를 통합하려고 한다.
- 학생으로 하여금 자신의 경험을 그림으로 그리게 한 후, 학생이 표현한 것 중 학생의 학습 수준에 적절한 영어 단어인 sun, cloud, tree, sky, house 등으로 읽기와 쓰기 자료를 구성하려고 한다.

키워드 Pick

(3) 총체적 언어접근법 10유

의미 및 특징	• 추상적이고 탈상황적이며 형식적이었던 언어교육을 구체적이고 상황적이며 아동에게 의미있는 학습활동이 되게 함으로써, 언어활동이 의미이해의 과정이 되도록 하여 아동의 사고력을 신장시키는 언어교육의 한 방법이다. • 총체적 언어접근법은 주로 언어의 4기능의 통합을 말한다. 즉, 듣기, 말하기, 읽기, 쓰기를 개별로 가르치기보다는 통합해서 가르치는 접근법이다. • 총체적 언어접근법은 발음 중심 접근법과 상반된 접근법으로 언어의 구성요소들을 음소나 자모체계로 분리하지 않고 하나의 전체로 가르치는 언어교육법이다. • 총체적 언어접근법에서는 의미 이해에 중점을 두고 실제 생활에 활용되는 문자언어 자료를 활용하고 학습자 중심 과정으로 지도한다. 말하기, 듣기, 읽기, 쓰기는 순서에 따라 제시하지 않고 통합적으로 지도하며, 전체 이야기에서 문장과 단어 순으로 지도하는 하향식 접근방법을 사용한다. • 자발성과 능동적인 언어 경험 그리고 아동의 흥미를 강조한다.
교수-학습 원리	• **아동의 관점**: 아동의 자발적 동기유발과 책임감 등을 고려한 교수-학습 원리가 구성되어야 한다. • **교사의 관점**: 아동중심의 접근, 교육과정의 통합적 기능, 발산적 사고로 유도하는 방법, 교실환경의 구성, 종합적 평가 등에서 접근이 이루어져야 한다. • **언어적 관점**: 교수-학습 원리는 언어의 의미, 그리고 아동의 언어발달단계가 고려되어야 한다.
특징	• 언어는 언어 그 자체를 위해서 있는 것이 아니라, 다른 사람과 나를 이어주는 의사소통의 수단이고 나아가서는 생존 문제를 위한 수단이다. • 언어를 가르치기 위해 교사가 의도적으로 개입해서는 안 된다. • 아동 스스로가 자신이 지니고 있는 사전 지식과 경험에 따라 의미를 구성해 나가도록 지원해야 한다. • 말하기, 읽기, 쓰기, 듣기를 구분하여 지도할 것이 아니라 총체적 또는 통합적으로 가르쳐야 한다. • 간접 교수방법으로 잘 학습하지 못하는 학습장애 아동을 위해서는 읽고자 하는 동기를 증가시키는 데 효과적이다.

맥 Plus

총체적 언어접근법(whole language approach)

언어의 의미를 중심으로 하여 듣기, 말하기, 읽기, 쓰기의 자연스러운 결합으로 언어를 지도하고자 하는 방법이다. 총체적 언어 접근법은 다음과 같은 원리에 기본을 두고 있다.
① 언어는 목적을 달성하기 위해 의미를 만들어 내는 것이다.
② 문어도 언어이다. 따라서 언어에 대한 기본적인 가정은 문어에도 적용된다.
③ 언어의 형태와 표현은 언어를 사용할 때 언제나 함께 나타난다.
④ 언어의 사용은 언제나 상황 속에서 이루어진다.
⑤ 상황은 언어의 의미에 중요한 영향을 미친다.

총체적 교수법을 사용하는 교실에서는 교과서가 아닌 문학작품, 과학, 연구, 예술 관련 소재를 다루는 서적들을 통해 쓰기와 읽기 경험을 제공하는 데 주안점을 둔다. 그러나 총체적 언어접근법은 초기 언어환경이 열악한 아동에게는 불리하다는 지적에 따라 음소나 낱말중심의 직접적인 언어지도법도 병행되어야 한다는 균형적 언어 접근법이 제시되고 있다. 19유

— 「특수교육학 용어사전」

발음중심 언어교육법과 총체적 언어교육법

발음중심 언어교육법	총체적 언어교육법
단어중심으로 지도한다.	문장중심으로 지도한다.
발음과 음가를 중시한다.	의미 파악을 중시한다.
인위적인 방법으로 지도한다.	자연주의적 원칙을 따른다.
단어카드, 철자카드를 사용한다.	그림 이야기책을 사용한다.
그림, 삽화는 발음 지도에 장애가 된다.	의미 파악을 위해 그림과 삽화 활용을 적극 권장한다.
내용 파악을 위한 질문을 가능한 한 하지 않는다.	내용 파악을 위한 예측을 적극 권장한다.

(4) 균형적 접근법

① 균형적 접근법은 발음중심 접근법과 총체적 언어접근법의 적절한 균형을 강조한다.
② 때로는 글자의 기본원리를 쉽게 배울 수 있는 한글의 장점을 살려서 자모체계의 이해와 자소와 음소의 대응관계 등에 초점을 맞춘 발음중심 지도를 하고, 때로는 아동의 경험과 흥미를 고려한 익숙한 단어들을 중심으로 의미이해에 관한 지도에 초점을 맞춘 의미중심전략을 사용하는 지도방법이다.
③ 균형적 접근법은 소리를 해독하는 기술과 글의 의미를 파악하고 이해하는 능력을 모두 강조함으로써, 언어발달에 긍정적인 교수법으로 강조되고 있다.
④ 예를 들면 교사와 함께 그림책을 읽으면서 자신의 이름 속에 포함된 음절을 찾는다거나, 자신의 이름 속 음절을 활용하여 새로운 단어 말하기 등으로 구성될 수 있다.

키워드 Pick

(5) 기능적 언어중재 11중

발달단계에 근거한 접근법	현재 아동이 가지고 있는 언어능력의 결함을 또래 일반아동의 언어능력 수준으로 올리려는 방법으로, 일반 또래아동들의 언어발달 순서를 기초로 하여 아동이 결함을 보이는 단계들을 차례대로 훈련하는 것이다.
기능적인 접근법	현재 아동의 생활에서 우선적으로 필요한 언어 및 의사소통 기술을 가르치려는 방법으로, 장애의 정도가 심하거나 일탈의 정도가 심한 아동에게 사용된다.
절충법	최근에는 두 접근법을 절충하여 언어목표는 아동이 일상생활 속에서 사용할 가능성이 높은 것으로 설정하고, 그 훈련활동이나 발화 수준은 아동의 발달 수준을 최대한 반영하여 계획한다.

① 기능적 언어중재의 이해

기능적 의사소통 지도	• 실생활에서 우선적으로 필요한 것을 중심으로 자연스러운 환경에서 의사소통하는 것을 강조하는 언어중재이다. • 기능적 의사소통을 위한 접근법에서는 발달순서보다는 일상생활을 하는 데 꼭 필요한 의사소통기술을 먼저 가르친다. • 장애의 정도가 심하거나 일탈의 정도가 심한 아동의 경우에 많이 사용한다. • 언어장애 아동에게 언어를 가르칠 때 구문적 형식이나 어휘에만 치중할 경우 일상생활에서 일반화하기 힘들다는 단점을 보완하기 위하여 실시되기도 한다. • 중재자는 언어촉진자 역할을 하여야 하며, 가정이나 학급에서 사용하는 문맥이나 상황 가운데서 자연스러운 언어학습이 이루어지도록 지도해야 한다. • 관련 용어: 기능론적 접근법, 생태학적 접근법, 화용론적 접근법, 대화적 접근법, 일반화 접근법, 환경 언어접근법
일반적인 특징	• 언어 또는 다른 의사소통방법을 통한 타인과의 상호작용을 중시한다. • 언어의 훈련 상황이 아동의 실제 생활환경과 가능한 유사하게 될 수 있도록 배려한다. • 언어훈련의 목표가 낱말이나 문장, 의미나 구조, 표현언어나 수용언어라 하더라도 목표 언어의 기능적인 측면을 언제나 고려한다.

② 기능적 언어중재의 기본 원칙

㉠ 자연스러운 강화방법

- 기능적인 접근법에서는 기존에 사용되어 온 강화방법을 좀 더 자연스러운 상황에서 문맥과 이어지게 사용하도록 권고한다.
- 실제 생활에서 얻을 수 있는 강화물과 유사한 것을 사용한다.

㉡ 정상발달을 고려한 중재계획

화용론적 측면	• 언어는 비구어적 의사소통으로부터 발전한다. • 언어를 바르게 사용할 수 있는 능력을 키우기 위해서는 사회적 · 인지적인 기초 능력들이 습득되어야 한다. • 언어의 간단한 법칙들은 복잡한 법칙들이 습득되기 이전에 먼저 습득된다. • 언어의 영역에 따라 그 발달 형태가 다르다. 각 영역의 발달 속도나 형태가 평행하게 나타나지 않는다. • 언어발달단계에 따라 아동의 행동 및 학습의 양상이 다르다.
의미적인 측면	첫 낱말단계에 있는 아동의 지도 목표문장을 선정할 때 유의할 점들은 다음과 같다. • 아동의 생활환경에서 많이 들을 수 있고 또래아동이 많이 사용하는 고빈도 어휘를 선택한다. • 어휘발달 관련 문헌을 참고하여 아동이 직접 만지거나 조작해 볼 수 있는 사물, 즉 감각적으로 느껴지는 사물의 이름, 가족의 호칭, 일상생활에서 많이 접하는 어휘 등을 먼저 훈련한다. • 사물 간의 상대적인 관계를 나타내거나 심리적인 상태를 나타내는 위치어, 관형어, 상태어는 아동이 인지적으로 그 관계를 먼저 이해했는지 확인하고 훈련한다. • 언어장애 문헌에 의하면 언어지체 아동은 같은 나이 집단의 아동보다 느린 속도로 의미관계를 배우고, 2~3낱말 문장을 더 오랫동안 사용하며, 복문이나 더 복잡한 문장을 습득하는 데 훨씬 오래 걸린다.
구문적인 측면	초기 문장단계에서 주로 계획되는 언어능력은 격조사, 문자어미, 시제를 나타내는 형태소 및 접속사 등이다. 이때 고려할 점들은 다음과 같다. • 언어치료사는 일반아동의 조사나 문장어미, 시제 등을 나타내는 문법 형태소의 발달단계에 익숙해야 한다. 격조사는 [공존격 → 장소격 → 주격(가) → 주격(는) → 목적격 → 도구격]의 순서로, 동사형태소는 [문장어미 → 과거형 → 미래형 → 수동형 → 진행형]의 순서로 발달되므로, 언어치료의 계획에 있어 이러한 발달순서를 고려하여야 한다. • 의문사를 사용한 질문을 이용하여 그에 적절한 조사 및 형태소를 유도할 수 있다. 그러나 의문사를 이용하여 아동의 반응을 유도할 경우 먼저 아동이 의문사와 목표낱말의 관계를 이해할 수 있도록 지도하여야 하며, 한 의문사에 대하여 충분한 습득기간을 허용하여야 한다. 시제와 함께 의문사도 아동을 혼란시키기 쉽기 때문이다.

키워드 Pick

• 의문사를 통하여 유도할 수 있는 격조사들은 다음과 같다.

의문사	목표반응
누구랑?	공존격조사
누가?	주격조사
어디?	처소격조사
무엇으로?	도구격조사
무엇을?	목적격조사
누구한테?	수여격조사

• 시제를 나타내는 형태소를 지도하기 위해서는 먼저 아동이 인지적으로 과거, 현재, 미래에 대한 개념이 정립되었는지를 확인하여야 한다.
• 지체장애에게 시제동사를 지도할 때는 실제 상황에 맞도록 상황을 조절해야 한다. 상황 문맥을 조절하지 않고 단지 목표문장을 암기시킨다면 전이나 일반화를 기대하기 어렵다.
• 특히 문장의 습득 속도가 느린 아동에게 문법적인 완벽함을 요구하지 않도록 조심하여야 한다. 지나친 교정은 아동의 구어 의욕을 감소시키기 때문이다. 목표 조사나 형태소가 아니면 지나치게 교정하지 말아야 하며, 이미 습득했던 형태소에 대해서 오류를 범하더라도 그 치료회기의 목표가 아니면 교정하지 않는다. 이러한 오류가 자주 나타나면 기록하였다가 그 형태소에 대한 유지회기를 다시 계획한다.

ⓒ 아동주도의 의사소통 17유

• 기능적인 언어 사용을 가르치는 데 있어서 아동의 주도에 따르는 것이 매우 중요하다.
• 아동이 실제로 밖에 나가 훈련한 기능을 사용할 것인지 그렇지 않을 것인지는 전적으로 아동의 마음에 달려 있다. 그러므로 훈련 상황에서부터 아동의 주도적인 의사소통 행동을 유도해 준다면 일반화가 훨씬 수월해질 것이다.
• 아동의 주도적인 행동은 훈련 교재의 선택이나 대화의 시도 등에서 이루어질 수 있다. 이렇게 아동이 선택한 교재나 과업, 또는 대화의 주제는 아동의 참여를 도와주며 적극적인 의사소통자의 역할을 촉진해 줄 수 있다.
• 그러나 아동의 주도적인 의사소통행동을 따른다는 것이 결코 소극적인 부모나 언어치료사의 역할을 의미하는 것은 아니다. 부모나 언어치료사는 아동이 선택한 주제나 교재를 가지고 계획한 의사소통의 기능이나 구조적인 언어를 학습할 수가 있다.

㉣ 맥락의 활용

<table>
<tr><td rowspan="1">비구어적 맥락</td><td colspan="3">• 주고-받기 및 물건 요구하기 기능을 위한 맥락: 두 아동이 함께하는 활동(예 거울보며 머리빗기)에 필요한 도구(예 빗)를 한 개만 준비해 놓을 수 있다.
• 지시 따르기 및 지시하기 기능을 위한 맥락: 종이컵에 구멍을 뚫고 흙을 담아 씨를 뿌리는 활동을 하면서, 처음엔 언어치료사의 지시에 따르고, 두 번째는 아동의 지시에 따라 언어치료사가 시행한다.
• 정보 요청하기 기능을 위한 맥락: 흥미롭게 생긴 물건이나 그림을 아동 앞에 보여주되, 아동이 질문할 때까지는 그것이 무엇인지 말을 하지 않는다.
• 정보 제공하기 기능을 위한 맥락: 아동이 만든 찰흙이나 그림에 대하여 언어치료사가 궁금한 태도를 취하거나 질문함으로써 설명하게 한다.
• 도움 요청하기 기능을 위한 맥락: 아동이 하기 어려운 물리적인 일을 요청하게 유도한다. 예 색종이를 붙이기 위해서 풀 뚜껑 열기
• 저항하기 기능을 위한 맥락: 아동에게 불가능한 것을 요구한다.
예 플라스틱 칼로 과일을 깎으라고 하기</td></tr>
<tr><td rowspan="5">구어적 맥락</td><td rowspan="3">시범</td><td colspan="2">• 아동의 모방을 요구하는 시범과 그렇지 않은 시범이 있다.
• 기능적인 접근법에서는 직접적인 모방을 요구하기보다는 집중적인 자극을 주는 방법을 선호한다.
• 집중적인 자극에는 다음과 같은 방법들이 있다.</td></tr>
<tr><td>혼잣말 기법</td><td>아동이 표현할 말을 직접 시범 보이기보다는 언어치료사나 부모가 자신의 입장에서 말하는 것을 들려주는 것이다. 예를 들어, 차를 밀면서 "차가 가네"라고 하거나 물을 마시면서 "물 마셔요"라고 말한다.</td></tr>
<tr><td>평행적 발화 기법</td><td>의사소통 상황에서 아동이 말할 만한 문장을 아동의 입장에서 말해 주는 것이다. 예를 들어, 장난감 차를 아동에게 주면서 "차 주세요"라고 말한다. 반향어를 하는 아동이나 모방에 익숙한 아동에게는 좋은 효과를 보이기도 하지만 표현 자체가 부자연스럽기 때문에 조심해서 사용한다.</td></tr>
<tr><td rowspan="2">직접적인 구어적 단서</td><td colspan="2">• 목표언어를 유도하기 위하여 흔히 사용하는 구어적 단서로는 질문, 대치 요청, 선반응요구-후시범 방법 등이 있다.</td></tr>
<tr><td>질문</td><td>단답형, 선택형, 개방 또는 과정형 질문과 훈련자가 시작한 문장에 목표낱말이나 구를 삽입시켜서 문장을 완성하는 방법들이 있다.</td></tr>
</table>

기출의 맥

'맥락의 활용' 부분에 제시된 여러 가지 기법들은 '발화 전략'이기도 합니다. 이에 따라 교재의 뒷부분에 '교사의 발화 전략'으로도 정리가 되어 있습니다. 이는 이론서에서 맥락을 활용하는 기법으로 구분하기도 하고, 교사가 사용하는 발화전략으로도 구분되기도 하는 것이니, 각 맥락에서 정리해 두면 되겠습니다.

Chapter 12

키워드 Pick

	대치 요청	아동의 말에서 목표가 되는 언어를 유도하는 방법으로, 목표낱말이나 문장이 표현될 때까지 아동의 말을 고쳐 나가도록 유도하는 것이다. 예를 들어, 아동이 "그걸 땄어요"라고 할 때 "그게 어떤 건데?"라든가 "그걸 따지 않았으면 어떻게 되었을까?"와 같은 질문을 하여 더 많은 발화를 유도할 수 있다.
	선반응요구–후시범	목표언어를 시범 보이기 전에 아동이 자발적으로 반응할 기회를 요구한 후 시범을 보이는 방법으로, 취학전 아동이나 특정 언어장애 아동에게 일상생활을 통하여 중재할 때 많이 사용된다.
간접적인 구어적 단서	• 아동의 반응을 요구하는 간접적인 구어적 단서는 다음과 같다.	
	수정 모델 후 재시도 요청하기	아동이 잘못 말한 부분이나 전체 문장을 수정한 상태로 다시 말해 주고 나서 아동이 다시 말하도록 요청하는 방법인데, 이때 아동에게 다시 말하도록 하는 것은 아동의 반응이나 대화의 흐름에 따라 선택적으로 사용할 수 있다.
	오류 반복 후 재시도 요청하기	아동이 잘못 말한 부분이나 문장을 그대로 반복한 후 아동에게 다시 말하도록 요청하는 방법이다. 아동에게 다시 말하도록 하는 것은 생략할 수도 있다.
	자기교정 요청하기	언어치료사가 아동의 말을 되묻거나 맞는지를 물음으로써 아동이 자신의 말을 스스로 교정하도록 하는 방법이다.
	이해하지 못했음을 표현하기	아동의 말을 못 알아들었다고 말하든가 "응?", "어?"와 같이 말함으로써 아동이 다시 또는 수정하여 말하도록 한다. 이 방법은 자기교정 요청하기보다는 다소 자연스럽다.
	확장 요청하기	아동에게 완성된 구나 문장을 말하도록 요청하는 것이다.
	반복 요청하기 20초	아동이 바르게 말했을 경우에 다시 반복하도록 하여 강화하는 방법이다.
	주제 확대하기	아동의 말을 알아들었다는 표시를 해 주고 나서 아동에게 좀 더 이야기를 하도록 요청하는 것으로, 반복 요청보다 좀 더 자연스러운 방법이다.

- 아동의 반응을 요구하지 않는 간접적인 구어 단서는 다음과 같다. 13유

아동의 요구 들어주기	아동이 요구한 사물을 집어 주거나 행동을 수행함으로써 아동에게 그 메시지가 전달되었다는 것을 알려 주는 것이다.
이해했음을 표현하기	아동이 한 말에 대해 고개를 끄덕이거나 "응", "그래", "그렇지", "그랬어?"와 같은 말을 해 줌으로써 아동의 말을 이해했다는 것을 알려 주는 것이다.
모방	아동의 말을 그대로 모방함으로써 아동에게 자신의 말이 전달되었다는 것을 알려 주는 것이다. 특히, 아동이 목표언어를 바르게 사용하였을 때 "맞아"나 "그래" 등의 긍정적 표현과 함께 아동의 말을 모방해 주면 매우 효과적이다.
구문확장	아동의 문장구조는 유지한 채, 문법적으로 바르게 고쳐서 다시 들려주는 것이다. 예를 들어, 아동이 "누나"라고 했을 때 "누나가"라고 문법적인 확장을 해 줄 수 있다. 확장에는 구를 문장의 형태로 완성시켜서 다시 말해주는 문장완성방법과 문장의 형태나 기능을 바꾸어서 말해 주는 문장변형방법이 있다.
어휘확대	아동의 발화주제는 유지한 채, 어휘를 더 첨가하여 들려주는 것이다. 예를 들어, 아동이 "공"이라고 했을 때 "큰 공"이나 "축구공"이라고 어휘를 확대할 수 있다.
분리 및 합성	아동의 발화를 구문의 작은 단위들로 쪼개서 말했다가 다시 합쳐서 들려주는 것이다. 예를 들어, 아동이 "형이 유리로 발을 찔렸어"라고 하면 "형이 찔렸구나", "유리에 찔렸구나", "(저런) 발이 찔렸구나"와 같이 작은 단위의 문장으로 쪼개서 말하고 나서 "형이 유리에 발이 찔렸구나"라고 합쳐서 말해 준다.
문장의 재구성 25중	아동이 말한 문장의 뜻은 유지한 채, 문장의 형태를 재구성해서 들려준다. 예를 들어, "미영이가 민이를 찼어"라는 말에 대하여 "민이가 미영이한테 맞았어?"라고 새 형태의 문장을 말해 준다.

키워드 Pick

맥 Plus

언어치료 서비스 형태

개별치료 (pull-out system)	언어재활사를 중심으로 구조화된 환경에서 실시되는 언어치료 형태이다.
간접치료 (collaborative consulation system)	교실에서 교사가 지도할 수 있도록 언어재활사의 자문을 통해 협력하는 형태이다.
직접치료 (pull-in system)	언어재활사가 교사와 함께 교실 상황에 참여하여 의사소통에 어려움이 있는 학생에게 적절한 치료 서비스를 직접 제공하는 방법이다.

① 언어치료 서비스 형태는 크게 세 가지로 구분된다.
② 언어재활사의 간접지원 pull-in 형태의 모델은 일반화가 용이하다는 장점에도 불구하고, 실제 통합교육을 받고 있는 학생의 경우에는 다음과 같은 제한점을 가지고 있다. 원칙적으로는 특수교육지원센터의 지원을 받아 순회교육 형태의 서비스 제공은 가능하나, 실제 신청자의 수만큼 인력공급이 원활하지 않은 부분이 존재한다. 또한 신청제가 아닌 선정제로 운영되기 때문에 일부 학생들은 외부 치료시설을 이용하게 되는데, 이 경우에는 특수교사와 언어재활사 간의 협력이 어려울 수밖에 없다.
③ pull-in 시스템은 단순히 의사소통장애로 선정되지 않은 학생일지라도 위험군 아동이나 경제적인 이유로 언어치료 혜택을 받지 못하는 아동들도 서비스 대상에 포함될 수 있는 장점이 있다.
④ 학교 내의 언어지원 서비스체계의 확립은 성공적인 통합교육을 위해 고민해야 할 과제 중 하나이다.

기출의 맥

MT/EMT는 출제빈도가 높은 중재입니다. 환경조성전략과 주요 기법, 반응적 상호작용을 중심으로 관련 내용을 빠짐없이 정리해 두세요!

2. 환경중심 언어중재(MT) / 강화된 환경중심 언어중재(EMT)

09 · 10 · 13 · 14 · 24유, 10초, 09 · 12 · 16 · 25중

(1) 환경중심 언어중재의 이해

① 의미

㉠ 기능적인 의사소통을 자연스럽게 유도할 수 있도록 아동의 환경 속에서 아동의 관심과 흥미에 따라서 언어중재를 한다는 다소 포괄적인 중재접근법이다.

㉡ 환경중심 언어중재(환경중심 교수전략)는 일상생활의 의사소통 상황에서 의사소통 기술을 가르치는 자연스러운 접근방법으로서 의사소통을 촉진할 수 있도록 환경을 구성하고, 아동의 관심을 고려하며, 인위적이 아닌 자연적인 촉진을 사용하고, 아동의 의사소통의 빈도와 확장을 위해 기능적 후속결과를 사용한다.

㉢ 행동주의 원칙과 절차를 적용한 것으로 자연적인 맥락에서 이루어지는 언어중재에 중점을 두고 있다. 그러나 이때 환경은 자연스럽지만 언어를 촉진할 수 있는 상황으로 구성되어야 한다. 즉, 아동이 주의를 집중하고 자연스럽게 요구할 수 있는 상황으로 조작하는 것이다. '조작된 환경'이란, 예를 들면 아동이 좋아하는 장난감을 손이 닿지 않은 곳에 두되, 반드시 아동의 눈에 띄게 두어서 아동이 자발적으로 요구하도록 설정되는 것이다.

② 특성

㉠ 학생의 흥미와 관심을 따르며, 학생의 의사소통 시도와 주도를 격려한다.

㉡ 성인중심의 반복적인 연습 형태의 의사소통이 아닌 자연스럽게 발생하는 의사소통 기회를 이용하여 지도한다.

㉢ 실제 상호작용과 대화 맥락 안에서 지도한다.

㉣ 초기 의사소통 상호작용에서 자연적으로 발생하는 촉진 전략을 사용하여 지도한다.

㉤ 중재는 간략하고 긍정적이어야 한다.

㉥ 중재는 기능적 의사소통을 할 수 있는 기회를 위해 자연스러운 환경에서 실행되어야 한다.

㉦ 언어훈련 장소를 교실이나 가정 그리고 일상생활로 옮겨서 지도하기 때문에 일반화가 용이하다는 가장 큰 장점을 갖는다.

③ 일반적인 원리

㉠ 의사소통을 시작할 때는 보호자와 가족 구성원을 모두 포함한다.

㉡ 의사소통 중재는 학생 주변의 대화상대자로 예측되는 사람을 포함하여 계획한다.

㉢ 의사소통 교육은 실제 활동이나 상황에서 직접 상호작용을 경험하고 즐길 수 있도록 지도한다.

㉣ 대화상대자는 학생이 반응할 수 있도록 충분한 시간을 제공한다.

㉤ 학생의 요구를 미리 충족시키지 않는다. 만약 의사표현을 하기도 전에 모든 요구가 충족된다면 의사소통 동기를 유발되지 않을 것이다.

㉥ 의사소통은 양방향적인 상호작용이다. 수동적인 반응뿐만 아니라 먼저 대화를 시작할 수 있는 기회를 만들어 준다. 일과 중 많은 표현과 선택 기회를 제공한다.

④ 성공적인 적용을 위한 고려사항

㉠ 무엇보다도 반응을 불러오는 선행자극이 매력적이어야 한다. 이를 유인력이라고 한다.

㉡ 교사가 주는 모델링은 반드시 정확해야 한다. 여기서 정확함이란 음성도 분명해야 하지만, 그 밖의 몸짓이나 의도하지 않은 시각적 자극 등도 통제되어야 한다는 것을 의미한다.

㉢ 아동이 자극에 반응하도록 최소한 3초 동안 반응할 시간을 주어야 한다.

㉣ 아동이 목표반응을 하였을 때 주어지는 강화는 반응이 일어난 직후 2~3초 내에 제공되는 것이 가장 효과적이다.

기출 LINE

13유) 환경중심 언어중재를 실행하기 위해서는 환경조성전략이 중요합니다. 이는 영지의 의사소통 욕구를 촉진하기 위한 전략입니다. 예를 들어, 영지가 원하는 것을 약간 부족하게 주거나 원하는 물건을 눈에 보이지만 손이 닿지 않는 곳에 두는 것입니다.

키워드 Pick

(2) 환경중심 언어중재의 환경조성전략 13·14유, 15·22초, 19·25중

흥미 있는 상황	아동들은 활동이나 사물에 흥미가 있을 때 의사소통을 할 가능성이 있다.
손에 닿지 않는 상황	아동들은 원하는 물건이 손에 닿지 않을 때 의사소통을 하려고 한다.
부적절한 상황	아동들이 수업을 받으려고 할 때 필요한 자료가 없으면, 의사소통을 하려고 한다.
선택해야 하는 상황	아동들은 선택을 하여야 할 때 의사소통을 하려고 한다.
도움이 필요한 상황	아동들은 자료를 조작하거나 작동하려고 할 때 도움이 필요하면 의사소통을 하려고 한다.
예기치 못한 상황	아동들이 예기치 못한 일이 일어났을 때 의사소통할 가능성이 있다.

(3) 환경중심 언어중재의 전략 10 · 13유, 10초, 25중

- 환경중심 언어중재는 우발교수, 시간지연, 요구-모델, 모델링 등의 기법이 독립적으로 사용될 수도 있고 전부를 모두 포함하여 구성될 수도 있다.
- 환경중심 언어중재의 특정 전략 중 하나인 우발교수는 아동이 주위의 사물에 관심을 나타냄으로써 기회가 만들어진다. 교사나 부모는 그 기회를 이용하여 언어자극을 촉진해야 한다.
- 이렇게 아동이 먼저 흥미나 관심을 보였을 때 교사는 시간지연, 모델링과 요구-모델, 강화 등의 전략을 투입하여 언어 사용을 촉진할 수 있다.

① 모델기법

의미	• 의사소통에서 기본적인 대화 주고받기와 모방하기, 기초적 어휘 습득 등 기본적인 의사소통 절차를 지도하거나 새로운 언어 형태를 교수하기 위해 사용한다. • 학생의 관심과 흥미에 주의를 기울여 공동관심을 형성한 후 관련된 언어적 모델을 제시한다. • 정반응을 보이면 즉각적 칭찬과 언어적 확장을 제공하고, 오반응 혹은 무반응을 보이면 교정적 모델을 따르게 한다. • 흔히 시범을 보이기 전에는 강화가 될 수 있는 교재나 활동을 통제하다가, 아동이 바르게 반응하면 언어적 확장과 강화(교재나 활동)를 제공한다.
목표	• 교대로 의사소통하는 기술 향상 • 일반화된 모방기술 훈련 • 기본적인 어휘 습득 • 훈련 상황 외의 다른 상황에서의 의사소통
절차	• 첫째, 교사는 아동의 흥미와 관심을 파악한 후, 아동과 공유할 수 있는 관심의 대상인 사람, 물건 및 활동을 정한다. • 둘째, 적절한 언어적 모델을 제시한다. • 셋째, 아동이 성공적으로 수행하면 칭찬을 해 주며 자연적 후속결과를 제공하고 아동의 표현을 확장해 준다. • 넷째, 아동이 성공적으로 수행하지 못하면 교정적 모델을 제시한다. 교정적 모델을 제시한 후 아동이 성공적으로 수행하면 세 번째 단계에서 제시한 것처럼 해 준다. 교정적 모델을 제시했는데도 성공적으로 수행하지 못하면 교정적 피드백을 제시하고 자연적 후속결과를 제공한다.

② 반응요구 후 모델기법 22유, 19 · 25초

의미	• 초기 의사소통 형태의 기능적인 사용을 촉진하기 위한 교수방법이다. • 모델링과 마찬가지로 학생의 관심과 흥미에 주의를 기울이고, 공동관심을 형성한 후 학생이 원하는 것을 표현하도록 언어적 요구를 제시한다. 이때 학생이 정반응을 보이면 즉각적인 칭찬과 언어적 확장을 제공하고, 학생이 오반응 혹은 무반응을 보이면 다시 요구하거나 모델 절차를 다시 제공하여 촉진한다. • 아동에게 언어적인 반응을 구두로 요구해 본 후에 시범을 보이는 것이다. • 반응을 요구할 때는 흔히 명령 후에 시범을 보이든지, 의문사 질문 후에 시범을 보이든지, 또는 선택형 질문 후에 시범을 보인다.
특징 및 적용	• 일부 연구자들은 아동이 지나치게 언어치료사의 요구 촉진에 의존함으로써 자발적인 의사소통을 저해할 수 있다는 위험성을 제기하기도 한다. • 1 : 1 교수 상황에서 습득한 언어기술을 학급 상황에서 일반화시킬 수 있도록 하기 위해 개발된 것이다. • 반응요구 후 모델기법이 아동중심의 모델기법과 다른 점은 비모방적인 언어 촉진을 사용한다는 것이다. 즉, 질문(예 무엇을 원하니?)을 선택하거나, 선택가능한 것(예 크레용과 물감 중에서 어느 것을 가질래?)을 제시하거나 요구(예 태식이에게 네가 무엇을 갖고 싶은지 말하렴)를 함으로써, 아동이 자신의 의사표현을 통해 환경을 조절할 수 있도록 하는 것이다. • 교사가 반응을 요구했을 때 아동이 성공적으로 반응하면 교사는 칭찬해 주면서 아동이 원하는 것, 즉 자연적인 후속결과를 제공한다. 아동이 반응을 하지 않거나 부적절한 반응을 하면 교사는 아동이 모방할 수 있는 모델을 제시한다.

③ 시간지연기법

의미	• 초기 의사소통 단계에서 좀 더 자발적인 의사표현을 지도하기 위한 전략이다. • 초기언어훈련 혹은 환경적 자극에 대한 비언어적 의사소통 행동을 지도할 때 사용한다. • 초기에는 구어적 지원을 전혀 제공하지 않고 학생이 자료나 도움을 요구할 것 같은 상황을 판별하고 공동관심을 형성한 후 반응을 촉진한다. 학생이 정반응을 보이면 즉각적인 칭찬을 제공하고 언어적 확장을 해 준다. 학생이 오반응 혹은 무반응을 보이면 요구-모델, 모델링을 통해 교정적 모델을 제공한다. • 아동과 함께 쳐다보거나 활동하다가 아동의 언어적 반응을 가만히 기다려 주는 것이다. • 지연은 보통 3~5초간 하는데, 좀 더 나이가 많은 아동의 경우에는 10초 이상 지연을 하기도 한다.

Chapter 12

키워드 Pick

적용	• 아동의 의사소통을 촉진하기 위해 모델이나 반응요구 등으로 단서를 제공하는 모델기법이나 반응요구 후 모델기법과는 달리, 시간지연기법은 아동의 언어적 반응을 기다려 주는 과정을 포함한다. • 즉, 일상적으로 수행하는 단계들 간에 2~5초간의 시간을 지연시킴으로써 아동의 의사소통을 유도하는 것이다. • 만약 아동이 지연에 반응하지 않으면, 교사는 다시 시간지연기법을 사용하거나 모델기법 또는 반응요구 후 모델기법을 사용한다.

기출 LINE

18유) 준혁이의 자발적 의사소통 지도를 위해 교사는 준혁이가 볼 수 있지만 손이 닿지 않는 선반에 준혁이가 좋아하는 모형 자동차를 올려놓는다. 준혁이가 선반 아래에 와서 교사와 자동차를 번갈아 쳐다보며 교사의 팔을 잡아 당긴다. 교사는 준혁이가 말하기를 기대에 찬 눈으로 바라본다. 잠시 후 준혁이는 모형 자동차를 가리키며 "자동차"라고 말한다. 교사가 준혁이에게 모형 자동차를 꺼내 주니 자동차를 바닥에 굴리며 논다.

④ 우발학습기법 18 · 24유

의미	• 우발교수는 정교화된 언어를 지도하고 특정한 주제에 관한 대화기술을 지도할 때 사용한다. • 학생이 자료 요구나 도움을 요청하도록 환경을 구조화한 후 학생의 시도에 대해 강화, 촉진, 언어적 확장을 제공해주는 절차이다. • 이 전략은 구어적이든 비구어적이든 요구하기를 할 수 있어야 하며, 반응하려는 동기가 높을 때 사용할 수 있다 • 장애학생의 반향어, 단순한 발화, 몸짓을 동반하거나 동반하지 않는 발성, 반복적 몸짓, 도전행동 등은 요구하기의 기능을 가진 의사표현 방법일 수 있다. 그래서 학생의 반응과 행동을 민감하게 관찰한 후 학생이 먼저 요구하기를 시도할 때 우발교수를 사용하여 지도한다. • 의사소통 기회를 최대화하면 의사소통 기술을 효과적으로 지도할 수 있다. • 아동의 생활환경에서 우연히 일어나는 의사소통의 기회 또는 언어학습의 기회를 이용하여 언어훈련을 하는 것이다. • 환경중심 언어중재의 핵심적인 부분으로 아동의 의사소통 기능 및 기술을 증진시키는 데 매우 효과적인 방법이다.
적용	• 다른 기법들과 다른 것은 아동이 먼저 요청을 한다는 것이다. • 아동이 요청을 하면 교사는 아동의 관심이 대상에 주의를 기울여 아동중심의 모델기법, 반응요구 후 모델기법 및 시간지연기법을 사용하여 아동의 의사소통기술을 향상시킨다.

(4) 강화된 환경중심 언어중재(EMT) 12 · 17유, 21 · 22초, 16 · 19중

① EMT의 이해

의미	• 환경중심 언어중재의 수정된 형태로서, 기존의 우발교수, 시간지연, 요구-모델 등의 전략에 물리적 환경 조절전략과 반응적 상호작용전략이 결합된 중재를 말한다. • 강화된 환경중심 언어중재는 기존 환경중심 언어중재의 한계점을 해결하기 위한 중재방법이다. 따라서 환경중심 언어중재의 기존 전략을 바탕으로 하되, 일반화와 충분한 의사소통의 기회를 증진시키는 데에 보다 많은 초점을 두고 있다. 거기에는 물리적 환경 조성과 반응적 상호작용전략이 중심을 이룬다. • Kaiser(1993)는 환경중심 언어중재법의 촉진전략과 함께, 언어훈련을 위해 물리적 환경을 조절하는 전략과 반응적 상호작용전략을 사용하는 혼합형 부모중재 모델을 제안하였다. – 물리적으로 환경을 조절하는 전략에서는 아동이 흥미를 가질 장난감이나 자료 및 놀이 활동을 부모가 고르는 것을 훈련시키며 좀 더 긍정적인 감정교류가 있는 놀이를 하도록 훈련시킨다. – 반응적 상호작용전략에서는 부모들이 아동의 행동에 대하여 어떻게 반응하는 것이 좋은지를 가르치는 것이다. 예를 들어, 아동의 주도에 따라서 반응해 주기, 교대로 의사소통하는 것을 촉진해 주기, 아동의 주제에 맞추어 주거나 확대해 주기 등이다.
강조한 점	• 전통적인 환경중심 언어중재의 접근법에서 사용된 환경중심 교수전략을 동일하게 강조한다. • 학생의 활동 참여나 대화상대자와의 의사소통을 촉진하기 위해 환경적 배열 또는 환경 조절전략을 활용한다. • 사회적 의사소통 상호작용과 새로운 언어형태를 모델링하기 위해 반응적 상호작용전략을 강조한다.

② 물리적 환경 조절전략(환경적 배열)

㉠ 물리적 환경 조절전략의 핵심은 아동의 언어를 촉진하기 위한 물리적인 전략으로서 아동이 선호하는 자료를 중심으로 물리적 환경을 설정하여야 한다.

㉡ 대상 아동의 인지와 언어 수준 등을 잘 고려하되, 도움을 요청할 수 있도록 일부러 혼자 할 수 없는 상황을 설정하는 것이 중요하다.

㉢ 이와 같은 환경 조절전략은 다양한 방법으로 시도할 수 있으며, 이를 통해 아동의 의사소통 기능이 향상되거나 산출이 이루어지면 중재를 완료할 수 있다.

기출 LINE

21초) 일상의 의사소통 상황을 자연스럽게 구조화하여 지속적인 반응적 상호작용을 통해 의사소통을 촉진하는 대화 중심의 교수법을 추천하고 싶습니다.

키워드 Pick

전략	방법	예시
흥미 있는 자료	학생이 흥미를 가지고 있는 자료를 이용한다.	학생이 좋아하는 사물을 교실에 미리 배치한다.
닿지 않는 위치	학생의 시야 내에 자료를 두되, 아동의 손에 닿지 않는 곳에 놓는다.	학생이 볼 수 있는 투명한 플라스틱 상자 안에 사물을 넣고 아동의 키보다 조금 더 높은 교구장 위에 둔다.
도움이 필요한 상황	학생이 자료를 조작하기 위해 성인의 도움이 필요한 상황을 만든다.	학생이 좋아하는 장난감을 일부러 잘 열리지 않는 통에 담아 두거나, 점심시간에 수저를 제공하지 않는다.
불충분한 자료 제공	학생이 추가적인 자료를 요구하도록 수와 양을 적게 제공한다.	신발을 주는데 한 짝만 주거나, 미술활동시간에 만들기에 필요한 재료보다 적은 양의 재료를 준다.
중요 요소 빼기	학생에게 친숙한 과제를 완성하도록 제시하고, 그 활동의 중요한 요소를 뺀다. 그러고 나서 활동을 완성하도록 학생에게 지시한다.	퍼즐 맞추기 게임을 하는데 퍼즐 일부분을 빼고 완성하도록 한다.
선택의 기회 제공	비슷한 물건을 제시하여 선택할 수 있는 기회를 제공한다. 학생이 언어를 시작하도록 하기 위해 비언어적으로 선택의 기회를 제공한다.	염색 활동을 하는데, 어떤 색으로 하고 싶은지 선택하도록 한다.
예상치 못한 상황 (우스운 상황)	학생의 기대에 맞지 않는 비상식적이거나 우스꽝스러운 요소를 만들어 준다.	인형 옷을 입히면서, 양말을 머리에 씌우거나, 풀 대신 지우개를 준다.

③ 반응적 상호작용전략

㉠ 반응적 상호작용전략은 아동의 행동에 성인 대상자가 어떻게 반응해야 하는지에 대한 것으로서, 아동의 언어적 또는 비언어적 행동에 반응하는 방법이다.

㉡ 아동의 눈높이에서 공동관심, 공동활동, 그리고 주고받기 등을 통해 아동이 더 많은 의사소통 기회를 가질 수 있도록 하는 데에 주목적이 있다.

㉢ 이때에는 지시나 질문은 가급적 피하고 성인이 아동의 행동을 모방하거나 상호작용을 하여 반응을 기다려 주는 것이 중요하다.

전략	방법	예시
아동 주도 따르기	아동의 말이나 행동과 유사한 언어적·비언어적 행동을 하며 아동 주도에 따른다. 아동이 말하도록 기다려 주고, 아동이 하는 말이나 행동을 모방한다. 아동의 관심에 기초하여 활동을 시작하도 다른 활동으로 전이할 때에도 아동의 흥미를 관찰한다.	구어를 산출하지 못하는 지수는 지도를 좋아해서 교실에 들어오면 지도에 늘 관심을 보인다. "선생님이랑 지도 볼까? 경상도는 어디 있을까?" 하며 지명이름찾기 놀이를 한다.
공동관심 형성하기 23유	아동이 하는 활동에 교사가 관심을 보이며 참여한다. 아동이 활동을 바꾸면 성인도 아동이 선택한 활동으로 바꾼다.	아이가 혼자 그림을 그리고 있으며, "우리 깐보, 무슨 그림 그린 거야? 어, 깐보가 좋아하는 둘리를 그렸네." 하면서 대화를 이끌어 간다.
정서 일치시키기	아동의 정서에 맞추어 반응한다. 그러나 아동의 정서가 부적절하면 맞추지 않는다.	아동이 즐겁게 이야기하면 함께 즐거움을 표현하고, 흥분되어 말하며 흥분됨을, 아동이 얼굴을 찡그리면 함께 속상한 표정을 짓고 이야기한다.
상호적 주고받기	상호작용을 할 때에는 아동과 성인이 교대로 대화나 사물을 주고받는다.	퍼즐을 하나씩 번갈아 가며 맞추거나, 대화를 교대로 주고받는다.
시범 보이기	먼저 모데링이 되어 준다. 혼잣말기법이나 평행적 발화기법을 사용한다.	"밥 먹으로 가야지."라고 말하거나 과제를 하다가 어렵다고 발을 동동 거리는 아동을 향해 "선생님, 도와주세요."라고 말한다.
확장하기	아동의 발화에 적절한 정보를 추가하여 보다 완성된 형태로 다시 들려준다.	아동이 길가의 차를 보고 "차 가"라고 말하면 "차가 가네."라고 말한다.
아동을 모방하기	아동의 행동 또는 말을 모방하여 아동과 공동 관심을 형성하거나 아동에게 자신의 말이 전달되었음을 알려준다.	아동이 손가락을 만지며 아프다는 표현을 하면, 교사도 손가락을 만지면서 "아파?"라고 말해 준다.
아동발화에 반응하기	아동이 한 말에 대해 고개를 끄덕이거나 '응' '옳지' '그래' 등과 같은 말을 해 주면서 아동의 말을 이해했다는 것을 알려 주고 인정해 준다.	아동이 "이거(먹어)."라고 말하면, 고개를 끄덕이면서 "그래, 이거 우리 이거 먹자."라고 말해 준다.
아동반응 기다리기	아동이 언어적 자극에 반응할 수 있도록 적어도 5초 정도의 반응시간을 기다려 준다.	"물감 줄까?"라고 묻고 반응하지 않더라도 5초 정도 기다렸다가 다시 질문한다.

기출 LINE

22초)
- 혼자 블록 쌓기를 하고 있으면 교사가 "상우야, 무슨 모양을 쌓은 거야? 좋아하는 버스 모양으로 쌓았네." 하며 대화를 이끌어 가기
- 색칠하기 책을 쳐다보고 있으면 "상우야, 선생님이랑 색칠하기 놀이를 해볼까? 무슨 색을 칠해 볼까?" 하며 놀이하기
- 퍼즐을 하나씩 번갈아 맞추며 "상우야, 이번에는 네 차례야." 라며 교대로 대화 주고받기
- 손등을 긁으며 가렵다는 표현을 하면 교사도 자신의 손등을 긁으며 "상우야, 가려워?"라고 말하기

키워드 Pick

기출 LINE

18유)
- 준혁이의 자발적 발화를 유도하기 위해서 교사는 소방차를 색칠하면서 "소방차는 빨간색이니까 빨간색으로 칠해야겠다."라고 말한다.
- 통합학급 교실로 준혁이가 들어오며 말없이 고개만 끄덕이자 통합학급 담임 교사가 준혁이에게 "선생님, 안녕하세요?"라고 말한다.

기출 LINE

10유) 자유놀이 시간에 소꿉놀이 영역에서 민희가 모자를 가리키며 "모자"라고 말하면 교사는 "모자?"라고 말하여 민희의 의사를 확인한 후 민희의 말을 "모자 주세요."로 반복하여 말해준다.

24초) 우선 영호에게는 발화 주제는 그대로 유지한 상태에서 어휘만 더 첨가해서 들려주시는 (㉡) 이/가 효과적일 수 있을 것 같습니다. 예를 들면 영호가 "우유"라고 말하면 "초코 우유", "딸기우유", "바나나 우유"라고 말해 주시면 됩니다. / 아, 그렇군요. 그러니까 선생님 말씀은 영호가 자동차 놀이를 할 때, "자동차"라고 말하면, "빨간 자동차"라고 말해 주라는 거죠?

3. 교사의 발화전략 11·14·17·18·22·25유, 16·20·24초, 13·16·23·24중

(1) 발화유도전략

기법	기능	예시
혼잣말기법	아동에게 요구하지 않으면서 교사가 자기행위에 대해 혼자 대화를 하듯이 말을 한다.	(그림에 색칠을 하면서) "사과는 빨간색이니까 빨간색으로 칠해 줘야겠다....."
평행적 발화기법	아동의 행위에 대해 아동의 입장에서 말한다.	(지수가 들어온다.) "선생님 안녕하세요?"라고 선생님이 말한다.
FA 질문법	아동에게 대답할 수 있는 2개의 모델을 제시한다.	"오늘은 오렌지를 먹을까, 아니면 포도를 먹을까?"
대치요청	목표언어가 나올 때까지 아동의 말을 고쳐 나가도록 유도한다.	아동: "이거." 교사: "이거, 뭐?"

(2) 발화 후 언어자극전략

기법	기능		예시
확장	문법적으로 오류가 있는 아동의 표현을 문법적으로 완전한 형태로 바꾸어 말해 준다.		(그림책을 보며) 학생: 호랑이 토끼 먹어. 교사: 호랑이가 토끼를 먹어요.
확대	아동의 발화를 의미적으로 보완해 준다.		(그림책을 보며) 학생: 아저씨, 아저씨! 교사: 소방관 아저씨구나.
교정적 피드백	아동의 잘못된 혹은 완전하지 않은 표현을 긍정적인 방법으로 고쳐 준다.		(친구 가방을 가리키며) 학생: 뻐. 교사: 맞아, 예쁘지?
재구성 25중	아동의 표현을 다른 문장구조로 바꾸어 말해 준다.		학생: 때렸어, 준이가, 재인이를 교사: 재인이가 준이한테 맞았구나.
수정	아동의 잘못된 발화를 직접적으로 고쳐서 말해 준다.		(고래 그림을 보며) 학생: 악어야. 교사: 악어가 아니라 고래야.
수정 후 재시도 요청	아동의 잘못된 발화를 교정해 준 후 다시 한번 해 보도록 한다.		(그래 그림을 보며) 학생: 악어야. 교사: 악어가 아니라 고래야. 다시 말해 볼까?
자기수정	아동이 잘못 말한 부분을 교사가 그대로 따라함으로써 발화가 적절하지 않음을 알려 주고 수정하도록 한다.	자기수정 요청	학생: 안녕히 오세요. 교사: (뭐라고?) 안녕히 오세요? 맞아?
		자기수정 모델	학생: 안녕히 오세요. 교사: (뭐라고?) 안녕히 오세요? 안녕히 가세요.

(3) 아동의 발화 후 교사가 적용할 수 있는 언어자극: 교정적 피드백의 유형

교정적 피드백은 특정한 문제를 고쳐 줄 의도로 사용되는 피드백과 보충 설명 그리고 시범들을 포함하는 개념이다. 즉 정답과 오답에 대한 정보뿐만 아니라 오답을 수정하기 위해 보충적인 교수를 제공한다.

유형	예시
명시적 오류수정	• 발화에 오류가 있음을 명확하게 알려 주고 올바른 발화를 직접 제시해 주는 형태이다. • 고양이를 보고 "저기 멍멍이!"라고 말하면, "멍멍이가 아니고 고양이야."라고 정확한 표현을 제시해 준다.
상위언어적 교정	• 오류에 대해 명확하게 수정하는 대신에 오류에 대한 힌트를 주거나 정확한 형태에 대한 코멘트, 정보나 질문을 제공하는 형태이다. • "나 줘."라고 말하면, "어른들한테 말할 때는 어떻게 하라고 했지?"라고 하면서 존댓말을 유도한다.
고쳐 말하기	• 오류가 있는 말의 일부나 전부를 수정해 주는 형태로서, 오류를 명시적으로 지적하지 않고, 교정한 상태로 말해준다. • 아동: 띤발(발음 오류) 있어. 교사: 아~여기 신발이 있구나?
명료화 요구	• 교사가 아동의 말을 잘 이해하지 못했거나 잘못된 발화를 하였을 때, 발화를 다시 한번 반복하거나 수정할 것을 요구한다. 중립적인 언어를 사용할 수도 있고 '무엇을 주라고' 등의 특정적인 어휘를 요구할 수도 있다. • 아동: 선생님, &8^%있어요. 교사: 미안해, 뭐라고? (또는) 저기 뭐가 있다고?
이끌어 내기 (유도)	• 학생 스스로가 정확한 형태를 발화하도록 유도하여 제공하는 피드백이다. 언급한 것을 완성하거나 올바른 언어 형태를 이끌어 내기 위해 질문을 할 수 있다. • 교사: (그림책을 보면서) 여기 큰 호랑이가 있네. 호랑이가 뭐 하고 있어? 아동: 아~벌려(어휘오류). 교사: 입을 크게 벌리고 뭐 하고 있지? 아동: 하품
반복하기	• 잘못된 발화 부분을 반복하여 말해 준다. 이때는 억양을 다르게 해 주는 것이 좋다. • 교사: 내 엄마의 엄마는 뭐라고 부르지? 아동: 엄마엄마(어휘 오류) 교사: 엄마엄마?↗

키워드 Pick

맥 Plus

아동의 언어에 영향을 미치는 교사의 언어자극전략

기법	의미		예시
명료화 요구하기 17중	아동이 잘못 발화한 부분에 대해 반복하거나 재형성하도록 요구하는 피드백	질문하기	아동의 말을 끝까지 들은 후 명확하지 않은 부분에 대해서 물어보는 것
		의역하기	아동의 말을 듣고 교사가 이해한 대로 "네가 방금 말한 것은~라는 거지?"라고 다시 말해 주는 것
초언어적 피드백	오류를 올바른 형태로 직접 제시하지 않고, 올바른 형태를 이끌어 내기 위해 언어 자극을 줌		아동: 이거 줘. 교사: 어른에게 이야기할 때는 어떻게 하라고 했지? 아동: 이거 주세요.

아동의 발화에 대한 교사의 피드백

① 긍정적 피드백은 칭찬과 격려 등의 언어적 정보를 의미한다. '그렇지.', '맞아.', '잘했어.'와 같은 평가의 말을 사용하여 학습의욕을 강화시킨다.

교사: 여름에는 어떤 벌레가 많아요? 민채가 말해 볼까?
민채: 모기 많아.
교사: 우리 민채, 참 잘했어요.

② 부정적 피드백은 수행이나 행동이 부적절하거나 부정확한 경우 그것을 알려 주기 위해 사용된다.

교사: 여름에는 어떤 벌레가 많아요? 주혜가 말해 볼까?
주혜: 수박이요.
교사: 주혜는 수박이 벌레구나? 얘들아. 수박이 벌레일까?
학생들: (웃으면서) 아니요

③ 교정적 피드백은 특정한 문제를 고쳐 줄 의도로 사용되는 피드백과 보충 설명 그리고 시범들을 포함하는 개념이다. 즉 정답과 오답에 대한 정보뿐만 아니라 오답을 수정하기 위해 보충적인 교수를 제공한다.

교사: 이건 무슨 그림일까? 민채가 말해 볼까?
민채: 새가 밥 먹어.
교사: 새가 밥 먹는 것 같아요? 다시 한번 잘 보도록 하자.
민채: 닭이야.
교사: 맞아요. 닭이 모이를 먹고 있는 모습이지요.

4. 스크립트 활용 중재 12 · 14 · 18 · 19중

(1) 스크립트 활용 중재의 이해

의미	• 스크립트의 정의: 어떤 특정한 문맥 속에서 진행되는 단계적인 일련의 사건들을 설명하는 구조이다. • 스크립트를 이용한 전략은 구조화된 상황을 만들고, 그 안에서 실제로 상호작용하면서 필요한 어휘와 문장을 습득하는 접근법이다. • 스크립트 활용은 구어능력을 증진시키는 전략으로서, 사회가 요구하는 방식의 의사소통과 행동양식을 습득하여 적절한 의사소통을 하는 것을 목표로 한다. • 보완대체 의사소통(AAC)이 구어적 결함을 비구어적 방법을 통해 의사소통을 지도하는 것이라면, 스크립트 활용은 일반적으로 구어 사용에 초점을 두고 있다.
특징	• 장점: 가장 큰 장점은 상황에 맞는 언어를 가장 일반화된 형태로 지도할 수 있다는 것이다. • 단점: 단점은 최소한의 구어적 능력을 가지고 있어야 실시할 수 있다는 것이다. 최근에는 스크립트 활용이 보완대체 의사소통이나 다른 매체와 결합하여 사용되기도 한다.
적용	• 일상적인 상황 문맥은 그 즉각적인 상황에 대하여 화자 간에 공유하는 상황지식을 제공해 주며, 그 결과 아동에게 그 상황에서 늘 쓰이는 상황적인 언어를 배우는 학습의 기회를 제공해 준다. • 익숙하고 일상화된 상황적인 문맥 속에서 아동은 쉽게 성인의 말을 예견할 수 있으며, 그러한 성인의 언어와 그 상황 간의 관계를 인지적으로 연결시킴으로써 상황적인 언어를 학습하게 된다. • 스크립트 안에 주고받는 대화의 기회를 많이 가지고, 상황적 언어를 활동 속에서 많이 사용하도록 한다. • 아동이 일단 스크립트에 익숙해지면 의도적으로 스크립트를 위반하는 사건을 만들어 아동의 자발적인 언어를 유도한다.

스크립트 문맥을 활용한 언어활동 프로그램의 예시

주요 활동	구조화된 상황	교사발화	아동의 목표발화
과일가게에 가기	가게에 들어간다.	안녕!	안녕하세요!
	주인에게 다가간다.	뭐 줄까?	○○ 주세요.
	손으로 가리킨다.	얼마만큼 줄까?	○○개 주세요.
	이해를 못한 표정이다.	몇 개 달라고 했지?	○○개 주세요.
	봉투에 과일을 담는다.	자, 여기 있어.	감사합니다.

기출 LINE

12중) 학생 B는 학교 일과에서 교사나 친구들과 이야기할 때에 주로 두 단어(이어문)로 의사소통을 할 수 있다. 그러나 어떤 특정한 활동 속에서 요구되는 상황적 언어를 논리적인 순서에 따라 말하는 데 어려움이 있다. 특히 지역사회 참여활동, 복지관 실습, 가사실습 시간에 요구되는 상황적 언어들을 그 활동 맥락 안에서 표현하는 데 어려움이 있다.

키워드 Pick

(2) 장점 및 제한점

장점	• 스크립트 중재는 언어의 기능보다는 형태를 강조하고 의사소통 맥락에서 새로운 어휘를 다루기보다는 단순히 명명하기만 가르친다는 비판을 받기도 하지만, 유용한 점이 있다. • 학생의 개별화된 목표어휘를 적용하는 데 교사의 부담을 줄여줄 수 있으며, 사회회된 언어 사용(허락을 요구하는 상황, 같이 놀자는 제의, 다양한 감정의 표현 등) 교수에 적절하다. • 잦은 의사소통 실패, 교사의 잦은 교정적 피드백 등으로 의사소통 자체를 부정적인 경험으로 인식하는 학생에게 효과적이다. • 일정 시기 동안 구조화된 교수를 통해 정확한 의사소통방법을 지도하므로 초기의 선택하기, 요구하기 등의 의사소통 목표행동을 체계적으로 학습할 수 있다. • 의사소통 시도의 수를 집중적으로 제공하기 때문에 빠르게 학습할 수 있으며, 기본적 상호작용 형식인 주고받기의 교수는 정확한 반응의 가능성을 증가시킬 수 있다. • 학습된 기술은 자연스러운 환경에서 기능적으로 사용하도록 하므로 기초적인 어휘와 화용론적 언어 형태를 지도하는 데 도움이 된다.
제한점	• 구조화된 프로그램은 장애학생에게 학습해야 하는 다양한 단계를 요구하기 때문에 습득된 기술을 학습 외의 조건에서 일반화하는 데 한계가 있다. • 학생의 반응만을 강화하고 의사소통 시도하기의 교수를 간과했기 때문에 기능적인 기술을 교수하는 데 실패했다는 비판을 받는다. • 그러므로 구조화된 환경에서의 집중적인 교수는 통합적 교수, 환경적 중재와 함께 실시하여 문제점을 보완하는 것이 바람직하다.

(3) 스크립트 문맥의 활용 절차

① 단기적인 목표언어의 구조를 계획한다.	• 스크립트 문맥을 통해 계획할 수 있는 언어구조는 수용언어/표현언어, 의미론/구문론/화용론 등 다양하다. • 2~3낱말 의미관계의 표현 또는 이해하기, 화용적인 기능 사용하기 등이 있다. • 그 외에 조사나 문장어미 등에 중점을 둔 목표언어구조도 가능할 것이다.
② 아동에게 익숙하며 주제가 있는 일상적인 활동(스크립트)을 선정한다.	• 아동의 머릿속에서 그 활동의 순서가 이미 익숙한 활동을 선택한다. • 이렇게 익숙한 활동을 선택하는 것은 아동이 상황이나 문맥을 이해하는 데 신경을 쓰느라 막상 말에는 주의를 집중하지 않는 문제를 없애기 위한 것이다.

③ 선택한 스크립트 속에 포함될 하위행동들을 나열한다.	• 생일잔치나 목욕하기 등의 익숙한 스크립트라도 아동의 경험에 따라서 그 하위행동들은 조금씩 다를 수 있으며, 주제에 핵심적인 하위행동이 있는가 하면 부수적인 하위행동들도 있다. • 하위행동의 범위를 정하는 것은 해당 하위행동이 목표언어를 유도해 내는 데 필요한가 여부에 따라서 정하는 것이 바람직하다. • 신체결함으로 인하여 전체 스크립트를 다 끝내는 데 시간이 오래 걸리는 경우나 인지 및 언어 수준이 매우 낮아서 다양한 하위행동들보다는 짧은 스크립트를 여러 번 반복하는 것이 더 나은 경우에는 하위행동들을 최소한으로 줄이는 것도 좋은 방법이다. • 자폐성장애 아동처럼 일상의 변화를 싫어하는 경우에는 너무 똑같은 하위행동들만 반복해서 고착되지 않도록 매 회기 약간씩의 변화를 주는 것도 좋은 방법이다.
④ 선택한 하위행동마다 구체적인 목표언어를 계획한다.	• 하위행동 옆에 목표언어를 기재한다. • 목표언어는 실제 아동이 배울 말로서, 지시에 따르게 하거나(수용언어 증진이 목표인 경우) 말하게(표현언어 증진이 목표인 경우) 할 내용이다. • 예를 들어, 생일파티 스크립트에서 목표언어구조가 2낱말 의미관계 "장소-행위"의 표현이라면, "머리에(모자를) 써", "케이크에(초를) 꽂아", "접시에(케이크를) 담아", "냅킨 위에 놔", "휴지통에 넣어" 등의 목표언어를 설정할 수 있다.
⑤ 불필요한 하위행동을 삭제한다.	• 목표언어를 끼워 넣기에 적절하지 않은 하위행동들은 스크립트에서 제외시킨다. • 이때 설정한 스크립트의 핵심행동이나 아동이 특히 좋아하는 하위행동은 가능한 한 유지하도록 하고, 그 외 목표언어를 유도할 수 없는 하위행동들은 시간을 절약하기 위하여 제외시키는 것이 좋다.
⑥ 목표언어를 유도할 수 있는 상황이나 발화를 계획한다.	• 목표언어 구조나 기능에 따라서 하위행동을 하면서 유도해야 하는 말이나 상황이 있을 수 있다. 이러한 유도 상황이나 말은 미리 계획을 하되, 치료회기 동안에는 아동의 반응에 따라 그 표현이나 상황을 융통성 있게 활용하는 것이 좋다. • 예를 들어, '부정/거부' 기능을 유도하기 위해서는 아동이 선호하는 컵 대신 다른 컵을 우선 제시하는 것이 적절하고, '주장하기' 기능을 유도하기 위해서는 두 가지 이상의 컵을 제시해서 "이거/그거(주세요)"라고 주장할 수 있는 상황을 만들어 주는 것이 중요하다.
⑦ 계획한 활동들을 체계적으로 변화시키면서 여러 회기 동안 반복하여 실시한다.	• 계획한 목표언어의 사용 수준(종료준거)을 미리 정하여 아동이 그 준거에 도달할 때까지 매 회기 같은 활동을 반복하거나 아동이 싫증내지 않도록 세 가지 정도의 유사한 스크립트활동을 매번 바꿔 가면서 실시한다.

키워드 Pick

(4) 스크립트적 일과의 5가지 구성요소 14중

① **접촉단서**: 접촉단서는 구두로 제시되는 낱말과 함께 제공되는 정보로 일과의 각 단계에 앞서 제공되어야 하는데, 한 단계의 접촉단서는 매번 동일해야 하며, 모든 촉진자들이 동일한 단서를 활용해야 한다. 접촉단서는 하나 이상의 감각장애를 지닌 사람들에게 매우 중요하며, 다른 장애인에게도 중요한 경우가 많다.

② **구어단서**: 구어단서는 촉진자가 접촉단서를 제공하면서 말하는 것들을 일반적으로 일컫는다.

③ **휴지**: 접촉단서와 구어단서를 결합해 제공한 후, 촉진자는 10~30초를 쉬면서 상대방의 반응을 관찰해야 한다. 반응은 의도적인 것으로 보이거나 의도적인 것으로 해석될 수 있는 어떤 움직임이나 발성을 의미한다. 휴지의 길이는 개인의 반응 수준과 요구하는 움직임의 정도에 따라 다른데, 중도장애를 지닌 사람들은 신호를 만들고 산출하는 데 더 많은 시간이 필요하기 때문에 더 긴 휴지를 필요로 할 것이다.

④ **구어 피드백**: 대상자의 수용 신호가 나타나면, 대상자가 행한 것과 촉진자의 반응으로 적절한 언급 형태의 구어 피드백이 관련 행동과 함께 제공되어야 한다.

⑤ **행동**: 스크립트적인 일과의 각 단계에서 촉진자는 구어 피드백과 동시에 행동을 수행하는데, 행동은 과제분석을 통해 판별된 일과의 실제적인 단계이다. 스크립트적 일과의 요점은 행동 수행을 가르치는 것이 아니라 익숙한 활동 맥락에서 의사소통적인 신호표현을 발달시키고자 하는 데 있음을 명심해야 한다.

5. 낱말찾기 훈련 11·17·24중

(1) 훈련목표낱말의 선정

① 실제로 효과적인 중재를 위해서는 i) 아동의 연령, ii) 아동의 흥미나 주제, iii) 아동이 어려움을 겪는 낱말에 대한 고려가 있어야 한다.

② 훈련목표낱말은 아동의 연령에 적합한 어휘를 선택하는 것이 중요하다.

(2) 언어중재 상황

낱말찾기장애에 대한 언어중재는 개별, 소집단, 또는 대집단의 형태로 이루어질 수 있다. 그러나 일반화를 촉진하기 위해서는 다양한 상황 속에서 훈련을 하는 것이 중요하다.

(3) 활동

① 흔히 낱말찾기능력에 대한 훈련은 기억용량을 늘리는 활동(기억확장활동)과 기억창고에서 기억을 효율적으로 끄집어내는 책략활동(기억인출활동)들로 이루어진다.

② 문헌에 소개된 활동들은 ⅰ) 목표어와 의미적으로 관련된 낱말, ⅱ) 초성이나 첫 음절, 음절수와 같이 목표어와 음운적으로 관련된 특성, ⅲ) 목표어의 시청각적인 느낌(예 첫 글자), ⅳ) 목표어의 크기, 질감, 운동성과 같은 감각운동적 특성(예 판토마임), ⅴ) 목표어가 발생하는 문맥적 특성 등을 이용하는 것들이다.

의미적 단서 17중	• 목표낱말의 동의어(예 '선생님'에 대해 '교사')나 반의어(예 '선생님'에 대해 '학생'), 연상어(예 '팥'에 대해 '빙수'), 또는 동음이의어(예 '사과'에 대해 손바닥으로 싹싹 비는 흉내) 등이다. • 목표낱말의 상위 범주어(예 '모자'에 대해 '옷')나 하위 범주어(예 '옷'에 대해 '바지, 치마') 등도 사용할 수 있다. • 목표낱말의 기능(예 '자동차'에 대해 '타는 거')이나 물리적 특성(예 '자동차'에 대해 '바퀴로 굴러가는 거')을 사용하기도 한다. • 몸짓으로 그 낱말을 흉내내는 것도 의미적인 단서가 될 수 있다.
구문적 단서	• 그 목표낱말이 자주 사용되는 문맥이나 상용구를 활용하는 것으로, 예를 들어 '고추'는 '○○ 먹고 맴맴...'과 같은 구문적 단서를 사용할 수 있다.
음향-음소적 단서	• 음향-음소적 단서로 많이 사용되는 것은 첫 음절(예 '자동차'의 경우 '자')을 말해 주거나, 음절 수를 손으로 두드리거나, 또는 손가락으로 알려주는 방법 등이다.
음소적 단서	• 첫 글자를 써 주는 것도 아동에게 음소적 단서를 제공하는 것이 된다.

(4) 치료 효과의 측정

① 낱말찾기능력의 증진 정도를 측정하는 가장 전통적인 방법은 그림보고 이름대기과제이다.

② 치료 효과에 대한 척도는 흔히 전체 목표낱말 수에 대한 오류수의 비율(%)과 반응시간(msec)으로 나타낸다.

③ 치료의 유지 효과를 보기 위해서는 치료종료 후 1개월이 지난 시점에서 다시 검사를 해야만 신뢰성을 확보할 수 있다.

④ 치료 효과가 아동의 일상생활에 얼마나 잘 일반화되는지도 중요하기 때문에 아동이 일상대화에서 얼마나 낱말찾기에 어려움을 보이는지 측정하는 것이 중요하다.

기출 LINE

17중)
- 요즘 K는 표현하려는 단어의 이름을 잘 말하지 못합니다. 예를 들면, "어... 그거 있잖아... 그거..."라고 말하곤 해요.
- K가 단어를 떠올리는 데 어려움을 보일 때는 의미 단서나 구문 단서와 같은 다양한 단서를 사용하는 활동이 도움이 됩니다.

키워드 Pick

기출의 맥

단순언어장애 중재 전략은 출제될 수 있는 내용들이 다양합니다. 기출된 내용과 함께 주변의 전략들에 대해서도 골고루 정리해 두세요!

6. 단순언어장애 중재

(1) **부모중재**: 부모의 의사소통방법

① 단순언어장애 아동들은 산출하는 단어의 수가 매우 제한적일 뿐만 아니라 대부분의 아동이 자발적으로 언어를 사용하지 않는다. 따라서 발화를 유도하기 위해서는 대화의 주제와 방법이 아동중심이 되어야 한다. 아동의 흥미가 어디에 있는지, 아동이 선호하는 것은 무엇인지를 알아야 한다. 만약 아동이 몸짓을 사용하여 소통하는 것을 선호한다면, 부모도 몸짓언어를 통한 의사소통을 수용해야 한다. 의사소통이 상호적으로 이루어지기 위해서는 아동의 눈높이에 부모가 맞추어야 한다.

② 몸짓이나 표정을 최대한 사용한다. 아동으로 하여금 소통되고 있다는 느낌을 갖게 해 주는 것이 무엇보다도 중요하기 때문이다. 비구어적 의사소통수단은 구어발달을 저해하는 요인이 아니라 긍정적인 보조수단이 될 수 있으므로 오히려 초기 단계에는 함께 사용해 주는 것이 좋다.

③ 단순언어장애 아동들은 새로운 낱말을 습득하는 데 어려움을 보이기 때문에 중요한 단어를 말할 때는 목소리를 높이고 악센트를 주어야 한다. 그리고 새로운 단어는 두 번씩 반복해 주는 것이 좋다. 예를 들면, 그림책에서 강아지가 나왔다면 "와! 강아지다. 멍멍! 귀여운 강아지다."라고 말해 줌으로써 청각적 정보를 처리할 수 있는 기회를 최소한 두 번 이상 주면서 의미적으로도 쉽게 이해할 수 있도록 한다.

④ 아동의 발화에 항상 반응해 준다. 그것은 아동으로 하여금 말하고자 하는 욕구를 자극해 주기 때문이다. 완전하지 못한 문장이나 불확실한 조음으로 인해 아동의 언어표현은 늘 긍정적인 반응을 얻지 못함으로써 말하는 즐거움을 잃어버리는 경우가 많다. 예를 들면, 아동이 "우아!"라고 말했을 때, "우아! 정말 맛있겠다."라고 아동의 말을 반복해 주는 것도 의사소통을 즐겁게 해 주는 효과가 있다.

⑤ 아동에게 올바르게 질문하는 것은 매우 중요하다. 질문을 했을 때 구어로 대답할 가능성이 희박한 아동에게 질문하는 것은 그 자체가 매우 어려운 일이다. '예/아니요' 또는 머리를 끄덕이는 것으로 대답할 수 있는 질문은 개방형 질문에 비하여 언어를 촉진하지는 않지만 최소한 즉시 답을 얻을 수 있는 장점은 있다. 가장 경계해야 할 질문의 형태는, 예를 들면 그림책을 보면서 "호랑이 어디에 있지?", "이건 뭐지?"라고 끊임없이 묻는 것이다. 아동에게는 표현의 즐거움 대신 압박감만이 남고, 이러한 질문이 반복되면 아동은 그림책을 보는 것 자체에 흥미를 잃어버리게 된다.

(2) 교사중재

① 아동의 말을 이해하기 힘들 때

㉠ 아동이 비문법적인 문장으로 말을 하면 주변 사람들은 고개를 흔들거나 외면하거나, 혹은 "네가 무슨 말을 하는지 잘 모르겠어."라는 반응을 한다.

㉡ 아동이 장황하게 말을 했는데 정작 교사가 아동의 말을 이해하지 못했거나 아동의 말에 오류가 있다고 판단되었을 때, 교사는 흔히 다음과 같은 반응을 보인다. "뭐라고?" 이 경우 아동이 갖는 시나리오는 세 가지이다. 첫째, 말을 어떻게 구성하는지 잊어버린다. 둘째, 무슨 말을 하려고 했는지 잊어버린다. 셋째, 더 이상 말하고 싶은 마음이 사라진다.

㉢ 정말로 아동이 말하는 바를 이해하지 못했다면, 최소한 교사가 이해한 한두 개의 단어를 가지고 이렇게 질문하는 것이 좋다. "어제? 아, 어제 어디를 갔었어?" 이러한 교사의 반응은 두 가지 측면에서 바람직하다. 첫째, 아동은 교사가 자신의 말에 관심을 보인다는 것을 느끼고 다시 말하고 싶은 의욕을 갖는다. 둘째, 두 번째 말을 할 때에는 좀 더 두려움이 없어지고 새로운 방식으로 시도할 수 있다. 단순히 다시 반복해서 말해 보라는 교사의 요구는 아동으로 하여금 의사소통의 벽을 쌓게 만든다.

② 또래가 아동의 말을 따라 하거나 놀릴 때

㉠ 또래아동들과는 양적으로나 질적으로 다른 단순언어장애 아동의 언어는 자주 놀림의 대상이 된다. "선생님! ○○이는 바보같이 말해요."라고 놀릴 때, 교사는 다음과 같이 반응하는 것이 좋다. "선생님도 알고 ○○도 알아. 그래서 ○○가 지금 언어치료를 받으러 다니는 거야. 우리가 아프면 병원에 가는 것과 같은 거야. 우리도 ○○가 말을 잘할 수 있도록 도와주자!"

㉡ 의학적 용어는 피하되, 아동이 수용할 수 있는 정도에서 정확한 용어로 설명해 주어야 한다.

③ 아동의 언어 모델로서의 교사: 교사는 항상 다음과 같은 자신의 언어행동을 주시하여야 한다.

㉠ 아동이 말하기 전에 미루어 짐작하여 말하거나 즉각적으로 도움을 주지는 않는가?

㉡ 아동과 대화할 때 자신의 말만 열심히 하지는 않는가?

㉢ 너무 긴 문장을 사용하지는 않는가?

㉣ 아동의 반응을 기다리고 있는가? 아동이 도움을 요청할 때까지 잠시 기다리는 것은 발화를 촉진하기 위한 기본이다.

㉤ 아동의 질문에 바람직한 답을 하고 있는가?

㉥ 아동에게 바람직한 형태로 질문하고 있는가?

키워드 Pick

(3) 구조화된 언어중재 프로그램

단순언어장애의 원인으로 알려진 청지각의 결함, 청각 정보처리의 결함, 청각적 단기기억의 결함, 상위언어 기능의 결함 등에 초점이 맞추어진다.

① 청지각과 음운인식 15초

<table>
<tr><td>청지각</td><td>
• 청지각이란 귀로 듣고, 정확히 인식하고, 변별하고, 이해하는 과정을 말한다.
• 청지각의 결함은 말소리를 정확하게 이해하지 못하고 정확하게 발음하지 못하는 주요 원인이 된다.
• 청지각의 하위 개념
<table>
<tr><td>청각적 수용력</td><td>소리를 듣고 의미를 알고, 말을 듣고 이해하는 능력</td></tr>
<tr><td>청각적 식별력</td><td>같은 소리인지, 같은 음절인지, 같은 자음인지 등을 구별하는 능력</td></tr>
<tr><td>청각적 기억력</td><td>들은 말을 그대로 재현하거나, 청각적 정보를 순서대로 기억하는 능력</td></tr>
<tr><td>청각적 종결력</td><td>청각적인 자극에서 소리가 빠졌을 때 그것을 찾아내고 구별해 내는 능력</td></tr>
<tr><td>청각적 혼성력</td><td>하나하나의 소리를 단어로 연결하고 종합하는 능력</td></tr>
</table>
</td></tr>
<tr><td>음운인식</td><td>
• 단순언어장애 아동의 경우에는 정상적인 청력을 가지고 있음에도 불구하고 낮은 청지각과 음운인식의 결함을 보이는 경우가 많다.
• 음운인식이란 말소리의 구조를 인식하고 분석하는 것으로서, 음절단위의 음운인식능력은 단어를 음절단위로 인지하고, 초성 자음과 각운 등을 인지하며, 음절단위로 말소리를 조작하는 등의 능력이라고 할 수 있다.
• 음운인식능력은 생활연령이 높아짐에 따라 발달하는데, 음절 수준의 음운인식은 약 4세경에 습득되고, 음소 수준의 음운인식은 6세가 되어서야 본격적으로 발달한다.
• 음운인식과제 유형으로는 수세기, 합성, 탈락, 변별, 대치 등이 있다.
<table>
<tr><td>수세기</td><td>아동에게 1~3음절의 낱말을 들려주고 각 낱말이 몇 개의 음절로 구성되었는지 말해 보게 한다.</td></tr>
<tr><td>합성</td><td>각각의 음절을 듣고 낱말을 구성해 보게 한다.</td></tr>
<tr><td>탈락</td><td>다음절 낱말에서 하나의 음절(첫소리/끝소리)을 제거하고 말해 보게 한다.</td></tr>
<tr><td>변별</td><td>3개의 낱말을 들려주고 첫음절 또는 끝음절이 다른 낱말을 찾아보게 한다.</td></tr>
<tr><td>대치</td><td>다른 음절로 바꾸어서 소리를 만들어 보게 한다.</td></tr>
</table>
</td></tr>
</table>

○ **청지각 훈련을 바탕으로 한 음운인식 프로그램의 예시**

1단계	• 주변에서 나는 소리를 집중해서 듣고, 말소리가 무엇인가를 일차적으로 알게 한다. • 아동이 직접 소리를 만들고 교사가 맞춘다.
2단계	• 운율 게임을 통해 음운구조에서 말소리의 원칙을 발견하고 사용할 수 있도록 한다.
3단계 (단어 수준)	• 문장에서 단어를 쪼갤 줄 안다.
4단계 (음절 수준)	• 단어를 듣고 음절의 수를 센다. • 같은 음절로 시작되는 단어를 찾는다(두운인식). • 같은 음절로 끝나는 단어를 찾는다(각운인식).
5단계 (음소 수준)	• 자음과 모음 카드를 가지고 글자를 구성한다. • 같은 음소가 포함된 단어를 찾는다. • 두 개의 단어의 공통점과 차이점을 찾는다. • 다른 음소를 대치시켜 발음해 본다.

② 청각적 주의집중

㉠ 아동의 청각적 주의집중은 말소리 변별, 청각적 이해력 그리고 기억력 등을 향상시키는 기본적인 전제조건이다.

㉡ 일반적으로 듣기는 단순히 물리적 수준의 들리기(hearing)와 들려오는 말소리를 받아들이고 주의를 기울여 의미를 구성하고 메시지를 이해하여 반응하는 듣기(listening)로 구분한다.

㉢ 듣기과정은 세 단계로 구성된다.

들리기 (Hearing)	귀를 통해 소리를 인지하는 물리적인 단계이다. 내 의지와 상관없이 소리가 들리는 것이다.
듣기 (Listening)	귀를 통해 들어온 소리에서 의미를 구성해 내는 심리적 단계이다.
청해 (Auding)	청각적으로 들어온 정보를 종합적으로 이해하고 해석하는 단계로서 가장 높은 수준의 듣기단계이다.

㉣ 단순언어장애 아동의 경우 hearing에는 문제가 없지만 listening과 auding에서 어려움을 보인다. 예를 들면, "어제는 학교에서 뭐 배웠어?"라는 질문을 "학교에서 뭐했어?"로 이해하기도 하고 들은 이야기를 순서대로 기억하는 능력도 떨어진다.

㉤ 청각적 주의집중은 놀이활동 속에서 이루어지는 것이 좋다. 놀이는 아동이 지루해하지 않고 자연스러운 방법으로 집중을 유도할 수 있다는 장점이 있다.

키워드 Pick

③ 상위언어인식 훈련 21중

㉠ 상위언어인식: 언어를 대상으로 하는 사고능력으로서 인지능력과도 상관이 있다.

㉡ 상위언어인식은 언어 자체를 사고의 대상으로 취급하면서 언어의 구조적 특성을 인식하고 조작하는 능력을 말한다.

㉢ 상위언어인식의 결함은 단순언어장애 집단에서도 자주 관찰되는 현상 중 하나다. 언어의 어떤 부분을 사고 대상으로 하느냐에 따라 음운자각, 단어자각, 구문자각, 화용자각 등으로 분류할 수 있다. 이것을 상위언어의 하위영역이라고 부른다.

㉣ 상위언어의 하위영역

음운자각	• 구어에서 사용되는 단어들 속에 들어 있는 여러 가지 단위들을 분리하거나, 이런 단위들을 다시 결합하여 재합성할 수 있다는 것을 아는 것 • 음절을 음소로 분절하는 것 • 단어를 음소로 나누고, 음소를 다시 단어로 합성해 내는 능력 • 음운인식에 결함이 있는 경우에는 잘못된 발음을 들려주었을 때 인식하는 능력도 낮음
단어자각	• 단어가 가지고 있는 물리적 속성과 추상적 속성을 이해하는 능력 • 개념 형성과 추상적 사고에 대한 인지적 유동성 • 사물의 이름이 바뀌어도 속성이 바뀌지 않는다는 것을 아는 능력 • 의미인식에 결함이 있는 경우에는 문장에 잘못된 단어가 사용되었을 때 틀렸다는 것을 잘 알아차리지 못함 예 '돼지'라는 단어 속에는 포유동물 돼지가 갖는 물리적인 속성과 '많이 먹는 사람', '삼겹살' 등의 추상적인 속성이 포함되어 있음 예 자동차-트럭의 속성이 같다는 것을 이해
구문자각	• 문법에 맞는 문장을 사용하는지에 대한 자각 • 문장이 문법적으로 맞는지를 판단하는 능력 • 구문인식에 결함이 있는 경우에는 비문을 포함한 문법성 판단과제에서 낮은 수행능력을 보임 • 반면 문법적으로는 맞지만 의미가 맞지 않는 문장, 예를 들면 "동생이 아빠를 낳았다.", "밥을 마셔요."와 같은 문장의 오류를 판단하는 것은 의미자각에 해당하며 구문자각과 함께 분석할 수 있음 예 '선생님이 공부를 잘 합니다', '고양이가 호랑이를 잡아먹었다' 등에 대해서 판단하는 것
화용자각	• 자신의 발화가 상황에 적절한지 혹은 목적 달성에 적합한지 등을 스스로 점검하고 조절하는 것 • 화용인식에 결함이 있는 경우에는 대화의 상황적 맥락과 대화 규칙 등에 대한 정/오답에 대한 판단능력이 낮음

○ 상위언어인식 훈련의 예시

구분	검사자	반응의 예
음운 영역	• 연필로 동가미를 그려요. • 시장에서 살을 사요. • 친구하고 술래잡기를 했어요.	• 틀렸어요, 동그라미를 그려요. • 틀렸어요, 쌀을 사요. • 맞았어요.
의미 영역	• 아빠가 화장을 해요. • 다리를 건너다가 다리를 다쳤어요. • 시장에 가면 동물들이 많아요.	• 틀렸어요, 엄마가 화장을 해요. • 맞았어요. • 틀렸어요, 동물원이에요.
구문 영역	• 학교를 공부를 해요. • 토끼가 당근에게 먹어요. • 목욕탕에서 세수를 해요.	• 틀렸어요, 학교에서 공부를 해요. • 틀렸어요, 토끼가 당근을 먹어요. • 맞았어요.
화용 영역	• '할머니는 잘 있니?'라고 말해요. • '너무 시끄럽지 않아요?'라는 말은 무슨 뜻일까요? • 생일에 친구가 선물을 주자, '안녕하세요.'라고 해요.	• 틀렸어요, '잘 계시니?'예요. • 조용히 하라는 말이에요. • 틀렸어요, '고마워'라고 말해요.

④ 음운처리

㉠ 음운처리능력의 결함은 단순언어장애 아동에게서 자주 나타나는 특성 중 하나다.

㉡ 음운처리(phonological processing)란 구어(음성언어)와 문어(시각언어)를 포함한 언어적 정보처리를 위하여 음운에 기초한 정보를 활용하는 것을 말한다.

㉢ 음운처리결함을 가질 경우에는 소리를 지각하거나 소리체계의 규칙을 사용하고, 기억 속에 있는 음운 정보를 기호화하여 인출하는 등의 문제를 보인다.

㉣ 음운처리과정은 음운인식, 음운부호화 그리고 음운재부호화의 하위 유형으로 구분할 수 있다. 음운부호화는 음운 정보를 일시적으로 저장하는 작업기억과 관련되며, 음운재부호화는 장기기억으로부터의 음운부호의 인출을 의미한다. 숫자 빨리 읽기, 사물이름 빨리 말하기 등의 과제를 통해 그 능력을 확인할 수 있다.

구성요소	활동명	활동내용
음운부호화	• 순서대로 반응하기 • 거꾸로 반응하기	• 선생님이 말한 것을 잘 기억한 다음에 순서대로 똑같이 따라 말해 보세요. /사과/, /토끼/, /트럭/ • 선생님이 말한 것을 잘 듣고 거꾸로 말해 보세요. /바/, /고/, /디/ • 선생님이 말한 것을 잘 기억한 다음에 순서대로 똑같이 따라 말해 보세요. /사과/, /토끼/, /트럭/ • 선생님이 말한 것을 잘 듣고 거꾸로 말해 보세요. /바/, /고/, /디/
음운재부호화 (음운부호의 인출)	• 단어 말하기 • 끝말잇기	• 지금부터 선생님이 시간을 잴 거예요. 그만할 때까지 /바/소리로 시작하는 단어를 모두 말해 보세요.

키워드 Pick

⑤ 구문 및 어휘 지도

㉠ 단순언어장애 아동의 구문 및 의미론적 영역에서의 결함은 거의 공통적이다.

㉡ 단어 조합이 잘 이루어지지 않거나, 설사 이루어진다 하여도 동사 자체를 생략하거나 문장성분이 제대로 갖추어지지 않는 특성을 갖는다.

㉢ 특히 동사는 문장을 형성하는 데에 본질적인 구성요소로서 정보의 전달에 있어 매우 중요하다. 그러나 단순언어장애 아동에게는 제한된 동사 사용이 특징적인데, 예를 들면, "장난감 해."와 같은 문장이나 주성분이 빠짐으로써 불충분한 문장이 만들어지는 경향이 많다. 예를 들면 '무엇이' 또는 '누가'에 해당하는 주어가 생략되거나 문장에서 서술어(어찌한다, 어떠하다 또는 무엇이다에 해당하는)가 생략되고 어순 도치도 잦게 나타난다.

㉣ 수용언어 지도에 효과적인 전략

- 목표단어는 독립된 명사 혹은 동사 중심이 아닌 문맥상에서 가르친다.
- 단어를 미리 말해 준다.
- 아동이 목표어휘를 정확히 이해했는지 이해하지 못했는지는 아동의 반응으로 알 수 있다. 이때, 교사는 비구어적 단서를 모두 제거한 상태에서 확인해야 한다.

㉤ 표현언어 지도에 효과적인 전략 20초

반복 재생하기	• 교사가 하나의 문장을 계속 모델링해 주다가, 어느 순간에 마지막 단어를 말하지 않고 아동을 (기다린다는 눈빛으로) 응시한다. • 아동이 반복된 단어를 말하도록 하는 것이 목적이며, 아동이 목표 단어를 산출하지 않을 경우에는 교사가 단어를 말해 준다.
FA질문법	• FA(forced alternative) 질문법: 두 개의 단어 가운데 하나를 선택할 수 있는 질문을 던지는 방법이다. • 초기 어휘학습단계에서 단순언어장애 아동들은 주로 실제 의사와 무관하게 "응"이라는 답변을 가장 많이 한다. 이는 아동이 질문을 제대로 이해하지 못했거나 다른 말로 표현할 수 있는 방법을 모르기 때문이다. • 이 질문법은 일어문과 이어문 단계에서 주로 사용한다.
Wh-질문법	• 아동의 발화를 자극하는 가장 좋은 동기 부여는 관심을 가지고 아동으로부터 답을 알고자 하는 것이다. • 교사는 아동의 어휘발달 수준에 적합한 질문을 하여야 하는데, 단순언어장애의 경우에는 Wh-질문법이 효과적이다. • 무엇보다도 답변을 하는 데에 있어서 일반아동에 비해 더 많은 시간이 걸린다는 것을 감안해야 하는데, 일반적으로 3~5초 이상 쉼이 예상된다. • Wh-질문법 가운데 '왜'에 해당하는 질문은 답변이 매우 어려울 수 있으며, '어떻게'라는 질문은 아동이 답변을 구성하는 데 있어서 혼란스러울 수 있으므로, 폐쇄형 질문과 단답형 질문에서 단계적으로 접근하는 것이 좋다.

• Wh-질문법 예시

Wh-질문	질문내용
누가	이 사람은 누구예요?
어디	어디로 소풍을 간 거예요?
무엇을	소풍가서 무엇을 하고 놀았어요?
언제	소풍을 언제 간 거예요?
왜	왜 이 친구는 앉아 있어요?

맥 Plus

빠른 연결(fast mapping)

① 단순언어장애 아동은 또래아동에 비하여 단어 산출의 시기가 늦을 뿐만 아니라 습득하는 속도와 양에서도 지체를 보인다.

② 일반아동들은 어휘의 양적 증가와 함께, 예를 들면 관계어를 확장시키고, 어휘의 다중적 의미를 이해하거나 어휘적 모호성에 대한 이해력이 증가된다. 그러나 단순언어장애 아동은 어휘습득전략으로서의 빠른 연결(fast mapping)을 형성하는 능력이 뒤떨어진다.

③ 빠른 연결이란 아동이 새로운 단어에 대해 최소한의 노출만으로도 그 단어가 어떠한 대상을 지칭하는지 빠르게 찾아내어 이를 해당 단어의 음운형태와 연합시켜 내는 것을 말한다.

④ 빠른 연결에 영향을 주는 변인에는 자극빈도, 시각적 단서, 음운적 단서, 의미적 단서 등이 있다.

7. 참조적 의사소통능력을 위한 중재

(1) 참조적 의사소통능력

① 참조적 의사소통(referential communication)은 언어의 화용적인 기술로 사물이나 장소, 또는 생각과 같은 특정한 참조물에 대해 다른 사람과 정보를 주고받는 것이다.

② 즉, 여러 대상 중에서 하나의 참조물을 정확하게 파악할 수 있도록 화자가 참조물의 특징이나 속성을 선택하여 언어적으로 기술하는 능력이다.

③ 참조적 의사소통기술은 일반적으로 의사소통의 중요한 측면일 뿐만 아니라 교실 담화에서도 중요한 구성요소이다.

④ 참조적 의사소통에는 지시하기, 설명하기 및 기술하기와 같은 기술이 포함된다.

⑤ 참조적인 의사소통을 성공적으로 수행하기 위해서는 화자와 청자 모두 정보와 그 정보가 언급하는 참조물의 관계를 이해할 수 있어야 한다. 이러한 능력은 학령기 동안 지속적으로 발달한다.

⑥ 참조적 의사소통에서 청자의 역할은 화자의 정보를 이해하고 화자 정보의 적절성에 대해 피드백을 제공하는 것이다. 따라서 참조적 의사소통은 특정한 정보를 제공하고 이해하는 능력이라고 할 수 있다.

⑦ 화자능력에는 청자가 파악할 수 있도록 사물의 특징들을 변별하여, 일관성 있는 메시지로 제시하며, 도움이 되지 않는 중복적인 정보는 제외시키는 능력이 포함된다. 또한 유능한 화자는 청자가 자신에게 주목하도록 조절할 수 있어야 하며, 청자가 자신의 말을 이해하지 못할 경우 자신의 말을 수정할 수 있어야 한다.

키워드 Pick

⑧ 청자의 능력은 화자의 말에 얼마나 적절히 반응을 하느냐, 즉 목표참조물을 얼마나 정확하게 파악하는가로 측정한다. 화자의 표현이 정확하지 않거나 화자가 한 참조물 이상의 것을 언급할 때 아동이 그러한 부적절성에 어떻게 대처하는가가 많은 연구의 관심이 되어 왔다. 특히 아동이 부적절하거나 불충분한 정보를 들었을 때 그것에 대해 적절하게 질문을 할 수 있는지를 아는 것은 중요하다. 이러한 능력은 발달적으로 늦게 나타나며, 일상적인 대화에서 필요로 하는 것보다 더 높은 단계의 정보처리를 필요로 한다.

(2) 참조적 의사소통을 성공적으로 수행하는 데 기초가 되는 능력

① 화자의 청자에 대한 분석기술로, 청자의 관점을 분석하여 청자의 관점에서 메시지를 구성할 수 있는 능력이다.

② 화자의 과제분석기술로, 특정한 의사소통과제에 대한 정보처리 요구에 대처하는 능력이다. 즉, 참조적 의사소통을 성공적으로 수행하기 위해서 화자는 자신이 말하려고 하는 정보가 참조물과 그와 유사한 비참조물을 구별해 줄 수 있어야 한다는 것을 이해해야 한다.

③ 청자의 정보 분석기술로, 화자가 산출한 정보를 들은 후에 그 정보를 분석하는 능력을 말한다.

(3) 참조적 의사소통을 위해 필요한 특정 기술

① 본질적 지식은 의사소통하려는 사건에 대한 지식으로, 예를 들어, 3세 아동이 새로운 장난감을 어떻게 조립하는지 친구에게 설명하기 위해서는 아동 자신이 조립 방법에 대해 알고 있어야 한다는 것이다.

② 수행기술은 어휘능력, 지각 및 운동 능력 등을 포함한다.

③ 절차에 대한 지식은 다양한 의사소통 상황의 규칙에 대한 지식으로, 어떤 의미에서는 메타커뮤니케이션 지식의 하위기술이라고도 할 수 있다.

05 보완대체 의사소통체계(AAC)

① AAC의 이해

1. AAC의 정의

보완	보완이란 어떤 것을 증가시키거나 첨가하는 것으로, 보완의사소통(augmentative communication)은 소리를 낼 수 있지만 발음이 정확하지는 않기 때문에 원활한 의사소통이 어려운 경우 몸짓, 얼굴 표정, 컴퓨터나 보조도구 등을 추가적으로 이용함으로써 의사소통이 원활하게 이루어질 수 있도록 하는 것
대체	대체란 기존의 사람이나 사물을 다른 사람이나 사물로 대신하여 바꾼다는 것으로, 대체 의사소통(alternative communication)이란 보완 의사소통과는 달리 의사표현을 전혀 할 수 없는 경우 그림이나 글자 혹은 컴퓨터 등의 대체물을 통해 의사소통하는 것
미국 말-언어-청각 협회 정의	AAC는 말과 언어의 표현 및 이해에 어려움을 가진 사람들의 일시적 또는 영구적 손상, 활동 한계, 참여 제약 등을 보상하기 위한 연구, 임상 및 교육적 실제를 말하며, 도구를 사용하거나 사용하지 않는 방법을 포함하고, 구어를 보완하거나 대체하는 것

기출 LINE

20초) 표정, 몸짓, 그림 가리키기, 컴퓨터 등을 포함한 비구어적 수단을 활용하는 지도 방법

2. AAC를 지도하는 목적 및 성과

① 말과 언어의 발달 촉진
② 상호작용 촉진
③ 학습활동 참여도 증진
④ 문제행동 감소
⑤ 독립적인 생활 촉진

키워드 Pick

기출 LINE

17초)
- 미술시간에 배운 [A]를 AAC 어휘목록에 추가하고, [A]로 의사소통할 수 있다는 것을 지도한다.
- [A]를 사용하여 대화를 시도하고 대화 주제를 유지할 수 있도록 지도한다.

3. AAC 사용자의 의사소통 역량 14·17유, 14·17초

언어능력	• 사용자의 모국어에 대한 수용언어 및 표현언어 기술이다. • AAC 체계에 사용되는 선화, 낱말, 신호 및 그 밖의 언어적 부호에 대한 지식이다. • AAC 사용자들이 메시지를 수용하기 위해서는 의사소통 파트너가 표현하는 구어를 배워야만 한다. • 부모, 의사소통 전문가, 친구 및 기타 촉진자들은 AAC 사용자가 이러한 과제를 숙달하도록 돕는 데 주요한 역할을 한다. • 촉진자는 자연스러운 상황에서 표현언어(자연적이든 보완적이든)를 연습할 수 있는 지속적인 기회를 제공해야 한다. • 어떤 의사소통방법을 사용하든지 간에 모국어 능력과 사용하는 상징에 대한 언어적 능력을 키우는 일은 AAC 사용자의 의사소통능력의 중요한 요소이다.
조작능력	• AAC 체계를 정확하고 효율적으로 조작하는 데 필요한 기계적인 기술이다. • AAC 의존자와 그들을 지원하는 사람들이 가장 필요로 하는 것은 AAC 체계가 소개되면 가능한 한 빨리 조작적인 능력을 습득하는 것이다.
사회적 능력	• 의사소통적인 상호작용을 시작, 유지, 진전, 종료하는 사회적 상호작용기술이다. • AAC 사용자와 촉진자가 자연스러운 상황에서 사회적 능력과 관련된 기술을 연습할 수 있는 기회를 갖는 것은 매우 중요하다. • 언제 말하고 언제 말하지 않아야 할지, 상황과 장소에 맞는 의사소통 내용이나 방법은 무엇인지, 어떻게 의사소통을 종료하는지 등 타인과의 의사소통 상호작용을 하는 데 필요한 능력이 여기에 포함된다.
전략적 능력	• AAC 사용자가 AAC를 사용하면서 겪는 어려움을 해결하기 위해 필요한 전략을 사용하는 능력이다. • 예를 들면, 적절한 어휘가 의사소통판에 없어서 의사소통이 단절된다거나 의사소통 속도가 너무 느리다거나 의사소통 상대방이 AAC에 대한 이해가 없어서 AAC 사용자가 의사소통하기 어려운 경우에 이를 극복하기 위한 방법을 AAC 사용자가 알고 실행하는 것은 효과적인 의사소통에 매우 중요한 부분이다. • AAC에 익숙하지 않은 사람들과 의사소통하기, 의사소통의 단절 해결하기, 느린 말 속도 보완하기 등이 포함된다. • 전략적 능력에 대한 교수는 의사소통이 단절되었을 때 사용할 수 있는 다양한 적응 또는 대처전략을 가르치는 것이다.

② AAC의 구성요소 17 · 19유, 16 · 20중

AAC 상징	• 그림상징, 청각적 상징, 제스처사용, 질감 또는 촉감 활용상징 등이 해당 • 도구가 사용되지 않는 형태(수화, 제스처, 얼굴 표정 등)일 수도 있고 도구가 사용되는 형태(실물, 사진, 선화, 철자 등)일 수도 있음
AAC 도구	• 메시지를 주고받기 위해 사용하는 전자적 또는 비전자적 장치 • '장치'라는 용어로도 혼용됨
AAC 기법	• 메시지의 전달방법 • 상징의 선택방법, 훑기(scanning) 등
AAC 전략	• 메시지를 가장 효과적이고 효율적으로 전달할 수 있는 방식 • 목적: 메시지의 타이밍 향상, 메시지의 문법적 구성 돕기, 의사소통 속도의 강화

Chapter 12

1. 상징

(1) 상징의 의미와 특성

의미	• 상징은 다른 어떤 것을 나타내거나 뜻하는 것이며, '다른 어떤 것'은 지시 대상을 의미한다. • 상징이란 일반적인 말을 보완하거나 말 대신 쓸 수 있는 간단한 제스처, 그림이나 사진, 사물 등의 상징이나 표시물을 의미한다. • 상징은 도구의 사용 유무에 따라 도구를 사용하지 않는 상징과 도구를 사용하는 상징으로 나눌 수 있다.	
구분	비도구적 상징	제스처, 음성, 손짓 기호 등
	도구적 상징	실물, 축소형 사물, 사물의 부분을 이용한 상징, 그림이나 사진 등으로 구성된 그래픽 상징, 글자 및 낱말 등
특성 25초, 24중	• 상징체계는 사실성, 도상성, 모호성, 복잡성, 전경과 배경 차이, 지각적 명확성, 수용 가능성, 효율성 및 크기를 포함하여 다양한 특성으로 기술되지만 보통 독립적인 의미의 명쾌함 정도라고 할 수 있는 도상성에 따라 분류한다. • 도상성에 따라 분류하면 사진과 실물은 어떠한 추가 정보가 없더라도 그 의미가 명확하기 때문에 '투명'하고, 문자는 글을 읽을 수 있는 사람만 이해할 수 있기 때문에 '불투명'한 것으로 간주한다. 선화는 의미가 명확할 수도 있고 불명확할 수도 있기 때문에 '반투명'하다.	

투명상징	지시 대상이 없어도 그 상징의 의미를 추측할 수 있을 정도로 지시 대상의 형태, 움직임, 기능 등이 예상되는 것
반투명상징	지시 대상의 의미가 명확할 수도 있고 불명확할 수도 있는 것
불투명상징	상징의 의미가 제시될 경우에도 상징과 그 지시 대상 간의 관계가 이해되지 않는 것들

기출 LINE

11중) 음성산출도구의 상징을 지도할 때는 실제 사물－실물의 축소 모형－컬러 사진－흑백 사진－선화 상징 순으로 지도하였다.

17중) 미니어처를 사용하면 누구나 동우가 표현하고자 하는 바를 명확하게 알 수 있으니까요.

키워드 Pick

(2) 상징의 유형

① 도구적 상징

<table>
<tr><td>유형
상징</td><td colspan="2">• 실제사물: 의사소통중재 초기에 물체 확인에 대한 도움이 필요할 때 사용한다.
• 모형: 실물보다는 작은 크기인 축소형 사물을 말하며, 물체를 작게 복제한 것으로 물체에 대한 사진이나 그림을 해석할 수 없는 학생이나 시각장애를 동반한 학생, 그리고 실물이나 모형을 통해 촉각적인 피드백이 필요한 학생에게 사용하면 좋다.
• 축소형 사물: 상황에 따라 실제 사물보다 더 실제적일 수 있으나 효과성을 최대화하기 위해서는 신중하게 선택하여야 한다.
• 부분 사물: 어떤 상황에서는 특히 그 지시 대상물이 큰 경우 부분 사물이 유용한 상징일 수 있다.
• 인위적으로 연관되고 촉감이 부여된 상징: 논리적으로나 임의적으로 그 지시 대상과 연관이 있는 것을 사용한다.</td></tr>
<tr><td rowspan="6">표상
상징</td><td colspan="2">• 사진: 물체, 동사, 사람, 장소와 활동을 묘사하기 위해 사용하고, 질이 좋은 흑백사진이나 컬러사진을 사용한다.
• 그래픽 상징: 의사소통을 위해 사용하는 그림이나 사진 등이다.
• 그림: 의사소통 도구로 가장 보편적으로 사용하는 상징체계이다.
• 선화상징: 선화는 말 그대로 색칠을 하지 않고 선으로만 그린 그림이다.</td></tr>
<tr><td>PCS</td><td>– 7,000개 이상의 뚜렷하고 간단한 흑백 또는 컬러 선화
– PCS와 리버스상징은 명사, 동사, 수식어에 있어 다른 것보다 명료함</td></tr>
<tr><td>리버스
심벌</td><td>– 시각적으로나 명목상으로 낱말 또는 음절을 나타내는 그림
– 리버스심벌은 픽심벌(Picsyms)과 함께 상징체계의 투명도가 높고, 블리스심벌과 비교해도 투명도나 학습용이도가 높음</td></tr>
<tr><td>다이나
심벌</td><td>– 1,000개의 흑백상징과 1,700개의 컬러상징을 담고 있는 책에서 자르고 붙이거나 스티커 형식으로도 사용 가능함</td></tr>
<tr><td>픽심벌</td><td>– 픽심벌(Picsyms)은 초기에 언어장애 유아를 대상으로 개발되었으며, 핵심체계는 880개의 선화로 구성되어 상징사전에 포함된 생성 규칙에 따라 새로운 상징을 만들 수 있음
– 픽심벌은 PCS나 리버스심벌보다 투명도나 학습 용이성 면에서 더 쉬움</td></tr>
<tr><td>픽토
그램
17초</td><td>– 전경과 배경 구분의 어려움을 줄이기 위해 고안되었으며, 대략 1,000개 정도의 흑백상징들로 구성
– 픽토그램상징은 PCS와 리버스심벌보다는 반투명성이 낮은 반면, 블리스심벌보다는 반투명성이 높음
– 픽토그램은 중도 또는 최중도 장애인과 자폐인을 대상으로 의사소통책이나 의사소통판과 결합하여 주로 사용되어 왔음</td></tr>
</table>

<table>
<tr><td rowspan="2"></td><td><table><tr><td>블리스 심벌</td><td>– 널리 사용되는 표상상징 중에서 블리스심벌이 가장 투명성이 낮으며 배우기 어렵고 기억하기도 어려움
– 단일로 사용하거나 어떤 메시지를 수직적으로 부호화하기 위해 결합해 사용할 수 있는 대략 100개 정도의 기본적인 상징들로 구성</td></tr></table></td></tr>
<tr><td>• 마카톤 상징: 말, 수신호 및 문자상징들을 결합한 연합상징체계의 일종이다.</td></tr>
<tr><td>추상적 상징</td><td>• 의미를 제시해 주지 않는 형태의 상징들을 포함한다.
• 블리스심벌의 경우에는 일부 상징이 그림문자로 표현되기 때문에 추상적인 상징으로 간주되지 않는다.
• 여키스 기호문자: 가장 널리 알려져 사용되고 있는 추상적 상징체계이다.</td></tr>
<tr><td>철자 상징</td><td>• 단일 문자나 낱말, 음절, 주로 결합되는 문자 연속, 구절이나 문장 등의 형태
• 철자상징이라는 용어는 점자나 지문자 등과 같이 전통적인 철자를 나타내는 도구적 기법을 지칭한다.
• 점자, 지문자 등이 포함된다.</td></tr>
</table>

② 비도구적 상징

<table>
<tr><td>의미</td><td>• 제스처와 음성, 몸짓 등은 의사전달을 위해서 신체의 한 부분이나 여러 부분들을 이용해서 한 가지 동작, 또는 여러 가지 동작을 하는 것으로 장애 유무에 관계없이 말을 보완하기 위해서 사용된다.</td></tr>
<tr><td>손짓기호</td><td>• 손 표현이나 몸동작으로 의사소통을 할 수 있도록 개발된 AAC 상징의 하나이다.
• 초기 의사소통 발달단계에서 사용하는 제스처나 음성, 표정 등의 대안적인 방법을 체계화하여 가까운 가족 외에 더 많은 사람과 의사소통할 수 있도록 체계화한 상징 유형이다.
• 손짓기호는 도구를 사용하지 않기 때문에 의사소통이 필요할 때 즉각적으로 표현할 수 있어 간편하고 빠르게 의사를 전달할 수 있다.
• 의사소통 과정에서 시간을 지연하거나 대화의 흐름이 단절되는 문제를 예방할 수 있다.
• 의사소통 과정에서 시간을 지 연하거나 대화의 흐름이 단절되는 문제를 예방할 수 있다.
• 손짓기호의 가장 큰 장점은 별도의 상징체계나 도구를 이용하지 않는 것이다. 자연적이고 실제적인 맥락에서 지도할 수 있어서 자연스럽게 반복하여 학습할 수 있다.
• 지도할 때는 일반적으로 두 가지의 신체적 촉진이 필요하다.<table><tr><td>손 모양 만들기</td><td>교사가 학생의 손을 잡고 적절하게 모양을 표현하도록 지도하는 방법</td></tr><tr><td>모델링</td><td>사물이나 동작을 제시하면서 모양이나 움직임을 흉내 낼 수 있도록 지도하는 방법</td></tr></table></td></tr>
</table>

키워드 Pick

맥 Plus

의사소통상징들

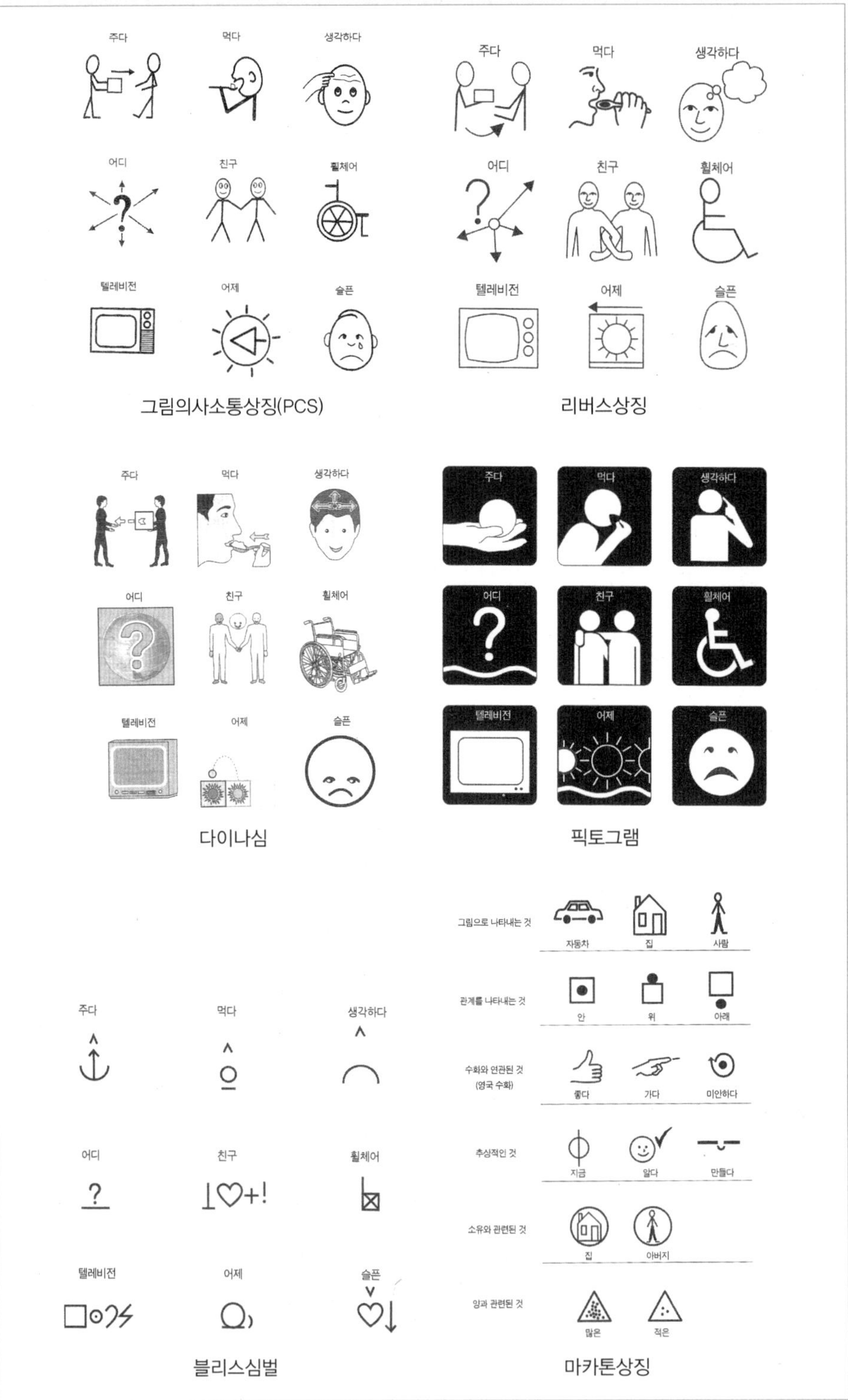

(3) 상징의 결정(선택 시 고려할 사항)

분류	내용
상징체계의 특성	어휘 수, 확장 가능성, 논리성, 표상의 범위, 개방성, 언어적 구조성의 정도, 구두와의 일치도, 문어와의 일치도, 사용 효율성, 다른 상징체계와의 병용 가능성
명료한 정도	사용자에게 주는 이해 정도, 다른 사람들에게 주는 이해 정도, 학습의 용이성
사용자에게 부여되는 정도	인지적 요구 정도, 운동성 요구 정도, 변별에 대한 요구 정도, 언어적 요구 정도

① 사용하는 학생의 인지 수준을 고려하여 상징 유형을 결정한다.
② 학생의 동기유발에 적절한 상징 유형을 선택한다.
③ 학생의 신체 기능을 고려하여 선택한다.
④ 상징은 다중양식 체계를 사용하는 것이 효율적이다.

2. 도구

(1) 의미

① 보조기기(aids)는 상징체계를 담기 위해 제작된 물리적인 기기를 말하며 직접 제작하는 그림판이나 전자 의사소통 기기 등을 포함한다.
② 사용자의 개인 능력이나 활용목적에 따라 적절한 도구를 선택하는 것이 중요하다.
③ AAC는 의사 소통판 또는 음성출력 컴퓨터와 같이 보조도구를 사용하는 방법과 가리키기, 제스처, 얼굴표정 또는 음성 같이 보조 도구를 사용하지 않는 방법으로 나눌 수 있다.

(2) 종류

AAC 도구의 종류는 크게 비전자적 도구와 전자적 도구로 나누어 볼 수 있다.

키워드 Pick

<table>
<tr><th rowspan="2">비도구적</th><th colspan="3">도구적</th></tr>
<tr><th colspan="2">전자적</th><th>비전자적</th></tr>
<tr><td rowspan="3">• 눈동자 움직임
• 표정
• 가리치는 동작-몸짓
• 손가락 알파벳
• 말소리-수화</td><td colspan="2">음성출력 컴퓨터</td><td rowspan="3">• 사물
• 그림이나 사진
• 그림의사소통상징(PCS)
• 리버스(Rebus)상징
• 블리스(Bliss)기호체계</td></tr>
<tr><td>직접선택방식</td><td>간접선택방식</td></tr>
<tr><td>단어나 그림을 선택하면 녹음된 음성이 출력됨</td><td>스위치 조작 및 스캐닝 방법으로 단어나 그림을 선택함</td></tr>
</table>

① 로우테크

㉠ 로우테크의 특징

- 간단한 녹음기구를 활용한 로우테크 AAC는 보통 건전지로 작동되고 기기 자체 내에서 AAC 소프트웨어를 사용하고 있지 않는 것이 특징이다.
- 이 도구들은 대부분 음성녹음을 이용한 음성 산출이 가능하도록 기능을 가지고 있나.
- 국내에서는 AAC 보급 초반에는 가격이 비싼 하이테크 AAC도구를 대신하여 수퍼토커나 오케이톡톡과 같은 간단한 녹음기구를 많이 사용하였다.

㉡ 로우테크의 장단점

장점	• 비용이 저렴하다. • 사용자의 강점과 요구가 파악되면 기초공학의 계획과 개발은 효과적으로 진행될 수 있다. • 쉽게 주문받을 수 있다. • 제작이 수월하다. • 어휘의 수정 및 보완이 수월하다. • 다른 의사소통도구와 쉽게 병행해서 사용할 수 있다. • 여러 가지 상황에서 사용자의 다양한 능력에 따라 사용될 수 있다.
단점	• 어휘 저장이 제한적이다. • 현장성이 떨어진다. • 의사소통 상대방에의 의존도가 높아진다. • 수동적인 의사소통자가 될 수 있다. • 의사소통 상대방이 사용자의 능력을 과소평가할 수 있다.

㉢ 의사소통판

종류	• 의사소통판의 종류에는 단면 의사소통판, 의사소통책, 홀더(holder), 다면 의사소통판 등이 있다. • 단면 의사소통판은 의사소통훈련을 처음 시작하는 경우 그리고 제한된 어휘를 사용할 경우 사용되는 형태로 만들기가 쉽고 휴대하기도 편하기 때문에 가장 널리 이용되고 있다.
상징형태	• 의사소통판에는 글자, 낱말, 숫자 그림, 사진 등은 물론 PCS, PIC, 블리스상징 등 다양한 형태의 상징과 부호를 이용할 수 있다. • 다만 사용할 상징의 수는 사용자의 능력과 필요에 따라 각기 다르며, 상징의 크기는 사용자가 효율적이고 정확하게 선택할 수 있을 정도로 충분히 크게 하되 사용자의 시력 및 운동능력 그리고 상징의 유형과 필요한 상징의 수 등을 고려해야 한다.

제작 시 고려사항	• 신체적으로 활용할 수 있도록 만들어야 한다. 사용자의 운동 기능과 지각능력 등을 고려하여 사용자들이 앞에 놓인 의사소통판의 여러 영역을 잘 가리키고 상징들을 배열할 수 있게 크기 및 기울기 등을 결정해야 한다. • 사용자의 능력과 요구에 따라 의사소통판에 들어갈 상징의 형태를 고려해야 한다. • 사용자에게 어떤 의사소통이 필요한지 알아보고 사용자에게 알맞은 어휘를 선택해야 한다. 어휘 선택에 있어서 기본적으로 포함되어야 할 내용은 다음과 같다. – 예/아니요 – 안녕하세요, 안녕히 가세요, 고맙습니다, 부탁 등 – 질문(누가, 언제, 어디서, 무엇을, 왜, 어떻게) – 사람에 관한 것(나, 어머니, 아버지, 친구, 선생님) – 동사(가다, 주다, 먹다) – 감정(좋다, 나쁘다, 아프다) – 형용사(빨갛다, 예쁘다) – 사물 혹은 물건(전화, 책, 물, 빵) • 신체적 장애 정도에 따른 의사소통의 방법을 고려하여 제작한다. 즉, 평평한 의사소통판은 물론 눈으로 지적하기 위해 세워 놓는 의사소통판, 눈길을 이용하여 직접 선택하기 위한 수직 유리판 등 사용자가 접근하기 쉽도록 의사소통판을 만들어야 한다.

㉣ 스위치

간접선택을 위한 스위치	• 개인의 신체 조절이 직접 선택을 하기 어려운 경우라면 간접 선택의 방법(훑기)을 고려해야 한다. • 간접선택의 방법으로는 주로 스위치가 사용되는데, 기본적으로 사용자는 이를 조작하는 데 필요한 기술을 수행할 수 있어야 하며 사용자의 공간적인 문제와 감각적인 특성도 고려해야 한다.
스위치평가	• 일반적으로 스위치평가는 스위치 조절을 위한 신체 부위 중 사회적으로 가장 적절한 것으로 고려되는 부위인 손부터 시작한다. • 만일 스위치에 대한 손이나 손가락 조절이 충분히 정확하고 효율적이며 피로하지 않다면 다른 신체 부위를 더 이상 평가하지 않는다. 그러나 손 조절이 불충분한 것으로 확인되면 주로 머리, 발, 다리 및 무릎 순으로 평가한다. • 다음과 같은 주요 사항에 대한 평가를 통해 이루어진다. – 스위치를 작동(접속)시킬 수 있는가? – 적절한 선택을 위해 기다릴 수 있는가? – 알맞은 시간에 스위치를 작동시킬 수 있는가? – 일정시간 동안 활성화된 상태를 유지할 수 있는가? – 정확하게 떼 놓을 수 있는가? – 선택에 필요한 단계를 반복적으로 수행할 수 있는가?

키워드 Pick

② 하이테크

㉠ 하이테크의 특징

- 일반적으로 소프트웨어를 사용하여 AAC 전용기기 및 컴퓨터, 스마트기기와 연동하여 사용할 수 있는 것이 특징이다.
- 과거에는 고가의 AAC 전용기기들이 대부분이었으나 태블릿 PC, 스마트기기 등 디지털기기가 급속히 발달함에 따라 가격이 저렴하고 이용하기 쉽게 AAC 도구를 사용할 수 있게 되었다.
- 하이테크 의사소통기기는 크게 AAC 전용기기, 컴퓨터에서 프로그램을 실행시킬 수 있도록 제작된 AAC 소프트웨어, iOS 및 Android 기반의 스마트기기에서 사용할 수 있는 AAC 앱으로 나뉜다.

㉡ 음성출력기기

- 대부분의 음성출력 의사소통기기는 미드테크나 하이테크에 속한다.
- 국내에 수입되어 사용하고 있는 '고우톡(Go talk)'과 '칩톡(Cheap Talk)' 등은 학생이나 교사가 음성을 녹음해서 사용하는 미드테크 의사소통기기이다.
- 반면 Assistive Technology사의 '머큐리(Mercury)'나 PRC사의 '액센트(Accent)'는 AAC만을 위한 전용 시스템으로 하이테크가 적용된 의사소통기기이다.
- 국내에서도 문자음성변환(TTS : Text to Speech) 엔진을 탑재한 '키즈 보이스'라는 제품이 출시되어 사용되고 있다. 이 제품은 AAC 전용 시스템으로 특수교육전문가와 현장 특수교사들이 참여하여 개발한 3,200개 이상의 어휘와 그림상징을 탑재한 하이테크 의사소통기기이다.

㉢ 음성출력 스위치와 음성출력 카드

- 음성출력 스위치와 음성출력 카드는 음성을 녹음한 후 재생하여 사용하는 도구이다.
- 녹음되는 시간은 각기 다르지만, 대부분 저가로 구매하여 필요한 곳에 배치하거나 가지고 다니면서 사용할 수 있다.
- 누르거나 살짝 건드리기만 해도 녹음된 소리가나오는 음성출력 스위치는 종류와 크기, 작동 방식이 매우 다양하다.
- 녹음 시간이 길고 많은 메시지를 녹음할 수 있는 기기일수록 가격이 고가이다.
- 학생이 사용할 수 있는 상징을 버튼에 부착하고 해당하는 내용을 녹음하여 사용하며,칩톡, 테크톡, 빅맥 스위치 등이 많이 사용되고 있다.
- 각각의 버튼에 1개의 메시지를 저장하여 재생할 수 있으며 저장 시간은 15초부터 길게는 300초까지 가능한 기기들도 있다. 여러 개의 음성출력 카드를 이용하여 앨범 형태로 저장하여 사용할 수도 있다.

㉣ 음성출력음 방식에 따른 구분

디지털 녹음	• 디지털 녹음은 음성파형을 컴퓨터 시스템으로 압축하여 서로 다른 수준의 재생음으로 다시 듣는 것이다. 즉, 음성을 디지털로 녹음해서 필요할 때 정확히 재생하는 방식이다. • 따라서 사용자의 연령과 성별에 맞게 어떤 음성이든지 쉽게 저장하고 재생할 수 있는 장점이 있는데, AAC 사용자가 어린 여학생이라면 다른 여자아이의 목소리를 녹음하여 저장·재생할 수 있다. • 각각의 버튼에 메시지를 녹음한 후 버튼을 누르거나 스위치를 누르면 미리 녹음된 음성이 재생되고, 버튼을 누르기 힘든 지체장애 학생의 경우 스위치를 연결하여 사용할 수 있다.
음성합성	• 말로 의사소통할 수 없는 사람들을 위해 의사소통하고자 하는 단어와 문장 등을 입력하면 음성으로 출력되는 방식이다. • 문자음성변환(TTS) 프로그램이 내장되어 텍스트 형태의 문자를 음성합성에 필요한 코드로 전환시켜 준다. • 이들 프로그램은 단어와 문장을 분석하여 음성합성기에 필요한 코드로 번역하고, 이러한 코드가 음성합성기에 모아지면 사용자가 말하려는 단어로 결합되어 출력된다. • 음성합성은 사용자가 입력한 내용을 기계에서 발음 규칙 및 예외적인 발음, 목소리 억양 등과 같은 특정한 언어 규칙에 맞도록 바꾸어 준다. 따라서 사용자는 다른 사람이 미리 녹음해 놓은 내용에 한정되지 않고 글자, 단어, 또는 다른 상징들을 이용하여 내용을 스스로 구성할 수 있다.

㉤ 원버튼식 음성출력기기와 다양한 버튼식 음성출력기기

원버튼식 음성출력기기	• 음성이 나오는 전자 의사소통기기로는 현재 녹음하여 사용할 수 있는 간단한 기기들이 수입되어 사용되고 있다. • 녹음시간이 길고 많은 메시지를 녹음할 수 있는 기기일수록 고가이다. • 아동이 사용할 수 있는 상징을 버튼에 부착하고 해당하는 내용을 녹음하여 사용하며 빅맥 스위치 등이 많이 사용되고 있다. • 각각의 버튼에 1개의 메시지를 저장, 재생할 수 있으며 저장 시간은 15초부터 길게는 300초까지 다양하다. • 여러 장의 음성출력 카드를 이용하여 앨범식으로 저장하여 사용할 수도 있다.

키워드 Pick

다양한 버튼식 음성출력기기	• 다양한 버튼으로 구성되어 있는 음성출력기기는 자연 음성을 녹음하여 저장하였다가 재생하는 디지털 음성녹음방식을 사용한다. • 기기의 크기나 저장용량, 조작방법이 다양하며 필요에 따라 저장한 단어나 구절, 문장을 재생할 수 있으므로 '폐쇄적(closed)'기기라고 불린다. • 버튼을 눌러서 녹음된 전체 구절이나 문장이 소리로 출력되도록 하는 '전체 메시지' 형식을 사용한다. • 이와 같이 전체 내용이 음성으로 출력되도록 하는 것은 사용자가 직접 단어와 단어를 연결하거나 타이핑하는 것과 달리 메시지를 독립적으로 산출하는 데 필요한 인지적 · 신체적 요구가 적으므로 인지 및 언어 능력에 장애가 있는 경우나 심한 실어증 환자 등에게 적절하다. • 이 기기는 사용하게 될 아동과 동일한 성별과 연령의 사람이 녹음해 주는 것이 바람직하다. • 저장은 단순히 버튼을 누름으로써 메시지를 녹음할 수 있고, 전체 녹음할 수 있는 시간은 1분에서 1시간 이상까지 매우 다양하며, 이러한 용량의 차이는 가격에도 그대로 반영된다. • 각각의 버튼에 메시지를 녹음한 후 버튼을 누르거나 스위치를 누르면 미리 녹음된 음성이 재생되고, 버튼을 누르기가 힘든 장애인의 경우 외부에 스위치를 연결하여 사용 가능하다. • 디지털 음성녹음방식을 사용하는 기기는 제한된 시간만큼 녹음이 가능하기 때문에 녹음할 내용의 우선순위를 잘 정하여 가장 중요하다고 생각되는 것부터 녹음해야 한다. 쉽게 지우고 다시 녹음할 수 있다는 것이 이 기기의 장점이다.

ⓑ AAC 앱

- 최근에는 스마트폰, 태블릿 PC 등 스마트기기를 활용한 교육이 보편화되면서 AAC앱(app)도 활성화되고 있다.
- 앱은 쉬운 작동과 사용의 편리함, 다양한 시청각적 요소, 빠른 실행 속도와 오프라인 이용 가능성 등으로 인해 AAC 앱의 활용이 높아지고 있다.
- 대부분의 AAC 앱은 음성합성 방식으로 작동하며, 녹음 기능도 탑재하고 있다.
- 사용자의 편의에 따라 상징이나 어휘의 수정과 추가 등 다양한 활용이 가능하다.

③ 스위치 23초, 22중

㉠ 스위치의 의미

- 스위치는 종종 스캐닝기술과 함께 AAC의 항목 선택에 사용되기도 하고, 지체장애 아동의 초기 의사소통 및 언어발달에 필요한 인과관계와 선택하기 등 언어 이전 기술을 촉진하는 데도 사용된다.
- 의도적인 의사소통을 발달시키기 위해 인과관계 이해 및 선택하기를 자주 연습해야 한다.
- 스위치는 간단한 보완 · 대체 의사소통장치로도 사용할 수 있다.

㉡ 스위치의 유용성 평가 시 고려해야 할 스위치의 특성

힘	• 스위치를 누를 때 필요한 힘의 강도가 스위치마다 각기 다르다. • 스위치 누르는 힘을 검사할 때는 질병 또는 장애의 예후를 고려해야 한다. 예를 들어, 진행성 근이영양증 학생은 피로를 방지하고 에너지 소비를 최소화하기 위해 약한 힘으로도 스위치를 작동할 수 있어야 한다. 그러나 불수의 운동이 있는 뇌성마비학생은 원하지 않게 스위치를 건드릴 수 있으므로 이들 스위치가 적합하지 않을 수 있다. 자신도 모르게 스위치가 작동되고 의도하지 않은 말이 AAC 시스템에서 흘러나올 수 있기 때문이다. 이런 경우에는 더 큰 힘으로 눌러야 하는 작동 스위치가 적합하다.
피드백	• 피드백은 스위치를 조작했을 때 사용자가 인식할 수 있도록 해 준다. • 피드백이 없다면 스위치를 정확히 조작했는지 또는 스위치 사용을 위해 어떻게 자신의 동작을 조절해야 하는지 알 수 없다. • 피드백은 청각, 시각, 촉각, 운동감각 등의 유형이 있다.
간격	• 간격은 스위치를 눌러 전기적으로 닫힌 회로 상태가 되기 위해 필요한 거리를 말한다. • 스위치는 간격이 거의 없어 접촉에 매우 민감한 스위치와 wobble, leaf 스위치처럼 약간의 간격이 있는 것 등이 있다. • 관절염 장애인처럼 조그만 움직임에도 통증을 호소하는 사람에게는 간격이 큰 스위치는 부적절하다. • 어느 정도 간격이 있는 스위치는 대운동 조절은 되지만 소운동 조절에 문제가 있는 경우에 적합하다.
크기	• 스위치의 크기는 매우 다양하다. • 아동용 스위치는 대부분 크기 때문에 스위치를 쉽게 잡을 수 있도록 도움을 준다. • 아이의 기능이 발달하고 성장함에 따라 스위치는 눈에 잘 띄지 않고 유치하지 않도록 미적인 측면을 고려하여 크기가 작아진다. • 그러나 운동 조절에 문제가 있는 경우에는 항상 작아지는 것은 아니다. • 크기가 큰 스위치를 사용해야만 하는 성인들을 위해서는 색상을 어둡게 하여 남의 눈에 잘 띄지 않도록 해 주면 좋다. • 큰 스위치는 스위치 사용을 처음 하는 성인들의 훈련용으로 사용할 수 있으며, 스위치 작동을 위한 운동 조절이 익숙해지면 작은 것으로 대체한다.

키워드 Pick

무게	• 스위치를 휠체어나 랩보드에 설치할 경우에는 스위치 자체의 무게는 별 문제가 되지 않는다. 그러나 스위치를 고정하지 않고 독립적인 자체의 구조물을 설치할 경우에는 문제가 된다. • 예를 들어, 휠체어에 스위치를 고정하면 스위치 조작은 안정적이지만 고정하지 않으면 휠체어가 움직일 때 흔들릴 위험이 있다. • 또한 스위치를 고정시키지 않으면 스위치가 움직여서 손이 닿지 않는 곳으로 밀려나기도 한다. • 스위치를 신체에 설치하는 경우도 가끔 있는데, 과도한 무게는 에너지 소비를 가중시키고 어린아이의 머리에 라이트 포인터(light pointer)를 설치했을 때 볼 수 있는 것처럼 자세에도 부정적인 영향을 준다.
습기 저항력	• 스위치를 입 주변이나 랩보드 위에서 사용할 경우 침과 음식물로부터 보호하기 위해 밀봉해야 한다. • 습도와 음식물 찌꺼기는 스위치의 수명을 단축시키며 작동을 방해하고 전기적 연결 부위를 부식시키는 원인이 된다.
복합 스위치	• 일부 스위치는 물리적으로 결합하여 사용한다. 예를 들면, 하나의 스위치를 사용하여 AAC와 전동 휠체어나 환경제어장치를 함께 작동시킬 수 있다. • 복합 스위치의 단점은 다섯 개의 스위치 위치가 자체적으로 고정되어 있기 때문에 각각을 융통성 있게 재배치하기 곤란하다는 점이다. • 또 다른 단점은 스위치 사이의 간격이 고정되어 있고, 너무 멀거나 가까운 스위치 사이의 간격은 각각의 스위치를 사용할 때마다 주의가 필요하다는 것이다. 그러나 스위치가 본래 위치로부터 벗어나지 않으며 전체적인 관리·유지가 쉬운 장점도 있다.
안전성	• 스위치는 반드시 안정성에 대한 고려를 해야 한다. • 스위치에 날카로운 모서리가 있으면 다칠 수도 있고 모서리 부분이 부서지기도 쉽다. 따라서 날카로운 모서리 부분을 머리나 팔 등 신체에 닿지 않게 해야 한다.

ⓒ 초기 의사소통 향상을 위한 스위치의 종류

스위치 종류	작동 특징
푸시	다양한 크기와 형태 및 색상이 있고, 스위치를 누르면 연결된 장난감이 작동한다. 머리 스위치와 발 스위치, 또는 무릎이나 허벅지 같이 특정 신체 부위에 위치시켜 사용할 수 있다.
토글/플렉시블	스틱을 움직이거나 유연한 고무 막대를 구부리면 작동한다(일명 막대 스위치).
리프	한쪽 방향으로 패드를 살짝 치면 작동하는 플라스틱 장치이다.
스퀴즈/핀치	손으로 꽉 쥐거나 집으면 작동하는 부드러운 고무공 같은 또는 얇은 플라스틱 스위치이다.

수은	기울이면 작동하는 스위치, 보통 머리밴드나 모자에 장착하고 머리 움직임에 의해 작동된다.
공기	공기 압력을 변화시켜 작동한다. 튜브 또는 불기-빨기 스위치의 케이스 안으로 공기를 불어 넣는데, 튜브에 공기를 불어 넣으면 한 번 작동하고 두 번째 작동은 공기를 들이마시면 된다.
근육/스위치	이마를 찡그리는 것과 같은 작은 근육의 움직임에 의해 작동하고, 쉽게 조작할 수 있도록 필요한 근육의 움직임을 증감할 수 있다.
광	광 스위치는 명암변화에 의해 작동한다. 센서에 힘을 주지 않고 손가락이나 손을 올려놓고 스위치를 작동할 수 있다.
진동	움직임이나 진동에 의해 작동하고 민감성을 조정할 수 있다.
무선	무선의 특징은 다른 스위치에 추가로 설치할 수 있고, 단독 무선작동장치로도 사용할 수 있다는 점이다.

(3) AAC 도구의 결정

① 학생의 발달 및 요구 수준에 적합한 성능을 가진 도구를 선택한다. 비싸고 기능이 많은 도구가 항상 의사소통에 유리한 것은 아니다. 현재의 능력을 보완하면서도 의사소통 요구 및 언어발달 수준을 고려하여 사용할 수 있는 효율적인 도구를 선택한다. AAC 도구에서 사용하는 상징 의 경우 도상성이 높은 것으로 이해하기 쉬운 상징인지 확인한다.

② 사용하는 장소 및 상황에 적합한 성능을 점검하여 선택한다. 사용하는 학생이 외부 활동에서 주로 사용한다면 음량의 최대 출력이 어느 정도인지 살펴야 한다. 통합학급에서 사용할 때도 출력되는 소리가 커야 소통할 수 있으므로, 도구의 조절 가능한 출력 범위를 점검하여 결정한다.

③ 학생이 AAC 도구 조작 능력을 충분히 익힐 수 있는지 고려하여 결정한다. 도구에 익숙해지기 위해서는 충분한 훈련 시간이 필요하다.

④ 학생의 선호도를 고려하여 도구를 선택한다. 학생의 특성에 적합한 동일한 기능의 도구라면 학생의 선호를 반영하여 선택한다

⑤ A/S가 잘 되는 도구를 선정한다. 최근에는 국내 제품도 개발되고 있으므로 쉽게 구하고 사용할 수 있는 도구를 결정한다.

키워드 Pick

기출의 맥

AAC의 4가지 요소 중 선택기법에 대한 내용이 가장 자주 출제되고, 응용되어 제시될 수 있는 내용이 많습니다. 여러 가지 선택기법에 대해 정확하게 이해하고, 이해를 기반으로 정리하고 암기해 두세요!

3. 선택기법(표현기술)

(1) 선택기법의 이해

① 선택기법(표현기술)의 의미

㉠ 기법이란 대화 상대자에게 의사소통 메시지를 전달하는 방법을 말한다.

㉡ AAC에서 선택기법은 사용자가 어떻게 AAC 시스템에 접근하여 사용할 것인가를 말하는 것이다. 즉, 신체 어느 부위를 사용해서 어떻게 선택세트를 사용할 것인가를 묻는 접근방법을 의미한다.

㉢ 선택세트는 사용자에게 사용 가능한 어휘 선택과 상징체계를 보여주는 보완 및 대체 의사소통기기의 일부이며, 모든 메시지, 상징 및 부호를 시각적·청각적 또는 촉각적으로 제시해 주는 것을 말한다.

㉣ 표현기술은 AAC 상징을 선택하거나 표현하는 방법을 말한다.

㉤ 단순히 상징을 선택하는 방법만이 아니라 도구를 사용하지 않는 상징을 표현하는 방법까지 모두 포함한 개념이다.

㉥ AAC표현기술은 신체의 잔존 기능 및 운동 기능을 고려하여 결정한다.

② 적절한 선택기법을 선택하기 위해 고려할 요소 및 사항

속도	접근방법을 선택할 때 정확도의 손상 없이 가능하면 빠르게 사용할 수 있는 방법을 선택해야 함. 특히 AAC 사용자가 대화의 자연스러운 맥락 내에서 상대방과 의사소통을 하기 위해서 의사소통 속도는 가장 중요하게 고려해야 할 사항임. 따라서 속도는 AAC 시스템을 빠르고 효율적으로 사용하게 하는 가장 중요한 요소 가운데 하나임
정확도	사용자는 AAC를 정확하게 조절할 수 있어야 함. 정확도가 결여된 AAC 기기는 의사소통의 상호작용을 지속시킬 수 없음
조절	사용자의 독립성과 밀접한 관련이 있는 것으로, 기기를 스스로 완벽하게 조절할 수 있다는 것은 그만큼 다른 사람의 도움을 최소화할 수 있음을 의미
신뢰도	AAC 기기를 작동하기 위한 운동행위의 일관성을 말함. 의사소통 욕구와 필요에 따라 동일한 입력 명령을 내리면 기기는 일관되게 반응해야 함
지구력	지구력의 요소도 고려해야 함. 특히 뇌성마비나 지행성 근이영양증 같은 지체장애 학생을 위한 접근방법은 과도한 근긴장이나 피로를 유발해서는 안 됨

AAC를 사용하기 위한 학생의 능력을 신장시킬 수 있는 접근방법을 고려할 때 5가지 요소는 반드시 기억해야 하며, 그 밖에 평가 시 다음 내용을 참고한다.

㉠ 사용자의 운동 조절능력과 컴퓨터 접근성, 의사소통 접근성, 가리키기, 몸짓, 눈 응시 같은 현재 사용하고 있는 모든 접근방법 및 시스템을 가장 먼저 관찰한다.

㉡ 사용자의 다양한 신체 조절 부위와 방법을 검토하여 기존의 접근방법을 향상시킬 수 있는 방법을 찾는다.

㉢ 손가락 또는 손을 사용한 직접 선택을 가장 먼저 고려한다. 그다음 팔, 머리, 발 또는 다리, 무릎 순으로 사용할 신체 부위를 평가한다.

㉣ 과거에 사용했거나 실패했던 접근방법에 대해 가족이나 주변 인물로부터 정보를 구한다.

(2) 선택세트

① 선택세트의 의미

㉠ AAC 체계의 선택세트는 AAC 의존자들이 한꺼번에 이용할 수 있는 모든 메시지, 상징 및 부호를 시각적, 청각적 또는 촉각적으로 제시해 주는 것을 말한다.

㉡ 대부분의 AAC 기법은 선택세트의 항목을 보여 주는 시각적 디스플레이를 활용한다.

② 선택세트의 메시지

㉠ 개인에게 의미 있는 특정 메시지들이 선택될 수 있다.

㉡ 어떤 메시지가 의미를 지니려면 해당 메시지가 그에 의해 신속히 전달되어야만 한다.

㉢ 만일 한 글자씩 메시지를 철자해야 한다면 타이밍 요구에 부응하지 못할 것이고, 따라서 그 메시지는 의미를 잃을 수도 있다.

㉣ 의사소통의 속도를 향상시키기 위해 가족과 친구 등의 이름도 프로그램에 포함시킬 수 있다.

㉤ 또한 한 글자씩 특별한 메시지를 구성할 수 있도록 알파벳과 낱말 예측 기능이 제공될 수 있다.

㉥ 디스플레이의 메시지 부호화와 상징화는 개인적 선호도뿐 아니라 그만의 언어 및 학습능력에 기초하여 결정된다.

③ 선택세트 디스플레이의 유형

유형	특징
고정 디스플레이	• 상징과 항목들이 특정 위치에 '고정되어 있는' 디스플레이 • 정적 디스플레이 • 로우 테크놀로지 의사소통판에서 주로 사용 • 포함될 수 있는 상징의 수는 개인의 시각, 촉각, 인지, 운동능력 등에 따라 제한 • 여러 개의 고정 디스플레이를 사용하는 데서 오는 제한점: 휴대의 어려움, 비효율성
역동적 디스플레이	• 전자적으로 시각적 상징을 제시해 주는 컴퓨터 장면 디스플레이 • 이 디스플레이가 활성화되면 화면 위의 선택세트는 자동적으로 프로그램화되어 있는 새로운 상징 세트로 변하게 됨 예 배구, 농담, 신변처리, 뉴스, 가족 등 여러 대화 주제에 관련된 상징을 보여주는 화면을 맨 먼저 볼 수 있고, 배구라는 상징을 접촉함으로써 배구 관련 메시지를 보여주는 화면을 활성화할 수 있다.

키워드 Pick

혼성 디스플레이	• 선택세트의 어떤 항목들이 활성화될 수 있는지를 사용자에게 알려 주는 지시기 불빛처럼 역동적 요소를 지닌 전자적 고정 디스플레이 • 일련의 아이콘 중에서 첫 아이콘이 활성화되면 디스플레이 화면 위의 지시기들이 다음에 선택될 수 있는 각각의 아이콘 옆을 밝혀 줌. 이들 옵션 중 하나가 선택되고 나면, 순서상 다음에 올 수 있는 아이콘을 지시하기 위해 불빛이 변함 • 채트박스(Chatbox)나 패스파인더(Pathfinder)에서 사용됨
시각적 장면 디스플레이	• 상황, 장소, 경험 등을 묘사하거나 나타내 주는 그림사진 혹은 가상 환경 • 사람, 행위, 사물 등의 개별 요소가 시각적 장면에 나타남 예 생일파티 사진에는 사람, 음식, 선물 등 모든 것이 한 장면에 나타난다. 손님과 제공된 음식 이름 등의 메시지는 사진을 통해 접근할 수 있다. • 주로 역동적 디스플레이 기술을 사용하지만, 제한된 방식으로 그 개념이 고정 디스플레이에 활용될 수도 있음 • 시각적 장면 디스플레이들은 전통적인 격자 디스플레이에서 어려움을 보이는 사람들의 대화를 돕는 것으로 나타남

④ 선택세트 디스플레이의 물리적 특성

㉠ 항목의 수

- 가장 중요한 요인은 사용자가 필요로 하는 메시지, 상징, 부호 및 명령어의 수이다.
- 문자나 부호가 아닌 다른 상징들이 주로 사용될 경우에는 메시지와 상징 간의 일대일 대응이 되기 때문에 선택세트의 크기가 메시지 수에 따라 증가한다.
- 부호화전략이 사용되면 선택세트의 항목 수는 사용된 부호의 수에 따라 크게 감소한다.

㉡ 크기: 초기의 항목 크기, 전체적인 디스플레이를 고려해야 한다.

유형	특징
시각적 디스플레이	• 시각적 디스플레이에서 디스플레이의 상징이나 메시지의 실제 크기는 개인의 시력, 사용된 운동 접근기술, 상징 유형 및 제시될 항목의 수에 따라 결정 • 시각적 디스플레이의 전체적인 크기는 제시되어야 할 항목의 수, 개별 항목의 크기, 항목 간의 거리, 장비와 휴대 가능성 요인, AAC 사용자의 신체적 능력 간의 절충을 필요로 함
청각적 디스플레이	• 청각적 디스플레이의 크기: 그 조직적인 구조를 유지할 수 있는 사용자의 능력과 기억력에 따라 결정 • 사용자는 충분히 기다리면 결국 특정 항목이 제시될 것(들을 수 있을 것)임을 기억해야 함
촉각적 디스플레이	• 선택세트의 크기는 AAC 사용자의 촉각적 재인능력에 따라 달라짐

㉢ 항목 간의 간격과 배치

- 시청각적 선택 디스플레이의 항목 간 간격과 배치는 주로 개별 사용자의 시각과 운동 조절력에 따라 결정한다.
- 개별 사용자의 운동 조절 프로파일이 공간배치에 영향을 준다.

㉣ 디스플레이의 정위

- 정위는 바닥 면과 관련된 디스플레이의 위치를 의미한다.
- 시각이나 촉각을 이용하는 디스플레이 정위는 AAC 사용자의 자세, 시각, 운동 조절력 등에 따라 결정한다.
- 사용자가 디스플레이 항목을 지적하는 직접 선택 디스플레이에서는 시각적 능력과 운동능력이 가장 중요하다.
- 바닥 면과 수평을 이루는 탁자나 휠체어에 부착된 시·촉각적 디스플레이는 근력의 약화, 떨림 또는 관련 없는 움직임들이 나타날 경우 이를 안정시킬 뿐 아니라 팔과 손을 상당히 지지해 준다.
- 바닥 면과 30~45°로 놓인 디스플레이는 많은 지체장애인에게 절충적 위치를 제공한다. 이러한 각도의 정위는 수평적 디스플레이에서 요구하는 목의 구부림 없이 어느 정도 손과 팔을 지지해 주고 안정시키면서 디스플레이를 분명하게 볼 수 있도록 해 준다.
- **이동 팔 지지대**: 매우 제한된 운동 조절력만을 지닌 사람들이 디스플레이에 접근할 수 있도록 팔과 손을 올려줄 수 있는 것이다.
- **광선이나 광학 포인터를 결합하여 사용하는 디스플레이**: 사용자의 시각, 운동 조절 또는 자세에 따라 각도가 달라지지만 주로 바닥 면과 45~90°로 놓는다. 디스플레이가 45~90°로 놓일 때는 휠체어를 조작하거나 교수자료를 보는 것과 같이 다른 사람이나 활동에 대한 사용자의 시야를 방해하지 않도록 주의해야 한다.

(3) **선택기법**: 입력하기

키워드 Pick

① 입력하기는 글씨를 써서 직접 표현하거나 자판의 글자 키를 눌러 글을 입력하여 표현하는 방법이다.

② 직접 손으로 글을 써서 표현하는 것이 가장 빠르고 정확한 방법이다. 그러나 한글을 이해하더라도 운동 기능의 어려움으로 손 글씨를 쓰지 못한다면 자판의 글자 키를 눌러 입력하는 것으로 표현할 수 있다.

(4) 선택기법: 직접선택 14 · 22유, 14 · 18 · 22초, 16 · 19중

① 직접선택의 의미 및 특징

의미	• 직접선택은 사용자의 목소리, 손, 손가락, 머리, 눈 등 다른 신체 동작을 사용하여 선택세트에서 각 항목을 가리키거나 입력 명령을 내리는 것이다.
특징	• 장점: 대부분의 직접선택은 선택에 따라 즉각적이고 직접적인 결과가 표출되므로 속도가 빠르다는 장점이 있다. • 단점: 정교하고 조절된 동작이 요구되기 때문에 뇌병변으로 불수의 운동이 있는 지체장애학생은 사용이 어려울 수 있다. 또한 중증 근무력증이나 진행성 근이영양증 학생은 반복해서 사용하면 쉽게 피로하고 힘이 드는 단점이 있다.

② 직접선택의 방법

신체의 한 부분으로 선택하기	• 직접선택하기는 직접 가리키거나 터치하여 선택하는 방법이다. • 손가락이나 주먹 등과 같이 일관성 있게 의도적으로 움직일 수 있는 신체 부분을 사용하거나 포인팅 장치를 이용하여 의사소통판의 상징을 짚거나 상징 이 부착된 AAC 도구의 항목을 누르는 방법이다. • 손가락으로 원하는 항목을 직접 선택하는 것은 피로감이 적은 효율적인 방법이다. 그러므로 손가락의 운동 조절이 가능한 학생에게는 직접 선택하기 방법을 우선 지도한다. 그러나 모든 학생이 직접선택하기를 할 수 있는 것은 아니므로 어느 부분으로 지적하기가 가능한지 평가해야 한다. • 직접선택하기에 대한 평가는 먼저 손과 팔의 조절 능력을 평가한다. 손과 손가락은 AAC 도구를 사용하거나 조작하기가 쉽고 사회 적으로 수용되기 쉬우므로 제일 먼저 평가한다. • 포인팅 장치는 손으로 직접 자판이나 AAC 도구의 항목을 선택하기 어려운 지체장애 학생에게 적용한다. 헤드 포인터(head pointer), 헤드 스틱(head stick), 마우스 포인터(mouse pointer), 마우스 스틱(mouse stick) 등이 포함된다. • 헤드 포인터는 손이 아닌 머리의 움직임으로 자판을 사용할 수 있도록 돕는 입력 보조기기이다. 헤드 포인터나 헤드 스틱은 광학 센서를 이용하여 머리의 움직임으로 화상키보드의 문자를 가리키거나 해당 항목을 직접 선택하여 작동하는 것으로도 사용할 수 있다. • 신체 피로도가 높아 원시반사가 나타날 가능성이 큰 뇌성마비 학생은 직접 선택하는 헤드 포인팅보다는 스위치를 사용한 간접 선택 방법이 더 효과적이다. 즉, 앉기 자세를 유지하기가 어렵고 신체 피로도가 높은 뇌성마비 학생은 원시반사가 나타날 가능성이 있으므로 스위치를 사용하는 것이 적절하다.

<table>
<tr>
<td rowspan="3">눈 응시로 선택하기
24중</td>
<td colspan="2">• 신체의 한 부분을 이용한 직접선택하기가 어렵다고 판단되면, 그다음에 시도할 방법은 중도중복장애 학생의 접근 방법 중 하나인 눈 응시(eye gaze)이다.
• 내장된 카메라가 학생의 눈 움직임을 추적하여 상징이 있는 항목을 쳐다보는 것만으로도 작동되는 방식이다.
• 눈 응시 방법은 로우 테크(low tech) 방식의 눈 응시 방법과 전자장치를 이용한 안구 추적 방법이 있다.</td>
</tr>
<tr>
<td>로우테크 방식</td>
<td>– 로우테크 방식의 눈 응시 방법은 전자장치를 사용하지 않고 투명 아크릴판으로 만든 의사소통판의 앞뒷면에 AAC 상징을 부착하여 원하는 상징을 눈으로 응시하여 상대방과 소통하는 방법이다.
– 눈 응시는 지체장애로 인해 손이나 몸짓으로 표현하기가 어렵고, 다른 의사소통 기술을 배우지 못하거나 만성적으로 피곤한 의학적 상태에 있는 학생에게 적용하는 방법이다.
– 눈 응시는 스캐닝을 사용하는 것보다 빠르고 효율적이다.
– 눈 응시 방법은 병원에 입원한 학생의 의사소통을 지원하기 위해 사용되기도 한다.</td>
</tr>
<tr>
<td>전자장치를 이용한 안구추적</td>
<td>– 전자장치를 이용한 안구추적 방법은 빛을 이용한다.
– 안구추적 방법은 아이 트래커(eye tracker)가 눈의 초점이 정확히 어디에 있는지 감지하여 안구의 움직임만으로 선택할 수 있도록 돕는다.
– 눈동자의 움직임으로 인터넷 검색, 게임 플레이, 화상 통화, AAC 프로그램 작동 등 프로그램을 제어할 수 있다.
– 안구추적 방법은 직접선택하기 방법의 하나로 공학의 발전과 함께 최근 성공적인 사례가 확산하고 있다.
– 아이 트래커는 컴퓨터 혹은 태블릿, AAC 기기에 내장 또는 외장으로 부착하여 활용한다. 아이 트래커는 신체 접촉 아이 트래커(invasive eye tracker)와 비신체 접촉 아이 트래커 (non-invasive eye tracker)가 있다.
– 신체 접촉 방식은 일반적으로 추적 장치가 내장된 안경을 쓰거나 이마에 부착하여 사용하며, 비신체 접촉 방식은 추적 장치가 컴퓨터나 기기에 내장되어 안구의 움직임을 추적한다.</td>
</tr>
</table>

Chapter 12

키워드 Pick

③ 직접선택 평가의 단계

㉠ 첫 단계에서는 손이 가장 조절하기 쉽고 가장 사회적으로 수용되므로 손과 팔의 조절능력을 평가한다.

㉡ 둘째 단계에서는 머리와 목의 조절능력을 평가하며, 신체적 손상을 가진 사람들은 직접 선별 기술에 필요한 팔다리의 미세한 운동 조절 기능이 낮다.

㉢ 다음 단계에서는 발과 다리의 조절능력을 평가한다.

④ 직접선택의 고려요소

항목의 수	• 선택세트의 실제적인 항목 수는 많은 요인과 조화를 이루어야 한다. • 가장 중요한 요인은 사용자에게 필요한 메시지, 상징, 부호 및 명령어의 수이다. • 문자나 부호가 아닌 다른 상징을 사용할 경우 메시지와 상징 간에 일대일 대응이 되므로 선택세트의 크기가 메시지 수에 따라 증가한다. 즉, 200개의 메지시를 표현하기 위해 200개의 상징이 필요한 경우가 대부분이다. • 반면 부호화전략이 사용되면 각각의 항목이 다양한 방식으로 사용되어 수많은 부호를 구성할 수 있기 때문에 선택세트의 항목 수는 사용된 부호수에 따라 크게 감소될 수 있다.
항목의 크기	• 각 항목의 메시지나 상징의 실제 크기는 사용자의 시력, 운동기술, 항목의 수에 따라 달라진다. • 대부분의 경우 시력이 개별적인 항목의 크기를 결정하는 것으로 알려져 있지만 불수의 운동과 경직, 관절 구축, 관절운동 범위의 제한이 있는 지체장애 학생은 정확하고 효율적인 선택을 위해서 항목이 충분히 커야 하므로 운동 조절능력이 결정적인 요인으로 작용한다. • 선택세트 또는 의사소통판의 전체 크기는 제시되어야 할 항목의 수, 개별 항목의 크기, 항목 사이의 간격, 휴대성 여부, 신체적 능력 등을 고려해서 결정한다.
항목 사이의 간격	• 선택한 항목을 정확하게 가리키기 위해서 적절한 항목의 크기도 중요하지만 선택한 것을 명확하게 구별하기 위해서 항목 사이의 간격이 중요하다. • 특히 손가락 구축으로 명확한 선택이 어렵거나 손과 팔의 떨림 등 불수의 운동으로 인접한 항목을 건드리지 않고 분명히 선택하기 위해서는 간격을 보다 넓게 해 주어야 하고, 관절운동 범위의 제한이 있거나 쉽게 피로할 경우는 항목간격을 보다 좁게 해 주는 편이 좋다.
선택세트(의사소통판)의 배치	• 보통 선택세트는 신체 정중앙에 놓는 것이 일반적이지만 편마비나 한쪽 편의 운동 조절력이 더 나은 경우는 우세한 손에 가깝게 배치하여 접근성을 높여 주도록 한다. • 항목을 곡선형으로 배열하면 헤드 스틱 사용 시 각 항목에 도달하는데 필요한 머리와 목의 움직임이 최소화된다. • 또한 선택세트 또는 의사소통판 자체를 경사시키면 손으로 쥘 수 있는 포인터나 헤드 포인터를 사용하는 많은 지체장애 학생이 선택을 좀 더 쉽게 할 수 있다.

⑤ 활성화 전략 14초, 16 · 20 · 24중

구분	내용
시간 활성화	• 시간 설정 활성화 기능은 손으로 직접 선택하거나 빛이나 레이저를 비추어 선택할 때, 운동 조절이 어려워서 잘못 누르거나 건드리는 등의 오류 동작에는 반응하지 않고 일정시간 이상의 동작에만 반응하도록 조절하는 기능이다. • 손으로 잘못 건드리거나 가볍게 스쳐 지나가는 것만으로는 활성화되지 않는다. • 일정시간 동안 멈춰 있어야 활성화되며, 작동하는 데 필요한 접촉 시간은 학생의 능력과 상황에 맞게 조정할 수 있다. • 대부분의 AAC 기기는 시간제한 활성화 기능이 포함되어 있다. • 사용자로 하여금 마주치는 항목을 활성화하지 않고도 디스플레이 표면 위에서 자신의 손가락, 헤드 스틱 또는 광선 빔을 움직일 수 있도록 해 준다. • '머무는 시간'의 길이(설정된 시간)는 사용자의 능력과 상황에 따라 다를 수 있다. • **장점**: 부주의에 의한 활성화와 사용자에게 요구되는 운동 조절의 부담을 줄여 준다. • 사용자가 어떠한 방법으로든 화면의 항목을 확인하는 것이 필요하고, 장치에 의한 선택이 인식되기 위해서는 일정한 시간 동안 접촉을 유지시키는 것이 필요한 방법이다
해제 활성화	• 일반적인 직접선택하기 방법은 손(손가락이나 주먹), 팔, 발과 다리 등 일관성 있게 의도적으로 움직일 수 있는 신체의 부분으로 해당 항목을 눌러서 선택한다. • 그러나 해제 활성화는 손으로 누를 때에는 활성화되지 않다가 손을 뗄 때 활성화된다. • 손을 올려놓고 접촉을 유지하다가 손을 뗄 때 해당 항목이 활성화되도록 하는 기능을 말한다. • 접촉 시간은 학생의 능력과 요구에 따라 조정할 수 있다. • AAC 의존자들은 몸의 일부나 부목과 같은 보조도구의 도움을 받아 직접적인 신체접촉으로 디스플레이를 조절할 때만 해제 활성화전략을 사용할 수 있다. • 이 전략은 사용자가 디스플레이에 손가락을 갖다 대고 원하는 항목에 도달할 때까지 접촉을 유지해야 한다. 사용자가 디스플레이와 직접적인 접촉을 유지하는 동안에는 선택이 이루어지지 않기 때문에 디스플레이 위에 어디에서든지 자신의 손가락을 움직일 수 있다. • **장점**: 사용자로 하여금 확고하게 디스플레이를 사용하도록 해 주며, 너무 느리거나 비효율적으로 움직여서 시간이 설정된 활성화전략으로는 이득을 얻을 수 없는 사용자의 오류를 최소화한다.

기출 LINE

16중) 마우스 포인터를 특정 키 위에 2초 이상 유지시키면 해당 키의 값이 입력됨

24중) 이 전략은 해당 프로그램이 단시간 내에 수집한 정보를 바탕으로 셀이 선택되는 데 필요한 시간을 감지해서, 유효한 시간과 무시해도 되는 시간을 찾아냅니다. 그래서 일정 시간 동안 누르고 있는 셀은 선택되지만, 잠깐 스치듯 누르는 셀은 선택되지 않습니다.

키워드 Pick

여과 또는 평균 활성화 (필터링된 활성화)	• 필터링된 활성화는 해당 항목에 학생의 움직임이 머무는 시간을 감지하여 무시해도 되는 허용 시간을 찾아내고 의미 있게 선택하는 데 걸리는 시간을 파악한 뒤, 선택한 항목이 작동되도록 조정하는 전략이다. • 여러 항목 중 가장 오랜 시간 동안 머문 항목을 학생이 선택한 것으로 파악하여 활성화하는 기능이다. • 평균활성화 전략이라고도 한다. • 특정 항목과 동떨어진 간단한 움직임을 '허용'(즉, 무시)하면서 포인터가 각 항목에 머문 시간의 양을 감지한다. • 도구는 금세 축적된 정보를 평균화하고 광선이나 광학 포인터가 가장 오래 지적한 항목을 활성화한다. • 촉진자들은 이러한 체계를 개별화하기 위해 활성화 이전에 소요된 시간의 양을 설정해 놓을 수 있다. • 시간 활성화전략 혹은 해제 활성화전략 사용이 어려운 이들을 대상으로 하는 방법이다. • 일반적인 영역은 선택할 수 있으나 특정 항목을 선택하기 위해 요구되는 접촉을 안정적으로 유지하는 데 어려움이 있는 최중도장애인들을 위한 전략으로 활용된다.

⑥ AAC 도구를 사용할 때 직접 선택하기와 관련하여 고려할 사항

㉠ AAC도구의 버튼이나 키패드의 민감도는 적절한가?

㉡ 선택했을 때의 피드백은 적절한가?

㉢ 원하는 항목을 눌렀을 때 작동될 때까지 걸리는 시간이 적절한가?

㉣ 선택한 항목이 작동되고 난 후에 해제될 때까지 걸리는 시간이 적절한가?

(5) **선택기법**: 간접선택

① 간접선택의 의미 및 특징

의미	• 간접선택은 선택과정에서 한 개 이상의 단계가 요구되는 접근방법으로, 보통 하나 또는 그 이상의 스위치가 함께 사용된다. • 효율적으로 사용하기 위해 스위치는 스캐닝 기술과 함께 사용되므로 간접선택의 대표적 방법을 스캐닝(훑기)이라 한다. • 스캐닝은 선택하고자 하는 항목에 커서가 점멸하거나 하이라이트 되면 사용자가 스위치를 눌러 입력하는 방식이다.
특징	• 스캐닝은 직접선택보다 더 많은 단계가 요구되므로 속도가 느리고 스캐닝을 위해 우수한 시각추적능력과 고도의 집중력, 순서화능력이 필요하다. • 원하는 항목에 커서가 도달했을 때 스위치를 누르거나 놓아야 정확한 입력이 되므로 스위치 조작 타이밍이 적절해야 하고 인지능력이 요구된다. • 눈 깜빡임 같이 미세한 근육의 힘으로도 작동이 가능하고 비교적 간단한 운동 조절만으로도 사용할 수 있다. • 아동이 직접선택을 정확하게 하지 못하거나, 선택하는 데 걸리는 속도가 매우 늦거나, 피곤해하는 경우에 사용한다.

기출 LINE

9중)
- 손이나 도구를 이용하여 항목을 직접 선택하기 어렵거나 선택이 부정확할 때 또는 너무 느릴 때 훑기 방법을 고려한다.
- 항목이 순차적으로 자동 제시되고 사용자는 원하는 항목에 커서(cursor)가 머물러 있을 때 스위치를 활성화하여 선택한다.
- 선형 훑기(linear scanning)를 하는 화면에는 항목들이 몇 개의 줄로 배열되어 있으며, 한 화면에 많은 항목을 담을 경우에는 비효율적일 수 있다.

	• 스위치는 손가락, 손, 머리, 발, 다리, 무릎 등 신체의 어느 한 부위로 작동하게 되며 스위치의 작동은 누르기, 당기기, 터치하기, 쥐기, 쥐었다 놓기 등의 방법을 선택하여 지도한다. • 스캐닝방법은 시각적, 또는 청각적 스캐닝방법을 사용할 수 있다. • 간접선택은 미세한 근육활동만으로도 조작이 가능하다는 장점이 있는 반면, 근육활동 자체의 제약으로 인해 정보 입력이 제한되고, 많은 시간이 소요된다는 단점이 있다.
스캐닝의 타이밍과 속도	• 훑기의 형태뿐 아니라 속도와 타이밍도 개인의 신체적, 시각적, 인지적 능력 등에 따라 개별화되어야 한다. • 비전자적 훑기가 사용될 경우, 촉진자는 사용자의 요구에 따라 느리거나 빠르게 의사소통 디스플레이의 항목을 들려주거나 지적해 줄 수 있다. • 촉진자는 주로 개인의 반응 패턴을 관찰하여 훑기의 속도를 조절할 수 있다. • 대부분의 전자 AAC 도구는 개별 사용자의 요구에 맞도록 충분한 훑기 속도 옵션을 제공한다.

② 스캔방식에 따른 스캐닝(훑기)의 형태 19초

원형 스캐닝	• 전자도구들이 선택세트의 항목을 제시하기 위해 사용하는 가장 단순한 형태이다. • 사용자가 스캐너를 멈추고 원하는 항목을 선택할 때까지 도구 자체가 원형 안에 있는 개별 항목을 제시해 주며 자동으로 한 항목씩 훑어 준다. • 스캐너는 주로 시계의 초침처럼 쭉 훑고 지나가거나 선택세트의 각 항목에 다가가면 개별적으로 발광하는 형태이다. • 시각적으로 부담이 되지만, 인지적으로 배우기가 비교적 쉽기 때문에 아동이나 AAC에 의존하여 의사소통을 시작하는 사람들에게 주로 처음 소개된다. • 원형 스캐닝은 시간이 많이 소요되지만 배우기 쉽기 때문에 인지능력이 떨어지거나 처음 AAC를 통해 의사소통을 배우는 아동에게 도움이 된다.
선형 스캐닝	• 항목이 선택될 때까지 첫째 줄의 각 항목, 둘째 줄의 각 항목, 그리고 그 다음 줄의 각 항목으로 커서나 화살표가 이동하게 된다. • 청각적 디스플레이에서는 선택이 이루어질 때까지 합성된 말이나 촉진자를 통해 사용자에게 선택세트의 항목이 한 번에 한 항목씩 들려진다. • 원형 훑기에 비해 요구는 많지만 간단하면서도 배우기가 더 쉽다. • 항목이 특정 순서로 한 번에 하나씩 제시되기 때문에 선택세트가 많은 항목을 포함할 경우에는 비효율적일 수 있다.

키워드 Pick

행렬 스캐닝	• 집단–항목 스캐닝 또는 가로–세로 스캐닝이라고도 하며, 한 번에 한 항목이 활성화되는 대신 한 번에 전체 열이 활성화된다. • 원하는 항목이 있는 열에 도착했을 때 사용자는 스위치를 눌러 열을 선택하고, 그 열에 있는 항목이 각각 한 번씩 스캐닝되고 원하는 행에 왔을 때 다시 스위치를 눌러 선택하는 방식이다. • 많은 항목을 포함하고 있는 선택세트는 효율성을 높이기 위해 보통 행렬 스캐닝 방식을 사용한다. • 마지막 선택이 이루어질 때까지 항목들로 이루어진 집단을 판별한 다음 점차적으로 옵션을 제거한다. • **줄칸 훑기**: 가장 일반적인 시각적 집단–항목 전략으로, 시각 디스플레이의 각각의 줄은 하나의 집단이다. 사용자가 목표항목을 포함한 줄을 선택할 때까지 각각의 줄이 전자적으로 두드러지게 된다. 해당 줄이 선택되고 나면, 원하는 특정 항목에서 훑기가 멈춰질 때까지 그 줄에 포함된 개별 항목들이 한 번에 하나씩 두드러지게 된다.
빈도 스캐닝	• 스캐닝 속도를 향상시키기 위해 사용하는 또 다른 방법은 항목이나 문자의 나열을 자주 사용하는 순서로 배열하는 것이다. • 가장 많이 사용하는 문자나 항목에 커서가 처음 위치해서 활성화되도록 배열하는 것이다. 이렇게 하면 의사소통이나 문자입력시간을 절약할 수 있다.

기출 LINE

14중) 학생 B에게는 훑기(scanning)를 통해 화상 키보드를 사용하도록 하였어요. 간접 선택 기법인 훑기에는 여러 가지 선택 기법이 있는데, 그중에서 학생 B에게는 스위치를 누르지 않아도 일정 시간 간격으로 커서가 움직이도록 미리 설정해주고, 커서가 원하는 키에 왔을 때 스위치를 눌러 그 키를 선택하게 하는 자동적 훑기 기법을 사용하게 하고 있어요.

③ 선택조절기법에 따른 스캐닝 유형 21·24초, 14·22중

기법	특징
유도된 훑기 (역 훑기) 21초	• 사용자가 마이크로 스위치를 활성화(즉, 누름)할 때 지시기나 커서가 움직이기 시작 • 스위치가 활성화되는 한 지시기는 미리 설정된 훑기 형태에 따라 움직임 • 스위치가 놓이면 선택이 이루어짐 • 주로 스위치 활성화에 어려움을 보이지만, 일단 활성화가 이루어지면 이를 유지하고 스위치를 정확하게 떼어 놓을 수 있는 사람들에게 특히 유용
자동적 훑기 (일반적 또는 중단된)	• 사전에 설정된 형태에 따라 지시기나 커서가 자동적으로 계속 움직임 • 선택을 하려면 원하는 집단이나 항목에 지시기를 멈출 수 있도록 스위치를 활성화해야 함 • 스위치를 정확하게 활성화할 수 있으나 활성화를 유지하거나 스위치 누르기를 멈추는 데 어려움을 갖는 사람들에게 특히 유용 • 디스플레이의 제시가 청각적일 때 사용 예 사용자가 보기 원하는 영화제목을 선택할 때까지 촉진자가 영화제목을 계속 말해 주는 경우 • 방법 – 스위치를 누르면 커서가 배열된 항목을 자동으로 스캐닝함 – 커서가 원하는 항목에 도달하였을 때 다시 스위치를 누르면 선택됨

단계적 훑기	• 스위치의 활성화를 위해 지시기나 커서가 사전에 설정된 선택 형태에 따라 한 번에 한 단계(즉, 한 집단이나 항목)씩 움직임 • 커서의 움직임과 스위치 활성화 간에는 일대일 대응관계가 성립 • 특정 항목을 선택하기 위해 사용자는 일정시간 동안 스위치의 활성화를 멈추거나 제시된 항목의 선택을 나타내는 두 번째 스위치를 활성화하면 됨 • 운동 조절이나 인지능력의 제한이 심한 사람들 혹은 전자적인 훑기 조작을 처음 배우는 사람들이 종종 사용 • 반복적이고 빈번한 스위치 활성화를 필요로 하기 때문에 복잡한 AAC 체계에 활용될 경우 사용자는 자주 피로감을 느끼게 됨 • 그러나 스위치를 정확한 시점에 눌러야 하는 부담감이 없고 비교적 단순하므로 인지능력이 떨어지거나 처음 스캐닝 조작을 배우는 사람에게 유용함

○ 훑기 유형에 따른 운동 요소와 커서 조절 방법

운동요소	커서조절 방법		
	자동적 훑기	직접 훑기(역훑기)	단계적 훑기
기다리기	높음	중간	낮음
활성화	높음	낮음	중간
유지하기	낮음	높음	낮음
풀기	낮음	높음	낮음
기다리기	높음	중간	중간
재활성화	높음	중간	중간
피로도	낮음	중간	높음

키워드 Pick

④ 촉진형태에 따른 스캐닝 유형

청각적 스캐닝	• 선택한 항목이 순차적으로 활성화되면서 음성이 출력되면 그 소리를 듣고 학생이 선택하는 방법이다.
시각적 스캐닝	• AAC 도구에서 불빛이 정해진 순서대로 천천히 이동하면서 원하는 항목에 불빛이 켜졌을 때 스위치를 누르거나, 소리내기, 손들기 등으로 선택하는 방법이다.
대화상대자 지원 스캐닝	• 시각적 스캐닝과 청각적 스캐닝 외에 신체 기능의 손상으로 손 사용이 제한된 학생에게는 대화상대자가 지원하는 스캐닝이 적합하다. • 대화상대자 지원 스캐닝의 경우 대화상대자가 질문을 하고 의사소통판에 있는 항목을 선택할 수 있도록 하나씩 읽어 주는 것으로 지원하는 방법이다. • 대화상대자 지원 스캐닝 사용 시 유의사항 − 대화상대자는 한 번에 항목을 하나씩 천천히 제시한다. − 선택사항을 한 번만 듣고 이해하기 어려운 학생에게는 반복하여 말해 준다. − 선택사항은 일관된 순서와 시간에 따라 제시한다. 그렇게 해야 반응시간이 느리거나 운동 발달지연이 있는 학생이 예측하는 방법을 배울 수 있다. − 학생이 선택하지 못한다면, 못하는 것이 아니라 선택할 것이 없어서 그럴 수 있다. 이러한 상황을 위해 '다른 것 주세요', '원하는 것이 없어요' 등의 항목을 포함하여 제시한다. − 대화상대자가 선택사항을 제시하면서 촉진할 때, 학생의 청각 및 시각 처리 능력에 따라 시각적 스캐닝만 제공할지, 청각적 스캐닝만 제공할지, 또는 두 가지 모두 제공할지를 결정한다. − 대화할 때 대화상대자의 피드백은 중요하다. 학생이 표현하는 모든 유형의 반응을 수용하고, 모든 응답에 의미를 부여한다. − 선택사항에 관한 부가 설명을 과다하게 하지 않는다. 부연 설명하는 것은 오히려 선택하는 것을 방해할 수 있다.

⑤ 스캐닝 사용의 적합성을 진단할 때 고려할 사항

㉠ 사용할 학생의 시각능력은 적절한가?

㉡ 사용할 학생의 청각능력은 적절한가?

㉢ 사용할 학생의 운동 조절 능력은 적절한가?

4. 전략 25중

(1) 전략의 의미

① AAC에서 전략은 의사소통능력을 향상시키기 위해 보조공학기기나 상징, 기법을 보다 효과적으로 사용하는 방법이다.

② 즉, 메시지를 가장 효과적이고 효율적으로 전달할 수 있는 방법을 찾는 것으로, 이를 위해서는 지체장애 학생에게 AAC 체계를 가르치는 것도 중요하지만 AAC 사용자와 상호작용할 상대방에게 AAC에 대해 설명하고 협력을 구하는 것 역시 필요하다.

③ AAC 사용자가 사진의 메시지를 전달할 때의 효율성(정확도, 시간 등)을 높이기 위한 방법을 말한다.

④ AAC를 사용하는 경우 구어를 사용하는 것보다 의사소통 속도가 상대적으로 느리기 때문에 이를 보완하기 위해 메시지의 부호화전략이나 낱말과 문장의 예측전략 등을 사용하고 있다. 24초

⑤ 의사소통기술은 실제 상황에서 자발적으로 사용하고 새로운 상황이나 대상으로 일반화하기 위해 자연스러운 환경에서 매일의 반복되는 활동에 통합시켜 실시해야 효과적이다.

⑥ 효과적인 의사소통훈련전략은 사용자와 대화 상대자를 대상으로 실시하되, 어떤 경우든 매일 성공적으로 기능적으로 사용할 수 있을 것으로 확신되는 의사소통전략에 초점을 맞추어야 한다.

기출 LINE

19유) 어머니께서 승우가 의사를 표현할 수 있을 거라는 기대를 가지고 기회를 제공하여, 의사를 표현하는 동안 충분히 기다려 주는 것

(2) AAC 사용자의 의사소통을 촉진하기 위한 일반적인 전략

① 메시지를 전달하는 동안 충분히 기다려 준다.

② 의사소통의 시작과 끝을 알 수 있도록 명확한 신호를 확립한다.

③ AAC 사용 시도에 즉각적으로 반응하고, 사용자에게 대화 시작의 기회를 많이 준다.

④ 실제 상황에서 자발적으로 사용하고, 새로운 상황이나 대상으로 일반화하기 위해 자연스러운 환경에서 매일 반복되는 활동에 통합시킨다.

⑤ AAC를 사용하여 아동과 대화를 시작하고 이어갈 때 의도적이고 일관성이 있어야 한다.

⑥ 간단한 의사소통 요구는 가능하면 효과적으로 반응할 수 있도록 보조도구를 사용하지 않는 인습적인 방법(예 긍정의 의미로 머리 끄덕이기)과 언제든지 쉽게 접근할 수 있는 단일 스위치장치 같은 로우테크방법을 제공한다.

키워드 Pick

(3) 속도 향상기법 17초

① 느린 의사소통 속도는 특히나 빠른 속도로 정보를 교환하는 데 익숙한 일반인과 의사소통하는 상황에서 이들의 상호작용을 유의미하게 방해할 것이다.

② AAC 사용자의 의사소통 속도가 느려지는 요인 중 하나는 이들이 대부분 자신의 의사소통 디스플레이에서 한 번에 한 항목씩 구성요소들을 선택하여 메시지를 작성한다는 데 있다. 이는 명백히 상당한 시간과 노력을 필요로 한다.

③ 의사소통 속도를 증진시키기 위해 종종 사용되는 전략 중 하나는 AAC 체계에 완전한 낱말이나 구절 또는 문장을 저장하고, 저장된 메시지에 특정 부호를 지정해 놓는 것이다. 그러면 사용자들은 적절한 부호만을 사용하여 전체 메시지를 전달할 수 있게 된다.

④ 부호화(encoding): 원하는 메시지를 지정하는 신호 제공기법이다.

⑤ 어떤 부호가 제시되는가(즉, 사용되는 상징 유형)는 개인의 능력에 따라 개별적으로 결정된다. 기억에 기초한 부호인가, 차트 중심의 부호인가 또한 개별적인 결정사항이다.

㉠ 기억에 기초한 부호: 뛰어난 장기기억력을 지닌 사용자에게 적절하다.

㉡ 차트 중심의 부호: 차트 또는 메뉴 위에 제시되거나 큰소리로 암송해 줌으로써 사용자가 선택할 수 있는 부호이다. 이는 양호한 시력이나 청각적 변별기술을 필요로 한다.

⑥ 분명 의사소통의 속도는 AAC 사용자와 대화 상대자가 얼마나 효율적으로 원하는 부호나 메시지를 차트 위에 시각적으로 제시할 수 있는가에 달려 있다.

⑦ 낱말 부호, 메시지 부호, 색깔 부호화, 메시지 예측 등의 방법을 사용할 수 있다.

(4) 보완 · 대체 의사소통에서 교사의 역할

① 교육과정에서 AAC의 사용

② 의사소통기술의 지속적 발달

③ 적절한 어휘 선택

④ 또래지지 의사소통

⑤ 교사를 위한 훈련 지원

⑥ 개별화교육계획에 AAC 접목

⑦ 가정과 지역사회에서의 사용

(5) AAC를 활용한 수업을 진행할 때 사용할 수 있는 전략

의사소통 기능별 기회 삽입	• 예를 들면, '인사하기' 기능은 수업을 시작할 때, '선택하기' 기능은 보기 중 하나를 고르거나 선호도 표현으로 수업시간에 배운 내용을 정리하는 활동에, '물건 요구하기' 기능은 학습지 수행 중 자연스럽게 요구할 수 있는 기회를 제공하여 적용할 수 있다.
의사소통 지도전략	• '우발학습(환경 만들기)'과 '순간 공유하기'를 활용한다. • 우발학습의 예로는 교과서를 읽어야 할 때 아동의 교과서를 숨기거나 혹은 글씨를 써야 할 때 아동의 필기도구를 보이지 않게 하여 자연스럽게 아동이 교사에게 도움을 요구할 수 있도록 의도적으로 의사소통 기회를 제공하는 것을 말한다. • '반응하기'전략으로는 학생이 누르거나 지적한 것이 정반응일 때는 학생이 누른 어휘를 모방하며 교사가 다시 한번 눌러 주거나 지적하면서 '이해했다'고 표현해 주거나 칭찬해 주고, 오반응이거나 반응이 없을 시에는 촉진(신체적/언어적/몸짓 등)을 제공하여 재시도하도록 하는 것이다.

(6) 대화 상대자가 유의해야 할 사항

① 자신을 소개하라.
② 의사소통체계를 어떻게 사용하는지 보여 줄 것을 요구하라.
③ 메시지를 구성할 시간을 주고, 인내심을 가지고 기다려라.
④ 긴장을 풀고 의사소통 리듬을 천천히 하도록 해라. 대화 도중 침묵의 시간을 말로 채워야 할 필요는 없다.
⑤ 당신에게 질문을 하거나 논평할 기회를 새 친구에게 꼭 주어라.
⑥ 다음에 어떤 말이 나올지 추측할 수 있을지라도, 상대방의 허락 없이 다른 사람의 말을 끝내지 마라.
⑦ 가능한 한 눈을 맞추고 상호작용하라. 휠체어를 타고 있다면, 의자를 잡고 곁에 앉을 수도 있다.
⑧ 구어로 의사소통을 하는 것처럼, 얼굴 표정과 몸짓에 집중하라.
⑨ 이해하지 못했으니 반복해 달라는 말을 거리낌 없이 하라.
⑩ 다른 사람을 통하지 말고 상대방에게 직접 얘기하라.

(7) 의사소통 사전

의미	• 제스처 사전, 의사소통 신호 목록 등으로 불리는 AAC 방법 중 하나이다. • 의사소통 행동을 파악하여 그 기능을 분석함으로써 의사소통 신호를 구별하는 방법으로 활용될 수 있다. • 의사소통 사전이 중요한 이유는 다양한 의사소통방법으로 다중양식 AAC 접근에서 AAC를 활용하는 방법이기 때문이다. • 기본적으로 의사소통 사전은 AAC 사용자의 모든 행동을 의사소통으로 간주하고 이를 의사소통 신호로 해석하는 것을 목적으로 한다. • 의사소통 사전은 규격화 또는 매뉴얼화된 양식이 없다. 보통 학생의 행동, 행동의 의미(신호분석), 의사소통 상대방이 해야할 것으로 구분된다.
활용절차	① 관찰하고 기록하기 ② 의사소통 행동 및 신호 분석하기 ③ 의사소통 행동 후에 후속결과 기술하기 ④ 의사소통 사전 만들기 팀 회의 진행 ⑤ 일관성 있는 동일한 행동 결과 정리하기

키워드 Pick

③ AAC 진단 및 평가

1. AAC 진단 및 평가의 개요

목적	• 의사소통능력을 평가한다. • 개인의 필요를 이해하고자 한다. • 적절한 AAC 방법을 결정한다. • 개인에게 적합한 AAC 체계를 결정하고 사용하는 계획을 제공한다. • AAC 체계의 효과성을 모니터링한다.
원칙	• AAC 진단은 모든 사람이 의사소통할 수 있다는 전제를 기반으로 한다. • AAC 진단은 사용자의 강점과 약점을 파악하는 과정이다. • 현재와 미래의 필요와 요구를 파악해야 한다. • 일반아동의 의사소통을 근거로 하는 참여 모델이 바람직하다. • AAC 진단은 중재와 연계하여 지속적이고 빈번하게 실시되어야 한다. • 대상자의 다양한 일상생활환경과 상황 안에서의 정보를 포함해야 한다. • 언어치료사, 교사, 부모 등 관련된 사람들이 함께 모여서 진단하는 것이 좋다.

2. 참여모델 23 · 25유, 15초, 11 · 12 · 18중

(1) 의미

① AAC를 통해 의사소통할 사람과 생활연령이 같은 일반또래의 기능적인 참여에 기초하여 AAC 평가를 수행하고 중재를 계획할 수 있도록 하는 체계적인 과정을 보여준다.

② 이는 쿡과 허시가 제안한 인간활동 보조테크놀로지(HAAT) 모델과 유사하다. HAAT 모델에서는 중재자가 보조테크놀로지에 의존하는 사람 간의 상호작용, 완성되어야 할 활동, 활동이 수행되는 상황 등을 고려한다.

(2) 절차

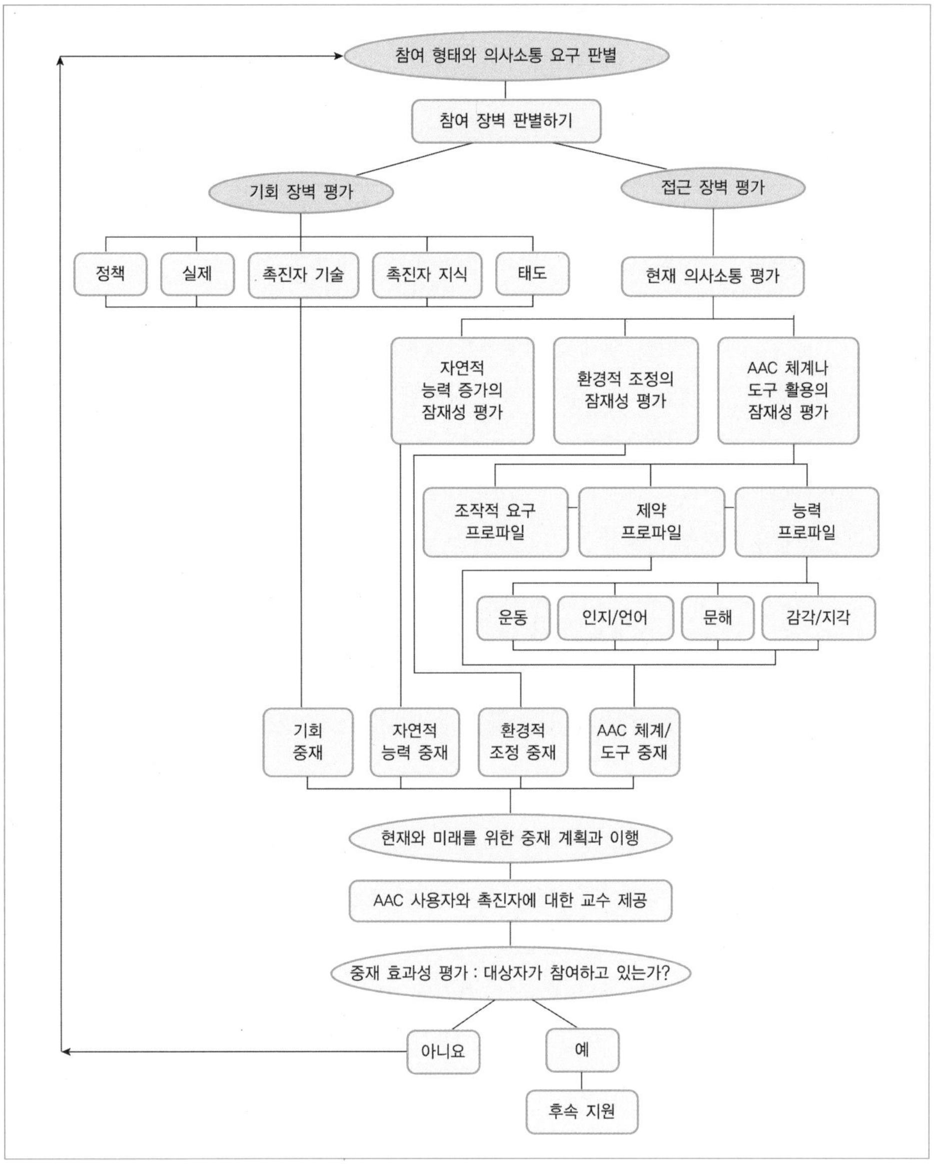

참여 형태와 의사소통 요구 판별

참여 장벽 판별하기

기회 장벽 평가

정책 / 실제 / 촉진자 기술 / 촉진자 지식 / 태도

접근 장벽 평가

현재 의사소통 평가

자연적 능력 증가의 잠재성 평가 / 환경적 조정의 잠재성 평가 / AAC 체계나 도구 활용의 잠재성 평가

조작적 요구 프로파일 / 제약 프로파일 / 능력 프로파일

운동 / 인지/언어 / 문해 / 감각/지각

기회 중재 / 자연적 능력 중재 / 환경적 조정 중재 / AAC 체계/도구 중재

현재와 미래를 위한 중재 계획과 이행

AAC 사용자와 촉진자에 대한 교수 제공

중재 효과성 평가 : 대상자가 참여하고 있는가?

아니요 / 예

후속 지원

참여모델

기출 LINE

12중)

- AAC는 구어 사용이 곤란한 특수학교(급) 학생들에게 효과적인 의사소통 체계가 될 수 있음에도 불구하고, 그 적용을 방해하는 여러 가지 장벽이 존재한다.
- 참여모델(participation model)에 따르면, 접근장벽은 AAC 도구가 어떤 활동에 필요한 어휘를 저장할 만큼 충분한 용량을 갖고 있지 않을 때 발생할 수 있다.
- 그리고 지식 장벽은 AAC를 지도하는 교사가 AAC 사용법에 대한 정보가 부족할 때 발생할 수 있다.

키워드 Pick

기출 LINE

23유) AAC 기기를 추천 받았을 때 민서가 AAC 기기를 사용하면 아예 말을 못하고 친구들과 어울리지 못할까 봐 사용을 반대했었지요.

(3) **장벽** 23유, 12초, 11중

① **기회장벽**: 다른 사람들에 의해 강제되는 것으로 AAC 체계나 중재를 제공한다고 해결될 수 없는 장벽을 의미한다.

구분	내용
정책장벽	AAC 사용자의 상황을 좌우하는 법률이나 규정으로 인해 나타남
실제장벽	가정, 학교 또는 직장에서 이루어지고 있는 일반적인 절차나 관습을 말함
지식장벽	AAC 사용자가 아닌 다른 누군가의 정보 부족
기술장벽	광범위한 지식에도 불구하고 도움을 제공하는 사람들이 AAC 기법이나 전략을 실제로 이행하는 데 어려움을 지닐 때 발생
태도장벽	개인의 태도와 신념이 참여의 장벽이 되는 경우

② **접근장벽**: 장애학생의 특성 또는 AAC 체계의 문제점으로 어려움을 겪게 되는 것을 의미한다.

㉠ 현재의 의사소통평가

㉡ 말 사용 및 말 증가의 잠재성 평가

㉢ 환경적 조정의 잠재성 평가

㉣ AAC 체계 또는 도구의 활용 잠재성 평가

3. AAC 진단 · 평가 절차

(1) 면담 및 관찰

① 면담

㉠ 부모를 비롯한 주요 양육자는 학생이 가정에서 누가 어떻게, 언제, 어떤 방법으로 소통하는지에 대한 의미있는 정보를 제공한다.

㉡ 자연스러운 환경에서의 면담을 위해서 다양한 면답 방법이 활용될 수 있다.

㉢ 의사소통에 대한 면담 정보에는 기본정보, 선호도, 집중시간 확인, 사회적 관계망 등이 있다.

② 관찰

생태학적 활동 기록지	• 학생이 필요로 하는 의사소통 지원의 형태가 무엇인지 판별한다. • AAC 사용자가 비장애 또래와 비교하여 활동에 참여할 때 방해받는 요인이 무엇인지 파악하는 데 도움이 된다.
AAC SETT 체크리스트	• 의사소통의 상황과 맥락을 평가하는 대표적인 체크리스트가 AAC SETT이다. • AAC SETT 체크리스트는 Joy Zabala의 SETT 모델을 AAC 체계 선정을 위해 평가할 수 있도록 개발된 자료이다. • 자연적인 환경에서 관찰을 토대로 의사소통 의도성, 의사소통 복잡성, 의사소통 주고받기, 의사소통 시도에 대해 학생의 현행 수준을 평가하여 의사소통 프로파일을 작성한다.

	- 의사소통 의도성: 의도성 단계를 파악함 - 의사소통 복잡성: 의사소통을 위해 사용하는 상징의 수준을 파악하는 것 - 의사소통 주고받기: 상대방과 의사소통을 유지할 수 있는지 확인 - 의사소통 시도: 의사소통의 시작 및 주도가 누구에게 있는지 확인

(2) **의사소통 및 언어능력 평가**

① 의사소통 상호작용에서 의사소통 형태와 기능을 분석하고 이해하는 것은 의사소통 능력의 발달을 돕기 위해 매우 중요하다.

② 평가방법에는 표준화 검사도구, 비공식적인 평가방법 등을 사용할 수 있다.

③ 의사소통 매트릭스, AAC보조공학 체크리스트 등을 활용하여 평가할 수 있다.

의사소통 매트릭스	• 과학적이고 임상적인 근거를 가진 평가도구이다. • 매트릭스는 프로파일 하단에 표시되는 의사소통의 네 가지 주요 기능과 일곱 가지 수준의 의사소통 행동 등을 포함한다. - 4가지 기능: 거절하기, 획득하기, 참여하기, 정보제공 및 요구하기 - 행동 범주: 몸 움직임, 얼굴표정, 초기음향, 시각, 간단한 몸짓, 관습적 몸짓 및 발성, 구체적 상징, 추상적 상징, 언어
파라다이스 보완대체 의사소통 진단평가 (PAA)	• 다섯 가지 평가 영역의 자세한 그림과 함께 체크리스트로 구성되어 있다. • 지체 및 중복장애 학생 평가까지 가능하여 학교 현장에서 손쉽게 AAC 대상자를 선별 및 진단할 수 있다. • 자세, 신체 및 운동기능, 감각 능력, 인지 능력, 언어능력의 다섯 가지 영역별로 진단하도록 구성되어 있다.
위스콘신 보조공학 평가 (WATI)	• 보조기기를 선정하기 위한 평가도구이다. • 의사결정은 항상 학부모를 포함하고, 참여 및 의사결정 단계에서 학생을 포함하는 팀에 의해 진행된다. • WATI의 보조공학 평가 중에 의사소통 영역은 의사소통능력을 평가하는 항목으로 AAC 평가 자료로 활용할 수 있다.

키워드 Pick

(3) **인지 및 상징능력 평가**

① 의사소통 의도, 주의집중, 기억 평가

㉠ 의사소통과 언어 진단에서 중요한 것은 학생의 인지능력을 평가하는 것이다.

㉡ AAC 평가에서 학생의 지적/인지 능력을 평가하는 것이 중요한 이유는 학생이 주변을 인지하고 자신의 의도로 주변인 및 환경에 변화를 일으킬 수 있다는 자극-반응을 인지하는지 확인하기 때문이다.

㉢ 학생의 인식, 의사소통 의도, 기억, 상징 표상 능력, 지식(상식) 등은 학생이 AAC 체계를 사용하는 방법을 익히는 데 직접적인 영향을 주는 중요한 평가 영역이다.

② 상징 평가

㉠ 언어발달은 청자와 화자 간에 서로 이해하고 공유되는 상징체계(예 수어, 철자, 점자, 그림상징 등)에 기반한다.

㉡ AAC 사용자와 상대방은 비상징(예 상징을 사용하지 못하는 단계) 또는 상징 단계(예 상징을 사용하는 단계)에서 서로 다른 언어학적 단계에 있을 확률이 높다.

㉢ 예를 들어, 한 학급에서 어떤 학생은 비상징 단계에 있고, 또 어떤 학생은 상징 단계 수준으로 평가될 수 있다. 따라서 학급 담임은 학급의 여러 학생들 중에 누가 비상징 또는 상징 단계에 있는지 판단할 수 있어야 한다.

㉣ 교사가 간단한 체크리스트를 통해 이를 선별할 수 있어야 하고, 이와 함께 실제 자연스러운 환경에서 학생의 의사소통 행동을 관찰하여 정보를 추가할 수 있어야 한다.

(4) 문해력 평가

AAC 사용자의 문해력 평가는 다음과 같은 초기 문해력 평가로 진행할 수 있다. 모든 평가는 정확도가 최소 80%에 미치지 못할 때를 교수가 필요한 기준으로 한다.

① **문자-소리 대응**: 음운인식은 소리를 정확하게 듣고 구별하고 결합하는 능력이다. 해독 능력을 갖추려면 구어가 소리 단위인 음소로 구성된다는 것을 이해하고 낱말을 음소로 분절, 결합할 수 있는 음운인식 능력이 있어야 한다.

② **소리합성**: 소리합성 기술은 음운처리의 가장 중요한 구성요소이다.

③ **음소분절**: 음소분절은 소리합성과 반대되는 것으로, 낱말을 듣고 개별 소리로 쪼개는 능력이다.

④ **낱말해독**: 해독(decoding, 새로운 낱말 읽기)은 글자를 말소리로 전환시킬 수 있는 능력으로 문자-소리 대응, 소리합성 기술의 조합이다. 앞서 문자-소리 대응, 소리합성 기술이 있는 학생들은 해독 기술에 대한 평가를 실시한다. 해독에는 의미단어 소리 내어 읽기, 무의미 단어 소리 내어 읽기가 포함된다. 소리 듣기와 소리구별 연습이 충분하면 학생들은 모르는 단어를 읽을 때도 문자-소리 대응지식을 이용하여 소리 내어 읽어 낼 수 있는 해독 능력이 향상된다.

⑤ **일견단어 재인**: 일견단어 재인 평가는 앞서 음운인식에서 어려움이 있는 학생도 평가해 봐야 하는 기술이다. 대개 일견단어 재인은 자발적으로 나타난다. 특히 AAC 사용자는 AAC 디스플레이에서 상징과 낱말이 함께 제시되기 때문에 자발적으로 일견단어를 학습하게 된다. 학생의 이름, 가족 이름, 좋아하는 활동명 등의 낱말을 인식하는 것이 이에 해당한다.

(5) 신체적 접근성 평가

① 사용자의 운동기능

② 선택 방법

③ 신체적 접근성을 고려한 의사소통 도구의 배치

(6) 감각 접근성 평가

① 시각적 변별능력
② 청각적 변별능력
③ 감각 예민/둔감도 평가

(7) 기타 고려점

① 비전자식 의사소통 도구의 제작 재료
② 상징 간격 평가

4. AAC 사용자 평가 영역 14 · 22유, 14초

(1) 자세

① 바른 자세를 취할 수 있는지, 어떤 자세 보조기기가 필요한지 등을 평가하여 AAC 체계를 사용할 때의 적절한 자세에 대해 알아본다. 안정적이고 바른 자세가 되어 있지 않으면 AAC 체계 사용에도 어려움을 겪게 된다.

② 자세를 평가하는 기본원리는 평가자 스스로가 개인에게 적절한 최적의 자세를 취하여 보고 일반적인 자세의 원리를 이해하는 것이 필요하다.

③ 자세는 근 긴장도를 감소시킬 수 있는 안정된 자세를 기반으로 구축된 기형을 수정한다.

④ 남은 움직임을 유지하고 최대한으로 편안함을 느낄 수 있으며 움직임에 드는 노력을 최소화하여 피로를 줄일 수 있는 수정이 필요하다.

⑤ 최대 수준의 기능을 성취하는 데 필요한 최소한의 중재를 제공하는 데 초점을 맞춘다.

⑥ 자세평가는 휠체어를 사용하거나 일반 의자에 앉은 자세를 먼저 관찰하되, 의자를 이용하여 바른 자세를 취할 수 없다면 보조기기를 이용한 지원방안을 고려한다.

⑦ 평가 팀은 아동이 의자에서의 앉은 자세를 취할 수 있도록 적절히 수정해 준 뒤, 새로운 자세에서 나타날 수 있는 변형이나 압력통증, 신경근육의 구축 등의 요인을 살펴본다.

키워드 Pick

(2) 운동능력평가

① 대부분의 AAC가 의사소통판과 같은 보조기기를 사용하기 때문에 상징을 직접 지적하거나 스위치 등의 간접적인 방법을 사용할 때 필요한 사용자의 신체 및 운동 기능 평가가 필요하다.

② AAC 평가에 있어서 신체 및 운동 기능평가의 목표는 운동 문제를 묘사하는 것이 아니라 아동이 평가과정 중에 사용할 수 있는 운동기술을 관찰하여 장기간 동안 대안적인 접근으로서 사용할 수 있는 기술을 밝히기 위한 것이다.

③ 신체 및 운동 기능평가는 의사소통과 관련된 많은 인지, 상징, 언어, 문해력 등의 기술을 밝히는 것으로 의사소통의 방법으로 눈 깜박임, 얼굴표정, 머리 흔들기, 다른 제스처 등 사용하는 직접적인 선택기술의 정도나 스캐닝능력, '네/아니요'로 답하기. 혹은 지적하기 등의 개인능력을 평가한다.

④ 신체 및 운동 기능평가는 선택 가능한 신체 기능을 알아내는 것 외에 신체 기능을 효율적으로 표현할 수 있는 방법을 찾아내는 과정이다. 그러므로 상황이나 자세에 따라 효율적으로 표현할 수 있는 신체부위를 찾아내는 데 중점을 둔다.

⑤ 직접선택하기가 가능한 신체의 부위를 찾을 때에는 조절하기 쉽고 사용하기에 더욱 우세한 손과 팔의 조절능력을 평가한다. 그다음에는 머리와 목의 조절능력을 평가하며, 마지막으로는 신세적 손상을 가진 사람들은 직접 선택기술에 필요한 팔다리의 비세한 운동 조절 기능이 낮으므로 발과 다리의 조절능력을 평가하는 것이 효과적이다.

⑥ 신체 및 운동 기능평가는 일정시간 동안 개인을 관찰하거나 개인, 가족구성원, 양육자, 다른 사람들과의 관찰과 인터뷰를 통해 현재 움직임의 유형과 활동에 관한 정보를 수집하여 상징을 어떤 배열로 제시했을 때 정확하게 지적할 수 있는지 각 신체 기능의 움직임의 범위와 정확성, 조절 기능을 평가한다.

⑦ 운동의 정확성과 범위에 대한 평가는 헤드 스틱이나 라이트 포인터, 눈 응시(eye gaze) 방법을 사용하여 선택하는 능력과 다양한 크기의 상징에 정확하게 접근하는 정도, 상징의 최대 범위와 수 등을 평가하고 키가드, 다양한 디스플레이 표면 각도 등을 제시하여 이와 같은 기기의 수정이 사용자의 움직임 조절능력에 미치는 영향을 관찰하여 평가한다.

⑧ 평가를 위한 운동기술 판별

㉠ 직접 선택기법에 대한 일시적인 평가 : '예/아니요' 질문에 답하는 대상자의 능력을 평가하는 것이다.

㉡ 평가자는 정확성, 범위 및 움직임의 패턴을 평가하면서 대상자로 하여금 사물을 집거나 지적하기 위해 손을 뻗어 보도록 요구하거나 격려할 수 있다.

㉢ 대상자의 손과 팔 사용이 제한적이라면, 평가자는 유사한 방식으로 응시를 평가하기 위해 대상자 앞에서 거리와 시야를 달리해 가면서 검사항목을 들고 보여 줄 수 있다.

㉣ 매우 필요한 경우 팀은 대상자에게 헤드 스틱이나 헤드 포인터를 제공할 수 있다.

㉤ 일시적인 직접선택평가 시에는 반응을 위한 충분한 시간을 제공해야 한다.

⑨ 장기적인 운동기술 판별

구분	내용
직접선택	• 직접선택능력의 평가단계 – 손과 팔 조절평가 – 머리와 구강 안면 조절평가 – 발과 다리 조절평가 • 직접선택평가를 위한 추가적인 평가 – 관찰과 면담 – 움직임의 범위와 정확도 평가 • 조절의 최적화 – 다양한 크기의 목표물에 접근하고자 기술을 정확하게 사용하는 정도 – 대상자가 접근할 수 있는 목표물의 수와 범위 – 키가드, 다양한 디스플레이 표면 각도, 다양한 촉감표면, 머리 지지대, 몸통 지지대 등의 수정들이 운동의 정확성, 효율성 및 범위를 최적화해 주는 정도 등 • 부정적인 영향평가: 운동 조절을 평가하는 내내 AAC 팀은 각각의 접근 기법이 개인에게 미치는 전반적인 영향에도 관심을 두어야 함
수신호	• 제스처를 사용하는 데 필요한 소근육 운동능력평가
훑기를 위한 스위치평가	• 다양한 훑기전략과 배열을 사용하는 개인의 능력을 평가할 뿐 아니라 한두 가지 이상의 스위치를 활성화하기 위해 사용할 수 있는 몸의 위치 판단 • 스위치 활성화를 위한 신체의 위치 선별: 훑기평가의 첫 단계 • 스위치 조절의 구성요소 – 부주의한 활성화를 피하기 위해 정확한 순간을 기다릴 수 있어야 함 – 활성화 또는 스위치의 접속 – 일정시간 동안 활성화된 상태를 유지하는 것 – 스위치를 정확하고 효율적으로 떼놓는 능력 – 적절한 때를 기다렸다가 스위치를 재활성화하는 것 • 커서 조절기법과 스위치 조절능력평가(관련 운동요소) – 기다리기 – 활성화 – 유지하기 – 떼놓기 – 재활성화 – 피로도

키워드 Pick

맥 Plus

신체 및 운동 능력 평가방법

관찰과 인터뷰	• 일정시간 동안 개인을 관찰하여 직접 선별능력을 평가함 • 개인, 가족구성원, 양육자, 다른 사람들과의 인터뷰를 통해 현재 움직임의 유형과 활동에 관한 정보를 수집함
운동의 정확성의 범위 진단	• 움직임의 범위와 정확성을 테스트함 • AAC 팁에 의한 손과 헤드 스틱 조절 기능을 평가함 • 다양한 유형의 표적을 디스플레이 표면에 배치하여 아동이 손이나 발로 만지고, 헤드 스틱이나 라이트 포인터, 눈 응시(eye gaze)를 사용하여 눈으로 가리키는(eye-pointing) 능력을 평가함
조절능력의 활용과 확대	• 부가적인 평가로 다양한 크기의 표적에 정확하게 접근하는 정도와 표적의 최대범위와 수를 평가함 • 키가드, 다양한 디스플레이 표면 각도, 다양한 느낌의 표면(textured surface), 머리와 상체지지기기(head support, trunk support)와 같은 수정이 사용자가 가진 움직임의 정확성, 효용 범위를 최대화 할 수 있는지의 정도를 평가함
부정적인 영향력에 대한 평가	• 운동 조절 기능평가를 통해 나타나는 비정상적인 반응, 과도한 근육 긴장도(excessive muscle tone), 비정상적 자세(abnormal postures), 과도한 피로(excessive fatigue)와 같은 부정적 영향을 평가하고 최소화할 수 있는 범위를 결정함

(3) 감각능력

① AAC 체계의 구성에 필요한 기본 정보, 즉 상징들의 유형, 크기, 배치, 간격, 색 등에 대한 결정을 위해 정확한 시각과 청각 능력을 진단하는 것은 매우 중요하다.

② AAC 기기에 사용할 상징의 유형, 크기, 사용자 눈으로부터의 거리 등을 결정하고 의사소통상징과 기기들의 적절한 배치와 정렬, AAC의 상징 배치, 항목들 간 간격 등을 결정하기 위해 시야를 측정하고 시각 관련 근육들의 기능성과 시각을 고정하고 유지하는 능력, 사물들의 위치를 파악하고 훑어보기, 추적하기와 같은 움직임을 진단한다.

③ 그 밖에 빛에 대한 비정상적인 민감도, 색지각, 시각적 안정성 등을 진단한다.

④ 청력적 진단은 의사소통기기를 사용할 수 있는지의 기능을 진단하기 위해 필요하며 일반적인 청력검사에 의해 실시한다.

(4) 인지능력

인지능력 진단에서는 AAC 적용과 관련된 기본 인지능력으로 사물 영속성, 부분과 전체의 개념 이해, 범주화 능력을 알아본다. 더불어 사물의 기능에 대한 이해 및 사물과 적절한 상징의 대응관계를 파악하는 것도 중요하다.

(5) 언어능력

① 수용어휘 및 기본적인 인지능력을 알면 AAC 체계를 계획하는 데 도움이 된다.

② 여러 상징체계 중 어떤 것이 사용자에게 처음 시작하기 좋은지, 미래를 위해서는 어떤 상징체계로 발전시켜야 할지를 결정하기 위한 평가도 AAC 평가에 포함되는 부분이다.

맥 Plus

기초적 의사소통

① 행동과 표정으로 나타나는 모든 단서를 의사소통의 의도로 해석하고 신체접촉을 통해서 이루어지는 의사소통방법이다.

② 중도중복장애를 가지고 있는 아동들도 자신의 생각이나 감정 혹은 요구 등을 표현하고자 하는 의도를 가지고 있다는 점은 일반아동과 다르지 않다.

③ 기초적 의사소통은 의사소통을 위한 그 어떠한 전제조건도 두지 않는다.

④ 기초적 의사소통은 AAC 활용조차도 불가능한 아동에게 최소한의 의사소통을 가능하게 하는 방법이다.

⑤ **기초적 의사소통 형태**

호흡리듬	• 파트너와 함께 걸어가는 길과 같이, 파트너와 함께 숨을 내쉬는 순간이 바로 '관계맺음'의 순간임
소리내기	• 아동과 함께 숨을 내쉴 때에도 아동이 청각적으로 확인할 수 있도록 특정 음을 소리 내어 줌
촉각적 접촉	• 기초적 의사소통에서는 신체적 접촉이 의사소통의 도구임 • 교사는 아동의 신체부위(팔이나 배)를 길게 쓰다듬어 주면서 함께 호흡과정을 경험하도록 함

키워드 Pick

4 AAC 교육의 준비 및 교수전략

1. 초기 의사소통 교육

(1) 의사소통의 의도성

① 의사소통 의도성이란 아동이 어떤 신호를 보내기 전에 그 신호가 상대방에게 미치는 영향과 결과의 인과관계를 이해하는 것을 의미한다.

② 의도적 의사소통 행동은 "아동이 움직임이나 음성행동을 성인에게 보여주고 성인의 반응을 기다리는 것"으로 정의된다.

③ 모든 아동이 의사소통 의도성을 가지고 있는 것은 아니다.

④ 의사소통 의도성의 3단계 발달

구분	내용	예
전의도적 단계	아동발달단계로는 0~9개월에 나타나며 목표 지향적이지 않고 별다른 의도성이 없는 단계로 듣는 사람이 의미를 해석하며 들어야 한다.	양육자나 대화상대자가 아동의 울음 행동을 보고 무언가 먹고 싶어서 하는 것으로 해석하여 소통한다.
의도적 의사소통 단계	9~13개월에 나타나며 의도적으로 의사소통을 위해 구어 발달 이전의 몸짓이나 소리를 사용한다. 원하는 것을 바라보거나 소리를 내는 행동으로 표현하는 단계이다.	주스를 마시고 싶을 때 냉장고를 손으로 가리키는 행동으로 표현하거나, 좋아하는 장난감을 줄 때까지 반복해서 소리(말이 아닌 발성을 의미함)를 내는 것 등을 말한다.
언어적 의사소통 단계	13개월 이후에 나타나며, 어휘를 사용하여 의도적 의사소통 행동을 한다. 정확한 언어는 아니지만, 비슷한 발음이나 소리 혹은 손을 뻗어 원하는 것을 표현하는 단계이다.	정확한 발음은 아니지만 아동이 "안녕", "더 줘"와 같은 말을 하기 시작하는 단계이다.

(2) 반응 촉진하기

① 반응 촉진하기는 의사소통을 시작하는 단계에서 학생의 주의와 반응을 끌어내며, 더 많은 의사소통 시도를 이끄는 데 필요하다.

② 학생의 반응을 촉진하기 위해서는 먼저 말하는 사람과 눈을 맞추고 표정, 몸짓 등을 바라보며 관심을 가지게 한다.

③ 말하는 사람을 향해 몸을 돌리고 눈을 맞추는 것은 의사소통을 시작하는 가장 기초적인 행위이다.

(3) 요구하기 교수

① 요구하기 기술은 일반적인 언어발달 단계에서 나타나는 초기 의사소통 기능이다.

② 요구하기 기술은 초기 중재의 목표행동으로 가장 많이 선정되며, 초기의 의사소통 교수에 효과적이다.

(4) 거절하기 교수

① 요구하기와 함께 초기 의사소통 교육에서 먼저 지도해야 하는 것은 거절하기 기술이다.

② 장애가 심한 학생일수록 수용과 거절을 나타내는 표현이 미세하여 인식이 어렵기 때문에 효과적으로 의사소통을 시작하기 위해 가르쳐야 하는 기술이다.

③ 거절하기 표현은 '주세요'와 같은 요구하기 기술과 함께 지도한다.

(5) 선택하기 교수

① 선택하기는 초기 단계에서 지도해야 하는 기술이지만, 수용과 거절을 정확하게 표현할 수 있어야 사용할 수 있다.

② 선택하기는 2개 이상의 선택권을 주었을 때 그중 하나를 고르는 기술이다.

③ 선택하기를 지도하려면 우선 음식, 물건, 활동, 장소 등에 관한 여러 경험을 통해 좋아하는 것이 생겨야 지도할 수 있으며, 선택사항을 제시했을 때 '수용하기'와 '거절하기'의 표현을 지도할 수 있다.

2. AAC 교수전략

환경중심 교수 (MT)	• 자연적으로 발생하는 사건을 사용하여 의사소통을 촉진하는 자연적인 접근 방법의 하나이다. • 강화된 환경중심 교수(EMT)는 학생의 의사소통을 증진하기 위해 의사소통이 일어나는 자연적 상황에서 교수하고, 학생이 흥미 있어 하는 주제로 지도하는 교수법이다.
AAC의 모델링	• 다른 사람이 상징 카드나 AAC 기기를 사용하여 의사소통하는 행동을 관찰하여 모방하게 하는 것이다. • 예를 들어, 교사는 말을 하면서 동시에 주요 내용에 해당하는 그림이나 사진 등의 상징을 가리킨다. 학생은 언어 자극(구어)과 보조 자극(상징)을 동시에 수용하게 되며, 언어 자극과 보조 자극이 동일한 자극임을 연결하게 된다. • 자연스럽게 일과 중에 규칙적으로 모델링을 사용하여 의사소통과 어휘를 학습하도록 지도한다. • 모델링의 지도방법 – 여러 명의 모델이 시범을 보여주는 것이 효과적이다 – AAC를 사용하는 모든 상황에서 제공한다. – 모델링의 빈도는 최대한 자주 제공한다. – 모델링은 학생이 사용하는 것과 동일한 AAC 방법과 도구를 사용한다. – 모델링은 학생의 언어 수준에 따라 제시한다. – 표현하는 내용 중 중요한 의미의 어휘를 모델링한다. – 문장 표현 등 언어발달과 확장을 위해 모델링한다.

키워드 Pick

일과표 전략	• 일과표 전략이란 학생의 일과 중에 예정된 활동을 그림상징으로 표현한 일과표를 활용하여 의사소통 기회를 만드는 것을 말한다. • 일과표는 하루에 이루어지는 활동의 순서를 상징으로 제시하여 일과의 개요와 활동 순서를 인식하고, 다음에 해야 할 활동에 관한 정보를 제공한다. • 일과표 제작 단계 – 일상적인 일과를 확인하고 활동 목록을 만든다. – 각 활동을 나타내는 데 사용될 수 있는 상징을 확인한다. – 일과 활동을 나타내는 사물이나 그림상징을 담거나 나열할 수 있는 도구를 마련한다. – 일과 활동이 마무리된 후에 시각적으로 확인할 수 있는 장치가 필요하다. 만약 실물을 사용한다면 마친 활동에 해당하는 사물을 옮겨 놓은 곳을 마련한다.
AAC 일과 스크립트 활동 교수	• 일과 스크립트 활동 교수는 스크립트를 활용한 구조화된 언어 교수방법이다. • 교사가 주도하는 반복 연습형의 짧은 회기를 개별적으로 또는 소그룹으로 반복하여 실시하는 구조화된 교수법이다. • 스크립트란 특정한 공간 및 시간 맥락에 적합한 행동들을 목적과 순서에 따라 진행하는 것으로, 특정 상황에서 행할 수 있는 구체적인 행동과 하위 활동을 예측할 수 있도록 인지적 맥락을 활용한 교수법이다. • 스크립트는 상황의 친숙도에 따라 효과가 달리 나타날 수 있으므로 새로운 활동이나 과제를 제시하기보다는 학생의 인지 부담을 줄이고 언어 능력을 최대한 발휘할 수 있는 스크립트로 구성한다. • 스크립트 상황에 익숙해지면 요소 중 하나를 의도적으로 바꾸거나 빠뜨리는 등의 변형을 통해 학생의 자발적인 언어 사용을 유도한다.
그림교환 의사소통 체계	• 기능적인 의사소통 기술을 가르치기 위해 행동접근 방식을 사용하는 교육 프로그램이다. • PECS는 학생이 원하는 사물을 의사소통 상징과 교환하여 의사소통 상호작용을 시작하도록 학습한다. • 원하는 것을 상징카드와 자발적으로 교환하는 것에 주안점을 두며 이러한 교환하는 과정을 통해 동기를 부여함으로써 요구하기 기술을 증가시킬 수 있다.

3. 대화상대자 교수전략

대화상대자	• 주요 대화상대자 • 규칙적인 대화상대자 • 불규칙적인 대화상대자 • 낯선 사람
대화상대자의 역할	• 좋은 대화상대자는 의사소통의 필요성과 목적에 충분히 공감하고 학생의 의사소통능력에 관해 긍정적 신뢰가 있어야 한다. • 잘 들어주고 기다려 주는 대화상대자가 있어야 의사소통방법을 연습하여 능숙하게 사용할 수 있다. • 학생이 표현하는 의사소통 양식을 이해하고 유연하게 수용하여 가능한 한 많은 사람과 소통하도록 유도할 수 있어야 한다.
대화상대자 대화기술	• 모델링 • 질문보다는 말하도록 유도하기 • 잠깐 기다리기와 멈추기 • 촉진하기 • 일관성 있는 반응과 피드백 제공하기 • 대화회복 전략

4. 의사소통 환경 조정

(1) AAC 도구의 배치

교재와 교구의 배치 등 의도적인 환경조정으로 의사소통 상호작용을 촉진할 수 있도록 한다. 환경을 조정하는 목표는 의사소통 및 사회적 상호작용을 증가시키고, 수용언어와 표현언어, 순차적 기억, 전환 및 적극적인 참여를 지원하는 것이다.

(2) AAC 도구의 접근성

언제 어디서라도 AAC 도구를 사용하여 의사소통할 수 있게 하려면 교사를 포함한 학생 주변의 모든 대화상대자는 AAC 도구 관리 방법을 숙지해야 한다. AAC 도구는 충전 여부와 전원 상태를 점검하여 항상 사용할 수 있는지 점검한다. AAC 도구가 있어도 학생의 장애 특성을 고려한 접근성이 확보되지 않으면 효율적으로 사용하기 어렵다.

키워드 Pick

(3) AAC 어휘목록

AAC 도구에는 의견을 말하거나, 생각을 전달하고 표현할 수 있는 충분한 어휘가 담겨 있어야 한다.

(4) 가족과의 협력 점검

의사소통 교육은 가족과의 협력이 필수이다. 가족은 가장 중요한 대화상대자이며, 대화상대자로서 가족 훈련의 첫 단계는 양육관계를 통해 따뜻함과 안전의 분위기를 만드는 것이다.

⑤ 학교에서의 AAC교육

1. AAC 교육

(1) AAC 교육 목적

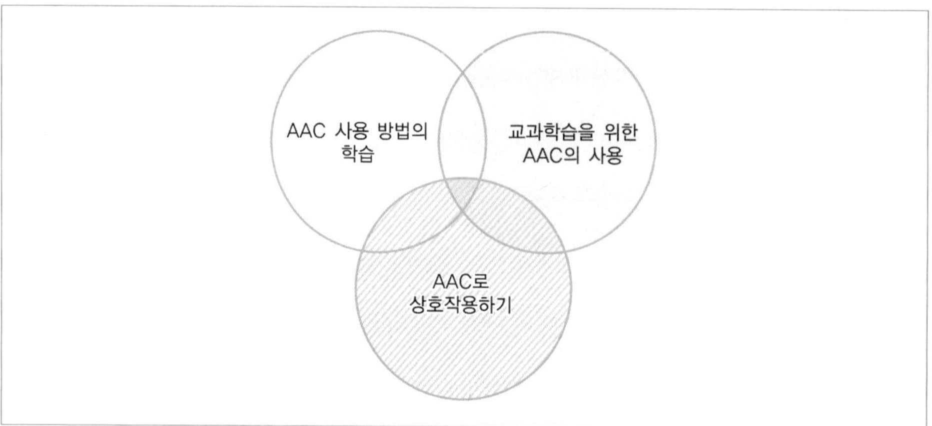

| AAC 교육의 목적 |

(2) AAC 교육목표 선정기준

① 학생에게 가치가 있는가?
② 일상생활에서 학생의 기능을 증진하는 기술인가?
③ 현재 생활에 유익함을 주는 기술인가?
④ 실생활에서 사용할 기회가 많은 기술인가?
⑤ 학생이 성공적으로 학습할 수 있는 기술인가?
⑥ 지역사회에서 학생의 지위를 향상하는 기술인가?
⑦ 학생의 어려움이나 요구를 설명할 수 있는 기술인가?
⑧ 생활연령 기준에 적합한 기술인가?

(3) AAC 교육의 기대효과

① 말과 언어 발달
② 사회적 상호작용 증진
③ 수업활동 참여 확대
④ 생활 적응 향상
⑤ 도전행동 조절

2. AAC 교육 준비

① 관찰과 면담을 통해 현행 수준을 측정한다.
② 의사소통 발달을 평가한다.
③ 학생의 의사소통 환경을 개별적으로 점검하여 의사소통 환경을 평가한다.
④ 학생이 선호하는 활동과 강화제를 조사한다.

3. AAC 교육 실행

(1) 어휘 수집

① 의사소통을 지도하기 위해 먼저 지도할 어휘목록을 수집한다.

② 어휘 수집 방법

㉠ 어휘는 관찰, 면담, 일화기록, 체크리스트, 생태학적 목록을 활용하여 수집한다.

㉡ 환경 분석을 통한 어휘 선정방법은 환경적 목록이나 생태학적인 목록을 활용한 가장 효율적인 방법이다. 또 다른 어휘 수집방법은 장애가 없는 일반학생의 어휘를 관찰하여 기록하는 것이다.

㉢ 그 밖에 가족구성원, 양육자, 전문가들, 학생과 상호작용할 사람 등 정보 제공자들과의 브레인스토밍을 통해 수집한다.

㉣ 일반학생의 언어 발달표의 어휘 목록이나 보완대체 의사소통(AAC)을 사용하고 있는 학생의 어휘 목록 등 기존의 어휘 목록을 이용하는 것도 효율적인 방법이다.

㉤ 자연적인 상황에서 상호작용하는 것을 관찰하여 일화기록이나 체크리스트 등을 이용하여 수집할 수 있다.

㉥ 일화기록은 학생이 참여하는 매일의 일상적 일지를 계속 기록하는 것으로, 교사와 부모는 학생들이 하루를 지내는 활동을 관찰하여 필요한 어휘를 선정하는 기준으로 이끌어 낼 수 있다.

환경분석 조사표의 예

1. 한 주 동안 학생이 있었던 장소들과 각 장소에서 어휘 선택을 주로 했던 사람(대화상대자), 각 장소에서 이루어진 활동은 무엇입니까?

- 장소:
- 대화상대자:
- 활동:

2. 활동별로 사용되는 어휘는 무엇입니까?

구분 / 활동	명사 (사물 이름 포함)	동사	형용사	구절	기타	또래가 사용하는 어휘	같이 활동하는 사람	이 활동에서 학생이 특히 좋아하는 것들
•								
•								
•								
•								
•								

키워드 Pick

(2) 어휘 선정

수집단계에서 목록화한 모든 어휘를 한꺼번에 지도할 수 없다. 수집한 어휘 중 먼저 지도할 어휘를 선정해야 한다.

① 어휘는 학생의 발달적 관점, 사회적 관점, 의사소통 맥락을 고려한 관점에 따라 선정할 수 있다.

발달적 관점	• 발달적 관점을 고려한 어휘란 학생의 인지 수준에 적절하며 의미 있고 실용적 기능이 있는 어휘를 말한다. • '여기', '지금'을 반영한 것이어야 하며 자주 사용할 수 있는 것을 말한다. • 특히 언어발달이 지체된 학생을 위한 어휘 목록을 동기를 유발하고 일반화를 도울 수 있어야 한다. • 초기에 지도해야 할 어휘 목록은 상황을 표현할 수 있도록 개념이 쉽고 잠재적인 유용성이 있어야 한다. • 또한 사용하는 학생의 연령과 문해력 수준을 고려해야 한다. 읽기 · 쓰기 능력의 습득 여부에 따라 어휘 선택이 달라지기 때문이다. • 그리고 가장 중요하게 고려해야 할 핵심적 요소는 학생의 흥미를 고려하는 것으로, 의미 있고 주목할 만한 상황의 활동과 관심 사항을 반영하여 환경 목록을 제공하게 되면 일반화하는 데 더욱 효과적이다.
사회적 관점	• 학생이 속해 있는 문화와 성별, 사회적 지위와 관계된 것으로, 의사소통이란 사회에 속해 있는 구성원과의 상호작용인 만큼 다른 사람과의 기능적 사용에 초점을 둔다.
의사소통 맥락을 고려한 선정	• 학생이 생활하는 주요 환경이 어디인지에 따라 어휘의 종류와 목적이 달라지며, 주로 대화를 하게 되는 대화 상대자에 따라서도 달라진다. • 선택된 어휘는 학생이 원하는 것이나 필요로 하는 것을 효과적으로 표현할 수 있고 상호작용에서 더 적극적인 역할을 하는지 검토하여 수정 · 보완한다.

② 어휘 선택방법 15초, 13중

㉠ 환경 또는 생태학적 목록(environment or ecological inventories)

- AAC 사용자들의 어휘 개별화를 위해 AAC 팀이 다양한 활동을 관찰하고 대상자의 참여방식을 기록하기 위해 사용할 수 있다.
- 환경 목록을 개발하는 동안 AAC 팀은 빈번하게 이루어지는 활동 속에서 장애학생과 또래 일반학생이 사용하는 어휘를 관찰하고 기록한다.
- AAC 팀은 이러한 과정을 통해 얻은 어휘 항목에서 AAC를 사용하는 학생이 처리할 수 있는 가장 중요한 낱말들을 추려내어 목록을 작성하게 된다.

㉡ 의사소통 일지와 점검표(communication diaries and checklist)

- 의사소통 일지는 AAC 사용자가 다양한 상황에서 필요로 하였던 낱말이나 구절을 기록한 것이다.
- 의사소통 일지는 주로 하루 종일 필요로 하였던 어휘를 종이에 기록하는 정보 제공자에 의해 관리된다.

기출 LINE

9중) 은행에서 입·출금하는 것을 가르치기 위하여, 김 교사는 A가 이용하고 싶어 하는 집 근처의 은행을 방문하였다. 김 교사는 은행의 창구에서 이루어지는 입·출금 과정에서 은행 직원과 고객들이 주고받는 표현어휘와 수용어휘들을 모두 기록하였다. 기록한 어휘 중에서 A의 학습목표와 생활연령을 고려하여 표현어휘들을 선정하고 A의 대체의사소통기기에 녹음하였다.

③ 수집한 어휘 목록에서 지도할 어휘를 최종적으로 선정할 때 고려할 사항

㉠ 문자 습득 전 단계의 아동을 위한 어휘 선택은 대화를 하기 위해 기본적으로 알아야 할 어휘 위주로 우선 선정한다. 즉, 아동이 음식을 먹을 때, 목욕을 할 때, 게임을 할 때 등 활동을 하는 중에 또는 그 외의 꼭 필요한 상황에 필요한 어휘를 알려주고 확장시켜 주는 것을 말한다.

㉡ 인지적인 어려움으로 인해 문자 습득이 힘든 아동에게는 개인적 요구를 충족시켜줄 수 있는 어휘를 선정한다. 효율성을 고려하여 일상에서 반복되어 나타나는 일견단어나 문장 형태의 메시지를 이용한다. 단, 아동의 연령을 고려한 신중한 어휘 선정이 필요하다. 예를 들어, 아동에게 '좋아요'의 뜻으로 웃는 얼굴 모양의 상징을 이용한다면, 청소년기 학생에게는 엄지손가락을 들어 올리는 상징을 사용하는 것이 적절할 것이다.

㉢ 문자를 습득한 아동의 어휘 선택은 적절한 시간 내에 표현할 수 있도록 의사표현의 속도와 표현하는 데 드는 노력을 줄일 수 있는 방법을 고려한다. 의사소통에서는 적절한 시기에 상대방과의 주고받는 타이밍이 중요하기 때문이다.

㉣ 개개인의 사용자에 맞는 어휘들을 선정하기 위해서는 사용하는 아동의 연령, 성, 사회문화적 배경, 이해 수준 등을 고려하고 대화 상대자와의 친숙한 정도, 대화 상황 및 장소 등 개별적인 환경을 고려하여 선정한다.

㉤ 지체장애 학생의 경우에는 운동능력의 장애를 보완하기 위한 어휘가 필요할 수 있다.

㉥ 장소, 물건, 관계, 움직임, 감정, 긍정/부정, 중지를 나타내는 말, 이름이나 소유격, 사물과의 관계, 반대되는 말, 색, 위치, 모양을 나타내는 말 등을 포함하는 것이 좋다.

(3) 의사소통 도구의 선정

① 의사소통 도구는 의사소통 카드와 의사소통판, 음성출력 스위치와 음성출력 카드, 다양한 버튼식 의사소통기기, 음성합성 방식의 의사소통기기, AAC 앱 등 매우 다양하다.

② 의사소통 도구는 휴대성, 내구성 및 사용법을 배우는 데 걸리는 시간과 기술, 음성의 질과 명료도, 비용 등 도구의 특성을 살펴보는 것도 중요하지만 학생과 가족의 선호도를 우선한다.

키워드 Pick

(4) 상징 유형의 선정

① 학생의 인지 및 생활연령을 고려하여 이해하기 쉽고 사용하기 쉬운 것으로 선정한다.

② 동시에 의사소통 기능의 범위와 폭이 향상될 것을 고려하여 장기적으로 사용하고 확장할 수 있는 상징을 사용한다.

③ 상징은 사진, 그림, 글자, 숫자 외에도 손짓기호, 실제 사물이나 축소형 사물, 사물의 일부분 등 여러 가지 양식을 함께 사용할 수 있다.

기출 LINE

13추중)
- 수집한 어휘들을 학교 식당에서 효율적으로 사용할 수 있도록 조직화하여 의사소통판을 구성함

15초)
- 어휘목록 구성전략

(5) 상징의 구성과 배열

선정한 어휘목록은 일정한 체계에 따라 조직하고 배열해 주어야 언어학습을 촉진할 수 있으며, 언어 사용의 기능성을 높일 수 있다. 상징의 배열은 빠르고 정확한 정보 전달력을 높이기 위해 중요하다.

① 어휘목록(상징) 구성전략

어휘목록 구성전략	방법	언어발달 촉진 효과
문법적 범주 이용	• 구어의 어순, 즉 문법 기능에 따라 어휘를 배열한다. • **피츠제럴드 키(Fitzgerald key)**: 왼쪽에서 오른쪽으로 사람, 행위, 수식어, 명사, 부사의 순서로 나열, 판의 위나 아래쪽에 자주 사용되는 글자나 구절을 배열한다. • 각 범주별로 시각적 식별을 쉽게 하기 위해 색깔을 다르게 하는 경우가 많다.	• 왼쪽에서 오른쪽으로 단어를 배열하여 문자를 구성하는 능력을 학습한다.
의미론적 범주 이용	• 의미론적 범주(사람, 장소, 활동 등)에 따라 상징을 배열	• 언어발달을 촉진할 가능성에 대해서는 실험적으로 연구된 바가 없고 구성방법 자체에 언어적 속성이 적다. • 언어발달이 주요 목표인 경우에는 언어발달 촉진을 위한 다른 배열을 함께 사용하는 것이 좋다.
환경/활동 중심으로 구성	• 각각의 의사소통판이 특정한 환경이나(예 가게) 활동(예 소꿉놀이하기)에 맞는 어휘들로 구성된다. • 특별하거나 일상적인 활동에의 참여를 촉진하는 풍부한 어휘를 담을 수 있다. • 연령에 맞게 지역사회, 학교, 또는 직업 환경에서 사용하도록 고안할 수 있고, 중재자가 비교적 손쉽게 해당 활동에 필요한 어휘만으로 의사소통판을 구성할 수 있다.	• 여러 단어를 연결하여 사용하는 등 언어발달을 촉진하는 기능을 할 수 있다. • 발달적인 관점에서는 이러한 구성이 초기의 언어 사용을 가장 증진시킨다는 보고도 있다. • 학생의 활동 참여와 어휘 습득을 증진시킬 수 있다.

시각장면 디스플레이 (VSD)	• 상황, 장소, 개인 경험, 특별한 일 등을 나타낸 사진, 아이콘, 그림 등의 시각적 자료에 핫스팟을 설정하여 저장된 메시지가 산출되도록 구성한 AAC 전략이다. • AAC 기기 화면에 학생의 일상생활 장면의 사진을 제시하고, 그 상황에서 발생할 수 있는 의사소통 어휘를 구성한다. 각 어휘는 핫스팟을 설정하여 어휘를 터치하거나 누르면 음성이 출력된다.	• 시각장면을 활용하는 VSD는 시각적인 학습자의 특성이 강한 자폐성장애 학생의 의사소통에 효과적이다. • VSD 기반의 화면 구성은 학생들의 선호도가 높으며, 동기유발에 효과적이고 자발적인 의사소통을 기대할 수 있어 영유아 및 아동, 초기 의사소통 단계에서 유용하다.
혼합 구성	• 상징의 구성과 배열은 하나의 구성 전략을 계속 사용하기보다는 학생의 언어 능력의 발달에 따라 어휘 목록의 구성 전략을 수정해 준다. • 어휘목록 구성전략을 혼합하여 사용할 수 있다. 예를 들어, 환경과 활동 중심의 의사소통판을 수준에 맞도록 문법적 범주를 활용하여 제시한다.	• 학생의 언어능력 발달에 따라 혼합된 구성전략을 사용하여 언어발달을 유도한다.

② 어휘 유형

- AAC 사용자에게 특정 상황에서 요구되는 모든 어휘를 제공하기는 어렵다.
- 최대한 다양한 환경에서 어휘를 수집하고, 보편적으로 많이 사용되며 의사소통의 성공률을 높일 수 있는 어휘를 선택해야 한다.

㉠ 상황어휘와 발달어휘

상황어휘	• 상황어휘는 핵심적인 메시지를 전달하기 위해 필요한 어휘로, 개인의 기본적인 의사소통 요구(needs)를 표현하는, 기능적 목적을 가지는 어휘이다. • 상황어휘로 구성된 의사소통판은 특정 상황에서 보편적으로 많이 쓰일 만한 어휘들로 구성되기 때문에 매우 기능적이라고 할 수 있다. • 상황어휘는 상황뿐 아니라 연령에 따라서도 달라져야 한다. • 상황어휘로 의사소통판을 구성하는 경우 주로 활동 어휘들로 구분하여 배열하는 경우가 많다. • 상황어휘는 초기 AAC 사용자에게 매우 유용하다.

키워드 Pick

발달어휘	• 발달어휘는 기능적 목적보다는 언어와 어휘의 성장을 촉진할 수 있도록 하는 어휘들을 의미한다. • 의미적 범주의 어휘들(Lahey와 Bloom) – 실물을 지칭하는 어휘(사람, 장소, 물건) – 비교어휘(큰, 작은) – 행동을 의미하는 어휘(주다, 만들다, 먹다, 마시다) – 감정어휘(행복하다, 무섭다) – 대답어휘(예, 아니요) – 재현이나 중단을 의미하는 어휘(또, 그만, 없다) – 이름 – 수식어휘(뜨겁다, 안 뜨겁다, 차갑다) – 색깔어휘 – 위치어휘 등

기출 LINE

11중) 부모 면담을 통해 학생 A에게 특별한 장소나 사람, 취미와 관련된 어휘를 조사하여 선정하였다.

ⓛ 핵심어휘와 부수어휘

핵심어휘	• 핵심어휘는 많은 사람들이 자주 쓰는 어휘를 의미한다. • 문헌에서는 핵심어휘를 적어도 세 상황 이상에서 50% 이상의 사람들이 사용하는 어휘로 보기도 한다. • 대부분 기본적인 필요에 대한 것이나 간단한 인사말, 기타 여러 의사소통 상황에서 공통적으로 자주 사용되는 어휘로서 매우 기능적인 단어나 구절들이 포함된다. • 핵심어휘는 사용자나 상황이 변하더라도 일반적으로 많이 사용될 수 있는 어휘이므로 아동의 AAC에서 핵심어휘가 많은 비율을 차지할수록 다른 상황에서도 활용할 수 있는 가능성이 높다. • 그러나 핵심어휘는 요구하기에 필요한 어휘에만 집중되지 않고 여러 의사소통 기능을 다양하게 포함해야 하며, 연령에 상관없이 개인의 의사소통과 기본적 필요에 적합하고 강화성이 있어야 한다.
부수어휘 (개인어휘)	• 부수어휘는 AAC 사용 아동 개인이 고유하게 사용하거나 표현하는 어휘와 개인적인 관심을 갖는 주제의 어휘들이 포함된다. • 예를 들어, 아동이 주로 대하는 사람, 자주 가는 장소, 좋아하는 음악이나 TV프로, 자주 쓰는 농담이나 종교적 표현 등이다. • 이러한 부수어휘는 아동에게 강한 강화가 될 수 있고, AAC 사용의 동기도 부여할 수 있어서 매우 유용하다. • 특히 AAC를 처음 사용하는 아동에게는 이러한 부수어휘를 AAC어휘 목록에 넣어 줌으로써 흥미를 가지고 자주 사용하게 할 수 있다. • 마치 초기 낱말을 습득시킬 때처럼 초기 AAC학습자에게도 '여기, 지금' 문맥 속에서 배우기 쉽고, 즉각적인 결과를 볼 수 있게 하여 화용적인 기능과 연계될 수 있도록 하는 것이 중요하다. • 문제는 어떻게 이러한 부수어휘에 대한 정보를 확보하느냐이다. – 환경적 혹은 생태학적 목록: 아동이 어떻게 자신의 환경 속에 참여하고 있는지를 관찰하는 방법이다. – 어휘 일기: 보호자에게 부탁하여 다양한 상황 속에서 필요했던 어휘들을 적게 하는 방법이다.

- 부수(fringe)어휘는 핵심어휘에 비해 빈도가 낮게 출현하는 어휘로서 특정한 개인이나 활동, 상황에 관련된 어휘이므로 상황(situational)어휘라고도 한다.
- 부수(fringe)어휘는 핵심어휘에 비해 빈도가 낮게 출현하는 어휘로서 특정한 개인이나 활동, 상황에 관련된 어휘이므로 상황(situational)어휘라고도 한다.
- 적절한 부수어휘는 대답 중심의 장애아동 의사소통 특성과 잘 부합하므로 이를 잘 선정해 주어야 당장의 의사소통 성공률을 높일 수 있다.
- 새로운 신조어가 지속적으로 부수어휘에 추가되고 있으며, 부수어휘는 개인이 참여하는 활동, 관심사항 및 선호도, 환경 및 장소, 연령대를 반영한다.
- 또한 개인적으로 상호작용을 촉진할 수 있는 어휘가 포함되므로 부수어휘를 선택할 때는 AAC 사용자나 이들을 잘 아는 부모, 교사, 친구 등이 정보를 제공할 수 있다.

Chapter 12

4. AAC 교육성과 점검

① 교육성과 평가

② 일반화와 유지 평가

맥 Plus

AAC 교수학습 모형

1. 현행수준 측정과 목표 서술

2. 어휘 선정

① 어휘 선정 접근법에 따라 지도할 어휘 선정

② 다양한 어휘 수집 방법으로 어휘 수집 및 선택

③ 핵심어휘 및 부수어휘 등 다양한 어휘 유형 선정

3. AAC 촉진전략 교수

① 환경의 구조화

의사소통을 지도하기 위한 의사소통 촉진전략의 우선 과제는 의사표현과 상호작용의 동기를 유발할 수 있도록 환경을 구조화하는 것이다.

② 메시지 확인하기 16초

학생이 시도한 것에 대해 반응을 보이고, 표현한 것에 대해 확인해 주는 전략으로 학생의 의사소통능력을 신장시킬 수 있다. 학생의 의사소통 시도에 긍정적인 반응을 보이고 정확한 문장으로 확인해 주는 전략이 필요하다. 학생의 시도에 대한 부정적인 반응은 소극적인 참여를 조장하게 된다. 그러나 중요한 것은 정확하게 반응하는 방법에 대한 체계적인 지도가 뒷받침되어야 한다는 점이다.

③ 기다리기(시간지연)

체계적 교수방법에서 가장 먼저 제시되어야 할 전략은 표현할 수 있는 충분한 시간을 제공하고 인내를 가지고 기다리는 시간지연전략이다.

④ 모델링

모델링은 학생에게 도움이 필요할 때에 제공해 주고, 직접 따라 할 수 있도록 촉진해 주고, 의사를 표현하도록 격려하여 성공감을 갖게 해 주는 촉진전략이다.

키워드 Pick

4. 학생의 의사소통기술 교수

① 의사표현의 필요성 인식
② 선택의 중요성
③ 제스처 사용
④ 그림상징 사용
⑤ 활동 삽입교수

5. 일반화 정도 점검

① 자연적인 환경 내의 다른 상황, 다른 대화 상대자와의 대화를 관찰하기
② 실생활에서 효과적으로 사용하고 있는지 점검하기
③ 개인의 수행능력에 대한 피드백 제공하기
④ 실생활의 새로운 상황에서도 같은 기술을 성공적으로 사용한 것을 축하해 주고 사용한 기술의 효과에 대해 논의하기
⑤ 배운 기술을 일반화하지 못한다면 그 원인을 분석하고 교수를 수정하기
⑥ 의사소통기술을 실생활에서 사용하는 것이 효과적이지 못하다면 의사소통방법이나 메시지 등을 수정하여 효과를 높일 수 있도록 고려하기

6. 성과 측정

① 교수 프로그램 효율성에 대한 평가의 2가지 측면
  ㉠ 의사소통 지도의 목적 실현에 대한 평가는 의사소통방법의 지도가 학생의 삶과 실생활에서의 유용성을 평가한다. 질문지, 평정척도, 인터뷰, 형식적인 토론시간, 관찰 등의 자료를 통해 알아본다.
  ㉡ 학생의 기술 습득 정도와 학생의 만족도, 사회성이나 또래와의 관계 등에 미치는 영향, 그 밖의 기대 효과 등을 평가한다. 학생의 의사표현능력 향상 정도는 정기적으로 점검되어야 하며 의사소통 지도의 평가 결과는 교수 프로그램을 향상시키고 앞으로의 교수계획에 반영될 수 있어야 한다.
② 의사소통보조기기를 적용한 경우에는 의사소통기기의 사용이 학생의 기능적 의사소통능력을 촉진하고, 다른 사람과의 대화에 유용하며, 학교 및 지역사회에서의 상호작용에 참여하는 기회를 향상시켰는지를 점검한다.
③ AAC 도구를 적용한 후 개인의 삶을 변화시키는 데 있어서의 그 효과성을 측정할 수 있어야 한다.
④ 의사소통기기를 도입하는 이유는 사회적으로 독립된 삶을 영위할 수 있도록 지원하기 위한 것이므로 AAC 도구 적용이 학생의 기술 습득 정도와 만족도, 사회적 관계 등에 미치는 영향을 측정하여 효율성을 평가한다.
⑤ 만약 성과가 부진하다면 다음의 요인들을 검토해 볼 필요가 있다.
  ㉠ 학생이 AAC 도구를 사용하여 도움이나 요구를 표현할 필요조차 없을 정도로 주변에서 모두 다 도와주거나 일처리를 대신해 주지는 않는가?
  ㉡ 학생에 대하여 의사소통에 참여하고 요구를 표현할 수 있을 거라고 기대조차 하지 않는 것은 아닌가?
  ㉢ 학생이 AAC 도구를 사용하여 의사소통하는 방법을 숙달하지 못하였는가?
  ㉣ 함께 대화하는 사람들이 학생의 의사소통을 촉진하는 방법을 모르지는 않는가?
  ㉤ 의사소통 대화 상대자에게 학생의 의사소통방식에 대한 충분한 정보를 주었는가?

7. 유지 및 점검

학습된 의사소통능력이 유지되고 있는지 체크하기 위해 교수를 마친 후 2주, 4주, 8주 후에 꾸준히 관찰해야 하고, AAC 사용자가 자연적인 상황에서 기술을 사용하지 못한다면 목표기술을 교수하는 4단계로 돌아가서 의사소통기술의 사용을 다시 지도하고, 대화 상대자의 기술이 부족하다면 3단계로 돌아가서 촉진자가 촉진전략을 잘 사용할 수 있도록 훈련하는 것이 필요하다.

⑥ 손담을 활용한 의사소통 교육 25초

> **기출의 맥**
> 최신 각론에서 손담을 통한 의사소통을 상세히 다루고 있습니다. 중도장애 학생을 위한 손담의 의미, 방법 등을 잘 이해해 두세요.

1. 손짓기호체계의 개념

(1) 손짓기호체계의 의미 및 특성

① 도구를 사용하지 않는 AAC 상징의 한 유형이다.

② 구어를 쉽게 배우기 어려운 장애학생들에게 그 나라의 수어 어휘 중 쉬운 표현이나 쉽게 변형한 것, 또는 이해하기 쉬운 제스처를 의사소통수단으로 사용할 수 있게 하고자 체계화한 것이다.

③ 비상징적 의사소통방법에서 사용하는 제스처, 눈짓, 손짓 등은 개인적으로 서로 다른 방법을 사용하지만 손짓기호체계는 정해진 일정한 표현을 사용한다는 점에서 일반적인 비상징적 의사소통방법과는 차이가 있다.

④ 독일의 구크, 영국의 마카톤, 영국의 시그널롱, 미국의 베이비사인 등 국내외에 다양한 손짓기호체계가 있다.

(2) 손짓기호체계의 장단점

① 장점

㉠ 학생의 장애유형과 발달 특성에 맞추어 표현 방법을 찾고 적용할 수 있기 때문에 의사소통의 효율성을 높이며, 의사소통 지도를 처음 시작하는 학생들에게 효과적이다.

㉡ 의사소통판이나 의사소통 기기가 없는 상황에서도 간편하고 빠르게 의사소통할 수 있으며 소통이 필요할 때 즉각적으로 표현할 수 있기 때문에 의사소통 과정에서 시간이 지연되거나 대화의 흐름이 단절되는 문제를 예방할 수 있다.

㉢ 움직임이 많거나 역동적인 활동 상황에서 다른 사람과 상호작용할 때, 도구 작동에 필요한 시간이 없이 빠르고 쉽게 의사소통할 수 있다.

㉣ 손짓기호를 구어와 병행함으로써 구어로 전달하기 어려운 내용을 보완하여 표현할 수 있으며, 중요한 낱말을 강조하여 의사를 더 잘 전달할 수 있다.

㉤ 특별히 많은 교육을 받지 않아도 대화상대방들이 그 의미를 쉽게 유추하거나 이해할 수 있다.

㉥ 개인적으로 사용하는 몸짓표현에 비해 통일된 표현을 사용하는 손짓기호체계를 사용할 때 가까운 대화상대뿐 아니라 다수의 대화상대와 다양한 환경에서 의사소통하는 데 도움이 될 수 있다.

키워드 Pick

② 단점

㉠ 손짓기호로 표현할 수 있는 내용의 범위가 구어나 그림상징에 비해 제한적이다.

㉡ 관습적이고 직관적인 표현이 많더라도 일반적으로 사용하지 않는 표현들도 있기 때문에 대화상대가 이해하기 어려울 수 있다.

㉢ 사용하는 손짓기호의 어휘 수를 지속적으로 확장하는 데 어려움이 있으므로, 학생의 의사소통능력에 따라 손짓기호가 필요한 대상과 시기를 잘 판단하여 교육하고, 학생의 의사소통이 발전되어 가는 것에 맞추어 장기적으로 의사소통이 보다 확장될 수 있는 다양한 방법들을 함께 가르치는 것이 바람직하다.

(3) 손짓기호체계의 기대효과

① 구어 활용이 어려운 학생의 대안적 의사소통방법으로 사용할 수 있으며 경우에 따라서는 구어 습득을 도와줄 수 있다.

② 손짓기호를 통한 중요한 단어의 강조와 구어의 시각화는 주의집중하여 보게 하고 쉽게 이해할 수 있도록 도와주어 구어 대화를 돕는 기능을 한다.

③ 다른 사람과 이해 가능한 방법으로 의사소통할 수 있는 능력을 길러 주며, 다른 사람과 상호작용하고 의사소통하려는 동기를 높일 수 있다.

④ 도구를 이용한 의사소통 체계를 학습하거나 다른 의사소통방법 적용으로 확장시켜 나가는 데에도 도움이 된다.

⑤ 표현의 자발성을 향상시키고 수업 참여도를 높일 수 있으며, 더 많은 선택의 기회와 소통을 통해 자기결정력을 높일 수 있다.

⑥ 손짓기호를 통한 의사소통은 자해행동, 공격행동과 같은 문제행동을 감소시킬 수 있다.

⑦ 자신의 요구를 표현하고 수용되는 경험을 통해 정서적 안정과 자신감 및 자존감을 향상 시킬 수 있으며, 학습된 무기력을 극복할 수 있다.

2. 우리나라의 손짓기호체계 '손담'

(1) 손담의 구성

① 손담은 중도중복장애인의 의사소통 교육을 위해 개발된 손짓기호체계이다.

② 모든 연령대의 비구어적 의사소통을 사용하는 중도중복장애인을 사용 대상으로 고려하여 개발되었다는 점에서 다른 나라의 손짓기호체계가 어린 연령층이나 다운증후군을 가진 장애인 등 특정 대상에 초점을 두고 개발된 것과 차이가 있다.

③ 손담은 중도중복장애인이 쉽게 이해하고 표현할 수 있도록 간단한 손표현을 기본으로 하되, 몸 동작을 이용한 표현을 함께 사용하도록 개발되었다.

④ 손표현은 한국 수어의 표현을 기반으로 하면서, 한국 수어를 학습하거나 사용하기 어려운 중도중복장애인들의 특성과 요구를 고려하여 쉽게 사용하고 학습할 수 있도록 의미 표현의 명확함과 간결한 표현에 중점을 두어 만들어졌다.

⑤ 수어 단어 중 간단하여 따라 하거나 이해하기 쉬운 표현은 그대로 사용하였으나, 가능한 한 추상적인 개념과 복잡성을 제한하여 직관적이고 문화적으로 학습 가능한 형태로 수정하거나 새롭게 개발하였다.

⑥ 중도중복장애인들의 경우 손표현만으로는 움직임의 범위와 표현의 제한이 있기 때문에 몸 동작을 이용한 표현을 함께 사용하도록 개발되었다. 몸 동작을 이용한 표현에는 얼굴 표정, 눈짓의 방향, 고개 및 손이나 팔 등의 움직임이나 형태, 자세, 신체 터치 등이 포함된다.

⑦ 그 외에도 손담은 장애유형별 다양성과 특성을 고려하여 쉽게 표현할 수 있도록 상징을 개발하였고 장애유형별 특성에 따른 활용 및 확장 방법을 별도로 제시하고 있다.

(2) 손담의 개발원리

① 유아에서 성인까지 통일성 있게 활용할 수 있도록 연령 범위를 고려하여 개발하였으며, 이에 따라 혐오적인 표현인지 연령에 부적절한 표현인지 고려하였다.

② 중도중복장애 학생의 특성과 수준을 고려하여 가능한 어휘 표현의 수를 줄여서 학습과 변별의 어려움을 감소시키고자 하나의 표현으로 통일할 수 있는 어휘들은 같은 표현으로 개발되었다.

③ 한 가지 표현도 상황과 맥락에 따라 다양한 의미로 사용할 수 있다.

④ 가급적 시대 변화에 민감하지 않은 표현으로 개발하고, 손짓기호 표현에 혼동되는 유사한 표현이 없도록 유의하였으며, 특히 장애유형별 다양성과 특성을 고려하여 개발하였음을 강조하고 있다.

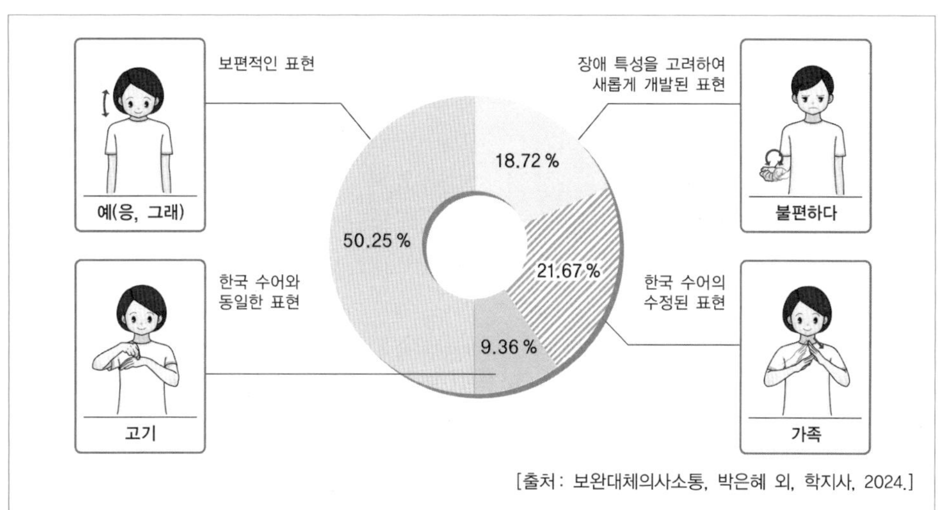

| 손담 표현의 구성 비율 |

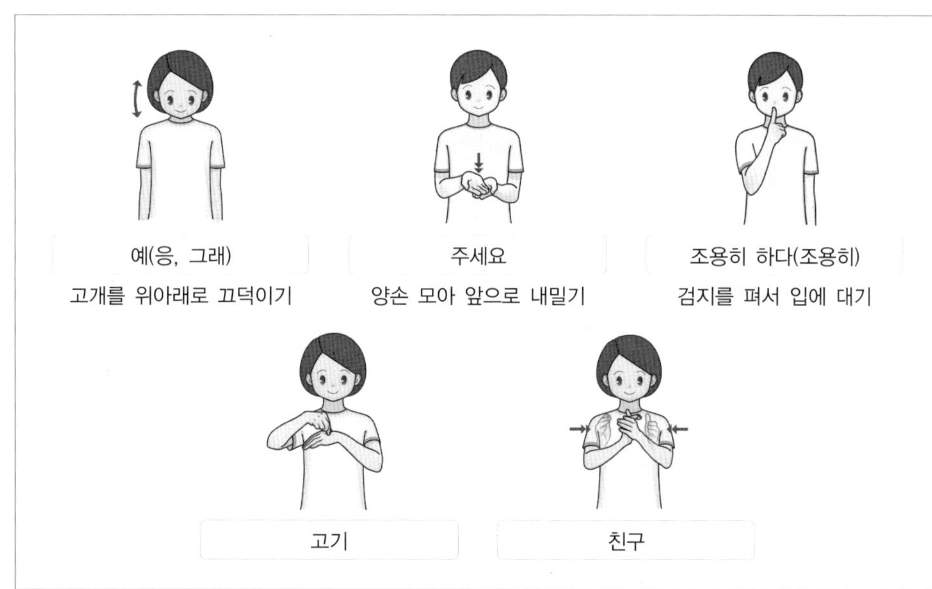

| 손담의 예 |

키워드 Pick

REFERENCE

참고문헌

Chapter 10

시각장애

시각장애아동의 이해와 교육 4판, 박순희, 학지사, 2022
시각장애학생 교육의 이론과 실제 2판, 이태훈, 학지사, 2024
저시력교육, 이해균 외, 대구대학교출판부, 2006
시각중복장애아동을 위한 촉각 교수 전략, 한경근 외 역, 학지사, 2015

Chapter 11

청각장애

청각장애아교육, 고은, 학지사, 2017
청각장애아동교육의 이해 2판, 이필상 외, 학지사, 2020
쉽게 풀어가는 청각학과 언어, 최성규 외, 양서원, 2015
청각장애학생 교육, 최성규 외, 학지사, 2025

Chapter 12

의사소통장애

의사소통장애아 교육 3판, 고은, 학지사, 2021
아동언어장애의 진단 및 치료 2판, 김영태, 학지사, 2014
의사소통장애의 이해 4판, 심현섭, 학지사, 2024
보완대체의사소통, 박은혜 외, 학지사, 2024
의사소통장애학생 교육 2판, 권순우 외, 창지사, 2024

임지원 특수교육의 맥

3. 특수아동교육 ❷

초판인쇄 | 2025. 2. 20. **초판발행** | 2025. 2. 25. **편저자** | 임지원
발행인 | 박 용 **발행처** | (주)박문각출판 **등록** | 2015년 4월 29일 제2019-000137호
주소 | 06654 서울시 서초구 효령로 283 서경 B/D **팩스** | (02)584-2927
전화 | 교재 문의 (02)6466-7202, 동영상 문의 (02)6466-7201

저자와의
협의하에
인지생략

정가 39,000원
ISBN 979-11-7262-408-8
ISBN 979-11-7262-452-1(세트)